PSAT 신헌 자료해석 ALL수록 기출문제집

INTRO 머리말

본 저자는 PSAT(Public Service Aptituce Test)가 도입된 2004년부터 지금까지 자료해석 영역을 전문적으로 강의해 왔습니다. PSAT 자료해석 이론을 대부분 정립하였고, 다수의 기본서와 기출문제집, 모의고사 문제집 등을 집필하여 많은 수험생들에게 자료해석의 나침판 역할을 해왔습니다. 특히 다년간 수많은 합격생을 배출함으로써 "자료해석은 역시 신헌"이라는 평가와 함께 PSAT 자료해석의 대명사로 불리고 있습니다.

본 저자는 5급 공채(7급 지역인재), 7급 공채, 민간경력자 채용 시험를 준비하기 위하여 고민이 많으신 수험생 분들을 위하여 단기간 동안 PSAT 자료해석 영역을 효과적으로 대비할 수 있도록 종합 이론서인 '5·7급 PSAT 신헌 자료해석 기본서'와 부속도서인 '5·7급 PSAT 신헌 자료해석 기본서 손필기노트'를 출간하였습니다. 더불어 기본서로 이론을 탄탄히 다진 후에 기출문제를 풀어봄으로써 실전 감각을 기르고 부족한 부분을 보완할 수 있도록 종합 기출문제집인 'PSAT 신헌 자료해석 ALL수록 기출문제집'을 출간하게 되었습니다.

본 책에 포함된 문제는 7급 공채는 4회분(2021~2023년 기출, 2020년 모의평가)을 모두 수록하였고, 민간경력자 채용 시험은 7회분(2015~2021년), 5급 공채는 4회분(2021~2024년)을 수록하였습니다. 본 교재 이전에 출간된 기출 관련 문제집으로는 '2023 PSAT 신헌 자료해석 7급·민경 기출문제'와 '2022 5급 PSAT 신헌 자료해석 기출문제'가 있습니다. 본 교재에 수록되지 않은 '2011~2014년 민간경력자 채용 시험' 문제 및 해설은 '2023 PSAT 신헌 자료해석 7급·민경 기출문제', '2012~2019년 5급 공채 기출' 문제 및 해설은 '2022 5급 PSAT 신헌 자료해석 기출문제'를 참고하시기 바랍니다.

한편, 2021년 민간경력자 채용 시험 문제는 1~10번만 수록되었는데, 그 이유는 11~25번이 7급 공채 1~15번과 동일한 문항이기 때문입니다. 2022년부터는 민간경력자 채용 시험이 7급 공채와 완전히 동일한 문제로 치르고 있습니다.

전체적인 문제 구성의 난이도를 비교하면, 민간경력 < 7급 공채 < 5급 공채 순으로 난이도가 올라갑니다. 따라서 쉬운 문제부터 풀어보면서 자료해석의 감각을 익히고 자신감을 얻고 싶으시다면, 민간경력 기출문제부터 풀어보시고, 이후 7급 공채, 5급 공채 순으로 진행하시는 것을 추천드립니다. 5급 공채를 준비하시는 분들은 모든 시험 유형의 문제를 풀어보시기 추천드립니다. 한편 7급·민경 시험을 준비하시는 분들은 7급·민경 문제는 기본으로 풀어야 하고, 고득점을 원하시는 분들은 5급 공채 문제까지 풀어보시길 추천드립니다. 그리고 시간 여유가 있으시다면 각 시험 유형별로 과거 문제부터 최신 문제로 풀어보시면서 문제의 진화 과정과 맥락을 살펴보시는 것을 추천드립니다. 한편 시험이 임박한 경우 최신 문제부터 먼저 풀어보시는 것을 추천드립니다.

해설편에는 각 시험별로 문제 유형 및 핵심 포인트, 난이도(5단계, 해당 회치 내 기준) 등을 정리한 문제 분석표를 제시하여 학습에 도움이 되도록 하였으며, 최대한 풍부하면서도 명료한 해설을 수록하였습니다. 각 문제별 핵심 포인트 및 정석 해설과 함께 일부 문제에는 실전 테크닉을 활용하여 계산을 피하거나 최소화할 수 있는 방법(스피드 해법)도 추가적으로 제시하였습니다.

본 교재와 관련된 해설 강의는 "공단기(https://gong.conects.com)"의 '문풀기본' 및 '문풀심화' 강의를 활용하시고, 역대 5급 공채 문제 해설은 "프라임법학원(https://www.primeedunet.com)"의 '기출해설' 강의를 활용하시기 바랍니다. 강의를 수강하시면 실전 문제 풀이에 필요한 이론 및 실전 팁을 효율적으로 습득하실 수 있습니다. 역대 모든 기출문제를 확인하고 싶으시면, '신헌 자료해석 카페(http://cafe.daum.net/penpsat)'의 '자료 | 기출문제' 게시판을 활용해 주시고, 정오표를 확인하고 싶으시면 '공지 | 교재 정오표' 게시판을 활용해 주시기 바랍니다.

해설 초안 작성, 분석표 작성 및 스피드 해법 추가 등 본서의 완성을 위해 열심히 연구해 준 배승철 연구실장, 최동욱 선임연구원, 조윤호 선임연구원, 이지은 선임연구원, 김규호 연구원에게 감사드립니다. (지은아! 그동안 열심히 도와줘서 고맙고 이제 공직에서도 멋지게 꿈을 펼치기 바란다! 파이팅!) 그리고 원활한 출간을 위해 전력을 다해주신 에스티유니타스 김일모 님, 박선영 님께 감사 인사를 전합니다.

수험생 여러분의 합격을 진심으로 기원합니다. 감사합니다.

2024년 3월

신헌 올림

CONTENTS

목차

PSAT 신헌 자료해석 ALL수록 기출문제집

2023
7급 공채 및 민간경력

자료해석 인책형

PSAT 신헌 자료해석 ALL수록 기출문제집

01

다음 <그림>은 '갑' 지역의 리조트 개발 후보지 A ~ E의 지리정보 조사 결과이다. 이를 근거로 A ~ E 중 <입지조건>을 모두 만족하는 리조트 개발 후보지를 고르면?

<그림> 리조트 개발 후보지 A ~ E의 지리정보 조사 결과

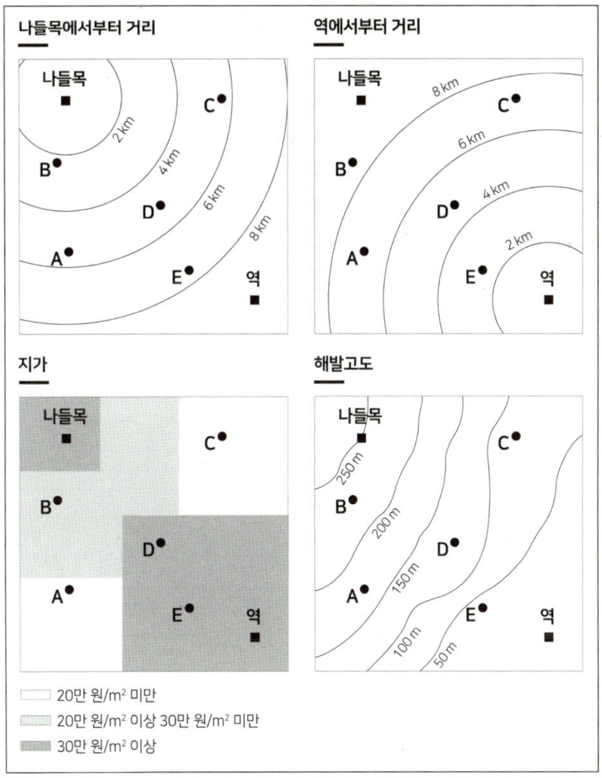

〈입지조건〉

○ 나들목에서부터 거리가 6 km 이내인 장소
○ 역에서부터 거리가 8 km 이내인 장소
○ 지가가 30만 원/m^2 미만인 장소
○ 해발고도가 100 m 이상인 장소

① A
② B
③ C
④ D
⑤ E

02

다음 <표>는 4월 5일부터 4월 11일까지 종합병원 A의 날짜별 진료 실적에 관한 자료이다. 4월 7일의 진료의사 1인당 진료환자 수는?

<표> 종합병원 A의 날짜별 진료 실적

(단위: 명)

구분 / 날짜	진료의사 수	진료환자 수	진료의사 1인당 진료환자 수
4월 5일	23	782	34
4월 6일	26	988	38
4월 7일	( )	580	( )
4월 8일	25	700	28
4월 9일	30	1,050	35
4월 10일	15	285	19
4월 11일	4	48	12
계	143	4,433	-

① 20
② 26
③ 29
④ 32
⑤ 38

03

다음 <표>는 2022년 '갑'국 주요 수입 농산물의 수입경로별 수입량에 관한 자료이다. 이를 근거로 육로수입량 비중을 농산물별로 비교할 때, 육로수입량 비중이 가장 큰 농산물은?

<표> 2022년 '갑'국 주요 수입 농산물의 수입경로별 수입량

(단위: 톤)

수입경로 / 농산물	육로	해상	항공
콩	2,593	105,340	246,117
건고추	2,483	78,437	86,097
땅콩	2,260	8,219	26,146
참깨	2,024	12,986	76,812
팥	2,020	7,102	42,418

※ 1) 농산물별 수입량 = 농산물별 육로수입량 + 농산물별 해상수입량 + 농산물별 항공수입량

2) $\text{농산물별 육로수입량 비중(\%)} = \frac{\text{농산물별 육로수입량}}{\text{농산물별 수입량}} \times 100$

① 건고추
② 땅콩
③ 참깨
④ 콩
⑤ 팥

04

다음 <표>는 '갑'시 공공정책 홍보사업에 입찰한 A ~ F 홍보업체의 온라인 홍보매체 운영현황에 관한 자료이다. 이를 근거로 A ~ F 홍보업체 중 <선정방식>에 따라 홍보업체를 고르면?

<표> A ~ F 홍보업체의 온라인 홍보매체 운영현황

(단위: 만 명)

구분 / 홍보업체	미디어채널 구독자 수	SNS 팔로워 수	공공정책 홍보경력
A	90	50	유
B	180	0	무
C	50	80	유
D	80	60	무
E	100	40	무
F	60	45	유

〈선정방식〉

○ 공공정책 홍보경력이 있는 홍보업체 중 인지도가 가장 높은 1곳과 공공정책 홍보경력이 없는 홍보업체 중 인지도가 가장 높은 1곳을 각각 선정함.

○ 홍보업체 인지도 = (미디어채널 구독자 수×0.4) + (SNS 팔로워 수×0.6)

① A, D
② A, E
③ B, C
④ B, F
⑤ C, D

05

다음은 2013 ~ 2022년 '갑'국 국방연구소가 출원한 지식재산권에 관한 자료이다. 제시된 <표> 이외에 <보고서>를 작성하기 위해 추가로 필요한 자료만을 <보기>에서 모두 고르면?

<표> 2013 ~ 2022년 '갑'국 국방연구소의 특허 출원 건수

(단위: 건)

구분 \ 연도	2013	2014	2015	2016	2017	2018	2019	2020	2021	2022
국내 출원	287	368	385	458	514	481	555	441	189	77
국외 출원	34	17	9	26	21	13	21	16	2	3

〈보 고 서〉

'갑'국 국방연구소는 국방에 필요한 무기와 국방과학기술을 연구・개발하면서 특허, 상표권, 실용신안 등 관련 지식재산권을 출원하고 있다.

2013 ~ 2022년 '갑'국 국방연구소가 출원한 연도별 특허 건수는 2017년까지 매년 증가하였고, 2019년 이후에는 매년 감소하였다. 2013 ~ 2022년 국외 출원 특허 건수를 대상 국가별로 살펴보면, 미국에 출원한 특허가 매년 가장 많았다.

2013 ~ 2022년 '갑'국 국방연구소는 2015년에만 상표권을 출원하였으며, 그중 국외 출원은 없었다. 또한, 2016년부터 2년마다 1건씩 총 4건의 실용신안을 국내 출원하였다.

〈보 기〉

ㄱ. '갑'국 국방연구소의 연도별 전체 특허 출원 건수

(단위: 건)

연도	2013	2014	2015	2016	2017	2018	2019	2020	2021	2022
전체	321	385	394	484	535	494	576	457	191	80

ㄴ. '갑'국 국방연구소의 국외 출원 대상 국가별 특허 출원 건수

(단위: 건)

대상 국가 \ 연도	2013	2014	2015	2016	2017	2018	2019	2020	2021	2022
독일	1	1	1	0	0	0	0	0	0	0
미국	26	15	8	18	20	11	16	15	2	3
일본	0	1	0	2	0	0	1	1	0	0
영국	0	0	0	5	1	1	0	0	0	0
프랑스	7	0	0	0	0	0	0	0	0	0
호주	0	0	0	0	0	0	3	0	0	0
기타	0	0	0	1	0	1	1	0	0	0
계	34	17	9	26	21	13	21	16	2	3

ㄷ. '갑'국 국방연구소의 연도별 상표권 출원 건수

(단위: 건)

구분 \ 연도	2013	2014	2015	2016	2017	2018	2019	2020	2021	2022
국내 출원	0	0	2	0	0	0	0	0	0	0
국외 출원	0	0	0	0	0	0	0	0	0	0

ㄹ. '갑'국 국방연구소의 연도별 실용신안 출원 건수

(단위: 건)

구분 \ 연도	2013	2014	2015	2016	2017	2018	2019	2020	2021	2022
국내 출원	0	0	0	1	0	1	0	1	0	1
국외 출원	0	0	0	0	0	0	0	0	0	0

① ㄱ, ㄴ
② ㄱ, ㄷ
③ ㄴ, ㄷ
④ ㄷ, ㄹ
⑤ ㄴ, ㄷ, ㄹ

06

다음 <표>는 2022년 A ~ E국의 연구개발 세액감면 현황에 관한 자료이다. 이에 대한 <보기>의 설명 중 옳은 것만을 모두 고르면?

<표> 2022년 A ~ E국의 연구개발 세액감면 현황

(단위: 백만 달러, %)

구분 / 국가	연구개발 세액감면액	GDP 대비 연구개발 세액감면액 비율	연구개발 총지출액 대비 연구개발 세액감면액 비율
A	3,613	0.20	4.97
B	12,567	0.07	2.85
C	2,104	0.13	8.15
D	4,316	0.16	10.62
E	6,547	0.13	4.14

〈보 기〉

ㄱ. GDP는 C국이 E국보다 크다.
ㄴ. 연구개발 총지출액이 가장 큰 국가는 B국이다.
ㄷ. GDP 대비 연구개발 총지출액 비율은 A국이 B국보다 높다.

① ㄱ
② ㄴ
③ ㄷ
④ ㄴ, ㄷ
⑤ ㄱ, ㄴ, ㄷ

07

다음 <표>는 2013 ~ 2022년 '갑'국의 농업진흥지역 면적에 관한 자료이다. 이에 대한 <보고서>의 설명 중 옳은 것만을 모두 고르면?

<표> 2013 ~ 2022년 '갑'국의 농업진흥지역 면적

(단위: 만 ha)

구분 / 연도	전체 농지	농업진흥지역		
			논	밭
2013	180.1	91.5	76.9	14.6
2014	175.9	81.5	71.6	9.9
2015	171.5	80.7	71.0	9.7
2016	173.0	80.9	71.2	9.7
2017	169.1	81.1	71.4	9.7
2018	167.9	81.0	71.3	9.7
2019	164.4	78.0	67.9	10.1
2020	162.1	77.7	67.9	9.8
2021	159.6	77.8	68.2	9.6
2022	158.1	77.6	68.7	8.9

〈보 고 서〉

'갑'국은 우량농지를 보전하고 농지이용률을 높인다는 취지로 농업진흥지역을 지정하고 있다. 그러나, ㉠ 2014년부터 2022년까지 매년 농업진흥지역 면적은 전체 농지 면적의 50 % 이하에 그치고 있다. 또한, ㉡ 같은 기간 농업진흥지역 면적은 매년 감소하여, 농업기반이 취약해지는 것으로 분석된다.

농업진흥지역 면적은 2013년 91.5만 ha에서 2022년 77.6만 ha로 15 % 이상 감소했으며, 이는 같은 기간 전체 농지 면적의 감소율보다 크다. 한편, ㉢ 농업진흥지역 면적에서 밭 면적이 차지하는 비중은 2013년 이후 매년 15 % 이하이다.

① ㄱ
② ㄴ
③ ㄱ, ㄴ
④ ㄱ, ㄷ
⑤ ㄴ, ㄷ

08

다음은 '갑'군의 농촌관광 사업에 관한 <방송뉴스>이다. <방송뉴스>의 내용과 부합하는 자료는?

〈방송뉴스〉

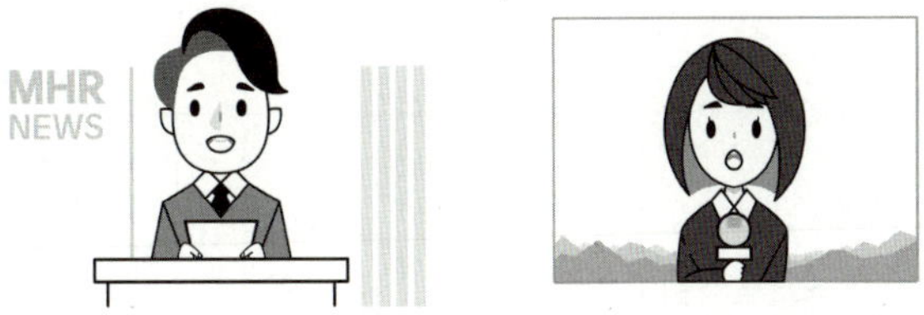

앵커: 농촌경제 활성화를 위하여 ○○부가 추진해오고 있는 농촌관광 사업이 있습니다. 최근 감염병으로 인해 농촌관광 사업도 큰 어려움을 겪고 있다고 합니다. □□□ 기자가 어려움을 겪고 있는 농촌관광 사업에 대해 보도합니다.

기자: …(중략)… '갑'군은 농촌의 소득 다변화를 위하여 다양한 농촌관광 사업을 추진했습니다. 하지만 감염병 확산으로 2020년 '갑'군의 농촌관광 방문객 수와 매출액이 크게 줄었습니다. 농촌체험마을은 2020년 방문객 수와 매출액이 2019년에 비해 75% 이상 감소하였습니다. 농촌민박도 2020년 방문객 수와 매출액이 전년과 비교하여 30% 이상 줄어들었습니다. 다만, 농촌융복합사업장은 2020년 방문객 수와 매출액이 전년과 비교해 줄어든 비율이 농촌체험마을보다는 작았습니다.

①

(단위: 명, 천 원)

구분 / 연도	농촌체험마을		농촌민박		농촌융복합사업장	
	방문객 수	매출액	방문객 수	매출액	방문객 수	매출액
2019	1,118	12,280	2,968	98,932	395	6,109
2020	266	3,030	2,035	67,832	199	1,827

②

(단위: 명, 천 원)

구분 / 연도	농촌체험마을		농촌민박		농촌융복합사업장	
	방문객 수	매출액	방문객 수	매출액	방문객 수	매출액
2019	1,118	12,320	2,968	98,932	395	6,109
2020	266	3,180	2,035	67,832	199	1,827

③

(단위: 명, 천 원)

구분 / 연도	농촌체험마을		농촌민박		농촌융복합사업장	
	방문객 수	매출액	방문객 수	매출액	방문객 수	매출액
2019	1,118	12,280	2,968	98,932	395	6,309
2020	266	3,030	2,035	67,832	199	1,290

④

(단위: 명, 천 원)

구분 / 연도	농촌체험마을		농촌민박		농촌융복합사업장	
	방문객 수	매출액	방문객 수	매출액	방문객 수	매출액
2019	1,118	12,320	2,968	96,932	395	6,309
2020	266	3,180	2,035	70,069	199	1,290

⑤

(단위: 명, 천 원)

구분 / 연도	농촌체험마을		농촌민박		농촌융복합사업장	
	방문객 수	매출액	방문객 수	매출액	방문객 수	매출액
2019	1,118	12,280	2,968	96,932	395	6,109
2020	266	3,030	2,035	70,069	199	1,827

09

다음 <그림>은 2020년과 2021년 '갑'국의 농림축수산물 종류별 수출입량에 관한 자료이다. 이에 대한 <보기>의 설명 중 옳은 것만을 모두 고르면?

<그림> 2020년과 2021년 농림축수산물 종류별 수출입량

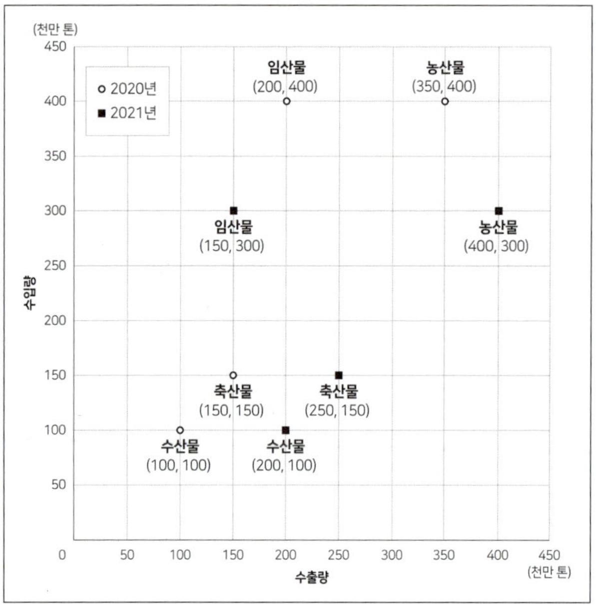

※ 농림축수산물 종류는 농산물, 임산물, 축산물, 수산물로만 구분됨.

〈보 기〉

ㄱ. 2021년 농산물, 축산물, 수산물의 수출량은 각각 전년 대비 증가하였다.
ㄴ. 2021년 농림축수산물 총수입량은 전년 대비 증가하였다.
ㄷ. 수출량 대비 수입량 비율이 가장 높은 농림축수산물 종류는 2020년과 2021년이 같다.
ㄹ. 2021년 수출량의 전년 대비 증가율은 축산물이 가장 높다.

① ㄱ, ㄴ
② ㄱ, ㄷ
③ ㄱ, ㄹ
④ ㄴ, ㄷ
⑤ ㄴ, ㄹ

10

다음 <표>는 조선왕조실록에 수록된 1401 ~ 1418년의 이상 기상 및 자연재해 발생 건수에 관한 자료이다. 이에 대한 <보기>의 설명 중 옳은 것만을 모두 고르면?

<표> 1401 ~ 1418년 이상 기상 및 자연재해 발생 건수

(단위: 건)

유형 / 연도	천둥번개	큰비	벼락	폭설	큰바람	우박	한파 및 이상 고온	서리	짙은 안개	황충 피해	가뭄 및 홍수	지진 및 해일	전체
1401	2	1	6	0	2	8	3	7	5	1	3	1	39
1402	3	0	5	3	1	3	5	0	( )	2	2	2	41
1403	7	13	12	3	1	3	2	3	9	0	4	0	57
1404	1	18	0	0	1	4	2	0	3	0	0	0	29
1405	8	27	0	6	7	9	5	4	0	5	1	2	74
1406	4	( )	11	3	1	3	3	10	1	0	2	0	59
1407	4	14	8	4	1	3	4	2	2	3	4	0	49
1408	0	4	3	1	1	3	1	0	( )	3	0	0	23
1409	4	7	6	5	2	8	3	2	4	0	2	0	43
1410	14	14	5	1	2	6	1	1	5	2	6	1	58
1411	3	11	6	1	2	6	1	3	1	0	9	1	44
1412	4	8	4	2	5	6	2	0	3	2	2	0	38
1413	5	20	4	3	6	1	0	2	1	5	5	0	52
1414	5	21	7	3	3	3	5	5	0	0	6	0	58
1415	9	18	9	1	3	2	3	2	3	3	2	2	57
1416	5	11	5	1	5	2	0	3	4	1	3	0	40
1417	0	9	5	1	7	4	3	6	1	7	3	0	46
1418	5	17	0	0	6	2	0	2	0	3	3	1	39
합	83	( )	96	38	56	76	43	52	64	37	57	10	846

〈보 기〉

ㄱ. 연도별 전체 발생 건수 상위 2개 연도의 발생 건수 합은 하위 2개 연도의 발생 건수 합의 3배 이상이다.
ㄴ. '큰 비'가 가장 많이 발생한 해에는 '우박'도 가장 많이 발생했다.
ㄷ. 1401 ~ 1418년 동안의 발생 건수 합 상위 5개 유형은 '천둥번개', '큰 비', '벼락', '우박', '짙은 안개'이다.
ㄹ. 1402년에 가장 많이 발생한 유형은 1408년에도 가장 많이 발생했다.

① ㄱ, ㄴ
② ㄱ, ㄷ
③ ㄴ, ㄹ
④ ㄷ, ㄹ
⑤ ㄴ, ㄷ, ㄹ

11

다음 <표>는 위원회 회의참석수당 지급규정에 대한 자료이다. 이를 근거로 <회의>의 (가) ~ (라) 중 총지급액이 가장 큰 회의와 세 번째로 큰 회의를 바르게 연결한 것은?

<표 1> 위원회 회의참석수당 지급규정

(단위: 천 원/인)

구분		전체위원회		조정위원회		전문 위원회	기타 위원회
		전체회의	소위	전체회의	소위		
안건 검토비	위원장	300	250	200	150	200	150
	위원	250	200	150	100	150	100
회의참석비		회의시간이 2시간 미만인 경우 150 회의시간이 2시간 이상인 경우 200					
교통비		교통비 지급규정에 따라 정액 지급					

※ 1) 총지급액은 위원장과 위원의 회의참석수당 합임.
2) 위원(장) 회의참석수당 = 위원(장) 안건검토비 + 회의참석비 + 교통비

<표 2> 교통비 지급규정

(단위: 천 원/인)

회의개최장소	1급지	2급지	3급지	4급지
교통비	12	16	25	30

※ 교통비는 회의개최장소의 등급에 따라 지급하고, 회의개최장소는 1 ~ 4급지로 구분됨.

〈회 의〉

(가) 1급지에서 개최되고 위원장 1인과 위원 2인이 참석하며, 회의시간이 1시간인 전체위원회 소위
(나) 2급지에서 개최되고 위원장 1인과 위원 2인이 참석하며, 회의시간이 3시간인 조정위원회 전체회의
(다) 3급지에서 개최되고 위원장 1인과 위원 2인이 참석하며, 회의시간이 1시간인 전문위원회
(라) 4급지에서 개최되고 위원장 1인과 위원 2인이 참석하며, 회의시간이 4시간인 기타 위원회

	총지급액이 가장 큰 회의	총지급액이 세 번째로 큰 회의
①	(나)	(가)
②	(나)	(다)
③	(나)	(라)
④	(라)	(나)
⑤	(라)	(다)

12

다음은 ‘갑’국의 특허 출원인 A ~ E의 IT 분야 등록특허별 피인용 횟수에 관한 자료이다. 이를 근거로 영향력 지수가 가장 큰 출원인과 기술력 지수가 가장 작은 출원인을 바르게 연결한 것은?

<표> ‘갑’국의 특허 출원인 A ~ E의 IT 분야 등록특허별 피인용 횟수

(단위: 회)

특허 출원인	등록특허	피인용 횟수
A	A1	3
	A2	25
B	B1	1
	B2	3
	B3	20
C	C1	3
	C2	2
	C3	10
	C4	5
	C5	6
D	D1	12
	D2	21
	D3	15
E	E1	6
	E2	56
	E3	4
	E4	12

※ A ~ E는 IT 분야 외 등록특허가 없음.

〈정 보〉

○ 해당 출원인의 영향력 지수 = $\frac{\text{해당 출원인의 피인용도 지수}}{\text{IT 분야 전체 등록특허의 피인용도 지수}}$

○ 해당 출원인의 기술력 지수 = 해당 출원인의 영향력 지수 × 해당 출원인의 등록특허 수

○ 해당 출원인의 피인용도 지수 = $\frac{\text{해당 출원인의 등록특허 피인용 횟수의 합}}{\text{해당 출원인의 등록특허 수}}$

○ IT 분야 전체 등록특허의 피인용도 지수 = $\frac{\text{IT 분야 전체의 등록특허 피인용 횟수의 합}}{\text{IT 분야 전체의 등록특허 수}}$

	영향력 지수가 가장 큰 출원인	기술력 지수가 가장 작은 출원인
①	A	B
②	D	A
③	D	C
④	E	B
⑤	E	C

13

다음 <표>는 2018 ~ 2022년 '갑'국의 양자기술 분야별 정부 R&D 투자금액에 관한 자료이다. <표>를 이용하여 작성한 자료로 옳지 않은 것은?

<표> 양자기술 분야별 정부 R&D 투자금액

(단위: 백만 원)

분야 \ 연도	2018	2019	2020	2021	2022	합
양자컴퓨팅	61	119	200	285	558	1,223
양자내성암호	102	209	314	395	754	1,774
양자통신	110	192	289	358	723	1,672
양자센서	77	106	125	124	209	641
계	350	626	928	1,162	2,244	5,310

※ 양자기술은 양자컴퓨팅, 양자내성암호, 양자통신, 양자센서 분야로만 구분됨.

① 2019 ~ 2022년 양자통신 분야 정부 R&D 투자금액의 전년 대비 증가율

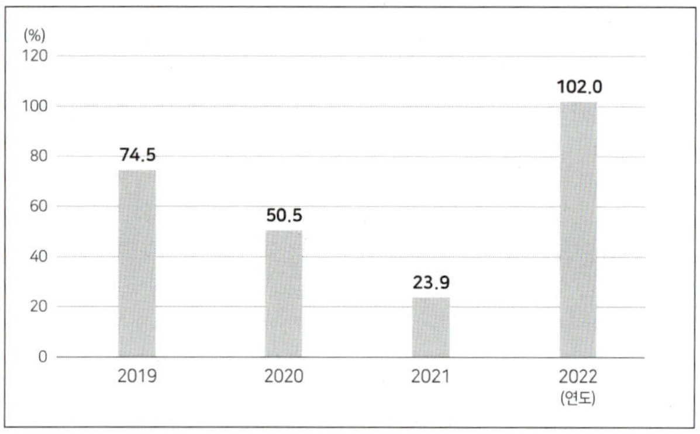

② 연도별 양자컴퓨팅, 양자통신 분야 정부 R&D 투자금액

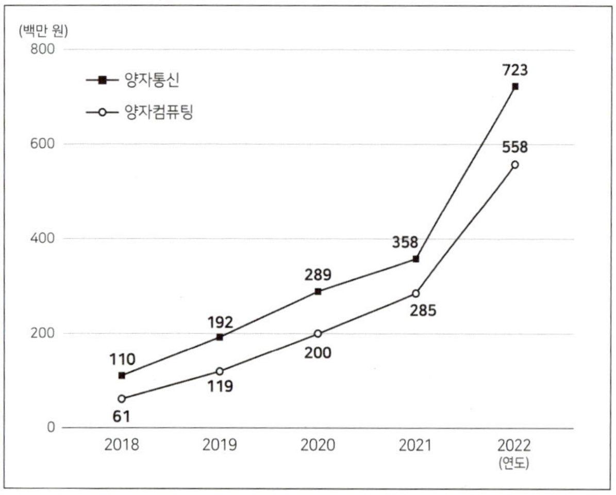

③ 2018 ~ 2022년 양자기술 정부 R&D 총투자금액의 분야별 구성비

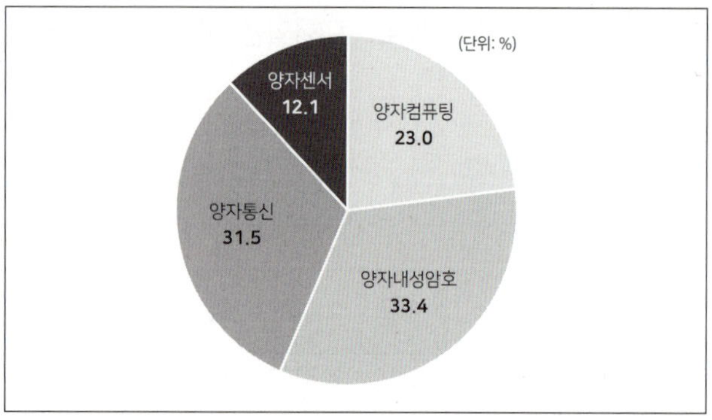

④ 연도별 양자내성암호 분야 정부 R&D 투자금액 대비 양자센서 분야 정부 R&D 투자금액 비율

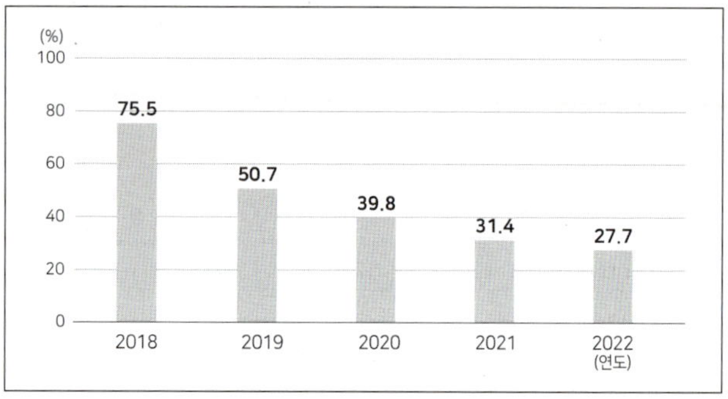

⑤ 2018 ~ 2022년 양자기술 정부 R&D 투자금액의 분야별 비중

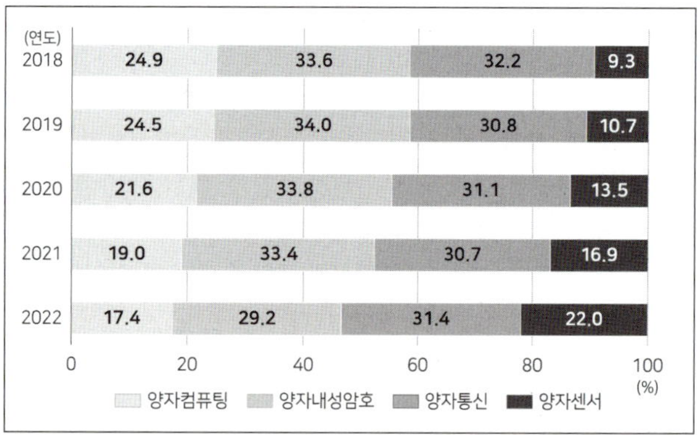

14

다음 <표>는 2017 ~ 2022년 '갑'국의 병해충 발생면적에 관한 자료이다. 이에 대한 <보기>의 설명 중 옳은 것만을 모두 고르면?

<표> 2017 ~ 2022년 '갑'국의 병해충 발생면적

(단위: ha)

병해충 \ 연도	2017	2018	2019	2020	2021	2022
흰불나방	35,964	32,235	29,325	29,332	28,522	32,627
솔잎혹파리	35,707	38,976	(　)	27,530	27,638	20,840
솔껍질깍지벌레	4,043	7,718	6,380	5,024	3,566	3,497
참나무시들음병	1,733	1,636	1,576	1,560	1,240	(　)
전체	77,447	(　)	69,812	63,446	60,966	58,451

〈보　기〉

ㄱ. 2019 ~ 2022년 발생면적이 매년 감소한 병해충은 '솔껍질깍지벌레'뿐이다.

ㄴ. 전체 병해충 발생면적이 전년 대비 증가한 해는 2018년뿐이다.

ㄷ. 2019년 '솔잎혹파리' 발생면적은 2022년 '참나무시들음병' 발생면적의 30배 이상이다.

ㄹ. 2022년 병해충 발생면적의 전년 대비 증가율은 '참나무시들음병'이 '흰불나방'보다 낮다.

① ㄱ

② ㄷ

③ ㄱ, ㄴ

④ ㄷ, ㄹ

⑤ ㄱ, ㄴ, ㄹ

15

다음은 '갑'국의 2017년과 2022년 A ~ H 학생의 신장 및 체중과 체질량지수 분류기준에 관한 자료이다. 이에 대한 설명으로 옳지 않은 것은?

<그림> 2017년과 2022년 A ~ H 학생의 신장 및 체중

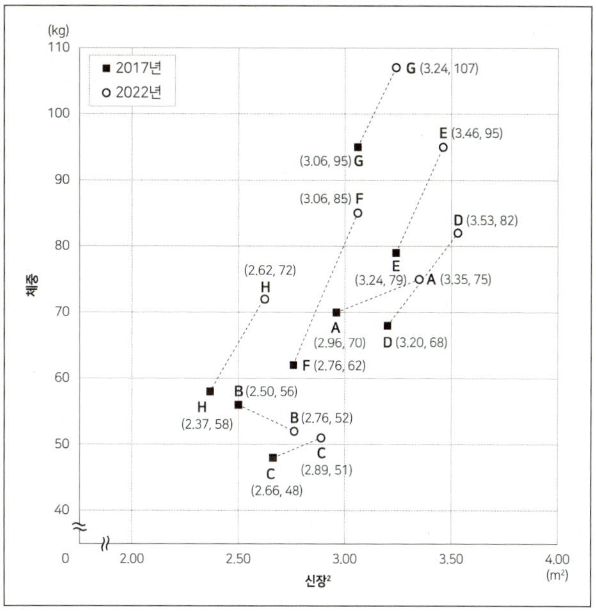

<표> '갑'국의 체질량지수 분류기준

(단위: kg/m²)

체질량지수	분류
20 미만	저체중
20 이상 25 미만	정상
25 이상 30 미만	과체중
30 이상 40 미만	비만
40 이상	고도비만

※ 체질량지수(kg/m²) = $\frac{\text{체중}}{\text{신장}^2}$

① '저체중'으로 분류된 학생의 수는 2022년이 2017년보다 많다.

② 2022년 A ~ H 학생 체중의 평균은 2017년 대비 10% 이상 증가하였다.

③ 2017년과 2022년에 모두 '정상'으로 분류된 학생은 2명이다.

④ 2017년과 2022년 신장의 차이가 가장 큰 학생은 A이다.

⑤ 2022년 A ~ H 학생의 체질량지수 중 가장 큰 값은 가장 작은 값의 2배 이상이다.

16

다음은 2016 ~ 2022년 '갑'국의 스마트농업 정부연구비에 관한 자료이다. 이에 대한 <보기>의 설명 중 옳은 것만을 모두 고르면?

<그림> 연도별 스마트농업 정부연구비 및 연구과제 수

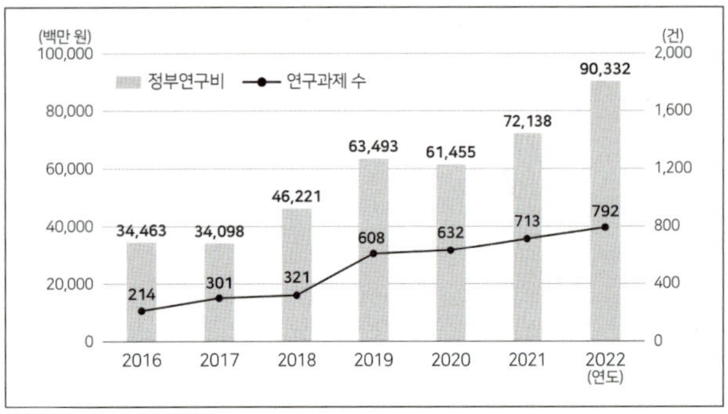

<표> 연도별 · 분야별 스마트농업 정부연구비

(단위: 백만 원)

분야 \ 연도	2016	2017	2018	2019	2020	2021	2022	전체
데이터기반 구축	3,520	4,583	8,021	10,603	11,677	16,581	18,226	73,211
자동화설비 기기	27,082	19,975	23,046	25,377	22,949	24,330	31,383	( )
융합연구	3,861	9,540	15,154	27,513	26,829	31,227	40,723	( )

※ 스마트농업은 데이터기반구축, 자동화설비기기, 융합연구 분야로만 구분됨.

〈보 기〉

ㄱ. 스마트농업의 연구과제당 정부연구비가 가장 많은 해는 2016년이다.
ㄴ. 전체 정부연구비가 가장 많은 스마트농업 분야는 '자동화설비기기'이다.
ㄷ. 스마트농업 정부연구비의 전년 대비 증가율이 가장 높은 해는 2022년이다.
ㄹ. 2019년 대비 2022년 정부연구비 증가율이 가장 높은 스마트농업 분야는 '데이터기반구축'이다.

① ㄱ, ㄴ
② ㄱ, ㄷ
③ ㄷ, ㄹ
④ ㄱ, ㄴ, ㄹ
⑤ ㄴ, ㄷ, ㄹ

17

다음 <표>는 A지역 산불피해 복구에 대한 국비 및 지방비 지원금액에 관한 자료이다. 이에 대한 <보기>의 설명 중 옳은 것만을 모두 고르면?

<표 1> A지역 산불피해 복구에 대한 지원항목별, 재원별 지원금액

(단위: 천만 원)

지원항목 \ 재원	국비	지방비	합
산림시설 복구	32,594	9,000	41,594
주택 복구	5,200	1,800	7,000
이재민 구호	2,954	532	3,486
상·하수도 복구	10,930	260	11,190
농경지 복구	1,540	340	1,880
생계안정 지원	1,320	660	1,980
기타	520	0	520
전체	55,058	( )	( )

<표 2> A지역 산불피해 복구에 대한 부처별 국비 지원금액

(단위: 천만 원)

부처	행정안전부	산림청	국토교통부	환경부	보건복지부	그 외	전체
지원금액	2,930	33,008	( )	9,520	350	240	55,058

〈보 기〉

ㄱ. 기타를 제외하고, 국비 지원금액 대비 지방비 지원금액 비율이 가장 높은 지원항목은 '주택 복구'이다.
ㄴ. 산림청의 '산림시설 복구' 지원금액은 1,000억 원 이상이다.
ㄷ. 국토교통부의 지원금액은 전체 국비 지원금액의 20% 이상이다.
ㄹ. 전체 지방비 지원금액은 '상·하수도 복구' 국비 지원금액보다 크다.

① ㄱ, ㄴ
② ㄱ, ㄷ
③ ㄴ, ㄷ
④ ㄴ, ㄹ
⑤ ㄷ, ㄹ

18

다음 <표>는 2022년도 '갑'국의 운전면허 종류별 응시자 및 합격자 수에 관한 자료이다. 이에 대한 설명으로 옳은 것은?

<표> '갑'국의 운전면허 종류별 응시자 및 합격자 수

(단위: 명)

구분 \ 종류	응시자			합격자		
		남자	여자		남자	여자
전체	71,976	56,330	15,646	44,012	33,150	10,862
1종	29,507	(　)	1,316	16,550	15,736	814
대형	4,199	4,149	50	995	991	4
보통	24,388	23,133	1,255	15,346	14,536	810
특수	920	909	11	209	209	0
2종	(　)	(　)	14,330	27,462	17,414	10,048
보통	39,312	25,047	14,265	26,289	16,276	10,013
소형	1,758	1,753	5	350	349	1
원동기	1,399	1,339	60	823	789	34

※ 합격률(%) $= \frac{\text{합격자 수}}{\text{응시자 수}} \times 100$

① 2종 면허 응시자 수는 1종 면허 응시자 수의 2배 이상이다.

② 전체 합격률은 60% 미만이다.

③ 1종 보통 면허 합격률은 2종 보통 면허 합격률보다 높다.

④ 1종 면허 남자 응시자 수는 2종 면허 남자 응시자 수보다 많다.

⑤ 1종 대형 면허 여자 합격률은 2종 소형 면허 여자 합격률보다 높다.

19

다음 <표>는 2022년 A ~ E국의 국방비와 GDP, 군병력, 인구에 관한 자료이다. 이에 대한 <보기>의 설명 중 옳은 것만을 모두 고르면?

<표> 2022년 A ~ E국의 국방비와 GDP, 군병력, 인구

(단위: 억 달러, 만 명)

구분 \ 국가	국방비	GDP	군병력	인구
A	8,010	254,645	133	33,499
B	195	13,899	12	4,722
C	502	16,652	60	5,197
D	320	20,120	17	6,102
E	684	30,706	20	6,814

〈보　기〉

ㄱ. 국방비가 가장 많은 국가의 국방비는 A ~ E국 국방비 합의 80% 이상이다.
ㄴ. 인구 1인당 GDP는 B국이 C국보다 크다.
ㄷ. 국방비가 많은 국가일수록 GDP 대비 국방비 비율이 높다.
ㄹ. 군병력 1인당 국방비는 A국이 D국의 3배 이상이다.

① ㄱ, ㄴ

② ㄱ, ㄹ

③ ㄴ, ㄷ

④ ㄱ, ㄷ, ㄹ

⑤ ㄴ, ㄷ, ㄹ

20

다음은 '갑'국의 건설공사 안전관리비에 관한 자료이다. 이에 대한 <보기>의 설명 중 옳은 것만을 모두 고르면?

<표> '갑'국의 건설공사 종류 및 대상액별 안전관리비 산정 기준

대상액 \ 공사 종류 \ 구분	5억 원 미만	5억 원 이상 50억 원 미만		50억 원 이상
	요율(%)	요율(%)	기초액(천 원)	요율(%)
일반건설공사(갑)	2.93	1.86	5,350	1.97
일반건설공사(을)	3.09	1.99	5,500	2.10
중건설공사	3.43	2.35	5,400	2.46
철도·궤도신설공사	2.45	1.57	4,400	1.66
특수 및 기타 건설공사	1.85	1.20	3,250	1.27

〈안전관리비 산정 방식〉

○ 대상액이 5억 원 미만 또는 50억 원 이상인 경우,
안전관리비 = 대상액 × 요율

○ 대상액이 5억 원 이상 50억 원 미만인 경우,
안전관리비 = 대상액 × 요율 + 기초액

〈보 기〉

ㄱ. 대상액이 10억 원인 경우, 안전관리비는 '일반건설공사(을)'가 '중건설공사'보다 적다.

ㄴ. 대상액이 4억 원인 경우, '일반건설공사(갑)'와 '철도·궤도신설공사'의 안전관리비 차이는 200만 원 이상이다.

ㄷ. '특수 및 기타 건설공사' 안전관리비는 대상액이 100억 원인 경우가 대상액이 10억 원인 경우의 10배 이상이다.

① ㄱ
② ㄴ
③ ㄱ, ㄷ
④ ㄴ, ㄷ
⑤ ㄱ, ㄴ, ㄷ

21

다음 <표>는 '갑'국 재외국민의 5개 지역별 투표 결과에 관한 자료이다. 이에 대한 <보기>의 설명 중 옳은 것만을 모두 고르면?

<표> 재외국민 지역별 투표 결과

(단위: 개소, 명, %)

구분 \ 지역	제20대 선거				제19대 선거	
	투표소 수	선거인 수	투표자 수	투표율	투표자 수	투표율
아주	( )	110,818	78,051	70.4	106,496	74.0
미주	62	( )	50,440	68.7	68,213	71.7
유럽	47	32,591	25,629	( )	36,170	84.9
중동	21	6,818	5,658	83.0	8,210	84.9
아프리카	21	2,554	2,100	82.2	2,892	85.4
전체	219	226,162	161,878	71.6	221,981	75.3

※ 1) $\text{투표율(\%)} = \dfrac{\text{투표자 수}}{\text{선거인 수}} \times 100$

2) '아주'는 '중동'을 제외한 아시아 및 오세아니아 지역을 의미함.

〈보 기〉

ㄱ. 제20대 선거에서 투표소 수는 '아주'가 '중동'의 4배 이상이다.

ㄴ. 제20대 선거에서 투표율이 가장 높은 지역과 가장 낮은 지역의 투표율 차이는 15 %p 이상이다.

ㄷ. 제20대 선거에서 투표소당 선거인 수는 '미주'가 '유럽'보다 많다.

ㄹ. 제20대 선거와 제19대 선거의 선거인 수 차이가 큰 지역부터 순서대로 나열하면 '아주', '미주', '유럽', '중동', '아프리카' 순이다.

① ㄱ
② ㄹ
③ ㄷ, ㄹ
④ ㄱ, ㄴ, ㄷ
⑤ ㄴ, ㄷ, ㄹ

22

다음 <표>는 2017 ~ 2021년 '갑'국의 해양사고 유형별 발생 건수와 인명피해 인원 현황이다. <표>와 <조건>을 근거로 A ~ E에 해당하는 유형을 바르게 연결한 것은?

<표 1> 2017 ~ 2021년 해양사고 유형별 발생 건수

(단위: 건)

연도 \ 유형	A	B	C	D	E
2017	258	65	29	96	160
2018	250	46	38	119	162
2019	244	110	61	132	228
2020	277	108	69	128	203
2021	246	96	54	149	174

<표 2> 2017 ~ 2021년 해양사고 유형별 인명피해 인원

(단위: 명)

연도 \ 유형	A	B	C	D	E
2017	35	20	25	3	60
2018	19	25	1	0	52
2019	10	19	0	16	52
2020	8	25	2	8	79
2021	9	27	3	3	76

※ 해양사고 유형은 '안전사고', '전복', '충돌', '침몰', '화재폭발' 중 하나로만 구분됨.

〈조 건〉

- ○ 2017 ~ 2019년 동안 '안전사고' 발생 건수는 매년 증가한다.
- ○ 2020년 해양사고 발생 건수 대비 인명피해 인원의 비율이 두 번째로 높은 유형은 '전복'이다.
- ○ 해양사고 발생 건수는 매년 '충돌'이 '전복'의 2배 이상이다.
- ○ 2017 ~ 2021년 동안의 해양사고 인명피해 인원 합은 '침몰'이 '안전사고'의 50% 이하이다.
- ○ 2020년과 2021년의 해양사고 인명피해 인원 차이가 가장 큰 유형은 '화재폭발'이다.

	A	B	C	D	E
①	충돌	전복	침몰	화재폭발	안전사고
②	충돌	전복	화재폭발	안전사고	침몰
③	충돌	침몰	전복	화재폭발	안전사고
④	침몰	전복	안전사고	화재폭발	충돌
⑤	침몰	충돌	전복	안전사고	화재폭발

23

다음 <표>는 2017 ~ 2022년 '갑'시의 택시 위법행위 유형별 단속건수에 관한 자료이다. 이에 대한 설명으로 옳은 것은?

<표> 2017 ~ 2022년 '갑'시의 택시 위법행위 유형별 단속건수

(단위: 건)

유형 연도	승차거부	정류소 정차 질서문란	부당요금	방범등 소등 위반	사업구역 외 영업	기타	전체
2017	( )	1,110	125	1,001	123	241	4,166
2018	1,694	701	301	( )	174	382	4,131
2019	1,991	1,194	441	825	554	349	5,354
2020	717	1,128	51	769	2,845	475	( )
2021	130	355	40	1,214	1,064	484	( )
2022	43	193	268	( )	114	187	2,067

① 위법행위 단속건수 상위 2개 유형은 2017년과 2018년이 같다.
② '부당요금' 단속건수 대비 '승차거부' 단속건수 비율이 가장 높은 연도는 2017년이다.
③ 전체 단속건수가 가장 많은 연도는 2020년이다.
④ 전체 단속건수 중 '방범등 소등위반' 단속건수가 차지하는 비중은 매년 감소한다.
⑤ 2017년 '승차거부' 단속건수는 2022년 '방범등 소등위반' 단속건수보다 적다.

24 ~ 25

다음 <표>는 '갑'국의 2022년 4 ~ 6월 A ~ D정유사의 휘발유와 경유 가격에 관한 자료이다. 다음 물음에 답하시오.

<표> 정유사별 휘발유와 경유 가격

(단위: 원/L)

유종 / 정유사 / 월	휘발유			경유		
	4	5	6	4	5	6
A	1,840	1,825	1,979	1,843	1,852	2,014
B	1,795	1,849	1,982	1,806	1,894	2,029
C	1,801	1,867	2,006	1,806	1,885	2,013
D	1,807	1,852	1,979	1,827	1,895	2,024

※ 가격은 해당 월의 정유사별 공시가임.

24

위 <표>에 대한 설명으로 옳은 것은?

① 휘발유와 경유의 가격 차이가 가장 큰 정유사는 매월 같다.
② 4월에 휘발유 가격보다 경유 가격이 낮은 정유사는 1개이다.
③ 5월 휘발유 가격이 가장 높은 정유사는 5월 경유 가격도 가장 높다.
④ 각 정유사의 경유 가격은 매월 높아졌다.
⑤ 각 정유사의 5월과 6월 가격 차이는 경유가 휘발유보다 크다.

25

위 <표>와 다음 <정보>를 근거로 <보기>의 설명 중 옳은 것만을 모두 고르면?

〈정 보〉

○ 가격 = 원가 + 유류세 + 부가가치세
○ 4월 유류세는 원가의 50 %임.
○ 부가가치세는 원가와 유류세를 합한 금액의 10 %임.

〈보 기〉

ㄱ. 5월 B의 휘발유 유류세가 원가의 40 %라면, 5월 B의 휘발유 원가는 1,300원/L 이상이다.
ㄴ. 5월 C의 경유 원가가 전월과 같다면, 5월 C의 경유 유류세는 600원/L 이상이다.
ㄷ. 6월 D의 경유 유류세가 4월과 같은 금액이라면, 6월 D의 경유 유류세는 원가의 50 % 이상이다.

① ㄱ
② ㄴ
③ ㄷ
④ ㄱ, ㄴ
⑤ ㄴ, ㄷ

memo

MEMO

2022
7급 공채 및 민간경력

자료해석 가책형

PSAT 신헌 자료해석 ALL수록 기출문제집

01

다음 <그림>은 2021년 7월 '갑'지역의 15세 이상 인구를 대상으로 한 경제활동인구조사 결과를 정리한 자료이다. <그림>의 A, B에 해당하는 값을 바르게 나열한 것은?

<그림> 2021년 7월 경제활동인구조사 결과

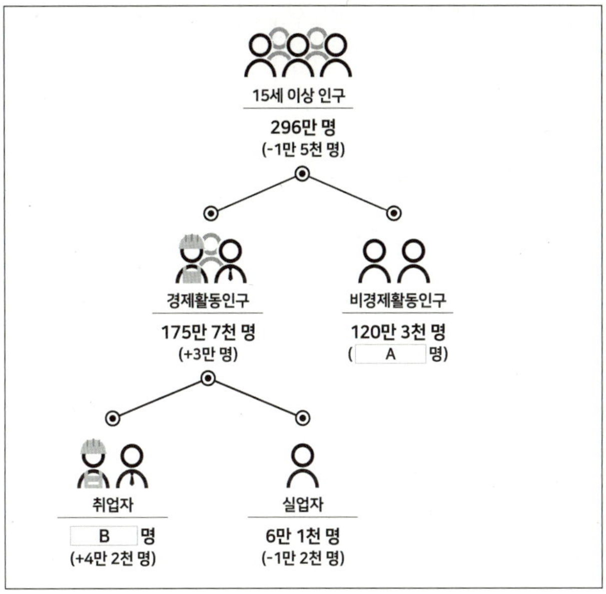

※ (   )는 2020년 7월 대비 증감 인구수임.

	A	B
①	−4만 5천	169만 6천
②	−4만 5천	165만 4천
③	−1만 2천	172만 7천
④	−1만 2천	169만 6천
⑤	+4만 2천	172만 7천

02

다음 <표>는 2017 ~ 2021년 '갑'국의 청구인과 피청구인에 따른 특허심판 청구건수에 관한 자료이다. 이에 대한 <보기>의 설명 중 옳은 것만을 모두 고르면?

<표> 청구인과 피청구인에 따른 특허심판 청구건수

(단위: 건)

청구인 / 피청구인 / 연도	내국인		외국인	
	내국인	외국인	내국인	외국인
2017	765	270	204	172
2018	889	1,970	156	119
2019	795	359	191	72
2020	771	401	93	230
2021	741	213	152	46

〈보 기〉

ㄱ. 2019년 청구인이 내국인인 특허심판 청구건수의 전년 대비 감소율은 50 % 이상이다.

ㄴ. 2021년 피청구인이 내국인인 특허심판 청구건수는 피청구인이 외국인인 특허심판 청구건수의 3배 이상이다.

ㄷ. 2017년 내국인이 외국인에게 청구한 특허심판 청구건수는 2020년 외국인이 외국인에게 청구한 특허심판 청구건수보다 많다.

① ㄱ

② ㄷ

③ ㄱ, ㄴ

④ ㄴ, ㄷ

⑤ ㄱ, ㄴ, ㄷ

03

다음 <보고서>는 2018 ~ 2021년 '갑'국의 생활밀접업종 현황에 대한 자료이다. <보고서>의 내용과 부합하지 않는 자료는?

〈보고서〉

생활밀접업종은 소매, 음식, 숙박, 서비스 등과 같이 일상생활과 밀접하게 관련된 재화 또는 용역을 공급하는 업종이다. 생활밀접업종 사업자 수는 2021년 현재 2,215천 명으로 2018년 대비 10 % 이상 증가하였다. 2018년 대비 2021년 생활밀접업종 중 73개 업종에서 사업자 수가 증가하였는데, 이 중 스포츠시설운영업이 가장 높은 증가율을 기록하였고 펜션·게스트하우스, 애완용품점이 그 뒤를 이었다.

그러나 혼인건수와 출생아 수가 줄어드는 사회적 현상은 관련 업종에도 직접 영향을 미친 것으로 나타났다. 산부인과 병·의원 사업자 수는 2018년 이후 매년 감소하였다. 또한, 2018년 이후 예식장과 결혼상담소의 사업자 수도 각각 매년 감소하는 것으로 나타났다.

한편 복잡한 현대사회에서 전문직에 대한 수요는 꾸준히 증가하고 있다. 생활밀접업종을 소매, 음식, 숙박, 병·의원, 전문직, 교육, 서비스의 7개 그룹으로 분류했을 때 전문직 그룹의 2018년 대비 2021년 사업자 수 증가율이 17.6 %로 가장 높았다.

① 생활밀접업종 사업자 수

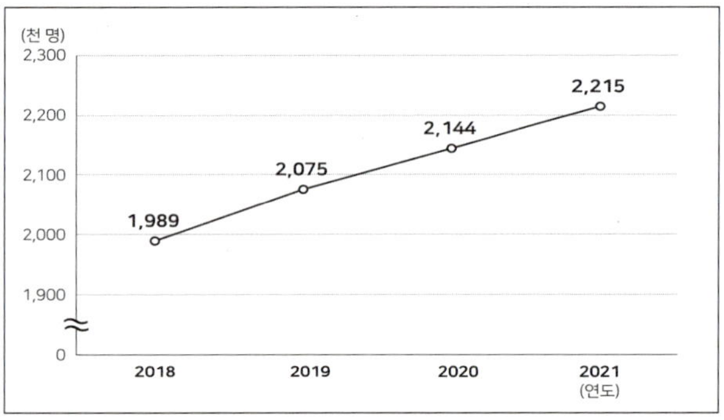

② 2018년 대비 2021년 생활밀접업종 사업자 수 증가율 상위 10개 업종

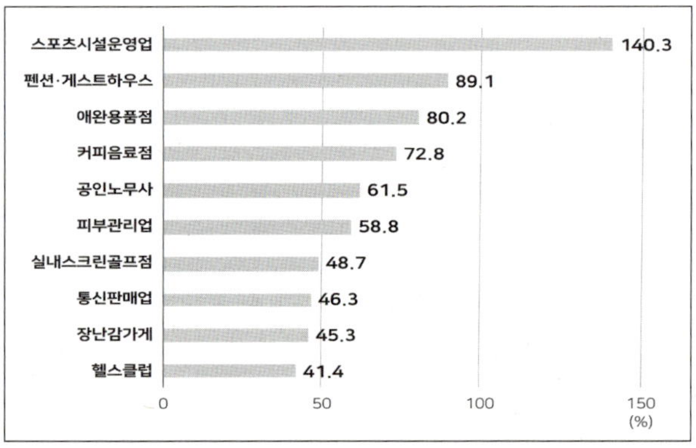

③ 주요 진료과목별 병·의원 사업자 수

(단위: 명)

진료과목 \ 연도	2018	2019	2020	2021
신경정신과	1,270	1,317	1,392	1,488
가정의학과	2,699	2,812	2,952	3,057
피부과 · 비뇨의학과	3,267	3,393	3,521	3,639
이비인후과	2,259	2,305	2,380	2,461
안과	1,485	1,519	1,573	1,603
치과	16,424	16,879	17,217	17,621
일반외과	4,282	4,369	4,474	4,566
성형외과	1,332	1,349	1,372	1,414
내과 · 소아과	10,677	10,861	10,975	11,130
산부인과	1,726	1,713	1,686	1,663

④ 예식장 및 결혼상담소 사업자 수

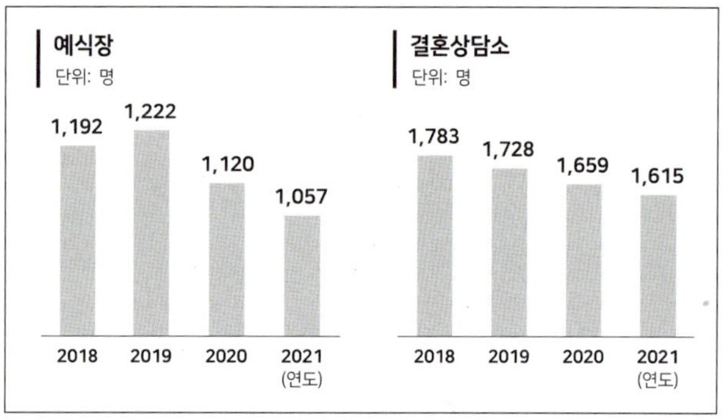

⑤ 2018년 대비 2021년 생활밀접업종의 7개 그룹별 사업자 수 증가율

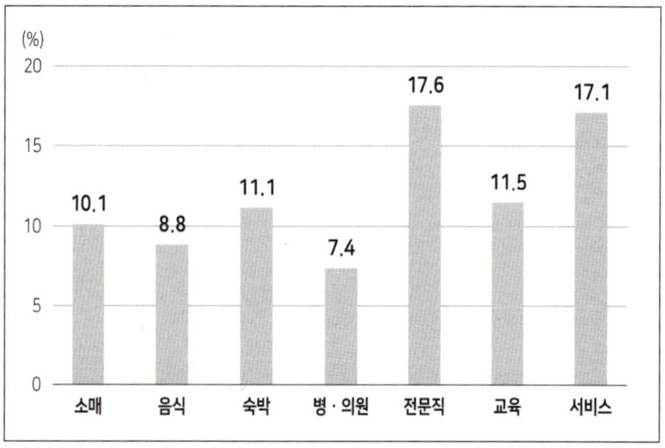

04

다음 <표>는 '갑'국 A위원회의 24 ~ 26차 회의 심의결과에 관한 자료이다. 이에 대한 <보기>의 설명 중 옳은 것만을 모두 고르면?

<표> A위원회의 24 ~ 26차 회의 심의결과

회차 / 위원 \ 동의 여부	24		25		26	
	동의	부동의	동의	부동의	동의	부동의
기획재정부장관	O		O		O	
교육부장관	O			O	O	
과학기술정보통신부장관	O		O			O
행정안전부장관	O			O	O	
문화체육관광부장관	O			O	O	
농림축산식품부장관		O	O		O	
산업통상자원부장관		O		O		O
보건복지부장관	O		O		O	
환경부장관		O	O			O
고용노동부장관		O		O	O	
여성가족부장관	O		O		O	
국토교통부장관	O		O		O	
해양수산부장관	O		O		O	
중소벤처기업부장관		O	O			O
문화재청장	O		O		O	
산림청장	O			O	O	

※ 1) A위원회는 <표>에 제시된 16명의 위원으로만 구성됨.
2) A위원회는 매 회차 개최 시 1건의 안건만을 심의함.

〈보 기〉

ㄱ. 24 ~ 26차 회의의 심의안건에 모두 동의한 위원은 6명이다.

ㄴ. 심의안건에 부동의한 위원 수는 매 회차 증가하였다.

ㄷ. 전체 위원의 $\frac{2}{3}$ 이상이 동의해야 심의안건이 의결된다면, 24 ~ 26차 회의의 심의안건은 모두 의결되었다.

① ㄱ
② ㄴ
③ ㄱ, ㄷ
④ ㄴ, ㄷ
⑤ ㄱ, ㄴ, ㄷ

05

다음 <표>는 1990년대 이후 A ~ E 도시의 시기별 및 자본금액별 창업 건수에 관한 자료이고, <보고서>는 A ~ E 중 한 도시의 창업 건수에 관한 설명이다. 이를 근거로 판단할 때, <보고서>의 내용에 부합하는 도시는?

<표> A ~ E 도시의 시기별 및 자본금액별 창업 건수

(단위: 건)

시기 / 자본금액 / 도시	1990년대		2000년대		2010년대		2020년 이후	
	1천만 원 미만	1천만 원 이상	1천만 원 미만	1천만 원 이상	1천만 원미만	1천만 원 이상	1천만 원 미만	1천만 원 이상
A	198	11	206	32	461	26	788	101
B	46	0	101	5	233	4	458	16
C	12	2	19	17	16	17	76	14
D	27	3	73	34	101	24	225	27
E	4	0	25	0	53	3	246	7

〈보고서〉

이 도시의 시기별 및 자본금액별 창업 건수는 다음과 같은 특징이 있다. 첫째, 1990년대 이후 모든 시기에서 자본금액 1천만 원 미만 창업 건수가 자본금액 1천만 원 이상 창업 건수보다 많다. 둘째, 자본금액 1천만 원 미만 창업 건수와 1천만 원 이상 창업 건수의 차이는 2010년대가 2000년대의 2배 이상이다. 셋째, 2020년 이후 전체 창업 건수는 1990년대 전체 창업 건수의 10배 이상이다. 넷째, 2020년 이후 전체 창업 건수 중 자본금액 1천만 원 이상 창업 건수의 비중은 3% 이상이다.

① A
② B
③ C
④ D
⑤ E

06

다음 <표>는 '갑'국의 원료곡종별 및 등급별 가공단가와 A ~ C지역의 가공량에 관한 자료이다. 이에 대한 <보기>의 설명 중 옳은 것만을 모두 고르면?

<표 1> 원료곡종별 및 등급별 가공단가

(단위: 천 원/톤)

원료곡종 \ 등급	1등급	2등급	3등급
쌀	118	109	100
현미	105	97	89
보리	65	60	55

<표 2> A ~ C지역의 원료곡종별 및 등급별 가공량

(단위: 톤)

지역	원료곡종 \ 등급	1등급	2등급	3등급	합계
A	쌀	27	35	25	87
	현미	43	20	10	73
	보리	5	3	7	15
B	쌀	23	25	55	103
	현미	33	25	21	79
	보리	9	9	5	23
C	쌀	30	35	20	85
	현미	30	37	25	92
	보리	8	30	2	40
전체	쌀	80	95	100	275
	현미	106	82	56	244
	보리	22	42	14	78

※ 가공비용 = 가공단가 × 가공량

〈보 기〉

ㄱ. A지역의 3등급 쌀 가공비용은 B지역의 2등급 현미 가공비용보다 크다.

ㄴ. 1등급 현미 전체의 가공비용은 2등급 현미 전체 가공비용의 2배 이상이다.

ㄷ. 3등급 쌀과 3등급 보리의 가공단가가 각각 90천 원/톤, 50천 원/톤으로 변경될 경우, 지역별 가공비용 총액 감소폭이 가장 작은 지역은 A이다.

① ㄱ
② ㄷ
③ ㄱ, ㄴ
④ ㄱ, ㄷ
⑤ ㄴ, ㄷ

07

다음 <표>는 재해위험지구 '갑', '을', '병'지역을 대상으로 정비사업 투자의 우선순위를 결정하기 위한 자료이다. '편익', '피해액', '재해발생위험도' 3개 평가 항목 점수의 합이 큰 지역일수록 우선순위가 높다. 이에 대한 <보기>의 설명 중 옳은 것만을 모두 고르면?

<표 1> '갑' ~ '병'지역의 평가 항목별 등급

지역 \ 평가 항목	편익	피해액	재해발생위험도
갑	C	A	B
을	B	D	A
병	A	B	C

<표 2> 평가 항목의 등급별 배점

(단위: 점)

등급 \ 평가 항목	편익	피해액	재해발생위험도
A	10	15	25
B	8	12	17
C	6	9	10
D	4	6	0

〈보 기〉

ㄱ. '재해발생위험도' 점수가 높은 지역일수록 우선순위가 높다.

ㄴ. 우선순위가 가장 높은 지역과 가장 낮은 지역의 '피해액' 점수 차이는 '재해발생위험도' 점수 차이보다 크다.

ㄷ. '피해액' 점수와 '재해발생위험도' 점수의 합이 가장 큰 지역은 '갑'이다.

ㄹ. '갑'지역의 '편익' 등급이 B로 변경되면, 우선순위가 가장 높은 지역은 '갑'이다.

① ㄱ, ㄴ
② ㄱ, ㄷ
③ ㄴ, ㄹ
④ ㄱ, ㄷ, ㄹ
⑤ ㄴ, ㄷ, ㄹ

08

다음 <그림>은 2017 ~ 2021년 '갑'국의 반려동물 사료 유형별 특허 출원건수에 관한 자료이다. 이에 대한 <보기>의 설명 중 옳은 것만을 모두 고르면?

<그림> 반려동물 사료 유형별 특허 출원건수

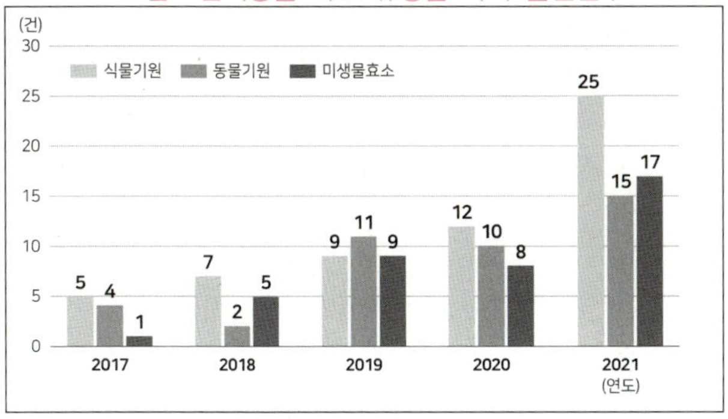

※ 반려동물 사료 유형은 식물기원, 동물기원, 미생물효소로만 구분함.

〈보 기〉

ㄱ. 2017 ~ 2021년 동안의 특허 출원건수 합이 가장 작은 사료 유형은 '미생물효소'이다.
ㄴ. 연도별 전체 특허 출원건수 대비 각 사료 유형의 특허 출원건수 비율은 '식물기원'이 매년 가장 높다.
ㄷ. 2021년 특허 출원건수의 전년 대비 증가율이 가장 높은 사료 유형은 '식물기원'이다.

① ㄱ
② ㄷ
③ ㄱ, ㄴ
④ ㄱ, ㄷ
⑤ ㄴ, ㄷ

09

다음 <표>는 2019년과 2020년 지역별 전체주택 및 빈집 현황에 관한 자료이다. 이를 바탕으로 작성한 <보고서>의 A ~ C에 해당하는 내용을 바르게 나열한 것은?

<표> 2019년과 2020년 지역별 전체주택 및 빈집 현황

(단위: 호, %)

연도 / 구분 / 지역	2019			2020		
	전체주택	빈집	빈집비율	전체주택	빈집	빈집비율
서울특별시	2,953,964	93,402	3.2	3,015,371	96,629	3.2
부산광역시	1,249,757	109,651	8.8	1,275,859	113,410	8.9
대구광역시	800,340	40,721	5.1	809,802	39,069	4.8
인천광역시	1,019,365	66,695	6.5	1,032,774	65,861	6.4
광주광역시	526,161	39,625	7.5	538,275	41,585	7.7
대전광역시	492,797	29,640	6.0	496,875	26,983	5.4
울산광역시	391,596	33,114	8.5	394,634	30,241	7.7
세종특별자치시	132,257	16,437	12.4	136,887	14,385	10.5
경기도	4,354,776	278,815	6.4	4,495,115	272,358	6.1
강원도	627,376	84,382	13.4	644,023	84,106	13.1
충청북도	625,957	77,520	12.4	640,256	76,877	12.0
충청남도	850,525	107,609	12.7	865,008	106,430	12.3
전라북도	724,524	91,138	12.6	741,221	95,412	12.9
전라남도	787,816	121,767	15.5	802,043	122,103	15.2
경상북도	1,081,216	143,560	13.3	1,094,306	139,770	12.8
경상남도	1,266,739	147,173	11.6	1,296,944	150,982	11.6
제주특별자치도	241,788	36,566	15.1	246,451	35,105	14.2
전국	18,126,954	1,517,815	8.4	18,525,844	1,511,306	8.2

※ 빈집비율(%) $= \frac{\text{빈집}}{\text{전체주택}} \times 100$

〈보고서〉

2020년 우리나라 전체주택 수는 전년 대비 39만 호 이상 증가하였으나 빈집 수는 6천 호 이상 감소하여 빈집비율은 전년 대비 감소하였다. 특히 세종특별자치시의 빈집비율이 가장 큰 폭으로 감소하였다.

하지만 2020년에는 [A]개 지역에서 빈집 수가 전년 대비 증가하였고, 전년 대비 빈집비율이 가장 큰 폭으로 증가한 지역은 [B]였다. 빈집비율이 가장 높은 지역과 가장 낮은 지역의 빈집비율 차이는 2019년에 비해 2020년이 [C]하였다.

	A	B	C
①	5	광주광역시	감소
②	5	전라북도	증가
③	6	광주광역시	증가
④	6	전라북도	증가
⑤	6	전라북도	감소

10

다음 <표>와 <보고서>는 2021년 '갑'국의 초등돌봄교실에 관한 자료이다. 제시된 <표> 이외에 <보고서>를 작성하기 위해 추가로 필요한 자료만을 <보기>에서 모두 고르면?

<표 1> 2021년 초등돌봄교실 이용학생 현황

(단위: 명, %)

구분		1	2	3	4	5	6	합
오후돌봄교실	학생 수	124,000	91,166	16,421	7,708	3,399	2,609	245,303
	비율	50.5	37.2	6.7	3.1	1.4	1.1	100.0
저녁돌봄교실	학생 수	5,215	3,355	772	471	223	202	10,238
	비율	50.9	32.8	7.5	4.6	2.2	2.0	100.0

<표 2> 2021년 지원대상 유형별 오후돌봄교실 이용학생 현황

(단위: 명, %)

유형 구분		우선지원대상					일반지원대상	합
		저소득층	한부모	맞벌이	기타	소계		
오후돌봄교실	학생 수	23,066	6,855	174,297	17,298	221,516	23,787	245,303
	비율	9.4	2.8	71.1	7.1	90.3	9.7	100.0

<보고서>

2021년 '갑'국의 초등돌봄교실 이용학생은 오후돌봄교실 245,303명, 저녁돌봄교실 10,238명이다. 오후돌봄교실의 경우 2021년 기준 전체 초등학교의 98.9%가 참여하고 있다.

오후돌봄교실의 우선지원대상은 저소득층 가정, 한부모 가정, 맞벌이 가정, 기타로 구분되며, 맞벌이 가정이 전체 오후돌봄교실 이용학생의 71.1%로 가장 많고 다음으로 저소득층 가정이 9.4%로 많다.

저녁돌봄교실의 경우 17시부터 22시까지 운영하고 있으나, 19시를 넘는 늦은 시간까지 이용하는 학생 비중은 11.2%에 불과하다. 2021년 현재 저녁돌봄교실 이용학생은 1~2학년이 8,570명으로 전체 저녁돌봄교실 이용학생의 83.7%를 차지한다.

초등돌봄교실 담당인력은 돌봄전담사, 현직교사, 민간위탁업체로 다양하다. 담당인력 구성은 돌봄전담사가 10,237명으로 가장 많고, 다음으로 현직교사 1,480명, 민간위탁업체 565명 순이다. 그중 돌봄전담사는 무기계약직이 6,830명이고 기간제가 3,407명이다.

〈보 기〉

ㄱ. 연도별 오후돌봄교실 참여 초등학교 수 및 참여율

(단위: 개, %)

구분 \ 연도	2016	2017	2018	2019	2020	2021
학교 수	5,652	5,784	5,938	5,972	5,998	6,054
참여율	96.0	97.3	97.3	96.9	97.0	98.9

ㄴ. 2021년 저녁돌봄교실 이용학생의 이용시간별 분포

(단위: 명, %)

구분 \ 이용시간	17~18시	17~19시	17~20시	17~21시	17~22시	합
이용학생 수	6,446	2,644	1,005	143	0	10,238
비율	63.0	25.8	9.8	1.4	0.0	100.0

ㄷ. 2021년 저녁돌봄교실 이용학생의 학년별 분포

(단위: 명, %)

구분 \ 학년	1~2	3~4	5~6	합
이용학생 수	8,570	1,243	425	10,238
비율	83.7	12.1	4.2	100.0

ㄹ. 2021년 초등돌봄교실 담당인력 현황

(단위: 명, %)

구분	돌봄전담사			현직교사	민간위탁업체	합
	무기계약직	기간제	소계			
인력	6,830	3,407	10,237	1,480	565	12,282
비율	55.6	27.7	83.3	12.1	4.6	100.0

① ㄱ, ㄴ
② ㄱ, ㄷ
③ ㄷ, ㄹ
④ ㄱ, ㄴ, ㄹ
⑤ ㄴ, ㄷ, ㄹ

11

다음 <표>는 2016 ~ 2020년 '갑'국의 해양사고 심판현황이다. 이에 대한 <보기>의 설명 중 옳은 것만을 모두 고르면?

<표> 2016 ~ 2020년 해양사고 심판현황

(단위: 건)

구분 \ 연도		2016	2017	2018	2019	2020
	전년 이월	96	100	( )	71	89
	해당 연도 접수	226	223	168	204	252
심판대상		322	( )	258	275	341
재결		222	233	187	186	210

※ '심판대상' 중 '재결'되지 않은 건은 다음 연도로 이월함.

〈보 기〉

ㄱ. '심판대상' 중 '전년 이월'의 비중은 2018년이 2016년보다 높다.

ㄴ. 다음 연도로 이월되는 건수가 가장 많은 연도는 2016년이다.

ㄷ. 2017년 이후 '해당 연도 접수' 건수의 전년 대비 증가율이 가장 높은 연도는 2020년이다.

ㄹ. '재결' 건수가 가장 적은 연도에는 '해당 연도 접수' 건수도 가장 적다.

① ㄱ, ㄴ
② ㄱ, ㄷ
③ ㄴ, ㄷ
④ ㄴ, ㄹ
⑤ ㄷ, ㄹ

12

다음 <표>는 '갑'주무관이 해양포유류 416종을 4가지 부류(A ~ D)로 나눈 후 2022년 기준 국제자연보전연맹(IUCN) 적색 목록 지표에 따라 분류한 자료이다. 이를 근거로 작성한 <보고서>의 A, B에 해당하는 해양포유류 부류를 바르게 연결한 것은?

<표> 해양포유류의 IUCN 적색 목록 지표별 분류 현황

(단위: 종)

지표 \ 부류 \ 해양포유류	A	B	C	D	합
절멸종(EX)	3	–	2	8	13
야생절멸종(EW)	–	–	–	2	2
심각한위기종(CR)	–	–	–	15	15
멸종위기종(EN)	11	1	–	48	60
취약종(VU)	7	2	8	57	74
위기근접종(NT)	2	–	–	38	40
관심필요종(LC)	42	2	1	141	186
자료부족종(DD)	2	–	–	24	26
미평가종(NE)	–	–	–	–	0
계	67	5	11	333	416

〈보고서〉

국제자연보전연맹(IUCN)의 적색 목록(Red List)은 지구 동식물종의 보전 상태를 나타내며, 각 동식물종의 보전 상태는 9개의 지표 중 1개로만 분류된다. 이 중 심각한위기종(CR), 멸종위기종(EN), 취약종(VU) 3개 지표 중 하나로 분류되는 동식물종을 멸종우려종(threatened species)이라 한다.

조사대상 416종의 해양포유류를 '고래류', '기각류', '해달류 및 북극곰', '해우류' 4가지 부류로 나눈 후, IUCN의 적색 목록 지표에 따라 분류해 보면 전체 조사대상의 약 36 %가 멸종우려종에 속하고 있다. 특히, 멸종우려종 중 '고래류'가 차지하는 비중은 80 % 이상이다. 또한 '해달류 및 북극곰'은 9개의 지표 중 멸종우려종 또는 관심필요종(LC)으로만 분류된 것으로 나타났다.

한편 해양포유류에 대한 과학적인 이해가 부족하여 26종은 자료부족종(DD)으로 분류되고 있다. 다만 '해달류 및 북극곰'과 '해우류'는 자료부족종(DD)으로 분류된 종이 없다.

	A	B
①	고래류	기각류
②	고래류	해우류
③	기각류	해달류 및 북극곰
④	기각류	해우류
⑤	해우류	해달류 및 북극곰

13

다음 <표>와 <조건>은 공유킥보드 운영사 A ~ D의 2022년 1월 기준 대여요금제와 대여방식이고 <보고서>는 공유킥보드 대여요금제 변경 이력에 관한 자료이다. <보고서>에서 (다)에 해당하는 값은?

<표> 공유킥보드 운영사 A ~ D의 2022년 1월 기준 대여요금제

(단위: 원)

운영사 / 구분	A	B	C	D
잠금해제료	0	250	750	1,600
분당대여료	200	150	120	60

〈보 기〉

○ 대여요금 = 잠금해제료 + 분당대여료 × 대여시간
○ 공유킥보드 이용자는 공유킥보드 대여시간을 분단위로 미리 결정하고 운영사 A ~ D의 대여요금을 산정한다.
○ 공유킥보드 이용자는 산정된 대여요금이 가장 낮은 운영사의 공유킥보드를 대여한다.

〈보고서〉

2022년 1월 기준 대여요금제에 따르면 운영사 (가) 는 이용자의 대여시간이 몇 분이더라도 해당 대여시간에 대해 운영사 A ~ D 중 가장 낮은 대여요금을 제공하지 못하는 것으로 나타났다. 자사 공유킥보드가 1대도 대여되지 않고 있음을 확인한 운영사 (가) 는 2월부터 잠금해제 이후 처음 5분간 분당대여료를 면제하는 것으로 대여요금제를 변경하였다.

운영사 (나) 가 2월 기준 대여요금제로 운영사 A ~ D의 대여요금을 재산정한 결과, 이용자의 대여시간이 몇 분이더라도 해당 대여시간에 대해 운영사 A ~ D 중 가장 낮은 대여요금을 제공하지 못하는 것을 파악하였다. 이에 운영사 (나) 는 3월부터 분당대여료를 50원 인하하는 것으로 대여요금제를 변경하였다.

그 결과 대여시간이 20분일 때, 3월 기준 대여요금제로 산정된 운영사 (가) 와 (나) 의 공유킥보드 대여요금 차이는 (다) 원이다.

① 200 ② 250
③ 300 ④ 350
⑤ 400

14

다음 <보고서>는 2021년 '갑'국 사교육비 조사결과에 대한 자료이다. <보고서>의 내용과 부합하지 않는 자료는?

〈보고서〉

2021년 전체 학생 수는 532만 명으로 전년보다 감소하였지만, 사교육비 총액은 23조 4천억 원으로 전년 대비 20% 이상 증가하였다. 또한, 사교육의 참여율과 주당 참여시간도 전년 대비 증가한 것으로 나타났다.

2021년 전체 학생의 1인당 월평균 사교육비는 전년 대비 20% 이상 증가하였고, 사교육 참여학생의 1인당 월평균 사교육비 또한 전년 대비 6% 이상 증가하였다. 2021년 전체 학생 중 월평균 사교육비를 20만 원 미만 지출한 학생의 비중은 전년 대비 감소하였으나, 60만 원 이상 지출한 학생의 비중은 전년 대비 증가한 것으로 나타났다.

한편, 2021년 방과후학교 지출 총액은 4,434억 원으로 2019년 대비 50% 이상 감소하였으며, 방과후학교 참여율 또한 28.9%로 2019년 대비 15.0%p 이상 감소하였다.

① 전체 학생 수와 사교육비 총액

(단위: 만 명, 조 원)

연도 / 구분	2020	2021
전체 학생 수	535	532
사교육비 총액	19.4	23.4

② 사교육의 참여율과 주당 참여시간

(단위: %, 시간)

연도 / 구분	2020	2021
참여율	67.1	75.5
주당 참여시간	5.3	6.7

③ 학생 1인당 월평균 사교육비

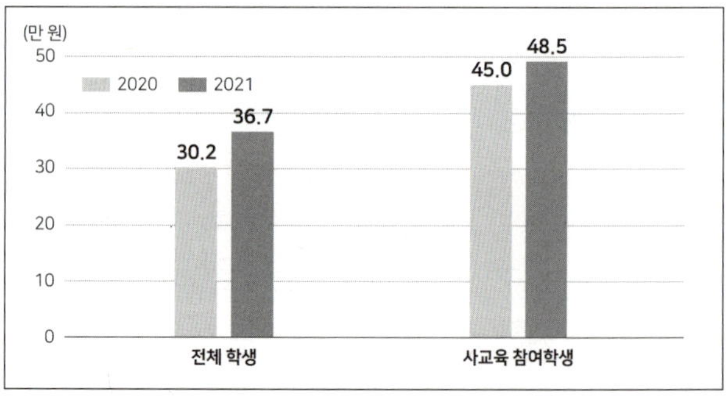

④ 전체 학생의 월평균 사교육비 지출 수준에 따른 분포

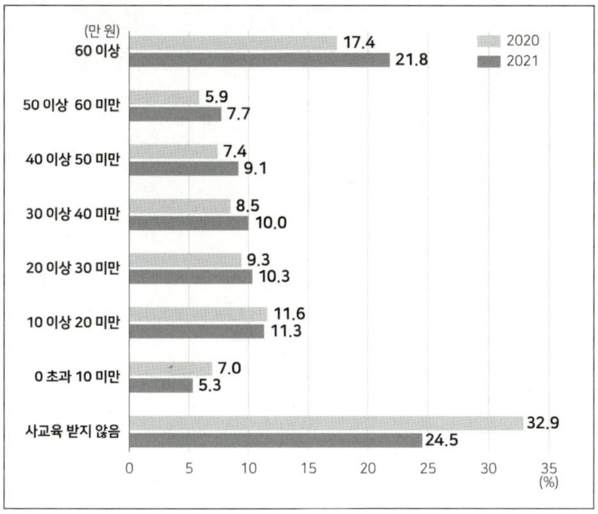

⑤ 방과후학교의 지출 총액과 참여율

(단위: 억 원, %)

구분 \ 연도	2019	2021
지출 총액	8,250	4,434
참여율	48.4	28.9

15

다음 <표>는 '갑'국의 학교급별 여성 교장 수와 비율을 1980년부터 5년마다 조사한 자료이다. 이에 대한 설명으로 옳은 것은?

<표> 학교급별 여성 교장 수와 비율

(단위: 명, %)

학교급 / 구분 / 조사연도	초등학교		중학교		고등학교	
	여성 교장 수	비율	여성 교장 수	비율	여성 교장 수	비율
1980	117	1.8	66	3.6	47	3.4
1985	122	1.9	98	4.9	60	4.0
1990	159	2.5	136	6.3	64	4.0
1995	222	3.8	181	7.6	66	3.8
2000	490	8.7	255	9.9	132	6.5
2005	832	14.3	330	12.0	139	6.4
2010	1,701	28.7	680	23.2	218	9.5
2015	2,058	34.5	713	24.3	229	9.9
2020	2,418	40.3	747	25.4	242	10.4

※ 1) 학교급별 여성 교장 비율(%) = $\frac{\text{학교급별 여성 교장 수}}{\text{학교급별 전체 교장 수}} \times 100$

2) 교장이 없는 학교는 없으며, 각 학교의 교장은 1명임.

지역 / 구분 / 연도	2019			2020		
	전체주택	빈집	빈집 비율	전체주택	빈집	빈집 비율

① 2000년 이후 중학교 여성 교장 비율은 매년 증가한다.
② 초등학교 수는 2020년이 1980년보다 많다.
③ 고등학교 남성 교장 수는 1985년이 1990년보다 많다.
④ 1995년 초등학교 수는 같은 해 중학교 수와 고등학교 수의 합보다 많다.
⑤ 초등학교 여성 교장 수는 2020년이 2000년의 5배 이상이다.

16

다음 <표>는 도지사 선거 후보자 A와 B의 TV 토론회 전후 '가' ~ '마'지역 유권자의 지지율에 대한 자료이고, <보고서>는 이 중 한 지역의 지지율 변화를 분석한 자료이다. <보고서>의 내용에 해당하는 지역을 '가' ~ '마' 중에서 고르면?

<표> 도지사 선거 후보자 TV 토론회 전후 지지율

(단위: %)

지역 \ 시기, 후보자	TV 토론회 전		TV 토론회 후	
	A	B	A	B
가	38	52	50	46
나	28	40	39	41
다	31	59	37	36
라	35	49	31	57
마	29	36	43	41

※ 1) 도지사 선거 후보자는 A와 B뿐임.
2) 응답자는 '후보자 A 지지', '후보자 B 지지', '지지 후보자 없음' 중 하나만 응답하고, 무응답은 없음.

〈보고서〉

도지사 선거 후보자 TV 토론회를 진행하기 전과 후에 실시한 이 지역의 여론조사 결과, 도지사 후보자 지지율 변화는 다음과 같다. TV 토론회 전에는 B후보자에 대한 지지율이 A후보자보다 10%p 이상 높게 집계되어 B후보자가 선거에 유리한 것으로 보였으나, TV 토론회 후에는 지지율 양상에 변화가 있는 것으로 분석된다.

TV 토론회 후 '지지 후보자 없음'으로 응답한 비율이 줄어 TV 토론회가 그동안 어떤 후보자에 투표할지 고민하던 유권자의 선택에 영향을 미친 것으로 판단된다. 또한, A후보자에 대한 지지율 증가폭이 B후보자보다 큰 것으로 나타나 TV 토론회를 통해 A후보자의 강점이 더 잘 드러났던 것으로 분석된다. 그러나 TV 토론회 후 두 후보자간 지지율 차이가 3%p 이내에 불과하여 이 지역에서 선거의 결과는 예측하기 어렵다.

① 가
② 나
③ 다
④ 라
⑤ 마

17

다음 <그림>은 '갑'공업단지 내 8개 업종 업체 수와 업종별 스마트시스템 도입률 및 고도화율에 관한 자료이다. 이에 대한 <보기>의 설명 중 옳은 것만을 모두 고르면?

<그림 1> 업종별 업체 수

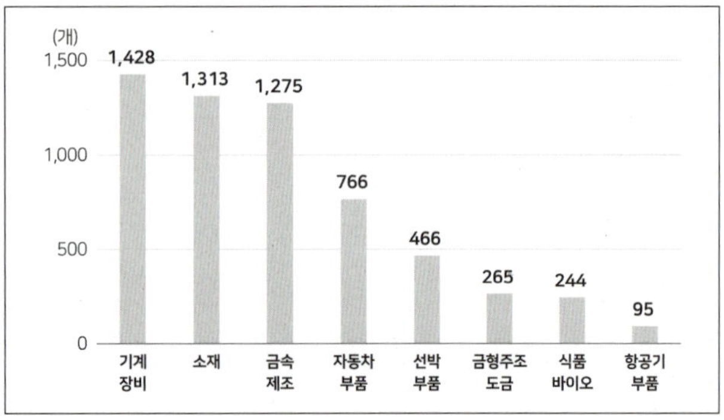

<그림 2> 업종별 스마트시스템 도입률 및 고도화율

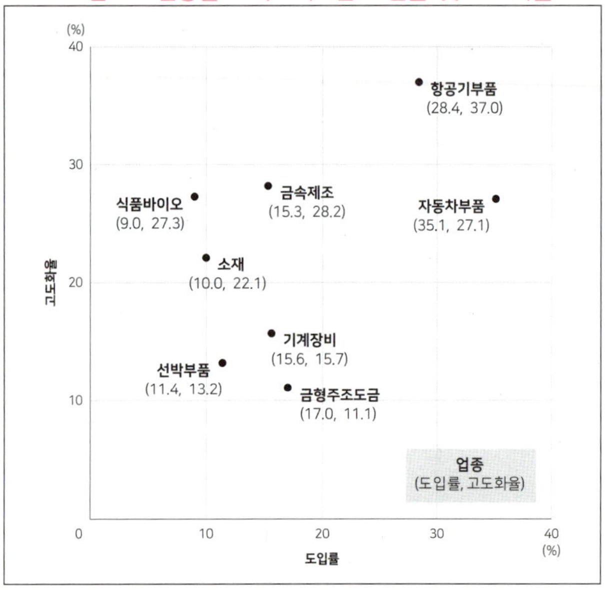

※ 1) 도입률(%) $= \frac{\text{업종별 스마트시스템 도입 업체 수}}{\text{업종별 업체 수}} \times 100$

2) 고도화율(%) $= \frac{\text{업종별 스마트시스템 고도화 업체 수}}{\text{업종별 스마트시스템 도입 업체 수}} \times 100$

〈보 기〉

ㄱ. 스마트시스템 도입 업체 수가 가장 많은 업종은 '자동차부품'이다.
ㄴ. 고도화율이 가장 높은 업종은 스마트시스템 고도화 업체 수도 가장 많다.
ㄷ. 업체 수 대비 스마트시스템 고도화 업체 수가 가장 높은 업종은 '항공기부품'이다.
ㄹ. 도입률이 가장 낮은 업종은 고도화율도 가장 낮다.

① ㄱ, ㄴ　② ㄱ, ㄷ　③ ㄱ, ㄹ
④ ㄴ, ㄷ　⑤ ㄴ, ㄹ

18

다음 <표>는 운전자 A ~ E의 정지시거 산정을 위해 '갑' 시험장에서 측정한 자료이다. <표>와 <정보>에 근거하여 맑은 날과 비 오는 날의 운전자별 정지시거를 바르게 연결한 것은?

<표> 운전자 A ~ E의 정지시거 산정을 위한 자료

(단위: m/초, 초, m)

구분 / 운전자	자동차	운행 속력	반응 시간	반응 거리	마찰계수	
					맑은 날	비 오는 날
A	가	20	2.0	40	0.4	0.1
B	나	20	2.0	( )	0.4	0.2
C	다	20	1.6	( )	0.8	0.4
D	나	20	2.4	( )	0.4	0.2
E	나	20	1.4	( )	0.4	0.2

〈보 기〉

○ 정지시거 = 반응거리 + 제동거리

○ 반응거리 = 운행속력 × 반응시간

○ 제동거리 = $\frac{(\text{운행속력})^2}{2 \times \text{마찰계수} \times g}$

(단, g는 중력가속도이며 10 m/초^{2}으로 가정함)

	운전자	맑은 날 정지시거[m]	비 오는 날 정지시거
①	A	120	240
②	B	90	160
③	C	72	82
④	D	98	158
⑤	E	78	128

19

다음 <표>와 <그림>은 '갑'국 8개 어종의 2020년 어획량에 관한 자료이다. 이에 대한 <보기>의 설명 중 옳은 것만을 모두 고르면?

<표> 8개 어종의 2020년 어획량

(단위: 톤)

어종	갈치	고등어	광어	멸치	오징어	전갱이	조기	참다랑어
어획량	20,666	64,609	5,453	26,473	23,703	19,769	23,696	482

<그림> 8개 어종 2020년 어획량의 전년비 및 평년비

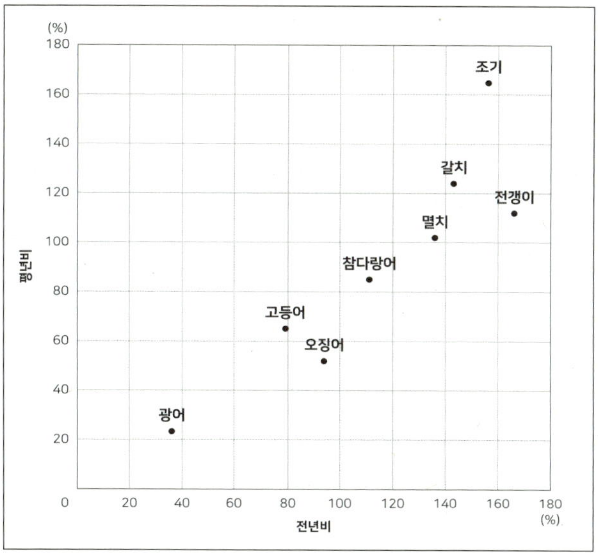

※ 1) 전년비(%) = $\frac{\text{2020년 어획량}}{\text{2019년 어획량}} \times 100$

2) 평년비(%) = $\frac{\text{2020년 어획량}}{\text{2011} \sim \text{2020년 연도별 어획량의 평균}} \times 100$

〈보 기〉

ㄱ. 8개 어종 중 2019년 어획량이 가장 많은 어종은 고등어이다.

ㄴ. 8개 어종 각각의 2019년 어획량은 해당 어종의 2011 ~ 2020년 연도별 어획량의 평균보다 적다.

ㄷ. 2021년 갈치 어획량이 2020년과 동일하다면, 갈치의 2011 ~ 2021년 연도별 어획량의 평균은 2011 ~ 2020년 연도별 어획량의 평균보다 크다.

① ㄱ
② ㄴ
③ ㄱ, ㄷ
④ ㄴ, ㄷ
⑤ ㄱ, ㄴ, ㄷ

20

다음 <표>는 2021년 A시에서 개최된 철인3종경기 기록이다. 이에 대한 <보기>의 설명 중 옳은 것만을 모두 고르면?

<표> A시 개최 철인3종경기 기록

(단위: 시간)

종합기록 순위	국적	종합	수영	T1	자전거	T2	달리기
1	러시아	9:22:28	0:48:18	0:02:43	5:04:50	0:02:47	3:23:50
2	브라질	9:34:36	0:57:44	0:02:27	5:02:30	0:01:48	3:30:07
3	대한민국	9:37:41	1:04:14	0:04:08	5:04:21	0:03:05	3:21:53
4	대한민국	9:42:03	1:06:34	0:03:33	5:11:01	0:03:33	3:17:22
5	대한민국	9:43:50	(　　)	0:03:20	5:00:33	0:02:14	3:17:24
6	일본	9:44:34	0:52:01	0:03:28	5:25:59	0:02:56	3:20:10
7	러시아	9:45:06	1:08:32	0:03:55	5:07:46	0:03:02	3:21:51
8	독일	9:46:48	1:03:49	0:03:53	4:59:20	0:03:00	(　　)
9	영국	(　　)	1:07:01	0:03:37	5:07:07	0:03:55	3:26:27
10	중국	9:48:18	1:02:28	0:03:29	5:16:09	0:03:47	3:22:25

※ 1) 기록 '1:01:01'은 1시간 1분 1초를 의미함.
2) 'T1', 'T2'는 각각 '수영'에서 '자전거', '자전거'에서 '달리기'로 전환하는 데 걸리는 시간임.
3) 경기 참가 선수는 10명뿐이고, 기록이 짧을수록 순위가 높음.

〈보 기〉

ㄱ. '수영'기록이 한 시간 이하인 선수는 'T2'기록이 모두 3분 미만이다.
ㄴ. 종합기록 순위 2 ~ 10위인 선수 중, 종합기록 순위가 한 단계 더 높은 선수와의 '종합'기록 차이가 1분 미만인 선수는 3명뿐이다.
ㄷ. '달리기'기록 상위 3명의 국적은 모두 대한민국이다.
ㄹ. 종합기록 순위 10위인 선수의 '수영'기록 순위는 '수영'기록과 'T1'기록의 합산 기록 순위와 다르다.

① ㄱ, ㄴ
② ㄱ, ㄷ
③ ㄷ, ㄹ
④ ㄱ, ㄴ, ㄹ
⑤ ㄴ, ㄷ, ㄹ

21

다음 <표>는 제품 A ~ E의 제조원가에 관한 자료이다. 제품 A ~ E 중 매출액이 가장 작은 제품은?

<표> 제품 A ~ E의 고정원가, 변동원가율, 제조원가율

(단위: 원, %)

제품 \ 구분	고정원가	변동원가율	제조원가율
A	60,000	40	25
B	36,000	60	30
C	33,000	40	30
D	50,000	20	10
E	10,000	50	10

※ 1) 제조원가 = 고정원가 + 변동원가

2) 고정원가율(%) = $\frac{\text{고정원가}}{\text{제조원가}} \times 100$

3) 변동원가율(%) = $\frac{\text{변동원가}}{\text{제조원가}} \times 100$

4) 제조원가율(%) = $\frac{\text{제조원가}}{\text{매출액}} \times 100$

① A
② B
③ C
④ D
⑤ E

22 ~ 23

다음 <표>는 2018 ~ 2020년 '갑'국 방위산업의 매출액 및 종사자 수에 관한 자료이다. 다음 물음에 답하시오.

<표 1> 2018 ~ 2020년 '갑'국 방위산업의 국내외 매출액

(단위: 억 원)

구분 \ 연도	2018	2019	2020
총매출액	136,493	144,521	153,867
국내 매출액	116,502	( )	( )
국외 매출액	19,991	21,048	17,624

<표 2> 2020년 '갑'국 방위산업의 기업유형별 매출액 및 종사자 수

(단위: 억 원, 명)

기업유형 \ 구분	총매출액	국내 매출액	국외 매출액	종사자 수
대기업	136,198	119,586	16,612	27,249
중소기업	17,669	16,657	1,012	5,855
전체	153,867	( )	17,624	33,104

<표 3> 2018 ~ 2020년 '갑'국 방위산업의 분야별 매출액

(단위: 억 원)

분야 \ 연도	2018	2019	2020
항공유도	41,984	45,412	49,024
탄약	24,742	21,243	25,351
화력	20,140	20,191	21,031
함정	18,862	25,679	20,619
기동	14,027	14,877	18,270
통신전자	14,898	15,055	16,892
화생방	726	517	749
기타	1,114	1,547	1,931
전체	136,493	144,521	153,867

<표 4> 2018 ~ 2020년 '갑'국 방위산업의 분야별 종사자 수

(단위: 명)

분야 \ 연도	2018	2019	2020
A	9,651	10,133	10,108
B	6,969	6,948	6,680
C	3,996	4,537	4,523
D	3,781	3,852	4,053
E	3,988	4,016	3,543
화력	3,312	3,228	3,295
화생방	329	282	228
기타	583	726	674
전체	32,609	33,722	33,104

※ '갑'국 방위산업 분야는 기타를 제외하고 항공유도, 탄약, 화력, 함정, 기동, 통신전자, 화생방으로만 구분함.

22

위 <표>에 근거한 <보기>의 설명 중 옳은 것만을 모두 고르면?

〈보 기〉

ㄱ. 방위산업의 국내 매출액이 가장 큰 연도에 방위산업 총매출액 중 국외 매출액 비중이 가장 작다.

ㄴ. '기타'를 제외하고, 2018년 대비 2020년 매출액 증가율이 가장 낮은 방위산업 분야는 '탄약'이다.

ㄷ. 2020년 방위산업의 기업유형별 종사자당 국외 매출액은 대기업이 중소기업의 4배 이상이다.

ㄹ. 2020년 '항공유도' 분야 대기업 국내 매출액은 14,500억 원 이상이다.

① ㄱ, ㄴ
② ㄱ, ㄷ
③ ㄴ, ㄹ
④ ㄷ, ㄹ
⑤ ㄱ, ㄴ, ㄹ

22 ~ 23

다음 <표>는 2018 ~ 2020년 '갑'국 방위산업의 매출액 및 종사자 수에 관한 자료이다. 다음 물음에 답하시오.

<표 1> 2018 ~ 2020년 '갑'국 방위산업의 국내외 매출액

(단위: 억 원)

구분 \ 연도	2018	2019	2020
총매출액	136,493	144,521	153,867
국내 매출액	116,502	( )	( )
국외 매출액	19,991	21,048	17,624

<표 2> 2020년 '갑'국 방위산업의 기업유형별 매출액 및 종사자 수

(단위: 억 원, 명)

기업유형 \ 구분	총매출액	국내 매출액	국외 매출액	종사자 수
대기업	136,198	119,586	16,612	27,249
중소기업	17,669	16,657	1,012	5,855
전체	153,867	( )	17,624	33,104

<표 3> 2018 ~ 2020년 '갑'국 방위산업의 분야별 매출액

(단위: 억 원)

분야 \ 연도	2018	2019	2020
항공유도	41,984	45,412	49,024
탄약	24,742	21,243	25,351
화력	20,140	20,191	21,031
함정	18,862	25,679	20,619
기동	14,027	14,877	18,270
통신전자	14,898	15,055	16,892
화생방	726	517	749
기타	1,114	1,547	1,931
전체	136,493	144,521	153,867

<표 4> 2018 ~ 2020년 '갑'국 방위산업의 분야별 종사자 수

(단위: 명)

분야 \ 연도	2018	2019	2020
A	9,651	10,133	10,108
B	6,969	6,948	6,680
C	3,996	4,537	4,523
D	3,781	3,852	4,053
E	3,988	4,016	3,543
화력	3,312	3,228	3,295
화생방	329	282	228
기타	583	726	674
전체	32,609	33,722	33,104

※ '갑'국 방위산업 분야는 기타를 제외하고 항공유도, 탄약, 화력, 함정, 기동, 통신전자, 화생방으로만 구분함.

23

위 <표>와 다음 <보고서>를 근거로 '항공유도'에 해당하는 방위산업 분야를 <표 4>의 A ~ E 중에서 고르면?

〈보고서〉

2018년 대비 2020년 '갑'국 방위산업의 총매출액은 약 12.7% 증가하였으나 방위산업 전체 종사자 수는 약 1.5% 증가하는 데 그쳤다. '기타'를 제외한 7개 분야에 대해 이를 구체적으로 분석하면 다음과 같다.

2018년 대비 2020년 방위산업 분야별 매출액은 모두 증가하였으나 종사자 수는 '통신전자', '함정', '항공유도' 분야만 증가하고 나머지 분야는 감소한 것으로 나타났다. 2018 ~ 2020년 동안 매출액과 종사자 수 모두 매년 증가한 방위산업 분야는 '통신전자'뿐이고, '탄약'과 '화생방' 분야는 종사자 수가 매년 감소하였다. 특히, '기동' 분야는 2018년 대비 2020년 매출액 증가율이 방위산업 분야 중 가장 높았지만 종사자 수는 가장 많이 감소하였다. 2018년 대비 2020년 '함정' 분야 매출액 증가율은 방위산업 전체 매출액 증가율보다 낮았으나 종사자 수는 방위산업 분야 중 가장 많이 증가하였다. 이에 따라 방위산업의 분야별 종사자당 매출액 순위에도 변동이 있었다. 2018년에는 '화력' 분야의 종사자당 매출액이 가장 컸고, 다음으로 '함정', '항공유도' 순으로 컸다. 한편, 2020년에는 '화력' 분야의 종사자당 매출액이 가장 컸고, 다음으로 '기동', '항공유도' 순으로 컸다.

① A ② B
③ C ④ D
⑤ E

24

다음 <표>는 2021년 국가 A ~ D의 국내총생산, 1인당 국내총생산, 1인당 이산화탄소 배출량에 관한 자료이다. 이를 근거로 국가 A ~ D를 이산화탄소 총배출량이 가장 적은 국가부터 순서대로 바르게 나열한 것은?

<표> 국가별 국내총생산, 1인당 국내총생산, 1인당 이산화탄소 배출량

(단위: 달러, 톤CO_2eq.)

구분 / 국가	국내총생산	1인당 국내총생산	1인당 이산화탄소 배출량
A	20조 4,941억	62,795	16.6
B	4조 9,709억	39,290	9.1
C	1조 6,194억	31,363	12.4
D	13조 6,082억	9,771	7.0

※ 1) 1인당 국내총생산 $= \frac{\text{국내총생산}}{\text{총인구}}$

2) 1인당 이산화탄소 배출량 $= \frac{\text{이산화탄소 총배출량}}{\text{총인구}}$

① A, C, B, D
② A, D, C, B
③ C, A, D, B
④ C, B, A, D
⑤ D, B, C, A

25

다음 <표>는 2019 ~ 2021년 '갑'국의 장소별 전기차 급속충전기 수에 관한 자료이다. 이에 대한 <보기>의 설명 중 옳은 것만을 모두 고르면?

<표> 장소별 전기차 급속충전기 수

(단위: 대)

구분	장소 \ 연도	2019	2020	2021
다중이용시설	쇼핑몰	807	1,701	2,701
	주유소	125	496	( )
	휴게소	( )	( )	2,099
	문화시설	757	1,152	1,646
	체육시설	272	498	604
	숙박시설	79	146	227
	여객시설	64	198	378
	병원	27	98	152
	소계	2,606	5,438	8,858
일반시설	공공시설	1,595	( )	( )
	주차전용시설	565	898	1,275
	자동차정비소	119	303	375
	공동주택	( )	102	221
	기타	476	499	522
	소계	2,784	4,550	6,145
전체		5,390	9,988	15,003

〈보 기〉

ㄱ. 전체 급속충전기 수 대비 '다중이용시설' 급속충전기 수의 비율은 매년 증가한다.
ㄴ. '공공시설' 급속충전기 수는 '주차전용시설'과 '쇼핑몰' 급속충전기 수의 합보다 매년 많다.
ㄷ. '기타'를 제외하고, 2019년 대비 2021년 급속충전기 수의 증가율이 가장 큰 장소는 '주유소'이다.
ㄹ. 급속충전기 수는 '휴게소'가 '문화시설'보다 매년 많다.

① ㄱ, ㄴ
② ㄱ, ㄷ
③ ㄱ, ㄹ
④ ㄴ, ㄷ
⑤ ㄴ, ㄹ

MEMO

2021
7급 공채

자료해석 나책형

PSAT 신헌 자료해석 ALL수록 기출문제집

01

다음 <표>와 <보고서>는 2019년 전국 안전체험관과 생활안전에 관한 자료이다. 제시된 <표> 이외에 <보고서>를 작성하기 위해 추가로 이용한 자료만을 <보기>에서 모두 고르면?

<표> 2019년 전국 안전체험관 규모별 현황

(단위: 개소)

전체	대형		중형		소형
	일반	특성화	일반	특성화	
473	25	7	5	2	434

〈보고서〉

2019년 생활안전 통계에 따르면 전국 473개소의 안전체험관이 운영 중인 것으로 확인되었다. 전국 안전체험관을 규모별로 살펴보면, 대형이 32개소, 중형이 7개소, 소형이 434개소였다. 이 중 대형 안전체험관은 서울이 가장 많고 경북, 충남이 그 뒤를 이었다.

전국 안전사고 사망자 수는 2015년 이후 매년 감소하다가 2018년에는 증가하였다. 교통사고 사망자 수는 2015년 이후 매년 줄어들었고, 특히 2018년에 전년 대비 11.2% 감소하였다.

2019년 분야별 지역안전지수 1등급 지역을 살펴보면 교통사고 분야는 서울, 경기, 화재 분야는 광주, 생활안전 분야는 경기, 부산으로 나타났다.

〈보 기〉

ㄱ. 연도별 전국 교통사고 사망자 수

(단위: 명)

연도	2015	2016	2017	2018
사망자 수	4,380	4,019	3,973	3,529

ㄴ. 분야별 지역안전지수 4년 연속(2015 ~2018년) 1등급, 5등급 지역(시·도)

분야 / 등급	교통사고	화재	범죄	생활안전	자살
1등급	서울, 경기	–	세종	경기	경기
5등급	전남	세종	제주	제주	부산

ㄷ. 연도별 전국 안전사고 사망자 수

(단위: 명)

연도	2015	2016	2017	2018
사망자 수	31,582	30,944	29,545	31,111

ㄹ. 2018년 지역별 안전체험관 수

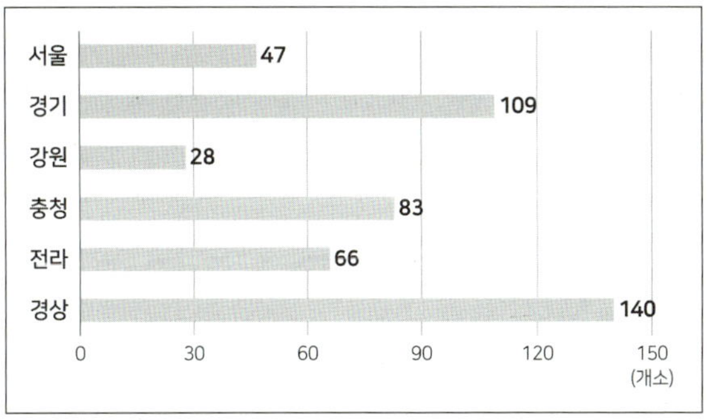

① ㄱ, ㄴ
② ㄱ, ㄷ
③ ㄴ, ㄹ
④ ㄱ, ㄷ, ㄹ
⑤ ㄴ, ㄷ, ㄹ

02

다음 <표>는 아프리카연합이 주도한 임무단의 평화유지활동에 관한 자료이다. 이를 바탕으로 작성한 <보고서>의 설명 중 옳지 않은 것은?

<표> 임무단의 평화유지활동(2021년 5월 기준)

(단위: 명)

임무단	파견지	활동기간	주요 임무	파견 규모
부룬디 임무단	부룬디	2003. 4.~2004. 6.	평화협정 이행 지원	3,128
수단 임무단	수단	2004. 10.~2007. 12.	다르푸르 지역 정전 감시	300
코모로 선거감시 지원 임무단	코모로	2006. 3.~2006. 6.	코모로 대통령 선거 감시	462
소말리아 임무단	소말리아	2007. 1.~ 현재	구호 활동 지원	6,000
코모로 치안지원 임무단	코모로	2007. 5.~2008. 10.	앙주앙 섬 치안 지원	350
다르푸르 지역 임무단	수단	2007. 7.~ 현재	민간인 보호	6,000
우간다 임무단	우간다	2012. 3.~ 현재	반군 소탕작전	3,350
말리 임무단	말리	2012. 12.~2013. 7.	정부 지원	1,450
중앙아프리카 공화국 임무단	중앙 아프리카 공화국	2013. 12.~2014. 9.	안정 유지	5,961

〈보고서〉

아프리카연합은 아프리카 지역 분쟁 해결 및 평화 구축을 위하여 2021년 5월 현재까지 9개의 임무단을 구성하고 평화유지활동을 주도하였다. ㉠ 평화유지활동 중 가장 오랜 기간 동안 활동한 임무단은 '소말리아 임무단'이다. 이 임무는 소말리아 과도 연방정부가 아프리카연합에 평화유지군을 요청한 것을 계기로 시작되어 현재에 이르고 있다. 한편, ㉡ '코모로 선거감시 지원 임무단'은 가장 짧은 기간 동안 활동하였다. 2006년 코모로는 대통령 선거를 앞두고 아프리카연합에 지원을 요청하였고 같은 해 3월 시작된 평화유지활동은 선거가 끝난 6월에 임무가 종료되었다.

㉢ 아프리카연합이 현재까지 평화유지활동을 위해 파견한 임무단의 총규모는 25,000명 이상이며, 현재 활동 중인 임무단의 규모는 소말리아 6,000명, 수단 6,000명, 우간다 3,350명으로 총 15,000여 명이다.

아프리카연합은 아프리카 내의 문제를 자체적으로 해결하기 위해 다양한 임무단 활동을 활발히 수행하였다. 특히 ㉣ 수단과 코모로에서는 각각 2개의 임무단이 활동하였다.

현재 평화유지활동을 수행 중인 임무단은 3개이지만 ㉤ 2007년 10월 기준 평화유지활동을 수행 중이었던 임무단은 5개였다.

① ㄱ

② ㄴ

③ ㄷ

④ ㄹ

⑤ ㅁ

03

다음 <그림>은 2014 ~ 2020년 연말 기준 '갑'국의 국가채무 및 GDP에 관한 자료이다. 이에 대한 <보기>의 설명 중 옳은 것만을 모두 고르면?

<그림 1> GDP 대비 국가채무 및 적자성채무 비율 추이

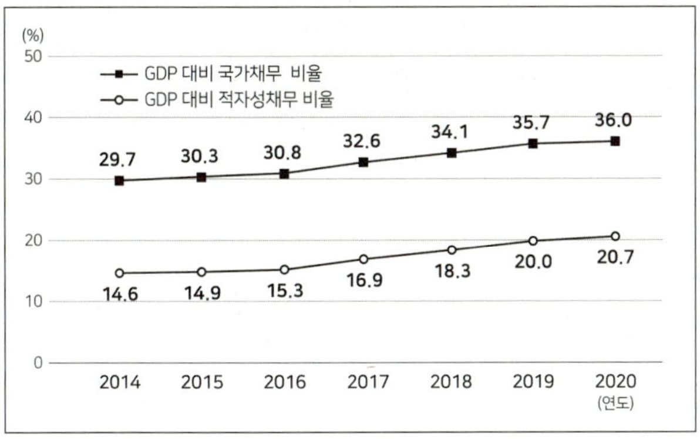

※ 국가채무 = 적자성채무 + 금융성채무

<그림 2> GDP 추이

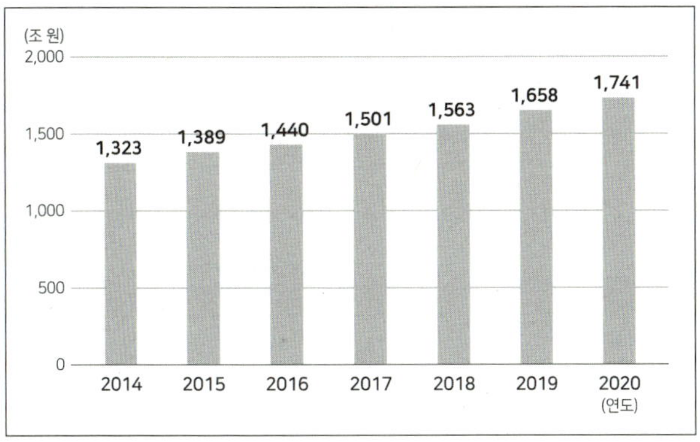

〈보 기〉

ㄱ. 2020년 국가채무는 2014년의 1.5배 이상이다.
ㄴ. GDP 대비 금융성채무 비율은 매년 증가한다.
ㄷ. 적자성채무는 2019년부터 300조 원 이상이다.
ㄹ. 금융성채무는 매년 국가채무의 50 % 이상이다.

① ㄱ, ㄴ
② ㄱ, ㄷ
③ ㄴ, ㄹ
④ ㄱ, ㄷ, ㄹ
⑤ ㄴ, ㄷ, ㄹ

04

다음 <표>는 최근 이사한 100가구의 이사 전후 주택규모에 관한 조사 결과이다. 이에 대한 <보기>의 설명 중 옳은 것만을 모두 고르면?

<표> 이사 전후 주택규모 조사 결과

(단위: 가구)

이사 전 / 이사 후	소형	중형	대형	합
소형	15	10	( )	30
중형	( )	30	10	( )
대형	5	10	15	( )
계	( )	( )	( )	100

※ 주택규모는 '소형', '중형', '대형'으로만 구분하며, 동일한 주택규모는 크기도 같음.

〈보 기〉

ㄱ. 주택규모가 이사 전 '소형'에서 이사 후 '중형'으로 달라진 가구는 없다.
ㄴ. 이사 전후 주택규모가 달라진 가구 수는 전체 가구 수의 50 % 이하이다.
ㄷ. 주택규모가 '대형'인 가구 수는 이사 전이 이사 후보다 적다.
ㄹ. 이사 후 주택규모가 커진 가구 수는 이사 후 주택규모가 작아진 가구 수보다 많다.

① ㄱ, ㄴ
② ㄱ, ㄷ
③ ㄴ, ㄹ
④ ㄷ, ㄹ
⑤ ㄱ, ㄴ, ㄷ

05

다음 <그림>은 A사 플라스틱 제품의 제조공정도이다. 1,000 kg의 재료가 '혼합' 공정에 투입되는 경우, '폐기처리' 공정에 전달되어 투입되는 재료의 총량은 몇 kg인가?

<그림> A사 플라스틱 제품의 제조공정도

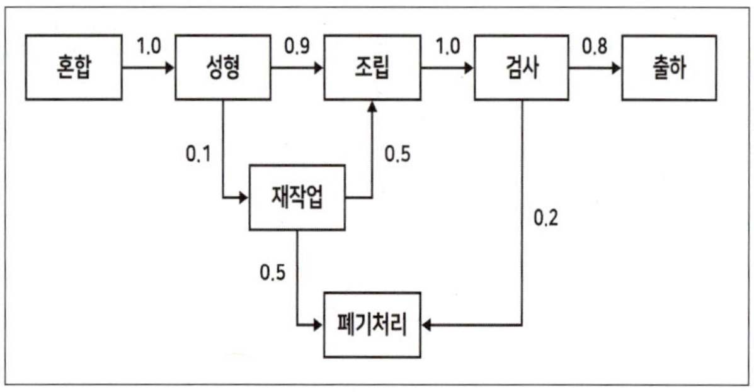

※ 제조공정도 내 수치는 직진율

$\left(= \dfrac{\text{다음 공정에 전달되는 재료의 양}}{\text{해당 공정에 투입되는 재료의 양}}\right)$을 의미함. 예를 들어, [가] —0.2→ [나]는 해당 공정 '가'에 100 kg의 재료가 투입되면 이 중 20 kg (= 100 kg × 0.2)의 재료가 다음 공정 '나'에 전달되어 투입됨을 의미함.

① 50
② 190
③ 230
④ 240
⑤ 280

06

다음 <그림>은 12개 국가의 수자원 현황에 관한 자료이며, A ~ H는 각각 특정 국가를 나타낸다. <그림>과 <조건>을 근거로 판단할 때, 국가명을 알 수 없는 것은?

<그림> 12개 국가의 수자원 현황

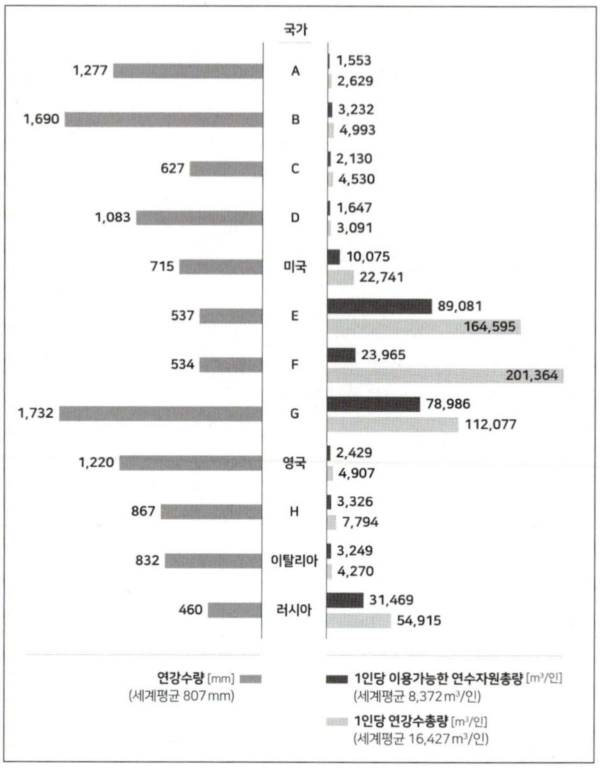

〈조 건〉

○ '연강수량'이 세계평균의 2배 이상인 국가는 일본과 뉴질랜드이다.
○ '연강수량'이 세계평균보다 많은 국가 중 '1인당 이용가능한 연수자원총량'이 가장 적은 국가는 대한민국이다.
○ '1인당 연강수총량'이 세계평균의 5배 이상인 국가를 '연강수량'이 많은 국가부터 나열하면 뉴질랜드, 캐나다, 호주이다.
○ '1인당 이용가능한 연수자원총량'이 영국보다 적은 국가 중 '1인당 연강수총량'이 세계평균의 25 % 이상인 국가는 중국이다.
○ '1인당 이용가능한 연수자원총량'이 6번째로 많은 국가는 프랑스이다.

① B
② C
③ D
④ E
⑤ F

07

다음 <표>는 학생 '갑' ~ '무'의 중간고사 3개 과목 점수에 관한 자료이다. 이에 대한 <보기>의 설명 중 옳은 것만을 모두 고르면?

<표> '갑' ~ '무'의 중간고사 3개 과목 점수

(단위: 점)

학생 / 과목	갑	을	병	정	무
성별	남	여	( )	여	남
국어	90	85	60	95	75
영어	90	85	100	65	100
수학	75	70	85	100	100

〈보 기〉

ㄱ. 국어 평균 점수는 80점 이상이다.
ㄴ. 3개 과목 평균 점수가 가장 높은 학생과 가장 낮은 학생의 평균 점수 차이는 10점 이하이다.
ㄷ. 국어, 영어, 수학 점수에 각각 0.4, 0.2, 0.4의 가중치를 곱한 점수의 합이 가장 큰 학생은 '정'이다.
ㄹ. '갑' ~ '무'의 성별 수학 평균 점수는 남학생이 여학생보다 높다.

① ㄱ, ㄷ
② ㄱ, ㄹ
③ ㄴ, ㄷ
④ ㄱ, ㄷ, ㄹ
⑤ ㄴ, ㄷ, ㄹ

08

다음 <표>는 2021 ~ 2027년 시스템반도체 중 인공지능반도체의 세계 시장규모 전망이다. 이에 대한 <보기>의 설명 중 옳은 것만을 모두 고르면?

<표> 시스템반도체 중 인공지능반도체의 세계 시장규모 전망

(단위: 억 달러, %)

구분 \ 연도	2021	2022	2023	2024	2025	2026	2027
시스템반도체	2,500	2,310	2,686	2,832	( )	3,525	( )
인공지능반도체	70	185	325	439	657	927	1,179
비중	2.8	8.0	( )	15.5	19.9	26.3	31.3

〈보 기〉

ㄱ. 인공지능반도체 비중은 매년 증가한다.
ㄴ. 2027년 시스템반도체 시장규모는 2021년보다 1,000억 달러 이상 증가한다.
ㄷ. 2022년 대비 2025년의 시장규모 증가율은 인공지능반도체가 시스템반도체의 5배 이상이다.

① ㄷ
② ㄱ, ㄴ
③ ㄱ, ㄷ
④ ㄴ, ㄷ
⑤ ㄱ, ㄴ, ㄷ

09

다음 <표>는 A ~ H지역의 화물 이동 현황에 관한 자료이다. 이에 대한 <보기>의 설명 중 옳은 것만을 모두 고르면?

<표> 화물의 지역 내, 지역 간 이동 현황

(단위: 개)

도착 지역 / 출발 지역	A	B	C	D	E	F	G	H	합
A	65	121	54	52	172	198	226	89	977
B	56	152	61	55	172	164	214	70	944
C	29	47	30	22	62	61	85	30	366
D	24	61	30	37	82	80	113	45	472
E	61	112	54	47	187	150	202	72	885
F	50	87	38	41	120	188	150	55	729
G	78	151	83	73	227	208	359	115	1,294
H	27	66	31	28	94	81	116	46	489
계	390	797	381	355	1,116	1,130	1,465	522	6,156

※ 출발 지역과 도착 지역이 동일한 경우는 해당 지역 내에서 화물이 이동한 것임.

〈보 기〉

ㄱ. 도착 화물보다 출발 화물이 많은 지역은 3개이다.

ㄴ. 지역 내 이동 화물이 가장 적은 지역은 도착 화물도 가장 적다.

ㄷ. 지역 내 이동 화물을 제외할 때, 출발 화물과 도착 화물의 합이 가장 작은 지역은 출발 화물과 도착 화물의 차이도 가장 작다.

ㄹ. 도착 화물이 가장 많은 지역은 출발 화물 중 지역 내 이동 화물의 비중도 가장 크다.

① ㄱ, ㄴ
② ㄱ, ㄷ
③ ㄴ, ㄷ
④ ㄴ, ㄹ
⑤ ㄱ, ㄷ, ㄹ

10

다음 <표>와 <대화>는 4월 4일 기준 지자체별 자가격리자 및 모니터링 요원에 관한 자료이다. <표>와 <대화>를 근거로 C와 D에 해당하는 지자체를 바르게 나열한 것은?

<표> 지자체별 자가격리자 및 모니터링 요원 현황
(4월 4일 기준)

(단위: 명)

구분		A	B	C	D
내국인	자가격리자	9,778	1,287	1,147	9,263
	신규 인원	900	70	20	839
	해제 인원	560	195	7	704
외국인	자가격리자	7,796	508	141	7,626
	신규 인원	646	52	15	741
	해제 인원	600	33	5	666
모니터링 요원		10,142	710	196	8,898

※ 해당일 기준 자가격리자
= 전일 기준 자가격리자 + 신규 인원 − 해제 인원

〈대 화〉

갑: 감염병 확산에 대응하기 위한 회의를 시작합시다. 오늘은 대전, 세종, 충북, 충남의 4월 4일 기준 자가격리자 및 모니터링 요원 현황을 보기로 했는데, 각 지자체의 상황이 어떤가요?

을: 4개 지자체 중 세종을 제외한 3개 지자체에서 4월 4일 기준 자가격리자가 전일 기준 자가격리자보다 늘어났습니다.

갑: 모니터링 요원의 업무 부담과 관련된 통계 자료도 있나요?

을: 4월 4일 기준으로 대전, 세종, 충북은 모니터링 요원 대비 자가격리자의 비율이 1.8 이상입니다.

갑: 지자체에 모니터링 요원을 추가로 배치해야 할 것 같습니다. 자가격리자 중 외국인이 차지하는 비중이 4개 지자체 가운데 대전이 가장 높으니, 외국어 구사가 가능한 모니터링 요원을 대전에 우선 배치하는 방향으로 검토해 봅시다.

	C	D
①	충북	충남
②	충북	대전
③	충남	충북
④	세종	대전
⑤	대전	충북

11

다음 <그림>과 <조건>은 직장인 '갑' ~ '병'이 마일리지 혜택이 있는 알뜰교통카드를 사용하여 출근하는 방법 및 교통비에 관한 자료이다. 이에 근거하여 월간 출근 교통비를 많이 지출하는 직장인부터 순서대로 나열하면?

<그림> 직장인 '갑' ~ '병'의 출근 방법 및 교통비 관련 정보

직장인	이동거리 A [m]	출근 1회당 대중교통요금 [원]	이동거리 B [m]	월간 출근 횟수 [회]	저소득층 여부
갑	600	3,200	200	15	○
을	500	2,300	500	22	×
병	400	1,800	200	22	○

〈조 건〉

○ 월간 출근 교통비 =
{출근 1회당 대중교통요금 − (기본 마일리지 + 추가 마일리지) × $\left(\frac{\text{마일리지 적용거리}}{800}\right)$} × 월간 출근 횟수

○ 기본 마일리지는 출근 1회당 대중교통요금에 따라 다음과 같이 지급함.

출근 1회당 대중교통요금	2천 원 이하	2천 원 초과 3천 원 이하	3천 원 초과
기본 마일리지 (원)	250	350	450

○ 추가 마일리지는 저소득층에만 다음과 같이 지급함.

출근 1회당 대중교통요금	2천 원 이하	2천 원 초과 3천 원 이하	3천 원 초과
추가 마일리지 (원)	100	150	200

○ 마일리지 적용거리(m)는 출근 1회당 도보·자전거로 이동한 거리의 합이며 최대 800 m까지만 인정함.

① 갑, 을, 병
② 갑, 병, 을
③ 을, 갑, 병
④ 을, 병, 갑
⑤ 병, 을, 갑

12

다음 <그림>은 개발원조위원회 29개 회원국 중 공적개발원조액 상위 15개국과 국민총소득 대비 공적개발원조액 비율 상위 15개국 자료이다. 이에 대한 <보기>의 설명 중 옳은 것만을 모두 고르면?

<그림 1> 공적개발원조액 상위 15개 회원국

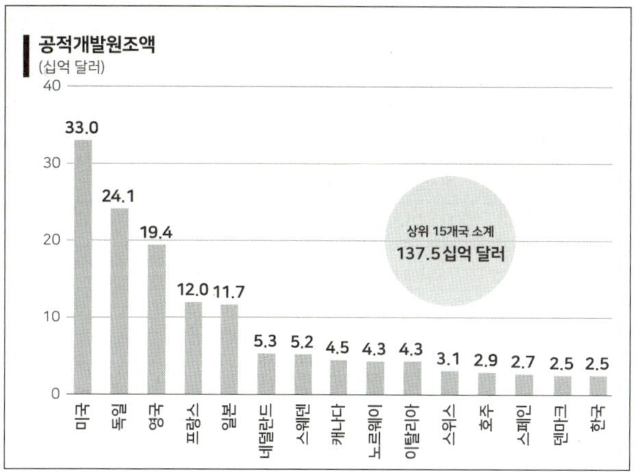

<그림 2> 국민총소득 대비 공적개발원조액 비율 상위 15개 회원국

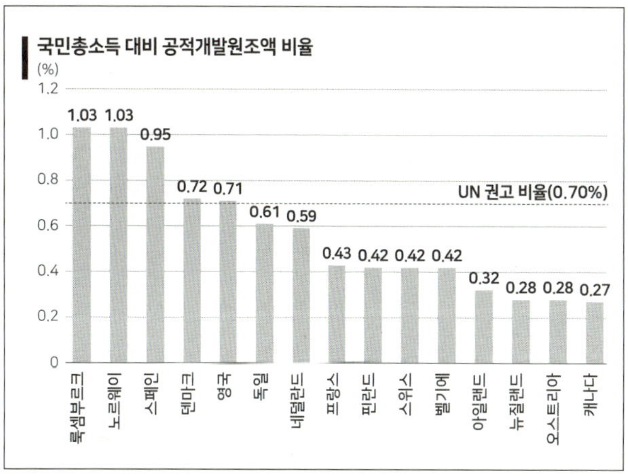

〈보 기〉

ㄱ. 국민총소득 대비 공적개발원조액 비율이 UN 권고 비율보다 큰 국가의 공적개발원조액 합은 250억 달러 이상이다.

ㄴ. 공적개발원조액 상위 5개국의 공적개발원조액 합은 개발원조위원회 29개 회원국 공적개발원조액 합의 50 % 이상이다.

ㄷ. 독일이 공적개발원조액만 30억 달러 증액하면 독일의 국민총소득 대비 공적개발원조액 비율은 UN 권고 비율 이상이 된다.

① ㄱ
② ㄷ
③ ㄱ, ㄴ
④ ㄴ, ㄷ
⑤ ㄱ, ㄴ, ㄷ

13

다음 <표>는 '갑'국의 2020년 농업 생산액 현황 및 2021 ~ 2023년의 전년 대비 생산액 변화율 전망치에 관한 자료이다. 이에 대한 <보기>의 설명 중 옳은 것만을 모두 고르면?

<표> 농업 생산액 현황 및 변화율 전망치

(단위: 십억 원, %)

구분	2020년 생산액	전년 대비 생산액 변화율 전망치		
		2021년	2022년	2023년
농업	50,052	0.77	0.02	1.38
재배업	30,270	1.50	−0.42	0.60
축산업	19,782	−0.34	0.70	2.57
소	5,668	3.11	0.53	3.51
돼지	7,119	−3.91	0.20	1.79
닭	2,259	1.20	−2.10	2.82
달걀	1,278	5.48	3.78	3.93
우유	2,131	0.52	1.12	0.88
오리	1,327	−5.58	5.27	3.34

※ 축산업은 소, 돼지, 닭, 달걀, 우유, 오리의 6개 세부항목으로만 구성됨.

〈보 기〉

ㄱ. 2021년 '오리' 생산액 전망치는 1.2조 원 이상이다.
ㄴ. 2021년 '돼지' 생산액 전망치는 같은 해 '농업' 생산액 전망치의 15 % 이상이다.
ㄷ. '축산업' 중 전년 대비 생산액 변화율 전망치가 2022년보다 2023년이 낮은 세부항목은 2개이다.
ㄹ. 2020년 생산액 대비 2022년 생산액 전망치의 증감폭은 '재배업'이 '축산업'보다 크다.

① ㄱ, ㄴ
② ㄱ, ㄷ
③ ㄴ, ㄹ
④ ㄱ, ㄷ, ㄹ
⑤ ㄴ, ㄷ, ㄹ

14

다음 <그림>은 2020년 기준 A공제회 현황에 관한 자료이다. 이에 대한 설명으로 옳지 않은 것은?

<그림> 2020년 기준 A공제회 현황

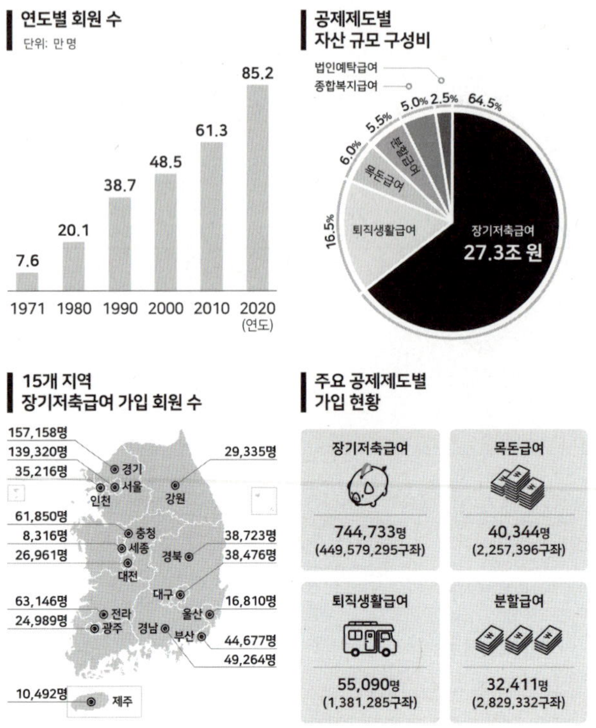

※ 1) 공제제도는 장기저축급여, 퇴직생활급여, 목돈급여, 분할급여, 종합복지급여, 법인예탁급여로만 구성됨.
2) 모든 회원은 1개 또는 2개의 공제제도에 가입함.

① 장기저축급여 가입 회원 수는 전체 회원의 85 % 이하이다.
② 공제제도의 총자산 규모는 40조 원 이상이다.
③ 자산 규모 상위 4개 공제제도 중 2개의 공제제도에 가입한 회원은 2만 명 이상이다.
④ 충청의 장기저축급여 가입 회원 수는 15개 지역 평균 장기저축급여 가입 회원 수보다 많다.
⑤ 공제제도별 1인당 구좌 수는 장기저축급여가 분할급여의 5배 이상이다.

15

다음은 국내 광고산업에 관한 문화체육관광부의 보도자료이다. 이에 부합하지 않는 자료는?

문화체육관광부	보도자료		사람이 있는 문화
보도 일시	배포 즉시 보도해 주시기 바랍니다.		
배포 일시	2020. 2. XX.	담당부서	□□□□국
담당 과장	○○○ (044-203-○○○○)	담 당 자	사무관 △△△ (044-203-○○○○)

2018년 국내 광고산업 성장세 지속

○ 문화체육관광부는 국내 광고사업체의 현황과 동향을 조사한 '2019년 광고산업조사(2018년 기준)' 결과를 발표했다.

○ 이번 조사 결과에 따르면 2018년 기준 광고산업 규모는 17조 2,119억 원(광고사업체 취급액* 기준)으로, 전년 대비 4.5％ 이상 증가했고, 광고사업체당 취급액 역시 증가했다.

* 광고사업체 취급액은 광고주가 매체(방송국, 신문사 등)와 매체 외 서비스에 지불하는 비용 전체(수수료 포함)임.

– 업종별로 살펴보면 광고대행업이 6조 6,239억 원으로 전체 취급액의 38％ 이상을 차지했으나, 취급액의 전년 대비 증가율은 온라인광고대행업이 16％ 이상으로 가장 높다.

○ 2018년 기준 광고사업체의 매체 광고비* 규모는 11조 362억 원(64.1％), 매체 외 서비스 취급액은 6조 1,757억 원(35.9％)으로 조사됐다.

* 매체 광고비는 방송매체, 인터넷매체, 옥외광고매체, 인쇄매체 취급액의 합임.

– 매체 광고비 중 방송매체 취급액은 4조 266억 원으로 가장 큰 비중을 차지하고 있으며, 그 다음으로 인터넷매체, 옥외광고매체, 인쇄매체 순으로 나타났다.

– 인터넷매체 취급액은 3조 8,804억 원으로 전년 대비 6％ 이상 증가했다. 특히, 모바일 취급액은 전년 대비 20％ 이상 증가하여 인터넷 광고시장의 성장세를 이끌었다.

– 한편, 간접광고(PPL) 취급액은 전년 대비 14％ 이상 증가하여 1,270억 원으로 나타났으며, 그 중 지상파TV와 케이블TV 간 비중의 격차는 5％p 이하로 조사됐다.

① 광고사업체 취급액 현황(2018년 기준)

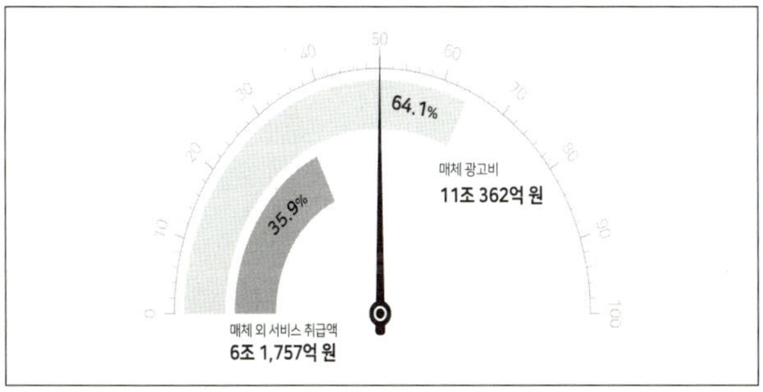

② 인터넷매체(PC, 모바일) 취급액 현황

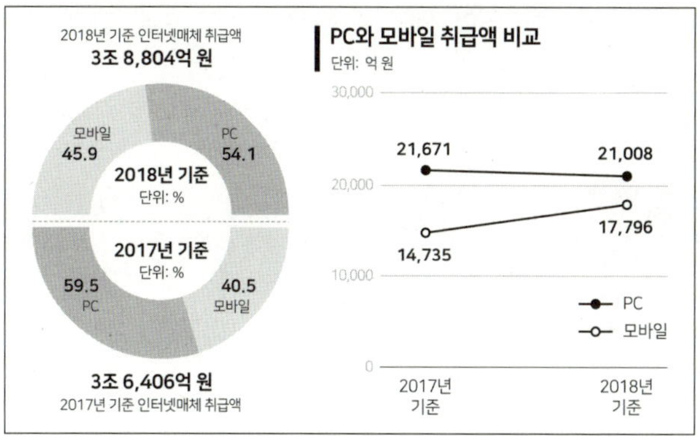

③ 간접광고(PPL) 취급액 현황

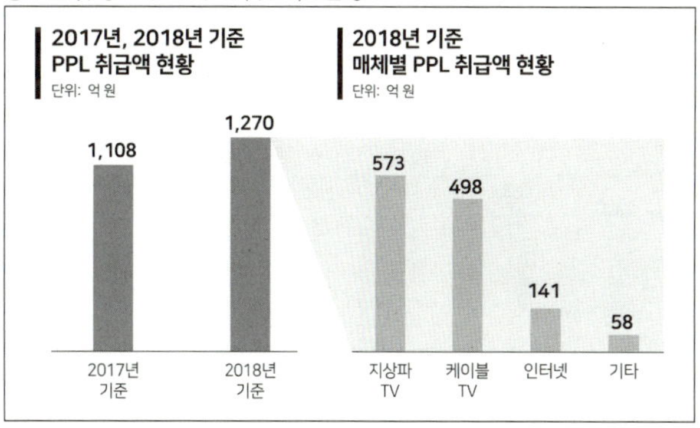

④ 업종별 광고사업체 취급액 현황

(단위: 개소, 억 원)

구분 업종	2018년 조사 (2017년 기준)		2019년 조사 (2018년 기준)	
	사업체 수	취급액	사업체 수	취급액
전체	7,234	164,133	7,256	172,119
광고대행업	1,910	64,050	1,887	66,239
광고제작업	1,374	20,102	1,388	20,434
광고전문 서비스업	1,558	31,535	1,553	33,267
인쇄업	921	7,374	921	8,057
온라인광고 대행업	780	27,335	900	31,953
옥외광고업	691	13,737	607	12,169

⑤ 매체별 광고사업체 취급액 현황(2018년 기준)

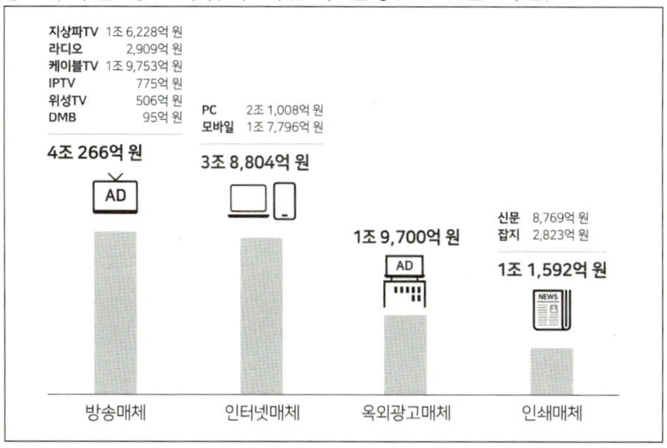

16

다음 <그림>은 2020년 '갑'시의 교통사고에 관한 자료이다. 이에 대한 <보기>의 설명 중 옳은 것만을 모두 고르면?

<그림 1> 2020년 월별 교통사고 사상자

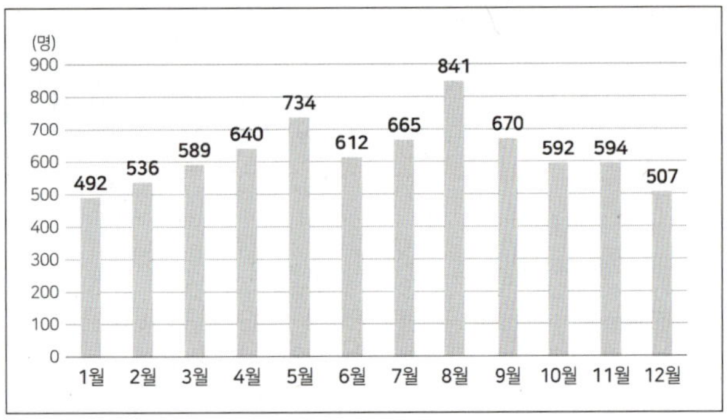

<그림 2> 2020년 월별 교통사고 건수

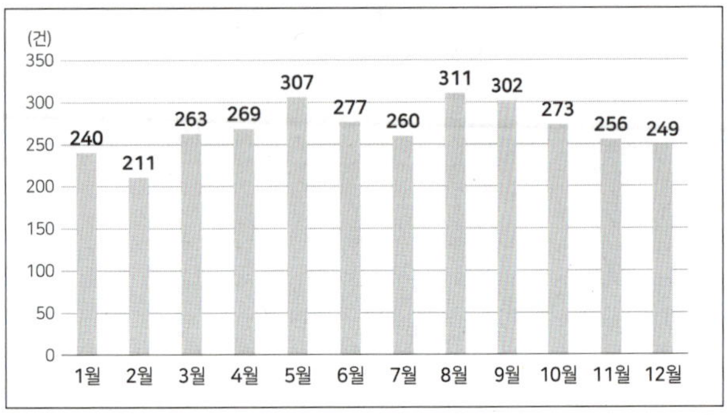

<그림 3> 2020년 교통사고 건수의 사고원인별 구성비

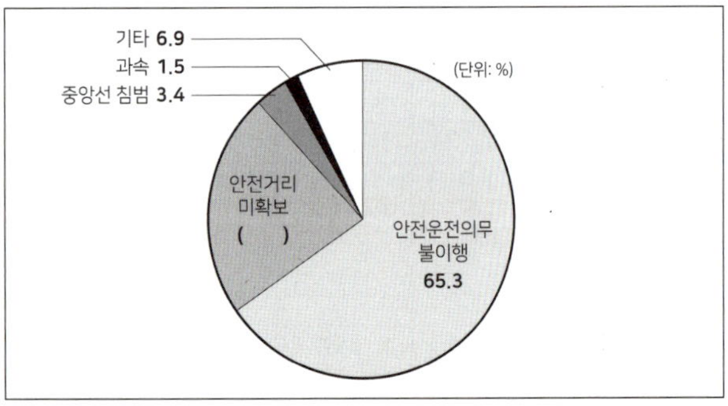

〈보 기〉

ㄱ. 월별 교통사고 사상자는 가장 적은 달이 가장 많은 달의 60% 이하이다.

ㄴ. 2020년 교통사고 건당 사상자는 1.9명 이상이다.

ㄷ. '안전거리 미확보'가 사고원인인 교통사고 건수는 '중앙선 침범'이 사고원인인 교통사고 건수의 7배 이상이다.

ㄹ. 사고원인이 '안전운전의무 불이행'인 교통사고 건수는 2,000건 이하이다.

① ㄱ, ㄴ
② ㄱ, ㄷ
③ ㄴ, ㄷ
④ ㄷ, ㄹ
⑤ ㄱ, ㄴ, ㄹ

17

다음 <표>와 <정보>는 A ~ J 지역의 지역발전 지표에 관한 자료이다. 이를 근거로 '가' ~ '라'에 들어갈 수 있는 값으로만 나열한 것은?

<표> A ~ J 지역의 지역발전 지표

(단위: %, 개)

지표 / 지역	재정 자립도	시가화 면적 비율	10만 명당 문화 시설수	10만 명당 체육 시설수	주택 노후화율	주택 보급률	도로 포장률
A	83.8	61.2	4.1	111.1	17.6	105.9	92.0
B	58.5	24.8	3.1	(다)	22.8	93.6	98.3
C	65.7	35.7	3.5	103.4	13.5	91.2	97.4
D	48.3	25.3	4.3	128.0	15.8	96.6	100.0
E	(가)	20.7	3.7	133.8	12.2	100.3	99.0
F	69.5	22.6	4.1	114.0	8.5	91.0	98.1
G	37.1	22.9	7.7	110.2	20.5	103.8	91.7
H	38.7	28.8	7.8	102.5	19.9	(라)	92.5
I	26.1	(나)	6.9	119.2	33.7	102.5	89.6
J	32.6	21.3	7.5	113.0	26.9	106.1	87.9

〈정 보〉

○ 재정자립도가 E보다 높은 지역은 A, C, F임.

○ 시가화 면적 비율이 가장 낮은 지역은 주택노후화율이 가장 높은 지역임.

○ 10만 명당 문화시설수가 가장 적은 지역은 10만 명당 체육시설수가 네 번째로 많은 지역임.

○ 주택보급률이 도로포장률보다 낮은 지역은 B, C, D, F임.

	가	나	다	라
①	58.6	20.9	100.9	92.9
②	60.8	19.8	102.4	92.5
③	63.5	20.1	115.7	92.0
④	65.2	20.3	117.1	92.6
⑤	65.8	20.6	118.7	93.7

18

다음 <표>는 '갑'국 대학 기숙사 수용 및 기숙사비 납부 방식에 관한 자료이다. 이에 대한 <보고서>의 설명 중 옳은 것만을 모두 고르면?

<표 1> 2019년과 2020년 대학 기숙사 수용 현황

(단위: 명, %)

대학유형 \ 구분 \ 연도		2020 수용가능 인원	2020 재학생 수	2020 수용률	2019 수용가능 인원	2019 재학생 수	2019 수용률
전체(196개교)		354,749	1,583,677	22.4	354,167	1,595,436	22.2
설립주체	국공립(40개교)	102,025	381,309	26.8	102,906	385,245	26.7
	사립(156개교)	( )	1,202,368	21.0	251,261	1,210,191	20.8
소재지	수도권(73개교)	122,099	672,055	18.2	119,940	676,479	( )
	비수도권(123개교)	232,650	911,622	25.5	234,227	918,957	25.5

※ $\text{수용률(\%)} = \frac{\text{수용가능 인원}}{\text{재학생 수}} \times 100$

<표 2> 2020년 대학 기숙사비 납부 방식 현황

(단위: 개교)

대학유형 \ 기숙사 유형 \ 납부 방식		카드납부 가능 직영	카드납부 가능 민자	카드납부 가능 공공	카드납부 가능 합계	현금분할납부 가능 직영	현금분할납부 가능 민자	현금분할납부 가능 공공	현금분할납부 가능 합계
전체(196개교)		27	20	0	47	43	25	9	77
설립주체	국공립(40개교)	20	17	0	37	18	16	0	34
	사립(156개교)	7	3	0	10	25	9	9	43
소재지	수도권(73개교)	3	2	0	5	16	8	4	28
	비수도권(123개교)	24	18	0	42	27	17	5	49

※ 각 대학은 한 가지 유형의 기숙사만 운영함.

〈보고서〉

2020년 대학 기숙사 수용률은 22.4%로, 2019년의 22.2%에 비해 증가하였지만 여전히 20%대 초반에 그쳤다. 대학유형별 기숙사 수용률은 사립대학보다는 국공립대학이 높고, 수도권 대학보다는 비수도권 대학이 높았다. 한편, ㉠ 2019년 대비 2020년 대학유형별 기숙사 수용률은 국공립대학보다 사립대학이, 비수도권 대학보다 수도권대학이 더 큰 폭으로 증가하였다.

2020년 대학 기숙사 수용가능 인원의 변화를 설립주체별로 살펴보면, ㉡ 국공립대학은 전년 대비 800명 이상 증가하였으나, 사립대학은 전년 대비 1,400명 이상 감소하였다. 소재지별로 살펴보면 수도권 대학의 기숙사 수용가능 인원은 2019년 119,940명에서 2020년 122,099명으로 2,100명 이상 증가하였으나, 비수도권 대학은 2019년 234,227명에서 2020년 232,650명으로 1,500명 이상 감소하였다.

2020년 대학 기숙사비 납부 방식을 살펴보면, ㉢ 전체 대학 중 기숙사비 카드납부가 가능한 대학은 37.9%에 불과하였다. 이를 기숙사 유형별로 자세히 보면, ㉣ 카드납부가 가능한 공공기숙사는 없었고, 현금분할납부가 가능한 공공기숙사도 사립대학 9개교뿐이었다.

① ㄱ

② ㄱ, ㄴ

③ ㄱ, ㄹ

④ ㄷ, ㄹ

⑤ ㄴ, ㄷ, ㄹ

19

다음 <조건>과 <표>는 2018 ~ 2020년 '가'부서 전체 직원 성과급에 관한 자료이다. 이를 근거로 판단할 때, '가'부서 전체 직원의 2020년 기본 연봉의 합은?

〈조 건〉

○ 매년 각 직원의 기본 연봉은 변동 없음.
○ 성과급은 전체 직원에게 각 직원의 성과등급에 따라 매년 1회 지급함.
○ 성과급 = 기본 연봉 × 지급비율
○ 성과등급별 지급비율 및 인원 수

성과등급 / 구분	S	A	B
지급비율	20 %	10 %	5 %
인원 수	1명	2명	3명

<표> 2018 ~ 2020년 '가'부서 전체 직원 성과급

(단위: 백만 원)

연도 / 직원	2018	2019	2020
갑	12.0	6.0	3.0
을	5.0	20.0	5.0
병	6.0	3.0	6.0
정	6.0	6.0	12.0
무	4.5	4.5	4.5
기	6.0	6.0	12.0

① 430백만 원　② 460백만 원
③ 490백만 원　④ 520백만 원
⑤ 550백만 원

20

다음 <표>는 '갑'국 하수처리장의 1일 하수처리용량 및 지역등급별 방류수 기준이고, <그림>은 지역등급 및 36개 하수처리장 분포이다. 이에 근거한 <보기>의 설명 중 옳은 것만을 모두 고르면?

<표> 하수처리장 1일 하수처리용량 및 지역등급별 방류수 기준

(단위: mg/L)

1일 하수처리 용량	지역 등급 / 항목	생물학적 산소 요구량	화학적 산소 요구량	총질소	총인
500 m^3 이상	Ⅰ	5 이하	20 이하	20 이하	0.2 이하
	Ⅱ	5 이하	20 이하	20 이하	0.3 이하
	Ⅲ	10 이하	40 이하	20 이하	0.5 이하
	Ⅳ	10 이하	40 이하	20 이하	2.0 이하
50 m^3 이상 500 m^3 미만	Ⅰ ~ Ⅳ	10 이하	40 이하	20 이하	2.0 이하
50 m^3 미만	Ⅰ ~ Ⅳ	10 이하	40 이하	40 이하	4.0 이하

<그림> 지역등급 및 하수처리장 분포

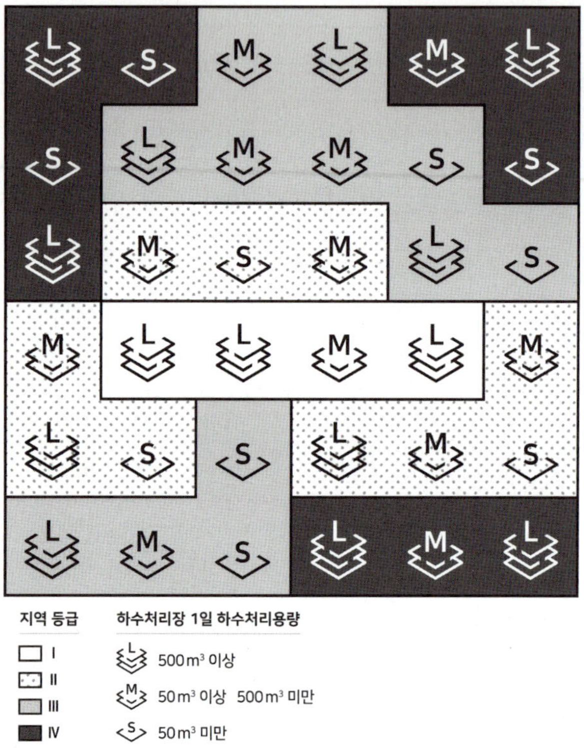

〈보 기〉

ㄱ. 방류수의 생물학적 산소요구량 기준이 '5 mg/L 이하'인 하수처리장 수는 5개이다.
ㄴ. 1일 하수처리용량 500 m^3 이상인 하수처리장 수는 1일 하수처리용량 50 m^3 미만인 하수처리장 수의 1.5배 이상이다.
ㄷ. Ⅱ등급 지역에서 방류수의 총인 기준이 '0.3 mg/L 이하'인 하수처리장의 1일 하수처리용량 합은 최소 1,000 m^3이다.
ㄹ. 방류수의 총질소 기준이 '20 mg/L 이하'인 하수처리장 수는 방류수의 화학적 산소요구량 기준이 '20 mg/L 이하'인 하수처리장 수의 5배 이상이다.

① ㄱ, ㄴ　② ㄱ, ㄷ
③ ㄴ, ㄹ　④ ㄱ, ㄷ, ㄹ
⑤ ㄴ, ㄷ, ㄹ

21

다음 <표>는 직원 '갑' ~ '무'에 대한 평가자 A ~ E의 직무평가 점수이다. 이에 대한 <보기>의 설명 중 옳은 것만을 모두 고르면?

<표> 직원 '갑' ~ '무'에 대한 평가자 A ~ E의 직무평가 점수

(단위: 점)

평가자 \ 직원	A	B	C	D	E	종합점수
갑	91	87	(　)	89	95	89.0
을	89	86	90	88	(　)	89.0
병	68	76	(　)	74	78	(　)
정	71	72	85	74	(　)	77.0
무	71	72	79	85	(　)	78.0

※ 1) 직원별 종합점수는 해당 직원이 평가자 A ~ E로부터 부여받은 점수 중 최댓값과 최솟값을 제외한 점수의 평균임.
2) 각 직원은 평가자 A ~ E로부터 각각 다른 점수를 부여받았음.
3) 모든 평가자는 1 ~ 100점 중 1점 단위로 점수를 부여하였음.

〈보 기〉

ㄱ. '을'에 대한 직무평가 점수는 평가자 E가 가장 높다.
ㄴ. '병'의 종합점수로 가능한 최댓값과 최솟값의 차이는 5점 이상이다.
ㄷ. 평가자 C의 '갑'에 대한 직무평가 점수는 '갑'의 종합점수보다 높다.
ㄹ. '갑' ~ '무'의 종합점수 산출시, 부여한 직무평가 점수가 한 번도 제외되지 않은 평가자는 없다.

① ㄱ
② ㄱ, ㄹ
③ ㄴ, ㄷ
④ ㄱ, ㄴ, ㄹ
⑤ ㄴ, ㄷ, ㄹ

memo

22 ~ 23

다음 <표 1>과 <표 2>는 '갑'국 A ~ E 5개 도시의 지난 30년 월평균 지상 10 m 기온과 월평균 지표면 온도이고, <표 3>과 <표 4>는 도시별 설계적설하중과 설계기본풍속이다. 다음 물음에 답하시오.

<표 1> 도시별 월평균 지상 10 m 기온

(단위: ℃)

월 \ 도시	A	B	C	D	E
1	−2.5	1.6	−2.4	−4.5	−2.3
2	−0.3	3.2	−0.5	−1.8	−0.1
3	5.2	7.4	4.5	4.2	5.1
4	12.1	13.1	10.7	11.4	12.2
5	17.4	17.6	15.9	16.8	17.2
6	21.9	21.1	20.4	21.5	21.3
7	25.9	25.0	24.0	24.5	24.4
8	25.4	25.7	24.9	24.3	25.0
9	20.8	21.2	20.7	18.9	19.7
10	14.4	15.9	14.5	12.1	13.0
11	6.9	9.6	7.2	4.8	6.1
12	−0.2	4.0	0.6	−1.7	−0.1

<표 2> 도시별 월평균 지표면 온도

(단위: ℃)

월 \ 도시	A	B	C	D	E
1	−2.4	2.7	−1.2	−2.7	0.3
2	−0.3	4.8	0.8	−0.7	2.8
3	5.6	9.3	6.3	4.8	8.7
4	13.4	15.7	13.4	12.6	16.3
5	19.7	20.8	19.4	19.1	22.0
6	24.8	24.2	24.5	24.4	25.9
7	26.8	27.7	26.8	26.9	28.4
8	27.4	28.5	27.5	27.0	29.0
9	22.5	19.6	22.8	21.4	23.5
10	14.8	17.9	15.8	13.5	16.9
11	6.2	10.8	7.5	5.3	8.6
12	−0.1	4.7	1.1	−0.7	2.1

<표 3> 도시별 설계적설하중

(단위: kN/m^2)

도시	A	B	C	D	E
설계적설하중	0.5	0.5	0.7	0.8	2.0

<표 4> 도시별 설계기본풍속

(단위: m/s)

도시	A	B	C	D	E
설계기본풍속	30	45	35	30	40

22

위 <표>를 근거로 <보기>의 설명 중 옳은 것만을 모두 고르면?

<보 기>

ㄱ. '월평균 지상 10 m 기온'이 가장 높은 달과 '월평균 지표면 온도'가 가장 높은 달이 다른 도시는 A뿐이다.

ㄴ. 2월의 '월평균 지상 10 m 기온'은 영하이지만 '월평균 지표면 온도'가 영상인 도시는 C와 E이다.

ㄷ. 1월의 '월평균 지표면 온도'가 A ~ E 도시 중 가장 낮은 도시의 설계적설하중은 5개 도시 평균 설계적설하중보다 작다.

ㄹ. 설계기본풍속이 두 번째로 큰 도시는 8월의 '월평균 지상 10 m 기온'도 A ~ E 도시 중 두 번째로 높다.

① ㄱ, ㄴ
② ㄴ, ㄷ
③ ㄴ, ㄹ
④ ㄷ, ㄹ
⑤ ㄱ, ㄷ, ㄹ

23

폭설피해 예방대책으로 위 <표 3>에 제시된 도시별 설계적설하중을 수정하고자 한다. <규칙>에 따라 수정하였을 때, A ~ E 도시 중 설계적설하중 증가폭이 두 번째로 큰 도시와 가장 작은 도시를 바르게 연결한 것은?

<규 칙>

단계 1: 각 도시의 설계적설하중을 50 % 증가시킨다.

단계 2: '월평균 지상 10 m 기온'이 영하인 달이 3개 이상인 도시만 단계 1에 의해 산출된 값을 40 % 증가시킨다.

단계 3: 설계기본풍속이 40 m/s 이상인 도시만 단계 1 ~ 2를 거쳐 산출된 값을 20 % 감소시킨다.

단계 4: 단계 1 ~ 3을 거쳐 산출된 값을 수정된 설계적설하중으로 한다. 단, 1.0 kN/m^2 미만인 경우 1.0 kN/m^2으로 한다.

	두 번째로 큰 도시	가장 작은 도시
①	A	B
②	A	C
③	B	D
④	D	B
⑤	D	C

24

다음 <표>는 2017년과 2018년 '갑'국에 운항하는 항공사의 운송실적 및 피해구제 현황에 관한 자료이다. <표>를 이용하여 작성한 그래프로 옳지 않은 것은?

<표 1> 2017년과 2018년 국적항공사의 노선별 운송실적

(단위: 천 명)

국적항공사 \ 노선·연도		국내선 2017	국내선 2018	국제선 2017	국제선 2018
대형 항공사	태양항공	7,989	6,957	18,925	20,052
	무지개항공	5,991	6,129	13,344	13,727
저비용 항공사	알파항공	4,106	4,457	3,004	3,610
	에어세종	0	0	821	1,717
	청렴항공	3,006	3,033	2,515	2,871
	독도항공	4,642	4,676	5,825	7,266
	참에어	3,738	3,475	4,859	5,415
	동해항공	2,935	2,873	3,278	4,128
합계		32,407	31,600	52,571	58,786

<표 2> 2017년 피해유형별 항공사의 피해구제 접수 건수 비율

(단위: %)

항공사 \ 피해유형	취소환불 위약금	지연 결항	정보제공 미흡	수하물 지연 파손	초과 판매	기타	합계
국적항공사	57.14	22.76	5.32	6.81	0.33	7.64	100.00
외국적항공사	49.06	27.77	6.89	6.68	1.88	7.72	100.00

<표 3> 2018년 피해유형별 항공사의 피해구제 접수 건수

(단위: 건)

항공사 \ 피해유형		취소환불 위약금	지연 결항	정보제공 미흡	수하물 지연 파손	초과 판매	기타	합계	전년 대비 증가
대형 항공사	태양항공	31	96	0	7	0	19	153	13
	무지개항공	20	66	0	5	0	15	106	−2
저비용 항공사	알파항공	9	9	0	1	0	4	23	−6
	에어세종	19	10	2	1	0	12	44	7
	청렴항공	12	33	3	4	0	5	57	16
	독도항공	34	25	3	9	0	27	98	−35
	참에어	33	38	0	6	0	8	85	34
	동해항공	19	32	1	10	0	10	72	9
국적항공사		177	309	9	43	0	100	638	36
외국적항공사		161	201	11	35	0	78	486	7

① 2017년 피해유형별 외국적항공사의 피해구제 접수 건수 대비 국적항공사의 피해구제 접수 건수 비

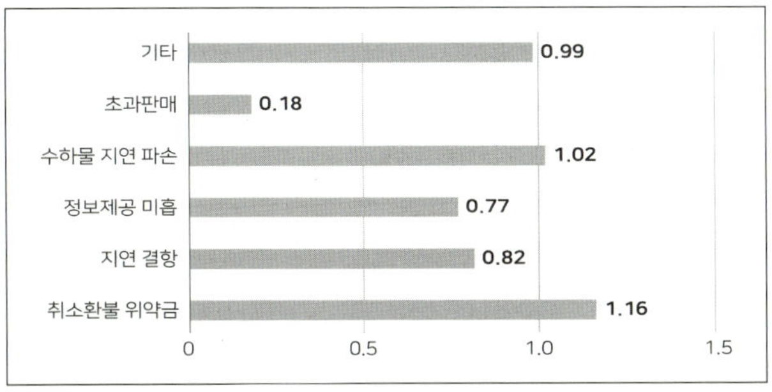

② 2017년 국적항공사별 피해구제 접수 건수 비중

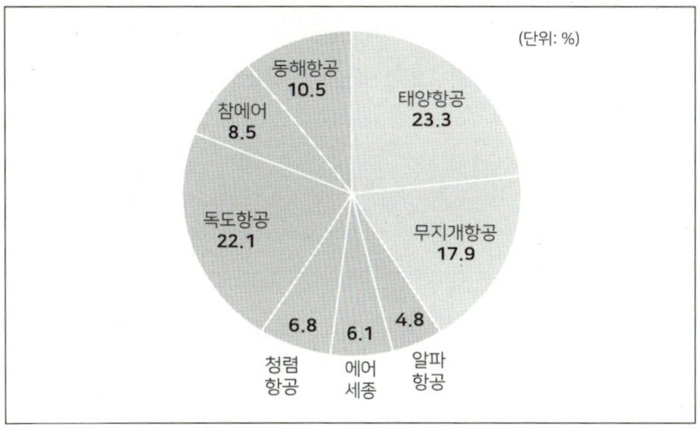

③ 2017년 피해유형별 국적항공사의 피해구제 접수 건수

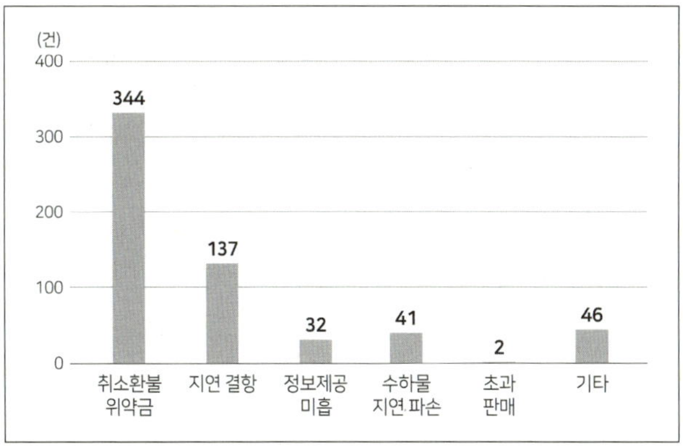

④ 2017년 대비 2018년 저비용 국적항공사의 전체 노선 운송실적 증가율

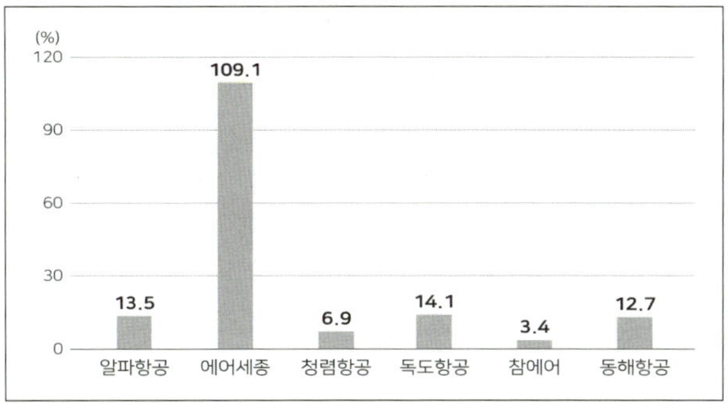

⑤ 대형 국적항공사의 전체 노선 운송실적 대비 피해구제 접수 건수 비

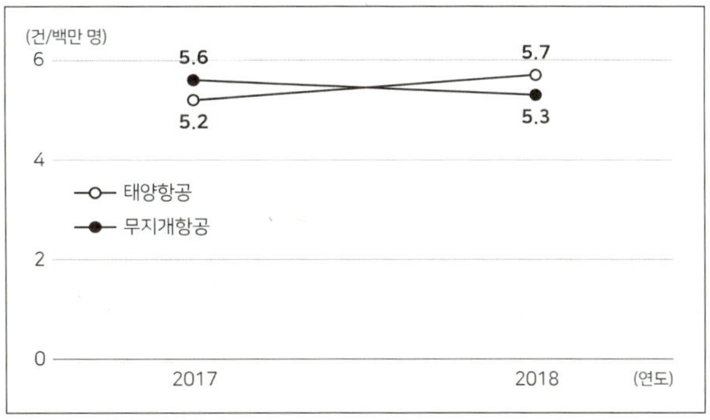

25

다음 <표>는 2011 ~ 2020년 산불 건수 및 산불 가해자 검거 현황과 2020년 산불 원인별 가해자 검거 현황에 관한 자료이다. 이에 대한 <보기>의 설명 중 옳은 것만을 모두 고르면?

<표 1> 2011 ~ 2020년 산불 건수 및 산불 가해자 검거 현황

(단위: 건, %)

연도 \ 구분	산불 건수	가해자 검거 건수	검거율
2011	277	131	47.3
2012	197	73	( )
2013	296	137	46.3
2014	492	167	33.9
2015	623	240	38.5
2016	391	( )	( )
2017	692	305	( )
2018	496	231	46.6
2019	653	239	36.6
2020	620	246	39.7
계	( )	1,973	( )

<표 2> 2020년 산불 원인별 산불 건수 및 가해자 검거 현황

(단위: 건, %)

산불 원인 \ 구분	산불 건수	가해자 검거 건수	검거율
입산자 실화	( )	32	( )
논밭두렁 소각	49	45	( )
쓰레기 소각	65	( )	( )
담뱃불 실화	75	17	22.7
성묘객 실화	9	6	( )
어린이 불장난	1	1	100.0
건축물 실화	54	33	61.1
기타	150	52	34.7
전체	( )	246	39.7

※ 1) 산불 1건은 1개의 산불 원인으로만 분류함.

2) 가해자 검거 건수는 해당 산불 발생 연도를 기준으로 집계함.

3) $\text{검거율(\%)} = \frac{\text{가해자 검거 건수}}{\text{산불 건수}} \times 100$

〈보 기〉

ㄱ. 2011 ~ 2020년 연평균 산불 건수는 500건 이하이다.

ㄴ. 산불 건수가 가장 많은 연도의 검거율은 산불 건수가 가장 적은 연도의 검거율보다 높다.

ㄷ. 2020년에는 기타를 제외하고 산불 건수가 적은 산불 원인일수록 검거율이 높다.

ㄹ. 2020년 전체 산불 건수 중 입산자 실화가 원인인 산불 건수의 비율은 35 %이다.

① ㄱ, ㄴ
② ㄴ, ㄹ
③ ㄷ, ㄹ
④ ㄱ, ㄴ, ㄷ
⑤ ㄱ, ㄴ, ㄹ

2020
7급 모의평가

자료해석

PSAT 신헌 자료해석 ALL수록 기출문제집

01

다음 <보고서>는 2019년 '갑'시의 5대 축제(A ~ E)에 관한 조사 결과이다. 이에 부합하지 않는 자료는?

〈보고서〉

'갑'시의 5대 축제를 분석·평가한 결과, 우수축제로 선정된 A축제는 관람객 수, 인지도, 콘텐츠 영역에서 B축제보다 높은 점수를 받았으나 경제적 효과 영역에서는 B축제보다 낮은 점수를 받았다. 한편, 5대 축제의 관람객 만족도를 보면, 먹거리 만족도가 매년 떨어지고 있고 2019년에는 살거리 만족도도 2018년보다 낮아져 대책 마련이 시급하다는 평가도 있다.

설문조사에 따르면 축제 관련 정보 획득 매체는 연령대별로 차이를 보였다. 20대 이하와 30 ~ 40대는 각각 인터넷을 통해 정보를 획득한 관람객 수가 가장 많았다. 반면, 50대 이상은 현수막을 통해 정보를 획득한 관람객 수가 가장 많아 관람객의 연령대별 맞춤형 홍보 전략이 필요하다는 것을 보여준다.

축제로 인한 경제적 효과도 중요한 분석 대상이다. D축제의 경우 취업자 수와 고용인 수 모두 가장 적지만, 고용인 1인당 취업자 수는 가장 많았다. 관람객 1인당 총지출액에서 숙박비의 비중이 가장 높은 축제는 C축제이고 먹거리 비용의 비중이 가장 높은 축제는 E축제이다.

① 5대 축제별 취업자 수와 고용인 수

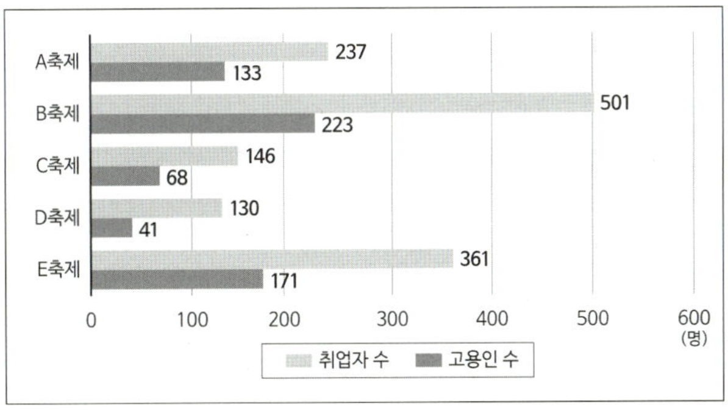

② 5대 축제의 관람객 만족도

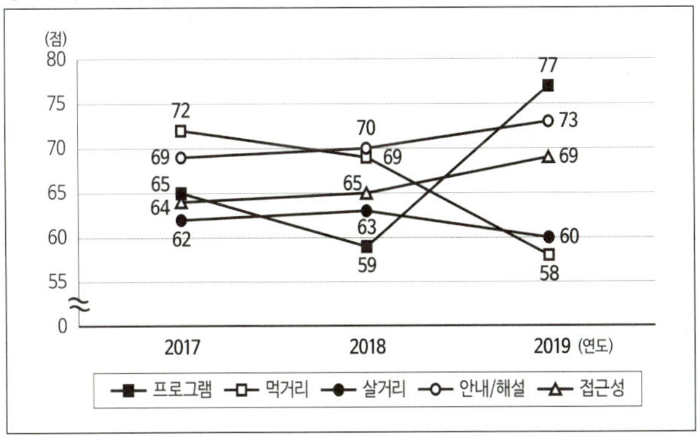

③ 5대 축제별 관람객 1인당 지출액

(단위: 원)

구분 \ 축제	A	B	C	D	E
숙박비	22,514	9,100	27,462	3,240	4,953
먹거리 비용	18,241	19,697	15,303	8,882	20,716
왕복교통비	846	1,651	9,807	1,448	810
상품구입비	17,659	4,094	6,340	3,340	411
기타	9	48	102	255	1,117
총지출액	59,269	34,590	59,014	17,165	28,007

④ A, B 축제의 영역별 평가점수

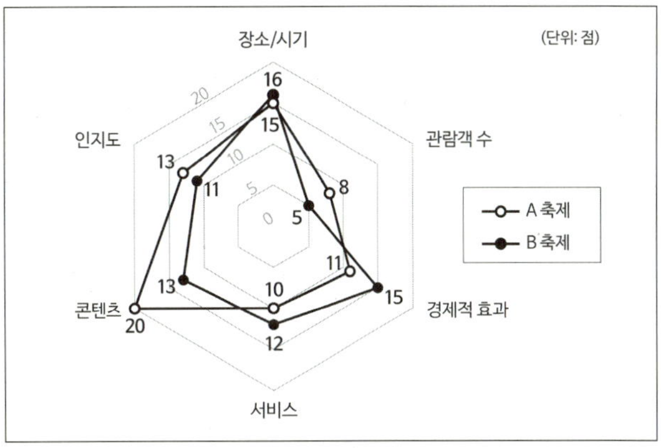

⑤ 관람객의 연령대별 5대 축제 관련 정보 획득 매체

(단위: %)

연령대 \ 매체	TV	인터넷	신문	현수막	기타
20대 이하	22.0	58.6	10.8	17.5	11.5
30 ~ 40대	25.4	35.0	16.5	18.0	9.0
50대 이상	35.0	20.2	21.0	29.5	8.0
전체	26.0	41.5	15.1	20.1	9.8

※ 중복응답 가능함.

02

다음 <표>는 2019년 10월 첫 주 '갑' 편의점의 간편식 A ~ F의 판매량에 관한 자료이다. <표>와 <조건>을 이용하여 간편식 B, E의 판매량을 바르게 나열한 것은?

<표> 간편식 A ~ F의 판매량

(단위: 개)

간편식	A	B	C	D	E	F	평균
판매량	95	(　)	(　)	(　)	(　)	43	70

〈조 건〉

○ A와 C의 판매량은 같다.
○ B와 D의 판매량은 같다.
○ E의 판매량은 D보다 23개 적다.

	B	E
①	70	47
②	70	57
③	83	47
④	83	60
⑤	85	62

03

다음 <표>는 2015 ~ 2019년 '갑'국의 가스사고 현황에 관한 자료이다. 이에 대한 <보기>의 설명 중 옳은 것만을 모두 고르면?

<표 1> 원인별 사고건수

(단위: 건)

원인 \ 연도	2015	2016	2017	2018	2019
사용자 취급부주의	41	41	41	38	31
공급자 취급부주의	23	16	22	26	29
제품노후	4	12	19	12	18
고의사고	21	16	16	12	9
타공사	2	6	4	8	7
자연재해	12	9	5	3	3
시설미비	18	20	11	23	24
전체	121	120	118	122	121

<표 2> 사용처별 사고건수

(단위: 건)

사용처 \ 연도	2015	2016	2017	2018	2019
주택	48	50	39	42	47
식품접객업소	21	10	27	14	20
특수허가업소	14	14	16	16	12
공급시설	3	7	5	5	6
차량	4	5	4	5	6
제1종 보호시설	3	8	6	8	5
공장	9	6	7	6	4
다중이용시설	0	0	0	0	1
야외	19	20	14	26	20
전체	121	120	118	122	121

〈보 기〉

ㄱ. 2015년 대비 2019년 사고건수의 증가율은 '공급자 취급부주의'가 '시설미비'보다 작다.
ㄴ. '주택'과 '차량'의 연도별 사고건수 증감방향은 같다.
ㄷ. 2016년에는 사고건수 기준 상위 2가지 원인에 의한 사고건수의 합이 나머지 원인에 의한 사고건수의 합보다 적다.
ㄹ. 전체 사고건수에서 '주택'이 차지하는 비중은 매년 35 % 이상이다.

① ㄱ, ㄴ　② ㄱ, ㄹ
③ ㄴ, ㄷ　④ ㄱ, ㄷ, ㄹ
⑤ ㄴ, ㄷ, ㄹ

04

다음 <표>는 2015 ~ 2019년 A ~ D 지역의 해양수질, 해조류 군집 및 해양 저서동물 출현종수에 관한 자료이다. 이에 대한 설명으로 옳지 않은 것은?

<표 1> A ~ D 지역의 해양수질

(단위: mg/L)

측정 항목	지역 \ 연도	2015	2016	2017	2018	2019
용존 산소량 (DO)	A	8.22	8.13	7.95	8.40	7.60
	B	8.18	8.23	8.12	8.60	8.10
	C	10.20	8.06	8.73	8.10	8.50
	D	7.51	6.97	7.39	8.43	8.35
화학적 산소 요구량 (COD)	A	1.73	1.38	1.19	1.54	1.34
	B	1.38	1.40	1.26	1.47	1.54
	C	2.35	2.29	1.71	1.59	1.69
	D	0.96	0.82	0.70	1.30	1.59
총질소 (Total-N)	A	0.16	0.14	0.16	0.15	0.12
	B	0.16	0.13	0.20	0.15	0.12
	C	0.45	0.51	0.68	0.11	0.08
	D	0.20	0.06	0.05	0.57	0.07

※ 해양수질 등급은 아래 기준으로 판정함.

· 1등급은 DO가 7.50 mg/L 이상이고 COD는 1.00 mg/L 이하이며 Total-N이 0.30 mg/L 이하인 경우임.

· 2등급은 1등급에 해낭하지 않으면서 DO가 2.00 mg/L 이상이고 COD는 2.00 mg/L 이하이며 Total-N이 0.60 mg/L 이하인 경우임.

· 등급 외는 1, 2등급에 해당하지 않는 경우임.

<표 2> A ~ D 지역의 해조류 군집 및 해양 저서동물 출현종수

(단위: 개)

항목	지역 \ 연도	2015	2016	2017	2018	2019
해조류 군집 출현 종수	A	108	77	46	48	48
	B	102	77	49	49	52
	C	26	27	28	29	27
	D	102	136	199	86	87
해양 저서 동물 출현 종수	A	147	79	126	134	153
	B	90	73	128	142	141
	C	112	34	58	85	102
	D	175	351	343	303	304

① 2015 ~ 2019년 A와 B 지역의 총질소(Total-N)의 연간 증감방향은 매년 동일하다.

② 2016년 B 지역은 해조류 군집 출현종수의 전년대비 증감률이 해양 저서동물 출현종수의 전년대비 증감률보다 크다.

③ 2019년에는 해양 저서동물 출현종수가 가장 많은 지역이 총질소(Total-N)가 가장 낮다.

④ 2015년에 해양수질이 1등급인 지역은 D가 유일하다.

⑤ A와 C 지역의 해양수질은 2015년부터 2017년까지 2등급으로 일정하다.

05

다음 <그림>과 <표>는 2018 ~ 2019년 '갑'국의 월별 최대전력수요와 전력수급현황에 관한 자료이다. 이에 대한 설명으로 옳은 것은?

<그림> '갑'국의 월별 최대전력수요

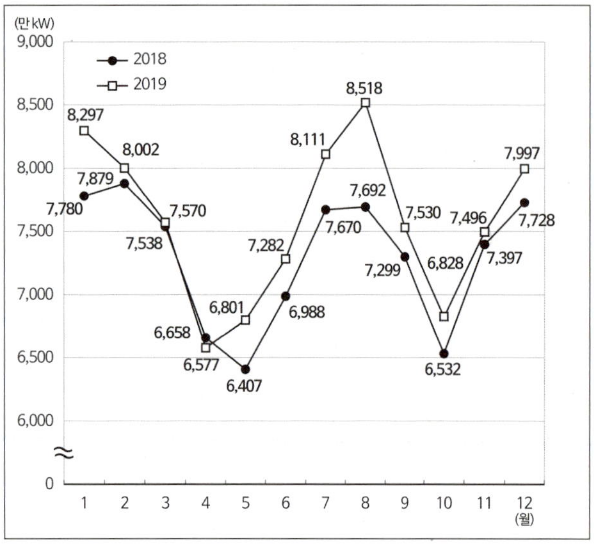

<표> '갑'국의 전력수급현황

(단위: 만 kW)

구분 \ 시기	2018년 2월	2019년 8월
최대전력수요	7,879	8,518
전력공급능력	8,793	9,240

※ 1) 공급예비력 = 전력공급능력 − 최대전력수요

2) $\text{공급예비율(\%)} = \frac{\text{공급예비력}}{\text{최대전력수요}} \times 100$

① 공급예비력은 2018년 2월이 2019년 8월보다 작다.
② 공급예비율은 2018년 2월이 2019년 8월보다 낮다.
③ 2019년 1 ~ 12월 동안 최대전력수요의 월별 증감방향은 2018년과 동일하다.
④ 해당 연도 1 ~ 12월 중 최대전력수요가 가장 큰 달과 가장 작은 달의 최대전력수요 차이는 2018년이 2019년보다 작다.
⑤ 2019년 최대전력수요의 전년동월 대비 증가율이 가장 높은 달은 1월이다.

06

다음 <표>는 2018년 '갑'국 A ~ E지역의 산사태 위험인자 현황에 관한 자료이다. <평가 방법>에 근거하여 산사태 위험점수가 가장 높은 지역과 가장 낮은 지역을 바르게 나열한 것은?

<표> A ~ E지역의 산사태 위험인자 현황

위험인자 \ 지역	A	B	C	D	E
경사길이(m)	180	220	150	80	40
모암	화성암	퇴적암	변성암(편마암)	변성암(천매암)	변성암(편마암)
경사위치	중하부	중상부	중하부	상부	중상부
사면형	상승사면	복합사면	하강사면	복합사면	평형사면
토심(cm)	160	120	70	110	80
경사도(°)	30	20	25	35	55

〈평가 방법〉

○ 산사태 위험인자의 평가점수는 다음과 같다.

위험인자 \ 평가점수	0점	10점	20점	30점
경사길이(m)	50 미만	50 이상 100 미만	100 이상 200 미만	200 이상
모암	퇴적암	화성암	변성암(천매암)	변성암(편마암)
경사위치	하부	중하부	중상부	상부
사면형	상승사면	평형사면	하강사면	복합사면
토심(cm)	20 미만	20 이상 100 미만	100 이상 150 미만	150 이상
경사도(°)	40 이상	30 이상 40 미만	25 이상 30 미만	25 미만

○ 개별 지역의 산사태 위험점수는 6개 위험인자에 대한 평가점수의 합임.

	가장 높은 지역	가장 낮은 지역
①	B	A
②	B	E
③	D	A
④	D	C
⑤	D	E

07

다음 <표>는 '갑' 회사 구내식당의 월별 이용자 수 및 매출액에 관한 자료이고, <보고서>는 '갑' 회사 구내식당 가격인상에 관한 내부검토 자료이다. '2019년 1월의 이용자 수 예측'에 대한 그래프로 <표>와 <보고서>의 내용에 부합하는 것은?

<표> 2018년 '갑' 회사 구내식당의 월별 이용자 수 및 매출액

(단위: 명, 천 원)

구분 / 월	특선식		일반식		총매출액
	이용자 수	매출액	이용자 수	매출액	
7	901	5,406	1,292	5,168	10,574
8	885	5,310	1,324	5,296	10,606
9	914	5,484	1,284	5,136	10,620
10	979	5,874	1,244	4,976	10,850
11	974	5,844	1,196	4,784	10,628
12	952	5,712	1,210	4,840	10,552

※ 총매출액은 특선식 매출액과 일반식 매출액의 합임.

〈보고서〉

2018년 12월 현재 회사 구내식당은 특선식(6,000원)과 일반식(4,000원)의 두 가지 메뉴를 판매하고 있다. 2018년 11월부터 구내식당 총매출액이 감소하고 있어 지난 2년 동안 동결되었던 특선식과 일반식 중 한 가지 메뉴의 가격을 2019년 1월부터 1,000원 인상할지를 검토하였다.

메뉴 가격에 변동이 없을 경우, 일반식 이용자와 특선식 이용자의 수가 모두 2018년 12월에 비해 감소하여 2019년 1월의 총매출액은 2018년 12월보다 감소할 것으로 예측된다.

특선식 가격만을 1,000원 인상하여 7,000원으로 할 경우, 특선식 이용자 수는 2018년 7월 이후 최저치 이하로 감소하지만, 가격 인상의 영향 등으로 총매출액은 2018년 10월 이상으로 증가할 것으로 예측된다.

일반식 가격만을 1,000원 인상하여 5,000원으로 할 경우, 일반식 이용자 수는 2018년 12월 대비 10% 이상 감소하며, 특선식 이용자 수는 2018년 10월보다 증가하지는 않으리라 예측된다.

①

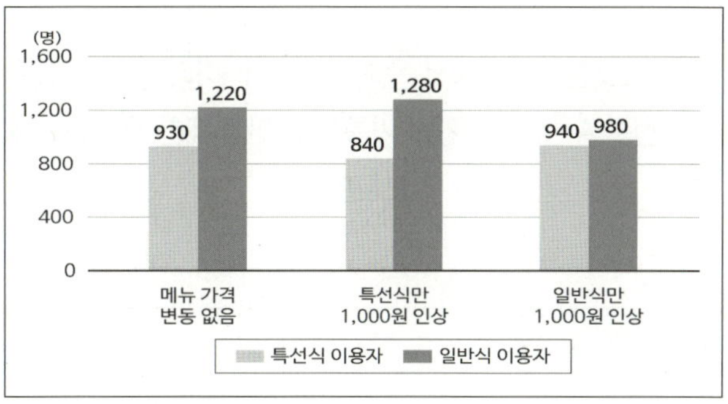

②

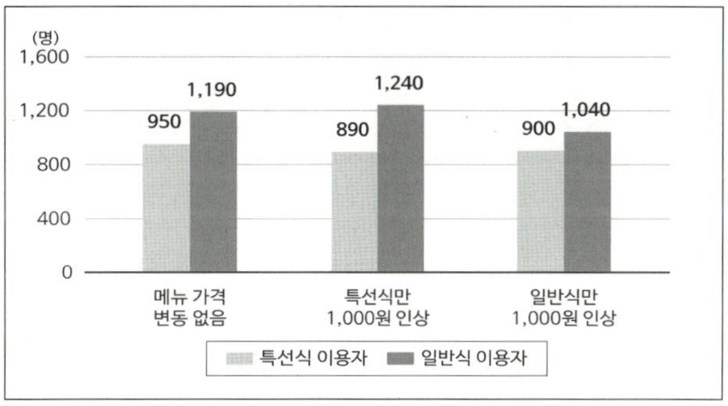

③

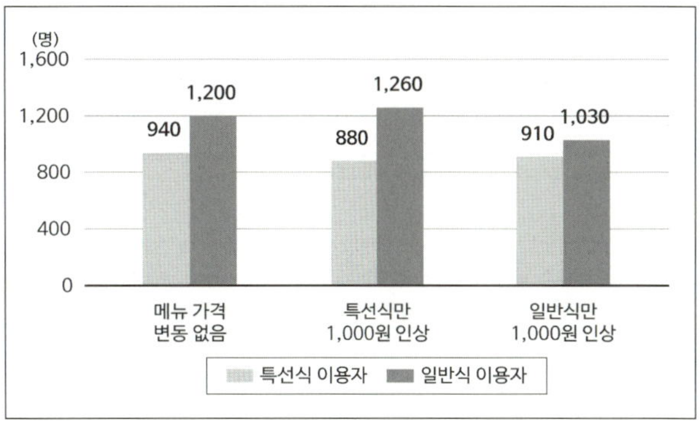

④

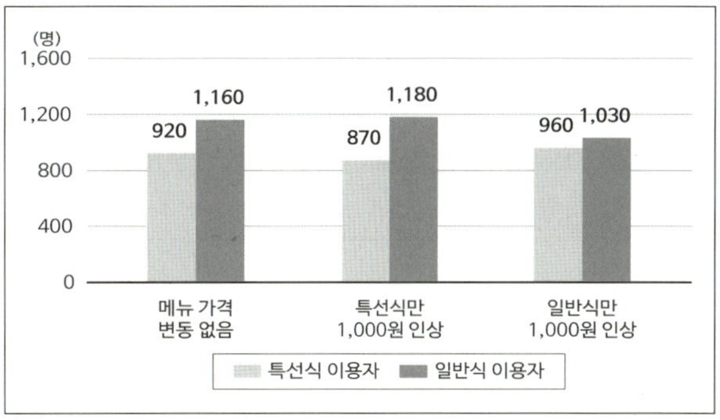

⑤

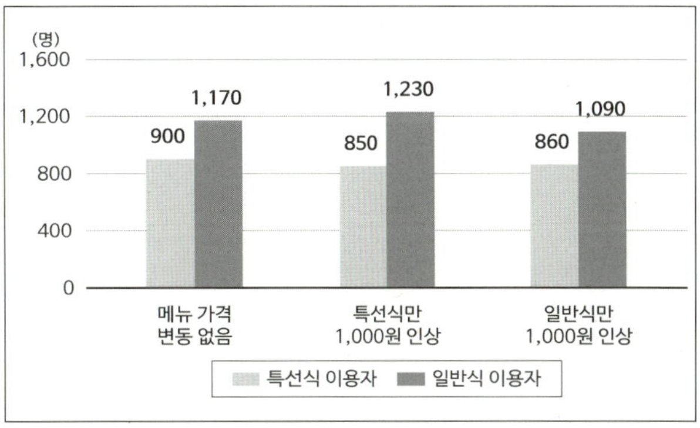

08

다음 <표>는 '갑'시에서 주최한 10 km 마라톤 대회에 참가한 선수 A ~ D의 구간별 기록이다. 이에 대한 <보기>의 설명 중 옳은 것만을 모두 고르면?

<표> 선수 A ~ D의 10 km 마라톤 대회 구간별 기록

구간 \ 선수	A	B	C	D
0 ~ 1 km	5분 24초	5분 44초	6분 40초	6분 15초
1 ~ 2 km	5분 06초	5분 42초	5분 27초	6분 19초
2 ~ 3 km	5분 03초	5분 50초	5분 18초	6분 00초
3 ~ 4 km	5분 00초	6분 18초	5분 15초	5분 54초
4 ~ 5 km	4분 57초	6분 14초	5분 24초	5분 35초
5 ~ 6 km	5분 10초	6분 03초	5분 03초	5분 27초
6 ~ 7 km	5분 25초	5분 48초	5분 14초	6분 03초
7 ~ 8 km	5분 18초	5분 39초	5분 29초	5분 24초
8 ~ 9 km	5분 10초	5분 33초	5분 26초	5분 11초
9 ~ 10 km	5분 19초	5분 03초	5분 36초	5분 15초
계	51분 52초	(　　)	54분 52초	57분 23초

※ 1) A ~ D는 출발점에서 동시에 출발하여 휴식 없이 완주함.
2) A ~ D는 각 구간 내에서 일정한 속도로 달림.

〈보 기〉

ㄱ. 출발 후 6 km 지점을 먼저 통과한 선수부터 나열하면 A, C, D, B 순이다.
ㄴ. B의 10 km 완주기록은 60분 이상이다.
ㄷ. 3 ~ 4 km 구간에서 B는 C에게 추월당한다.
ㄹ. A가 10 km 지점을 통과한 순간, D는 7 ~ 8 km 구간을 달리고 있다.

① ㄱ, ㄴ
② ㄱ, ㄷ
③ ㄱ, ㄹ
④ ㄴ, ㄷ
⑤ ㄷ, ㄹ

09

다음 <그림>은 OECD 회원국 중 5개국의 2018년 가정용, 산업용 전기요금 지수를 나타낸 것이다. 이에 대한 <보기>의 설명 중 옳은 것만을 모두 고르면?

<그림> OECD 회원국 중 5개국의 가정용, 산업용 전기요금 지수

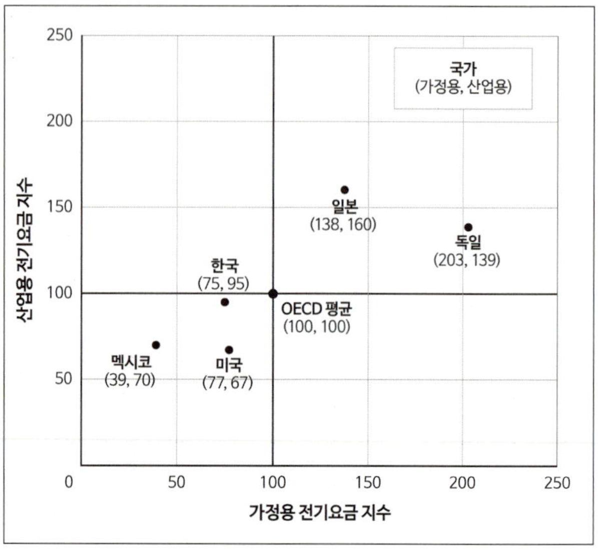

※ 1) OECD 각 국가의 전기요금은 100 kWh당 평균 금액($)임.
2) 가정용(산업용) 전기요금 지수 = $\frac{\text{해당 국가의 가정용(산업용) 전기요금}}{\text{OECD 평균 가정용(산업용) 전기요금}} \times 100$
3) 2018년 한국의 가정용, 산업용 전기요금은 100 kWh당 각각 $120, $95임.

〈보 기〉

ㄱ. 산업용 전기요금은 일본이 가장 비싸고 가정용 전기요금은 독일이 가장 비싸다.
ㄴ. OECD 평균 전기요금은 가정용이 산업용의 1.5배 이상이다.
ㄷ. 가정용 전기요금이 한국보다 비싼 국가는 산업용 전기요금도 한국보다 비싸다.
ㄹ. 일본은 산업용 전기요금이 가정용 전기요금보다 비싸다.

① ㄱ, ㄴ
② ㄱ, ㄷ
③ ㄴ, ㄹ
④ ㄷ, ㄹ
⑤ ㄱ, ㄴ, ㄹ

10

다음 <표>는 2014 ~ 2018년 공공기관 신규채용 합격자 현황에 관한 자료이다. 이를 이용하여 작성한 그래프로 옳지 않은 것은?

<표 1> 공공기관 신규채용 합격자 현황

(단위: 명)

합격자 \ 연도		2014	2015	2016	2017	2018
전체		17,601	19,322	20,982	22,547	33,832
	여성	7,502	7,664	8,720	9,918	15,530

<표 2> 공공기관 유형별 신규채용 합격자 현황

(단위: 명)

유형	합격자 \ 연도	2014	2015	2016	2017	2018
공기업	전체	4,937	5,823	5,991	6,805	9,070
	여성	1,068	1,180	1,190	1,646	2,087
준정부기관	전체	5,055	4,892	6,084	6,781	9,847
	여성	2,507	2,206	2,868	3,434	4,947
기타공공기관	전체	7,609	8,607	8,907	8,961	14,915
	여성	3,927	4,278	4,662	4,838	8,496

※ 공공기관은 공기업, 준정부기관, 기타공공기관으로만 구성됨.

① 공공기관 유형별 신규채용 합격자 현황

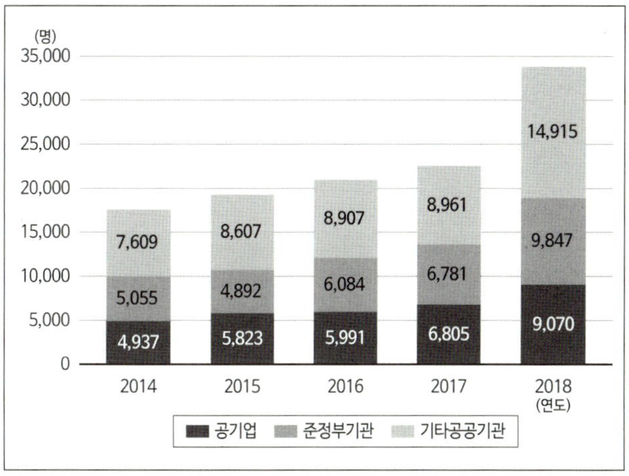

② 2016년 공공기관 유형별 신규채용 남성 합격자 현황

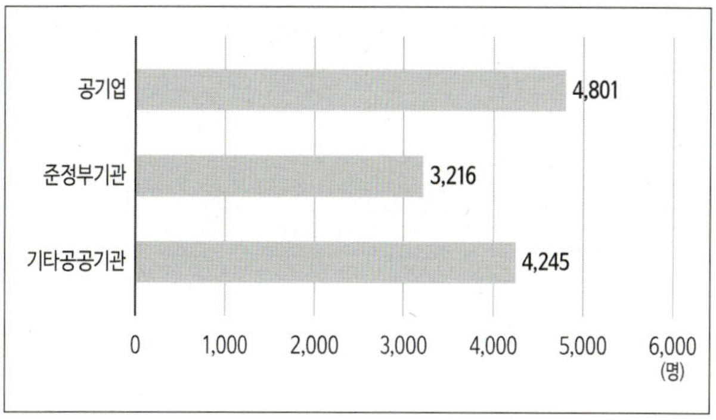

③ 공공기관 유형별 신규채용 합격자 중 여성 비중

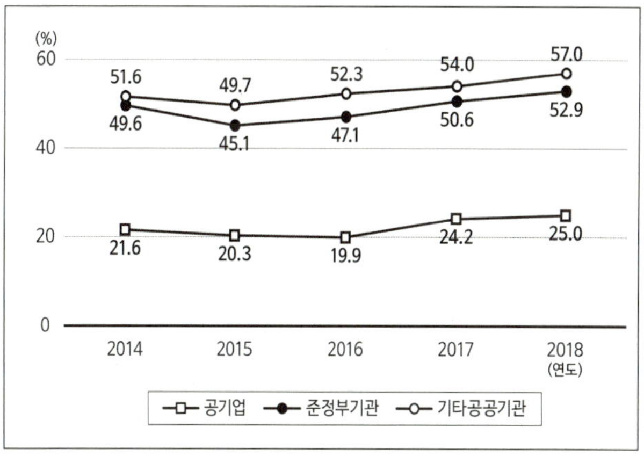

④ 공공기관 신규채용 합격자의 전년대비 증가율

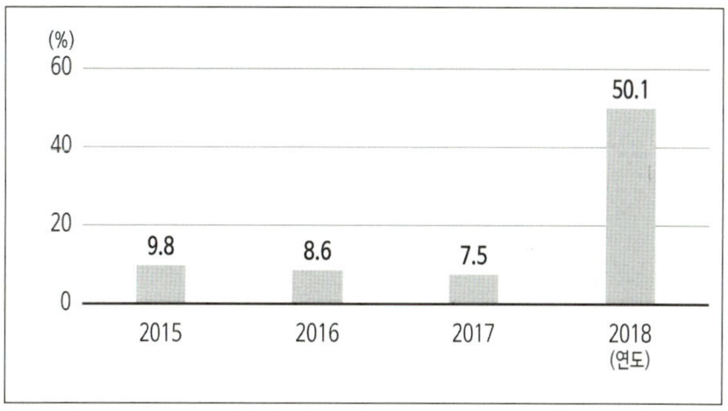

⑤ 2018년 공공기관 신규채용 합격자의 공공기관 유형별 구성비

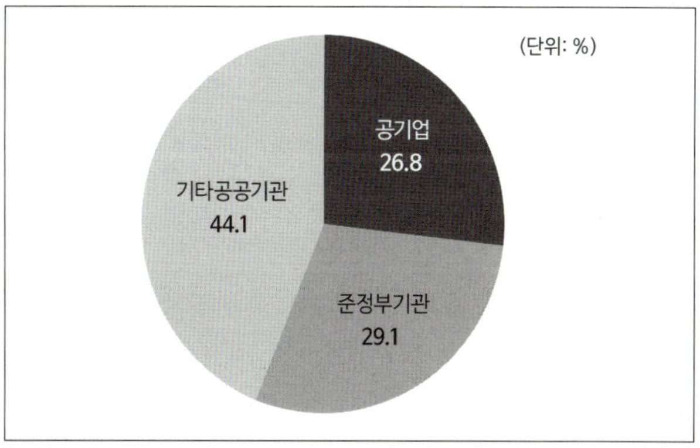

11

다음 <표>는 2019년 기관 A ~ D소속 퇴직예정공직자의 재취업을 위한 직무관련성 심사결과에 대한 자료이다. <표>와 <조건>을 근거로 A ~ D에 해당하는 기관을 바르게 나열한 것은?

<표> 직무관련성 심사결과

(단위: 건)

구분 / 기관	관련있음	관련없음	각하	전체
A	8	33	4	45
B	17	77	3	97
C	99	350	59	508
D	0	9	0	9

〈조 건〉

○ 우주청의 전체 심사결과 중 '관련없음'의 비중은 혁신청의 전체 심사결과 중 '관련없음'의 비중보다 작다.
○ 기관별 전체 심사결과 중 '관련없음'의 비중은 문화청이 가장 크다.
○ '각하' 건수는 과학청이 혁신청보다 많다.
○ '관련없음' 대비 '관련있음' 건수의 비는 과학청이 우주청보다 높다.

	A	B	C	D
①	과학청	문화청	혁신청	우주청
②	과학청	혁신청	우주청	문화청
③	문화청	혁신청	우주청	과학청
④	우주청	혁신청	과학청	문화청
⑤	혁신청	우주청	과학청	문화청

12

다음 <그림>은 가구 A ~ L의 2020년 1월 주거비와 식비, 필수생활비에 관한 자료이다. 이에 대한 설명으로 옳은 것은?

<그림 1> 가구 A ~ L의 주거비와 식비

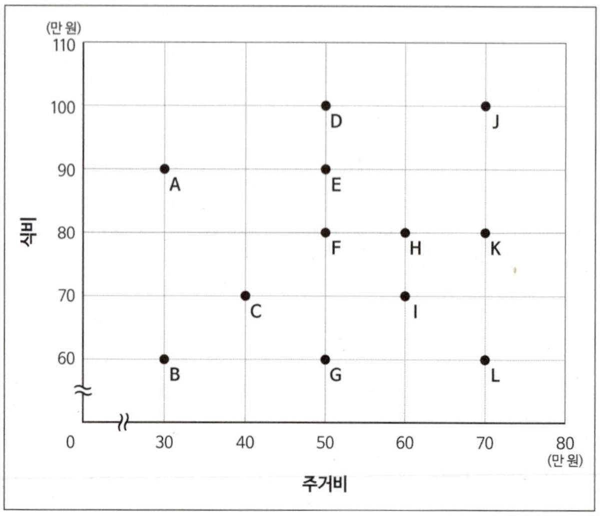

<그림 2> 가구 A ~ L의 식비와 필수생활비

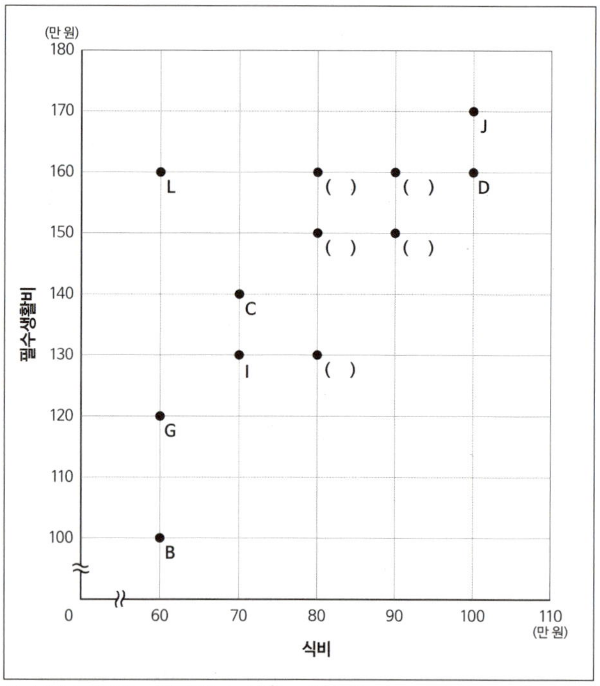

※ 필수생활비 = 주거비 + 식비 + 의복비

① 의복비는 가구 A가 가구 B보다 작다.
② 의복비가 0원인 가구는 1곳이다.
③ 주거비가 40만 원 이하인 가구의 의복비는 각각 10만 원 이상이다.
④ 식비 하위 3개 가구 의복비의 합은 60만 원 이상이다.
⑤ 식비가 80만 원이면서 필수생활비가 130만 원인 가구는 K이다.

13

다음 <그림>은 추락사고가 발생한 항공기 800대의 사고 발생 시점과 사고 원인을 정리한 자료이다. 이에 대한 <보기>의 설명 중 옳은 것만을 모두 고르면?

<그림> 항공기 추락사고의 사고 발생시점과 사고 원인

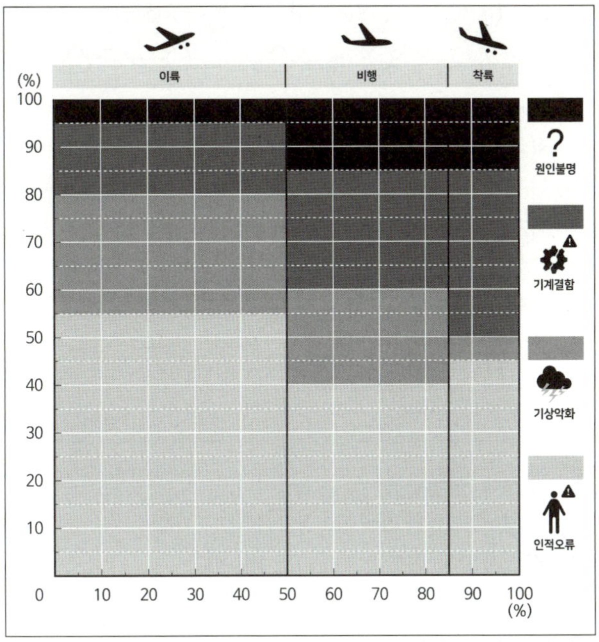

※ 사고 발생시점은 이륙, 비행, 착륙 중 하나이며, 사고 원인은 인적오류, 기상악화, 기계결함, 원인불명 중 하나임.

〈보 기〉

ㄱ. 이륙 중에 인적오류로 추락한 항공기 수는 착륙 중에 원인불명으로 추락한 항공기 수의 12배 이상이다.
ㄴ. 비행 중에 원인불명으로 추락한 항공기 수는 착륙 중에 기계결함으로 추락한 항공기 수보다 많다.
ㄷ. 비행 중에 인적오류로 추락한 항공기 수는 이륙 중에 기계결함으로 추락한 항공기 수보다 56대 더 많다.
ㄹ. 기계결함으로 추락한 항공기 수는 추락사고가 발생한 항공기 수의 20% 이상이다.

① ㄱ, ㄴ
② ㄱ, ㄷ
③ ㄱ, ㄹ
④ ㄴ, ㄷ
⑤ ㄷ, ㄹ

14

다음 <표>는 '갑'국의 2020년 3월 1 ~ 15일 기상상황과 드론 비행 및 촬영 허가신청 결과에 관한 자료이다. <표>와 <조건>에 근거한 <보기>의 설명으로 옳은 것만을 모두 고르면?

<표> 기상상황과 드론 비행 및 촬영 허가신청 결과

구분 / 항목 / 날짜	기상상황			허가신청 결과	
	지자기지수	풍속(m/s)	날씨	비행	촬영
3월 1일	1	3	🌧	불허	불허
3월 2일	2	2	☀	불허	불허
3월 3일	3	3	☁	허가	허가
3월 4일	4	1	🌧	허가	허가
3월 5일	5	7	☁	허가	허가
3월 6일	5	12	☁	허가	허가
3월 7일	5	5	☀	허가	허가
3월 8일	4	3	☀	허가	허가
3월 9일	6	6	☀	허가	허가
3월 10일	3	4	☁	허가	불허
3월 11일	4	3	☁	허가	불허
3월 12일	2	2	☀	허가	허가
3월 13일	2	13	☀	허가	허가
3월 14일	3	5	🌧	허가	허가
3월 15일	1	3	☀	허가	허가

〈조 건〉

○ 기상상황 항목별 드론 비행 및 촬영 기준

구분 / 항목	비행	촬영
지자기지수	5 미만	10 미만
풍속(m/s)	10 미만	5 미만
날씨	☀ 또는 ☁	☀ 또는 ☁

○ 기상상황 항목별 비행 기준을 모두 충족하고 비행 허가신청 결과가 '허가'일 때, 비행에 적합함.

○ 기상상황 항목별 촬영 기준을 모두 충족하고 촬영 허가신청 결과가 '허가'일 때, 촬영에 적합함.

○ 기상상황 항목별 비행 및 촬영 기준을 모두 충족하고 비행 및 촬영 허가신청 결과가 모두 '허가'일 때, 항공촬영에 적합함.

〈보 기〉

ㄱ. 비행에 적합한 날은 총 6일이다.

ㄴ. 촬영에 적합한 날은 총 5일이다.

ㄷ. 항공촬영에 적합한 날은 총 4일이다.

① ㄱ

② ㄷ

③ ㄱ, ㄴ

④ ㄱ, ㄷ

⑤ ㄴ, ㄷ

15

다음 <표>는 산림경영단지 A ~ E의 임도 조성 현황에 관한 자료이다. 이 경우 면적이 가장 넓은 산림경영단지는?

<표> 산림경영단지 A ~ E의 임도 조성 현황

(단위: %, km, km/ha)

구분 \ 산림경영단지	작업임도 비율	간선임도 길이	임도 밀도
A	30	70	15
B	20	40	10
C	30	35	20
D	50	20	10
E	40	60	20

※ 1) 임도 길이(km) = 작업임도 길이 + 간선임도 길이

2) 작업임도 비율(%) $= \frac{\text{작업임도 길이}}{\text{임도 길이}} \times 100$

3) 간선임도 비율(%) $= \frac{\text{간선임도 길이}}{\text{임도 길이}} \times 100$

4) 임도 밀도(km/ha) $= \frac{\text{임도 길이}}{\text{산림경영단지 면적}}$

① A　② B
③ C　④ D
⑤ E

16

다음 <표>는 2019년 '갑'국 국회의원선거의 당선자 수에 관한 자료이다. 이에 대한 <보기>의 설명 중 옳은 것만을 모두 고르면?

<표> '갑'국 국회의원선거의 당선자 수

(단위: 명)

정당 \ 권역	A	B	C	D	E	합
가	48	( )	0	1	7	65
나	2	( )	( )	0	0	( )
기타	55	98	2	1	4	160
전체	105	110	25	2	11	253

※ '갑'국의 정당은 A ~ E만 존재함.

〈보 기〉

ㄱ. E정당 전체 당선자 중 '가' 권역 당선자가 차지하는 비중은 60% 이상이다.
ㄴ. 당선자 수의 합은 '가' 권역이 '나' 권역의 3배 이상이다.
ㄷ. C정당 전체 당선자 중 '나' 권역 당선자가 차지하는 비중은 A정당 전체 당선자 중 '가' 권역 당선자가 차지하는 비중의 2배 이상이다.
ㄹ. B정당 당선자 수는 '나' 권역이 '가' 권역보다 많다.

① ㄱ, ㄴ　② ㄱ, ㄷ
③ ㄴ, ㄷ　④ ㄴ, ㄹ
⑤ ㄷ, ㄹ

17

다음 <표>는 소프트웨어 경쟁력 종합점수 산출을 위한 영역별 가중치와 소프트웨어 경쟁력 종합순위 1 ~ 10위 국가의 영역별 순위 및 원점수에 관한 자료이다. 이에 대한 설명으로 옳지 않은 것은?

<표 1> 소프트웨어 경쟁력 종합점수 산출을 위한 영역별 가중치

영역	환경	인력	혁신	성과	활용
가중치	0.15	0.20	0.25	0.15	0.25

<표 2> 소프트웨어 경쟁력 평가대상 국가 중 종합순위 1 ~ 10위 국가의 영역별 순위 및 원점수

(단위: 점)

종합순위	종합점수	국가	환경		인력		혁신		성과		활용	
			순위	원점수	순위	원점수	순위	원점수	순위	원점수	순위	원점수
1	72.41	미국	1	67.1	1	89.6	1	78.5	2	54.8	2	66.3
2	47.04	중국	28	20.9	8	35.4	2	66.9	18	11.3	1	73.6
3	41.48	일본	6	50.7	10	34.0	3	44.8	19	10.5	7	57.2
4	( )	호주	5	51.6	6	37.9	7	33.1	22	9.2	3	62.8
5	( )	캐나다	17	37.7	15	29.5	4	42.9	16	13.3	6	57.6
6	38.35	스웨덴	9	42.6	5	38.9	8	28.1	3	26.5	10	52.7
7	38.12	영국	12	40.9	3	46.3	12	20.3	6	23.3	8	56.6
8	( )	프랑스	11	41.9	2	53.6	11	22.5	15	13.8	11	49.3
9	( )	핀란드	10	42.5	14	30.5	10	22.6	4	24.9	4	59.4
10	( )	한국	2	62.9	19	27.5	5	41.5	25	6.7	21	41.1

※ 1) 점수가 높을수록 순위가 높음.
2) 영역점수 = 영역 원점수 × 영역 가중치
3) 종합점수는 5개 영역점수의 합임.

① 종합순위가 한국보다 낮은 국가 중에 '성과' 영역 원점수가 한국의 8배 이상인 국가가 있다.
② 종합순위 3 ~ 10위 국가의 종합점수 합은 320점 이하이다.
③ 소프트웨어 경쟁력 평가대상 국가는 28개국 이상이다.
④ 한국은 5개 영역점수 중 '혁신' 영역점수가 가장 높다.
⑤ 일본의 '활용' 영역 원점수가 중국의 '활용' 영역 원점수로 같아지면 국가별 종합순위는 바뀐다.

18

다음 <표>는 2019년 주요 7개 지역(A ~ G)의 재해 피해 현황이다. 이에 대한 설명으로 옳지 않은 것은?

<표> 2019년 주요 7개 지역의 재해 피해 현황

구분 \ 지역	피해액(천 원)	행정면적(km^2)	인구(명)	1인당 피해액(원)
전국	187,282,994	100,387	51,778,544	3,617
A	2,898,417	1,063	2,948,542	983
B	2,883,752	10,183	12,873,895	224
C	3,475,055	10,540	3,380,404	1,028
D	7,121,830	16,875	1,510,142	4,716
E	24,482,562	8,226	2,116,770	11,566
F	86,648,708	19,031	2,691,706	32,191
G	( )	7,407	1,604,432	36,199

※ 피해밀도(원/km^2) = $\frac{\text{피해액}}{\text{행정면적}}$

① G 지역의 피해액은 전국 피해액의 35 % 이하이다.
② 주요 7개 지역을 합친 지역의 1인당 피해액은 나머지 전체 지역의 1인당 피해액보다 크다.
③ D 지역과 F 지역을 합친 지역의 1인당 피해액은 전국 1인당 피해액의 5배 이상이다.
④ 피해밀도는 A 지역이 B 지역의 9배 이상이다.
⑤ 주요 7개 지역 중 피해밀도가 가장 낮은 지역은 D 지역이다.

19

다음 <표>는 A사에서 실시한 철근강도 평가 샘플 수 및 합격률에 관한 자료이다. 이에 대한 설명으로 옳은 것은?

<표> 철근강도 평가 샘플 수 및 합격률

(단위: 개, %)

구분 \ 종류		SD400	SD500	SD600	전체
샘플 수		35	(　)	25	(　)
평가항목별 합격률	항복강도	100.0	95.0	92.0	96.0
	인장강도	100.0	100.0	88.0	(　)
최종 합격률		100.0	(　)	84.0	(　)

※ 1) 평가한 철근 종류는 SD400, SD500, SD600뿐임.
2) 항복강도와 인장강도 평가에서 모두 합격한 샘플만 최종 합격임.
3) $합격률(\%) = \frac{합격한\ 샘플\ 수}{샘플\ 수} \times 100$
4) 평가 결과는 합격 또는 불합격임.

① SD500 샘플 수는 50개 이상이다.
② 인장강도 평가에서 합격한 SD600 샘플은 항복강도 평가에서도 모두 합격하였다.
③ 항복강도 평가에서 불합격한 SD500 샘플 수는 4개이다.
④ 최종 불합격한 전체 샘플 수는 5개 이하이다.
⑤ 항복강도 평가에서 불합격한 SD600 샘플 수는 최종 불합격한 SD500 샘플 수와 같다.

20

다음 <표>는 2015년 와인 생산량 및 소비량 상위 8개국 현황에 관한 자료이다. 이에 대한 <보기>의 설명 중 옳은 것만을 모두 고르면?

<표 1> 2015년 와인 생산량 상위 8개국 현황

(단위: 천 L, %)

국가 \ 구분	2015년 생산량	구성비	2013년 생산량 대비 증가율
이탈리아	4,950	17.4	−8.3
프랑스	4,750	16.7	12.8
스페인	3,720	13.1	−18.0
미국	2,975	10.4	−4.5
아르헨티나	1,340	4.7	−10.7
칠레	1,290	4.5	0.8
호주	1,190	4.2	−3.3
남아프리카공화국	1,120	3.9	22.4
계	21,335	74.9	−3.8

<표 2> 2015년 와인 소비량 상위 8개국 현황

(단위: 천 L, %)

국가 \ 구분	2015년 소비량	구성비	2013년 소비량 대비 증가율
미국	3,320	13.3	6.5
프랑스	2,720	10.9	−3.5
이탈리아	2,050	8.2	−5.9
독일	2,050	8.2	1.0
중국	1,600	6.4	−8.4
영국	1,290	5.2	1.6
아르헨티나	1,030	4.1	−0.4
스페인	1,000	4.0	2.0
계	15,060	60.2	−0.8

※ 1) 구성비는 세계 와인 생산(소비)량에서 각 국가 생산(소비)량이 차지하는 비율임.
2) 구성비와 증가율은 소수 둘째 자리에서 반올림한 값임.

〈보 기〉

ㄱ. 2015년 와인 생산량 상위 8개국 중 와인 소비량이 생산량보다 많은 국가는 1개이다.
ㄴ. 2015년 와인 생산량 상위 8개국만 와인 생산량이 각각 10%씩 증가했다면, 2015년 세계 와인 생산량은 30,000천L 이상이었을 것이다.
ㄷ. 2015년 중국 와인 소비량은 같은 해 세계 와인 생산량의 6% 미만이다.
ㄹ. 2013년 스페인 와인 생산량은 같은 해 영국 와인 소비량의 3배 미만이다.

① ㄱ, ㄷ　　② ㄴ, ㄹ
③ ㄷ, ㄹ　　④ ㄱ, ㄴ, ㄷ
⑤ ㄱ, ㄴ, ㄹ

21

다음 <표>는 2017년 부산항 해운항만산업 사업실적에 관한 자료이다. 이에 대한 <보고서>의 내용 중 업종 A ~ D에 해당하는 사업체 수의 합은?

<표> 2017년 부산항 해운항만산업 사업실적

(단위: 억 원, 개)

업종 \ 구분	매출액	영업비용	영업이익	사업체 수
여객운송업	957	901	56	18
화물운송업	58,279	56,839	1,440	359
대리중개업	62,276	59,618	2,658	1,689
창고업	14,480	13,574	906	166
하역업	15,298	12,856	2,442	65
항만부대업	14,225	13,251	974	323
선용품공급업	58,329	54,858	3,471	1,413
수리업	8,275	7,493	782	478
전체	232,119	219,390	12,729	4,511

※ 영업이익률(%) $= \frac{\text{영업이익}}{\text{매출액}} \times 100$

〈보고서〉

2017년 부산항 해운항만산업 전체 매출액은 232,119억 원이다. 업종별로 보면, 매출액은 대리중개업이 가장 많고, 영업이익은 [A]이 가장 많다.

2017년 부산항 해운항만산업 전체의 영업이익률은 약 5.5%이다. [B]을 제외한 모든 업종이 10% 이하의 영업이익률을 기록하여 해운항만산업 고도화를 통한 부가가치 증대의 필요성을 보여준다.

2017년 부산항 해운항만산업 전체의 사업체당 매출액은 51억 원 이상이다. [C]은 사업체당 매출액이 부산항 해운항만산업 전체의 사업체당 매출액보다 적지만, 사업체당 영업이익이 3억 원을 초과한다. 반면, [D]은 부산항 해운항만산업 업종 중 사업체당 영업비용과 사업체당 매출액이 모두 가장 적다.

① 1,032
② 1,967
③ 2,232
④ 2,279
⑤ 3,333

22

다음 <표>는 제품 A ~ E의 회수 시점의 평가 항목별 품질 상태를 나타낸 자료이다. <정보>에 근거하여 재사용 또는 폐기까지의 측정 및 가공 작업에 소요되는 비용이 가장 적은 제품과 가장 많은 제품을 바르게 나열한 것은?

<표> 제품 A ~ E의 회수 시점의 평가 항목별 품질 상태

평가 항목 / 제품	오염도	강도	치수
A	12	11	12
B	6	8	8
C	5	11	7
D	5	3	8
E	10	9	12

〈정 보〉

○ 제품 품질 측정 및 가공 작업 공정

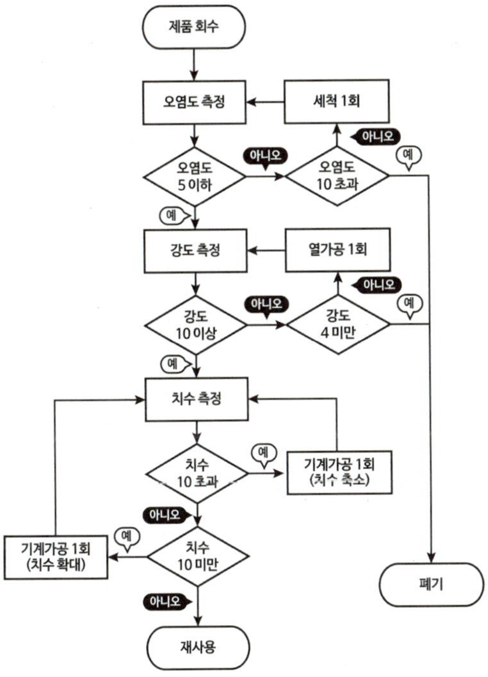

○ 단위작업별 내용 및 1회당 비용

(단위: 천 원)

단위작업	내용		비용
측정 작업	오염도 측정		5
	강도 측정		10
	치수 측정		2
가공 작업	세척		5
	열가공		50
	기계가공	치수 확대	20
		치수 축소	10

※ 세척 1회시 오염도 1 감소, 열가공 1회시 강도 1 증가, 기계가공 1회시 치수 1만큼 확대 또는 축소됨.

	비용이 가장 적은 제품	비용이 가장 많은 제품
①	A	B
②	A	C
③	C	E
④	D	B
⑤	D	C

23

다음 <그림>은 '갑'국의 2003 ~ 2019년 교통사고 현황에 관한 자료이다. 이를 근거로 2003년 인구와 2019년 인구 1만 명당 교통사고 건수를 바르게 나열한 것은?

<그림 1> 교통사고 건수 및 교통사고 사망자 수

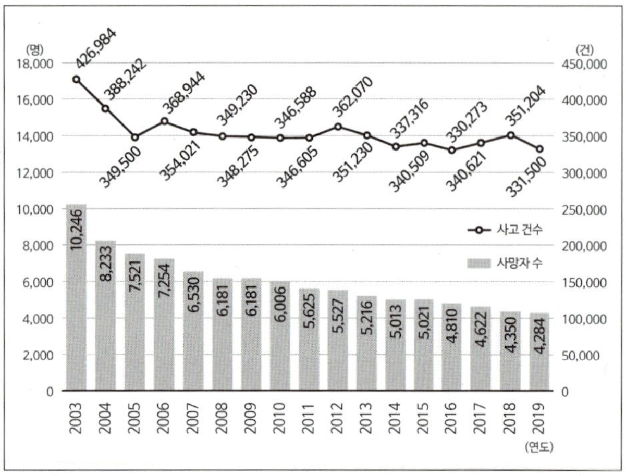

<그림 2> 인구 10만 명당 교통사고 사망자 수

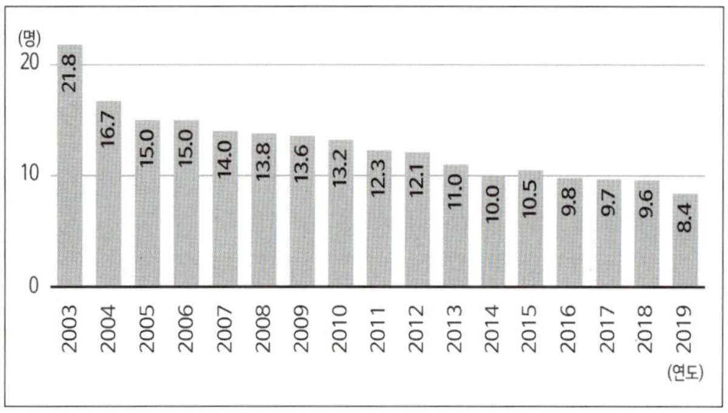

	2003년 인구 (백만 명)	2019년 인구 1만 명당 교통사고 건수(건)
①	44	65
②	44	650
③	47	65
④	47	650
⑤	49	65

24 ~ 25

다음 <그림>과 <표>는 세계 및 국내 조선업 현황에 대한 자료이다. 다음 물음에 답하시오.

<그림> 세계 조선업 수주량 추이

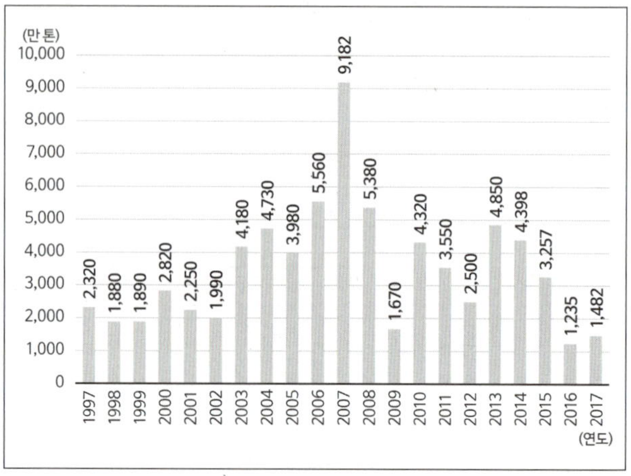

<표 1> 2014 ~ 2017년 국내 조선업 수주량 및 수주잔량

(단위: 만 톤, %)

연도 \ 구분	수주량	전년대비 증가율	수주잔량	전년대비 증가율
2014	1,286	−30.1	3,302	−1.6
2015	1,066	(　)	3,164	−4.2
2016	221	(　)	2,043	(　)
2017	619	(　)	1,761	−13.8

※ 해당 연도 수주잔량 =
전년도 수주잔량 + 해당 연도 수주량 − 해당 연도 건조량

<표 2> 2014 ~ 2016년 국내 조선기자재업체 기업규모별 업체 수 및 이자보상배율이 1 미만인 업체 비율

(단위: 개, %)

기업규모	업체 수 \ 연도	2014	2015	2016
대형	20	15.0	20.0	25.0
중형	35	25.7	17.1	34.3
소형	96	19.8	28.1	38.5
전체	151	20.5	24.5	35.8

※ 1) 2014년 이후 기업규모별 업체 수는 변화 없음.
2) 비율은 소수 둘째 자리에서 반올림한 값임.

24

제시된 <그림>과 <표> 이외에 <보고서>를 작성하기 위해 추가로 필요한 자료만을 <보기>에서 모두 고르면?

〈보고서〉

세계 조선업 경기는 최악의 부진에서 벗어나는 모습이다. 2016년 세계 조선업의 수주량은 1997년 이후 최저치였다. 2017년 한국은 중국을 밀어내고 수주량 1위를 차지했는데, 이는 2012년 중국에 1위 자리를 내어준 이후 6년 만이다. 3대 조선강국으로 분류되는 일본은 자국 발주 확대에도 불구하고 세계 수주량의 5.8 %까지 비중이 하락하였다.

2016년 국내 조선업은 전년대비 79.3 % 감소한 수주량을 기록하면서 유례없는 수주절벽을 경험하였다. 그리고 수주량 급감의 영향으로 2016년 수주잔량은 2,043만 톤까지 줄어든 것으로 조사되었다. 2014 ~ 2016년 3년간 국내 조선업 평균 건조량이 약 1,295만 톤이었음을 고려하면 수주잔량은 2년 치 미만 일감에 불과한 것으로 나타나 우려는 더욱 커졌다.

2017년 국내 대형 조선사는 해양플랜트 수주량 증가에 힘입어 실적이 개선되고 있다. 그러나 국내 중소형 조선사는 여전히 부진에서 벗어나지 못하고 있으며 국내 조선기자재업체의 실적 회복도 어려울 것으로 전망된다.

〈보 기〉

ㄱ. 2010 ~ 2017년 세계 조선업 수주량의 국가별 점유율
ㄴ. 2014 ~ 2016년 국내 조선업 건조량
ㄷ. 2014 ~ 2016년 중국 조선기자재업체 실적
ㄹ. 2010 ~ 2017년 국내 조선사 규모별 해양플랜트 수주량

① ㄱ, ㄴ
② ㄱ, ㄷ
③ ㄱ, ㄹ
④ ㄴ, ㄷ
⑤ ㄴ, ㄹ

25

위 <표>에 근거한 <보기>의 설명 중 옳은 것만을 모두 고르면?

〈보 기〉

ㄱ. 2014 ~ 2016년 중 국내 조선업 건조량이 가장 적은 해는 2016년이다.
ㄴ. 2014년 이후 국내 조선업 수주량의 전년대비 증감률이 가장 큰 해는 2017년이다.
ㄷ. 2014년 이자보상배율이 1 미만인 국내 조선기자재업체 수는 중형이 대형의 3배이다.
ㄹ. 이자보상배율이 1 미만인 국내 조선기자재업체 수의 2015년 대비 2016년 증감폭이 가장 큰 기업규모는 중형이다.

① ㄱ, ㄴ
② ㄴ, ㄷ
③ ㄴ, ㄹ
④ ㄷ, ㄹ
⑤ ㄱ, ㄷ, ㄹ

MEMO

2021
민간경력

자료해석 나책형

PSAT 신헌 자료해석 ALL수록 기출문제집

01

다음 <표>는 2021년 우리나라 17개 지역의 도시재생사업비이다. 이에 대한 <보기>의 설명 중 옳은 것만을 모두 고르면?

<표> 지역별 도시재생사업비

(단위: 억 원)

지역	사업비
서울	160
부산	240
대구	200
인천	80
광주	160
대전	160
울산	120
세종	0
경기	360
강원	420
충북	300
충남	320
전북	280
전남	320
경북	320
경남	440
제주	120
전체	(　)

〈보 기〉

ㄱ. 부산보다 사업비가 많은 지역은 8개이다.
ㄴ. 사업비 상위 2개 지역의 사업비 합은 사업비 하위 4개 지역의 사업비 합의 2배 이상이다.
ㄷ. 사업비가 전체 사업비의 10% 이상인 지역은 2개이다.

① ㄱ
② ㄷ
③ ㄱ, ㄴ
④ ㄴ, ㄷ
⑤ ㄱ, ㄴ, ㄷ

02

다음 <표>는 전분기 대비 2분기의 권역별 지역경제 동향을 부문별로 정리한 자료이다. 이에 대한 <보고서>의 내용이 <표>와 부합하지 않은 부문은?

<표> 전분기 대비 2분기의 권역별 지역경제 동향

부문 \ 권역	수도권	동남권	충청권	호남권	대경권	강원권	제주권
제조업 생산	▲	−	▲	▲	▲	−	▽
서비스업 생산	−	▽	−	▽	−	−	▲
소비	▲	▽	−	−	−	−	−
설비투자	▲	−	▲	▲	▲	−	−
건설투자	−	▲	▽	▽	−	▽	▽
수출	▲	▽	▲	▲	▲	▲	−

※ 전분기 대비 경제동향은 ▲(증가), −(보합), ▽(감소)로만 구분됨.

〈보고서〉

제조업 생산은 수도권과 충청권, 호남권, 대경권이 '증가'이고, 동남권 및 강원권이 '보합', 제주권이 '감소'였다. 서비스업 생산은 제주권이 '증가'이고, 동남권과 호남권이 '감소'인 가운데 나머지 권역이 '보합'이었다. 소비는 수도권이 '증가'이고 동남권이 '감소'였으며, 나머지 권역의 소비는 모두 '보합'이었다. 설비투자는 수도권과 충청권, 호남권, 대경권이 '증가'이고 나머지 권역이 '보합'이었다. 건설투자는 동남권만 '증가'인 반면, 수출은 동남권을 제외한 모든 권역이 '증가'였다.

① 제조업 생산
② 서비스업 생산
③ 소비
④ 건설투자
⑤ 수출

03

다음 <표>는 2014 ~ 2018년 독립유공자 포상 인원에 관한 자료이다. 이에 대한 <보기>의 설명 중 옳은 것만을 모두 고르면?

<표> 연도별 독립유공자 포상 인원

(단위: 명)

훈격 / 연도	전체	건국훈장				건국포장	대통령표창
			독립장	애국장	애족장		
2014	341(10)	266(2)	4(0)	111(1)	151(1)	30(2)	45(6)
2015	510(21)	326(3)	2(0)	130(0)	194(3)	74(5)	110(13)
2016	312(14)	204(4)	0(0)	87(0)	117(4)	36(2)	72(8)
2017	269(11)	152(8)	1(0)	43(0)	108(8)	43(1)	74(2)
2018	355(60)	150(11)	0(0)	51(2)	99(9)	51(9)	154(40)

※ ( )안은 포상 인원 중 여성 포상 인원임.

〈보 기〉

ㄱ. 여성 건국훈장 포상 인원은 매년 증가한다.
ㄴ. 매년 건국훈장 포상 인원은 전체 포상 인원의 절반 이상이다.
ㄷ. 남성 애국장 포상 인원과 남성 애족장 포상 인원의 차이가 가장 큰 해는 2015년이다.
ㄹ. 건국포장 포상 인원 중 여성 비율이 가장 낮은 해에는 대통령표창 포상 인원 중 여성 비율도 가장 낮다.

① ㄱ, ㄴ
② ㄱ, ㄹ
③ ㄴ, ㄷ
④ ㄱ, ㄷ, ㄹ
⑤ ㄴ, ㄷ, ㄹ

04

다음 <표>는 2020년 '갑'국 관세청의 민원 상담 현황에 관한 자료이고, <그림>은 상담내용 A와 B의 민원인별 상담건수 구성비를 나타낸 자료이다. 이를 근거로 A와 B를 바르게 나열한 것은?

<표> 2020년 민원 상담 현황

(단위: 건)

민원인 / 상담내용	관세사	무역업체	개인	세관	선사/항공사	기타	합계
전산처리	24,496	63,475	48,658	1,603	4,851	4,308	147,391
수입	24,857	5,361	4,290	7,941	400	664	43,513
사전검증	22,228	5,179	1,692	241	2,247	3,586	35,173
징수	9,948	5,482	3,963	3,753	182	476	23,804
요건신청	4,944	12,072	380	37	131	251	17,815
수출	6,678	4,196	3,053	1,605	424	337	16,293
화물	3,846	896	36	3,835	2,619	3,107	14,339
환급	3,809	1,040	79	1,815	13	101	6,857

<그림> 상담내용 A와 B의 민원인별 상담건수 구성비(2020년)

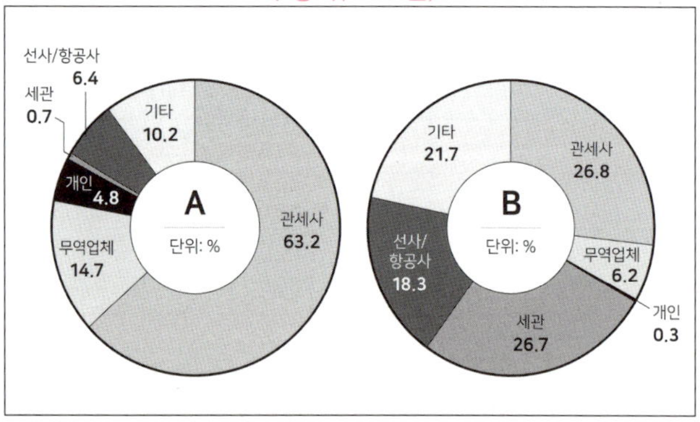

	A	B
①	수입	요건신청
②	사전검증	화물
③	사전검증	환급
④	환급	요건신청
⑤	환급	화물

05

다음 <표>는 '갑'잡지가 발표한 세계 스포츠 구단 중 2020년 가치액 기준 상위 10개 구단에 관한 자료이다. 이에 대한 <보기>의 설명 중 옳은 것만을 모두 고르면?

<표> 2020년 가치액 상위 10개 스포츠 구단

(단위: 억 달러)

순위	구단	종목	가치액
1(1)	A	미식축구	58(58)
2(2)	B	야구	50(50)
3(5)	C	농구	45(39)
4(8)	D	농구	44(36)
5(9)	E	농구	42(33)
6(3)	F	축구	41(42)
7(7)	G	미식축구	40(37)
8(4)	H	축구	39(41)
9(11)	I	미식축구	37(31)
10(6)	J	축구	36(38)

※ ( ) 안은 2019년도 값임.

〈보 기〉

ㄱ. 2020년 상위 10개 스포츠 구단 중 전년보다 순위가 상승한 구단이 순위가 하락한 구단보다 많다.

ㄴ. 2020년 상위 10개 스포츠 구단 중 미식축구 구단 가치액 합은 농구 구단 가치액 합보다 크다.

ㄷ. 2020년 상위 10개 스포츠 구단 중 전년 대비 가치액 상승률이 가장 큰 구단의 종목은 미식축구이다.

ㄹ. 연도별 상위 10개 스포츠 구단의 가치액 합은 2019년이 2020년보다 크다.

① ㄱ, ㄴ
② ㄱ, ㄹ
③ ㄷ, ㄹ
④ ㄱ, ㄴ, ㄷ
⑤ ㄴ, ㄷ, ㄹ

memo

06

다음 <표>와 <보고서>는 A시 청년의 희망직업 취업 여부에 관한 조사 결과이다. 제시된 <표> 이외에 <보고서>를 작성하기 위해 추가로 이용한 자료만을 <보기>에서 모두 고르면?

<표> 전공계열별 희망직업 취업 현황

(단위: 명, %)

구분 \ 전공계열	전체	인문사회계열	이공계열	의약/교육/예체능계열
취업자 수	2,988	1,090	1,054	844
희망직업 취업률	52.3	52.4	43.0	63.7
희망직업 외 취업률	47.7	47.6	57.0	36.3

〈보고서〉

A시의 취업한' 청년 2,988명을 대상으로 조사한 결과 52.3%가 희망직업에 취업했다고 응답하였다. 전공계열별로 살펴보면 의약/교육/예체능계열, 인문사회계열, 이공계열 순으로 희망직업 취업률이 높게 나타났다.

전공계열별로 희망직업을 선택한 동기를 살펴보면 이공계열과 의약/교육/예체능계열의 경우 '전공분야'라고 응답한 비율이 각각 50.3%와 49.9%였고, 인문사회계열은 그 비율이 33.3%였다. 전공계열별 희망직업의 선호도 분포를 분석한 결과, 인문사회계열은 '경영', 이공계열은 '연구직', 그리고 의약/교육/예체능계열은 '보건·의료·교육'에 대한 선호도가 가장 높았다.

한편, 전공계열별로 희망직업에 취업한 청년과 희망직업 외에 취업한 청년의 직장만족도를 살펴보면 차이가 가장 큰 계열은 이공계열로 0.41점이었다.

〈보 기〉

ㄱ. 구인·구직 추이

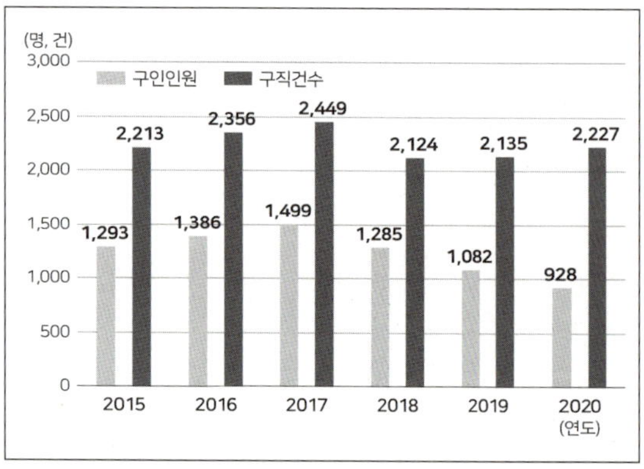

ㄴ. 전공계열별 희망직업 선호도 분포

(단위: %)

희망직업 \ 전공계열	전체	인문사회계열	이공계열	의약/교육/예체능계열
경영	24.2	47.7	15.4	5.1
연구직	19.8	1.9	52.8	1.8
보건·의료·교육	33.2	28.6	14.6	62.2
예술·스포츠	10.7	8.9	4.2	21.2
여행·요식	8.7	12.2	5.5	8.0
생산·농림어업	3.4	0.7	7.5	1.7

ㄷ. 전공계열별 희망직업 선택 동기 구성비

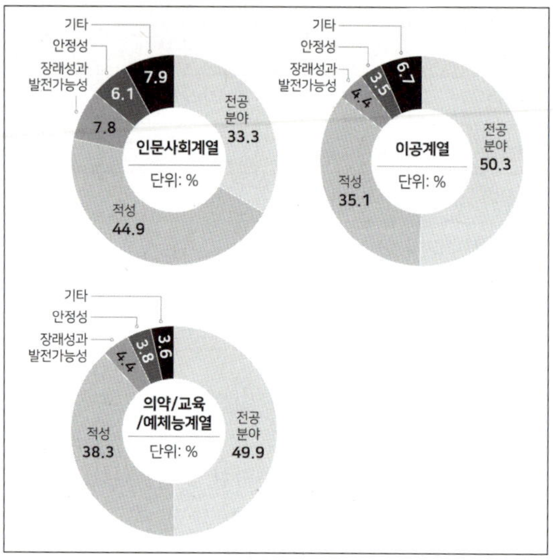

ㄹ. 희망직업 취업여부에 따른 항목별 직장 만족도(5점 만점)

(단위: 점)

희망직업 취업여부 \ 항목	업무내용	소득	고용안정
전체	3.72	3.57	3.28
희망직업 취업	3.83	3.70	3.35
희망직업 외 취업	3.59	3.42	3.21

① ㄱ, ㄷ
② ㄱ, ㄹ
③ ㄴ, ㄷ
④ ㄱ, ㄴ, ㄹ
⑤ ㄴ, ㄷ, ㄹ

07

다음 <표>는 A 프로세서 성능 평가를 위한 8개 프로그램 수행 결과에 관한 자료이다. 이에 대한 설명으로 옳은 것은?

<표> A 프로세서 성능 평가를 위한 8개 프로그램 수행 결과

(단위: 십억 개, 초)

항목 \ 프로그램	명령어 수	CPI	수행시간	기준시간	성능지표
숫자 정렬	2,390	0.70	669	9,634	14.4
문서 편집	221	2.66	235	9,120	38.8
인공지능 바둑	1,274	1.10	(　)	10,490	18.7
유전체 분석	2,616	0.60	628	9,357	14.9
인공지능 체스	1,948	0.80	623	12,100	19.4
양자 컴퓨팅	659	0.44	116	20,720	178.6
영상 압축	3,793	0.50	759	22,163	29.2
내비게이션	1,250	1.00	500	7,020	(　)

※ 1) CPI (clock cycles per instruction) $= \frac{\text{클럭 사이클 수}}{\text{명령어 수}}$

2) 성능지표 $= \frac{\text{기준시간}}{\text{수행시간}}$

① 명령어 수가 많은 프로그램일수록 수행시간이 길다.
② CPI가 가장 낮은 프로그램은 기준시간이 가장 길다.
③ 수행시간은 인공지능 바둑이 내비게이션보다 짧다.
④ 기준시간이 짧은 프로그램일수록 클럭 사이클 수가 적다.
⑤ 성능지표가 가장 낮은 프로그램은 내비게이션이다.

memo

08

다음 <표>와 <그림>은 2019년 '갑'국의 A ~ J 지역별 산불피해 현황에 관한 자료이다. 이에 대한 <보기>의 설명 중 옳은 것만을 모두 고르면?

<표> A ~ J 지역별 산불 발생건수

(단위: 건)

지역	A	B	C	D	E	F	G	H	I	J
산불 발생건수	516	570	350	277	197	296	492	623	391	165

<그림 1> A ~ J 지역별 산불 발생건수 및 피해액

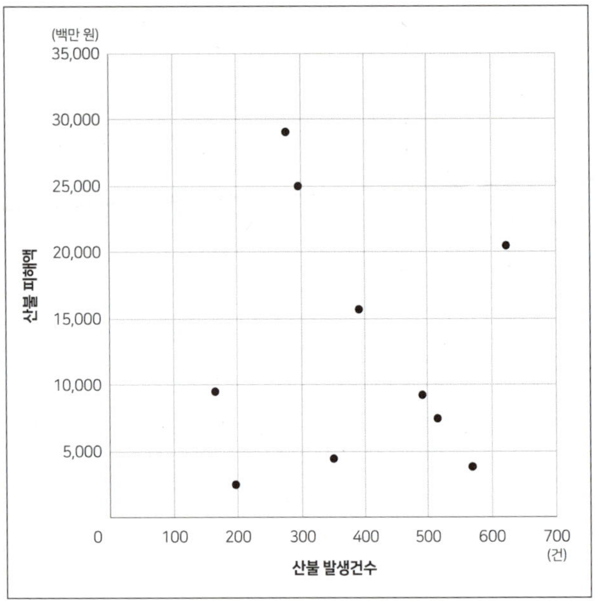

※ 산불 피해액은 산불로 인한 손실 금액을 의미함.

<그림 2> A ~ J 지역별 산불 발생건수 및 피해재적

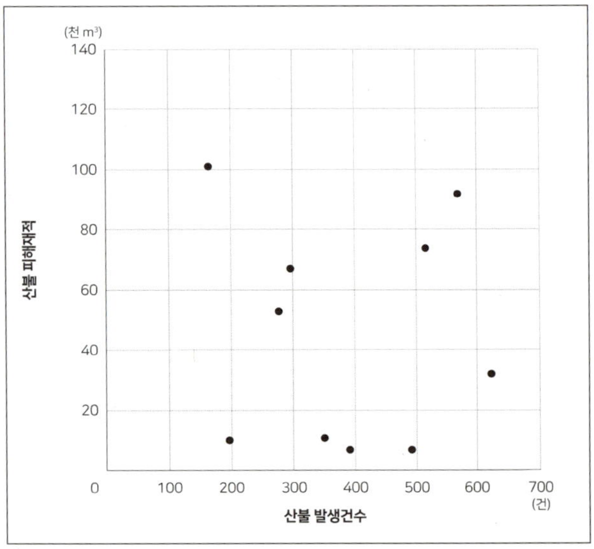

※ 산불 피해재적은 산불 피해를 입은 입목의 재적을 의미함.

<그림 3> A ~ J 지역별 산불 발생건수 및 발생건당 피해면적

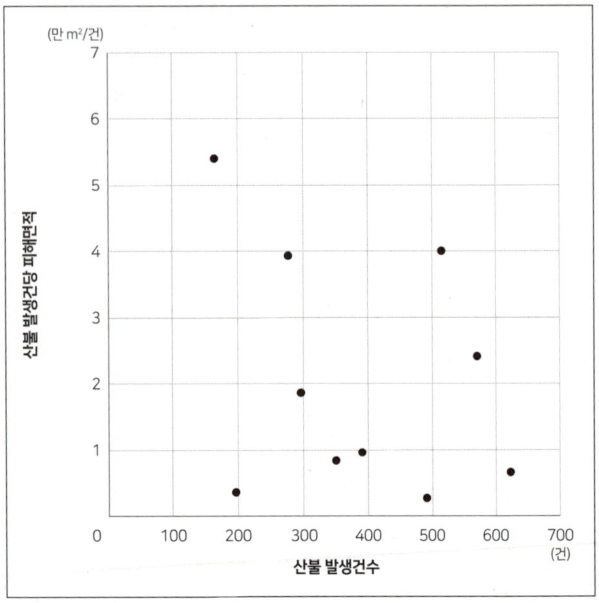

※ 산불 피해면적은 산불이 발생하여 지상입목, 관목, 시초 등을 연소시키면서 지나간 면적을 의미함.

〈보 기〉

ㄱ. 산불 발생건당 피해면적은 J지역이 가장 크다.
ㄴ. 산불 발생건당 피해재적은 B지역이 가장 크고 E지역이 가장 작다.
ㄷ. 산불 발생건당 피해액은 D지역이 가장 크고 B지역이 가장 작다.
ㄹ. 산불 피해면적은 H지역이 가장 크고 E지역이 가장 작다.

① ㄱ, ㄴ
② ㄱ, ㄷ
③ ㄱ, ㄹ
④ ㄴ, ㄷ
⑤ ㄷ, ㄹ

09

다음 <표>는 2020년 '갑'국 A ~ E지역의 월별 최대 순간 풍속과 타워크레인 작업 유형별 작업제한 기준 순간 풍속에 관한 자료이다. <표>와 <정보>에 근거하여 '가' ~ '다'를 큰 것부터 순서대로 나열한 것은?

<표 1> A ~ E지역의 월별 최대 순간 풍속

(단위: m/s)

월 \ 지역	A	B	C	D	E
1	15.7	12.8	18.4	26.9	23.4
2	14.5	13.5	19.0	25.7	(다)
3	19.5	17.5	21.5	23.5	24.5
4	18.9	16.7	19.8	24.7	26.0
5	13.7	21.0	14.1	22.8	21.5
6	16.5	18.8	17.0	29.0	24.0
7	16.8	22.0	25.0	32.3	31.5
8	15.8	29.6	25.2	33.0	31.6
9	21.5	19.9	(나)	32.7	34.2
10	18.2	16.3	19.5	21.4	28.8
11	12.0	17.3	20.1	22.2	19.2
12	19.4	(가)	20.3	26.0	23.9

<표 2> 타워크레인 작업 유형별 작업제한 기준 순간 풍속

(단위: m/s)

타워크레인 작업 유형	설치	운전
작업제한 기준 순간 풍속	15	20

※ 순간 풍속이 타워크레인 작업 유형별 작업제한 기준 이상인 경우, 해당 작업 유형에 대한 작업제한 조치가 시행됨.

〈정 보〉

○ B지역에서 타워크레인 작업제한 조치가 한 번도 시행되지 않은 '월'은 3개이다.
○ 매월 C지역의 최대 순간 풍속은 A지역보다 높고 D지역보다 낮다.
○ E지역에서 '설치' 작업제한 조치는 매월 시행되었고 '운전' 작업제한 조치는 2개 '월'을 제외한 모든 '월'에 시행되었다.

① 가, 나, 다　　② 가, 다, 나
③ 나, 가, 다　　④ 나, 다, 가
⑤ 다, 가, 나

10

다음 <표>는 5개국의 발전원별 발전량 및 비중에 관한 자료이다. 이에 대한 설명으로 옳지 않은 것은?

<표> 5개국의 발전원별 발전량 및 비중

(단위: TWh, %)

국가	연도 \ 발전원	원자력	화력: 석탄	화력: LNG	화력: 유류	수력	신재생 에너지	전체
독일	2010	140.6 (22.2)	273.5 (43.2)	90.4 (14.3)	8.7 (1.4)	27.4 (4.3)	92.5 (14.6)	633.1 (100.0)
	2015	91.8 (14.2)	283.7 (43.9)	63.0 (9.7)	6.2 (1.0)	24.9 (3.8)	177.3 (27.4)	646.9 (100.0)
미국	2010	838.9 (19.2)	1,994.2 (45.5)	1,017.9 (23.2)	48.1 (1.1)	286.3 (6.5)	193.0 (4.4)	4,378.4 (100.0)
	2015	830.3 (19.2)	1,471.0 (34.1)	1,372.6 (31.8)	38.8 (0.9)	271.1 (6.3)	333.3 ( )	4,317.1 (100.0)
프랑스	2010	428.5 (75.3)	26.3 (4.6)	23.8 (4.2)	5.5 (1.0)	67.5 (11.9)	17.5 (3.1)	569.1 (100.0)
	2015	437.4 ( )	12.2 (2.1)	19.8 (3.5)	2.2 (0.4)	59.4 (10.4)	37.5 (6.6)	568.5 (100.0)
영국	2010	62.1 (16.3)	108.8 (28.5)	175.3 (45.9)	5.0 (1.3)	6.7 (1.8)	23.7 (6.2)	381.6 (100.0)
	2015	70.4 (20.8)	76.7 (22.6)	100.0 (29.5)	2.1 (0.6)	9.0 (2.7)	80.9 ( )	339.1 (100.0)
일본	2010	288.2 (25.1)	309.5 (26.9)	318.6 (27.7)	100.2 (8.7)	90.7 (7.9)	41.3 (3.6)	1,148.5 (100.0)
	2015	9.4 (0.9)	343.2 (33.0)	409.8 (39.4)	102.5 (9.8)	91.3 (8.8)	85.1 (8.2)	1,041.3 (100.0)

※ 발전원은 원자력, 화력, 수력, 신재생 에너지로만 구성됨.

① 2015년 프랑스의 전체 발전량 중 원자력 발전량의 비중은 75% 이하이다.
② 영국의 전체 발전량 중 신재생 에너지 발전량의 비중은 2010년 대비 2015년에 15%p 이상 증가하였다.
③ 2010년 석탄 발전량은 미국이 일본의 6배 이상이다.
④ 2010년 대비 2015년 전체 발전량이 증가한 국가는 독일뿐이다.
⑤ 2010년 대비 2015년 각 국가에서 신재생 에너지의 발전량과 비중은 모두 증가하였다.

MEMO

2020
민간경력

자료해석 가책형

PSAT 신헌 자료해석 ALL수록 기출문제집

01

다음은 회계부정행위 신고 및 포상금 지급에 관한 <보고서>이다. 이를 작성하기 위해 사용된 자료만을 <보기>에서 모두 고르면?

〈보고서〉

2019년 회계부정행위 신고 건수는 모두 64건으로 2018년보다 29건 감소하였다. 회계부정행위 신고에 대한 최대 포상금 한도가 2017년 11월 규정 개정 후에는 1억 원에서 10억 원으로 상향됨에 따라 회계부정행위 신고에 대한 사회적 관심이 증가하여 2018년에는 신고 건수가 전년 대비 크게 증가(111.4%)하였다. 2019년 회계부정행위 신고 건수는 전년 대비 31.2% 감소하였지만 2013년부터 2016년까지 연간 최대 32건에 불과하였던 점을 감안하면 2017년 11월 포상금 규정 개정 전보다 여전히 높은 수준이었다.

〈보 기〉

ㄱ. 회계부정행위 신고 현황

(단위: 건, %)

구분 \ 연도	2017	2018	2019
회계부정행위 신고 건수	44	93	64
전년 대비 증가율	-	111.4	-31.2

ㄴ. 연도별 회계부정행위 신고 건수 추이(2013 ~ 2016년)

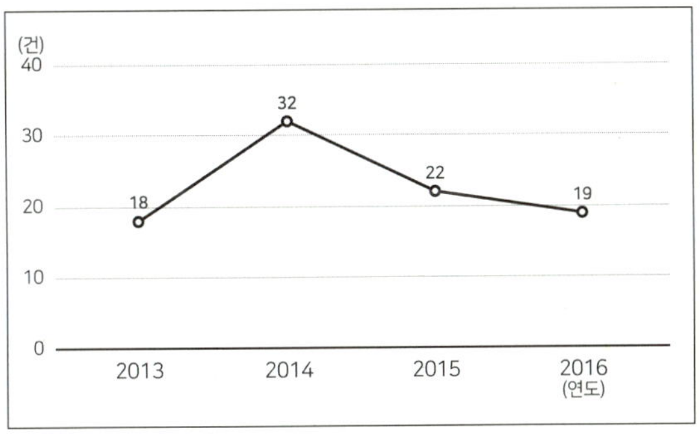

ㄷ. 회계부정행위 신고에 대한 최대 포상금 규정

(단위: 만 원)

시점 \ 구분		최대 포상금 한도	
		자산총액 5천억 원 미만 기업	자산총액 5천억 원 이상 기업
2017년 11월 규정 개정	개정 후	50,000	100,000
	개정 전	5,000	10,000

ㄹ. 회계부정행위 신고 포상금 지급 현황

(단위: 건, 만 원)

구분 \ 연도	2008 ~ 2015	2016	2017	2018	2019	합계
지급 건수	6	2	2	1	2	13
지급액	5,010	2,740	3,610	330	11,940	23,630

① ㄱ, ㄷ
② ㄴ, ㄹ
③ ㄷ, ㄹ
④ ㄱ, ㄴ, ㄷ
⑤ ㄱ, ㄴ, ㄹ

02

다음 <표>는 '갑'건축물을 건설하기 위한 공종의 공법별 공사기간 및 항목별 공사비에 관한 자료이다. <표>와 <조건>에 근거하여 총공사비를 최소화하도록 공법을 적용할 때, 총공사기간은?

<표> 공종의 공법별 공사기간 및 항목별 공사비

(단위: 개월, 억 원)

공종 \ 구분	공법	공사기간	항목별 공사비		
			재료비	노무비	경비
토공사	A	4	4	6	4
	B	3	7	5	3
	C	3	5	5	3
골조공사	D	12	30	20	14
	E	14	24	20	15
	F	15	24	24	16
마감공사	G	6	50	30	10
	H	7	50	24	12

〈조 건〉

○ 공종, 공법, 항목별 공사비는 각각 제시된 3가지, 8종류, 3항목만 있음.
○ 공사는 세 가지 공종을 모두 포함하고, 공종별로 한 종류의 공법만을 적용함.
○ 항목별 공사비는 해당 공법의 공사기간 동안 소요되는 해당 항목의 총비용임.
○ 총공사기간은 공종별로 적용한 공법의 공사기간의 합이고, 총공사비는 공종별로 적용한 공법의 항목별 공사비의 총합임.

① 22개월
② 23개월
③ 24개월
④ 25개월
⑤ 26개월

03

다음 <표>는 2017 ~ 2019년 '갑'대학의 장학금 유형(A ~ E)별 지급 현황에 관한 자료이다. 이에 대한 <보기>의 설명 중 옳은 것만을 고르면?

<표> 2017 ~ 2019년 '갑'대학의 장학금 유형별 지급 현황

(단위: 명, 백만 원)

학기		구분 \ 장학금 유형	A	B	C	D	E
2017년	1학기	장학생 수	112	22	66	543	2,004
		장학금 총액	404	78	230	963	2,181
	2학기	장학생 수	106	26	70	542	1,963
		장학금 총액	379	91	230	969	2,118
2018년	1학기	장학생 수	108	21	79	555	1,888
		장학금 총액	391	74	273	989	2,025
	2학기	장학생 수	112	20	103	687	2,060
		장학금 총액	404	70	355	1,216	2,243
2019년	1학기	장학생 수	110	20	137	749	2,188
		장학금 총액	398	70	481	1,330	2,379
	2학기	장학생 수	104	20	122	584	1,767
		장학금 총액	372	70	419	1,039	1,904

※ '갑'대학의 학기는 매년 1학기와 2학기만 존재함.

〈보 기〉

ㄱ. 2017 ~ 2019년 동안 매학기 장학생 수가 증가하는 장학금 유형은 1개이다.
ㄴ. 2018년 1학기에 비해 2018년 2학기에 장학생 수와 장학금 총액이 모두 증가한 장학금 유형은 4개이다.
ㄷ. 2019년 2학기 장학생 1인당 장학금이 가장 많은 장학금 유형은 B이다.
ㄹ. E 장학금 유형에서 장학생 수와 장학금 총액이 가장 많은 학기는 2019년 1학기이다.

① ㄱ, ㄴ
② ㄱ, ㄷ
③ ㄴ, ㄷ
④ ㄴ, ㄹ
⑤ ㄷ, ㄹ

04

다음 <표>는 2019년 '갑'회사의 지점(A ~ E)별 매출 관련 현황에 관한 자료이다. 이에 대한 <보기>의 설명 중 옳은 것만을 모두 고르면?

<표> '갑'회사의 지점별 매출 관련 현황

(단위: 억 원, 명)

구분 \ 지점	A	B	C	D	E	전체
매출액	10	21	18	10	12	71
목표매출액	15	26	20	13	16	90
직원수	5	10	8	3	6	32

※ 목표매출액 달성률(%) = $\frac{\text{매출액}}{\text{목표매출액}} \times 100$

〈보 기〉

ㄱ. 직원 1인당 매출액이 가장 많은 지점은 D이다.
ㄴ. 목표매출액 달성률이 가장 높은 지점은 C이다.
ㄷ. 지점 매출액이 5개 지점 매출액의 평균을 초과하는 지점은 3곳이다.
ㄹ. 5개 지점의 매출액이 각각 20 %씩 증가한다면, 전체 매출액은 전체 목표매출액을 초과한다.

① ㄱ, ㄴ
② ㄱ, ㄷ
③ ㄷ, ㄹ
④ ㄱ, ㄴ, ㄹ
⑤ ㄴ, ㄷ, ㄹ

05

다음 <표>는 A ~ C가 참가한 사격게임 결과에 대한 자료이다. <표>와 <조건>을 근거로 1 ~ 5라운드 후 A의 총적중 횟수의 최솟값과 C의 총적중 횟수의 최댓값의 차이를 구하면?

<표> 참가자의 라운드별 적중률 현황

(단위: %)

참가자 \ 라운드	1	2	3	4	5
A	20.0	( )	60.0	37.5	( )
B	40.0	62.5	100.0	12.5	12.5
C	( )	62.5	80.0	( )	62.5

※ 사격게임 결과는 적중과 미적중으로만 구분함.

〈조 건〉

○ 1, 3라운드에는 각각 5발을 발사하고, 2, 4, 5라운드에는 각각 8발을 발사함.
○ 각 참가자의 라운드별 적중 횟수는 최소 1발부터 최대 5발까지임.
○ 참가자별로 1발만 적중시킨 라운드 횟수는 2회 이하임.

① 10
② 11
③ 12
④ 13
⑤ 14

06

다음 <그림>은 2015년 16개 지역의 초미세먼지 농도, 연령표준화사망률 및 초미세먼지로 인한 조기사망자수를 조사한 자료이다. 이에 대한 <보기>의 설명 중 옳은 것만을 고르면?

<그림> 지역별 초미세먼지 농도, 연령표준화사망률 및 초미세먼지로 인한 조기사망자수

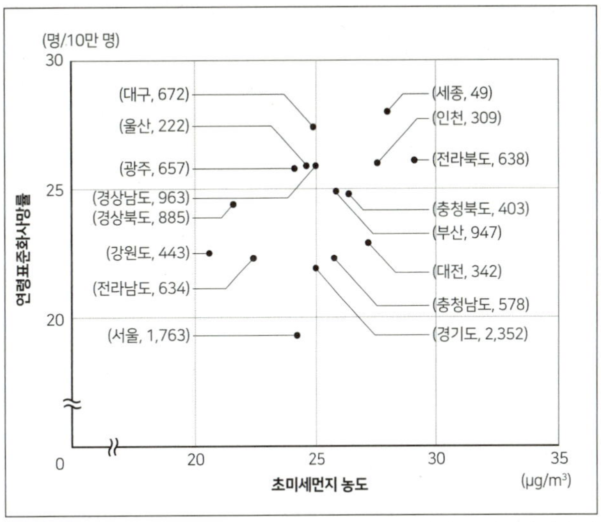

※ 1) (지역, N)은 해당 지역의 초미세먼지로 인한 조기사망자수가 N명임을 의미함.
2) 연령표준화사망률은 인구구조가 다른 집단 간의 사망 수준을 비교하기 위하여 연령 구조가 사망률에 미치는 영향을 제거한 사망률을 의미함.

〈보 기〉

ㄱ. 초미세먼지로 인한 조기사망자수가 가장 많은 지역은 서울이다.
ㄴ. 연령표준화사망률이 높은 지역일수록 초미세먼지로 인한 조기사망자수는 적다.
ㄷ. 초미세먼지 농도가 가장 낮은 지역의 초미세먼지로 인한 조기사망자수는 충청북도보다 많다.
ㄹ. 대구는 부산보다 연령표준화사망률은 높지만 초미세먼지로 인한 조기사망자수는 적다.

① ㄱ, ㄴ
② ㄱ, ㄷ
③ ㄴ, ㄷ
④ ㄴ, ㄹ
⑤ ㄷ, ㄹ

07

다음 <표>는 2018년과 2019년 14개 지역에 등록된 5톤 미만 어선 수에 관한 자료이다. 이에 대한 설명으로 옳은 것은?

<표> 2018년과 2019년 14개 지역에 등록된 5톤 미만 어선 수

(단위: 척)

연도	지역 \ 톤급	1톤 미만	1톤 이상 2톤 미만	2톤 이상 3톤 미만	3톤 이상 4톤 미만	4톤 이상 5톤 미만
2019	부산	746	1,401	374	134	117
	대구	6	0	0	0	0
	인천	98	244	170	174	168
	울산	134	378	83	51	32
	세종	8	0	0	0	0
	경기	910	283	158	114	118
	강원	467	735	541	296	179
	충북	427	5	1	0	0
	충남	901	1,316	743	758	438
	전북	348	1,055	544	168	184
	전남	6,861	10,318	2,413	1,106	2,278
	경북	608	640	370	303	366
	경남	2,612	4,548	2,253	1,327	1,631
	제주	123	145	156	349	246
2018	부산	793	1,412	351	136	117
	대구	6	0	0	0	0
	인천	147	355	184	191	177
	울산	138	389	83	52	33
	세종	7	0	0	0	0
	경기	946	330	175	135	117
	강원	473	724	536	292	181
	충북	434	5	1	0	0
	충남	1,036	1,429	777	743	468
	전북	434	1,203	550	151	188
	전남	7,023	10,246	2,332	1,102	2,297
	경북	634	652	372	300	368
	경남	2,789	4,637	2,326	1,313	1,601
	제주	142	163	153	335	250

① 2019년 경기의 5톤 미만 어선 수의 전년 대비 증감률은 10% 미만이다.

② 2019년 대구를 제외한 각 지역에서 '1톤 미만' 어선 수는 전년보다 감소한다.

③ 2018년 대구, 세종, 충북을 제외한 각 지역에서 '1톤 이상 2톤 미만'부터 '4톤 이상 5톤 미만'까지 톤급이 증가할수록 어선 수는 감소한다.

④ 2018년과 2019년 모두 '1톤 이상 2톤 미만' 어선 수는 충남이 세 번째로 크다.

⑤ 2018년과 2019년 모두 '1톤 미만' 어선 수 대비 '3톤 이상 4톤 미만' 어선 수의 비가 가장 높은 지역은 인천이다.

08

다음 <표>는 2008 ~ 2018년 '갑'국의 황산화물 배출권 거래 현황에 대한 자료이다. <표>를 이용하여 작성한 그래프로 옳지 않은 것은?

<표> 2008 ~ 2018년 '갑'국의 황산화물 배출권 거래 현황

(단위: 건, kg, 원/kg)

연도	전체		무상거래		유상거래				
	거래건수	거래량	거래건수	거래량	거래건수	거래량	거래가격		
							최고	최저	평균
2008	10	115,894	3	42,500	7	73,394	1,000	30	319
2009	8	241,004	4	121,624	4	119,380	500	60	96
2010	32	1,712,694	9	192,639	23	1,520,055	500	50	58
2011	25	1,568,065	6	28,300	19	1,539,765	400	10	53
2012	32	1,401,374	7	30,910	25	1,370,464	400	30	92
2013	59	2,901,457	5	31,500	54	2,869,957	600	60	180
2014	22	547,500	1	2,000	21	545,500	500	65	269
2015	12	66,200	5	22,000	7	44,200	450	100	140
2016	10	89,500	3	12,000	7	77,500	500	150	197
2017	20	150,966	5	38,100	15	112,866	160	100	124
2018	28	143,324	3	5,524	25	137,800	250	74	140

① 2010 ~ 2013년 연도별 전체 거래의 건당 거래량

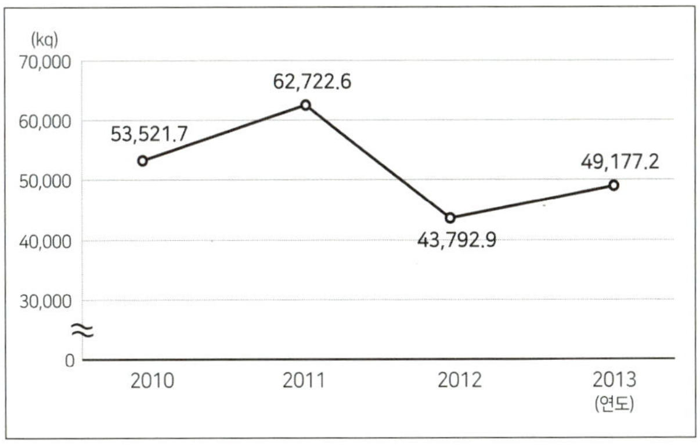

② 2009 ~ 2013년 유상거래 최고 가격과 최저 가격

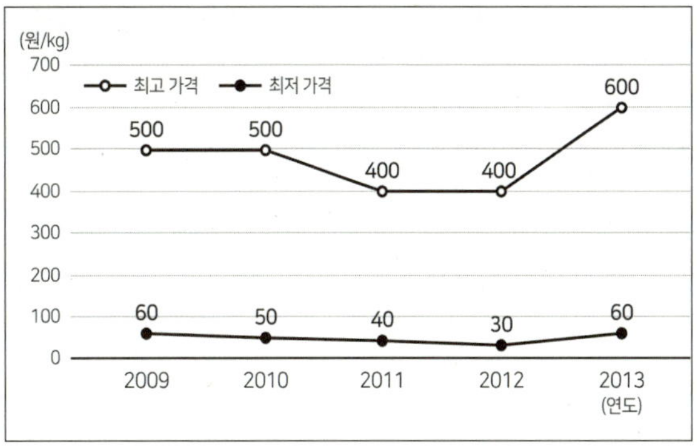

③ 2013 ~ 2017년 유상거래 평균 가격

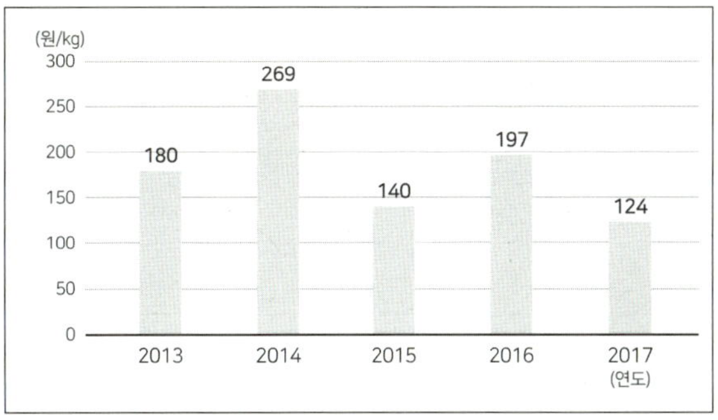

④ 2008년 전체 거래량 구성비

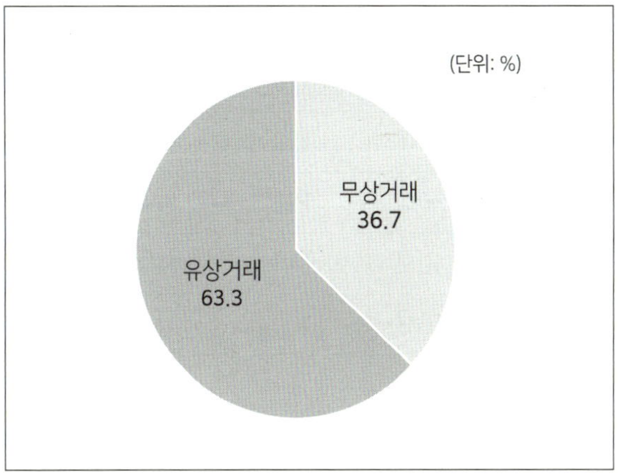

⑤ 2010 ~ 2013년 무상거래 건수와 유상거래 건수

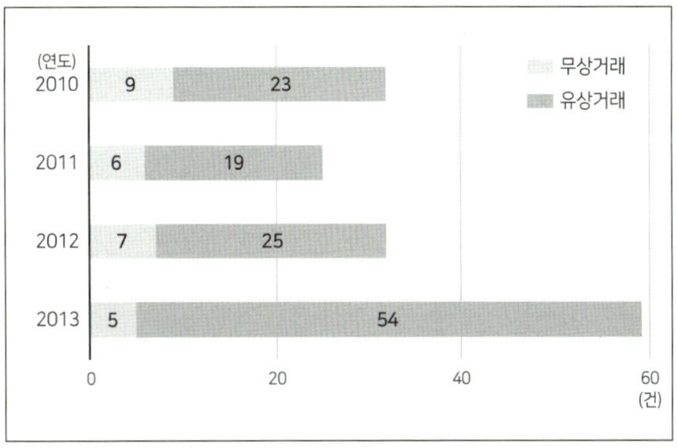

09

다음 <표>는 성인 남녀 1,500명을 대상으로 탈모 증상 경험 여부와 탈모 증상 경험자의 탈모 증상 완화 시도 방법에 관해 설문조사한 결과이다. 이에 대한 설명으로 옳지 않은 것은?

<표 1> 탈모 증상 경험 여부

구분			응답자 수(명)	탈모 증상 경험 여부(%)	
				있음	없음
성별		남성	743	28.8	71.2
		여성	757	15.2	84.8
연령대		20대	259	4.6	95.4
		30대	253	12.6	87.4
		40대	295	21.4	78.6
		50대	301	25.6	74.4
		60대	392	37.0	63.0
성별·연령대	남성	20대	136	5.1	94.9
		30대	130	16.2	83.8
		40대	150	30.0	70.0
		50대	151	35.8	64.2
		60대	176	49.4	50.6
	여성	20대	123	4.1	95.9
		30대	123	8.9	91.1
		40대	145	12.4	87.6
		50대	150	15.3	84.7
		60대	216	26.9	73.1

※ 1) 무응답과 복수응답은 없음.
2) 소수점 아래 둘째 자리에서 반올림한 값임.

<표 2> 탈모 증상 경험자의 탈모 증상 완화 시도 여부 및 방법

구분		응답자 수(명)	탈모 증상 완화 시도 방법(%)					시도하지 않음(%)
			모발관리 제품 사용	민간요법	치료제 구입	병원 진료	미용실 탈모 관리	
성별	남성	214	38.8	14.0	9.8	8.9	4.2	49.1
	여성	115	45.2	7.0	2.6	4.3	11.3	44.3
연령대	20대	12	50.0	0.0	16.7	16.7	16.7	0.0
	30대	32	62.5	12.5	6.3	9.4	9.4	25.0
	40대	63	52.4	7.9	6.3	12.7	7.9	36.5
	50대	77	46.8	15.6	10.4	5.2	10.4	39.0
	60대	145	26.2	11.7	6.2	4.1	2.8	62.8
부모의 탈모 경험 여부	있음	236	47.0	14.8	8.1	7.2	8.9	41.1
	없음	93	24.7	4.3	7.5	7.5	1.1	62.4
탈모 증상의 심각성	심각함	150	45.3	16.0	13.3	13.3	10.0	34.0
	심각하지 않음	179	36.9	7.8	2.8	2.2	2.8	58.1

※ 1) 무응답은 없으며, 탈모 증상 완화 시도 방법에 대한 복수응답을 허용함.
2) 소수점 아래 둘째 자리에서 반올림한 값임.

① 남녀 각각 연령대가 높을수록 탈모 증상 경험자의 비율도 높다.

② 탈모 증상 경험자 중 탈모 증상 완화 시도 방법으로 미용실 탈모 관리를 받았다고 한 응답자의 수는 남성이 여성보다 많다.

③ 탈모 증상 경험자의 연령대가 낮을수록 탈모 증상 완화를 시도한 응답자의 비율이 높다.

④ 탈모 증상 경험자 중 부모의 탈모 경험이 있다고 한 응답자의 비율은 70% 이상이다.

⑤ 탈모 증상이 심각하다고 한 응답자 중 부모의 탈모 경험이 있다고 한 응답자는 57명 이상이다.

10

다음 <표>는 도입과 출산을 통한 반달가슴곰 복원 현황에 관한 자료이다. 이에 대한 <보기>의 설명 중 옳은 것만을 모두 고르면?

<표> 도입과 출산을 통한 반달가슴곰 복원 현황

(단위: 개체)

구분		생존			폐사	전체	폐사원인
			자연적응	학습장			
도입처	러시아	13	5	8	9	22	자연사: 8 올무: 3 농약: 1 기타: 3
	북한	3	2	1	4	7	
	중국	3	0	3	1	4	
	서울대공원	6	5	1	1	7	
	청주동물원	1	0	1	0	1	
	소계	26	12	14	15	41	
출산방식	자연출산	41	39	2	5	46	자연사: 4 올무: 2
	증식장출산	7	4	3	1	8	
	소계	48	43	5	6	54	
계		74	55	19	21	95	-

※ 1) 도입처(출산방식)별 자연적응률(%)

$$= \frac{\text{도입처(출산방식)별 자연적응 반달가슴곰 수}}{\text{도입처(출산방식)별 전체 반달가슴곰 수}} \times 100$$

2) 도입처(출산방식)별 생존율(%)

$$= \frac{\text{도입처(출산방식)별 생존 반달가슴곰 수}}{\text{도입처(출산방식)별 전체 반달가슴곰 수}} \times 100$$

3) 도입처(출산방식)별 폐사율(%)

$$= \frac{\text{도입처(출산방식)별 폐사 반달가슴곰 수}}{\text{도입처(출산방식)별 전체 반달가슴곰 수}} \times 100$$

〈보 기〉

ㄱ. 도입처가 서울대공원인 반달가슴곰의 자연적응률은 자연출산 반달가슴곰의 자연적응률보다 낮다.

ㄴ. 자연출산 반달가슴곰의 생존율은 90 %를 넘는다.

ㄷ. 반달가슴곰의 폐사율은 자연출산이 증식장출산보다 낮다.

ㄹ. 도입처가 러시아인 반달가슴곰 중 적어도 두 개체의 폐사원인은 '자연사'이다.

① ㄱ, ㄴ

② ㄱ, ㄷ

③ ㄴ, ㄹ

④ ㄱ, ㄷ, ㄹ

⑤ ㄴ, ㄷ, ㄹ

11

다음은 세계 및 국내 드론 산업 현황에 관한 <보고서>이다. 이를 작성하기 위해 사용하지 않은 자료는?

〈보고서〉

세계의 드론 산업 시장은 주로 미국과 유럽을 중심으로 형성되어 왔으나, 2013년과 비교하여 2018년에는 유럽 시장보다 오히려 아시아·태평양 시장의 점유율이 더 높아졌다.

2017년 국내 드론 활용 분야별 사업체수를 살펴보면, 농업과 콘텐츠 제작 분야의 사업체수가 전체의 80 % 이상을 차지하였고, 사업체수의 전년 대비 증가율에 있어서는 교육 분야가 농업과 콘텐츠 제작 분야보다 각각 높았다. 2017년 국내 드론 활용 산업의 주요 관리 항목을 2013년 대비 증가율이 높은 항목부터 순서대로 나열하면, 조종자격 취득자수, 장치신고 대수, 드론 활용 사업체수 순이다.

우리나라는 성장 잠재력이 큰 드론 산업 육성을 위해 다양한 정책을 추진하고 있다. 특히 세계 최고 수준과의 기술 격차를 줄이기 위해 정부 R&D 예산 비중을 꾸준히 확대하고 있다. 2015 ~ 2017년 기술 분야별로 정부 R&D 예산 비중을 살펴보면, 기반기술과 응용서비스기술의 예산 비중의 합은 매년 65 % 이상이다.

① 2016 ~ 2017년 국내 드론 활용 분야별 사업체수 현황

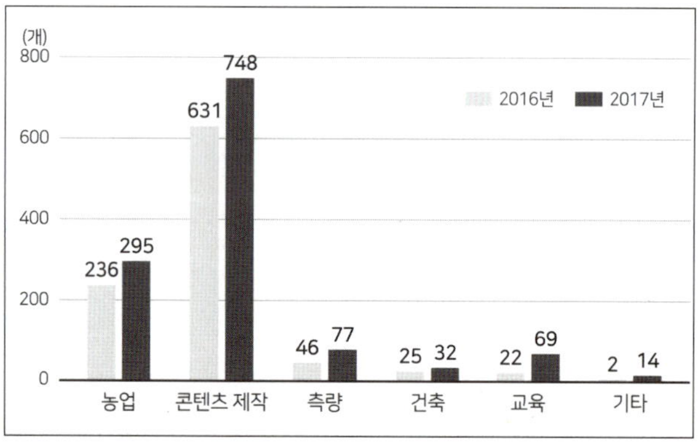

② 2013년과 2018년 세계 드론 시장 점유율 현황

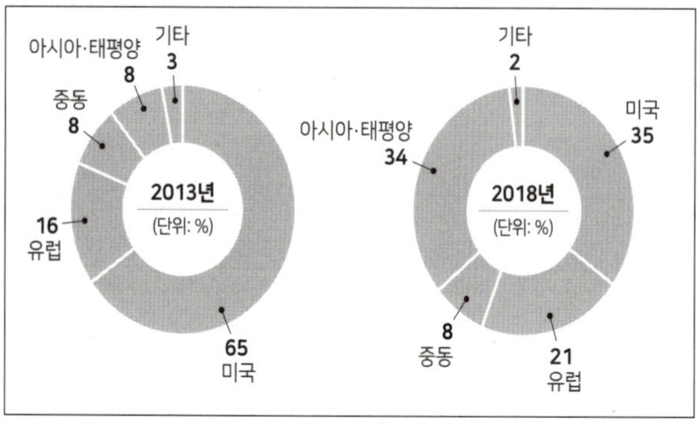

③ 2015 ~ 2017년 국내 드론 산업 관련 민간 R&D 기업 규모별 투자 현황

(단위: 백만 원)

구분 \ 연도	2015	2016	2017
대기업	2,138	10,583	11,060
중견기업	4,122	3,769	1,280
중소기업	11,500	29,477	43,312

④ 2015 ~ 2017년 국내 드론 산업 관련 기술 분야별 정부 R&D 예산 비중 현황

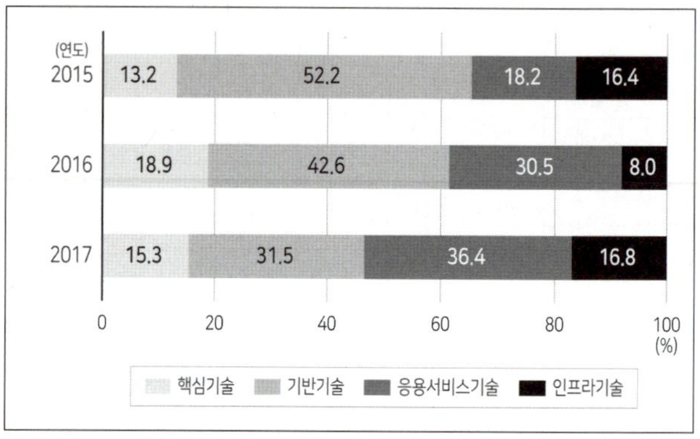

⑤ 2013 ~ 2017년 국내 드론 활용 산업의 주요 관리 항목별 현황

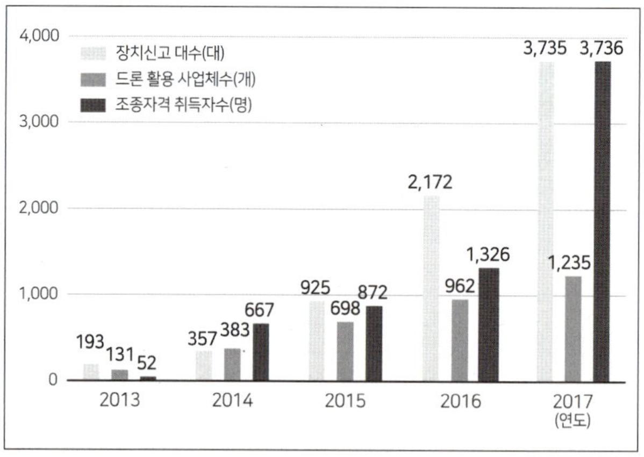

12

다음 <표>는 A대학 재학생 교육 만족도 조사 결과에 관한 자료이다. 이에 대한 <보기>의 설명 중 옳은 것만을 고르면?

<표> A대학 재학생 교육 만족도 조사 결과

(단위: 명, 점)

학년 \ 항목	응답인원	전공	교양	시설	기자재	행정
1	2,374	3.90	3.70	3.78	3.73	3.63
2	2,349	3.95	3.75	3.76	3.71	3.64
3	2,615	3.96	3.74	3.74	3.69	3.66
4	2,781	3.94	3.77	3.75	3.70	3.65

※ 점수는 5점 만점이며, 점수가 높을수록 만족도가 높음.

〈보 기〉

ㄱ. '시설'과 '기자재' 항목은 응답인원이 많은 학년일수록 항목별 교육 만족도가 높다.

ㄴ. 항목별로 교육 만족도가 높은 순서대로 학년을 나열할 때, 순서가 일치하는 항목들이 있다.

ㄷ. 학년이 높아질수록 항목별 교육 만족도가 높아지는 항목은 1개이다.

ㄹ. 각 학년에서 교육 만족도가 가장 높은 항목은 모두 '전공'이다.

① ㄱ, ㄴ
② ㄱ, ㄷ
③ ㄴ, ㄷ
④ ㄴ, ㄹ
⑤ ㄷ, ㄹ

memo

13

다음 <표>는 2017 ~ 2019년 '갑'국 A ~ D지역의 1인 1일당 단백질 섭취량과 지역별 전체 인구에 대한 자료이다. <표>를 이용하여 작성한 그래프로 옳지 않은 것은?

<표 1> 지역별 1인 1일당 단백질 섭취량

(단위: g)

지역＼연도	2017	2018	2019
A	50	60	75
B	100	100	110
C	100	90	80
D	50	50	50

※ 단백질은 동물성 단백질과 식물성 단백질로만 구성됨.

<표 2> 지역별 1인 1일당 식물성 단백질 섭취량

(단위: g)

지역＼연도	2017	2018	2019
A	25	25	25
B	10	30	50
C	20	20	20
D	10	5	5

<표 3> 지역별 전체 인구

(단위: 명)

지역＼연도	2017	2018	2019
A	1,000	1,000	1,100
B	1,000	1,000	1,000
C	800	700	600
D	100	100	100

① 2017 ~ 2019년 B와 D지역의 1인 1일당 동물성 단백질 섭취량

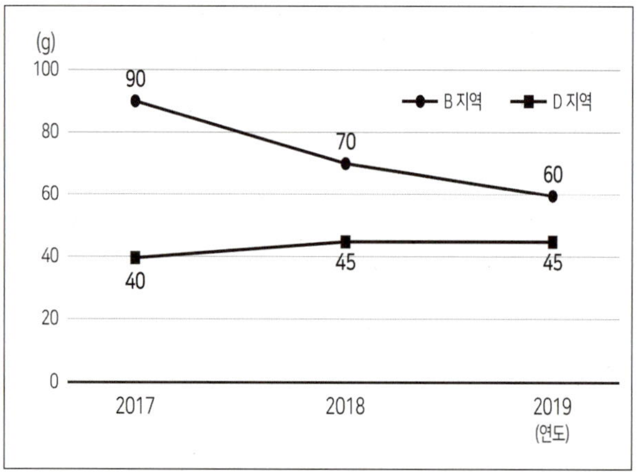

② 2019년 지역별 1일 단백질 총섭취량

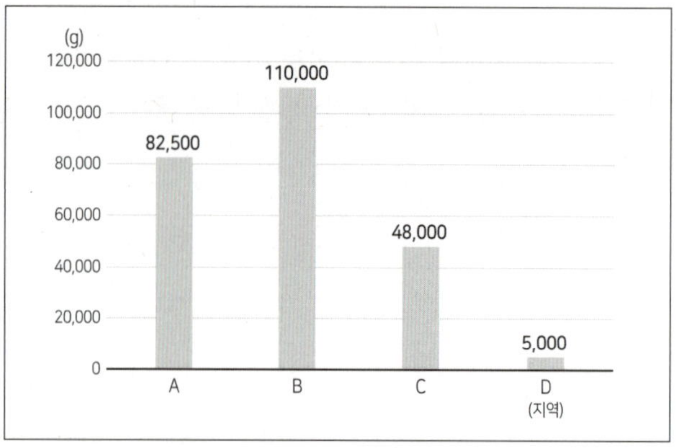

③ 2017년 지역별 1인 1일당 단백질 섭취량 구성비

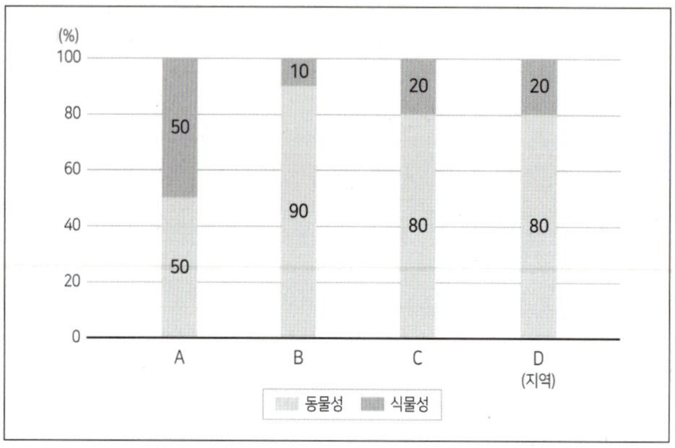

④ 2017 ~ 2019년 A와 C지역의 1인 1일당 동물성 단백질 섭취량과 1인 1일당 식물성 단백질 섭취량의 차이

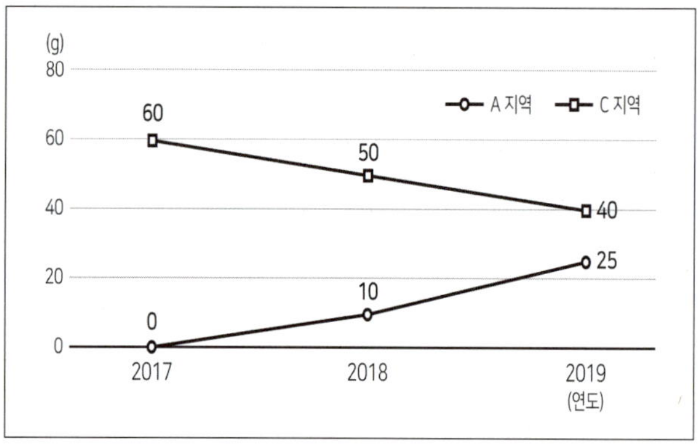

⑤ 지역별 2017년 대비 2018년 1인 1일당 식물성 단백질 섭취량 증감률

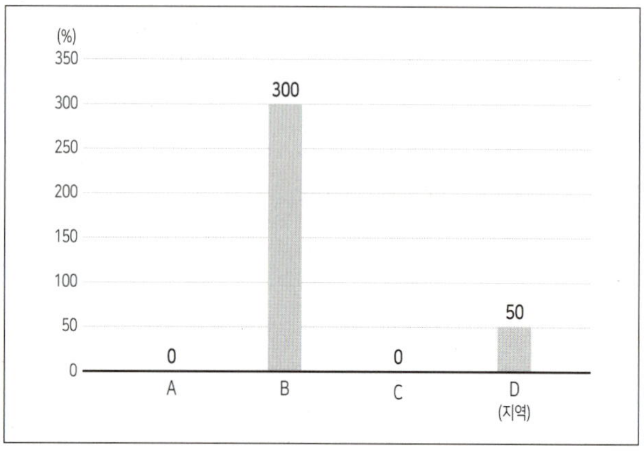

14

다음 <표>는 2016 ~ 2019년 '갑'국의 방송통신 매체별 광고매출액에 관한 자료이다. 이에 대한 <보기>의 설명 중 옳은 것만을 고르면?

<표> 2016 ~ 2019년 방송통신 매체별 광고매출액

(단위: 억 원)

매체	세부 매체 \ 연도	2016	2017	2018	2019
방송	지상파TV	15,517	14,219	12,352	12,310
	라디오	2,530	2,073	1,943	1,816
	지상파DMB	53	44	36	35
	케이블PP	18,537	17,130	16,646	( )
	케이블SO	1,391	1,408	1,275	1,369
	위성방송	480	511	504	503
	소계	38,508	35,385	32,756	31,041
온라인	인터넷(PC)	19,092	20,554	19,614	19,109
	모바일	28,659	36,618	45,678	54,781
	소계	47,751	57,172	65,292	73,890

〈보 기〉

ㄱ. 2017 ~ 2019년 동안 모바일 광고매출액의 전년 대비 증가율은 매년 30% 이상이다.
ㄴ. 2017년의 경우, 방송 매체 중 지상파TV 광고매출액이 차지하는 비중은 온라인 매체 중 인터넷(PC) 광고매출액이 차지하는 비중보다 작다.
ㄷ. 케이블PP의 광고매출액은 매년 감소한다.
ㄹ. 2016년 대비 2019년 광고매출액 증감률이 가장 큰 세부 매체는 모바일이다.

① ㄱ, ㄴ
② ㄱ, ㄷ
③ ㄴ, ㄷ
④ ㄴ, ㄹ
⑤ ㄷ, ㄹ

15

다음 <그림>은 '갑'국 6개 지방청 전체의 부동산과 자동차 압류건수의 지방청별 구성비에 관한 자료이다. <그림>과 <조건>을 근거로 B와 D에 해당하는 지방청을 바르게 나열한 것은?

<그림 1> 부동산 압류건수의 지방청별 구성비

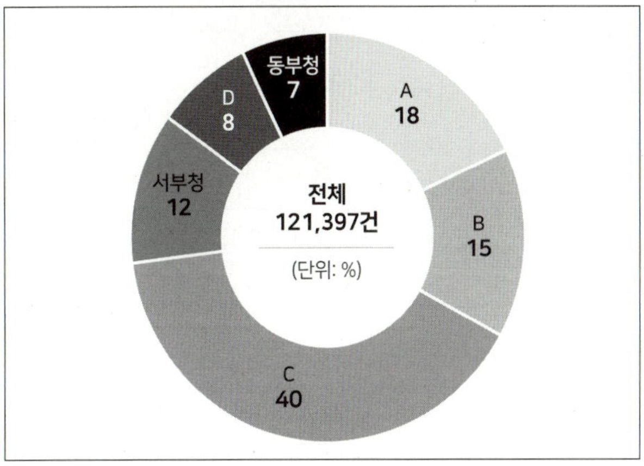

※ 지방청은 동부청, 서부청, 남부청, 북부청, 남동청, 중부청으로만 구성됨.

<그림 2> 자동차 압류건수의 지방청별 구성비

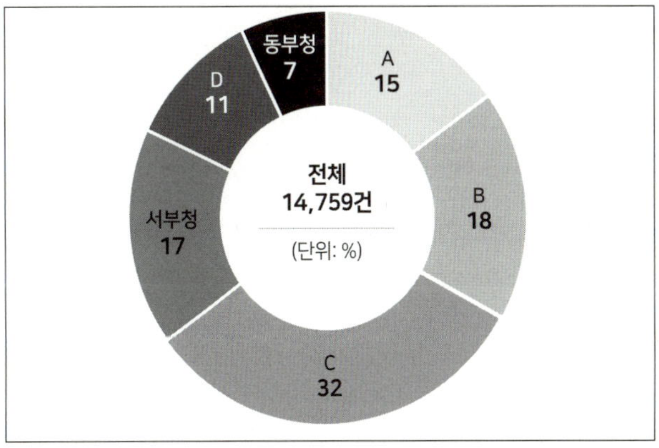

〈조 건〉

○ 자동차 압류건수는 중부청이 남동청의 2배 이상이다.
○ 남부청과 북부청의 부동산 압류건수는 각각 2만 건 이하이다.
○ 지방청을 부동산 압류건수와 자동차 압류건수가 큰 값부터 순서대로 각각 나열할 때, 순서가 동일한 지방청은 동부청, 남부청, 중부청이다.

	B	D
①	남동청	남부청
②	남동청	북부청
③	남부청	북부청
④	북부청	남부청
⑤	중부청	남부청

16

다음 <표>는 조사연도별 국세 및 국세청세수와 국세청세수 징세비 및 국세청 직원수 현황에 대한 자료이다. <보고서>를 작성하기 위해 <표> 이외에 추가로 필요한 자료만을 <보기>에서 모두 고르면?

<표 1> 국세 및 국세청세수 현황

(단위: 억 원)

조사연도 \ 구분	국세	국세청세수		
			일반회계	특별회계
2002	1,039,678	966,166	876,844	89,322
2007	1,614,591	1,530,628	1,479,753	50,875
2012	2,030,149	1,920,926	1,863,469	57,457
2017	2,653,849	2,555,932	2,499,810	56,122

<표 2> 국세청세수 징세비 및 국세청 직원수 현황

(단위: 백만 원, 명)

조사연도 \ 구분	징세비	국세청 직원수
2002	817,385	15,158
2007	1,081,983	18,362
2012	1,339,749	18,797
2017	1,592,674	19,131

〈보고서〉

2017년 국세청세수는 255.6조 원으로, 전년도보다 22.3조 원 증가하였다. 세목별로는 소득세(76.8조 원), 부가가치세(67.1조 원), 법인세(59.2조 원) 순으로 높다. 세무서별로 살펴보면 세수 1위는 남대문세무서(11.6조 원), 2위는 수영세무서(10.9조 원)이다. 2017년 기준 국세청세수에서 특별회계가 차지하는 비중은 2.2 %로서, 2002년 기준 9.2 %와 비교해 감소하였다. 국세는 국세청세수에 관세청 소관분과 지방자치단체 소관분을 합한 금액으로, 2002년부터 2017년까지 국세 대비 국세청세수의 비율은 매년 증가 추세를 보인다. 2002년 기준 92.9 %였던 국세 대비 국세청세수의 비율은 2017년에는 96.3 %로 3.0 %p 이상 증가하였다.

구체적으로 살펴보면, 국세청 직원 1인당 국세청세수는 2007년 8,336백만 원, 2017년 13,360백만 원으로 큰 폭의 상승세를 보인다. 국세청세수 100원당 징세비는 2017년 기준 0.62원으로 2002년 0.85원에 비해 20 % 이상 감소하였다. 2017년 현재 19,131명의 국세청 직원들이 세수 확보를 위해 노력 중이며, 국세청 직원수는 2002년 대비 25 % 이상 증가하였다.

〈보 기〉

ㄱ. 2003 ~ 2016년의 국세 및 국세청세수
ㄴ. 2003 ~ 2016년의 관세청 소관분
ㄷ. 2017년의 세무서별·세목별 세수 실적
ㄹ. 2002 ~ 2017년의 국세청 직원 1인당 국세청세수

① ㄱ, ㄴ
② ㄱ, ㄷ
③ ㄴ, ㄹ
④ ㄱ, ㄷ, ㄹ
⑤ ㄴ, ㄷ, ㄹ

17

다음 <표>는 '가' 곤충도감에 기록된 분류군별 경제적 중요도와 '갑 ~ 병'국의 종의 수에 관한 자료이다. 이에 대한 <보기>의 설명 중 옳은 것만을 고르면?

<표> 분류군별 경제적 중요도와 '갑 ~ 병'국의 종의 수

(단위: 종)

분류군	경제적 중요도	국가			전체
		갑	을	병	
무시류	C	303	462	435	11,500
고시류	C	187	307	1,031	8,600
메뚜기목	A	297	372	1,161	34,300
강도래목	C	47	163	400	2,000
다듬이벌레목	B	12	83	280	4,400
털이목	C	4	150	320	2,800
이목	C	22	32	70	500
총채벌레목	A	87	176	600	5,000
노린재목	S	1,886	2,744	11,300	90,000
풀잠자리목	A	52	160	350	6,500
딱정벌레목	S	3,658	9,992	30,000	350,000
부채벌레목	C	7	22	60	300
벌목	S	2,791	4,870	17,400	125,000
밑들이목	C	11	44	85	600
벼룩목	C	40	72	250	2,500
파리목	S	1,594	4,692	18,000	120,000
날도래목	C	202	339	975	11,000
나비목	S	3,702	5,057	11,000	150,000

※ 해당 국가의 분류군별 종 다양성(%) = $\frac{\text{해당 국가의 분류군별 종의 수}}{\text{분류군별 전체 종의 수}} \times 100$

〈보 기〉

ㄱ. 경제적 중요도가 S인 분류군 중, '갑'국에서 종의 수가 세 번째로 많은 분류군은 노린재목이다.
ㄴ. 경제적 중요도가 A인 분류군 중, '을'국에서 종의 수가 두 번째로 많은 분류군은 총채벌레목이다.
ㄷ. 경제적 중요도가 C인 분류군 중, '갑'국의 분류군별 종 다양성이 가장 낮은 분류군은 털이목이다.
ㄹ. 경제적 중요도가 S인 분류군 중, '병'국의 분류군별 종 다양성이 10% 이상인 분류군은 4개이다.

① ㄱ, ㄴ
② ㄱ, ㄷ
③ ㄴ, ㄷ
④ ㄴ, ㄹ
⑤ ㄷ, ㄹ

18

다음 <표>는 '갑'공기업의 신규 사업 선정을 위한 2개 사업(A, B) 평가에 관한 자료이다. <표>와 <조건>에 근거한 <보기>의 설명 중 옳은 것만을 고르면?

<표 1> A와 B사업의 평가 항목별 원점수

(단위: 점)

구분	평가 항목	A사업	B사업
사업적 가치	경영전략 달성 기여도	80	90
	수익창출 기여도	80	90
공적 가치	정부정책 지원 기여도	90	80
	사회적 편익 기여도	90	80
참여 여건	전문인력 확보 정도	70	70
	사내 공감대 형성 정도	70	70

※ 평가 항목별 원점수는 100점 만점임.

<표 2> 평가 항목별 가중치

구분	평가 항목	가중치
사업적 가치	경영전략 달성 기여도	0.2
	수익창출 기여도	0.1
공적 가치	정부정책 지원 기여도	0.3
	사회적 편익 기여도	0.2
참여 여건	전문인력 확보 정도	0.1
	사내 공감대 형성 정도	0.1
계		1.0

〈조 건〉

○ 신규 사업 선정을 위한 각 사업의 최종 점수는 평가 항목별 원점수에 해당 평가 항목의 가중치를 곱한 값을 모두 합하여 산정함.
○ A와 B사업 중 최종 점수가 더 높은 사업을 신규 사업으로 최종 선정함.

〈보 기〉

ㄱ. 각 사업의 6개 평가 항목 원점수의 합은 A사업과 B사업이 같다.
ㄴ. '공적 가치'에 할당된 가중치의 합은 '참여 여건'에 할당된 가중치의 합보다 작고, '사업적 가치'에 할당된 가중치의 합보다 크다.
ㄷ. '갑'공기업은 A사업을 신규 사업으로 최종 선정한다.
ㄹ. '정부정책 지원 기여도' 가중치와 '수익창출 기여도' 가중치를 서로 바꾸더라도 최종 선정되는 신규 사업은 동일하다.

① ㄱ, ㄴ
② ㄱ, ㄷ
③ ㄱ, ㄹ
④ ㄴ, ㄹ
⑤ ㄷ, ㄹ

19

다음 <표>는 2016 ~ 2019년 '갑'조사기관이 발표한 이미지 분야 및 실체 분야 국가브랜드 상위 10개국을 나타낸 자료이다. 이를 바탕으로 작성한 <보고서>의 A ~ C에 해당하는 내용을 바르게 나열한 것은?

<표> 2016 ~ 2019년 국가브랜드 상위 10개국

연도	2016	2017	2018	2019	
분야 / 순위	이미지	이미지	이미지	이미지	실체
1	프랑스	독일	일본	미국	미국
2	일본	캐나다	독일	독일	독일
3	스웨덴	일본	미국	영국	프랑스
4	영국	미국	캐나다	일본	영국
5	독일	영국	영국	스위스	일본
6	미국	스위스	프랑스	스웨덴	스위스
7	스위스	프랑스	스웨덴	캐나다	호주
8	캐나다	스웨덴	호주	프랑스	스웨덴
9	네덜란드	이탈리아	스위스	호주	네덜란드
10	이탈리아	호주	오스트리아	네덜란드	캐나다

※ 1) 국가브랜드는 이미지 분야와 실체 분야로 나누어 각각 순위가 결정되며 공동 순위는 없음.
2) 조사대상 국가는 매년 동일함.

〈보고서〉

최근 국가브랜드의 중요성이 커지면서 국가브랜드 순위에 대한 관심이 높아지고 있다. '갑'조사기관이 발표한 2016 ~ 2019년 이미지 분야 및 실체 분야 국가브랜드 순위를 살펴보면, 미국의 이미지 분야 순위는 매년 [A]하고 있다. 또한, 이 기간에 연도별 이미지 분야 순위가 모두 상위 10위 이내에 든 국가는 총 8개국이다.

2019년 이미지 분야 순위가 상위 10위 이내에 든 국가는 모두 2019년 실체 분야 순위도 상위 10위 이내에 들었다. 2019년 이미지 분야 순위 상위 10개국 중 2019년 이미지 분야 순위와 실체 분야 순위의 차이가 가장 큰 국가는 [B]인 것으로 나타났다. 2017년 이미지 분야 순위 상위 10개국 중 2016년에 비해 2017년 이미지 분야 순위가 상승한 국가는 총 [C]개국이었고, 특히 캐나다의 높은 순위 상승이 눈에 띈다. 2019년에는 2018년과 비교하여 이미지 분야 순위가 하락한 국가가 많았으나, 네덜란드의 경우 이미지 분야 순위가 상승하여 주목받고 있다.

	A	B	C
①	상승	캐나다	6
②	상승	프랑스	5
③	상승	프랑스	6
④	하락	스웨덴	5
⑤	하락	캐나다	6

20

다음 <그림>은 W경제포럼이 발표한 25개 글로벌 리스크의 분류와 영향도 및 발생가능성 지수에 관한 자료이다. 이에 대한 설명으로 옳지 않은 것은?

<그림> 글로벌 리스크의 분류와 영향도 및 발생가능성 지수

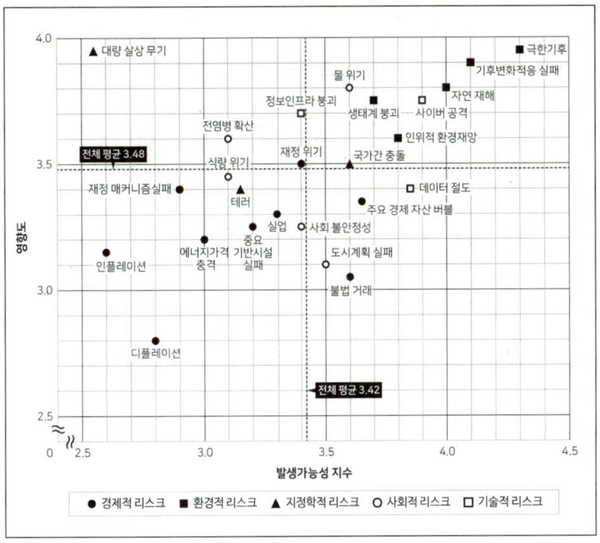

① 모든 환경적 리스크의 발생가능성 지수 대비 영향도의 비는 1 이상이다.

② 영향도와 발생가능성 지수의 차이가 가장 큰 글로벌 리스크는 '대량 살상 무기'이다.

③ '에너지가격 충격'의 영향도 대비 발생가능성 지수의 비는 1 이하이다.

④ 영향도와 발생가능성 지수가 각각의 '전체 평균' 이하인 경제적 리스크의 수는 영향도나 발생가능성 지수가 각각의 '전체 평균' 이상인 경제적 리스크의 수보다 많다.

⑤ 모든 환경적 리스크는 영향도와 발생가능성 지수가 각각의 '전체 평균' 이상이다.

21

다음 <표>는 '갑'국의 멸종위기종 지정 현황에 관한 자료이다. 이에 대한 설명으로 옳지 않은 것은?

<표> 멸종위기종 지정 현황

(단위: 종)

지정 / 분류	멸종위기종		
		멸종위기 I 급	멸종위기 II 급
포유류	20	12	8
조류	63	14	49
양서・파충류	8	2	6
어류	27	11	16
곤충류	26	6	20
무척추동물	32	4	28
식물	88	11	77
전체	264	60	204

※ 멸종위기종은 멸종위기 I 급과 멸종위기 II 급으로 구분함.

① 멸종위기종으로 '포유류'만 10종을 추가로 지정한다면, 전체 멸종위기종 중 '포유류'의 비율은 10% 이상이다.

② 각 분류에서 멸종위기종 중 멸종위기 I 급의 비율은 '무척추동물'과 '식물'이 동일하다.

③ 각 분류의 멸종위기종에서 5종씩 지정을 취소한다면, 전체 멸종위기종 중 '조류'의 비율은 감소한다.

④ 각 분류에서 멸종위기종 중 멸종위기 II 급의 비율은 '조류'가 '양서·파충류'보다 높다.

⑤ '포유류'를 제외한 모든 뷰류에서 각 분류의 멸종위기종 중 멸종위기 II 급의 비율은 각 분류의 멸종위기종 중 멸종위기 I 급의 비율보다 높다.

22

다음 <조사개요>와 <표>는 A기관 5개 지방청에 대한 외부고객 만족도 조사 결과이다. 이에 대한 설명으로 옳지 않은 것은?

〈조사개요〉

○ 조사기간: 2019년 7월 28일 ~ 2019년 8월 8일
○ 조사방법: 전화 조사
○ 조사목적: A기관 5개 지방청 외부고객의 주소지 관할 지방청에 대한 만족도 조사
○ 응답자 수: 총 101명(조사항목별 무응답은 없음)
○ 조사항목: 업무 만족도, 인적 만족도, 시설 만족도

<표> A기관 5개 지방청 외부고객 만족도 조사 결과

(단위: 점)

구분 \ 조사항목		업무 만족도	인적 만족도	시설 만족도
전체		4.12	4.29	4.20
성별	남자	4.07	4.33	4.19
	여자	4.15	4.27	4.20
연령대	30세 미만	3.82	3.83	3.70
	30세 이상 40세 미만	3.97	4.18	4.25
	40세 이상 50세 미만	4.17	4.39	4.19
	50세 이상	4.48	4.56	4.37
지방청	경인청	4.35	4.48	4.30
	동북청	4.20	4.39	4.28
	호남청	4.00	4.03	4.04
	동남청	4.19	4.39	4.30
	충청청	3.73	4.16	4.00

※ 1) 주어진 점수는 응답자의 조사항목별 만족도의 평균이며, 점수가 높을수록 만족도가 높음(5점 만점).
2) 점수는 소수점 아래 셋째 자리에서 반올림한 값임.

① 모든 연령대에서 '업무 만족도'보다 '인적 만족도'가 높다.
② '업무 만족도'가 높은 지방청일수록 '인적 만족도'도 높다.
③ 응답자의 연령대가 높을수록 '업무 만족도'와 '인적 만족도'가 모두 높다.
④ '업무 만족도', '인적 만족도', '시설 만족도'의 합이 가장 큰 지방청은 경인청이다.
⑤ 남자 응답자보다 여자 응답자가 많다.

23

다음 <그림>은 2019년 '갑'국의 가구별 근로장려금 산정기준에 관한 자료이다. 이에 대한 <보기>의 설명 중 옳은 것만을 모두 고르면?

<그림> 2019년 가구별 근로장려금 산정기준

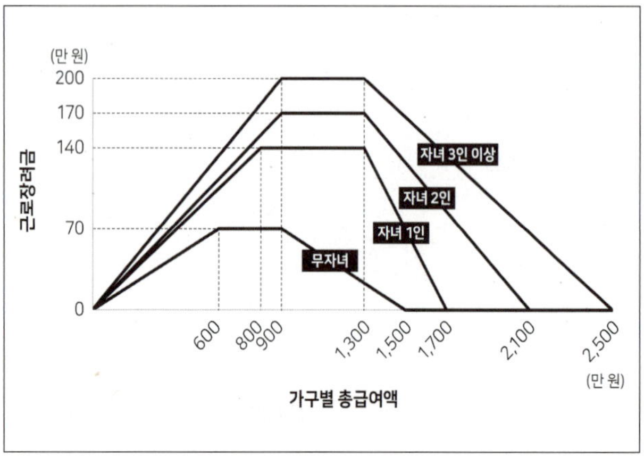

※ 2019년 가구별 근로장려금은 2018년 가구별 자녀수와 총급여액을 기준으로 산정함.

〈보 기〉

ㄱ. 2018년 총급여액이 1,000만 원이고 자녀가 1명인 가구의 2019년 근로장려금은 140만 원이다.
ㄴ. 2018년 총급여액이 800만 원 이하인 무자녀 가구는 2018년 총급여액이 많을수록 2019년 근로장려금도 많다.
ㄷ. 2018년 총급여액이 2,200만 원이고 자녀가 3명 이상인 가구의 2019년 근로장려금은 2018년 총급여액이 600만 원이고 자녀가 1명인 가구의 2019년 근로장려금보다 적다.
ㄹ. 2018년 총급여액이 2,000만 원인 가구의 경우, 자녀가 많을수록 2019년 근로장려금도 많다.

① ㄱ, ㄷ
② ㄱ, ㄹ
③ ㄴ, ㄷ
④ ㄱ, ㄴ, ㄹ
⑤ ㄴ, ㄷ, ㄹ

24

다음 <그림>은 '갑'지역의 주민을 대상으로 육교 설치에 대한 찬성 또는 반대 의견을 3차례 조사한 결과이다. 이에 대한 설명으로 옳은 것은?

<그림> '갑'지역 육교 설치에 대한 1 ~ 3차 조사 결과

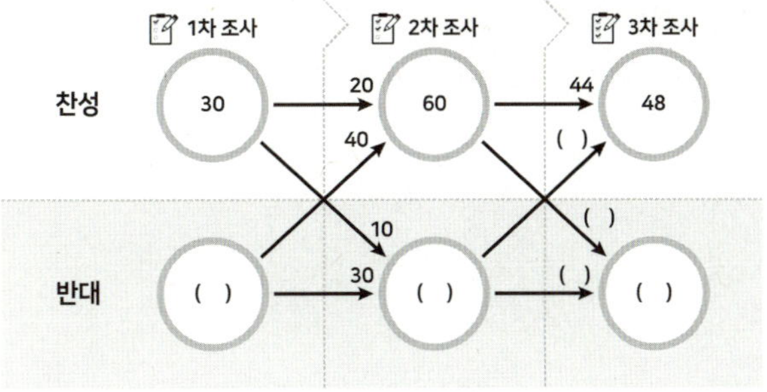

※ 1) 1 ~ 3차 조사에 응답한 사람은 모두 같고, 무응답과 복수응답은 없음.

2) 예를 들어,

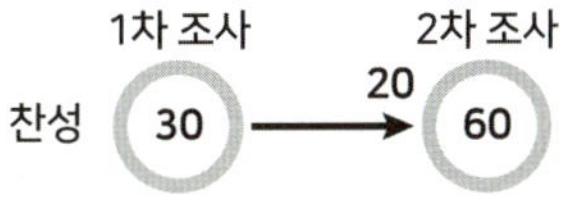

은 1차 조사에서 찬성한다고 응답한 30명 중 20명이 2차 조사에서도 찬성한다고 응답하였고, 2차 조사에서 찬성한다고 응답한 사람은 총 60명임을 의미함.

① 3차 조사에 응답한 사람은 130명 이상이다.

② 2차 조사에서 반대한다고 응답한 사람 중 3차 조사에서도 반대한다고 응답한 사람은 32명이다.

③ 2차 조사에서 찬성한다고 응답한 사람 중 3차 조사에서 반대한다고 응답한 사람은 20명이다.

④ 1차 조사에서 반대한다고 응답한 사람 중 3차 조사에서 찬성한다고 응답한 사람은 45명 이상이다.

⑤ 1 ~ 3차 조사에서 한 번도 의견을 바꾸지 않은 사람은 30명 이상이다.

25

다음 <그림>과 <표>는 조사연도별 '갑'국 병사의 계급별 월급과 군내매점에서 판매하는 주요품목 가격에 관한 자료이다. 이에 대한 설명으로 옳은 것은?

<그림> 조사연도별 병사의 계급별 월급

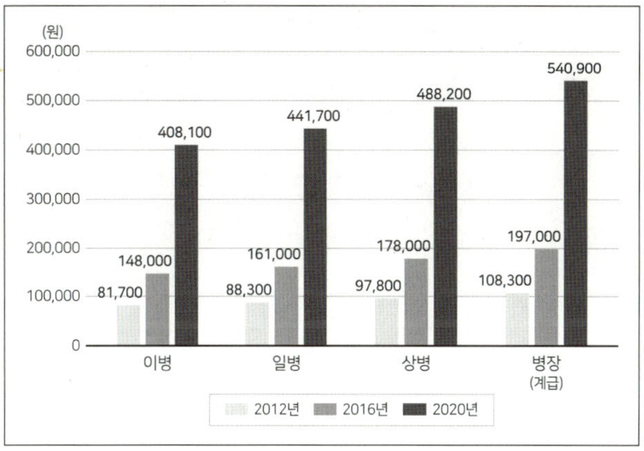

<표> 조사연도별 군내매점 주요품목 가격

(단위: 원/개)

품목 조사연도	캔커피	단팥빵	햄버거
2012	250	600	2,400
2016	300	1,000	2,800
2020	500	1,400	3,500

① 이병 월급은 2020년이 2012년보다 500% 이상 증액되었다.

② 2012년 대비 2016년 상병 월급 증가율은 2016년 대비 2020년 상병 월급 증가율보다 더 높다.

③ 군내매점 주요품목 각각의 2012년 대비 2016년 가격인상률은 2016년 대비 2020년 가격인상률보다 낮다.

④ 일병이 한 달 월급만을 사용하여 군내매점에서 해당 연도 가격으로 140개의 단팥빵을 구매하고 남은 금액은 2016년이 2012년보다 15,000원 이상 더 많다.

⑤ 병장이 한 달 월급만을 사용하여 군내매점에서 해당 연도 가격으로 구매할 수 있는 햄버거의 최대 개수는 2020년이 2012년의 3배 이하이다.

MEMO

2019
민간경력

자료해석 나책형

PSAT 신헌 자료해석 ALL수록 기출문제집

01

다음 <표>와 <보고서>는 '갑'국 13 ~ 19대 국회 의원입법안 발의 및 처리 현황에 대한 자료이다. <보고서>를 작성하기 위해 <표> 이외에 추가로 필요한 자료만을 <보기>에서 모두 고르면?

<표> 국회 의원입법안 발의 및 처리 법안수 현황

(단위: 건)

구분 \ 국회	13대	14대	15대	16대	17대	18대	19대
발의 법안수	570	321	1,144	1,912	6,387	12,220	16,728
처리 법안수	352	167	687	1,028	2,893	4,890	6,626

※ 1) 법안 반영률(%) = $\frac{\text{처리 법안수}}{\text{발의 법안수}} \times 100$

2) 각 국회별로 국회의원 임기는 4년이고, 해당 국회에서 처리되지 않은 법안은 폐기됨.

〈보고서〉

19대 국회의 의원입법안을 분석한 결과 16,728건이 발의되었고 이는 19대 국회 동안 월평균 340건 이상, 국회의원 1인당 50건 이상의 법안이 제출된 셈이다.

국회 상임위원회 활동으로 보면 상임위원회당 처리 법안수가 13대 20.7건에서 19대 414.1건으로 20배 이상이 되었다. 하지만 국회 상임위원회 법안소위에도 오르지 않은 법안의 증가로 인해 13대 국회에서 61.8%에 달했던 법안 반영률은 19대에 39.6%까지 낮아졌다.

이처럼 국회 본연의 임무인 입법 기능이 저하되는 가운데 국회 국민청원건수는 16대 이후로 감소하고 있다. 구체적으로는 13대 503건에서 지속적으로 증가해 16대에 765건으로 정점을 찍은 후 급감하였고, 19대 들어 227건에 그쳐 13대 이후 최저 수준을 기록하였다.

〈보 기〉

ㄱ. 국회 국민청원건수

국회	13대	14대	15대	16대	17대	18대	19대
건수(건)	503	534	595	765	432	272	227

ㄴ. 국회 국민청원 중 본회의 처리건수

국회	13대	14대	15대	16대	17대	18대	19대
건수(건)	13	11	3	4	4	3	2

ㄷ. 국회 상임위원회수

국회	13대	14대	15대	16대	17대	18대	19대
상임위원회수(개)	17	16	16	17	17	16	16

ㄹ. 국회의원수

국회	13대	14대	15대	16대	17대	18대	19대
의원수(명)	299	299	299	273	299	299	300

① ㄱ, ㄴ
② ㄱ, ㄹ
③ ㄱ, ㄴ, ㄷ
④ ㄱ, ㄷ, ㄹ
⑤ ㄴ, ㄷ, ㄹ

02

다음 <그림>과 <표>는 주요 10개국의 인간개발지수와 시민지식 평균점수 및 주요 지표에 관한 자료이다. 이에 대한 <보기>의 설명 중 옳은 것만을 모두 고르면?

<그림> 국가별 인간개발지수와 시민지식 평균점수의 산포도

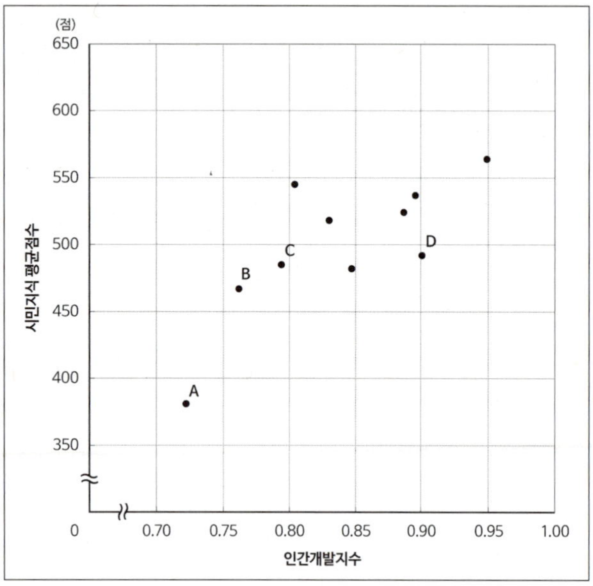

<표> 국가별 주요 지표

국가 \ 구분	인간 개발 지수	최근 국회의원 선거 투표율 (%)	GDP 대비 공교육비 비율 (%)	인터넷 사용률 (%)	1인당 GDP (달러)
벨기에	0.896	92.5	6.4	85	41,138
불가리아	0.794	54.1	3.5	57	16,956
칠레	0.847	49.3	4.6	64	22,145
도미니카 공화국	0.722	69.6	2.1	52	13,375
이탈리아	0.887	75.2	4.1	66	33,587
대한민국	0.901	58.0	4.6	90	34,387
라트비아	0.830	58.9	4.9	79	22,628
멕시코	0.762	47.7	5.2	57	16,502
노르웨이	0.949	78.2	7.4	97	64,451
러시아	0.804	60.1	4.2	73	23,895

〈보 기〉

ㄱ. A국의 인터넷 사용률은 60 % 미만이다.
ㄴ. B국은 C국보다 GDP 대비 공교육비 비율이 낮다.
ㄷ. D국은 최근 국회의원 선거 투표율 하위 3개국 중 하나이다.
ㄹ. 1인당 GDP가 가장 높은 국가는 시민지식 평균점수도 가장 높다.

① ㄱ, ㄴ
② ㄱ, ㄷ
③ ㄱ, ㄹ
④ ㄴ, ㄷ
⑤ ㄴ, ㄹ

03

다음 <표>는 2012 ~ 2017년 '갑'국의 화재발생 현황에 대한 자료이다. 이를 이용하여 작성한 그래프로 옳지 않은 것은?

<표> '갑'국의 화재발생 현황

(단위: 건, 명)

구분 연도	화재발생건수	인명피해자수	구조활동건수
2012	43,249	2,222	427,735
2013	40,932	2,184	400,089
2014	42,135	2,180	451,050
2015	44,435	2,093	479,786
2016	43,413	2,024	609,211
2017	44,178	2,197	655,485
평균	43,057	2,150	503,893

① 화재발생건수

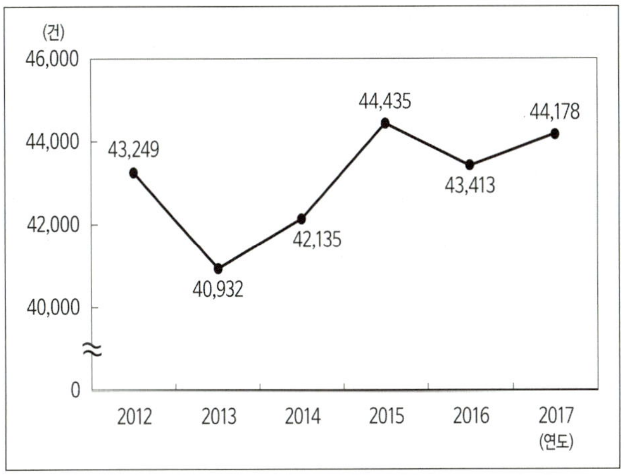

② 인명피해자수 편차의 절대값

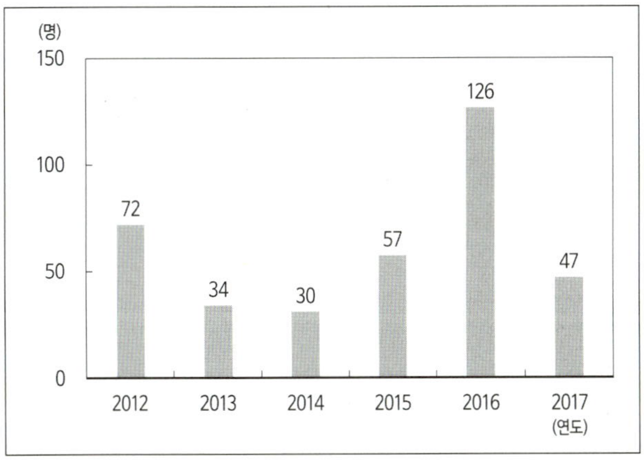

※ 인명피해자수 편차는 해당년도 인명피해자수에서 평균 인명피해자수를 뺀 값임.

③ 구조활동건수의 전년대비 증가량

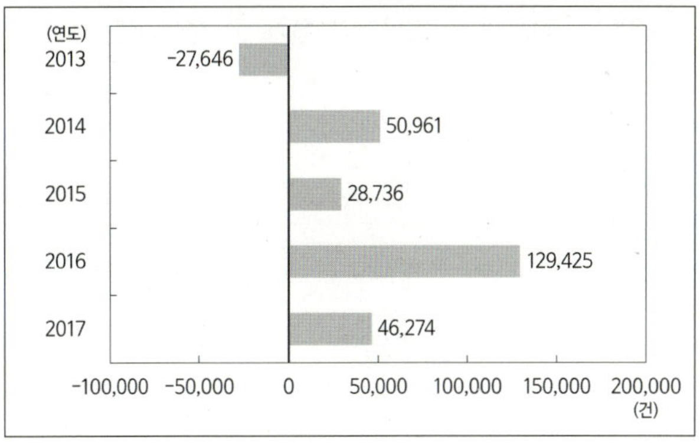

④ 화재발생건수 대비 인명피해자수 비율

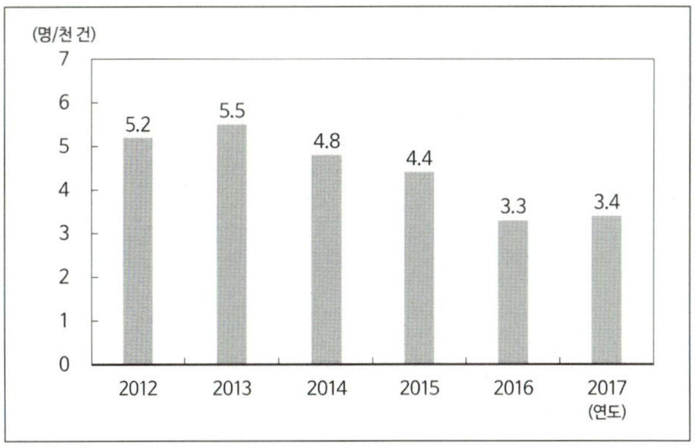

⑤ 화재발생건수의 전년대비 증가율

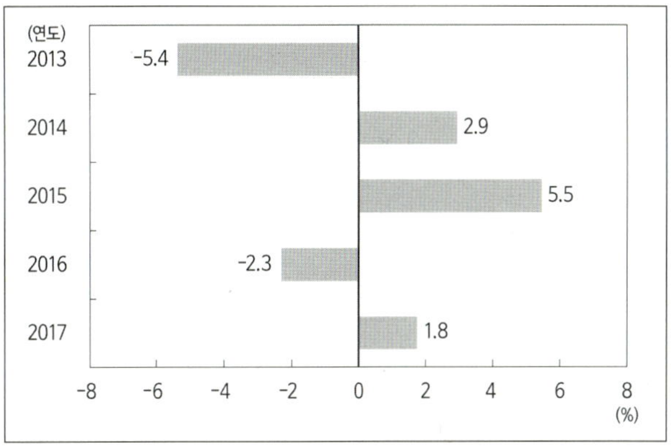

04

다음 <표>는 2012 ~ 2018년 '갑'국의 지가변동률에 대한 자료이다. 이에 대한 <보기>의 설명 중 옳은 것만을 모두 고르면?

<표> 연도별 지가변동률

(단위: %)

연도 \ 지역	수도권	비수도권
2012	0.37	1.47
2013	1.20	1.30
2014	2.68	2.06
2015	1.90	2.77
2016	2.99	2.97
2017	4.31	3.97
2018	6.11	3.64

〈보 기〉

ㄱ. 비수도권의 지가변동률은 매년 상승하였다.
ㄴ. 비수도권의 지가변동률이 수도권의 지가변동률보다 높은 연도는 3개이다.
ㄷ. 전년대비 지가변동률 차이가 가장 큰 연도는 수도권과 비수도권이 동일하다.

① ㄱ
② ㄴ
③ ㄱ, ㄷ
④ ㄴ, ㄷ
⑤ ㄱ, ㄴ, ㄷ

05

다음 <그림>과 <표>는 '갑'국을 포함한 주요 10개국의 학업성취도 평가 자료이다. 이에 대한 설명으로 옳은 것은?

<그림> 1998 ~ 2018년 '갑'국의 성별 학업성취도 평균점수

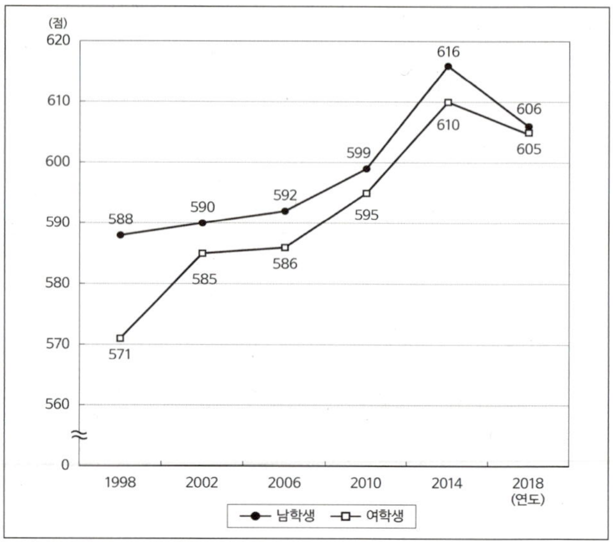

※ 학업성취도 평균점수는 소수점 아래 첫째 자리에서 반올림한 값임.

<표> 2018년 주요 10개국의 학업성취도 평균점수 및 점수대별 누적 학생비율

(단위: 점, %)

국가 \ 구분	평균 점수	학업성취도 점수대별 누적 학생비율			
		625점 이상	550점 이상	475점 이상	400점 이상
A	621	54	81	94	99
갑	606	43	75	93	99
B	599	42	72	88	97
C	594	37	75	92	98
D	586	34	67	89	98
E	538	14	46	78	95
F	528	12	41	71	91
G	527	7	39	78	96
H	523	7	38	76	94
I	518	10	36	69	93

※ 학업성취수준은 수월수준(625점 이상), 우수수준(550점 이상 625점 미만), 보통수준(475점 이상 550점 미만), 기초수준(400점 이상 475점 미만), 기초수준 미달(400점 미만)로 구분됨.

① '갑'국 남학생과 여학생의 평균점수 차이는 2018년이 1998년보다 크다.
② '갑'국의 평균점수는 2018년이 2014년보다 크다.
③ 2018년 주요 10개 국가는 '수월수준'의 학생비율이 높을수록 평균점수가 높다.
④ 2018년 주요 10개 국가 중 '기초수준 미달'의 학생비율이 가장 높은 국가는 I국이다.
⑤ 2018년 '우수수준'의 학생비율은 D국이 B국보다 높다.

06

다음 <표>는 2017년과 2018년 주요 10개 자동차 브랜드 가치평가에 관한 자료이다. 이에 대한 <보기>의 설명 중 옳은 것만을 모두 고르면?

<표 1> 브랜드 가치평가액

(단위: 억 달러)

브랜드 \ 연도	2017	2018
TO	248	279
BE	200	218
BM	171	196
HO	158	170
FO	132	110
WO	56	60
AU	37	42
HY	35	41
XO	38	39
NI	32	31

<표 2> 브랜드 가치평가액 순위

구분	전체 제조업계 내 순위		자동차업계 내 순위	
브랜드 \ 연도	2017	2018	2017	2018
TO	9	7	1	1
BE	11	10	2	2
BM	16	15	3	3
HO	19	19	4	4
FO	22	29	5	5
WO	56	56	6	6
AU	78	74	8	7
HY	84	75	9	8
XO	76	80	7	9
NI	85	90	10	10

〈보 기〉

ㄱ. 2017년 대비 2018년 '전체 제조업계 내 순위'가 하락한 브랜드는 2017년 대비 2018년 브랜드 가치평가액도 감소하였다.

ㄴ. 2017년과 2018년의 브랜드 가치평가액 차이가 세 번째로 큰 브랜드는 BE이다.

ㄷ. 2017년 대비 2018년 '전체 제조업계 내 순위'와 '자동차업계 내 순위'가 모두 상승한 브랜드는 2개뿐이다.

ㄹ. 연도별 '자동차업계 내 순위' 기준 상위 7개 브랜드 가치평가액 평균은 2018년이 2017년보다 크다.

① ㄱ, ㄴ
② ㄱ, ㄹ
③ ㄴ, ㄷ
④ ㄴ, ㄹ
⑤ ㄷ, ㄹ

07

다음 <표>는 2019년 5월 10일 A 프랜차이즈의 지역별 가맹점수와 결제 실적에 관한 자료이다. 이에 대한 설명으로 옳지 않은 것은?

<표 1> A 프랜차이즈의 지역별 가맹점수, 결제건수 및 결제금액

(단위: 개, 건, 만 원)

지역 \ 구분		가맹점수	결제건수	결제금액
서울		1,269	142,248	241,442
6대 광역시	부산	34	3,082	7,639
	대구	8	291	2,431
	인천	20	1,317	2,548
	광주	8	306	793
	대전	13	874	1,811
	울산	11	205	635
전체		1,363	148,323	257,299

<표 2> A 프랜차이즈의 가맹점 규모별 결제건수 및 결제금액

(단위: 건, 만 원)

가맹점 규모 \ 구분	결제건수	결제금액
소규모	143,565	250,390
중규모	3,476	4,426
대규모	1,282	2,483
전체	148,323	257,299

① '서울' 지역 소규모 가맹점의 결제건수는 137,000건 이하이다.
② 6대 광역시 가맹점의 결제건수 합은 6,000건 이상이다.
③ 결제건수 대비 결제금액을 가맹점 규모별로 비교할 때 가장 작은 가맹점 규모는 중규모이다.
④ 가맹점수 대비 결제금액이 가장 큰 지역은 '대구'이다.
⑤ 전체 가맹점수에서 '서울' 지역 가맹점수 비중은 90% 이상이다.

08

다음 <표>와 <그림>은 '갑'국의 방송사별 만족도지수, 질평가지수, 시청자평가지수를 나타낸 자료이다. 이에 대한 <보기>의 설명 중 옳은 것만을 모두 고르면?

<표> 방송사별 전체 및 주시청 시간대의 만족도지수와 질평가지수

유형 \ 방송사 \ 구분		전체 시간대		주시청 시간대	
		만족도 지수	질평가 지수	만족도 지수	질평가 지수
지상파	A	7.37	7.33	( )	7.20
	B	7.22	7.05	7.23	( )
	C	7.14	6.97	7.11	6.93
	D	7.32	7.16	( )	7.23
종합 편성	E	6.94	6.90	7.10	7.02
	F	7.75	7.67	( )	7.88
	G	7.14	7.04	7.20	( )
	H	7.03	6.95	7.08	7.00

<그림> 방송사별 주시청 시간대의 시청자평가지수

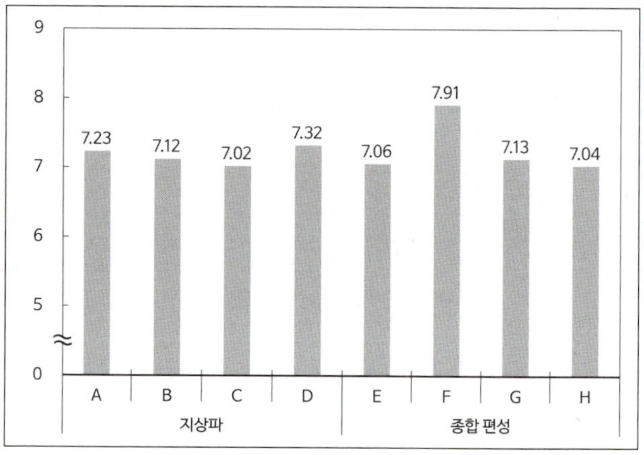

※ 전체(주시청)시간대 시청자평가지수 = $\left(\frac{\text{전체(주시청)시간대 만족도지수} + \text{전체(주시청)시간대 질평가지수}}{2}\right)$

〈보 기〉

ㄱ. 각 지상파 방송사는 전체 시간대와 주시청 시간대 모두 만족도지수가 질평가지수보다 높다.
ㄴ. 각 종합편성 방송사의 질평가지수는 주시청 시간대가 전체 시간대보다 높다.
ㄷ. 각 지상파 방송사의 시청자평가지수는 전체 시간대가 주시청 시간대보다 높다.
ㄹ. 만족도지수는 주시청 시간대가 전체 시간대보다 높으면서 시청자평가지수는 주시청 시간대가 전체 시간대보다 낮은 방송사는 2개이다.

① ㄱ, ㄴ
② ㄱ, ㄷ
③ ㄴ, ㄹ
④ ㄱ, ㄷ, ㄹ
⑤ ㄴ, ㄷ, ㄹ

09

다음 <표>와 <그림>은 2018년 A 대학의 학생상담 현황에 대한 자료이다. 이에 대한 <보기>의 설명 중 옳은 것만을 모두 고르면?

<표> 상담자별, 학년별 상담건수

(단위: 건)

상담자 \ 학년	1학년	2학년	3학년	4학년	합
교수	1,085	1,020	911	1,269	4,285
상담직원	154	97	107	56	414
진로컨설턴트	67	112	64	398	641
전체	1,306	1,229	1,082	1,723	5,340

<그림 1> 상담횟수별 학생 수

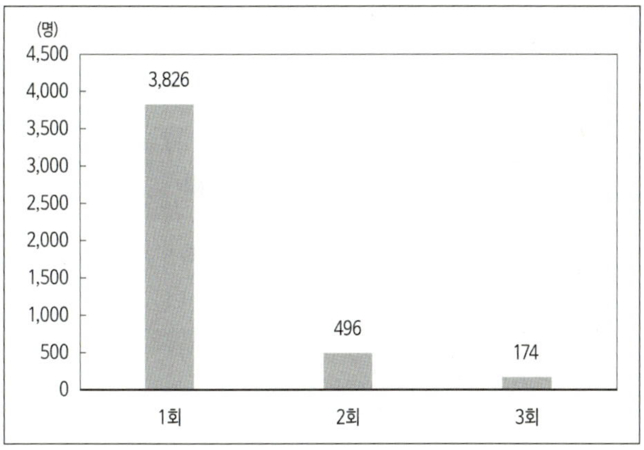

<그림 2> 전체 상담건수의 유형별 구성비

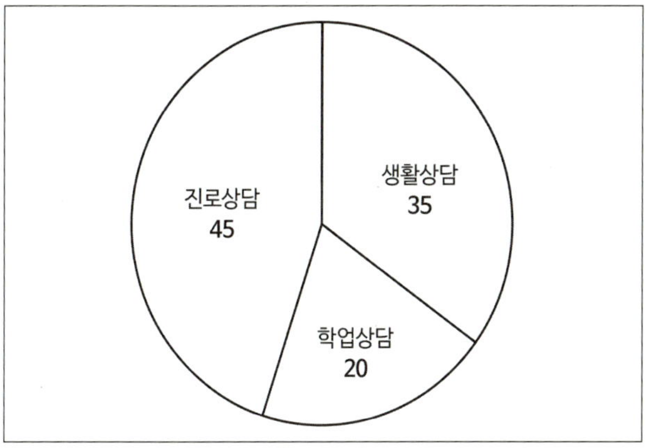

〈보 기〉

ㄱ. 학년별 전체 상담건수 중 '상담직원'의 상담건수가 차지하는 비중이 큰 학년부터 순서대로 나열하면 1학년, 2학년, 3학년, 4학년 순이다.

ㄴ. '진로컨설턴트'가 상담한 유형이 모두 진로상담이고, '상담직원'이 상담한 유형이 모두 생활상담 또는 학업상담이라면, '교수'가 상담한 유형 중 진로상담이 차지하는 비중은 30% 이상이다.

ㄷ. 상담건수가 많은 학년부터 순서대로 나열하면 4학년, 1학년, 2학년, 3학년 순이다.

ㄹ. 최소 한 번이라도 상담을 받은 학생 수는 4,600명 이하이다.

① ㄱ, ㄷ
② ㄴ, ㄹ
③ ㄱ, ㄴ, ㄷ
④ ㄱ, ㄷ, ㄹ
⑤ ㄴ, ㄷ, ㄹ

10

다음 <표>는 2018년 A ~ E 기업의 영업이익, 직원 1인당 영업이익, 평균연봉을 나타낸 자료이다. <보기>의 설명을 근거로 '나', '라'에 해당하는 기업을 바르게 나열한 것은?

<표> A ~ E 기업의 영업이익, 직원 1인당 영업이익, 평균연봉

(단위: 백만 원)

항목 기업	영업이익	직원 1인당 영업이익	평균연봉
가	83,600	34	66
나	33,900	34	34
다	21,600	18	58
라	24,600	7	66
마	50,100	30	75

〈보 기〉

○ A는 B, C, E에 비해 직원 수가 많다.
○ C는 B, D, E에 비해 평균연봉 대비 직원 1인당 영업이익이 적다.
○ A, B, C의 영업이익을 합쳐도 D의 영업이익보다 적다.
○ E는 B에 비해 직원 1인당 영업이익이 적다.

	나	라
①	B	A
②	B	D
③	C	B
④	C	E
⑤	D	A

11

다음 <보고서>는 2017년 세종특별자치시의 자원봉사 현황을 요약한 자료이다. <보고서>의 내용을 작성하는 데 직접적인 근거로 활용되지 않은 자료는?

〈보고서〉

○ 자원봉사자 등록 현황

– 세종특별자치시 인구수 대비 자원봉사자 등록률: 16.20 %

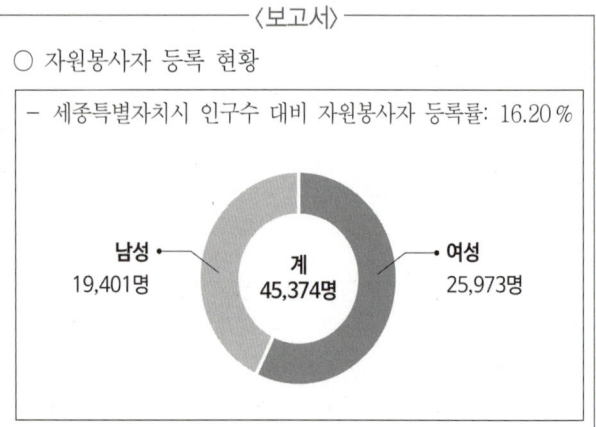

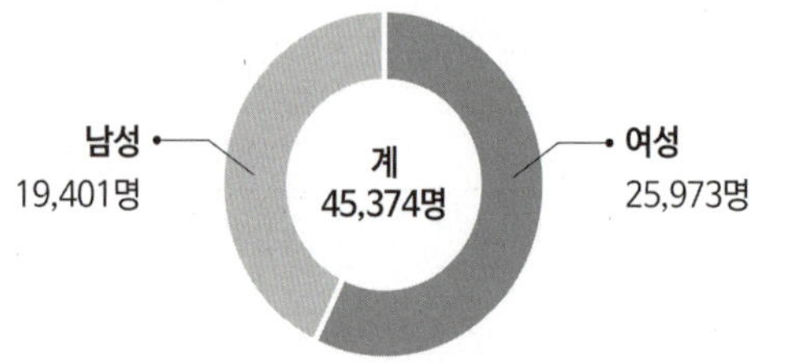

○ 자원봉사단체 등록 현황

○ 연령대별 자원봉사자 등록 현황

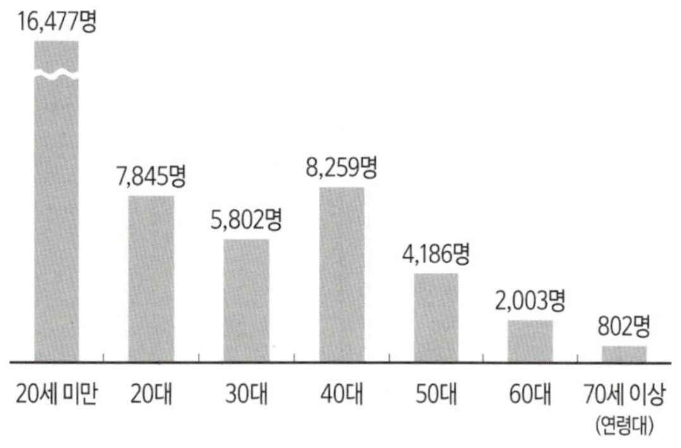

○ 자원봉사자 활동 현황

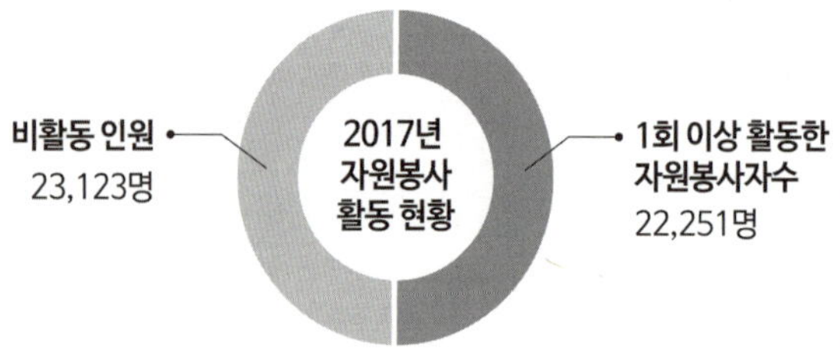

○ 자원봉사 누적시간대별 자원봉사 참여자수 현황

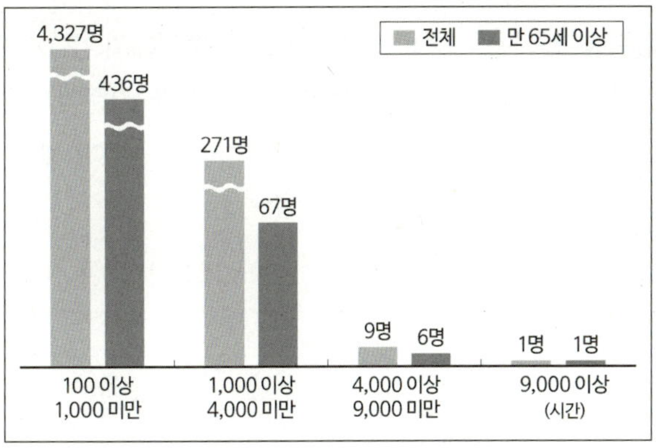

① 2017년 세종특별자치시에 등록된 자원봉사단체별 회원수 현황
② 2017년 세종특별자치시 인구 현황
③ 2017년 세종특별자치시에 등록된 성별, 연령별 자원봉사자수 현황
④ 2017년 세종특별자치시 연간 1회 이상 활동한 자원봉사자수 현황
⑤ 2017년 세종특별자치시 연령별, 1일 시간대별 자원봉사 참여자수 현황

12

다음 <표>는 2018년 '갑'국의 대학유형별 현황에 관한 자료이다. 이에 대한 <보기>의 설명 중 옳은 것만을 모두 고르면?

<표> 대학유형별 현황

(단위: 개, 명)

유형 / 구분	국립대학	공립대학	사립대학	전체
학교	34	1	154	189
학과	2,776	40	8,353	11,169
교원	15,299	354	49,770	65,423
여성	2,131	43	12,266	14,440
직원	8,987	205	17,459	26,651
여성	3,254	115	5,259	8,628
입학생	78,888	1,923	274,961	355,772
재적생	471,465	13,331	1,628,497	2,113,293
졸업생	66,890	1,941	253,582	322,413

〈보 기〉

ㄱ. 학과당 교원 수는 공립대학이 사립대학보다 많다.
ㄴ. 전체 대학 입학생 수에서 국립대학 입학생 수가 차지하는 비율은 20% 이상이다.
ㄷ. 입학생 수 대비 졸업생 수의 비율은 공립대학이 국립대학보다 높다.
ㄹ. 각 대학유형에서 남성 직원 수가 여성 직원 수보다 많다.

① ㄱ, ㄷ
② ㄱ, ㄹ
③ ㄴ, ㄹ
④ ㄱ, ㄴ, ㄷ
⑤ ㄴ, ㄷ, ㄹ

13

다음 <표>는 2014 ~ 2018년 '갑'국 체류외국인수 및 체류외국인 범죄건수에 대한 자료이다. 이에 대한 <보기>의 설명 중 옳은 것만을 모두 고르면?

<표> 체류외국인수 및 체류외국인 범죄건수

(단위: 명, 건)

구분 \ 연도	2014	2015	2016	2017	2018
체류외국인수	1,168,477	1,261,415	1,395,077	1,445,103	1,576,034
합법체류외국인수	990,522	1,092,900	1,227,297	1,267,249	1,392,928
불법체류외국인수	177,955	168,515	167,780	177,854	183,106
체류외국인 범죄건수	21,235	19,445	25,507	22,914	24,984
합법체류외국인 범죄건수	18,645	17,538	23,970	21,323	22,951
불법체류외국인 범죄건수	2,590	1,907	1,537	1,591	2,033

〈보 기〉

ㄱ. 매년 불법체류외국인수는 체류외국인수의 10% 이상이다.
ㄴ. 불법체류외국인 범죄건수의 전년대비 증가율이 가장 높은 해에 합법체류외국인 범죄건수의 전년대비 증가율도 가장 높다.
ㄷ. 체류외국인 범죄건수가 전년에 비해 감소한 해에는 합법체류외국인 범죄건수와 불법체류외국인 범죄건수도 각각 전년에 비해 감소하였다.
ㄹ. 매년 합법체류외국인 범죄건수는 체류외국인 범죄건수의 80% 이상이다.

① ㄱ, ㄹ
② ㄴ, ㄷ
③ ㄴ, ㄹ
④ ㄱ, ㄴ, ㄷ
⑤ ㄱ, ㄷ, ㄹ

14

다음 <그림>은 한국, 일본, 미국, 벨기에의 2010년, 2015년, 2020년 자동차 온실가스 배출량 기준에 관한 자료이다. <그림>과 <조건>에 근거하여 A ~ D에 해당하는 국가를 바르게 나열한 것은?

<그림> 자동차 온실가스 배출량 기준

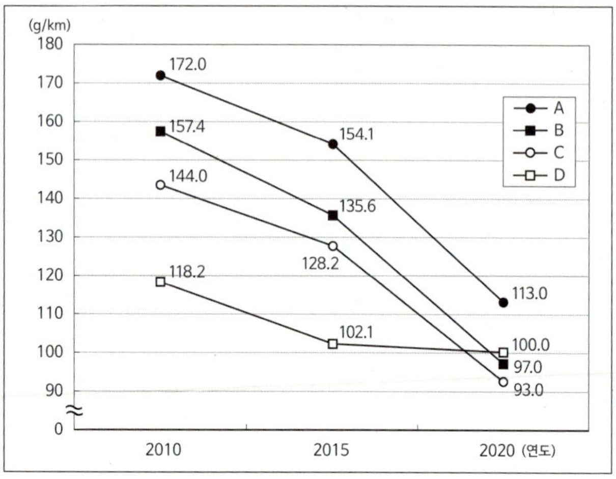

〈조 건〉

○ 2010년 대비 2020년 자동차 온실가스 배출량 기준 감소율은 한국이 일본, 미국, 벨기에보다 높다.
○ 2015년 한국과 일본의 자동차 온실가스 배출량 기준 차이는 30 g/km 이상이다.
○ 2020년 자동차 온실가스 배출량 기준은 미국이 한국과 벨기에보다 높다.

	A	B	C	D
①	미국	벨기에	한국	일본
②	미국	한국	벨기에	일본
③	벨기에	한국	미국	일본
④	일본	벨기에	한국	미국
⑤	한국	일본	벨기에	미국

15

다음 <그림>은 '갑' 자치구의 예산내역에 관한 자료이다. 이에 대한 <보기>의 설명 중 옳은 것만을 모두 고르면?

<그림> '갑' 자치구 예산내역

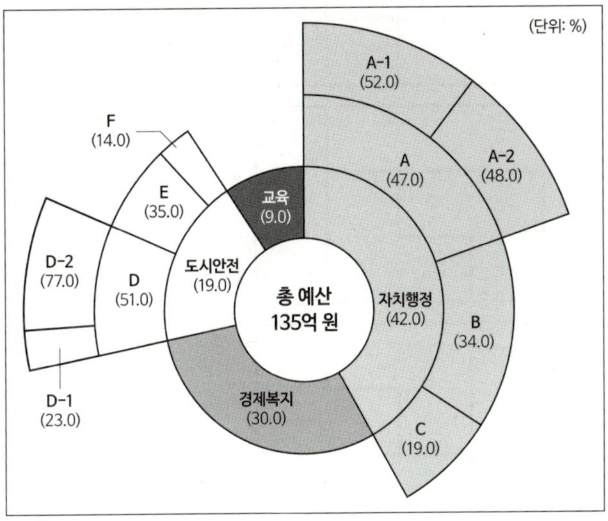

※ 1) 괄호 안의 값은 예산 비중을 의미함.
2) 예를 들어, A(47.0)은 A 사업의 예산이 '자치행정' 분야 예산의 47.0 %임을 나타내고, D-1 사업의 예산은 3.0억 원임.

〈보 기〉

ㄱ. '교육' 분야 예산은 13억 원 이상이다.
ㄴ. C 사업 예산은 D 사업 예산보다 적다.
ㄷ. '경제복지' 분야 예산은 B 사업과 C 사업 예산의 합보다 많다.
ㄹ. '도시안전' 분야 예산은 A-2 사업 예산의 3배 이상이다.

① ㄱ, ㄴ
② ㄱ, ㄷ
③ ㄴ, ㄷ
④ ㄴ, ㄹ
⑤ ㄷ, ㄹ

16

다음 <표>는 고려시대 왕의 혼인종류별 후비(后妃) 수를 조사한 것이다. 이에 대한 설명으로 옳지 않은 것은?

<표> 고려시대 왕의 혼인종류별 후비 수

(단위: 명)

혼인종류 / 왕		족외혼	족내혼	몽골출신	혼인종류 / 왕		족외혼	족내혼	몽골출신
1대	태조	29	0	–	19대	명종	0	1	–
2대	혜종	4	0	–	20대	신종	0	1	–
3대	정종	3	0	–	21대	희종	0	1	–
4대	광종	0	2	–	22대	강종	1	1	–
5대	경종	1	( )	–	23대	고종	0	1	–
6대	성종	2	1	–	24대	원종	1	1	–
7대	목종	1	1	–	25대	충렬왕	1	1	1
8대	현종	10	3	–	26대	충선왕	3	1	2
9대	덕종	3	2	–	27대	충숙왕	2	0	( )
10대	정종	5	0	–	28대	충혜왕	3	1	1
11대	문종	4	1	–	29대	충목왕	0	0	0
12대	순종	2	1	–	30대	충정왕	0	0	0
13대	선종	3	0	–	31대	공민왕	3	1	1
14대	헌종	0	0	–	32대	우왕	2	0	0
15대	숙종	1	0	–	33대	창왕	0	0	0
16대	예종	2	2	–	34대	공양왕	1	0	0
17대	인종	4	0	–	전체		( )	28	8
18대	의종	1	1	–					

※ 혼인종류는 족외혼, 족내혼, 몽골출신만으로 구성되며, 몽골출신과의 혼인은 충렬왕부터임.

① 전체 족외혼 후비 수는 전체 족내혼 후비 수의 3배 이상이다.
② 몽골출신 후비 수가 가장 많은 왕은 충숙왕이다.
③ 태조부터 경종까지의 족내혼 후비 수의 합은 문종부터 희종까지의 족내혼 후비 수의 합과 같다.
④ 태조의 후비 수는 광종과 경종의 모든 후비 수의 합의 4배 이상이다.
⑤ 경종의 족내혼 후비 수가 충숙왕의 몽골출신 후비 수보다 많다.

17

다음 <그림>은 '갑'국 국회의원 선거의 지역별 정당지지율에 관한 자료이다. <그림>과 <조건>에 근거하여 선거구를 획정할 때, <보기> 중 B 정당의 국회의원이 가장 많이 선출되는 선거구 획정 방법을 고르면?

<그림> 국회의원 선거의 지역별 정당지지율

(단위: %)

가 (90 : 10 : 0)	나 (80 : 20 : 0)	다 (70 : 20 : 10)	라 (40 : 50 : 10)
마 (60 : 20 : 20)	바 (60 : 10 : 30)	사 (30 : 30 : 40)	아 (10 : 60 : 30)
자 (30 : 60 : 10)	차 (20 : 40 : 40)	카 (20 : 20 : 60)	타 (10 : 80 : 10)

※ 괄호 안의 수치는 해당 지역의 각 정당지지율(A정당 : B정당 : C정당)을 의미함.

〈조 건〉

○ 3개 지역을 묶어서 1개의 선거구로 획정한다.
- 지역 경계는 점선(......)으로 표시되며, 선거구 경계는 실선(▬)으로 표시된다.
- 아래 그림은 '가', '나', '바' 지역이 1개의 선거구로 획정됨을 의미한다.

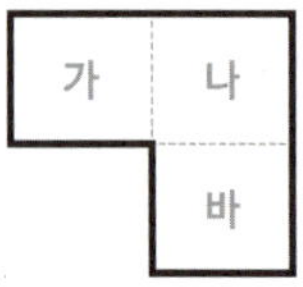

○ 선거구당 1명의 국회의원을 선출한다.
○ 선거구 내 지역별 각 정당지지율의 합이 가장 큰 정당의 후보가 국회의원으로 선출된다.

〈보 기〉

ㄱ.
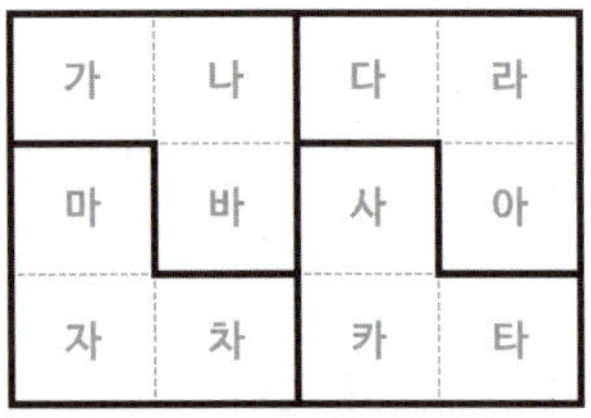

ㄴ.

ㄷ.

ㄹ.

ㅁ.

① ㄱ
② ㄴ
③ ㄷ
④ ㄹ
⑤ ㅁ

18

다음 <표>는 '갑'국 A ~ E 대학의 재학생수 및 재직 교원수와 법정 필요 교원수 산정기준에 관한 자료이다. 이에 근거하여 법정 필요 교원수를 충족시키기 위해 충원해야 할 교원수가 많은 대학부터 순서대로 나열하면?

<표 1> 재학생수 및 재직 교원수

(단위: 명)

구분 \ 대학	A	B	C	D	E
재학생수	900	30,000	13,300	4,200	18,000
재직 교원수	44	1,260	450	130	860

<표 2> 법정 필요 교원수 산정기준

재학생수	법정 필요 교원수
1,000명 미만	재학생 22명당 교원 1명
1,000명 이상 10,000명 미만	재학생 21명당 교원 1명
10,000명 이상 20,000명 미만	재학생 20명당 교원 1명
20,000명 이상	재학생 19명당 교원 1명

※ 법정 필요 교원수 계산시 소수점 아래 첫째 자리에서 올림.

① B, C, D, A, E
② B, C, D, E, A
③ B, D, C, E, A
④ C, B, D, A, E
⑤ C, B, D, E, A

19

다음 <표>는 2018년 행정구역별 공동주택의 실내 라돈 농도에 대한 자료이다. 이에 대한 <보고서>의 설명 중 옳은 것만을 모두 고르면?

<표> 행정구역별 공동주택 실내 라돈 농도

행정구역 \ 항목	조사대상 공동주택 수(호)	평균값 (Bq/m^3)	중앙값 (Bq/m^3)	200 Bq/m^3 초과 공동주택수 (호)
서울특별시	532	66.5	45.4	25
부산광역시	434	51.4	35.3	12
대구광역시	437	61.5	41.6	16
인천광역시	378	48.5	33.8	9
광주광역시	308	58.3	48.2	6
대전광역시	201	110.1	84.2	27
울산광역시	247	55.0	35.3	7
세종특별자치시	30	83.8	69.8	1
경기도	697	74.3	52.5	37
강원도	508	93.4	63.6	47
충청북도	472	86.3	57.8	32
충청남도	448	93.3	59.9	46
전라북도	576	85.7	56.7	40
전라남도	569	75.5	51.5	32
경상북도	610	72.4	48.3	34
경상남도	640	57.5	36.7	21
제주특별자치도	154	68.2	40.9	11
전국	7,241	−	−	403

〈보고서〉

우리나라에서는 2018년 처음으로 공동주택에 대한 '실내 라돈 권고 기준치'를 200 Bq/m^3 이하로 정하고 공동주택의 실내 라돈 농도를 조사하였다.

이번 공동주택 실내 라돈 농도 조사에서 ㉠ 조사대상 공동주택의 실내 라돈 농도 평균값은 경기도가 서울특별시의 1.1배 이상이다. 한편, ㉡ 행정구역별로 비교했을 때 실내 라돈 농도의 평균값이 클수록 중앙값도 컸으며 두 항목 모두 대전광역시가 가장 높았다. ㉢ 조사대상 공동주택 중 실내 라돈 농도가 실내 라돈 권고 기준치를 초과하는 공동주택의 비율이 5 % 이상인 행정구역은 9곳이며, 10 % 이상인 행정구역은 2곳으로 조사되었다.

① ㄱ
② ㄴ
③ ㄱ, ㄷ
④ ㄴ, ㄷ
⑤ ㄱ, ㄴ, ㄷ

20

다음 <표>는 콘크리트 유형별 기준강도 및 시험체 강도판정결과에 관한 자료이다. <표>와 <판정기준>에 근거하여 (가), (나), (다)에 해당하는 강도판정결과를 바르게 나열한 것은?

<표> 콘크리트 유형별 기준강도 및 시험체 강도판정결과

(단위: MPa)

구분 콘크리트 유형	기준 강도	시험체 강도				강도 판정 결과
		시험체 1	시험체 2	시험체 3	평균	
A	24	22.8	29.0	20.8	( )	(가)
B	27	26.1	25.0	28.1	( )	불합격
C	35	36.9	36.8	31.6	( )	(나)
D	40	36.4	36.3	47.6	40.1	합격
E	45	40.3	49.4	46.8	( )	(다)

※ 강도판정결과는 '합격'과 '불합격'으로 구분됨.

〈판정기준〉

○ 아래 조건을 모두 만족하는 경우에만 강도판정결과가 '합격'이다.
 - 시험체 강도의 평균은 기준강도 이상이어야 한다.
 - 기준강도가 35 MPa 초과인 경우에는 각 시험체 강도가 모두 기준강도의 90 % 이상이어야 한다.
 - 기준강도가 35 MPa 이하인 경우에는 각 시험체 강도가 모두 기준강도에서 3.5 MPa을 뺀 값 이상이어야 한다.

	(가)	(나)	(다)
①	합격	합격	합격
②	합격	합격	불합격
③	합격	불합격	불합격
④	불합격	합격	합격
⑤	불합격	합격	불합격

21

다음 <표>는 2017 ~ 2018년 '갑' 학교 학생식당의 메뉴별 제공횟수 및 만족도에 대한 자료이다. <표>와 <조건>에 근거한 설명으로 옳지 않은 것은?

<표> 메뉴별 제공횟수 및 만족도

(단위: 회, 점)

구분 연도 메뉴	제공횟수	만족도	
	2017	2017	2018
A	40	87	75
B	34	71	72
C	45	53	35
D	31	79	79
E	40	62	77
F	60	74	68
G	–	–	73
전체	250	–	–

〈조 건〉

○ 전체 메뉴 제공횟수는 매년 250회로 일정하며, 2018년에는 메뉴 G만 추가되었고, 2019년에는 메뉴 H만 추가되었다.
○ 각 메뉴의 다음 연도 제공횟수는 당해 연도 만족도에 따라 아래와 같이 결정된다.

만족도	다음 연도 제공횟수
0점 이상 50점 미만	당해 연도 제공횟수 대비 100 % 감소
50점 이상 60점 미만	당해 연도 제공횟수 대비 20 % 감소
60점 이상 70점 미만	당해 연도 제공횟수 대비 10 % 감소
70점 이상 80점 미만	당해 연도 제공횟수와 동일
80점 이상 90점 미만	당해 연도 제공횟수 대비 10 % 증가
90점 이상 100점 이하	당해 연도 제공횟수 대비 20 % 증가

① 메뉴 A ~ F 중 2017년 대비 2019년 제공횟수가 증가한 메뉴는 1개이다.
② 2018년 메뉴 G의 제공횟수는 9회이다.
③ 2019년 메뉴 H의 제공횟수는 42회이다.
④ 2019년 메뉴 E의 제공횟수는 메뉴 A의 제공횟수보다 많다.
⑤ 메뉴 A ~ G 중 2018년과 2019년 제공횟수의 차이가 두 번째로 큰 메뉴는 F이다.

22

다음 <그림>과 <표>는 2017 ~ 2018년 A, B 기업이 '갑' 자동차회사에 납품한 엔진과 변속기에 관한 자료이다. 이에 대한 설명으로 옳은 것은?

<그림 1> 연도별 '갑' 자동차회사가 납품받은 엔진과 변속기 개수의 합

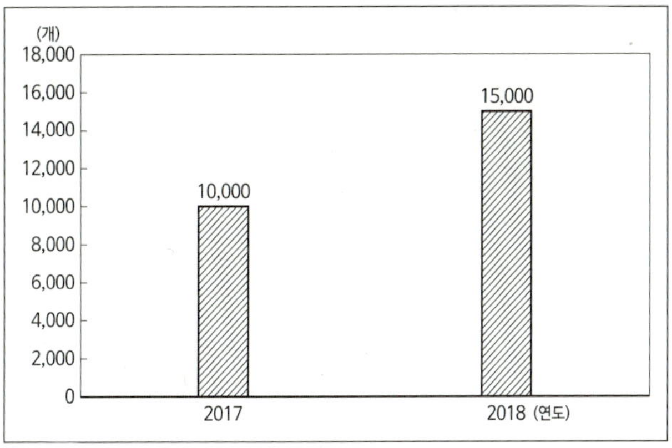

<그림 2> 2018년 기업별 엔진과 변속기 납품 개수의 합

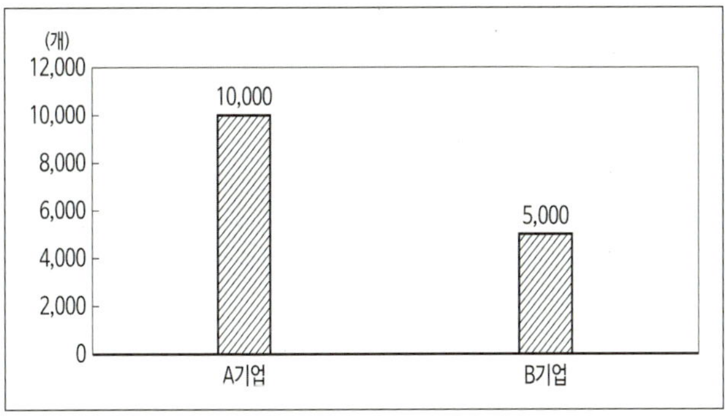

<그림 3> A 기업의 연도별 엔진과 변속기 납품 개수 비율

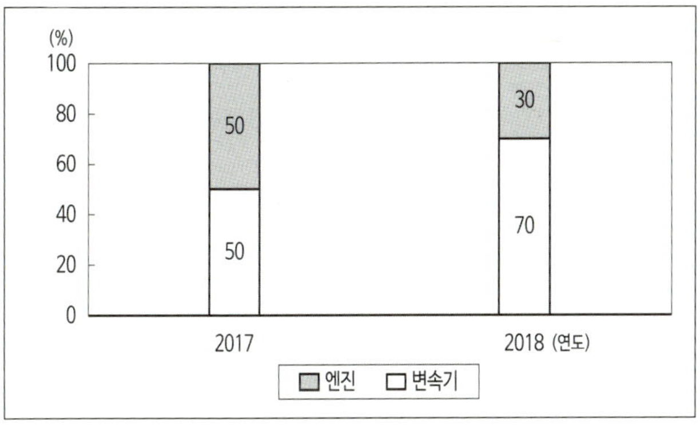

※ 1) '갑' 자동차회사는 엔진과 변속기를 2017년에는 A 기업으로부터만 납품받았으며, 2018년에는 A, B 두 기업에서만 납품받았음.

2) A, B 기업은 '갑' 자동차회사에만 납품함.

3) 매년 '갑' 자동차회사가 납품받는 엔진 개수는 변속기 개수와 같음.

<표> A, B 기업의 연도별 엔진과 변속기의 납품 단가

(단위: 만 원/개)

구분 연도	엔진	변속기
2017	100	80
2018	90	75

① A 기업의 엔진 납품 개수는 2018년이 2017년의 80% 이다.

② 2018년 B 기업은 변속기 납품 개수가 엔진 납품 개수의 12.5%이다.

③ '갑' 자동차회사가 납품받은 엔진과 변속기 납품액 합은 2018년이 2017년에 비해 30% 이상 증가하였다.

④ '갑' 자동차회사가 납품받은 변속기 납품 개수는 2018년이 2017년의 2배 이상이다.

⑤ 2018년 A, B 기업의 엔진 납품액 합은 변속기 납품액 합보다 작다.

23

다음 <표>는 A ~ F 행정동으로 구성된 '갑'시의 자치구 개편 및 행정동 간 인접 현황에 관한 자료이다. <표>와 <조건>에 근거한 설명으로 옳지 않은 것은?

<표 1> 행정동별 인구와 개편 전·후 자치구 현황

구분 \ 행정동	인구(명)	개편 전 자치구	개편 후 자치구
A	1,500	가	( )
B	2,000	( )	( )
C	1,500	나	( )
D	1,500	( )	라
E	1,000	( )	마
F	1,500	다	( )

※ 자치구 개편 전·후 각 행정동의 인구수는 변화없음.

<표 2> 행정동 간 인접 현황

행정동	A	B	C	D	E	F
A		1	0	1	0	0
B	1		1	1	1	0
C	0	1		0	1	1
D	1	1	0		1	0
E	0	1	1	1		1
F	0	0	1	0	1	

※ 두 행정동이 인접하면 1, 인접하지 않으면 0임.

〈조 건〉

○ 개편 전 자치구는 '가', '나', '다' 3개이며, 개편 후 자치구는 '라', '마' 2개이다.
○ 개편 전에는 한 자치구에 2개의 행정동이 속하고, 개편 후에는 3개의 행정동이 속한다.
○ 동일 자치구에 속하는 행정동은 서로 인접하고 있으며, 행정동 간 인접 여부는 <표 2>에 따라 판단한다.

① 자치구 개편 전, 행정동 E는 자치구 '다'에 속한다.
② 자치구 개편 후, 행정동 C와 행정동 E는 같은 자치구에 속한다.
③ 자치구 개편 전, 자치구 '가'의 인구가 자치구 '나'의 인구보다 많다.
④ 자치구 개편 후, 자치구 '라'의 인구가 자치구 '마'의 인구보다 많다.
⑤ 행정동 B는 개편 전 자치구 '나'에 속하고, 개편 후 자치구 '라'에 속한다.

24

다음 <그림>은 A 기업 4개팀 체육대회의 종목별 대진표 및 중간경기결과이며, <표>는 종목별 승점 배점표이다. 이에 근거하여 남은 경기결과에 따른 최종 대회성적에 대한 설명으로 옳지 않은 것은?

<그림> A 기업 체육대회의 종목별 대진표 및 중간경기결과

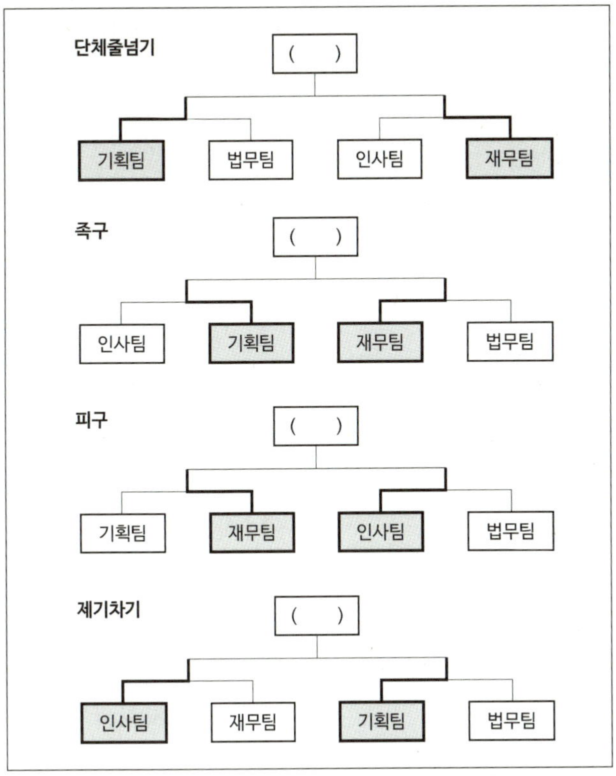

※ 굵은 선과 음영(▭)으로 표시된 팀은 이긴 팀을 의미하며, 결승전만을 남긴 상황임.

<표> 종목별 승점 배점표

순위 \ 종목	단체줄넘기	족구	피구	제기차기
1위	120	90	90	60
2위	80	60	60	40
3·4위	40	30	30	20

※ 1) 최종 대회성적은 종목별 승점합계가 가장 높은 팀이 종합 우승, 두 번째로 높은 팀이 종합 준우승임.
2) 승점합계가 동일한 팀이 나올 경우, 단체줄넘기 종목의 순위가 높은 팀이 최종 순위가 높음.
3) 모든 경기에 무승부는 없음.

① 남은 경기결과와 상관없이 법무팀은 종합 우승을 할 수 없다.
② 재무팀이 남은 경기 중 2종목에서 이기더라도 기획팀이 종합 우승을 할 수 있다.
③ 기획팀이 남은 경기에서 모두 지면, 재무팀이 종합 우승을 한다.
④ 재무팀이 남은 경기에서 모두 지더라도 재무팀은 종합 준우승을 한다.
⑤ 인사팀이 남은 경기에서 모두 이기더라도 인사팀은 종합 우승을 할 수 없다.

25

다음 <표>, <정보>, <그림>은 A사의 공장에서 물류센터까지의 수송량과 수송비용에 관한 자료이다. 이에 대한 설명으로 옳지 않은 것은?

<표> 공장에서 물류센터까지의 수송량

(단위: 개)

공장 \ 물류센터	서울	부산	대구	광주
구미	0	200	( )	( )
청주	300	( )	0	0
덕평	300	0	0	0

〈정 보〉

○ 해당 공장에서 각 물류센터까지의 수송량의 합은 해당 공장의 '최대공급량'보다 작거나 같다.
○ 각 공장에서 해당 물류센터까지의 수송량의 합은 해당 물류센터의 '최소요구량'보다 크거나 같다.
○ 공장별 '최대공급량'은 구미 600개, 청주 500개, 덕평 300개이다.
○ 물류센터별 '최소요구량'은 서울 600개, 부산 400개, 대구 200개, 광주 150개이다.
○ 수송비용 = (수송량) × (개당 수송비용)
○ 총 수송비용은 각 공장에서 각 물류센터까지의 수송비용의 합이다.

<그림> 공장에서 물류센터까지의 개당 수송비용

(단위: 천 원/개)

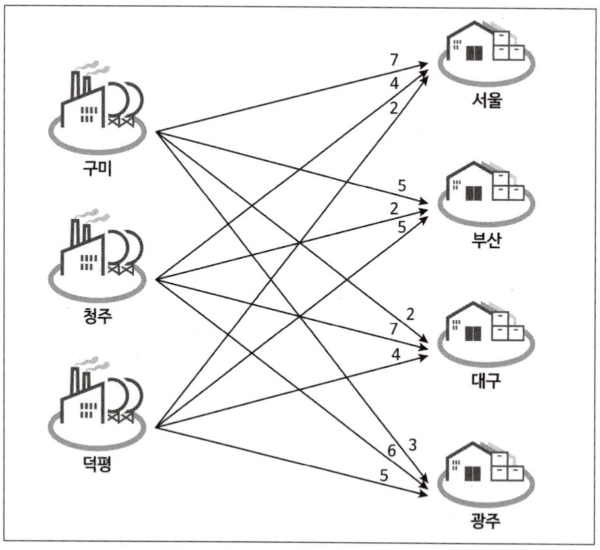

※ 예시: '청주 $\xrightarrow{2}$ 부산'은 청주 공장에서 부산 물류센터까지의 개당 수송비용이 2천 원임을 의미함.

① 청주 공장에서 부산 물류센터까지의 수송량은 200개이다.

② 총 수송비용을 최소화할 때, 구미 공장에서 광주 물류센터까지의 수송량은 150개이다.

③ 총 수송비용의 최소 금액은 405만 원이다.

④ 구미 공장에서 서울 물류센터까지의 개당 수송비용이 7천 원에서 8천 원으로 증가해도 총 수송비용의 최소 금액은 증가하지 않는다.

⑤ 구미 공장의 '최대공급량'이 600개에서 550개로 줄어들면, 총 수송비용의 최소 금액은 감소한다.

2018
민간경력

자료해석 가책형

01

다음 <표>는 '갑' 연구소에서 제습기 A ~ E의 습도별 연간소비전력량을 측정한 자료이다. 이에 대한 <보기>의 설명 중 옳은 것만을 모두 고르면?

<표> 제습기 A ~ E의 습도별 연간소비전력량

(단위: kWh)

습도 / 제습기	40 %	50 %	60 %	70 %	80 %
A	550	620	680	790	840
B	560	640	740	810	890
C	580	650	730	800	880
D	600	700	810	880	950
E	660	730	800	920	970

〈보 기〉

ㄱ. 습도가 70 %일 때 연간소비전력량이 가장 적은 제습기는 A이다.

ㄴ. 각 습도에서 연간소비전력량이 많은 제습기부터 순서대로 나열하면, 습도 60 %일 때와 습도 70 %일 때의 순서는 동일하다.

ㄷ. 습도가 40 %일 때 제습기 E의 연간소비전력량은 습도가 50 %일 때 제습기 B의 연간소비전력량보다 많다.

ㄹ. 제습기 각각에서 연간소비전력량은 습도가 80 %일 때가 40 %일 때의 1.5배 이상이다.

① ㄱ, ㄴ

② ㄱ, ㄷ

③ ㄴ, ㄹ

④ ㄱ, ㄷ, ㄹ

⑤ ㄴ, ㄷ, ㄹ

02

다음 <표>는 통신사 '갑', '을', '병'의 스마트폰 소매가격 및 평가점수 자료이다. 이에 대한 <보기>의 설명 중 옳은 것만을 모두 고르면?

<표> 통신사별 스마트폰의 소매가격 및 평가점수

(단위: 달러, 점)

통신사	스마트폰	소매가격	평가항목					종합품질점수
			화질	내비게이션	멀티미디어	배터리수명	통화성능	
갑	A	150	3	3	3	3	1	13
	B	200	2	2	3	1	2	( )
	C	200	3	3	3	1	1	( )
을	D	180	3	3	3	2	1	( )
	E	100	2	3	3	2	1	11
	F	70	2	1	3	2	1	( )
병	G	200	3	3	3	2	2	( )
	H	50	3	2	3	2	1	( )
	I	150	3	2	2	3	2	12

※ 스마트폰의 '종합품질섬수'는 해당 스마트폰의 평가항목별 평가점수의 합임.

〈보 기〉

ㄱ. 소매가격이 200달러인 스마트폰 중 '종합품질점수'가 가장 높은 스마트폰은 C이다.

ㄴ. 소매가격이 가장 낮은 스마트폰은 '종합품질점수'도 가장 낮다.

ㄷ. 통신사 각각에 대해서 해당 통신사 스마트폰의 '통화성능' 평가점수의 평균을 계산하여 통신사별로 비교하면 '병'이 가장 높다.

ㄹ. 평가항목 각각에 대해서 스마트폰 A ~ I 평가점수의 합을 계산하여 평가항목별로 비교하면 '멀티미디어'가 가장 높다.

① ㄱ

② ㄷ

③ ㄱ, ㄴ

④ ㄴ, ㄹ

⑤ ㄷ, ㄹ

03

다음 <표>는 2016년과 2017년 A~F 항공사의 공급석 및 탑승객 수를 나타낸 자료이다. <표>를 이용하여 작성한 그래프로 옳지 않은 것은?

<표> 항공사별 공급석 및 탑승객 수

(단위: 만 개, 만 명)

구분 \ 연도 / 항공사	공급석 수		탑승객 수	
	2016	2017	2016	2017
A	260	360	220	300
B	20	110	10	70
C	240	300	210	250
D	490	660	410	580
E	450	570	380	480
F	250	390	200	320
전체	1,710	2,390	1,430	2,000

① 연도별 A~F 항공사 전체의 공급석 및 탑승객 수

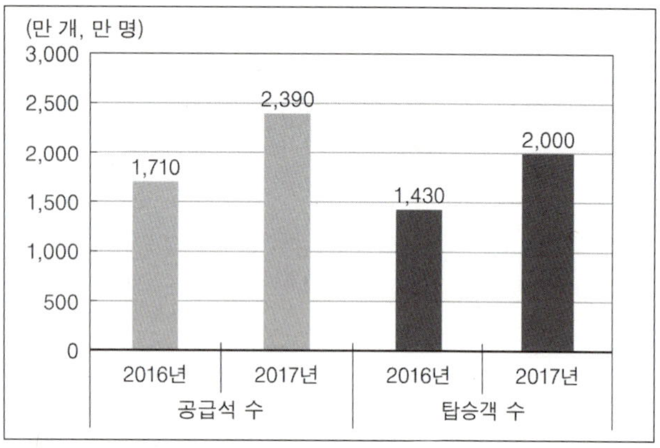

② 항공사별 탑승객 수

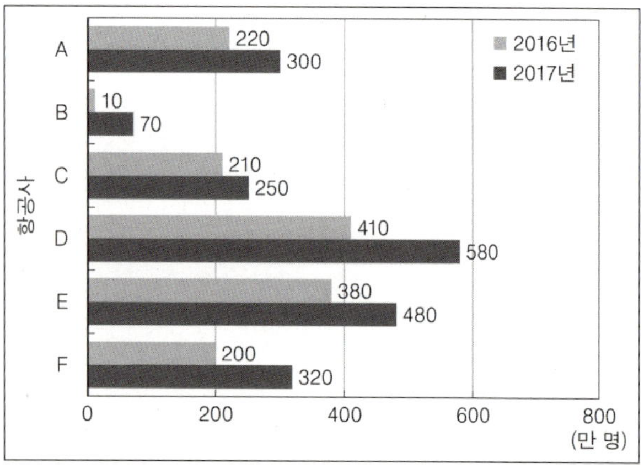

③ 2017년 탑승객 수의 항공사별 구성비

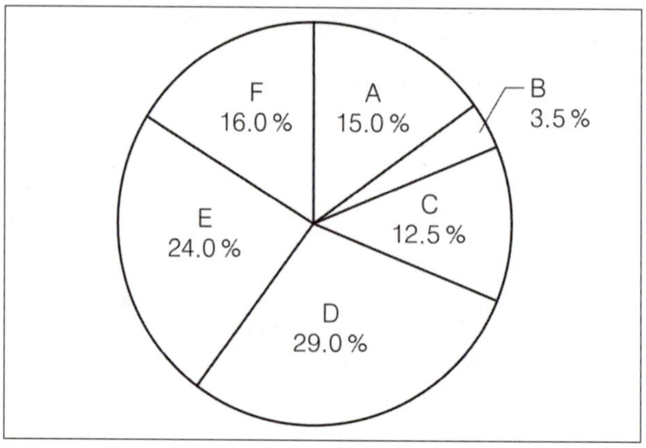

④ 2016년 대비 2017년 항공사별 공급석 수 증가량

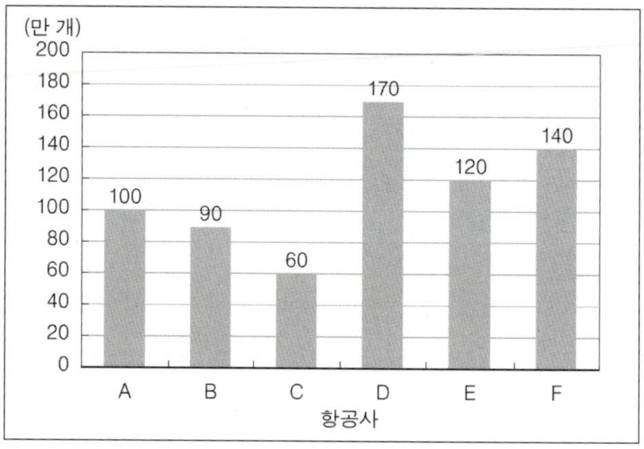

⑤ 2017년 항공사별 잔여석 수

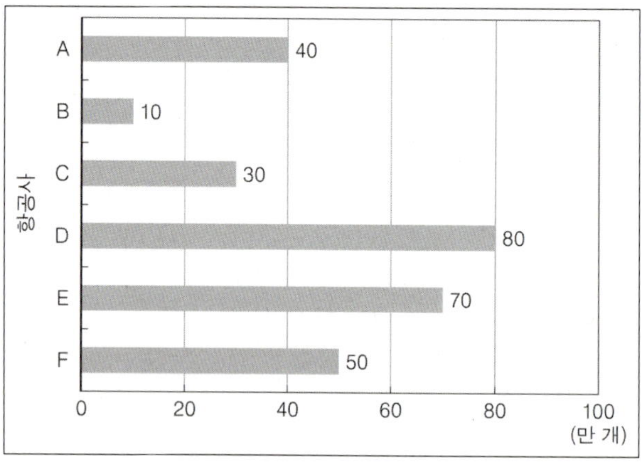

※ 잔여석 수 = 공급석 수 − 탑승객 수

04

다음 <그림>은 A국의 2012 ~ 2017년 태양광 산업 분야 투자액 및 투자건수에 관한 자료이다. 이에 대한 설명으로 옳지 않은 것은?

<그림> 태양광 산업 분야 투자액 및 투자건수

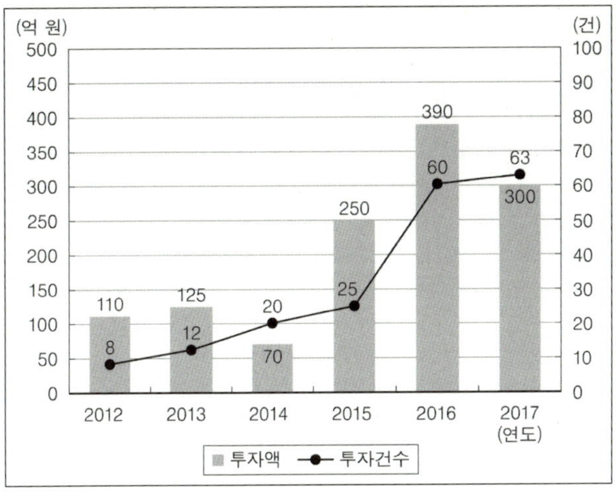

① 2013 ~ 2017년 동안 투자액의 전년대비 증가율은 2016년이 가장 높다.
② 2013 ~ 2017년 동안 투자건수의 전년대비 증가율은 2017년이 가장 낮다.
③ 2012년과 2015년 투자건수의 합은 2017년 투자건수보다 작다.
④ 투자액이 가장 큰 연도는 2016년이다.
⑤ 투자건수는 매년 증가하였다.

05

다음 <표>는 15개 종목이 개최된 2018 평창 동계올림픽 참가국 A ~ D의 메달 획득 결과를 나타낸 자료이다. 이에 대한 설명으로 옳은 것은?

<표> 2018 평창 동계올림픽 참가국 A ~ D의 메달 획득 결과

(단위: 개)

국가 / 메달 / 종목	A국			B국			C국			D국		
	금	은	동	금	은	동	금	은	동	금	은	동
노르딕복합	3	1	1					1				
루지	3	1	2		1						1	1
바이애슬론	3	1	3				1	3	2			
봅슬레이	3	1			1					1		1
쇼트트랙					1					1	1	3
스노보드		1	1	4	2	1				1	2	1
스켈레톤		1										
스키점프	1	3					2	1	2			
스피드스케이팅						1	2	1	1	1	1	
아이스하키		1		1							1	1
알파인스키				1	1	1	1	4	2			
컬링				1					1	1		
크로스컨트리				1			7	4	3			
프리스타일스키				1	2	1	1			4	2	1
피겨스케이팅	1					2				2		2

※ 빈 칸은 0을 의미함.

① 동일 종목에서, A국이 획득한 모든 메달 수와 B국이 획득한 모든 메달 수를 합하여 종목별로 비교하면, 15개 종목 중 스노보드가 가장 많다.
② A국이 획득한 금메달 수와 C국이 획득한 동메달 수는 같다.
③ A국이 루지, 봅슬레이, 스켈레톤 종목에서 획득한 모든 메달 수의 합은 C국이 크로스컨트리 종목에서 획득한 모든 메달 수보다 많다.
④ A ~ D국 중 메달을 획득한 종목의 수가 가장 많은 국가는 D국이다.
⑤ 획득한 은메달 수가 많은 국가부터 순서대로 나열하면 C, B, A, D국 순이다.

06

다음 <표>는 A국의 흥행순위별 2017년 영화개봉작 정보와 월별 개봉편수 및 관객수에 대한 자료이다. 이에 대한 설명으로 옳지 않은 것은?

<표 1> A국의 흥행순위별 2017년 영화개봉작 정보

(단위: 천 명)

흥행순위	영화명	개봉시기	제작	관객수
1	버스운전사	8월	국내	12,100
2	님과 함께	12월	국내	8,540
3	동조	1월	국내	7,817
4	거미인간	7월	국외	7,258
5	착한도시	10월	국내	6,851
6	군함만	7월	국내	6,592
7	소년경찰	8월	국내	5,636
8	더 퀸	1월	국내	5,316
9	투수와 야수	3월	국외	5,138
10	퀸스맨	9월	국외	4,945
11	썬더맨	10월	국외	4,854
12	꾸러기	11월	국내	4,018
13	가랑비	12월	국내	4,013
14	동래산성	10월	국내	3,823
15	좀비	6월	국외	3,689
16	행복의 질주	4월	국외	3,653
17	나의 이름은	4월	국외	3,637
18	슈퍼카인드	7월	국외	3,325
19	아이 캔 토크	9월	국내	3,279
20	캐리비안	5월	국외	3,050

※ 관객수는 개봉일로부터 2017년 12월 31일까지 누적한 값임.

<표 2> A국의 2017년 월별 개봉편수 및 관객수

(단위: 편, 천 명)

제작 / 구분 / 월	국내		국외	
	개봉편수	관객수	개봉편수	관객수
1	35	12,682	105	10,570
2	39	8,900	96	6,282
3	31	4,369	116	9,486
4	29	4,285	80	6,929
5	31	6,470	131	12,210
6	49	4,910	124	10,194
7	50	6,863	96	14,495
8	49	21,382	110	8,504
9	48	5,987	123	6,733
10	35	12,964	91	8,622
11	56	6,427	104	6,729
12	43	18,666	95	5,215
전체	495	113,905	1,271	105,969

※ 관객수는 당월 상영영화에 대해 월말 집계한 값임.

① 흥행순위 1~20위 내의 영화 중 한 편의 영화도 개봉되지 않았던 달에는 국외제작영화 관객수가 국내제작영화 관객수보다 적다.

② 10월에 개봉된 영화 중 흥행순위 1~20위 내에 든 영화는 국내제작영화뿐이다.

③ 국외제작영화 개봉편수는 국내제작영화 개봉편수보다 매달 많다.

④ 국외제작영화 관객수가 가장 많았던 달에 개봉된 영화 중 흥행순위 1~20위 내에 든 국외제작영화 개봉작은 2편이다.

⑤ 흥행순위가 1위인 영화의 관객수는 국내제작영화 전체 관객수의 10% 이상이다.

07

다음 <표>는 조선시대 A지역 인구 및 사노비 비율에 대한 자료이다. 이에 대한 <보기>의 설명 중 옳은 것만을 모두 고르면?

<표> A지역 인구 및 사노비 비율

구분 / 조사년도	인구(명)	인구 중 사노비 비율(%)			
		솔거노비	외거노비	도망노비	전체
1720	2,228	18.5	10.0	11.5	40.0
1735	3,143	13.8	6.8	12.8	33.4
1762	3,380	11.5	8.5	11.7	31.7
1774	3,189	14.0	8.8	12.0	34.8
1783	3,056	14.9	6.7	9.3	30.9
1795	2,359	18.2	4.3	6.5	29.0

※ 1) 사노비는 솔거노비, 외거노비, 도망노비로만 구분됨.
2) 비율은 소수점 둘째 자리에서 반올림한 값임.

〈보 기〉

ㄱ. A지역 인구 중 도망노비를 제외한 사노비가 차지하는 비율은 조사년도 중 1720년이 가장 높다.
ㄴ. A지역 사노비 수는 1774년이 1720년보다 많다.
ㄷ. A지역 사노비 중 외거노비가 차지하는 비율은 1720년이 1762년보다 높다.
ㄹ. A지역 인구 중 솔거노비가 차지하는 비율은 매 조사년도마다 낮아진다.

① ㄱ, ㄴ
② ㄱ, ㄷ
③ ㄷ, ㄹ
④ ㄱ, ㄴ, ㄹ
⑤ ㄴ, ㄷ, ㄹ

08

다음 <표>는 2013 ~ 2017년 '갑'국의 사회간접자본(SOC) 투자규모에 관한 자료이다. 이에 대한 설명으로 옳지 않은 것은?

<표> '갑'국의 사회간접자본(SOC) 투자규모

(단위: 조 원, %)

구분 / 연도	2013	2014	2015	2016	2017
SOC 투자규모	20.5	25.4	25.1	24.4	23.1
총지출 대비 SOC 투자규모 비중	7.8	8.4	8.6	7.9	6.9

① 2017년 총지출은 300조 원 이상이다.
② 2014년 'SOC 투자규모'의 전년대비 증가율은 30% 이하이다.
③ 2014 ~ 2017년 동안 'SOC 투자규모'가 전년에 비해 가장 큰 비율로 감소한 해는 2017년이다.
④ 2014 ~ 2017년 동안 'SOC 투자규모'와 '총지출 대비 SOC 투자규모 비중'의 전년대비 증감방향은 동일하다.
⑤ 2018년 'SOC 투자규모'의 전년대비 감소율이 2017년과 동일하다면, 2018년 'SOC 투자규모'는 20조 원 이상이다.

09

다음 <표>는 물품 A ~ E의 가격에 대한 자료이다. <조건>에 부합하는 (가), (나), (다)로 가능한 것은?

<표> 물품 A ~ E의 가격

(단위: 원/개)

물품	가격
A	24,000
B	(가)
C	(나)
D	(다)
E	16,000

〈조 건〉

○ '갑', '을', '병'의 배낭에 담긴 물품은 각각 다음과 같다.
- 갑 : B, C, D
- 을 : A, C
- 병 : B, D, E

○ 배낭에는 해당 물품이 한 개씩만 담겨있다.
○ 배낭에 담긴 물품 가격의 합이 높은 사람부터 순서대로 나열하면 '갑', '을', '병' 순이다.
○ '병'의 배낭에 담긴 물품 가격의 합은 44,000원이다.

	(가)	(나)	(다)
①	11,000	23,000	14,000
②	12,000	14,000	16,000
③	12,000	19,000	16,000
④	13,000	19,000	15,000
⑤	13,000	23,000	15,000

10

다음 <표>와 <그림>은 A국 초·중·고등학생 평균 키 및 평균 체중과 비만에 대한 자료이다. 이에 대한 <보기>의 설명 중 옳은 것만을 모두 고르면?

<표 1> 학교급별 평균 키 및 평균 체중 현황

(단위: cm, kg)

학교급	성별	2017년 키	2017년 체중	2016년 키	2016년 체중	2015년 키	2015년 체중	2014년 키	2014년 체중	2013년 키	2013년 체중
초	남	152.1	48.2	151.4	46.8	151.4	46.8	150.4	46.0	150.0	44.7
	여	152.3	45.5	151.9	45.2	151.8	45.1	151.1	44.4	151.0	43.7
중	남	170.0	63.7	169.7	62.3	169.2	61.9	168.9	61.6	168.7	60.5
	여	159.8	54.4	159.8	54.3	159.8	54.1	159.5	53.6	160.0	52.9
고	남	173.5	70.0	173.5	69.4	173.5	68.5	173.7	68.3	174.0	68.2
	여	160.9	57.2	160.9	57.1	160.9	56.8	161.1	56.2	161.1	55.4

<표 2> 2017년 학교급별 비만학생 구성비

(단위: %)

학교급 \ 구분	성별	비만 아닌 학생	비만학생 경도 비만	비만학생 중등도 비만	비만학생 고도 비만	학생 비만율
초	남	82.6	8.5	7.3	1.6	17.4
	여	88.3	6.5	4.4	0.8	11.7
중	남	81.5	9.0	7.5	2.0	18.5
	여	86.2	7.5	4.9	1.4	13.8
고	남	79.5	8.7	8.4	3.4	20.5
	여	81.2	8.6	7.5	2.7	18.8
전체		83.5	8.1	6.5	1.9	16.5

※ '학생비만율'은 학생 중 비만학생(경도 비만 + 중등도 비만 + 고도 비만)의 구성비임.

<그림> 연도별 초·중·고 전체의 비만학생 구성비

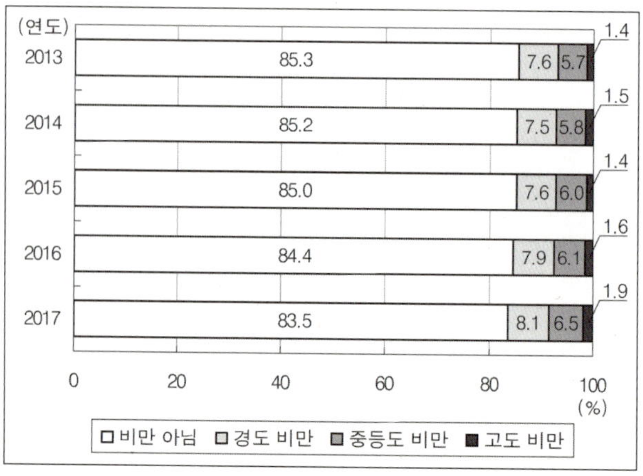

<보 기>

ㄱ. 중학교 여학생의 평균 키는 매년 증가하였다.
ㄴ. 초·중·고 전체의 '학생비만율'은 매년 증가하였다.
ㄷ. 고등학교 남학생의 '학생비만율'은 2013년이 2017년보다 작다.
ㄹ. 2017년 '학생비만율'의 남녀 학생 간 차이는 중학생이 초등학생보다 작다.

① ㄱ, ㄴ
② ㄴ, ㄷ
③ ㄴ, ㄹ
④ ㄷ, ㄹ
⑤ ㄱ, ㄷ, ㄹ

11

다음 <그림>은 A ~ F국의 2016년 GDP와 'GDP 대비 국가자산총액'을 나타낸 자료이다. 이에 대한 <보기>의 설명 중 옳은 것만을 모두 고르면?

<그림> A ~ F국의 2016년 GDP와 'GDP 대비 국가자산총액'

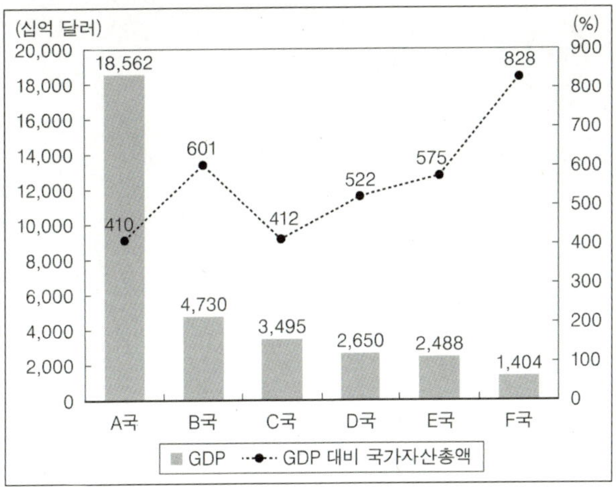

※ GDP 대비 국가자산총액(%) = $\frac{\text{국가자산총액}}{\text{GDP}} \times 100$

<보 기>

ㄱ. GDP가 높은 국가일수록 'GDP 대비 국가자산총액'이 작다.
ㄴ. A국의 GDP는 나머지 5개국 GDP의 합보다 크다.
ㄷ. 국가자산총액은 F국이 D국보다 크다.

① ㄱ
② ㄴ
③ ㄷ
④ ㄱ, ㄴ
⑤ ㄴ, ㄷ

12

다음 <그림>은 아래 <규칙>에 따라 2에서 10까지의 서로 다른 자연수의 관계를 나타낸 것이다. 이 때 '가', '나', '다'에 해당하는 수의 합은?

〈그 림〉

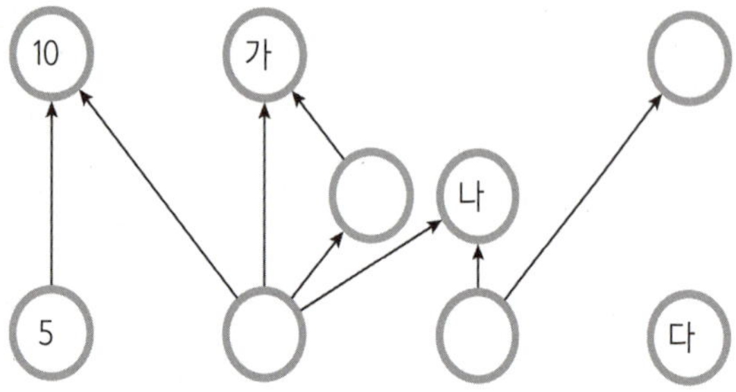

〈규 칙〉

○ <그림>에서 2에서 10까지의 자연수는 ○ 안에 한 개씩만 사용되고, 사용되지 않는 자연수는 없다.
○ 2에서 10까지의 서로 다른 임의의 자연수 3개를 x, y, z라고 할 때,
- (x) ⟶ (y)는 y가 x의 배수임을 나타낸다.
- 화살표로 연결되지 않은 (z)는 z가 x, y와 약수나 배수 관계가 없음을 나타낸다.

① 20
② 21
③ 22
④ 23
⑤ 24

13

다음 <표>는 7월 1 ~ 10일 동안 도시 A ~ E에 대한 인공지능 시스템의 예측 날씨와 실제 날씨이다. 이에 대한 <보기>의 설명 중 옳은 것만을 모두 고르면?

<표> 도시 A ~ E에 대한 예측 날씨와 실제 날씨

도시	구분 \ 날짜	7.1.	7.2.	7.3.	7.4.	7.5.	7.6.	7.7.	7.8.	7.9.	7.10.
A	예측	☂	☁	☼	☂	☼	☼	☂	☂	☼	☁
	실제	☂	☼	☂	☂	☼	☼	☂	☼	☼	☂
B	예측	☼	☂	☼	☂	☁	☼	☂	☼	☼	☼
	실제	☂	☼	☼	☂	☁	☼	☂	☂	☼	☼
C	예측	☂	☼	☂	☂	☼	☂	☼	☂	☂	☂
	실제	☂	☂	☼	☁	☂	☂	☁	☂	☂	☂
D	예측	☂	☂	☼	☼	☼	☂	☂	☼	☼	☂
	실제	☂	☁	☂	☂	☂	☂	☂	☂	☼	☼
E	예측	☂	☼	☼	☂	☂	☂	☼	☁	☼	☂
	실제	☂	☂	☁	☂	☂	☼	☂	☼	☂	☼

※ ☼: 맑음, ☁: 흐림, ☂: 비

〈보 기〉

ㄱ. 도시 A에서는 예측 날씨가 '비'인 날 실제 날씨도 모두 '비'였다.
ㄴ. 도시 A ~ E 중 예측 날씨와 실제 날씨가 일치한 일수가 가장 많은 도시는 B이다.
ㄷ. 7월 1 ~ 10일 중 예측 날씨와 실제 날씨가 일치한 도시 수가 가장 적은 날짜는 7월 2일이다.

① ㄱ
② ㄴ
③ ㄷ
④ ㄴ, ㄷ
⑤ ㄱ, ㄴ, ㄷ

14

다음 <표>는 1930 ~ 1934년 동안 A지역의 곡물 재배면적 및 생산량을 정리한 자료이다. 이에 대한 설명으로 옳은 것은?

<표> A지역의 곡물 재배면적 및 생산량

(단위: 천 정보, 천 석)

곡물	구분 \ 연도	1930	1931	1932	1933	1934
미곡	재배면적	1,148	1,100	998	1,118	1,164
	생산량	15,276	14,145	13,057	15,553	18,585
맥류	재배면적	1,146	773	829	963	1,034
	생산량	7,347	4,407	4,407	6,339	7,795
두류	재배면적	450	283	301	317	339
	생산량	1,940	1,140	1,143	1,215	1,362
잡곡	재배면적	334	224	264	215	208
	생산량	1,136	600	750	633	772
서류	재배면적	59	88	87	101	138
	생산량	821	1,093	1,228	1,436	2,612
전체	재배면적	3,137	2,468	2,479	2,714	2,883
	생산량	26,520	21,385	20,585	25,176	31,126

① 1931 ~ 1934년 동안 재배면적의 전년대비 증감방향은 미곡과 두류가 동일하다.
② 생산량은 매년 두류가 서류보다 많다.
③ 재배면적은 매년 잡곡이 서류의 2배 이상이다.
④ 1934년 재배면적당 생산량이 가장 큰 곡물은 미곡이다.
⑤ 1933년 미곡과 맥류 재배면적의 합은 1933년 곡물 재배면적 전체의 70% 이상이다.

15

다음 <그림>은 주요국(한국, 미국, 일본, 프랑스)이 화장품산업 경쟁력 4대 분야에서 획득한 점수에 대한 자료이다. 이에 대한 설명으로 옳은 것은?

<그림> 주요국의 화장품산업 경쟁력 4대 분야별 점수

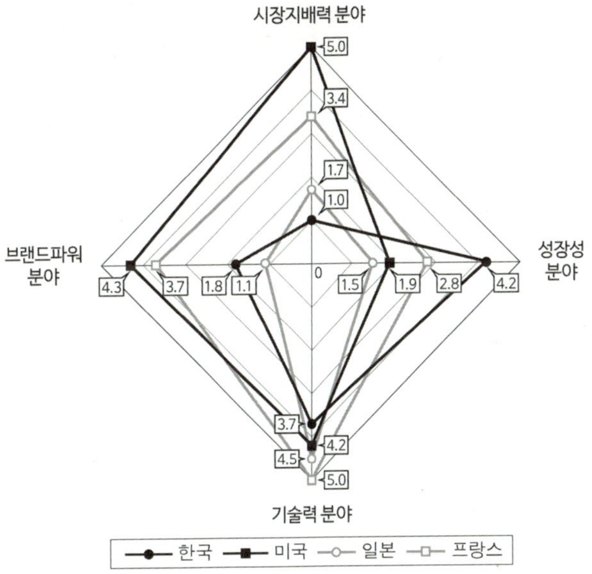

① 기술력 분야에서는 한국의 점수가 가장 높다.
② 성장성 분야에서 점수가 가장 높은 국가는 시장지배력 분야에서도 점수가 가장 높다.
③ 브랜드파워 분야에서 각국이 획득한 점수의 최댓값과 최솟값의 차이는 3 이하이다.
④ 미국이 4대 분야에서 획득한 점수의 합은 프랑스가 4대 분야에서 획득한 점수의 합보다 크다.
⑤ 시장지배력 분야의 점수는 일본이 프랑스보다 높지만 미국보다는 낮다.

16

다음 <그림>은 기업 A, B의 2014 ~ 2017년 에너지원단위 및 매출액 자료이다. 이에 대한 <보기>의 설명 중 옳은 것만을 모두 고르면?

<그림> 기업 A, B의 2014 ~ 2017년 에너지원단위 및 매출액

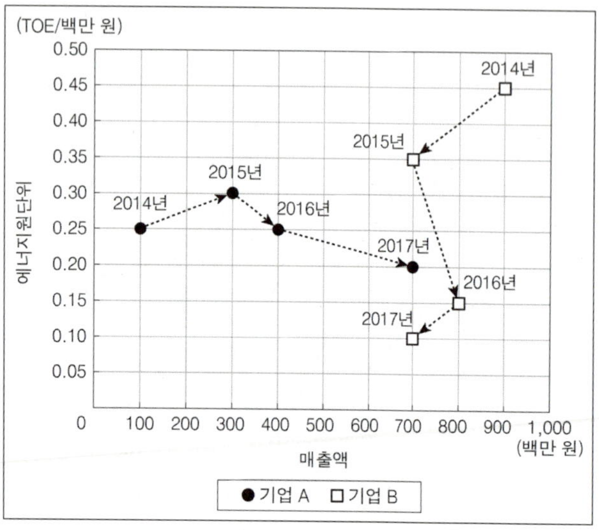

※ 에너지원단위(TOE/백만 원) = $\frac{\text{에너지소비량(TOE)}}{\text{매출액(백만 원)}}$

〈보 기〉

ㄱ. 기업 A, B는 각각 에너지원단위가 매년 감소하였다.
ㄴ. 기업 A의 에너지소비량은 매년 증가하였다.
ㄷ. 2016년 에너지소비량은 기업 B가 기업 A보다 많다.

① ㄱ
② ㄴ
③ ㄷ
④ ㄱ, ㄴ
⑤ ㄴ, ㄷ

17

다음 <표>와 <그림>은 A지역 2016년 주요 버섯의 도·소매가와 주요 버섯 소매가의 전년 동분기 대비 등락액을 나타낸 자료이다. 이에 대한 <보기>의 설명 중 옳은 것만을 모두 고르면?

<표> 2016년 주요 버섯의 도·소매가

(단위: 원/kg)

버섯종류 \ 구분 \ 분기	구분	1분기	2분기	3분기	4분기
느타리	도매	5,779	6,752	7,505	7,088
	소매	9,393	9,237	10,007	10,027
새송이	도매	4,235	4,201	4,231	4,423
	소매	5,233	5,267	5,357	5,363
팽이	도매	1,886	1,727	1,798	2,116
	소매	3,136	3,080	3,080	3,516

<그림> 2016년 주요 버섯 소매가의 전년 동분기 대비 등락액

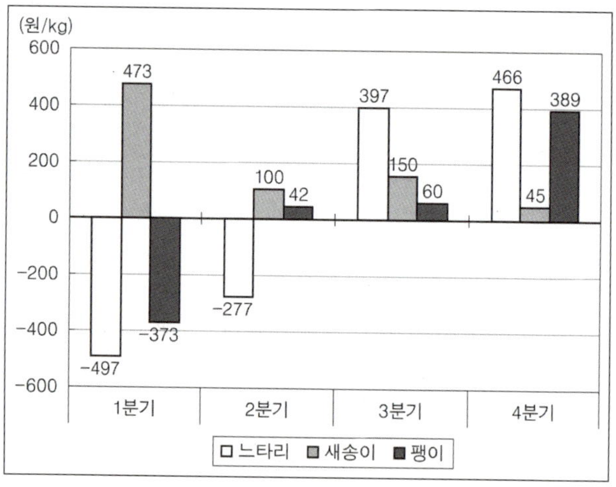

〈보 기〉

ㄱ. 2016년 매분기 '느타리' 1 kg의 도매가는 '팽이' 3 kg의 도매가보다 높다.
ㄴ. 2015년 매분기 '팽이'의 소매가는 3,000원/kg 이상이다.
ㄷ. 2016년 1분기 '새송이'의 소매가는 2015년 4분기에 비해 상승했다.
ㄹ. 2016년 매분기 '느타리'의 소매가는 도매가의 1.5배 미만이다.

① ㄱ, ㄴ
② ㄱ, ㄷ
③ ㄴ, ㄷ
④ ㄴ, ㄹ
⑤ ㄷ, ㄹ

18

다음 <표>는 A ~ E 면접관이 '갑' ~ '정' 응시자에게 부여한 면접 점수이다. 이에 대한 <보기>의 설명 중 옳은 것만을 모두 고르면?

<표> '갑' ~ '정' 응시자의 면접 점수

(단위: 점)

면접관 \ 응시자	갑	을	병	정	범위
A	7	8	8	6	2
B	4	6	8	10	( )
C	5	9	8	8	( )
D	6	10	9	7	4
E	9	7	6	5	4
중앙값	( )	( )	8	( )	–
교정점수	( )	8	( )	7	–

※ 1) 범위 : 해당 면접관이 각 응시자에게 부여한 면접 점수 중 최댓값에서 최솟값을 뺀 값
2) 중앙값 : 해당 응시자가 A ~ E 면접관에게 받은 모든 면접 점수를 크기순으로 나열할 때 한가운데 값
3) 교정점수 : 해당 응시자가 A ~ E 면접관에게 받은 모든 면접 점수 중 최댓값과 최솟값을 제외한 면접 점수의 산술 평균값

〈보 기〉

ㄱ. 면접관 중 범위가 가장 큰 면접관은 B이다.
ㄴ. 응시자 중 중앙값이 가장 작은 응시자는 '정'이다.
ㄷ. 교정점수는 '병'이 '갑'보다 크다.

① ㄱ
② ㄴ
③ ㄱ, ㄷ
④ ㄴ, ㄷ
⑤ ㄱ, ㄴ, ㄷ

19

다음 <표>는 2000년과 2013년 한국, 중국, 일본의 재화 수출액 및 수입액 자료이고, <용어 정의>는 무역수지와 무역특화지수에 대한 설명이다. 이에 대한 <보기>의 설명 중 옳은 것만을 모두 고르면?

<표> 한국, 중국, 일본의 재화 수출액 및 수입액

(단위: 억 달러)

연도	재화 \ 수출입액 \ 국가	한국		중국		일본	
		수출액	수입액	수출액	수입액	수출액	수입액
2000	원자재	578	832	741	1,122	905	1,707
	소비재	117	104	796	138	305	847
	자본재	1,028	668	955	991	3,583	1,243
2013	원자재	2,015	3,232	5,954	9,172	2,089	4,760
	소비재	138	375	4,083	2,119	521	1,362
	자본재	3,444	1,549	12,054	8,209	4,541	2,209

〈용어 정의〉

○ 무역수지 = 수출액 − 수입액
· 무역수지 값이 양(+)이면 흑자, 음(−)이면 적자이다.

○ 무역특화지수 = $\frac{\text{수출액} - \text{수입액}}{\text{수출액} + \text{수입액}}$

· 무역특화지수의 값이 클수록 수출경쟁력이 높다.

〈보 기〉

ㄱ. 2013년 한국, 중국, 일본 각각에서 원자재 무역수지는 적자이다.
ㄴ. 2013년 한국의 원자재, 소비재, 자본재 수출액은 2000년에 비해 각각 50 % 이상 증가하였다.
ㄷ. 2013년 자본재 수출경쟁력은 일본이 한국보다 높다.

① ㄱ
② ㄴ
③ ㄱ, ㄴ
④ ㄱ, ㄷ
⑤ ㄴ, ㄷ

20

다음 <표>는 A ~ D국의 성별 평균소득과 대학진학률의 격차지수만으로 계산한 '간이 성평등지수'에 관한 자료이다. 이에 대한 <보기>의 설명 중 옳은 것만을 모두 고르면?

<표> A ~ D국의 성별 평균소득, 대학진학률 및 '간이 성평등지수'

(단위: 달러, %)

국가 \ 항목	평균소득			대학진학률			간이 성평등 지수
	여성	남성	격차 지수	여성	남성	격차 지수	
A	8,000	16,000	0.50	68	48	1.00	0.75
B	36,000	60,000	0.60	( )	80	( )	( )
C	20,000	25,000	0.80	70	84	0.83	0.82
D	3,500	5,000	0.70	11	15	0.73	0.72

※ 1) 격차지수는 남성 항목값 대비 여성 항목값의 비율로 계산하며, 그 값이 1을 넘으면 1로 함.
2) '간이 성평등지수'는 평균소득 격차지수와 대학진학률 격차지수의 산술 평균임.
3) 격차지수와 '간이 성평등지수'는 소수점 셋째자리에서 반올림한 값임.

〈보 기〉

ㄱ. A국의 여성 평균소득과 남성 평균소득이 각각 1,000 달러씩 증가하면 A국의 '간이 성평등지수'는 0.80 이상이 된다.
ㄴ. B국의 여성 대학진학률이 85 %이면 '간이 성평등지수'는 B국이 C국보다 높다.
ㄷ. D국의 여성 대학진학률이 4 %p 상승하면 D국의 '간이 성평등지수'는 0.80 이상이 된다.

① ㄱ
② ㄴ
③ ㄷ
④ ㄱ, ㄴ
⑤ ㄱ, ㄷ

21

다음 <표>와 <그림>은 2018년 테니스 팀 A ~ E의 선수 인원수 및 총 연봉과 각각의 전년대비 증가율에 대한 자료이다. 이에 대한 설명으로 옳지 않은 것은?

<표> 2018년 테니스 팀 A ~ E의 선수 인원수 및 총 연봉

(단위: 명, 억 원)

테니스 팀	선수 인원수	총 연봉
A	5	15
B	10	25
C	8	24
D	6	30
E	6	24

※ 팀 선수 평균 연봉 = $\frac{\text{총 연봉}}{\text{선수 인원수}}$

<그림> 2018년 테니스 팀 A ~ E의 선수 인원수 및 총 연봉의 전년대비 증가율

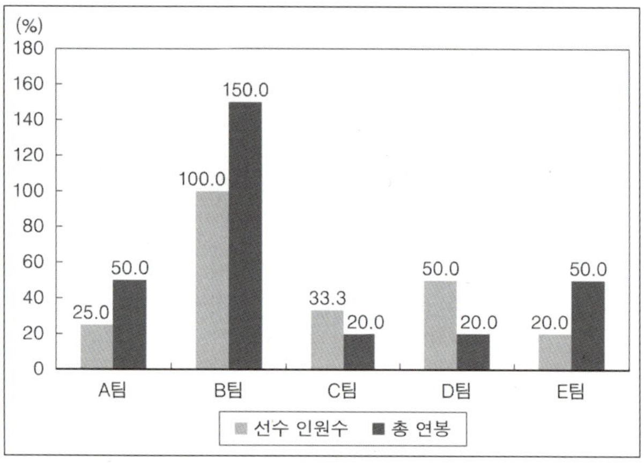

※ 전년대비 증가율은 소수점 둘째자리에서 반올림한 값임.

① 2018년 '팀 선수 평균 연봉'은 D팀이 가장 많다.
② 2018년 전년대비 증가한 선수 인원수는 C팀과 D팀이 동일하다.
③ 2018년 A팀의 '팀 선수 평균 연봉'은 전년대비 증가하였다.
④ 2018년 선수 인원수가 전년대비 가장 많이 증가한 팀은 총 연봉도 가장 많이 증가하였다.
⑤ 2017년 총 연봉은 A팀이 E팀보다 많다.

22

다음 <표>는 A ~ D국의 연구개발비에 대한 자료이다. 다음 <보고서>를 작성하기 위해 <표> 이외에 추가로 필요한 자료만을 <보기>에서 모두 고르면?

<표> A ~ D국의 연구개발비

연도	구분 \ 국가	A	B	C	D
2016	연구개발비 (억 달러)	605	4,569	1,709	1,064
	GDP 대비(%)	4.29	2.73	3.47	2.85
2015	민간연구개발비 : 정부연구개발비	24 : 76	35 : 65	25 : 75	30 : 70

※ 연구개발비 = 정부연구개발비 + 민간연구개발비

〈보고서〉

A ~ D국 모두 2015년에 비하여 2016년 연구개발비가 증가하였지만, A국은 약 3% 증가에 불과하여 A ~ D국 평균 증가율인 6% 수준에도 미치지 못했다. 특히, 2016년에 A국은 정부연구개발비 대비 민간연구개발비 비율이 가장 작다. 이는 2014 ~ 2016년 동안, A국 민간연구개발에 대한 정부의 지원금액이 매년 감소한 데 따른 것으로 분석된다.

〈보 기〉

ㄱ. 2013 ~ 2015년 A ~ D국 전년대비 GDP 증가율
ㄴ. 2015 ~ 2016년 연도별 A ~ D국 민간연구개발비
ㄷ. 2013 ~ 2016년 연도별 A국 민간연구개발에 대한 정부의 지원금액
ㄹ. 2014 ~ 2015년 A ~ D국 전년대비 연구개발비 증가율

① ㄱ, ㄴ
② ㄱ, ㄹ
③ ㄴ, ㄷ
④ ㄴ, ㄹ
⑤ ㄷ, ㄹ

23

다음 <표>는 근무지 이동 전 '갑' 회사의 근무 현황에 대한 자료이다. <표>와 <근무지 이동 지침>에 따라 이동한 후 근무지별 인원수로 가능한 것은?

<표> 근무지 이동 전 '갑' 회사의 근무 현황

(단위: 명)

근무지	팀명	인원수
본관 1층	인사팀	10
	지원팀	16
	기획1팀	16
본관 2층	기획2팀	21
	영업1팀	27
본관 3층	영업2팀	30
	영업3팀	23
별관	–	0
전체		143

※ 1) '갑' 회사의 근무지는 본관 1, 2, 3층과 별관만 있음.
2) 팀별 인원수의 변동은 없음.

〈근무지 이동 지침〉

- 본관 내 이동은 없고, 인사팀은 이동하지 않음.
- 팀별로 전원 이동하며, 본관에서 별관으로 2개 팀만 이동함.
- 1개 층에서는 최대 1개 팀만 별관으로 이동할 수 있음.
- 이동한 후 별관 인원수는 40명을 넘지 않도록 함.

①

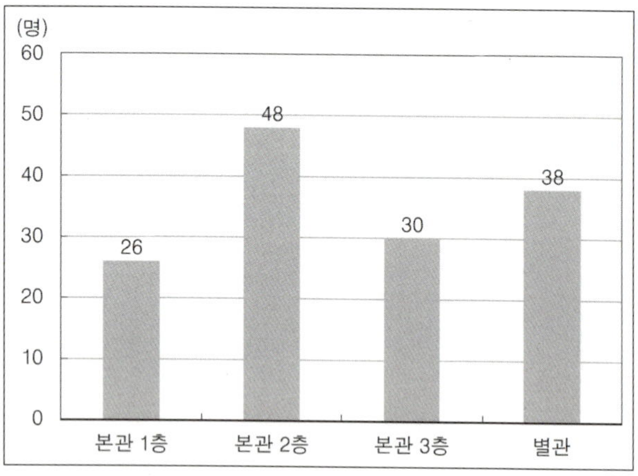

②

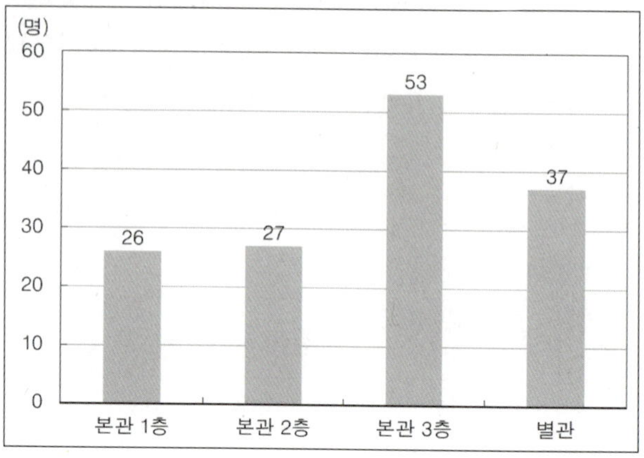

③

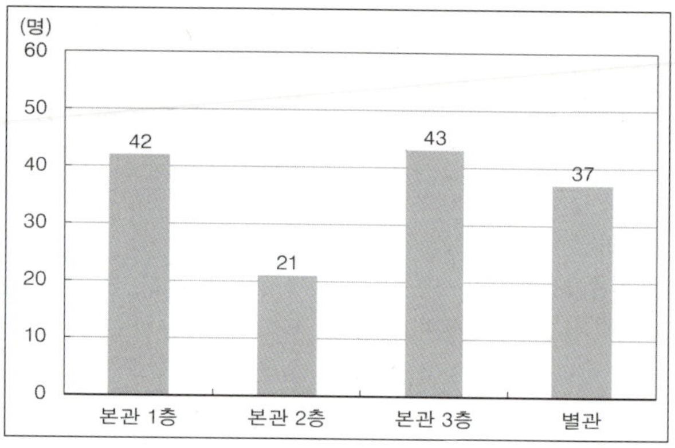

④

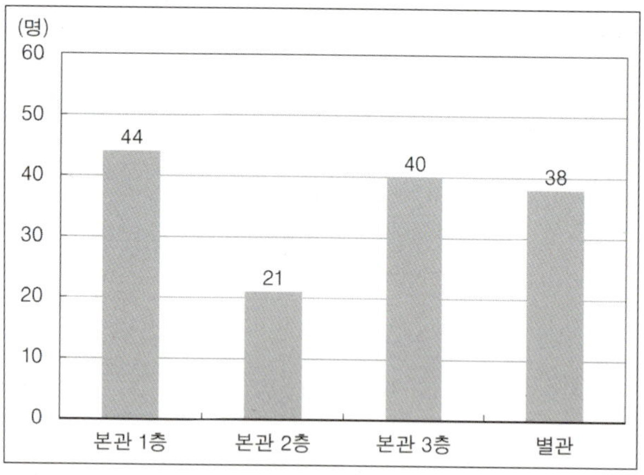

⑤

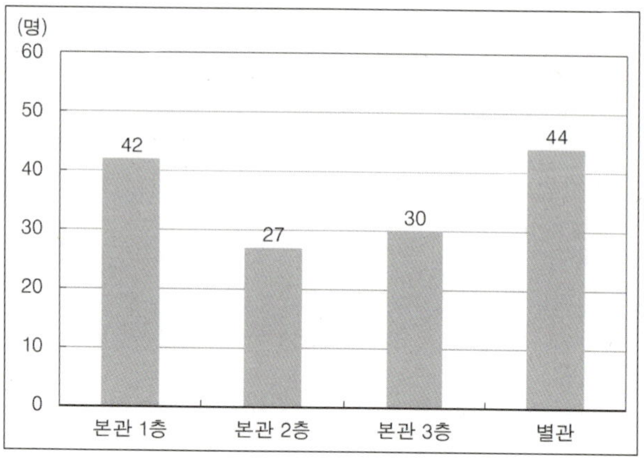

24

다음 <표 1>은 창의경진대회에 참가한 팀 A, B, C의 '팀 인원수' 및 '팀 평균점수'이며, <표 2>는 <표 1>에 기초하여 '팀 연합 인원수' 및 '팀 연합 평균점수'를 각각 산출한 자료이다. (가)와 (나)에 들어갈 값을 바르게 나열한 것은?

<표 1> 팀 인원수 및 팀 평균점수

(단위: 명, 점)

팀	A	B	C
인원수	( )	( )	( )
평균점수	40.0	60.0	90.0

※ 1) 각 참가자는 A, B, C팀 중 하나의 팀에만 속하고, 개인별로 점수를 획득함.

2) 팀 평균점수 = $\frac{\text{해당 팀 참가자 개인별 점수의 합}}{\text{해당 팀 참가자 인원수}}$

<표 2> 팀 연합 인원수 및 팀 연합 평균점수

(단위: 명, 점)

팀 연합	A + B	B + C	C + A
인원수	80	120	(가)
평균점수	52.5	77.5	(나)

※ 1) A + B는 A팀과 B팀, B + C는 B팀과 C팀, C + A는 C팀과 A팀의 인원을 합친 팀 연합임.

2) 팀 연합 평균점수 = $\frac{\text{해당 팀 연합 참가자 개인별 점수의 합}}{\text{해당 팀 연합 참가자 인원수}}$

	(가)	(나)
①	90	72.5
②	90	75.0
③	100	72.5
④	100	75.0
⑤	110	72.5

memo

25

다음 <표>는 참가자 A ~ D의 회차별 가위·바위·보 게임 기록 및 판정이고, <그림>은 아래 <규칙>에 따른 5회차 게임 종료 후 A ~ D의 위치를 나타낸 것이다. 이 때 (가), (나), (다)에 해당하는 것을 바르게 나열한 것은?

<표> 가위·바위·보 게임 기록 및 판정

회차 / 구분 / 참가자	1		2		3		4		5	
	기록	판정	기록	판정	기록	판정	기록	판정	기록	판정
A	가위	승	바위	승	보	승	바위	( )	보	( )
B	가위	승	(가)	( )	바위	패	가위	( )	보	( )
C	보	패	가위	패	바위	패	(나)	( )	보	( )
D	보	패	가위	패	바위	패	가위	( )	(다)	( )

<그림> 5회차 게임 종료 후 A ~ D의 위치

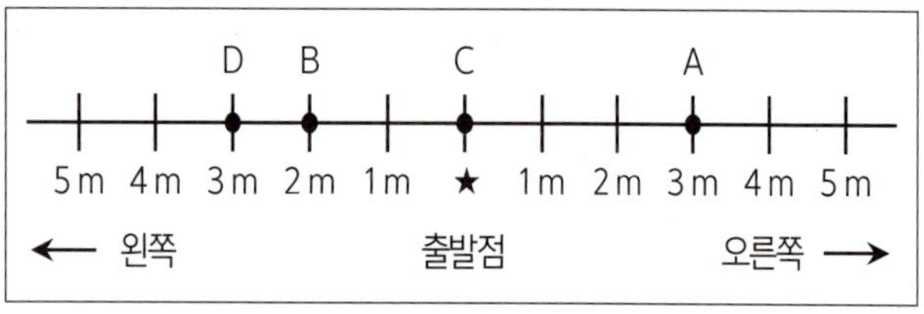

〈규 칙〉

○ A ~ D는 모두 출발점(★)에서 1회차 가위·바위·보 게임을 하고, 2회차부터는 직전 회차 게임 종료 후 각자의 위치에서 게임을 한다.
○ 각 회차의 판정에 따라 지거나 비기면 이동하지 않고, 가위로 이긴 사람은 왼쪽으로 3m, 바위로 이긴 사람은 오른쪽으로 1m, 보로 이긴 사람은 오른쪽으로 5m를 각각 이동하여 해당 회차 게임을 종료한다.

	(가)	(나)	(다)
①	가위	바위	보
②	가위	보	바위
③	바위	가위	보
④	바위	보	가위
⑤	보	바위	가위

2017
민간경력

자료해석 나책형

PSAT 신헌 자료해석 ALL수록 기출문제집

01

다음 <표>는 OECD 주요 국가별 삶의 만족도 및 관련 지표를 나타낸 것이다. 이에 대한 설명으로 옳지 않은 것은?

<표> OECD 주요 국가별 삶의 만족도 및 관련 지표

(단위 : 점, %, 시간)

구분 / 국가	삶의 만족도	장시간 근로자비율	여가개인 돌봄시간
덴마크	7.6	2.1	16.1
아이슬란드	7.5	13.7	14.6
호주	7.4	14.2	14.4
멕시코	7.4	28.8	13.9
미국	7.0	11.4	14.3
영국	6.9	12.3	14.8
프랑스	6.7	8.7	15.3
이탈리아	6.0	5.4	15.0
일본	6.0	22.6	14.9
한국	6.0	28.1	14.6
에스토니아	5.4	3.6	15.1
포르투갈	5.2	9.3	15.0
헝가리	4.9	2.7	15.0

※ 장시간근로자비율은 전체 근로자 중 주 50시간 이상 근무한 근로자의 비율임.

① 삶의 만족도가 가장 높은 국가는 장시간근로자비율이 가장 낮다.
② 한국의 장시간근로자비율은 삶의 만족도가 가장 낮은 국가의 장시간근로자비율의 10배 이상이다.
③ 삶의 만족도가 한국보다 낮은 국가들의 장시간근로자비율의 산술평균은 이탈리아의 장시간근로자비율보다 높다.
④ 여가개인돌봄시간이 가장 긴 국가와 가장 짧은 국가의 삶의 만족도 차이는 0.3점 이하이다.
⑤ 장시간근로자비율이 미국보다 낮은 국가의 여가개인돌봄시간은 모두 미국의 여가개인돌봄시간보다 길다.

02

다음 <표>는 A 성씨의 가구 및 인구 분포에 대한 자료이다. 이에 대한 설명으로 옳은 것은?

<표 1> A 성씨의 광역자치단체별 가구 및 인구 분포

(단위 : 가구, 명)

광역자치단체 (구분)		1980 가구	1980 인구	2010 가구	2010 인구
특별시	서울	28	122	73	183
광역시	부산	5	12	11	34
	대구	1	2	2	7
	인천	11	40	18	51
	광주	0	0	9	23
	대전	0	0	8	23
	울산	0	0	2	7
	소계	17	54	50	145
도	경기	( )	124	( )	216
	강원	0	0	7	16
	충북	0	0	2	10
	충남	1	5	6	8
	전북	0	( )	4	13
	전남	0	0	4	10
	경북	1	( )	6	17
	경남	1	( )	8	25
	제주	1	( )	4	12
	소계	35	140	105	327
전체		80	316	228	655

※ 광역자치단체 구분과 명칭은 2010년을 기준으로 함.

<표 2> A 성씨의 읍·면·동 지역별 가구 및 인구 분포

(단위 : 가구, 명)

지역 (구분)	1980 가구	1980 인구	2010 가구	2010 인구
읍	10	30	19	46
면	10	56	19	53
동	60	230	190	556
전체	80	316	228	655

※ 읍 · 면 · 동 지역 구분은 2010년을 기준으로 함.

① 2010년 A 성씨의 전체 가구는 1980년의 3배 이상이다.
② 2010년 경기의 A 성씨 가구는 1980년의 3배 이상이다.
③ 2010년 A 성씨의 동 지역 인구는 2010년 A 성씨의 면 지역 인구의 10배 이상이다.
④ 1980년 A 성씨의 인구가 부산보다 많은 광역자치단체는 4곳 이상이다.
⑤ 1980년 대비 2010년의 A 성씨 인구 증가폭이 서울보다 큰 광역자치단체는 없다.

03

다음 <보고서>는 2016년 A시의 생활체육 참여실태에 관한 것이다. <보고서>의 내용을 작성하는 데 직접적인 근거로 활용되지 않은 자료는?

〈보고서〉

2016년에 A시 시민을 대상으로 생활체육 참여실태에 대해 조사한 결과 생활체육을 '전혀 하지 않음'이라고 응답한 비율은 51.8%로 나타났다. 반면, 주 4회 이상 생활체육에 참여한다고 응답한 비율은 28.6%이었다.

생활체육에 참여하지 않는 이유에 대해서는 '시설부족'이라고 응답한 비율이 30.3%로 가장 높아 공공체육시설을 확충하는 정책이 필요할 것으로 보인다. 2016년 A시의 공공체육시설은 총 388개소로 B시, C시의 공공체육시설 수의 50%에도 미치지 못하는 수준이다. 그러나 A시는 초등학교 운동장을 개방하여 간이운동장으로 활용할 계획이므로 향후 체육시설에 대한 접근성이 더 높아질 것으로 기대된다.

한편, 2016년 A시 생활체육지도자를 자치구별로 살펴보면, 동구 16명, 서구 17명, 남구 16명, 북구 18명, 중구 18명으로 고르게 분포된 것처럼 보인다. 그러나 2016년 북구의 인구가 445,489명, 동구의 인구가 103,016명임을 고려할 때 생활체육지도자 일인당 인구수는 북구가 24,749명으로 동구 6,439명에 비해 현저히 많아 지역 편중 현상이 존재한다. 따라서 자치구 인구 분포를 고려한 생활체육지도자 양성 전략이 필요해 보인다.

① 연도별 A시 시민의 생활체육 미참여 이유 조사결과

(단위 : %)

이유 / 연도	시설 부족	정보 부재	지도자 부재	동반자 부재	흥미 부족	기타
2012	25.1	20.8	14.3	8.2	9.5	22.1
2013	30.7	18.6	16.4	12.8	9.2	12.3
2014	28.1	17.2	15.1	11.6	11.0	17.0
2015	31.5	18.0	17.2	10.9	12.1	10.3
2016	30.3	15.2	16.0	10.0	10.4	18.1

② 2016년 A시 시민의 생활체육 참여 빈도 조사결과

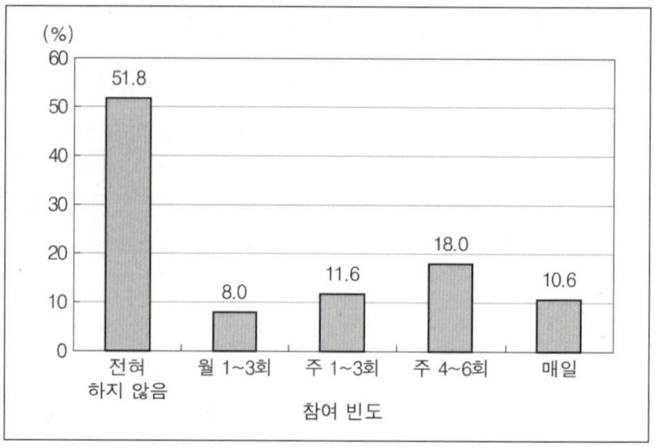

③ 2016년 A시의 자치구·성별 인구

(단위 : 명)

자치구 / 성별	동구	서구	남구	북구	중구	합
남자	51,584	155,104	104,891	221,433	197,204	730,216
여자	51,432	160,172	111,363	224,056	195,671	742,694
계	103,016	315,276	216,254	445,489	392,875	1,472,910

④ 2016년 도시별 공공체육시설 현황

(단위 : 개소)

도시 / 구분	A시	B시	C시	D시	E시
육상 경기장	2	3	3	19	2
간이운동장	313	2,354	751	382	685
체육관	16	112	24	15	16
수영장	9	86	15	4	11
빙상장	1	3	1	1	0
기타	47	193	95	50	59
계	388	2,751	889	471	773

⑤ 2016년 생활체육지도자의 도시별 분포

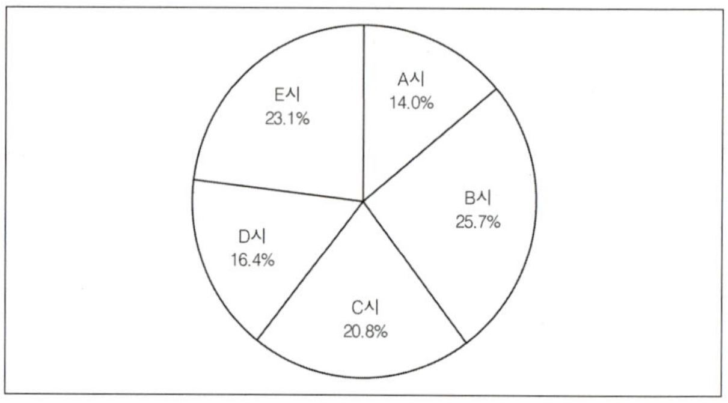

04

다음 <표>는 세계 주요 터널화재 사고 A ~ F에 관한 자료이다. 이에 대한 설명으로 옳은 것은?

<표> 세계 주요 터널화재 사고 통계

구분 \ 사고	터널길이 (km)	화재규모 (MW)	복구비용 (억원)	복구기간 (개월)	사망자 (명)
A	50.5	350	4,200	6	1
B	11.6	40	3,276	36	39
C	6.4	120	72	3	12
D	16.9	150	312	2	11
E	0.2	100	570	10	192
F	1.0	20	18	8	0

※ 사고비용(억원) = 복구비용(억원) + 사망자(명) × 5(억원/명)

① 터널길이가 길수록 사망자가 많다.
② 화재규모가 클수록 복구기간이 길다.
③ 사고 A를 제외하면 복구기간이 길수록 복구비용이 크다.
④ 사망자가 가장 많은 사고 E는 사고비용도 가장 크다.
⑤ 사망자가 30명 이상인 사고를 제외하면 화재규모가 클수록 복구비용이 크다.

05

다음 <표>는 2015년 9개 국가의 실질세부담률에 관한 자료이다. <표>와 <조건>에 근거하여 A ~ D에 해당하는 국가를 바르게 나열한 것은?

<표> 2015년 국가별 실질세부담률

구분 \ 국가	독신 가구 실질세부담률(%)			다자녀 가구 실질세부담률(%)	독신 가구와 다자녀 가구의 실질세부담률 차이(%p)
		2005년 대비 증감(%p)	전년대비 증감(%p)		
A	55.3	−0.20	−0.28	40.5	14.8
일본	32.2	4.49	0.26	26.8	5.4
B	39.0	−2.00	−1.27	38.1	0.9
C	42.1	5.26	0.86	30.7	11.4
한국	21.9	4.59	0.19	19.6	2.3
D	31.6	−0.23	0.05	18.8	12.8
멕시코	19.7	4.98	0.20	19.7	0.0
E	39.6	0.59	−1.16	33.8	5.8
덴마크	36.4	−2.36	0.21	26.0	10.4

〈조 건〉

○ 2015년 독신 가구와 다자녀 가구의 실질세부담률 차이가 덴마크보다 큰 국가는 캐나다, 벨기에, 포르투갈이다.
○ 2015년 독신 가구 실질세부담률이 전년대비 감소한 국가는 벨기에, 그리스, 스페인이다.
○ 스페인의 2015년 독신 가구 실질세부담률은 그리스의 2015년 독신 가구 실질세부담률보다 높다.
○ 2005년 대비 2015년 독신 가구 실질세부담률이 가장 큰 폭으로 증가한 국가는 포르투갈이다.

	A	B	C	D
①	벨기에	그리스	포르투갈	캐나다
②	벨기에	스페인	캐나다	포르투갈
③	벨기에	스페인	포르투갈	캐나다
④	캐나다	그리스	스페인	포르투갈
⑤	캐나다	스페인	포르투갈	벨기에

06

다음 <표>는 조선전기(1392 ~ 1550년) 홍수재해 및 가뭄재해 발생건수에 대한 자료이다. 이에 대한 <보기>의 설명 중 옳은 것만을 모두 고르면?

<표 1> 조선전기 홍수재해 발생건수

(단위 : 건)

분류기간 \ 월	1	2	3	4	5	6	7	8	9	10	11	12	합
1392 ~1450년	0	0	0	0	4	12	8	3	0	0	0	0	27
1451 ~1500년	0	0	0	0	1	3	4	0	0	0	0	0	( )
1501~1550년	0	0	0	0	5	7	9	15	1	0	0	0	37
계	0	0	0	0	( )	22	21	( )	1	0	0	0	( )

<표 2> 조선전기 가뭄재해 발생건수

(단위 : 건)

분류기간 \ 월	1	2	3	4	5	6	7	8	9	10	11	12	합
1392~ 1450년	0	1	1	5	9	8	9	2	1	0	0	1	37
1451~ 1500년	0	0	0	5	2	5	4	1	0	0	0	0	17
1501~ 1550년	0	0	0	4	7	7	6	1	0	0	0	0	( )
계	0	1	1	( )	18	( )	19	4	1	0	0	1	( )

〈보 기〉

ㄱ. 홍수재해 발생건수는 총 72건이며, 분류기간별로는 1501 ~1550년에 37건으로 가장 많이 발생했다.
ㄴ. 홍수재해는 모두 5 ~8월에만 발생했다.
ㄷ. 2 ~7월의 가뭄재해 발생건수는 전체 가뭄재해 발생건수의 90 % 이상을 차지한다.
ㄹ. 매 분류기간마다 가뭄재해 발생건수는 홍수재해 발생건수보다 많다.

① ㄱ, ㄴ
② ㄱ, ㄷ
③ ㄴ, ㄹ
④ ㄱ, ㄷ, ㄹ
⑤ ㄴ, ㄷ, ㄹ

07

다음 <표>와 <그림>은 2008 ~ 2016년 A국의 국세 및 지방세에 관한 자료이다. 이에 대한 설명으로 옳지 않은 것은?

<표> 국세 및 지방세 징수액과 감면액

(단위 : 조원)

구분		2008	2009	2010	2011	2012	2013	2014	2015	2016
국세	징수액	138	161	167	165	178	192	203	202	216
	감면액	21	23	29	31	30	30	33	34	33
지방세	징수액	41	44	45	45	49	52	54	54	62
	감면액	8	10	11	15	15	17	15	14	11

<그림> 국세 및 지방세 감면율 추이

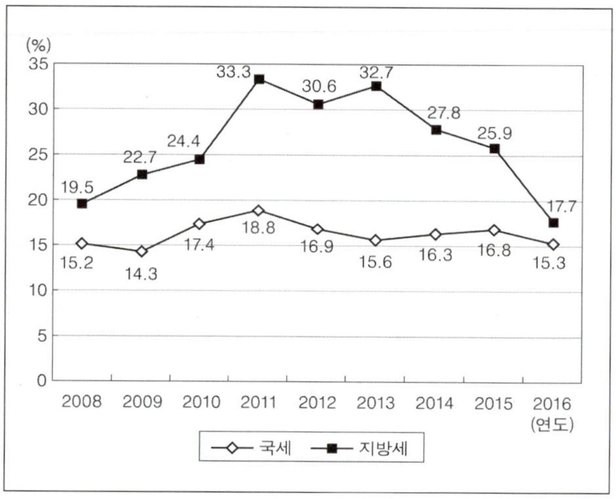

① 감면액은 국세가 지방세보다 매년 많다.
② 감면율은 지방세가 국세보다 매년 높다.
③ 2008년 대비 2016년 징수액 증가율은 국세가 지방세보다 높다.
④ 국세 징수액과 지방세 징수액의 차이가 가장 큰 해에는 국세 감면율과 지방세 감면율의 차이도 가장 크다.
⑤ 2014 ~ 2016년 동안 국세 감면액과 지방세 감면액의 차이는 매년 증가한다.

08

다음 <표>는 학생 A ~ F의 시험점수에 관한 자료이다. <표>와 <조건>을 이용하여 학생 A, B, C의 시험점수를 바르게 나열한 것은?

<표> 학생 A ~ F의 시험점수

(단위 : 점)

학생	A	B	C	D	E	F
점수	(　)	(　)	(　)	(　)	9	9

〈조 건〉

○ 시험점수는 자연수이다.
○ 시험점수가 같은 학생은 A, E, F뿐이다.
○ 산술평균은 8.5점이다.
○ 최댓값은 10점이다.
○ 학생 D의 시험점수는 학생 C보다 4점 높다.

	A	B	C
①	8	9	5
②	8	10	4
③	9	8	6
④	9	10	5
⑤	9	10	6

09

다음 <그림>과 <표>는 F 국제기구가 발표한 2014년 3월 ~ 2015년 3월 동안의 식량 가격지수와 품목별 가격지수에 대한 자료이다. 이에 대한 설명으로 옳지 않은 것은?

<그림> 식량 가격지수

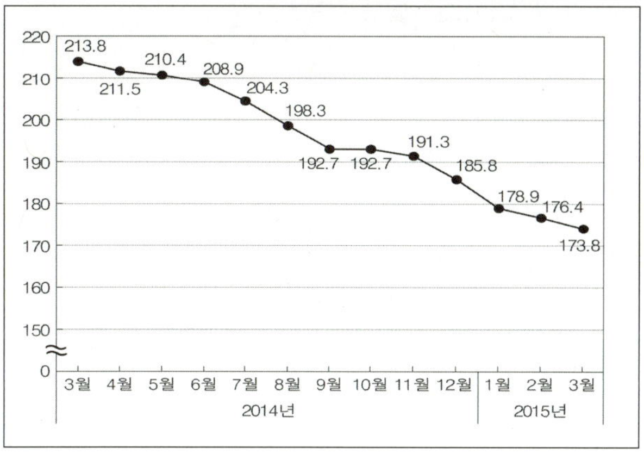

<표> 품목별 가격지수

시기		육류	낙농품	곡물	유지류	설탕
2014년	3월	185.5	268.5	208.9	204.8	254.0
	4월	190.4	251.5	209.2	199.0	249.9
	5월	194.6	238.9	207.0	195.3	259.3
	6월	202.8	236.5	196.1	188.8	258.0
	7월	205.9	226.1	185.2	181.1	259.1
	8월	212.0	200.8	182.5	166.6	244.3
	9월	211.0	187.8	178.2	162.0	228.1
	10월	210.2	184.3	178.3	163.7	237.6
	11월	206.4	178.1	183.2	164.9	229.7
	12월	196.4	174.0	183.9	160.7	217.5
2015년	1월	183.5	173.8	177.4	156.0	217.7
	2월	178.8	181.8	171.7	156.6	207.1
	3월	177.0	184.9	169.8	151.7	187.9

※ 기준년도인 2002년의 가격지수는 100임.

① 2015년 3월의 식량 가격지수는 2014년 3월에 비해 15% 이상 하락했다.
② 2014년 4월부터 2014년 9월까지 식량 가격지수는 매월 하락했다.
③ 2014년 3월에 비해 2015년 3월 가격지수가 가장 큰 폭으로 하락한 품목은 낙농품이다.
④ 육류 가격지수는 2014년 8월까지 매월 상승하다가 그 이후에는 매월 하락했다.
⑤ 2002년 가격지수 대비 2015년 3월 가격지수의 상승률이 가장 낮은 품목은 육류이다.

10

A시는 2016년에 폐업 신고한 전체 자영업자를 대상으로 창업교육 이수 여부와 창업부터 폐업까지의 기간을 조사하였다. 다음 <그림>은 조사결과를 이용하여 창업교육 이수 여부에 따른 기간별 생존비율을 비교한 자료이다. 이에 대한 설명으로 옳은 것은?

<그림> 창업교육 이수 여부에 따른 기간별 생존비율

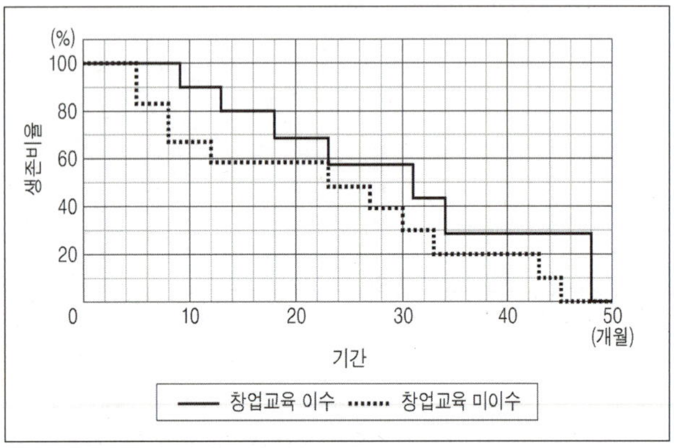

※ 1) 창업교육을 이수(미이수)한 폐업 자영업자의 기간별 생존비율은 창업교육을 이수(미이수)한 폐업 자영업자 중 생존기간이 해당 기간 이상인 자영업자의 비율임.
2) 생존기간은 창업부터 폐업까지의 기간을 의미함.

① 창업교육을 이수한 폐업 자영업자 수가 창업교육을 미이수한 폐업 자영업자 수보다 더 많다.
② 창업교육을 미이수한 폐업 자영업자의 평균 생존기간은 창업교육을 이수한 폐업 자영업자의 평균 생존기간보다 더 길다.
③ 창업교육을 이수한 폐업 자영업자의 생존비율과 창업교육을 미이수한 폐업 자영업자의 생존비율의 차이는 창업 후 20개월에 가장 크다.
④ 창업교육을 이수한 폐업 자영업자 중 생존기간이 32개월 이상인 자영업자의 비율은 50% 이상이다.
⑤ 창업교육을 미이수한 폐업 자영업자 중 생존기간이 10개월 미만인 자영업자의 비율은 20% 이상이다.

11

다음 <표>는 AIIB(Asian Infrastructure Investment Bank)의 지분율 상위 10개 회원국의 지분율과 투표권 비율에 대한 자료이다. 이에 대한 <보기>의 설명 중 옳은 것만을 모두 고르면?

<표> 지분율 상위 10개 회원국의 지분율과 투표권 비율

(단위 : %)

회원국	지역	지분율	투표권 비율
중국	A	30.34	26.06
인도	A	8.52	7.51
러시아	B	6.66	5.93
독일	B	4.57	4.15
한국	A	3.81	3.50
호주	A	3.76	3.46
프랑스	B	3.44	3.19
인도네시아	A	3.42	3.17
브라질	B	3.24	3.02
영국	B	3.11	2.91

※ 1) 회원국의 지분율(%)

$$= \frac{\text{해당 회원국이 AIIB에 출자한 자본금}}{\text{AIIB의 자본금 총액}} \times 100$$

2) 지분율이 높을수록 투표권 비율이 높아짐.

〈보 기〉

ㄱ. 지분율 상위 4개 회원국의 투표권 비율을 합하면 40% 이상이다.
ㄴ. 중국을 제외한 지분율 상위 9개 회원국 중 지분율과 투표권 비율의 차이가 가장 큰 회원국은 인도이다.
ㄷ. 지분율 상위 10개 회원국 중에서, A지역 회원국의 지분율 합은 B지역 회원국의 지분율 합의 3배 이상이다.
ㄹ. AIIB의 자본금 총액이 2,000억 달러라면, 독일과 프랑스가 AIIB에 출자한 자본금의 합은 160억 달러 이상이다.

① ㄱ, ㄴ
② ㄴ, ㄷ
③ ㄷ, ㄹ
④ ㄱ, ㄴ, ㄹ
⑤ ㄱ, ㄷ, ㄹ

12

다음 <표>는 2016년 '갑'시 5개 구 주민의 돼지고기 소비량에 관한 자료이다. <조건>을 이용하여 변동계수가 3번째로 큰 구와 4번째로 큰 구를 바르게 나열한 것은?

<표> 5개 구 주민의 돼지고기 소비량 통계

(단위 : kg)

구	평균 (1인당 소비량)	표준편차
A	(　)	5.0
B	(　)	4.0
C	30.0	6.0
D	12.0	4.0
E	(　)	8.0

※ 변동계수(%) = $\frac{\text{표준편차}}{\text{평균}} \times 100$

〈조 건〉

○ A구의 1인당 소비량과 B구의 1인당 소비량을 합하면 C구의 1인당 소비량과 같다.
○ A구의 1인당 소비량과 D구의 1인당 소비량을 합하면 E구 1인당 소비량의 2배와 같다.
○ E구의 1인당 소비량은 B구의 1인당 소비량보다 6.0 kg 더 많다.

	3번째	4번째
①	B	A
②	B	C
③	B	E
④	D	A
⑤	D	C

13

다음 <표>는 지역별 마약류 단속에 관한 자료이다. 이에 대한 설명으로 옳은 것은?

<표> 지역별 마약류 단속 건수

(단위 : 건, %)

지역 \ 마약류	대마	마약	향정신성 의약품	합	
					비중
서울	49	18	323	390	22.1
인천·경기	55	24	552	631	35.8
부산	6	6	166	178	10.1
울산·경남	13	4	129	146	8.3
대구·경북	8	1	138	147	8.3
대전·충남	20	4	101	125	7.1
강원	13	0	35	48	2.7
전북	1	4	25	30	1.7
광주·전남	2	4	38	44	2.5
충북	0	0	21	21	1.2
제주	0	0	4	4	0.2
전체	167	65	1,532	1,764	100.0

※ 1) 수도권은 서울과 인천·경기를 합한 지역임.
2) 마약류는 대마, 마약, 향정신성의약품으로만 구성됨.

① 대마 단속 전체 건수는 마약 단속 전체 건수의 3배 이상이다.
② 수도권의 마약류 단속 건수는 마약류 단속 전체 건수의 50 % 이상이다.
③ 마약 단속 건수가 없는 지역은 5곳이다.
④ 향정신성의약품 단속 건수는 대구·경북 지역이 광주·전남 지역의 4배 이상이다.
⑤ 강원 지역은 향정신성의약품 단속 건수가 대마 단속 건수의 3배 이상이다.

14

다음 <표>는 '갑' 기관의 10개 정책(가 ~ 차)에 대한 평가결과이다. '갑' 기관은 정책별로 심사위원 A ~ D의 점수를 합산하여 총점이 낮은 정책부터 순서대로 4개 정책을 폐기할 계획이다. 폐기할 정책만을 모두 고르면?

<표> 정책에 대한 평가결과

심사위원 / 정책	A	B	C	D
가	●	●	◑	○
나	●	●	◑	●
다	◑	○	●	◑
라	(　)	●	◑	(　)
마	●	(　)	●	◑
바	◑	◑	◑	●
사	◑	◑	◑	●
아	◑	◑	●	(　)
자	◑	◑	(　)	●
차	(　)	●	◑	○
평균(점)	0.55	0.70	0.70	0.50

※ 정책은 ○(0점), ◑(0.5점), ●(1.0점)으로만 평가됨.

① 가, 다, 바, 사
② 나, 마, 아, 자
③ 다, 라, 바, 사
④ 다, 라, 아, 차
⑤ 라, 아, 자, 차

memo

15

다음 <표>는 2013 ~ 2016년 기관별 R&D 과제 건수와 비율에 관한 자료이다. <표>를 이용하여 작성한 그래프로 옳지 않은 것은?

<표> 2013 ~ 2016년 기관별 R&D 과제 건수와 비율

(단위 : 건, %)

연도 / 구분 / 기관	2013		2014		2015		2016	
	과제 건수	비율	과제 건수	비율	과제 건수	비율	과제 건수	비율
기업	31	13.5	80	9.4	93	7.6	91	8.5
대학	47	20.4	423	49.7	626	51.4	526	49.3
정부	141	61.3	330	38.8	486	39.9	419	39.2
기타	11	4.8	18	2.1	13	1.1	32	3.0
전체	230	100.0	851	100.0	1,218	100.0	1,068	100.0

① 연도별 기업 및 대학 R&D 과제 건수

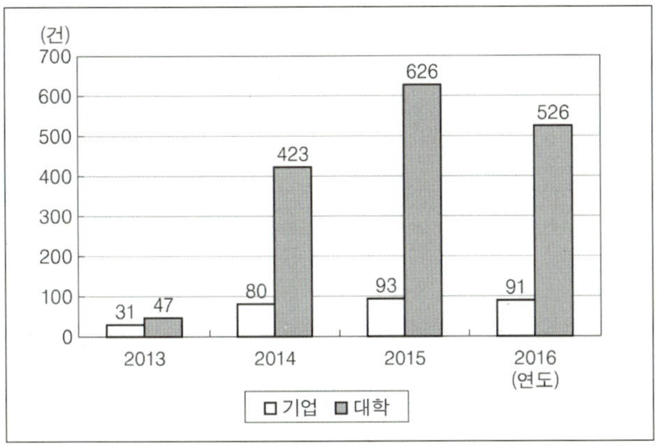

② 연도별 정부 및 전체 R&D 과제 건수

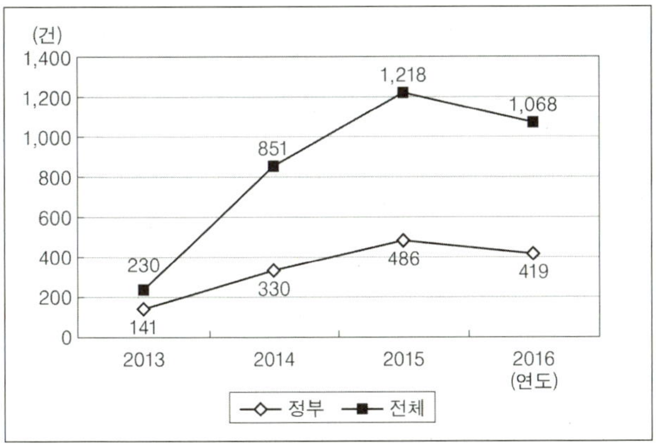

③ 2016년 기관별 R&D 과제 건수 구성비

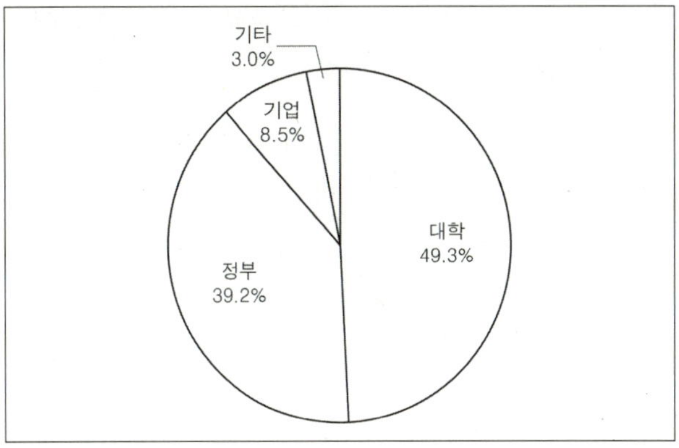

④ 전체 R&D 과제 건수의 전년대비 증가율(2014~ 2016년)

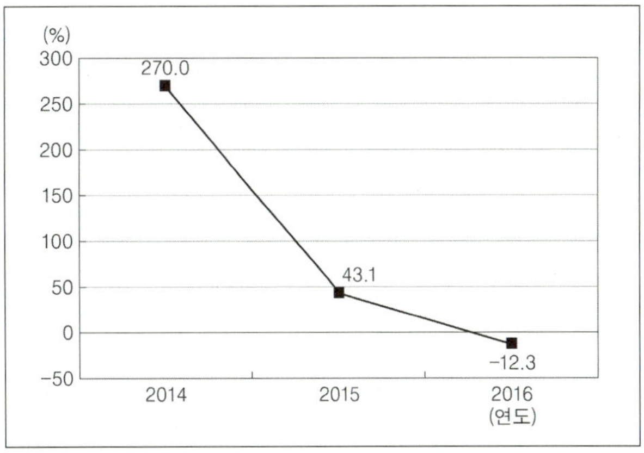

⑤ 연도별 기업 및 정부 R&D 과제 건수의 전년대비 증가율(2014~2016년)

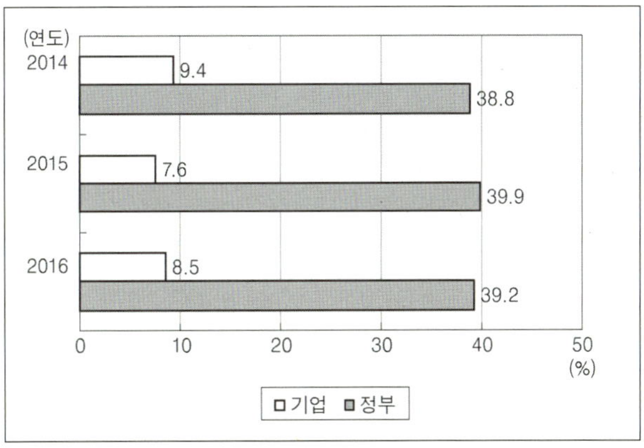

16

다음 <표>는 5개 팀으로 구성된 '갑'국 프로야구 리그의 2016 시즌 팀별 상대전적을 시즌 종료 후 종합한 것이다. 이에 대한 설명으로 옳지 않은 것은?

<표> 2016 시즌 팀별 상대전적

팀＼상대팀	A	B	C	D	E
A	–	(가)	(　)	(　)	(　)
B	6–10–0	–	(　)	(　)	(　)
C	7–9–0	8–8–0	–	8–8–0	(　)
D	6–9–1	8–8–0	8–8–0	–	(　)
E	4–12–0	8–8–0	6–10–0	10–6–0	–

※ 1) 표 안의 수는 승리–패배–무승부의 순으로 표시됨. 예를 들어, B팀의 A팀에 대한 전적(6–10–0)은 6승 10패 0무임.

2) 팀의 시즌 승률(%) $= \frac{\text{해당 팀의 시즌 승리 경기수}}{\text{해당 팀의 시즌 경기수}} \times 100$

① (가)에 들어갈 내용은 10–6–0이다.
② B팀의 시즌 승률은 50% 이하이다.
③ 시즌 승률이 50% 이상인 팀은 1팀이다.
④ C팀은 E팀을 상대로 승리한 경기가 패배한 경기보다 많다.
⑤ 시즌 전체 경기 결과 중 무승부는 1경기이다.

17

다음 <표>는 동일한 상품군을 판매하는 백화점과 TV홈쇼핑의 상품군별 2015년 판매수수료율에 대한 자료이다. 이에 대한 <보고서>의 설명 중 옳은 것만을 모두 고르면?

<표 1> 백화점 판매수수료율 순위

(단위 : %)

판매수수료율 상위 5개			판매수수료율 하위 5개		
순위	상품군	판매수수료율	순위	상품군	판매수수료율
1	셔츠	33.9	1	디지털기기	11.0
2	레저용품	32.0	2	대형가전	14.4
3	잡화	31.8	3	소형가전	18.6
4	여성정장	31.7	4	문구	18.7
5	모피	31.1	5	신선식품	20.8

<표 2> TV홈쇼핑 판매수수료율 순위

(단위 : %)

판매수수료율 상위 5개			판매수수료율 하위 5개		
순위	상품군	판매수수료율	순위	상품군	판매수수료율
1	셔츠	42.0	1	여행패키지	8.4
2	여성캐주얼	39.7	2	디지털기기	21.9
3	진	37.8	3	유아용품	28.1
4	남성정장	37.4	4	건강용품	28.2
5	화장품	36.8	5	보석	28.7

〈보고서〉

백화점과 TV홈쇼핑의 전체 상품군별 판매수수료율을 조사한 결과, ㉠ 백화점, TV홈쇼핑 모두 셔츠 상품군의 판매수수료율이 전체 상품군 중 가장 높았다. 그리고 백화점, TV홈쇼핑 모두 상위 5개 상품군의 판매수수료율이 30%를 넘어섰다. ㉡ 여성정장 상품군과 모피 상품군의 판매수수료율은 TV홈쇼핑이 백화점보다 더 낮았으며, ㉢ 디지털기기 상품군의 판매수수료율은 TV홈쇼핑이 백화점보다 더 높았다. ㉣ 여행패키지 상품군의 판매수수료율은 백화점이 TV홈쇼핑의 2배 이상이었다.

① ㄱ, ㄴ
② ㄱ, ㄷ
③ ㄴ, ㄹ
④ ㄱ, ㄷ, ㄹ
⑤ ㄴ, ㄷ, ㄹ

18

다음 <표>는 A국에서 2016년에 채용된 공무원 인원에 관한 자료이다. 이에 대한 <보기>의 설명 중 옳은 것만을 모두 고르면?

<표> A국의 2016년 공무원 채용 인원

(단위 : 명)

채용방식 / 공무원구분	공개경쟁 채용	경력경쟁 채용	합
고위공무원	–	73	73
3급	–	17	17
4급	–	99	99
5급	296	205	501
6급	–	193	193
7급	639	509	1,148
8급	–	481	481
9급	3,000	1,466	4,466
연구직	17	357	374
지도직	–	3	3
우정직	–	599	599
전문경력관	–	104	104
전문임기제	–	241	241
한시임기제	–	743	743
전체	3,952	5,090	9,042

※ 1) 채용방식은 공개경쟁채용과 경력경쟁채용으로만 이루어짐.
2) 공무원구분은 <표>에 제시된 것으로 한정됨.

〈보 기〉

ㄱ. 2016년에 공개경쟁채용을 통해 채용이 이루어진 공무원구분은 총 4개이다.
ㄴ. 2016년 우정직 채용 인원은 7급 채용 인원의 절반보다 많다.
ㄷ. 2016년에 공개경쟁채용을 통해 채용이 이루어진 공무원구분 각각에서는 공개경쟁채용 인원이 경력경쟁채용 인원보다 많다.
ㄹ. 2017년부터 공무원 채용 인원 중 9급 공개경쟁채용 인원만을 해마다 전년대비 10%씩 늘리고 그 외 나머지 채용 인원을 2016년과 동일하게 유지하여 채용한다면, 2018년 전체 공무원 채용 인원 중 9급 공개경쟁채용 인원의 비중은 40% 이하이다.

① ㄱ, ㄴ
② ㄱ, ㄷ
③ ㄷ, ㄹ
④ ㄱ, ㄴ, ㄹ
⑤ ㄴ, ㄷ, ㄹ

19

다음 <표>는 '갑'국 6개 수종의 기건비중 및 강도에 대한 자료이다. <조건>을 이용하여 A와 C에 해당하는 수종을 바르게 나열한 것은?

<표> 6개 수종의 기건비중 및 강도

수종	기건비중 (ton/m^3)	강도(N/mm^2)			
		압축강도	인장강도	휨강도	전단강도
A	0.53	48	52	88	10
B	0.89	64	125	118	12
C	0.61	63	69	82	9
삼나무	0.37	41	45	72	7
D	0.31	24	21	39	6
E	0.43	51	59	80	7

〈조 건〉

○ 전단강도 대비 압축강도 비가 큰 상위 2개 수종은 낙엽송과 전나무이다.
○ 휨강도와 압축강도 차가 큰 상위 2개 수종은 소나무와 참나무이다.
○ 참나무의 기건비중은 오동나무 기건비중의 2.5배 이상이다.
○ 인장강도와 압축강도의 차가 두 번째로 큰 수종은 전나무이다.

	A	C
①	소나무	낙엽송
②	소나무	전나무
③	오동나무	낙엽송
④	참나무	소나무
⑤	참나무	전나무

20

다음 <표>와 <그림>은 2009 ~ 2012년 도시폐기물량 상위 10개국의 도시폐기물량지수와 한국의 도시폐기물량을 나타낸 것이다. 이에 대한 <보기>의 설명 중 옳은 것만을 모두 고르면?

<표> 도시폐기물량 상위 10개국의 도시폐기물량지수

순위	2009년		2010년		2011년		2012년	
	국가	지수	국가	지수	국가	지수	국가	지수
1	미국	12.05	미국	11.94	미국	12.72	미국	12.73
2	러시아	3.40	러시아	3.60	러시아	3.87	러시아	4.51
3	독일	2.54	브라질	2.85	브라질	2.97	브라질	3.24
4	일본	2.53	독일	2.61	독일	2.81	독일	2.78
5	멕시코	1.98	일본	2.49	일본	2.54	일본	2.53
6	프랑스	1.83	멕시코	2.06	멕시코	2.30	멕시코	2.35
7	영국	1.76	프랑스	1.86	프랑스	1.96	프랑스	1.91
8	이탈리아	1.71	영국	1.75	이탈리아	1.76	터키	1.72
9	터키	1.50	이탈리아	1.73	영국	1.74	영국	1.70
10	스페인	1.33	터키	1.63	터키	1.73	이탈리아	1.40

※ 도시폐기물량지수 = $\frac{\text{해당년도 해당 국가의 도시폐기물량}}{\text{해당년도 한국의 도시폐기물량}}$

<그림> 한국의 도시폐기물량

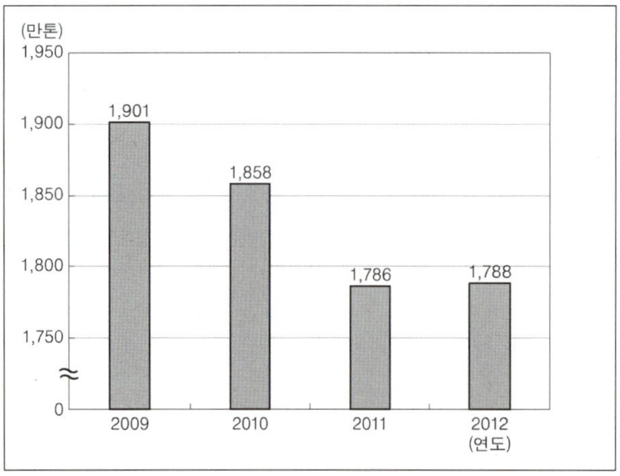

〈보 기〉

ㄱ. 2012년 도시폐기물량은 미국이 일본의 4배 이상이다.
ㄴ. 2011년 러시아의 도시폐기물량은 8,000만톤 이상이다.
ㄷ. 2012년 스페인의 도시폐기물량은 2009년에 비해 감소하였다.
ㄹ. 영국의 도시폐기물량은 터키의 도시폐기물량보다 매년 많다.

① ㄱ, ㄷ
② ㄱ, ㄹ
③ ㄴ, ㄷ
④ ㄱ, ㄴ, ㄹ
⑤ ㄴ, ㄷ, ㄹ

21

다음 <표>와 <그림>을 이용하여 환경 R&D 예산 현황에 관한 <보고서>를 작성하였다. 제시된 <표>와 <그림> 이외에 <보고서> 작성을 위하여 추가로 필요한 자료만을 <보기>에서 모두 고르면?

<표> 대한민국 정부 부처 전체 및 주요 부처별 환경 R&D 예산 현황

(단위 : 억원)

구분 / 연도	정부 부처 전체	A부처	B부처	C부처	D부처	E부처
2002	61,417	14,338	18,431	1,734	1,189	1,049
2003	65,154	16,170	17,510	1,963	1,318	1,074
2004	70,827	19,851	25,730	1,949	1,544	1,301
2005	77,996	24,484	28,550	2,856	1,663	1,365
2006	89,096	27,245	31,584	3,934	1,877	1,469
2007	97,629	30,838	32,350	4,277	1,805	1,663
2008	108,423	34,970	35,927	4,730	2,265	1,840
2009	123,437	39,117	41,053	5,603	2,773	1,969
2010	137,014	43,871	44,385	5,750	3,085	2,142
2011	148,902	47,497	45,269	6,161	3,371	2,355

<그림> 2009년 OECD 주요 국가별 전체 예산 중 환경 R&D 예산의 비중

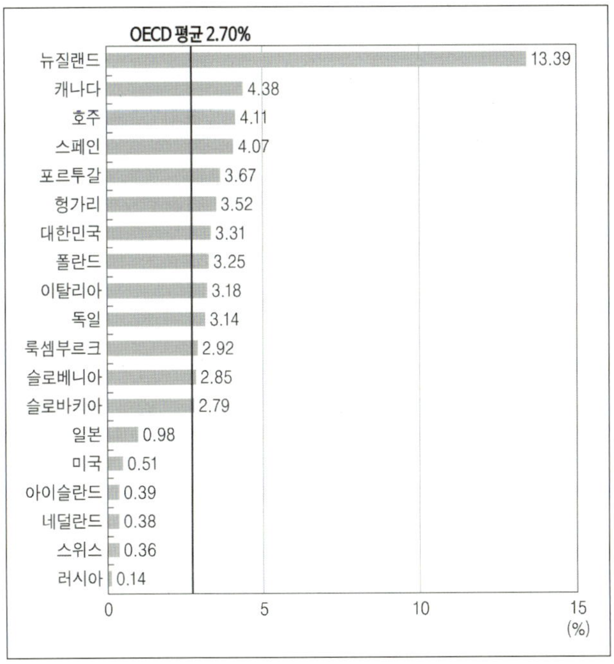

〈보고서〉

○ 환경에 대한 중요성이 강조됨에 따라 미국의 환경 R&D 예산은 2002년부터 2011년까지 증가 추세에 있음.

○ 대한민국의 2009년 전체 예산 중 환경 R&D 예산의 비중은 3.31 %로 OECD 평균 2.70 %에 비해 0.61 %p 큼.

○ 미국의 2009년 전체 예산 중 환경 R&D 예산의 비중은 OECD 평균보다 작았지만, 2010년에는 환경 R&D 예산이 2009년 대비 30 % 이상 증가하여 전체 예산 중 환경 R&D 예산의 비중이 커짐.

○ 2011년 대한민국 정부 부처 전체의 환경 R&D 예산은 약 14.9조원 규모로 2002년 이후 연평균 10 % 이상의 증가율을 보이고 있음.

○ 2011년 대한민국 E부처의 환경 R&D 예산은 정부 부처 전체 환경 R&D 예산의 1.6 % 수준으로 정부 부처 중 8위에 해당함.

〈보 기〉

ㄱ. 2002년부터 2011년까지 미국의 전체 예산 및 환경 R&D 예산

ㄴ. 2002년부터 2011년까지 뉴질랜드의 부처별, 분야별 R&D 예산

ㄷ. 2011년 대한민국 모든 정부 부처의 부처별 환경 R&D 예산

ㄹ. 2010년 대한민국 모든 정부 부처 산하기관의 전체 R&D 예산

① ㄱ, ㄴ
② ㄱ, ㄷ
③ ㄴ, ㄹ
④ ㄱ, ㄷ, ㄹ
⑤ ㄴ, ㄷ, ㄹ

22

다음 <표>는 2012 ~ 2016년 조세심판원의 연도별 사건처리 건수에 관한 자료이다. 이에 대한 <보기>의 설명 중 옳은 것만을 모두 고르면?

<표> 조세심판원의 연도별 사건처리 건수

(단위 : 건)

구분 \ 연도		2012	2013	2014	2015	2016
처리대상 건수	전년이월 건수	1,854	( )	2,403	2,127	2,223
	당년접수 건수	6,424	7,883	8,474	8,273	6,003
	소계	8,278	( )	10,877	10,400	8,226
처리 건수	취하 건수	90	136	163	222	163
	각하 건수	346	301	482	459	506
	기각 건수	4,214	5,074	6,200	5,579	4,322
	재조사 건수	27	0	465	611	299
	인용 건수	1,767	1,803	1,440	1,306	1,338
	소계	6,444	7,314	8,750	8,177	6,628

※ 1) 당해 연도 전년이월 건수 = 전년도 처리대상 건수 − 전년도 처리 건수

2) $처리율(\%) = \frac{처리\ 건수}{처리대상\ 건수} \times 100$

3) $인용률(\%) = \frac{인용\ 건수}{각하\ 건수 + 기각\ 건수 + 인용\ 건수} \times 100$

〈보 기〉

ㄱ. 처리대상 건수가 가장 적은 연도의 처리율은 75% 이상이다.

ㄴ. 2013~2016년 동안 취하 건수와 기각 건수의 전년대비 증감방향은 동일하다.

ㄷ. 2013년 처리율은 80% 이상이다.

ㄹ. 인용률은 2012년이 2014년보다 높다.

① ㄱ, ㄴ
② ㄱ, ㄹ
③ ㄴ, ㄷ
④ ㄱ, ㄷ, ㄹ
⑤ ㄴ, ㄷ, ㄹ

23

다음 <표>와 <그림>은 '갑'국 정당 A ~ D의 지방의회 의석수에 관한 자료이다. 이에 대한 <보기>의 설명 중 옳은 것만을 모두 고르면?

<표> 정당별 전국 지방의회 의석수

(단위 : 석)

연도 \ 정당	A	B	C	D	합
2010	224	271	82	39	616
2014	252	318	38	61	669

<그림> 정당별 수도권 지방의회 의석수

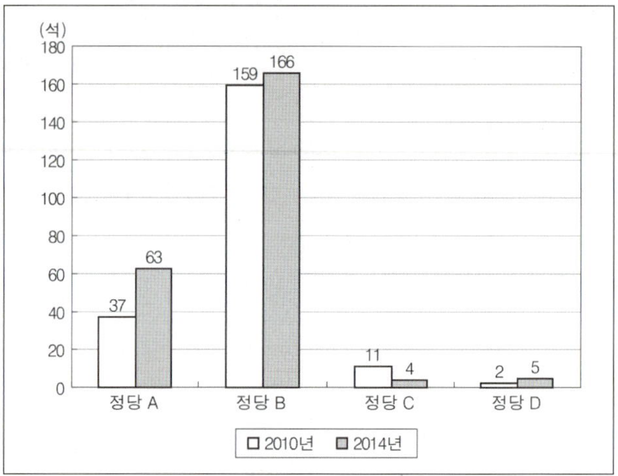

※ 1) '갑'국 지방의회 의원은 정당 A, B, C, D 소속만 있고, 무소속은 없음.

2) 전국 지방의회 의석수 = 수도권 지방의회 의석수 + 비수도권 지방의회 의석수

3) $정당별\ 지방의회\ 의석점유율(\%) = \frac{정당별\ 지방의회\ 의석수}{지방의회\ 의석수} \times 100$

〈보 기〉

ㄱ. 정당 D의 전국 지방의회 의석점유율은 2014년이 2010년보다 높다.

ㄴ. 2010년에 비해 2014년 모든 정당의 전국 지방의회 의석수는 증가하였다.

ㄷ. 2014년 비수도권 지방의회 의석수는 정당 B가 정당 A보다 많다.

ㄹ. 정당 B의 수도권 지방의회 의석점유율은 2014년이 2010년보다 낮다.

① ㄱ, ㄴ
② ㄱ, ㄹ
③ ㄴ, ㄷ
④ ㄱ, ㄷ, ㄹ
⑤ ㄴ, ㄷ, ㄹ

24

다음 <표>는 2016년 '갑'국 10개 항공사의 항공기 지연 현황에 대한 자료이다. 이에 대한 <보기>의 설명 중 옳은 것만을 모두 고르면?

<표> 10개 항공사의 지연사유별 항공기 지연 대수

(단위 : 대)

항공사	총 운항 대수	총 지연 대수	지연사유별 지연 대수			
			연결편 접속	항공기 정비	기상 악화	기타
EK	86,592	21,374	20,646	118	214	396
JL	71,264	12,487	11,531	121	147	688
EZ	26,644	4,037	3,628	41	156	212
WT	7,308	1,137	1,021	17	23	76
HO	6,563	761	695	7	21	38
8L	6,272	1,162	1,109	4	36	13
ZH	3,129	417	135	7	2	273
BK	2,818	110	101	3	1	5
9C	2,675	229	223	3	0	3
PR	1,062	126	112	3	5	6
계	214,327	41,840	39,201	324	605	1,710

※ 지연율(%) = $\frac{\text{총 지연 대수}}{\text{총 운항 대수}} \times 100$

〈보 기〉

ㄱ. 지연율이 가장 낮은 항공사는 BK항공이다.
ㄴ. 항공사별 총 지연 대수 중 항공기 정비, 기상 악화, 기타로 인한 지연 대수의 합이 차지하는 비중은 ZH항공이 가장 높다.
ㄷ. 기상 악화로 인한 전체 지연 대수 중 EK항공과 JL항공의 기상 악화로 인한 지연 대수 합이 차지하는 비중은 50% 이하이다.
ㄹ. 항공기 정비로 인한 지연 대수 대비 기상악화로 인한 지연 대수 비율이 가장 높은 항공사는 EZ항공이다.

① ㄱ, ㄴ
② ㄱ, ㄷ
③ ㄴ, ㄹ
④ ㄱ, ㄷ, ㄹ
⑤ ㄴ, ㄷ, ㄹ

25

다음 <표>는 2015년과 2016년 '갑' 회사의 강사 A ~ E의 시급과 수강생 만족도에 관한 자료이다. <표>와 <조건>에 근거한 설명으로 옳은 것은?

<표> 강사의 시급 및 수강생 만족도

(단위 : 원, 점)

연도 / 구분 / 강사	2015		2016	
	시급	수강생 만족도	시급	수강생 만족도
A	50,000	4.6	55,000	4.1
B	45,000	3.5	45,000	4.2
C	52,000	( )	54,600	4.8
D	54,000	4.9	59,400	4.4
E	48,000	3.2	( )	3.5

〈조 건〉

○ 당해 연도 시급 대비
다음 연도 시급의 인상률은 당해 연도 수강생 만족도에 따라 아래와 같이 결정됨. 단, 강사가 받을 수 있는 시급은 최대 60,000원임.

수강생 만족도	인상률
4.5점 이상	10% 인상
4.0점 이상 4.5점 미만	5% 인상
3.0점 이상 4.0점 미만	동결
3.0점 미만	5% 인하

① 강사 E의 2016년 시급은 45,600원이다.
② 2017년 시급은 강사 D가 강사 C보다 높다.
③ 2016년과 2017년 시급 차이가 가장 큰 강사는 C이다.
④ 강사 C의 2015년 수강생 만족도 점수는 4.5점 이상이다.
⑤ 2017년 강사 A와 강사 B의 시급 차이는 10,000원이다.

MEMO

2016
민간경력

자료해석 5책형

PSAT 신헌 자료해석 ALL수록 기출문제집

01

다음 <그림>은 국가 A ~ J의 1인당 GDP와 1인당 의료비 지출액을 나타낸 것이다. 이에 대한 <보기>의 설명 중 옳은 것만을 모두 고르면?

<그림> 1인당 GDP와 1인당 의료비지출액

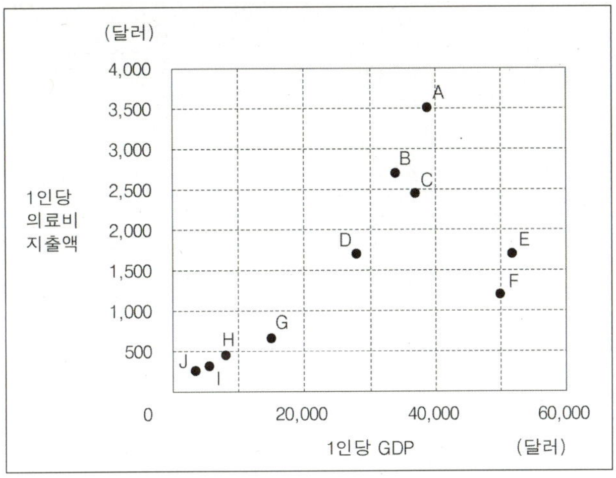

〈보 기〉

ㄱ. 1인당 GDP가 2만달러 이상인 국가의 1인당 의료비지출액은 1천달러 이상이다.
ㄴ. 1인당 의료비지출액이 가장 많은 국가와 가장 적은 국가의 1인당 의료비지출액 차이는 3천달러 이상이다.
ㄷ. 1인당 GDP가 가장 높은 국가와 가장 낮은 국가의 1인당 의료비지출액 차이는 2천달러 이상이다.
ㄹ. 1인당 GDP 상위 5개 국가의 1인당 의료비지출액 합은 1인당 GDP 하위 5개 국가의 1인당 의료비지출액 합의 5배 이상이다.

① ㄱ, ㄴ
② ㄱ, ㄷ
③ ㄷ, ㄹ
④ ㄱ, ㄴ, ㄹ
⑤ ㄴ, ㄷ, ㄹ

02

다음 <표>는 과목 등급 산정기준과 과목별 이수단위 및 민수의 과목별 석차에 대한 자료이다. <표>와 <평균등급 산출 공식>에 따라 산정한 민수의 4개 과목 평균등급을 M이라 할 때, M의 범위로 옳은 것은?

<표 1> 과목 등급 산정기준

등급	과목석차 백분율
1	0 % 초과 4 % 이하
2	4 % 초과 11 % 이하
3	11 % 초과 23 % 이하
4	23 % 초과 40 % 이하
5	40 % 초과 60 % 이하
6	60 % 초과 77 % 이하
7	77 % 초과 89 % 이하
8	89 % 초과 96 % 이하
9	96 % 초과 100 % 이하

※ 과목석차 백분율(%) = $\frac{\text{과목석차}}{\text{과목이수인원}} \times 100$

<표 2> 과목별 이수단위 및 민수의 과목별 석차

구분 / 과목	이수단위(단위)	석차(등)	이수인원(명)
국어	3	270	300
영어	3	44	300
수학	2	27	300
과학	3	165	300

〈평균등급 산출 공식〉

평균등급 = $\frac{\text{(과목별 등급} \times \text{과목별 이수단위)의 합}}{\text{과목별 이수단위의 합}}$

① 3 ≤ M < 4
② 4 ≤ M < 5
③ 5 ≤ M < 6
④ 6 ≤ M < 7
⑤ 7 ≤ M < 8

03

다음 <표>는 2013년과 2014년 '갑'국 국제협력단이 공여한 공적개발원조액에 관한 자료이다. 이에 대한 <보고서>의 내용 중 옳은 것만을 모두 고르면?

<표 1> 지원형태별 공적개발원조액

(단위 : 백만원)

지원형태＼연도	2013	2014
양자	500,139	542,725
다자	22,644	37,827
전체	522,783	580,552

<표 2> 지원분야별 공적개발원조액

(단위 : 백만원, %)

지원분야＼구분	2013년		2014년	
	금액	비중	금액	비중
교육	153,539	29.4	138,007	23.8
보건	81,876	15.7	97,082	16.7
공공행정	75,200	14.4	95,501	16.5
농림수산	72,309	13.8	85,284	14.7
산업에너지	79,945	15.3	82,622	14.2
긴급구호	1,245	0.2	13,879	2.4
기타	58,669	11.2	68,177	11.7
전체	522,783	100.0	580,552	100.0

<표 3> 사업유형별 공적개발원조액

(단위 : 백만원, %)

사업유형＼구분	2013년		2014년	
	금액	비중	금액	비중
프로젝트	217,624	41.6	226,884	39.1
개발조사	33,839	6.5	42,612	7.3
연수생초청	52,646	10.1	55,214	9.5
봉사단파견	97,259	18.6	109,658	18.9
민관협력	35,957	6.9	34,595	6.0
물자지원	5,001	1.0	6,155	1.1
행정성경비	42,428	8.1	49,830	8.6
개발인식증진	15,386	2.9	17,677	3.0
국제기구사업	22,643	4.3	37,927	6.5
전체	522,783	100.0	580,552	100.0

<표 4> 지역별 공적개발원조액

(단위 : 백만원, %)

지역＼구분	2013년		2014년	
	금액	비중	금액	비중
동남아시아	230,758	44.1	236,096	40.7
아프리카	104,940	20.1	125,780	21.7
중남미	60,582	11.6	63,388	10.9
중동	23,847	4.6	16,115	2.8
유럽	22,493	4.3	33,839	5.8
서남아시아	22,644	4.3	37,827	6.5
기타	57,519	11.0	67,507	11.6
전체	522,783	100.0	580,552	100.0

〈보 고 서〉

㉠ 2014년 '갑'국 국제협력단이 공여한 전체 공적개발원조액(이하 원조액)은 전년대비 10% 이상 증가하여 5,800억원을 상회하였다. ㉡ 2013년과 2014년 '양자' 지원형태로 공여한 원조액은 매년 전체 원조액의 90% 이상이다. ㉢ 지원분야별 원조액을 살펴보면, '기타'를 제외하고 2013년과 2014년 지원분야의 원조액 순위는 동일하였다. ㉣ 2013년에 비해 2014년에 공적개발원조액 전체에서 차지하는 비중이 낮아진 사업유형은 모두 3개였다. 지역별 원조액을 살펴보면, 2013년 대비 2014년 동남아시아에 대한 원조액은 증가한 반면에, 전체 원조액에서 동남아시아가 차지하는 비중은 감소하였다. ㉤ 2014년 지역별 원조액은 '기타'를 제외하고 살펴보면, 모든 지역에서 각각 전년대비 증가하였다.

① ㄱ, ㄴ, ㄹ
② ㄱ, ㄴ, ㅁ
③ ㄱ, ㄷ, ㅁ
④ ㄴ, ㄷ, ㄹ
⑤ ㄷ, ㄹ, ㅁ

04

다음 <그림>은 국가 A ~ H의 GDP와 에너지사용량에 관한 자료이다. 이에 대한 설명으로 옳지 않은 것은?

<그림> 국가 A ~ H의 GDP와 에너지사용량

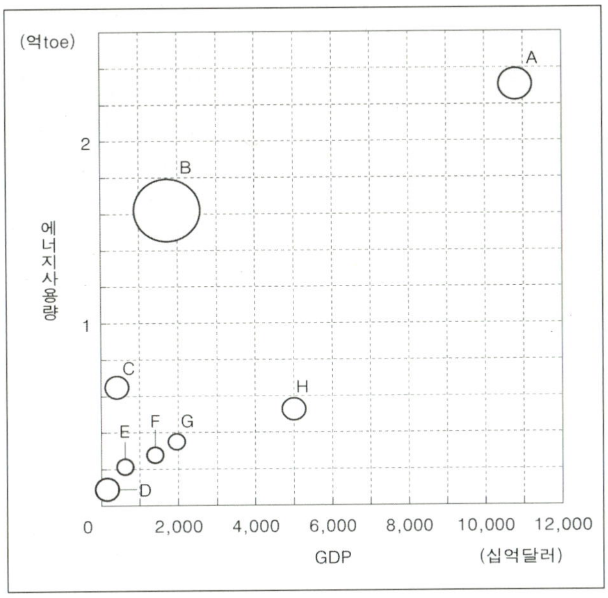

※ 1) 원의 면적은 각 국가 인구수에 정비례함.
2) 각 원의 중심좌표는 각 국가의 GDP와 에너지사용량을 나타냄.

① 에너지사용량이 가장 많은 국가는 A국이고 가장 적은 국가는 D국이다.
② 1인당 에너지사용량은 C국이 D국보다 많다.
③ GDP가 가장 낮은 국가는 D국이고 가장 높은 국가는 A국이다.
④ 1인당 GDP는 H국이 B국보다 높다.
⑤ 에너지사용량 대비 GDP는 A국이 B국보다 낮다.

05

다음 <표>는 2012 ~ 2014년 A국 농축수산물 생산액 상위 10개 품목에 대한 자료이다. 이에 대한 <보기>의 설명 중 옳은 것만을 모두 고르면?

<표> A국 농축수산물 생산액 상위 10개 품목

(단위 : 억원)

연도 / 구분 / 순위	2012		2013		2014	
	품목	생산액	품목	생산액	품목	생산액
1	쌀	105,046	쌀	85,368	쌀	86,800
2	돼지	23,720	돼지	37,586	돼지	54,734
3	소	18,788	소	31,479	소	38,054
4	우유	13,517	우유	15,513	닭	20,229
5	고추	10,439	닭	11,132	우유	17,384
6	닭	8,208	달걀	10,853	달걀	13,590
7	달걀	6,512	수박	8,920	오리	12,323
8	감귤	6,336	고추	8,606	고추	9,913
9	수박	5,598	감귤	8,108	인삼	9,412
10	마늘	5,324	오리	6,490	감귤	9,065
농축수산물 전체		319,678		350,889		413,643

〈보 기〉

ㄱ. 2013년에 비해 2014년에 감귤 생산액 순위는 떨어졌으나 감귤 생산액이 농축수산물 전체 생산액에서 차지하는 비중은 증가하였다.
ㄴ. 쌀 생산액이 농축수산물 전체 생산액에서 차지하는 비중은 매년 감소하였다.
ㄷ. 상위 10위 이내에 매년 포함된 품목은 7개이다.
ㄹ. 오리 생산액은 매년 증가하였다.

① ㄱ, ㄴ
② ㄱ, ㄹ
③ ㄴ, ㄷ
④ ㄴ, ㄹ
⑤ ㄷ, ㄹ

06

다음 <표>는 2013 ~ 2016년 '갑' 기업 사원 A ~ D의 연봉 및 성과평가등급별 연봉인상률에 대한 자료이다. 이에 대한 <보기>의 설명으로 옳은 것만을 모두 고르면?

<표 1> '갑' 기업 사원 A ~ D의 연봉

(단위 : 천원)

사원 \ 연도	2013	2014	2015	2016
A	24,000	28,800	34,560	38,016
B	25,000	25,000	26,250	28,875
C	24,000	25,200	27,720	33,264
D	25,000	27,500	27,500	30,250

<표 2> '갑' 기업의 성과평가등급별 연봉인상률

(단위 : %)

성과평가등급	Ⅰ	Ⅱ	Ⅲ	Ⅳ
연봉인상률	20	10	5	0

※ 1) 성과평가는 해당연도 연말에 1회만 실시하며, 각 사원은 Ⅰ, Ⅱ, Ⅲ, Ⅳ 중 하나의 성과평가등급을 받음.
2) 성과평가등급을 높은 것부터 순서대로 나열하면 Ⅰ, Ⅱ, Ⅲ, Ⅳ의 순임.
3) 당해년도 연봉 = 전년도 연봉 × (1 + 전년도 성과평가등급에 따른 연봉인상률)

〈보 기〉

ㄱ. 2013년 성과평가등급이 높은 사원부터 순서대로 나열하면 D, A, C, B이다.
ㄴ. 2015년에 A와 B는 동일한 성과평가등급을 받았다.
ㄷ. 2013 ~ 2015년 동안 C는 성과평가에서 Ⅰ등급을 받은 적이 있다.
ㄹ. 2013 ~ 2015년 동안 D는 성과평가에서 Ⅲ등급을 받은 적이 있다.

① ㄱ, ㄴ
② ㄱ, ㄷ
③ ㄱ, ㄹ
④ ㄴ, ㄷ
⑤ ㄴ, ㄹ

07

다음 <표>와 <그림>은 2002년과 2012년 '갑'국의 국적별 외국인 방문객에 관한 자료이다. 이에 대한 설명으로 옳은 것은?

<표> 외국인 방문객 현황

(단위 : 명)

연도	2002	2012
외국인 방문객 수	5,347,468	9,794,796

<그림 1> 2002년 국적별 외국인 방문객 수

(상위 10개국)

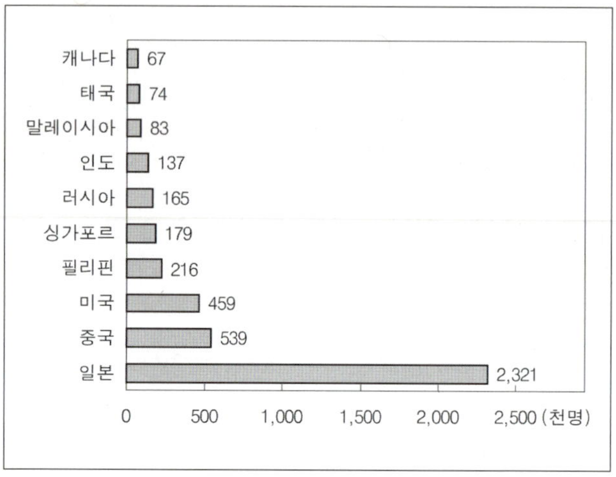

<그림 2> 2012년 국적별 외국인 방문객 수

(상위 10개국)

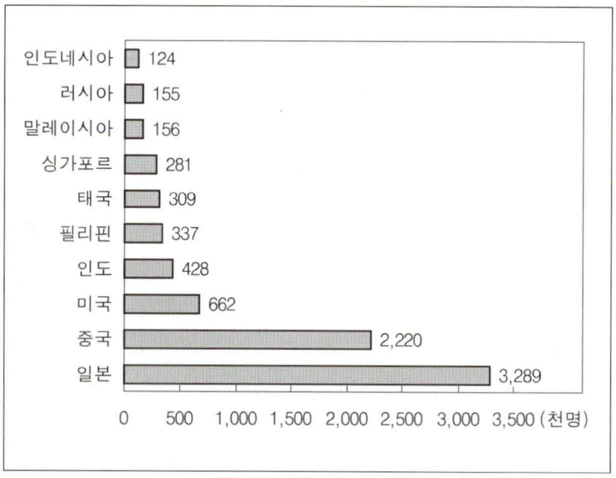

① 미국인, 중국인, 일본인 방문객 수의 합은 2012년이 2002년의 2배 이상이다.
② 2002년 대비 2012년 미국인 방문객 수의 증가율은 말레이시아인 방문객 수의 증가율보다 높다.
③ 전체 외국인 방문객 중 중국인 방문객 비중은 2012년이 2002년의 3배 이상이다.
④ 2002년 외국인 방문객 수 상위 10개국 중 2012년 외국인 방문객 수 상위 10개국에 포함되지 않은 국가는 2개이다.
⑤ 인도네시아인 방문객 수는 2002년에 비해 2012년에 55,000명 이상 증가하였다.

08

다음 <표>와 <그림>은 수종별 원목생산량과 원목생산량 구성비에 관한 자료이다. 이에 대한 <보기>의 설명 중 옳은 것만을 모두 고르면?

<표> 2006 ~ 2011년 수종별 원목생산량

(단위 : 만m^3)

연도 / 수종	2006	2007	2008	2009	2010	2011
소나무	30.9	25.8	28.1	38.6	77.1	92.2
잣나무	7.2	6.8	5.6	8.3	12.8	( )
전나무	50.4	54.3	50.4	54.0	58.2	56.2
낙엽송	22.7	23.8	37.3	38.7	50.5	63.3
참나무	41.4	47.7	52.5	69.4	76.0	87.7
기타	9.0	11.8	21.7	42.7	97.9	85.7
전체	161.6	170.2	195.6	( )	372.5	( )

<그림> 2011년 수종별 원목생산량 구성비

(단위 : %)

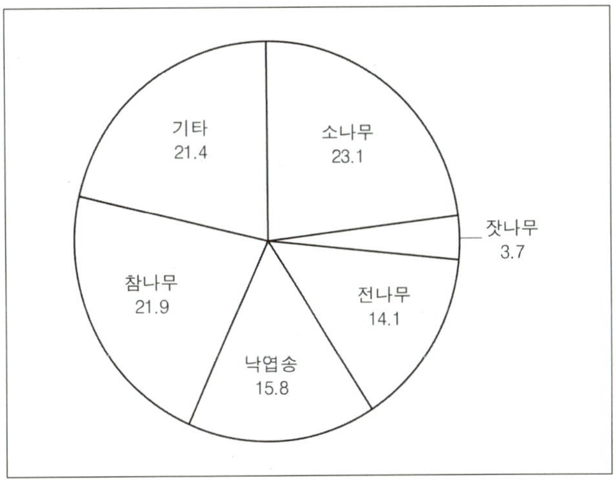

〈보 기〉

ㄱ. '기타'를 제외하고 2006년 대비 2011년 원목생산량 증가율이 가장 큰 수종은 소나무이다.
ㄴ. '기타'를 제외하고 2006 ~ 2011년 동안 원목생산량이 매년 증가한 수종은 3개이다.
ㄷ. 2010년 참나무 원목생산량은 2010년 잣나무 원목생산량의 6배 이상이다.
ㄹ. 전체 원목생산량 중 소나무 원목생산량의 비중은 2011년이 2009년보다 크다.

① ㄱ, ㄴ
② ㄱ, ㄷ
③ ㄱ, ㄹ
④ ㄴ, ㄷ
⑤ ㄷ, ㄹ

09

다음 <그림>은 국가 A ~ D의 정부신뢰에 관한 자료이다. <그림>과 <조건>에 근거하여 A ~ D에 해당하는 국가를 바르게 나열한 것은?

<그림 1> 국가별 전체국민 정부신뢰율

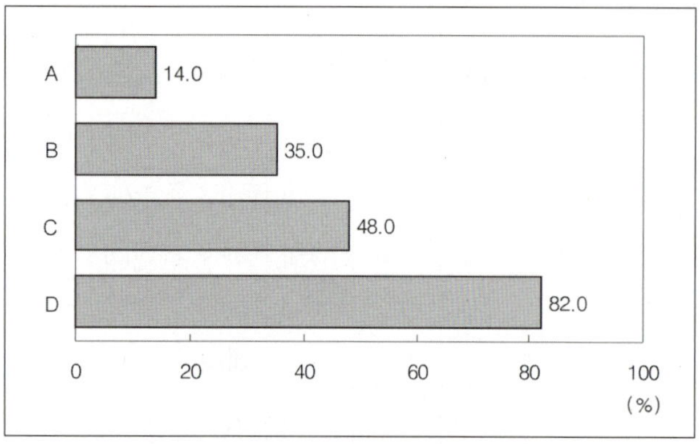

<그림 2> 국가별 청년층의 상대적 정부신뢰지수

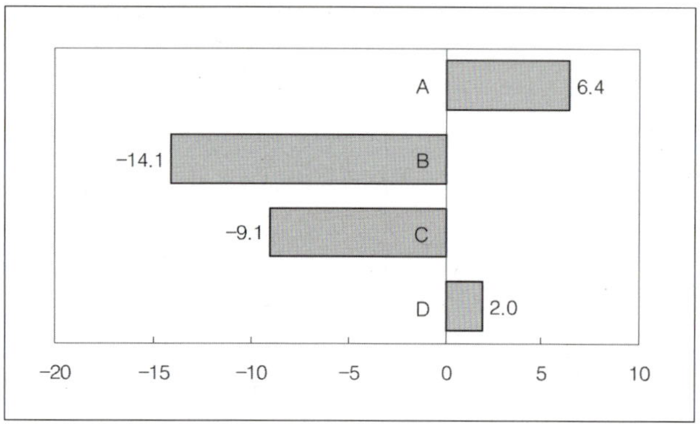

※ 1) 전체국민 정부신뢰율(%)

$$= \frac{\text{정부를 신뢰한다고 응답한 응답자 수}}{\text{전체응답자 수}} \times 100$$

2) 청년층 정부신뢰율(%)

$$= \frac{\text{정부를 신뢰한다고 응답한 청년층 응답자 수}}{\text{청년층 응답자 수}} \times 100$$

3) 청년층의 상대적 정부신뢰지수
= 전체국민 정부신뢰율(%) − 청년층 정부신뢰율(%)

〈조 건〉

○ 청년층 정부신뢰율은 스위스가 그리스의 10배 이상이다.
○ 영국과 미국에서는 청년층 정부신뢰율이 전체국민 정부신뢰율보다 높다.
○ 청년층 정부신뢰율은 미국이 스위스보다 30 %p 이상 낮다.

	A	B	C	D
①	그리스	영국	미국	스위스
②	스위스	영국	미국	그리스
③	스위스	미국	영국	그리스
④	그리스	미국	영국	스위스
⑤	영국	그리스	미국	스위스

10

다음 <표>는 조사년도별 우리나라의 도시수, 도시인구 및 도시화율에 대한 자료이다. 이에 대한 <보기>의 설명 중 옳은 것만을 모두 고르면?

<표> 조사년도별 우리나라의 도시수, 도시인구 및 도시화율

(단위 : 개, 명, %)

조사년도	도시수	도시인구	도시화율
1910	12	1,122,412	8.4
1915	7	456,430	2.8
1920	7	508,396	2.9
1925	19	1,058,706	5.7
1930	30	1,605,669	7.9
1935	38	2,163,453	10.1
1940	58	3,998,079	16.9
1944	74	5,067,123	19.6
1949	60	4,595,061	23.9
1955	65	6,320,823	29.4
1960	89	12,303,103	35.4
1966	111	15,385,382	42.4
1970	114	20,857,782	49.8
1975	141	24,792,199	58.3
1980	136	29,634,297	66.2
1985	150	34,527,278	73.3
1990	149	39,710,959	79.5
1995	135	39,882,316	82.6
2000	138	38,784,556	84.0
2005	151	41,017,759	86.7
2010	156	42,564,502	87.6

※ 1) 도시화율(%) = $\frac{\text{도시인구}}{\text{전체인구}} \times 100$

2) 평균도시인구 = $\frac{\text{도시인구}}{\text{도시수}}$

〈보 기〉

ㄱ. 1949 ~ 2010년 동안 직전 조사년도에 비해 도시수가 증가한 조사년도에는 직전 조사년도에 비해 도시화율도 모두 증가한다.

ㄴ. 1949 ~ 2010년 동안 직전 조사년도 대비 도시인구 증가폭이 가장 큰 조사년도에는 직전 조사년도 대비 도시화율 증가폭도 가장 크다.

ㄷ. 전체인구가 처음으로 4천만명을 초과한 조사년도는 1970년이다.

ㄹ. 조사년도 1955년의 평균도시인구는 10만명 이상이다.

① ㄱ, ㄴ
② ㄱ, ㄷ
③ ㄴ, ㄷ
④ ㄴ, ㄹ
⑤ ㄱ, ㄷ, ㄹ

11

다음 <표>는 지역별, 등급별, 병원유형별 요양기관 수를 나타낸 자료이다. 이에 대한 <보기>의 설명 중 옳은 것만을 모두 고르면?

<표 1> 지역별, 등급별 요양기관 수

(단위 : 개소)

지역 \ 등급	1등급	2등급	3등급	4등급	5등급
서울	22	2	1	0	4
경기	17	2	0	0	1
경상	16	0	0	1	0
충청	5	2	0	0	2
전라	4	2	0	0	1
강원	1	2	0	1	0
제주	2	0	0	0	0
계	67	10	1	2	8

<표 2> 병원유형별, 등급별 요양기관 수

(단위 : 개소)

병원유형 \ 등급	1등급	2등급	3등급	4등급	5등급	합
상급종합병원	37	5	0	0	0	42
종합병원	30	5	1	2	8	46

〈보 기〉

ㄱ. 경상지역 요양기관 중 1등급 요양기관의 비중은 서울지역 요양기관 중 1등급 요양기관의 비중보다 작다.

ㄴ. 5등급 요양기관 중 서울지역 요양기관의 비중은 2등급 요양기관 중 강원지역 요양기관의 비중보다 크다.

ㄷ. 1등급 '상급종합병원' 요양기관 수는 5등급을 제외한 '종합병원' 요양기관 수의 합보다 적다.

ㄹ. '상급종합병원' 요양기관 중 1등급 요양기관의 비중은 1등급 요양기관 중 '종합병원' 요양기관의 비중보다 크다.

① ㄱ, ㄴ
② ㄱ, ㄷ
③ ㄴ, ㄷ
④ ㄴ, ㄹ
⑤ ㄴ, ㄷ, ㄹ

12

다음 <표>는 2000년 극한기후 유형별 발생일수와 발생지수에 관한 자료이다. <표>와 <산정식>에 따라 2000년 극한기후 유형별 발생지수를 산출할 때, 이에 대한 설명으로 옳은 것은?

<표> 2000년 극한기후 유형별 발생일수와 발생지수

유형	폭염	한파	호우	대설	강풍
발생일수(일)	16	5	3	0	1
발생지수	5.00	( )	( )	1.00	( )

※ 극한기후 유형은 폭염, 한파, 호우, 대설, 강풍만 존재함.

〈산정식〉

극한기후 발생지수 $= 4 \times \left(\frac{A - B}{C - B}\right) + 1$

A = 당해년도 해당 극한기후 유형 발생일수

B = 당해년도 폭염, 한파, 호우, 대설, 강풍의 발생일수 중 최솟값

C = 당해년도 폭염, 한파, 호우, 대설, 강풍의 발생일수 중 최댓값

① 발생지수가 가장 높은 유형은 한파이다.
② 호우의 발생지수는 2.00 이상이다.
③ 대설과 강풍의 발생지수의 합은 호우의 발생지수보다 크다.
④ 극한기후 유형별 발생지수의 평균은 3.00 이상이다.
⑤ 폭염의 발생지수는 강풍의 발생지수의 5배이다.

memo

13

다음 <표>는 갑, 을, 병 회사의 부서 간 정보교환을 나타낸 것이다. <표>와 <조건>을 이용하여 작성한 각 회사의 부서 간 정보교환 형태가 <그림>과 같을 때, <그림>의 (A) ~ (C)에 해당하는 회사를 바르게 나열한 것은?

<표 1> '갑' 회사의 부서 간 정보교환

부서	a	b	c	d	e	f	g
a		1	1	1	1	1	1
b	1		0	0	0	0	0
c	1	0		0	0	0	0
d	1	0	0		0	0	0
e	1	0	0	0		0	0
f	1	0	0	0	0		0
g	1	0	0	0	0	0	

<표 2> '을' 회사의 부서 간 정보교환

부서	a	b	c	d	e	f	g
a		1	1	0	0	0	0
b	1		0	1	1	0	0
c	1	0		0	0	1	1
d	0	1	0		0	0	0
e	0	1	0	0		0	0
f	0	0	1	0	0		0
g	0	0	1	0	0	0	

<표 3> '병' 회사의 부서 간 정보교환

부서	a	b	c	d	e	f	g
a		1	0	0	0	0	1
b	1		1	0	0	0	0
c	0	1		1	0	0	0
d	0	0	1		1	0	0
e	0	0	0	1		1	0
f	0	0	0	0	1		1
g	1	0	0	0	0	1	

※ 갑, 을, 병 회사는 각각 a ~ g의 7개 부서만으로 이루어지며, 부서 간 정보교환이 있으면 1, 없으면 0으로 표시함.

〈조 건〉

○ 점(●)은 부서를 의미한다.

○ 두 부서 간 정보교환이 있으면 두 점을 선(—)으로 직접 연결한다.

○ 두 부서 간 정보교환이 없으면 두 점을 선(—)으로 직접 연결하지 않는다.

〈그 림〉

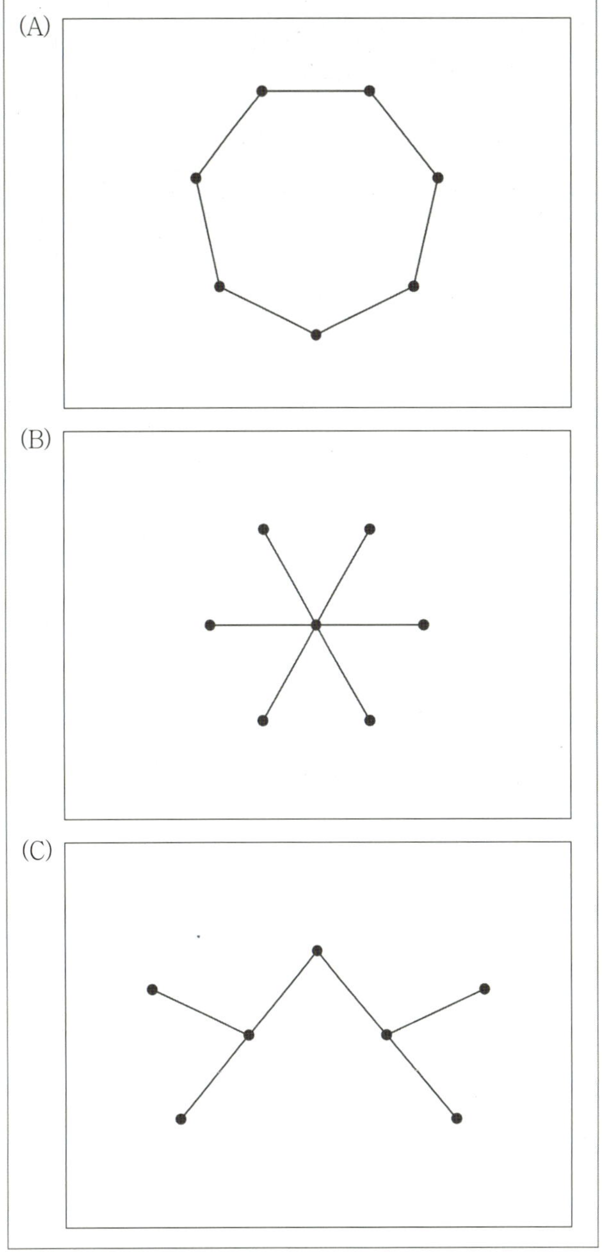

	(A)	(B)	(C)
①	갑	을	병
②	갑	병	을
③	을	갑	병
④	을	병	갑
⑤	병	갑	을

14

다음 <표>는 '갑'국의 10대 미래산업 현황에 대한 자료이다. <표>와 <조건>을 이용하여 B, C, E에 해당하는 산업을 바르게 나열한 것은?

<표> '갑'국의 10대 미래산업 현황

(단위 : 개, 명, 억원, %)

산업	업체수	종사자수	부가가치액	부가가치율
A	403	7,500	788	33.4
기계	345	3,600	2,487	48.3
B	302	22,500	8,949	41.4
조선	103	1,100	282	37.0
에너지	51	2,300	887	27.7
C	48	2,900	4,002	42.4
안전	15	2,100	1,801	35.2
D	4	2,800	4,268	40.5
E	2	300	113	36.3
F	2	100	61	39.1
전체	1,275	45,200	23,638	40.3

※ 부가가치율(%) = $\frac{\text{부가가치액}}{\text{매출액}} \times 100$

〈조 건〉

○ 의료 종사자수는 IT 종사자수의 3배이다.
○ 의료와 석유화학의 부가가치액 합은 10대 미래산업 전체 부가가치액의 50% 이상이다.
○ 매출액이 가장 낮은 산업은 항공우주이다.
○ 철강 업체수는 지식서비스 업체수의 2배이다.

	B	C	E
①	의료	철강	지식서비스
②	의료	석유화학	지식서비스
③	의료	철강	항공우주
④	지식서비스	석유화학	의료
⑤	지식서비스	철강	의료

15

다음 <표>는 성인 500명이 응답한 온라인 도박과 오프라인 도박 관련 조사결과이다. 이에 대한 <보기>의 설명 중 옳은 것만을 모두 고르면?

<표> 온라인 도박과 오프라인 도박 관련 조사결과

(단위 : 명)

온라인 \ 오프라인	×	△	○	합
×	250	21	2	( )
△	113	25	6	144
○	59	16	8	( )
계	422	( )	( )	500

※ 1) × : 경험이 없고 충동을 느낀 적도 없음.
2) △ : 경험은 없으나 충동을 느낀 적이 있음.
3) ○ : 경험이 있음.

〈보 기〉

ㄱ. 온라인 도박 경험이 있다고 응답한 사람은 83명이다.
ㄴ. 오프라인 도박에 대해, '경험은 없으나 충동을 느낀 적이 있음'으로 응답한 사람은 전체 응답자의 10% 미만이다.
ㄷ. 온라인 도박 경험이 있다고 응답한 사람 중 오프라인 도박 경험이 있다고 응답한 사람의 비중은 전체 응답자 중 오프라인 도박 경험이 있다고 응답한 사람의 비중보다 크다.
ㄹ. 온라인 도박에 대해, '경험이 없고 충동을 느낀 적도 없음'으로 응답한 사람은 전체 응답자의 50% 이하이다.

① ㄱ, ㄴ
② ㄱ, ㄷ
③ ㄷ, ㄹ
④ ㄱ, ㄴ, ㄷ
⑤ ㄱ, ㄷ, ㄹ

16

사무관 A는 다음 <표>와 <전문가 자문회의>를 바탕으로 <업무보고 자료>를 작성하였다. <업무보고 자료>의 ㉠ ~ ㉣ 중 <표>와 <전문가 자문회의> 내용에 부합하는 것만을 모두 고르면?

<표> 산업단지별 유해물질 배출 현황

(단위 : kg/톤, 톤/일)

구분 산업단지	배출농도	배출유량
가	1.5	10
나	2.4	5
다	3.0	8
라	1.0	11

〈전문가 자문회의〉

사무관 A : 지금까지 산업단지별 유해물질 배출 현황을 말씀드렸습니다. 향후 환경오염 방지를 위하여 유해물질 배출농도 허용기준을 강화하고자 합니다. 배출농도 허용기준을 현행보다 20% 낮추어 '2.0 kg/톤 이하'로 하면 어떨까 합니다.

전문가 1 : 현재보다 20% 낮추어 배출농도 허용기준을 강화하면 허용기준을 만족하지 못하는 산업단지가 추가로 생기게 됩니다.

전문가 2 : 배출농도 허용기준 강화로 자칫 산업 활동에 위축을 가져오지 않을까 우려됩니다.

전문가 3 : 배출 규제 방식을 바꾸면 어떨까 합니다. 허용기준을 정할 때 배출농도 대신, 배출농도와 배출유량을 곱한 총 배출량을 사용하면 어떨까요?

전문가 1 : 배출농도가 높더라도 배출유량이 극히 적다면 유해물질 하루 총 배출량은 적을 수도 있고, 반대로 배출농도는 낮지만 배출유량이 매우 많다면 총 배출량도 많아지겠군요.

전문가 3 : 그렇습니다. 배출되는 유해물질의 농도와 양을 종합적으로 고려하자는 것이죠. 유해물질 배출 규제를 개선하려면 총 배출량 허용기준을 '12 kg/일 이하'로 정하면 될 것 같습니다.

사무관 A : 제안하신 방식에 대한 문제점은 없을까요?

전문가 2 : 배출유량의 정확한 측정이 어렵고 작은 오차라도 결과값에는 매우 큰 차이를 가져올 수 있습니다.

사무관 A : 전문가 분들의 소중한 의견 감사드립니다.

〈업무보고 자료〉

I. 현황 및 추진배경
- □ ㉠ <u>현행 유해물질 배출농도 허용기준 적용 시 총 4개 산업단지 중 2곳만 허용기준을 만족함</u>
- □ 유해물질 배출 규제 개선을 통해 환경오염을 미연에 방지하고 생태계 건강성을 유지하고자 함

II. 유해물질 배출 규제 개선(안)
- □ 배출농도 허용기준 강화
  - ○ 현행 허용기준보다 20% 낮추는 방안
    - – ㉡ <u>현행 대비 20%를 낮출 경우 배출농도 허용기준은 '2.0 kg/톤 이하'로 강화됨</u>
    - – ㉢ <u>강화된 기준 적용 시 총 4개 산업단지 중 1곳만 배출농도 허용기준을 만족함</u>
  - ○ 문제점
    - – 배출농도 허용기준 강화로 산업 활동 위축이 우려됨
- □ 배출 규제 방식 변경
  - ○ 총 배출량을 기준으로 유해물질 배출 규제
    - – 총 배출량 = 배출농도 × 배출유량
    - – 총 배출량 허용기준 : 12 kg/일 이하
    - – ㉣ <u>새로운 배출 규제 방식 적용 시 총 4개 산업단지 중 2곳만 허용기준을 만족함</u>
  - ○ 문제점
    - – 배출유량의 정확한 측정이 어렵고 작은 오차라도 결과값에 큰 영향을 줄 수 있음

① ㄱ, ㄴ
② ㄱ, ㄷ
③ ㄴ, ㄹ
④ ㄱ, ㄷ, ㄹ
⑤ ㄴ, ㄷ, ㄹ

17

다음 <표>는 임차인 A ~ E의 전·월세 전환 현황에 대한 자료이다. 이에 대한 <보기>의 설명 중 옳은 것만을 모두 고르면?

<표> 임차인 A ~ E의 전·월세 전환 현황

(단위 : 만원)

임차인	전세금	월세보증금	월세
A	(　)	25,000	50
B	42,000	30,000	60
C	60,000	(　)	70
D	38,000	30,000	80
E	58,000	53,000	(　)

※ $\text{전·월세 전환율(\%)} = \frac{\text{월세} \times 12}{\text{전세금} - \text{월세보증금}} \times 100$

〈보 기〉

ㄱ. A의 전·월세 전환율이 6%라면, 전세금은 3억 5천만원이다.
ㄴ. B의 전·월세 전환율은 10%이다.
ㄷ. C의 전·월세 전환율이 3%라면, 월세보증금은 3억 6천만원이다.
ㄹ. E의 전·월세 전환율이 12%라면, 월세는 50만원이다.

① ㄱ, ㄴ
② ㄱ, ㄷ
③ ㄱ, ㄹ
④ ㄴ, ㄹ
⑤ ㄷ, ㄹ

18

다음 <표>는 2000 ~ 2013년 동안 세대문제 키워드별 검색 건수에 대한 자료이다. 이에 대한 <보기>의 설명 중 옳은 것만을 모두 고르면?

<표> 세대문제 키워드별 검색 건수

(단위 : 건)

연도	부정적 키워드		긍정적 키워드		전체
	세대갈등	세대격차	세대소통	세대통합	
2000	575	260	164	638	1,637
2001	520	209	109	648	1,486
2002	912	469	218	1,448	3,047
2003	1,419	431	264	1,363	3,477
2004	1,539	505	262	1,105	3,411
2005	1,196	549	413	1,247	3,405
2006	940	494	423	990	2,847
2007	1,094	631	628	1,964	4,317
2008	1,726	803	1,637	2,542	6,708
2009	2,036	866	1,854	2,843	7,599
2010	2,668	1,150	3,573	4,140	11,531
2011	2,816	1,279	3,772	4,008	11,875
2012	3,603	1,903	4,263	8,468	18,237
2013	3,542	1,173	3,809	4,424	12,948

〈보 기〉

ㄱ. 부정적 키워드 검색 건수에 비해 긍정적 키워드 검색 건수가 많았던 연도의 횟수는 8번 이상이다.
ㄴ. '세대소통' 키워드의 검색 건수는 2005년 이후 매년 증가하였다.
ㄷ. 2001 ~ 2013년 동안 전년대비 전체 검색 건수 증가율이 가장 높은 해는 2002년이다.
ㄹ. 2002년에 전년대비 검색 건수 증가율이 가장 낮은 키워드는 '세대소통'이다.

① ㄱ, ㄴ
② ㄱ, ㄷ
③ ㄴ, ㄹ
④ ㄱ, ㄷ, ㄹ
⑤ ㄴ, ㄷ, ㄹ

19

다음 <그림>은 약품 A ~ C 투입량에 따른 오염물질 제거량을 측정한 자료이다. 이에 대한 <보기>의 설명 중 옳은 것만을 모두 고르면?

<그림> 약품 A ~ C 투입량에 따른 오염물질 제거량

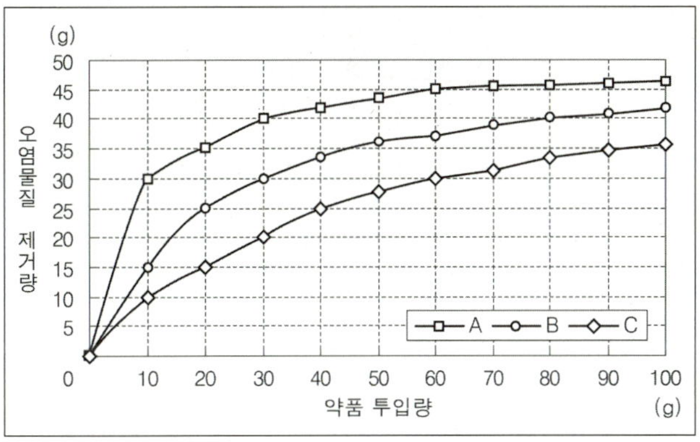

※ 약품은 혼합하여 투입하지 않으며, 측정은 모든 조건이 동일한 가운데 이루어짐.

〈보 기〉

ㄱ. 각 약품의 투입량이 20 g일 때와 60 g일 때를 비교하면, A의 오염물질 제거량 차이가 가장 작다.
ㄴ. 각 약품의 투입량이 20 g일 때, 오염물질 제거량은 A가 C의 2배 이상이다.
ㄷ. 오염물질 30 g을 제거하기 위해 필요한 투입량이 가장 적은 약품은 B이다.
ㄹ. 약품 투입량이 같으면 B와 C의 오염물질 제거량 차이는 7 g 미만이다.

① ㄱ, ㄴ
② ㄴ, ㄹ
③ ㄷ, ㄹ
④ ㄱ, ㄴ, ㄷ
⑤ ㄴ, ㄷ, ㄹ

20

다음 <표>는 2009 ~ 2012년 A 추모공원의 신규 안치건수 및 매출액 현황을 나타낸 자료이다. 이에 대한 <보기>의 설명 중 옳은 것만을 모두 고르면?

<표> A 추모공원의 신규 안치건수 및 매출액 현황

(단위 : 건, 만원)

구분 / 안치유형		신규 안치건수		매출액	
		2009 ~ 2011년	2012년	2009 ~ 2011년	2012년
개인단	관내	719	606	291,500	289,000
	관외	176	132	160,000	128,500
부부단	관내	632	557	323,900	330,000
	관외	221	134	291,800	171,000
계		1,748	1,429	1,067,200	918,500

〈보 기〉

ㄱ. 2012년 개인단의 신규 안치건수는 2009 ~ 2012년 개인단 신규 안치건수 합의 50 % 이하이다.
ㄴ. 2009 ~ 2012년 신규 안치건수의 합은 관내가 관외보다 크다.
ㄷ. 2012년 부부단 관내와 부부단 관외의 매출액이 2011년에 비해 각각 50 %가 증가한 것이라면, 2009 ~ 2010년 매출액의 합은 부부단 관내가 부부단 관외보다 작다.
ㄹ. 2009 ~ 2012년 4개 안치유형 중 신규 안치건수의 합이 가장 큰 안치유형은 부부단 관내이다.

① ㄱ, ㄴ
② ㄴ, ㄷ
③ ㄷ, ㄹ
④ ㄱ, ㄴ, ㄷ
⑤ ㄱ, ㄷ, ㄹ

21

다음 <그림>은 A 자선단체의 수입액과 지출액에 관한 자료이다. 이에 대한 설명 중 옳은 것은?

<그림 1> 수입액 구성비

(단위 : %)

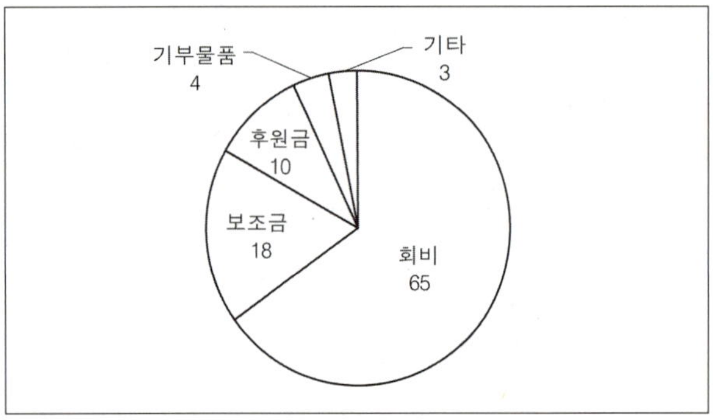

<그림 2> 지출액 구성비

(단위 : %)

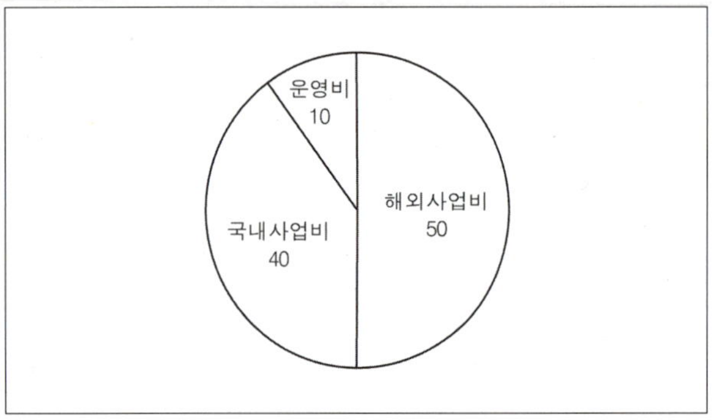

※ A 자선단체의 수입액과 지출액은 항상 같음.

<그림 3> 국내사업비 지출액 세부 구성비

(단위 : %)

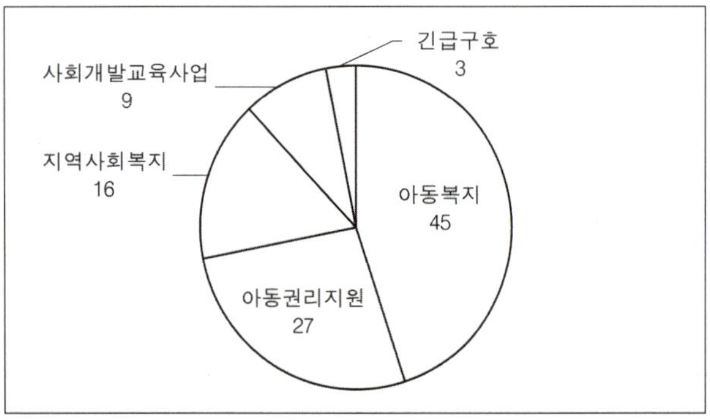

<그림 4> 해외사업비 지출액 세부 구성비

(단위 : %)

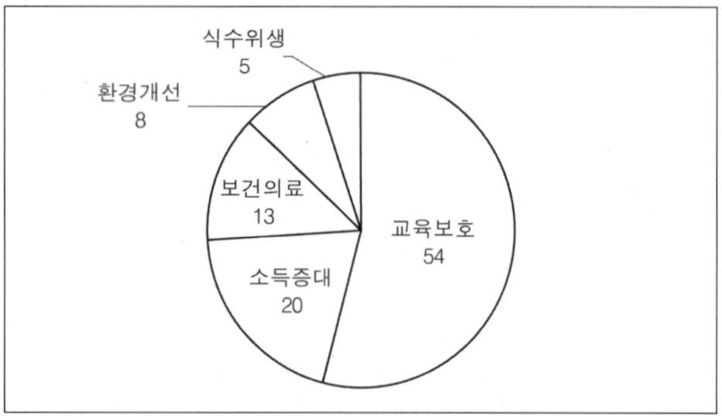

① 전체 수입액 중 후원금 수입액은 국내사업비 지출액 중 아동복지 지출액보다 많다.

② 국내사업비 지출액 중 아동권리지원 지출액은 해외사업비 지출액 중 소득증대 지출액보다 적다.

③ 국내사업비 지출액 중 아동복지 지출액과 해외사업비 지출액 중 교육보호 지출액의 합은 A 자선단체 전체 지출액의 45%이다.

④ 해외사업비 지출액 중 식수위생 지출액은 A 자선단체 전체 지출액의 2% 미만이다.

⑤ A 자선단체 전체 수입액이 6% 증가하고 지역사회복지 지출액을 제외한 다른 모든 지출액이 동일하게 유지된다면, 지역사회복지 지출액은 2배 이상이 된다.

22

다음 <표>는 지점 A ~ E의 지점 간 주행 가능한 도로 현황 및 자동차 '갑'과 '을'의 지점 간 이동정보이다. <표>와 <조건>에 근거한 설명으로 옳은 것은?

<표 1> 지점 간 주행 가능한 도로 현황

(단위 : km)

출발지점 \ 도착지점	B	C	D	E
A	200	*	*	*
B	-	400	200	*
C	*	-	*	200
D	*	*	-	400

※ 1) *는 출발지점에서 도착지점까지 주행 가능한 도로가 없음을 의미함.
2) 지점 간 주행 가능한 도로는 1개씩만 존재함.

<표 2> 자동차 '갑'과 '을'의 지점 간 이동정보

자동차	출발		도착	
	지점	시각	지점	시각
갑	A	10:00	B	( )
	B	( )	C	16:00
을	B	12:00	C	16:00
	C	16:00	E	18:00

※ 최초 출발지점에서 최종 도착지점까지 24시간 이내에 이동함을 가정함.

〈조 건〉

○ '갑'은 A→B→C, '을'은 B→C→E로 이동하였다.
○ A→B는 A지점에서 출발하여 다른 지점을 경유하지 않고 B지점에 도착하는 이동을 의미한다.
○ 이동시 왔던 길은 되돌아갈 수 없다.
○ 평균속력은 출발지점부터 도착지점까지의 이동거리를 소요시간으로 나눈 값이다.
○ 자동차의 최고속력은 200 km/h이다.

① '갑'은 B지점에서 13:00 이전에 출발하였다.
② '갑'이 B지점에서 1시간 이상 머물렀다면 A→B 또는 B→C 구간에서 속력이 120 km/h 이상인 적이 있다.
③ '을'의 경우, B→C 구간의 평균속력보다 C→E 구간의 평균속력이 빠르다.
④ B→C 구간의 평균속력은 '갑'이 '을'보다 빠르다.
⑤ B→C→E 구간보다 B→D→E 구간의 거리가 더 짧다.

23

다음 <표>는 A지역의 저수지 현황에 대한 자료이다. 이에 대한 <보기>의 설명 중 옳은 것만을 모두 고르면?

<표 1> 관리기관별 저수지 현황

(단위 : 개소, 천m^3, ha)

관리기관 \ 구분	저수지 수	총 저수용량	총 수혜면적
농어촌공사	996	598,954	69,912
자치단체	2,230	108,658	29,371
전체	3,226	707,612	99,283

<표 2> 저수용량별 저수지 수

(단위 : 개소)

저수용량 (m^3)	10만 미만	10만 이상 50만 미만	50만 이상 100만 미만	100만 이상 500만 미만	500만 이상 1,000만 미만	1,000만 이상	합
저수지 수	2,668	360	100	88	3	7	3,226

<표 3> 제방높이별 저수지 수

(단위 : 개소)

제방높이 (m)	10 미만	10 이상 20 미만	20 이상 30 미만	30 이상 40 미만	40 이상	합
저수지 수	2,566	533	99	20	8	3,226

〈보 기〉

ㄱ. 관리기관이 자치단체이고 제방높이가 '10 미만'인 저수지 수는 1,600개소 이상이다.
ㄴ. 저수용량이 '10만 미만'인 저수지 수는 전체 저수지 수의 80 % 이상이다.
ㄷ. 관리기관이 농어촌공사인 저수지의 개소당 수혜면적은 관리기관이 자치단체인 저수지의 개소당 수혜면적의 5배 이상이다.
ㄹ. 저수용량이 '50만 이상 100만 미만'인 저수지의 저수용량 합은 전체 저수지 총 저수용량의 5 % 이상이다.

① ㄴ, ㄷ
② ㄷ, ㄹ
③ ㄱ, ㄴ, ㄷ
④ ㄱ, ㄴ, ㄹ
⑤ ㄴ, ㄷ, ㄹ

24

다음 <표>는 2015년 '갑'국 공항의 운항 현황을 나타낸 자료이다. 이에 대한 설명 중 옳은 것은?

<표 1> 운항 횟수 상위 5개 공항

(단위 : 회)

국내선			국제선		
순위	공항	운항 횟수	순위	공항	운항 횟수
1	AJ	65,838	1	IC	273,866
2	KP	56,309	2	KH	39,235
3	KH	20,062	3	KP	18,643
4	KJ	5,638	4	AJ	13,311
5	TG	5,321	5	CJ	3,567
'갑'국 전체		167,040	'갑'국 전체		353,272

※ 일부 공항은 국내선만 운항함.

<표 2> 전년대비 운항 횟수 증가율 상위 5개 공항

(단위 : %)

국내선			국제선		
순위	공항	증가율	순위	공항	증가율
1	MA	229.0	1	TG	55.8
2	CJ	23.0	2	AJ	25.3
3	KP	17.3	3	KH	15.1
4	TG	16.1	4	KP	5.6
5	AJ	11.2	5	IC	5.5

① 2015년 국제선 운항 공항 수는 7개 이상이다.

② 2015년 KP공항의 운항 횟수는 국제선이 국내선의 $\frac{1}{3}$ 이상이다.

③ 전년대비 국내선 운항 횟수가 가장 많이 증가한 공항은 MA공항이다.

④ 국내선 운항 횟수 상위 5개 공항의 국내선 운항 횟수 합은 전체 국내선 운항 횟수의 90% 미만이다.

⑤ 국내선 운항 횟수와 전년대비 국내선 운항 횟수 증가율 모두 상위 5개 안에 포함된 공항은 AJ공항이 유일하다.

25

다음 <표>는 A ~ D국 화폐 대비 원화 환율 및 음식가격에 대한 자료이다. 이에 대한 <보기>의 설명 중 옳은 것만을 모두 고르면?

<표 1> A ~ D국 화폐 대비 원화 환율

국가	화폐단위	환율 (원/각 국의 화폐 1단위)
A	a	1,200
B	b	2,000
C	c	200
D	d	1,000

<표 2> A ~ D국 판매단위별 음식가격

음식 / 판매단위 / 국가	햄버거	피자	치킨	삼겹살
판매단위	1개	1조각	1마리	1인분
A	5 a	2 a	15 a	8 a
B	6 b	1 b	9 b	3 b
C	40 c	30 c	120 c	30 c
D	10 d	3 d	20 d	9 d

〈보 기〉

ㄱ. 원화 120,000원으로 가장 많은 개수의 햄버거를 구매할 수 있는 국가는 A국이다.

ㄴ. B국에서 치킨 1마리 가격은 삼겹살 3인분 가격과 동일하다.

ㄷ. C국의 삼겹살 4인분과 A국의 햄버거 5개는 동일한 액수의 원화로 구매할 수 있다.

ㄹ. D국 화폐 대비 원화 환율이 1,000원/d에서 1,200원/d로 상승하면, D국에서 원화 600,000원으로 구매할 수 있는 치킨의 마리 수는 20% 이상 감소한다.

① ㄱ, ㄴ
② ㄱ, ㄷ
③ ㄴ, ㄷ
④ ㄱ, ㄴ, ㄹ
⑤ ㄴ, ㄷ, ㄹ

2015
민간경력

자료해석 인책형

PSAT 신헌 자료해석 ALL수록 기출문제집

01

다음 <그림>은 보육 관련 6대 과제별 성과 점수 및 추진 필요성 점수를 나타낸 것이다. 이에 대한 <보기>의 설명 중 옳은 것만을 모두 고르면?

<그림 1> 보육 관련 6대 과제별 성과 점수

(단위 : 점)

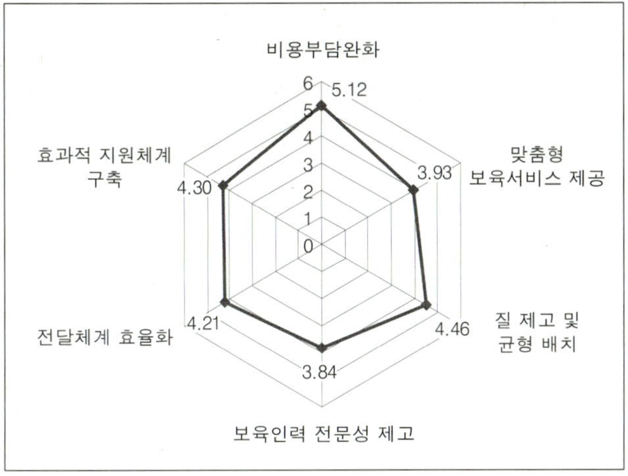

<그림 2> 보육 관련 6대 과제별 추진 필요성 점수

(단위 : 점)

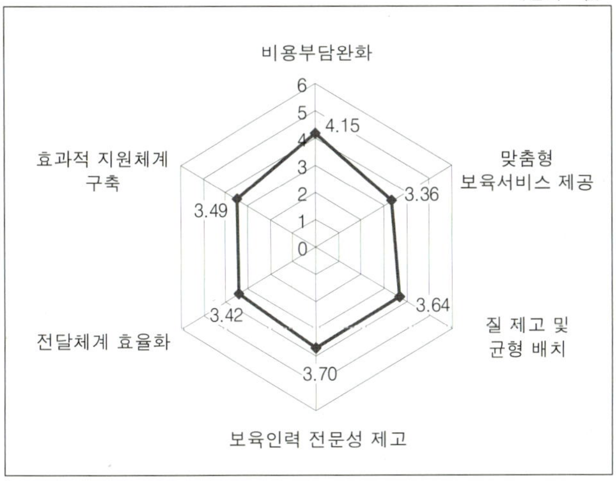

〈보 기〉

ㄱ. 성과 점수가 가장 높은 과제와 가장 낮은 과제의 점수 차이는 1.00점보다 크다.
ㄴ. 성과 점수와 추진 필요성 점수의 차이가 가장 작은 과제는 '보육인력 전문성 제고' 과제이다.
ㄷ. 6대 과제의 추진 필요성 점수 평균은 3.70점 이상이다.

① ㄴ
② ㄱ, ㄴ
③ ㄱ, ㄷ
④ ㄴ, ㄷ
⑤ ㄱ, ㄴ, ㄷ

02

다음 <표>는 행정심판위원회 연도별 사건처리현황에 관한 자료이다. 이에 대한 <보기>의 설명 중 옳은 것만을 모두 고르면?

<표> 행정심판위원회 연도별 사건처리현황

(단위 : 건)

구분 / 연도	접수	심리·의결				취하·이송
		인용	기각	각하	소계	
2010	31,473	4,990	24,320	1,162	30,472	1,001
2011	29,986	4,640	23,284	(　)	28,923	1,063
2012	26,002	3,983	19,974	1,030	24,987	1,015
2013	26,255	4,713	18,334	1,358	24,405	1,850
2014	26,014	4,131	19,164	(　)	25,270	744

※ 1) 당해연도에 접수된 사건은 당해연도에 심리·의결 또는 취하이송됨.

2) $\text{인용률(\%)} = \frac{\text{인용 건수}}{\text{심리·의결 건수}} \times 100$

〈보 기〉

ㄱ. 인용률이 가장 높은 해는 2013년이다.
ㄴ. 취하·이송 건수는 매년 감소하였다.
ㄷ. 각하 건수가 가장 적은 해는 2011년이다.
ㄹ. 접수 건수와 심리·의결 건수의 연도별 증감방향은 동일하다.

① ㄱ, ㄴ
② ㄱ, ㄷ
③ ㄷ, ㄹ
④ ㄱ, ㄷ, ㄹ
⑤ ㄴ, ㄷ, ㄹ

03

다음 <표>와 <그림>은 2000 ~ 2010년 3개국(한국, 일본, 미국)의 3D 입체영상 및 CG 분야 특허출원에 관한 자료이다. 이를 바탕으로 작성된 <보고서>의 내용 중 옳은 것만을 모두 고르면?

<표> 2000 ~ 2010년 3개국 3D 입체영상 및 CG 분야 특허출원 현황

(단위 : 건)

분야 / 국가	3D 입체영상	CG
한국	1,155	785
일본	3,620	2,380
미국	880	820
3개국 전체	5,655	3,985

<그림 1> 연도별 3D 입체영상 분야 3개국 특허출원 추이

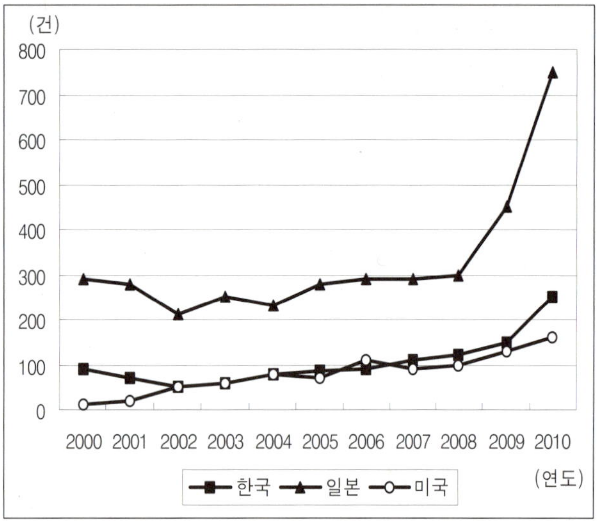

<그림 2> 연도별 CG 분야 3개국 특허출원 추이

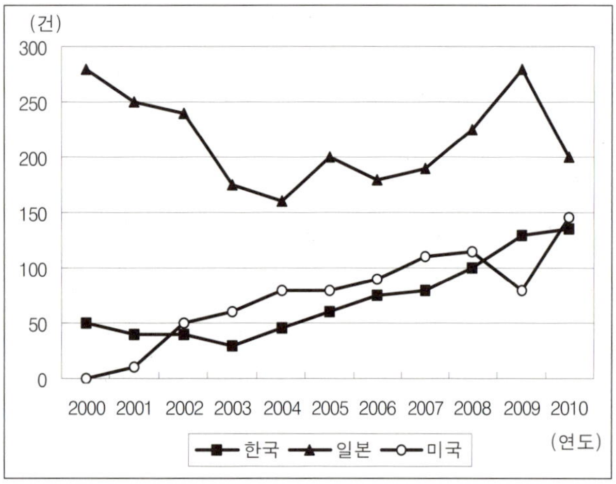

〈보고서〉

3D 입체영상 및 CG 분야에 대한 특허출원 경쟁은 한국, 일본, 미국을 중심으로 전개되고 있다. 일본이 기술개발을 선도하고 있는 ㉠ 3D 입체영상 분야의 경우 2000 ~ 2010년 일본 특허출원 건수는 3개국 전체 특허출원 건수의 60 % 이상을 차지하였다. 하지만 2006년 이후부터 한국에서 관련 기술에 대한 연구가 활발히 진행되어 특허출원 건수가 증가하고 있다. 그 결과 ㉡ 3D 입체영상 분야에서 2007 ~ 2010년 동안 한국 특허출원 건수는 매년 미국 특허출원 건수를 초과하였다.

CG 분야에서도, 2000 ~ 2010년 3개국 전체 특허출원 건수대비 일본 특허출원 건수가 차지하는 비중이 가장 높았으며, 그 다음으로 미국, 한국 순으로 나타났다. 이를 연도별로 살펴보면 ㉢ 2003년 이후 CG 분야에서 한국 특허출원 건수는 매년 미국 특허출원 건수보다 적지만, 관련 기술의 특허출원이 매년 증가하는 추세를 보이고 있다. 한편, ㉣ 2000 ~ 2010년 동안 한국과 일본의 CG 분야 특허출원 건수의 차이는 2010년에 가장 작았다.

① ㄱ, ㄴ
② ㄱ, ㄷ
③ ㄷ, ㄹ
④ ㄱ, ㄴ, ㄹ
⑤ ㄴ, ㄷ, ㄹ

04

다음 <표>는 2005 ~ 2012년 A기업의 콘텐츠 유형별 매출액에 관한 자료이다. 이에 대한 설명으로 옳지 않은 것은?

<표> 2005 ~ 2012년 A기업의 콘텐츠 유형별 매출액

(단위 : 백만원)

콘텐츠 유형 / 연도	게임	음원	영화	SNS	전체
2005	235	108	371	30	744
2006	144	175	355	45	719
2007	178	186	391	42	797
2008	269	184	508	59	1,020
2009	485	199	758	58	1,500
2010	470	302	1,031	308	2,111
2011	603	411	1,148	104	2,266
2012	689	419	1,510	341	2,959

① 2007년 이후 매출액이 매년 증가한 콘텐츠 유형은 영화뿐이다.

② 2012년에 전년대비 매출액 증가율이 가장 큰 콘텐츠 유형은 SNS이다.

③ 영화 매출액은 매년 전체 매출액의 40% 이상이다.

④ 2006 ~ 2012년 동안 콘텐츠 유형별 매출액이 각각 전년보다 모두 증가한 해는 2012년뿐이다.

⑤ 2009 ~ 2012년 동안 매년 게임 매출액은 음원 매출액의 2배 이상이다.

05

다음 <표>는 탄소포인트제 가입자 A ~ D의 에너지 사용량 감축률 현황을 나타낸 자료이다. 아래의 <지급 방식>에 따라 가입자 A ~ D가 탄소포인트를 지급받을 때, 탄소포인트를 가장 많이 지급받는 가입자와 가장 적게 지급받는 가입자를 바르게 나열한 것은?

<표> 가입자 A ~ D의 에너지 사용량 감축률 현황

(단위 : %)

가입자 / 에너지 사용유형	A	B	C	D
전기	2.9	15.0	14.3	6.3
수도	16.0	15.0	5.7	21.1
가스	28.6	26.1	11.1	5.9

〈지급방식〉

○ 탄소포인트 지급 기준

(단위 : 포인트)

에너지 사용량 감축률 / 에너지 사용유형	5% 미만	5% 이상 10% 미만	10% 이상
전기	0	5,000	10,000
수도	0	1,250	2,500
가스	0	2,500	5,000

○ 가입자가 지급받는 탄소포인트

= 전기 탄소포인트 + 수도 탄소포인트 + 가스 탄소포인트

예) 가입자 D가 지급받는 탄소포인트

= 5,000 + 2,500 + 2,500 = 10,000

	가장 많이 지급받는 가입자	가장 적게 지급받는 가입자
①	B	A
②	B	C
③	B	D
④	C	A
⑤	C	D

06

다음 <표>는 A, B, C 세 구역으로 구성된 '갑'시 거주구역별, 성별 인구분포에 관한 자료이다. '갑'시의 남성 인구는 200명, 여성 인구는 300명일 때 이에 대한 <보기>의 설명 중 옳은 것만을 모두 고르면?

<표> '갑'시 거주구역별, 성별 인구분포

(단위 : %)

성별 \ 거주구역	A	B	C	합
남성	15	55	30	100
여성	42	30	28	100

〈보 기〉

ㄱ. A구역 남성 인구는 B구역 여성 인구의 절반이다.
ㄴ. C구역 인구보다 A구역 인구가 더 많다.
ㄷ. C구역은 여성 인구보다 남성 인구가 더 많다.
ㄹ. B구역 남성 인구의 절반이 C구역으로 이주하더라도, C구역 인구는 '갑'시 전체 인구의 40% 이하이다.

① ㄱ, ㄴ
② ㄱ, ㄷ
③ ㄴ, ㄷ
④ ㄴ, ㄹ
⑤ ㄷ, ㄹ

07

다음 <표>는 '갑'국의 2013년 복지종합지원센터, 노인복지관, 자원봉사자, 등록노인 현황에 관한 자료이다. 이에 대한 <보기>의 설명 중 옳은 것만을 모두 고르면?

<표> 복지종합지원센터, 노인복지관, 자원봉사자, 등록노인 현황

(단위 : 개소, 명)

지역 \ 구분	복지종합지원센터	노인복지관	자원봉사자	등록노인
A	20	1,336	8,252	397,656
B	2	126	878	45,113
C	1	121	970	51,476
D	2	208	1,388	69,395
E	1	164	1,188	59,050
F	1	122	1,032	56,334
G	2	227	1,501	73,825
H	3	362	2,185	106,745
I	1	60	529	27,256
전국	69	4,377	30,171	1,486,980

〈보 기〉

ㄱ. 전국의 노인복지관, 자원봉사자 중 A지역의 노인복지관, 자원봉사자의 비중은 각각 25% 이상이다.
ㄴ. A~I지역 중 복지종합지원센터 1개소당 노인복지관 수가 100개소 이하인 지역은 A, B, D, I이다.
ㄷ. A~I지역 중 복지종합지원센터 1개소당 자원봉사자 수가 가장 많은 지역과 복지종합지원센터 1개소당 등록노인 수가 가장 많은 지역은 동일하다.
ㄹ. 노인복지관 1개소당 자원봉사자 수는 H지역이 C지역보다 많다.

① ㄱ, ㄴ
② ㄱ, ㄷ
③ ㄱ, ㄹ
④ ㄴ, ㄷ
⑤ ㄴ, ㄹ

08

다음 <표>는 '갑'국의 8개국 대상 해외직구 반입동향을 나타낸 자료이다. 다음 <조건>의 설명에 근거하여 <표>의 A ~ D에 해당하는 국가를 바르게 나열한 것은?

<표> '갑'국의 8개국 대상 해외직구 반입동향

(단위 : 건, 천달러)

연도	반입 방법 / 국가	목록통관		EDI 수입		전체	
		건수	금액	건수	금액	건수	금액
2013	미국	3,254,813	305,070	5,149,901	474,807	8,404,714	779,877
	중국	119,930	6,162	1,179,373	102,315	1,299,303	108,477
	독일	71,687	3,104	418,403	37,780	490,090	40,884
	영국	82,584	4,893	123,001	24,806	205,585	29,699
	프랑스	172,448	6,385	118,721	20,646	291,169	27,031
	일본	53,055	2,755	138,034	21,028	191,089	23,783
	뉴질랜드	161	4	90,330	4,082	90,491	4,086
	호주	215	14	28,176	2,521	28,391	2,535
2014	미국	5,659,107	526,546	5,753,634	595,206	11,412,741	1,121,752
	(A)	170,683	7,798	1,526,315	156,352	1,696,998	164,150
	독일	170,475	7,662	668,993	72,509	839,468	80,171
	프랑스	231,857	8,483	336,371	47,456	568,228	55,939
	(B)	149,473	7,874	215,602	35,326	365,075	43,200
	(C)	87,396	5,429	131,993	36,963	219,389	42,392
	뉴질랜드	504	16	108,282	5,283	108,786	5,299
	(D)	2,089	92	46,330	3,772	48,419	3,864

〈조 건〉

○ 2014년 중국 대상 해외직구 반입 전체 금액은 같은 해 독일 대상 해외직구 반입 전체 금액의 2배 이상이다.

○ 2014년 영국과 호주 대상 EDI 수입 건수 합은 같은 해 뉴질랜드 대상 EDI 수입 건수의 2배보다 작다.

○ 2014년 호주 대상 해외직구 반입 전체 금액은 2013년 호주 대상 해외직구 반입 전체 금액의 10배 미만이다.

○ 2014년 일본 대상 목록통관 금액은 2013년 일본 대상 목록통관 금액의 2배 이상이다.

	A	B	C	D
①	중국	일본	영국	호주
②	중국	일본	호주	영국
③	중국	영국	일본	호주
④	일본	영국	중국	호주
⑤	일본	중국	호주	영국

09

다음 <표>는 로봇 시장현황과 R&D 예산의 분야별 구성비에 대한 자료이다. 이에 대한 <보기>의 설명 중 옳은 것만을 모두 고르면?

<표 1> 용도별 로봇 시장현황(2013년)

구분 용도	시장규모 (백만달러)	수량 (천개)	평균단가 (천달러/개)
제조용	9,719	178	54.6
전문 서비스용	3,340	21	159.0
개인 서비스용	1,941	4,000	0.5
전체	15,000	4,199	3.6

<표 2> 분야별 로봇 시장규모(2011 ~ 2013년)

(단위 : 백만달러)

용도	분야＼연도	2011	2012	2013
제조용	제조	8,926	9,453	9,719
전문 서비스용	건설	879	847	883
	물류	166	196	216
	의료	1,356	1,499	1,449
	국방	748	818	792
개인 서비스용	가사	454	697	799
	여가	166	524	911
	교육	436	279	231

※ 로봇의 용도 및 분야는 중복되지 않음.

<표 3> 로봇 R&D 예산의 분야별 구성비(2013년)

(단위 : %)

분야	제조	건설	물류	의료	국방	가사	여가	교육	합계
구성비	21	13	3	22	12	12	14	3	100

〈보 기〉

ㄱ. 2013년 전체 로봇 시장규모 대비 제조용 로봇 시장규모의 비중은 70 % 이상이다.

ㄴ. 2013년 전문 서비스용 로봇 평균단가는 제조용 로봇 평균단가의 3배 이하이다.

ㄷ. 2013년 전체 로봇 R&D 예산 대비 전문 서비스용 로봇 R&D 예산의 비중은 50 %이다.

ㄹ. 개인 서비스용 로봇 시장규모는 각 분야에서 매년 증가했다.

① ㄱ, ㄴ
② ㄱ, ㄹ
③ ㄴ, ㄷ
④ ㄴ, ㄹ
⑤ ㄷ, ㄹ

10

다음 <표>는 A발전회사의 연도별 발전량 및 신재생에너지 공급 현황에 관한 자료이다. 이에 대한 <보기>의 설명 중 옳은 것만을 모두 고르면?

<표> A발전회사의 연도별 발전량 및 신재생에너지 공급 현황

구분 \ 연도		2012	2013	2014
발전량(GWh)		55,000	51,000	52,000
신재생에너지	공급의무율(%)	1.4	2.0	3.0
	자체공급량(GWh)	75	380	690
	인증서구입량(GWh)	15	70	160

※ 1) 공급의무율(%) = $\frac{\text{공급의무량}}{\text{발전량}} \times 100$

2) 이행량(GWh) = 자체공급량 + 인증서구입량

〈보 기〉

ㄱ. 공급의무량은 매년 증가한다.
ㄴ. 2012년 대비 2014년 자체공급량의 증가율은 2012년 대비 2014년 인증서구입량의 증가율보다 작다.
ㄷ. 공급의무량과 이행량의 차이는 매년 증가한다.
ㄹ. 이행량에서 자체공급량이 차지하는 비중은 매년 감소한다.

① ㄱ, ㄴ
② ㄱ, ㄷ
③ ㄷ, ㄹ
④ ㄱ, ㄴ, ㄹ
⑤ ㄴ, ㄷ, ㄹ

11

다음 <표>는 2012년 지역별 PC 보유율과 인터넷 이용률에 관한 자료이다. 이에 대한 <보기>의 설명 중 옳은 것만을 모두 고르면?

<표> 2012년 지역별 PC 보유율과 인터넷 이용률

(단위 : %)

지역 \ 구분	PC 보유율	인터넷 이용률
서울	88.4	80.9
부산	84.6	75.8
대구	81.8	75.9
인천	87.0	81.7
광주	84.8	81.0
대전	85.3	80.4
울산	88.1	85.0
세종	86.0	80.7
경기	86.3	82.9
강원	77.3	71.2
충북	76.5	72.1
충남	69.9	69.7
전북	71.8	72.2
전남	66.7	67.8
경북	68.8	68.4
경남	72.0	72.5
제주	77.3	73.6

〈보 기〉

ㄱ. PC 보유율이 네 번째로 높은 지역은 인터넷 이용률도 네 번째로 높다.
ㄴ. 경남보다 PC 보유율이 낮은 지역의 인터넷 이용률은 모두 경남의 인터넷 이용률보다 낮다.
ㄷ. 울산의 인터넷 이용률은 인터넷 이용률이 가장 낮은 지역의 1.3배 이상이다.
ㄹ. PC 보유율보다 인터넷 이용률이 높은 지역은 전북, 전남, 경남이다.

① ㄱ, ㄴ
② ㄱ, ㄷ
③ ㄱ, ㄹ
④ ㄴ, ㄷ
⑤ ㄴ, ㄹ

12

사무관 A는 다음 <표>와 추가적인 자료를 이용하여 과학기술 논문 발표현황에 관한 <보고서>를 작성하였다. 추가로 필요한 자료만을 <보기>에서 모두 고르면?

<표> 우리나라 SCI 과학기술 논문 발표현황

(단위 : 편, %)

연도	2007	2008	2009	2010	2011	2012	2013
발표수	29,565	34,353	37,742	41,481	45,588	49,374	51,051
세계 점유율	2.23	2.40	2.50	2.62	2.68	2.75	2.77

〈보고서〉

최근 우리나라는 과학기술 분야의 연구에 많은 투자를 하고 있다. 2013년도 우리나라 SCI 과학기술 논문 발표수는 51,051편으로 전년대비 약 3.40 % 증가했다. 우리나라 SCI 과학기술 논문 발표수의 세계 점유율은 2007년 2.23 %에서 매년 증가하여 2013년 2.77 %가 되었다. 이는 2007년 이후 기초·원천기술연구에 대한 투자규모의 지속적인 확대로 SCI 과학기술 논문 발표수가 꾸준히 증가하고 있는 것으로 분석된다. 2013년의 논문 1편당 평균 피인용횟수는 4.55회로 SCI 과학기술 논문 발표수 상위 50개 국가 중 32위를 기록했다.

〈보 기〉

ㄱ. 2007년 이후 우리나라 기초·원천기술연구 투자규모 현황
ㄴ. 2009 ~ 2013년 연도별 SCI 과학기술 논문 발표수 상위 50개 국가의 논문 1편당 평균 피인용횟수
ㄷ. 2007년 이후 세계 총 SCI 과학기술 학술지 수
ㄹ. 2009 ~ 2013년 우리나라 SCI 과학기술 논문 발표수의 전년대비 증가율

① ㄱ, ㄴ
② ㄱ, ㄷ
③ ㄴ, ㄷ
④ ㄴ, ㄹ
⑤ ㄷ, ㄹ

13

다음 <표>와 <그림>은 A ~ E국의 국민부담률, 재정적자 비율 및 잠재적부담률과 공채의존도를 나타낸 자료이다. 이에 대한 <보기>의 설명 중 옳은 것만을 모두 고르면?

<표> 국민부담률, 재정적자 비율 및 잠재적부담률

(단위 : %)

구분 \ 국가	A	B	C	D	E
국민부담률	38.9	34.7	49.3	(　)	62.4
사회보장부담률	(　)	8.6	10.8	22.9	24.6
조세부담률	23.0	26.1	(　)	29.1	37.8
재정적자 비율	8.8	9.9	6.7	1.1	5.1
잠재적부담률	47.7	(　)	56.0	53.1	(　)

※ 1) 국민부담률(%) = 사회보장부담률 + 조세부담률
2) 잠재적부담률(%) = 국민부담률 + 재정적자 비율

<그림> 공채의존도

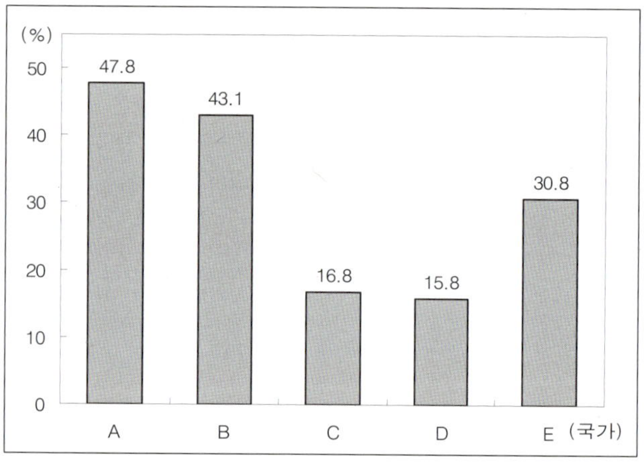

〈보 기〉

ㄱ. 잠재적부담률이 가장 높은 국가의 조세부담률이 가장 높다.
ㄴ. 공채의존도가 가장 낮은 국가의 국민부담률이 두 번째로 높다.
ㄷ. 사회보장부담률이 가장 높은 국가의 공채의존도가 가장 높다.
ㄹ. 잠재적부담률이 가장 낮은 국가는 B이다.

① ㄱ, ㄴ
② ㄱ, ㄷ
③ ㄴ, ㄷ
④ ㄴ, ㄹ
⑤ ㄷ, ㄹ

14

다음 <표>는 2013년 A시 '가' ~ '다' 지역의 아파트실거래가격지수를 나타낸 자료이다. 이에 대한 설명으로 옳은 것은?

<표> 2013년 A시 '가' ~ '다' 지역의 아파트실거래가격지수

월 \ 지역	가	나	다
1	100.0	100.0	100.0
2	101.1	101.6	99.9
3	101.9	103.2	100.0
4	102.6	104.5	99.8
5	103.0	105.5	99.6
6	103.8	106.1	100.6
7	104.0	106.6	100.4
8	105.1	108.3	101.3
9	106.3	110.7	101.9
10	110.0	116.9	102.4
11	113.7	123.2	103.0
12	114.8	126.3	102.6

※ N월 아파트실거래가격지수 =

$$\frac{\text{해당 지역의 N월 아파트 실거래 가격}}{\text{해당 지역의 1월 아파트 실거래 가격}} \times 100$$

① '가' 지역의 12월 아파트 실거래 가격은 '다' 지역의 12월 아파트 실거래 가격보다 높다.
② '나' 지역의 아파트 실거래 가격은 다른 두 지역의 아파트 실거래 가격보다 매월 높다.
③ '다' 지역의 1월 아파트 실거래 가격과 3월 아파트 실거래 가격은 같다.
④ '가' 지역의 1월 아파트 실거래 가격이 1억원이면 '가' 지역의 7월 아파트 실거래 가격은 1억 4천만원이다.
⑤ 2013년 7 ~ 12월 동안 아파트 실거래 가격이 각 지역에서 매월 상승하였다.

15

다음 <표>는 쥐 A ~ E의 에탄올 주입량별 렘(REM)수면시간을 측정한 결과이다. 이에 대한 <보기>의 설명 중 옳은 것만을 모두 고르면?

<표> 에탄올 주입량별 쥐의 렘수면시간

(단위 : 분)

에탄올 주입량(g) \ 쥐	A	B	C	D	E
0.0	88	73	91	68	75
1.0	64	54	70	50	72
2.0	45	60	40	56	39
4.0	31	40	46	24	24

〈보 기〉

ㄱ. 에탄올 주입량이 0.0 g일 때 쥐 A ~ E 렘수면시간 평균은 에탄올 주입량이 4.0 g일 때 쥐 A ~ E 렘수면시간 평균의 2배 이상이다.
ㄴ. 에탄올 주입량이 2.0 g일 때 쥐 B와 쥐 E의 렘수면시간 차이는 20분 이하이다.
ㄷ. 에탄올 주입량이 0.0 g일 때와 에탄올 주입량이 1.0 g일 때의 렘수면시간 차이가 가장 큰 쥐는 A이다.
ㄹ. 쥐 A ~ E는 각각 에탄올 주입량이 많을수록 렘수면시간이 감소한다.

① ㄱ, ㄴ
② ㄱ, ㄷ
③ ㄴ, ㄷ
④ ㄴ, ㄹ
⑤ ㄷ, ㄹ

16

다음 <표>는 2004 ~ 2013년 5개 자연재해 유형별 피해금액에 관한 자료이다. 이에 대한 <보기>의 설명 중 옳은 것만을 모두 고르면?

<표> 5개 자연재해 유형별 피해금액

(단위 : 억원)

연도 / 유형	2004	2005	2006	2007	2008	2009	2010	2011	2012	2013
태풍	3,416	1,385	118	1,609	9	0	1,725	2,183	8,765	17
호우	2,150	3,520	19,063	435	581	2,549	1,808	5,276	384	1,581
대설	6,739	5,500	52	74	36	128	663	480	204	113
강풍	0	93	140	69	11	70	2	0	267	9
풍랑	0	0	57	331	0	241	70	3	0	0
전체	12,305	10,498	19,430	2,518	637	2,988	4,268	7,942	9,620	1,720

〈보 기〉

ㄱ. 2004 ~ 2013년 강풍 피해금액 합계는 풍랑 피해금액 합계보다 작다.

ㄴ. 2012년 태풍 피해금액은 2012년 5개 자연재해 유형 전체 피해금액의 90 % 이상이다.

ㄷ. 피해금액이 매년 10억원보다 큰 자연재해 유형은 호우뿐이다.

ㄹ. 피해금액이 큰 자연재해 유형부터 순서대로 나열하면 2010년과 2011년의 순서는 동일하다.

① ㄱ, ㄴ
② ㄱ, ㄷ
③ ㄷ, ㄹ
④ ㄱ, ㄴ, ㄹ
⑤ ㄴ, ㄷ, ㄹ

17

다음 <표>는 2009 ~ 2014년 건설공사 공종별 수주액 현황을 나타낸 것이다. 이를 이용하여 작성한 그래프로 옳지 않은 것은?

<표> 건설공사 공종별 수주액 현황

(단위 : 조원, %)

구분 / 연도	전체	전년 대비 증감률	토목	전년대비 증감률	건축	전년 대비 증감률	주거용	비주거용
2009	118.7	−1.1	54.1	31.2	64.6	−18.1	39.1	25.5
2010	103.2	−13.1	41.4	−23.5	61.8	−4.3	31.6	30.2
2011	110.7	7.3	38.8	−6.3	71.9	16.3	38.7	33.2
2012	99.8	−9.8	34.0	−12.4	65.8	−8.5	34.3	31.5
2013	90.4	−9.4	29.9	−12.1	60.5	−8.1	29.3	31.2
2014	107.4	18.8	32.7	9.4	74.7	23.5	41.1	33.6

① 건축 공종의 수주액

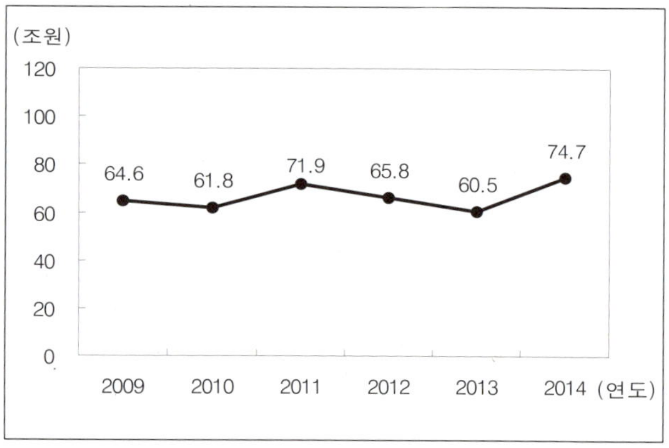

② 토목 공종의 수주액 및 전년대비 증감률

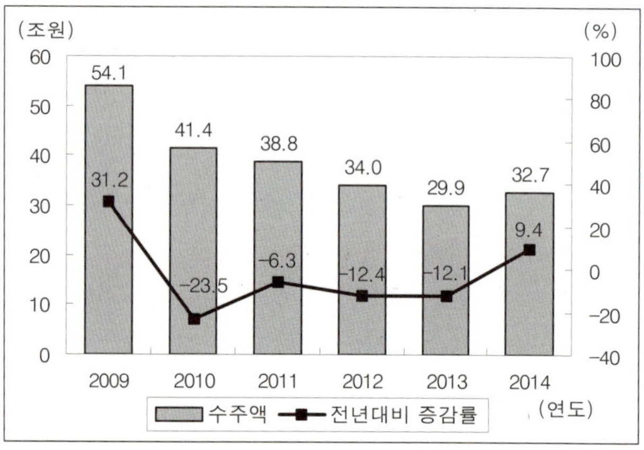

③ 건설공사 전체 수주액의 공종별 구성비

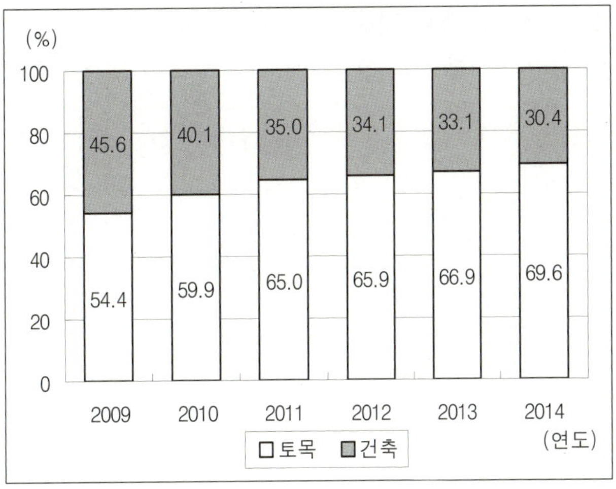

④ 건축 공종 중 주거용 및 비주거용 수주액

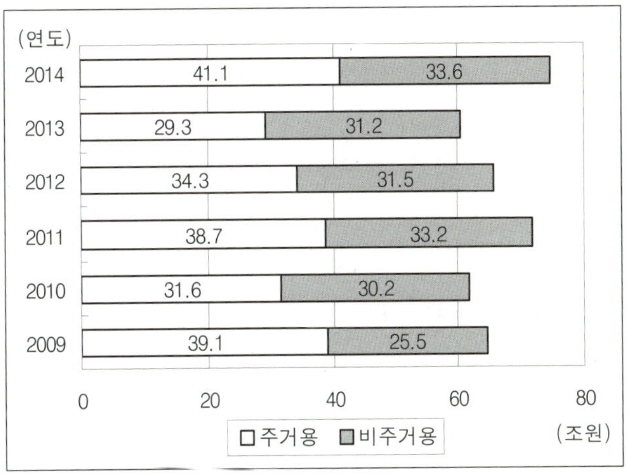

⑤ 건설공사 전체 및 건축 공종 수주액의 전년대비 증감률

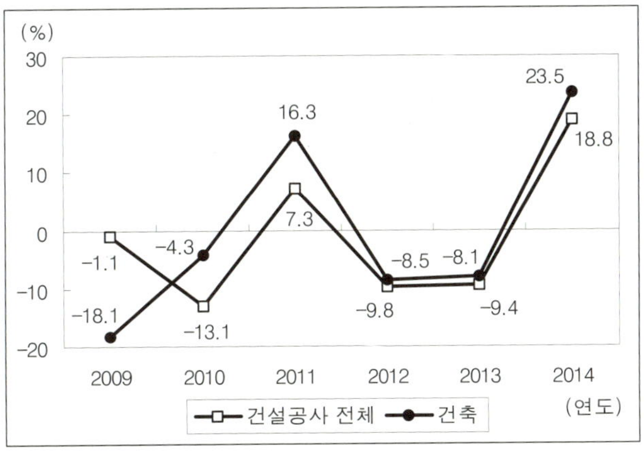

18

다음 <표>는 2010 ~ 2014년 A시의회의 발의 주체별 조례발의 현황에 관한 자료이다. 이에 대한 설명으로 옳지 않은 것은?

<표> A시의회 발의 주체별 조례발의 현황

(단위 : 건)

연도 \ 발의 주체	단체장	의원	주민	합
2010	527	( )	23	924
2011	( )	486	35	1,149
2012	751	626	39	( )
2013	828	804	51	1,683
2014	905	865	( )	1,824
전체	3,639	3,155	202	( )

※ 조례발의 주체는 단체장, 의원, 주민으로만 구성됨.

① 2012년 조례발의 건수 중 단체장발의 건수가 50 % 이상이다.
② 2011년 단체장발의 건수는 2013년 의원발의 건수보다 적다.
③ 주민발의 건수는 매년 증가하였다.
④ 2014년 의원발의 건수는 2010년과 2011년 의원발의 건수의 합보다 많다.
⑤ 2014년 조례발의 건수는 2012년 조례발의 건수의 1.5배 이상이다.

19

다음 <표>는 섬유수출액 상위 10개국과 한국의 섬유수출액 현황에 대한 자료이다. 이에 대한 <보기>의 설명 중 옳은 것만을 모두 고르면?

<표 1> 상위 10개국의 섬유수출액 현황(2010년)

(단위 : 억달러, %)

순위 \ 구분	국가	섬유			전년대비 증가율
			원단	의류	
1	중국	2,424	882	1,542	21.1
2	이탈리아	1,660	671	989	3.1
3	인도	241	129	112	14.2
4	터키	218	90	128	12.7
5	방글라데시	170	13	157	26.2
6	미국	169	122	47	19.4
7	베트남	135	27	108	28.0
8	한국	126	110	16	21.2
9	파키스탄	117	78	39	19.4
10	인도네시아	110	42	68	20.2
세계 전체		6,085	2,570	3,515	14.6

<표 2> 한국의 섬유수출액 현황(2006 ~ 2010년)

(단위 : 억달러, %)

구분 \ 연도	2006	2007	2008	2009	2010
섬유	177 (5.0)	123 (2.1)	121 (2.0)	104 (2.0)	126 (2.1)
원단	127 (8.2)	104 (4.4)	104 (4.2)	90 (4.4)	110 (4.3)
의류	50 (2.5)	19 (0.6)	17 (0.5)	14 (0.4)	16 (0.5)

※ 괄호 안의 숫자는 세계 전체의 해당분야 수출액에서 한국의 해당분야 수출액이 차지하는 비중으로, 소수점 아래 둘째자리에서 반올림한 값임.

〈보 기〉

ㄱ. 2010년 한국과 인도의 섬유수출액 차이는 100억달러 이상이다.
ㄴ. 2010년 세계 전체의 섬유수출액은 2006년의 2배 이하이다.
ㄷ. 2010년 한국 원단수출액의 전년대비 증가율과 의류수출액의 전년대비 증가율의 차이는 10%p 이상이다.
ㄹ. 2010년 중국의 의류수출액은 세계 전체 의류수출액의 50% 이하이다.

① ㄱ, ㄴ
② ㄱ, ㄷ
③ ㄷ, ㄹ
④ ㄱ, ㄴ, ㄹ
⑤ ㄴ, ㄷ, ㄹ

20

다음 <표>는 2014년 '갑'국 지방법원(A ~ E)의 배심원 출석 현황에 관한 자료이다. 이에 대한 <보기>의 설명 중 옳은 것만을 모두 고르면?

<표> 2014년 '갑'국 지방법원(A ~ E)의 배심원 출석 현황

(단위 : 명)

지방법원 \ 구분	소환인원	송달불능자	출석취소통지자	출석의무자	
					출석자
A	1,880	533	573	( )	411
B	1,740	495	508	( )	453
C	716	160	213	343	189
D	191	38	65	88	57
E	420	126	120	174	115

※ 1) 출석의무자 수 = 소환인원 − 송달불능자 수 − 출석취소통지자 수

2) 출석률(%) = $\frac{\text{출석자 수}}{\text{소환인원}} \times 100$

3) 실질출석률(%) = $\frac{\text{출석자 수}}{\text{출석의무자 수}} \times 100$

〈보 기〉

ㄱ. 출석의무자 수는 B지방법원이 A지방법원보다 많다.
ㄴ. 실질출석률은 E지방법원이 C지방법원보다 낮다.
ㄷ. D지방법원의 출석률은 25% 이상이다.
ㄹ. A ~ E지방법원 전체 소환인원에서 A지방법원의 소환인원이 차지하는 비율은 35% 이상이다.

① ㄱ, ㄴ
② ㄱ, ㄷ
③ ㄴ, ㄷ
④ ㄴ, ㄹ
⑤ ㄷ, ㄹ

21

다음은 2011 ~ 2014년 주택건설 인허가 실적에 대한 <보고서>이다. <보고서>의 내용을 작성하는 데 직접적인 근거로 활용되지 않은 자료는?

〈보고서〉

○ 2014년 주택건설 인허가 실적은 전국 51.5만호(수도권 24.2만호, 지방 27.3만호)로 2013년(44.1만호) 대비 16.8 % 증가하였다. 이는 당초 계획(37.4만호)에 비하여 증가한 것이지만, 2014년의 인허가 실적은 2011년 55.0만호, 2012년 58.6만호, 2013년 44.1만호 등 3년 평균(2011 ~ 2013년, 52.6만호)에 미치지 못하였다.

○ 2014년 아파트의 인허가 실적(34.8만호)은 2013년 대비 24.7 % 증가하였다. 아파트외 주택의 인허가 실적(16.7만호)은 2013년 대비 3.1 % 증가하였으나, 2013년부터 도시형생활주택 인허가 실적이 감소하면서 3년평균(2011 ~ 2013년, 18.9만호) 대비 11.6 % 감소하였다.

○ 2014년 공공부문의 인허가 실적(6.3만호)은 일부 분양 물량의 수급 조절에 따라 2013년 대비 21.3 % 감소하였으며, 3년평균(2011 ~ 2013년, 10.2만호) 대비로는 38.2 % 감소하였다. 민간부문(45.2만호)은 2013년 대비 25.2 % 증가하였으며, 3년평균(2011 ~ 2013년, 42.4만호) 대비 6.6 % 증가하였다.

○ 2014년의 소형(60 m^2이하), 중형(60 m^2초과 85 m^2이하), 대형(85 m^2초과) 주택건설 인허가 실적은 2013년 대비 각각 1.2 %, 36.4 %, 4.9 % 증가하였고, 2014년 85 m^2 이하 주택건설 인허가 실적의 비중은 2014년 전체 주택건설 인허가 실적의 약 83.5 %이었다.

① 지역별 주택건설 인허가 실적 및 증감률

(단위 : 만호, %)

구분		2013년	3년평균 (2011 ~ 2013)	2014년		
					전년대비 증감률	3년평균 대비 증감률
전국		44.1	52.6	51.5	16.8	−2.1
	수도권	19.3	24.5	24.2	25.4	−1.2
	지방	24.8	28.1	27.3	10.1	−2.8

② 2011 ~ 2013년 지역별 주택건설 인허가 실적

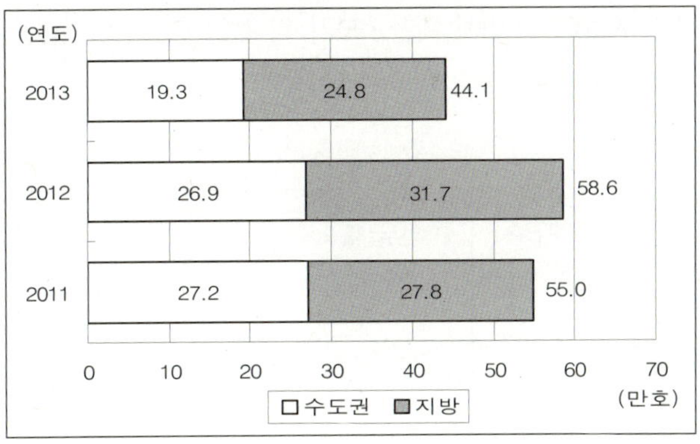

③ 공공임대주택 공급 실적 및 증감률

(단위 : 만호, %)

구분	2013년	3년평균 (2011 ~ 2013)	2014년		
				전년 대비 증감률	3년평균 대비 증감률
영구·국민	2.7	2.3	2.6	−3.7	13.0
공공	3.1	2.9	3.6	16.1	24.1
매입·전세	3.8	3.4	3.4	−10.5	0.0

④ 유형별 주택건설 인허가 실적 및 증감률

(단위 : 만호, %)

구분	2013년	3년평균 (2011 ~ 2013)	2014년		
				전년대비 증감률	3년평균 대비 증감률
아파트	27.9	33.7	34.8	24.7	3.3
아파트외	16.2	18.9	16.7	3.1	−11.6

⑤ 건설 주체별·규모별 주택건설 인허가 실적 및 증감률

(단위 : 만호, %)

구분		2013년	3년평균 (2011 ~ 2013)	2014년		
					전년 대비 증감률	3년평균 대비 증감률
건설주체	공공부문	8.0	10.2	6.3	−21.3	−38.2
	민간부문	36.1	42.4	45.2	25.2	6.6
규모	60 m^2이하	17.3	21.3	17.5	1.2	−17.8
	60 m^2초과 85 m^2이하	18.7	21.7	25.5	36.4	17.5
	85 m^2초과	8.1	9.6	8.5	4.9	−11.5

22

다음 <표>는 '갑'국의 주택보급률 및 주거공간 현황에 대한 자료이다. 이에 대한 <보기>의 설명 중 옳은 것만을 모두 고르면?

<표> '갑'국의 주택보급률 및 주거공간 현황

연도	가구수 (천가구)	주택보급률 (%)	주거공간	
			가구당 (m^2/가구)	1인당(m^2/인)
2000	10,167	72.4	58.5	13.8
2001	11,133	86.0	69.4	17.2
2002	11,928	96.2	78.6	20.2
2003	12,491	105.9	88.2	22.9
2004	12,995	112.9	94.2	24.9

※ 1) 주택보급률(%) $= \frac{\text{주택수}}{\text{가구수}} \times 100$

2) 가구당 주거공간(m^2/가구) $= \frac{\text{주거공간 총면적}}{\text{가구수}}$

3) 1인당 주거공간(m^2/인) $= \frac{\text{주거공간 총면적}}{\text{인구수}}$

〈보 기〉

ㄱ. 주택수는 매년 증가하였다.
ㄴ. 2003년 주택을 두 채 이상 소유한 가구수는 2002년보다 증가하였다.
ㄷ. 2001 ~ 2004년 동안 1인당 주거공간의 전년대비 증가율이 가장 큰 해는 2001년이다.
ㄹ. 2004년 주거공간 총면적은 2000년 주거공간 총면적의 2배 이상이다.

① ㄱ, ㄴ
② ㄱ, ㄷ
③ ㄴ, ㄹ
④ ㄱ, ㄷ, ㄹ
⑤ ㄴ, ㄷ, ㄹ

23

다음 <정보>와 <표>는 2014년 A ~ E기업의 기본생산능력과 초과생산량 및 1 ~ 3월 생산이력에 관한 자료이다. 이에 근거하여 기본생산능력이 가장 큰 기업과 세 번째로 큰 기업을 바르게 나열한 것은?

〈정 보〉

○ 각 기업의 기본생산능력(개/월)은 변하지 않는다.
○ A기업의 기본생산능력은 15,000개/월이고 C기업과 E기업의 기본생산능력은 동일하다.
○ B, C, D기업의 경우 2014년 1 ~ 3월 동안 초과생산량이 발생하지 않았다.
○ E기업의 경우 2014년 3월에 기본생산능력에 해당하는 생산량 이외에 기본생산능력의 20%에 해당하는 초과생산량이 발생하였다.
○ 생산 참여기업의 월 생산량
= 기본생산능력에 해당하는 월 생산량 + 월 초과생산량

<표> 2014년 1 ~ 3월 생산이력

구 분	1월	2월	3월
생산 참여기업	B, C	B, D	C, E
손실비	0.0	0.5	0.0
총생산량(개)	23,000	17,000	22,000

※ 해당월 총생산량
= 해당월 '생산 참여기업의 월 생산량'의 합 × (1 − 손실비)

	가장 큰 기업	세 번째로 큰 기업
①	A	B
②	A	D
③	B	D
④	D	A
⑤	D	B

24

다음 <표>는 '가'국의 PC와 스마트폰 기반 웹 브라우저 이용에 대한 설문조사를 바탕으로, 2013년 10월 ~ 2014년 1월 동안 매월 이용률 상위 5종 웹 브라우저의 이용률 현황을 정리한 자료이다. 이에 대한 설명으로 옳은 것은?

<표 1> PC 기반 웹 브라우저

(단위 : %)

조사시기 / 웹 브라우저 종류	2013년			2014년
	10월	11월	12월	1월
인터넷 익스플로러	58.22	58.36	57.91	58.21
파이어폭스	17.70	17.54	17.22	17.35
크롬	16.42	16.44	17.35	17.02
사파리	5.84	5.90	5.82	5.78
오페라	1.42	1.39	1.33	1.28
상위 5종 전체	99.60	99.63	99.63	99.64

※ 무응답자는 없으며, 응답자는 1종의 웹 브라우저만을 이용한 것으로 응답함.

<표 2> 스마트폰 기반 웹 브라우저

(단위 : %)

조사시기 / 웹 브라우저 종류	2013년			2014년
	10월	11월	12월	1월
사파리	55.88	55.61	54.82	54.97
안드로이드 기본 브라우저	23.45	25.22	25.43	23.49
크롬	6.85	8.33	9.70	10.87
오페라	6.91	4.81	4.15	4.51
인터넷 익스플로러	1.30	1.56	1.58	1.63
상위 5종 전체	94.39	95.53	95.68	95.47

※ 무응답자는 없으며, 응답자는 1종의 웹 브라우저만을 이용한 것으로 응답함.

① 2013년 10월 전체 설문조사 대상 스마트폰 기반 웹 브라우저는 10종 이상이다.

② 2014년 1월 이용률 상위 5종 웹 브라우저 중 PC 기반 이용률 순위와 스마트폰 기반 이용률 순위가 일치하는 웹 브라우저는 없다.

③ PC 기반 이용률 상위 5종 웹 브라우저의 이용률 순위는 매월 동일하다.

④ 스마트폰 기반 이용률 상위 5종 웹 브라우저 중 2013년 10월과 2014년 1월 이용률의 차이가 2%p 이상인 것은 크롬뿐이다.

⑤ 스마트폰 기반 이용률 상위 3종 웹 브라우저 이용률의 합은 매월 90% 이상이다.

25

다음 <표>는 조선 후기 이후 인구 현황에 대한 자료이다. 이에 대한 <보기>의 설명 중 옳은 것만을 모두 고르면?

<표 1> 지역별 인구분포(1648년)

(단위 : 천명, %)

구분	전체	한성	경기	충청	전라	경상	강원	황해	평안	함경
인구	1,532	96	81	174	432	425	54	55	146	69
비중	100.0	6.3	5.3	11.4	28.2	27.7	3.5	3.6	9.5	4.5

<표 2> 지역별 인구지수

연도 \ 지역	한성	경기	충청	전라	경상	강원	황해	평안	함경
1648	100	100	100	100	100	100	100	100	100
1753	181	793	535	276	391	724	982	868	722
1789	197	793	499	283	374	615	1,033	888	1,009
1837	213	812	486	253	353	589	995	584	1,000
1864	211	832	505	251	358	615	1,033	598	1,009
1904	200	831	445	216	261	559	695	557	1,087

※ 1) 인구지수 = $\frac{\text{해당연도 해당지역 인구}}{\text{1648년 해당지역 인구}} \times 100$

2) 조선 후기 이후 전체 인구는 9개 지역 인구의 합임.

〈보 기〉

ㄱ. 1753년 강원 지역 인구는 1648년 전라 지역 인구보다 많다.

ㄴ. 1789년 대비 1837년 인구 감소율이 가장 큰 지역은 평안이다.

ㄷ. 1864년 인구가 가장 많은 지역은 경상이다.

ㄹ. 1904년 전체 인구 대비 경기 지역 인구의 비중은 함경 지역 인구의 비중보다 크다.

① ㄱ, ㄴ
② ㄱ, ㄹ
③ ㄴ, ㄷ
④ ㄱ, ㄷ, ㄹ
⑤ ㄴ, ㄷ, ㄹ

memo

2024
5급 공채

자료해석 나책형

01

다음 <표>는 코로나19 발생 전후의 '갑'지역 택배서비스 이용에 관한 자료이다. 제시된 <표> 이외에 <보고서>를 작성하기 위해 추가로 필요한 자료만을 <보기>에서 모두 고르면?

<표> 코로나19 발생 전후의 '갑'지역 택배서비스 월평균 이용건수

(단위: 건)

구분		코로나19 발생 전	코로나19 발생 후
전체		6.2	9.7
성별	남성	6.8	10.3
	여성	5.7	9.2
연령대	10대 이하	4.2	6.4
	20대	5.4	9.5
	30대	7.2	11.4
	40대	7.4	11.7
	50대	6.2	9.4
	60대	6.1	9.0
	70대 이상	5.0	8.2
거주형태	아파트	6.3	10.0
	주택	6.3	9.0
	오피스텔	5.7	9.7
	기타	4.4	6.4

〈보고서〉

'갑'지역 택배서비스 이용자의 코로나19 발생 전 월평균 이용건수는 6.2건이었으나 발생 후에는 9.7건으로 50% 이상 증가하였다. 코로나19 발생 전 대비 발생 후 택배서비스 월평균 이용건수 증가율은 여성이 남성보다 높았다. 연령대별로 살펴보면, 코로나19 발생 전 대비 발생 후 택배서비스 월평균 이용건수 증가율은 20대가 가장 높게 나타났고, 70대 이상이 다음으로 높았다. 거주형태별로 살펴보면, 오피스텔 거주자의 코로나19 발생 전 대비 발생 후 택배서비스 월평균 이용건수 증가율이 약 70%로 가장 높게 나타났고, 아파트 거주자가 다음으로 높았다. 유통채널별로 살펴보면, 코로나19 발생 전에는 온라인구매 비율이 61.0%로 가장 높았고, 다음으로 마트배송, 홈쇼핑, 기타 순으로 나타났다. 코로나19 발생 후 온라인구매 비율은 발생 전에 비해 3.3%p 증가하였다. 수령방법별로 살펴보면, 코로나19 발생 전에는 대면 수령 비율과 비대면 수령 비율이 각각 50.2%, 49.8%로 비슷한 수준이었다. 코로나19 발생 후에는 대면 수령 비율이 19.4%로 감소하였고, 비대면 수령 비율은 80.6%로 증가하였다.

〈보 기〉

ㄱ. '갑'지역 택배서비스 이용건수의 유통채널별 비율

(단위: %)

구분 \ 유통채널	온라인구매	홈쇼핑	마트배송	기타	합계
코로나19 발생 전	61.0	12.9	15.1	11.0	100.0
코로나19 발생 후	64.3	12.5	16.0	7.2	100.0

ㄴ. '갑'지역 택배서비스 이용건수의 수령방법별 비율

(단위: %)

구분 \ 수령방법	대면	비대면	합계
코로나19 발생 전	50.2	49.8	100.0
코로나19 발생 후	19.4	80.6	100.0

ㄷ. '갑'지역 택배서비스 이용자의 거주지별 월평균 이용건수

(단위: 건)

구분 \ 거주지	도시	농촌	기타
코로나19 발생 전	6.7	5.8	5.9
코로나19 발생 후	11.2	8.4	8.5

① ㄱ
② ㄱ, ㄴ
③ ㄱ, ㄷ
④ ㄴ, ㄷ
⑤ ㄱ, ㄴ, ㄷ

02

다음 <표>는 2023년 A ~ D국의 온실가스 배출량과 인구에 관한 자료이다. <표>와 <조건>을 근거로 A ~ D 중 '갑' ~ '정'에 해당하는 국가를 바르게 연결한 것은?

<표 1> 2023년 A ~ D국의 온실가스 배출량

(단위: 백만 톤 CO_2eq.)

구분 / 국가	A	B	C	D
교통	9.7	5.0	4.0	2.5
주거용 빌딩	14.0	4.5	( )	2.0
상업용 빌딩	17.0	4.5	3.5	2.8
기타	11.0	50.0	6.3	3.5
총배출량	( )	64.0	17.3	( )

<표 2> 2023년 A ~ D국의 인구

(단위: 백만 명)

국가	A	B	C	D
인구	9.7	2.9	2.4	1.5

※ 1인당 온실가스 총배출량(톤 CO_2eq./명) = $\frac{\text{온실가스 총배출량}}{\text{인구}}$

〈조 건〉

○ '갑'국은 온실가스 총배출량이 50백만 톤 CO_2eq. 이상이고, 1인당 온실가스 총배출량이 가장 적다.
○ '을'국과 '병'국 간 1인당 온실가스 총배출량의 차이는 1.0톤 CO_2eq./명 이하이다.
○ 온실가스 총배출량 대비 주거용 빌딩의 온실가스 배출량 비율은 '병'국이 '정'국보다 높다.
○ 주거용 빌딩과 상업용 빌딩의 온실가스 배출량 합은 '을'국이 가장 적다.

	A	B	C	D
①	갑	병	정	을
②	갑	정	을	병
③	갑	정	병	을
④	정	갑	을	병
⑤	정	갑	병	을

memo

03

다음 <보고서>는 2021 ~ 2023년 '갑'국 고등학교 간 공동교육과정 개설 과목 수 추이에 관한 자료이다. <보고서>의 내용에 부합하지 않는 자료는?

〈보고서〉

2021 ~ 2023년 '갑'국 고등학교 간 공동교육과정은 오프라인 및 온라인 각각 개설 과목 수가 매년 증가하였으며, 개설 과목 수의 전년 대비 증가율은 온라인 공동교육과정이 오프라인 공동교육과정보다 매년 높았다.

오프라인 공동교육과정의 경우, 학교 규모별로 보면 각 규모의 학교에서 개설한 과목 수가 매년 증가하였고, 대규모 학교의 개설 과목 수가 해당연도 전체 개설 과목 수에서 차지하는 비율이 매년 가장 높게 나타났다. 지역을 대도시, 중소도시, 읍면지역으로 구분하여 살펴보면, 각 지역의 학교에서 개설한 과목 수가 매년 증가하였다. 또한, 대도시에서 개설된 과목 수가 해당연도 전체 개설 과목 수에서 차지하는 비율이 매년 가장 높게 나타났다. 이는 전체 고등학교 중 대규모이거나 대도시에 소재한 고등학교의 수가 많고, 그 학교에 소속된 학생 수 역시 다른 규모나 지역에 비해 많기 때문이다.

온라인 공동교육과정의 경우, 학교 규모별로 보면 각 규모의 학교에서 연도별로 개설 과목의 수가 증가하였고, 대규모 학교의 개설 과목 수가 해당연도 전체 개설 과목 수에서 차지하는 비율이 매년 가장 높았다. 지역별로 보면 개설된 과목 수가 해당연도 전체 개설 과목 수에서 차지하는 비율은 2022년 이후 중소도시가 매년 가장 높았다.

① 오프라인 및 온라인 공동교육과정의 연도별 개설 과목 수

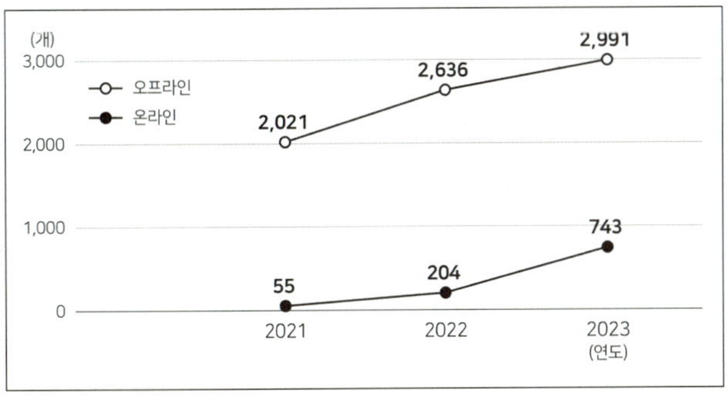

② 오프라인 공동교육과정의 학교 규모별 개설 과목 수

(단위: 개)

연도 / 학교 규모	2021	2022	2023
대규모	1,547	1,904	2,056
중규모	431	674	827
소규모	43	58	108
전체	2,021	2,636	2,991

③ 오프라인 공동교육과정의 지역별 개설 과목 수

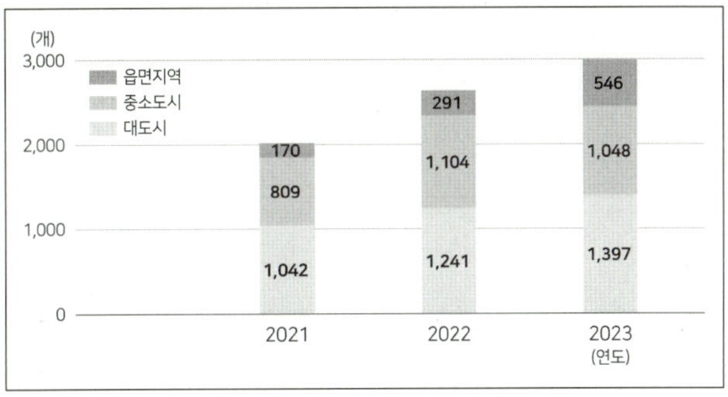

④ 온라인 공동교육과정의 학교 규모별 개설 과목 수

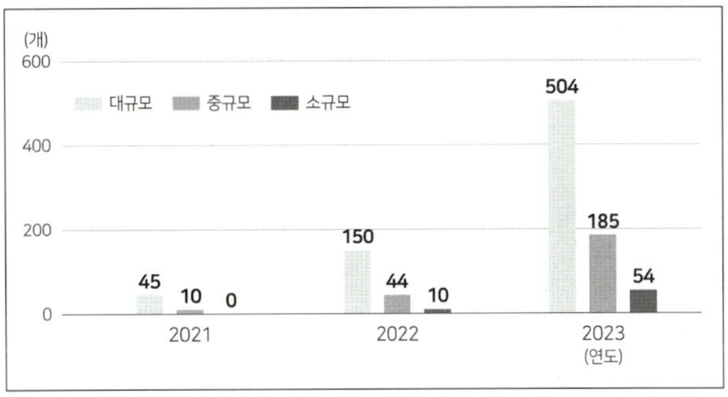

⑤ 온라인 공동교육과정 개설 과목 수의 지역별 구성비

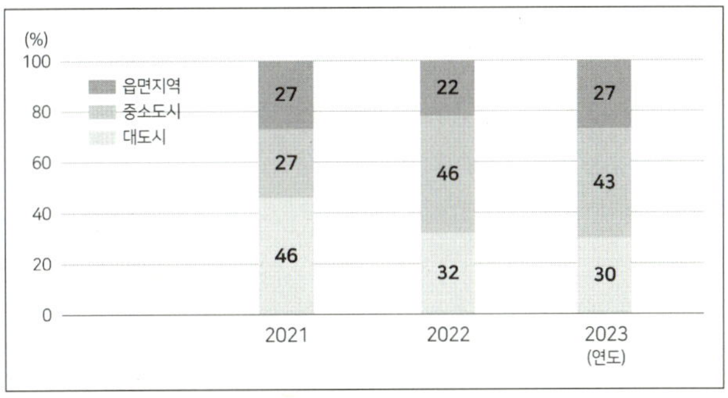

04

다음 <표>는 소음 환경에 따른 A ~ E집단의 주의력 및 공간지각력 점수에 관한 자료이다. 이를 근거로 A ~ E 중 <조건>을 모두 만족하는 집단을 고르면?

<표> 소음 환경에 따른 주의력 및 공간지각력 점수

(단위: 점)

구분	저소음 환경				고소음 환경			
	주의력		공간지각력		주의력		공간지각력	
집단 \ 성별	남성	여성	남성	여성	남성	여성	남성	여성
A	7.2	6.9	8.0	6.6	3.6	3.3	4.1	3.0
B	6.8	7.3	6.5	8.1	2.5	3.0	3.1	3.6
C	8.3	7.9	7.8	7.6	4.4	4.1	3.5	3.4
D	6.5	6.8	6.7	6.5	3.2	3.5	3.2	3.3
E	7.7	8.0	7.9	7.9	3.7	4.0	3.9	3.6

〈조 건〉

○ 저소음 환경과 고소음 환경에서의 주의력 점수 차이는 남성과 여성이 동일하다.
○ 고소음 환경에서, 주의력 점수가 더 높은 성별이 공간지각력 점수도 더 높다.
○ 남성과 여성 모두 저소음 환경에서의 주의력 점수가 고소음 환경에서의 주의력 점수의 2배 이상이다.
○ 저소음 환경에서, 남성은 공간지각력 점수가 주의력 점수보다 높고 여성은 주의력 점수가 공간지각력 점수보다 높다.

① A
② B
③ C
④ D
⑤ E

05

다음 <표>는 2021 ~ 2023년 '갑'국 A ~ F제조사별 비스킷 매출액에 관한 자료이다. 이에 대한 <보기>의 설명 중 옳은 것만을 모두 고르면?

<표 1> 2021 ~ 2023년 제조사별 비스킷 매출액

(단위: 백만 원)

제조사 \ 연도	2021		2022		2023
	상반기	하반기	상반기	하반기	상반기
A	127,540	128,435	132,634	128,913	128,048
B	138,313	132,807	131,728	120,954	119,370
C	129,583	124,145	132,160	126,701	116,864
D	83,774	84,170	85,303	85,266	79,024
E	20,937	28,876	24,699	24,393	21,786
F	95,392	89,461	90,937	107,322	112,410
전체	595,539	587,894	597,461	593,549	577,502

<표 2> 2023년 상반기 유통채널별 비스킷 매출액

(단위: 백만 원)

제조사 \ 유통채널	백화점	할인점	체인슈퍼	편의점	독립슈퍼	일반식품점
A	346	28,314	23,884	26,286	33,363	15,855
B	253	24,106	24,192	21,790	30,945	18,084
C	228	30,407	22,735	21,942	25,126	16,426
D	307	22,534	17,482	9,479	19,260	9,962
E	45	5,462	2,805	8,904	2,990	1,580
F	2,494	39,493	13,958	33,298	14,782	8,385
전체	3,673	150,316	105,056	121,699	126,466	70,292

※ 1) '갑'국의 비스킷 제조사는 A ~ F만 있음.
2) '갑'국의 비스킷 유통채널은 제시된 6개로만 구분됨.

〈보 기〉

ㄱ. 2021년 상반기 전체 매출액 중 제조사별 매출액 비중이 20% 이상인 제조사의 수는 3개이다.
ㄴ. 2022년 하반기에 전년 동기 대비 매출액 감소율이 가장 큰 제조사는 E이다.
ㄷ. 전년 동기 대비 매출액이 증가한 제조사의 수는 2022년 상반기와 2023년 상반기가 동일하다.
ㄹ. 2023년 상반기의 경우, 각 제조사의 백화점, 할인점, 체인슈퍼 매출액의 합은 해당 제조사 매출액의 50% 미만이다.

① ㄱ, ㄴ
② ㄱ, ㄹ
③ ㄴ, ㄷ
④ ㄷ, ㄹ
⑤ ㄱ, ㄴ, ㄹ

06

다음 <표>는 2012 ~ 2021년 우리나라 D부처 정보공개 청구에 관한 자료이다. 이에 대한 <보기>의 설명 중 옳은 것만을 모두 고르면?

<표 1> 2012 ~ 2021년 정보공개 청구건수 및 처리건수

(단위: 건)

구분 연도	청구건수	처리건수						
		전부공개	부분공개	비공개	타기관이송	취하	민원이첩	기타
2012	1,046	446	149	161	44	79	60	107
2013	1,231	550	156	137	46	150	66	126
2014	1,419	572	176	149	77	203	35	207
2015	1,493	522	183	198	104	152	88	246
2016	1,785	529	184	215	207	134	222	294
2017	3,097	837	293	334	511	251	0	871
2018	2,951	1,004	333	386	379	232	0	617
2019	3,484	1,296	411	440	161	250	0	926
2020	4,006	1,497	660	502	170	327	0	850
2021	5,708	2,355	950	656	188	653	0	906

※ 정보공개 청구건은 해당연도에 모두 처리됨.

<표 2> 2012 ~ 2021년 청구방법별 정보공개 청구건수

(단위: 건)

청구방법 연도	직접출석	우편	팩스	정보통신망	기타
2012	47	24	5	968	2
2013	49	46	7	1,124	5
2014	111	54	13	1,241	0
2015	82	68	16	1,324	3
2016	51	55	9	1,669	1
2017	87	80	7	2,918	5
2018	162	75	27	2,687	0
2019	118	86	11	3,269	0
2020	134	94	13	3,758	7
2021	130	65	17	5,495	1

〈보 기〉

ㄱ. 정보공개 청구건수는 매년 증가한다.

ㄴ. '타기관이송' 처리건수가 가장 많은 해와 정보공개 청구건수 대비 '전부공개' 처리건수의 비율이 가장 낮은 해는 같다.

ㄷ. 연도별 '비공개' 처리건수와 '취하' 처리건수의 합은 해당연도 정보공개 청구건수의 20 %를 매년 초과한다.

ㄹ. 2021년 '전부공개' 처리건수 중 청구방법이 '정보통신망'인 처리건수는 2,100건 이상이다.

① ㄱ, ㄴ

② ㄱ, ㄷ

③ ㄴ, ㄷ

④ ㄴ, ㄹ

⑤ ㄷ, ㄹ

07

다음 <표>는 2019 ~ 2023년 '갑'지역의 여행객 현황에 관한 자료이다. 이를 이용하여 작성한 자료로 옳지 않은 것은?

<표 1> 여행 목적별 여행객 수

(단위: 명)

목적	구분 \ 연도	2019	2020	2021	2022	2023
전체	총계	9,315	10,020	10,397	10,811	10,147
	개별여행	6,352	6,739	7,410	7,458	7,175
	단체여행	2,963	3,281	2,987	3,353	2,972
여가	소계	4,594	5,410	6,472	6,731	6,526
	개별여행	2,089	2,749	3,931	3,865	4,085
	단체여행	2,505	2,661	2,541	2,866	2,441
종교	소계	125	114	104	80	50
	개별여행	99	64	58	56	31
	단체여행	26	50	46	24	19
쇼핑	소계	981	1,044	1,030	1,148	1,328
	개별여행	683	701	748	776	919
	단체여행	298	343	282	372	409
사업	소계	2,880	2,746	2,366	2,389	1,768
	개별여행	2,774	2,585	2,284	2,317	1,682
	단체여행	106	161	82	72	86
교육	소계	735	706	425	463	475
	개별여행	707	640	389	444	458
	단체여행	28	66	36	19	17

<표 2> 여행지출액 및 여행횟수별 여행객 수

(단위: 백만 원, 명)

연도 \ 구분	여행 지출액	여행횟수 1회	2회	3회	4회 이상
2019	18,760	5,426	1,449	792	1,648
2020	18,710	6,046	1,395	802	1,777
2021	20,953	6,773	1,341	686	1,597
2022	19,060	5,834	1,759	851	2,367
2023	19,392	6,237	1,268	677	1,965

① 여행객 1명당 여행지출액

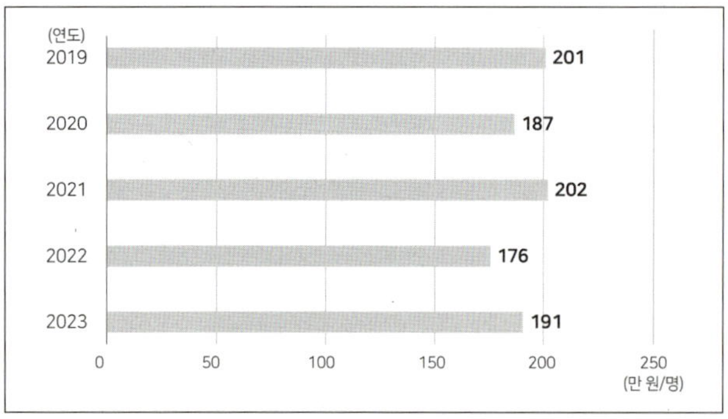

※ 여행객 1명당 여행지출액(만 원/명) = $\frac{\text{여행지출액}}{\text{전체 여행객 총계}}$

② 전체 개별여행객 중 '사업' 목적 개별여행객 비율 및 전체 단체여행객 중 '사업' 목적 단체여행객 비율

(단위: %)

구분 \ 연도	2019	2020	2021	2022	2023
개별여행	44	38	31	31	23
단체여행	4	5	3	2	3

③ 전체 개별여행객 수 및 전체 단체여행객 수

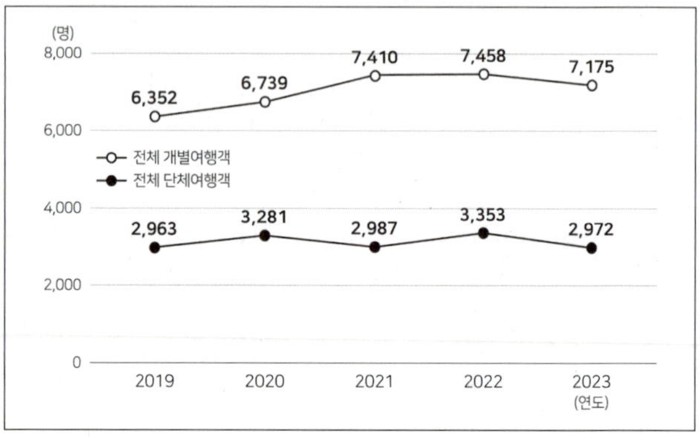

④ '종교' 목적 여행객 중 개별여행객 비율

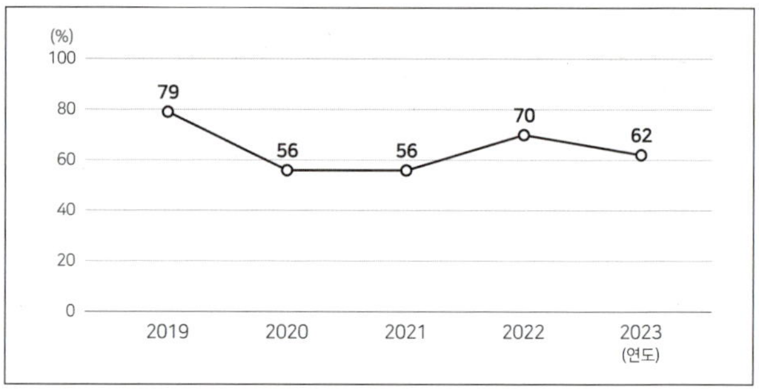

⑤ 전체 여행객 중 여행횟수가 3회 이하인 여행객 비율

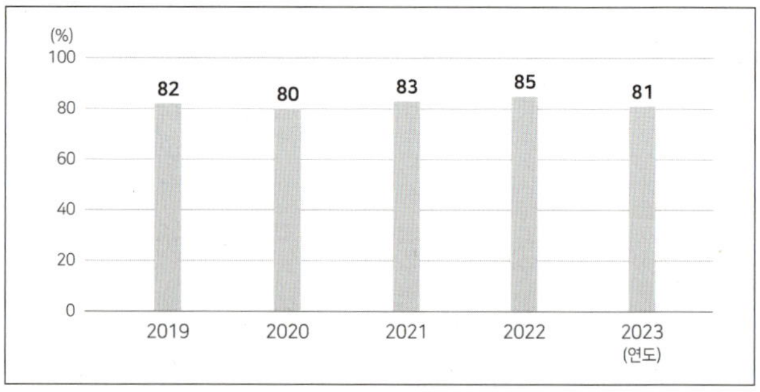

08

다음 <표>는 '갑'국 종사상지위별 종사자 수 동향에 관한 자료이다. 제시된 <표> 이외에 <보고서>를 작성하기 위해 추가로 필요한 자료만을 <보기>에서 모두 고르면?

<표> 종사상지위별 종사자 수 동향

(단위: 천 명)

종사상지위 \ 시기	2022년 7월	2023년 6월	2023년 7월
상용근로자	16,403	16,680	16,675
임시일용근로자	1,892	2,000	2,020
기타종사자	1,185	1,195	1,187

〈보고서〉

'갑'국 고용노동부는 2023년 7월 사업체노동력조사를 통해 종사자 및 입·이직자 현황을 파악하였다. 2023년 7월 상용근로자는 전년 동월 대비 27만 2천 명 증가하였으며, 임시일용근로자는 전년 동월 대비 12만 8천 명 증가하였다. 사업체 규모별 종사자 수 동향을 살펴보면, 2023년 7월 300인 미만 사업체의 경우 전년 동월 대비 33만 3천 명 증가하였으며, 300인 이상 사업체는 전년 동월 대비 6만 9천 명 증가하였다. 한편, 2023년 7월 입직자는 전년 동월 대비 2만 6천 명 증가하였고 전월 대비 5만 8천 명 증가하였다. 2023년 7월 이직자는 전년 동월 대비 약 4.0% 증가하였고 전월 대비 약 7.0% 증가하였다. 또한, 2023년 7월 전체 입직자 중 채용을 통한 입직자는 전년 동월 대비 2만 5천 명 증가하였으며, 기타 입직자는 전년 동월 대비 1천 명 증가하였다.

〈보 기〉

ㄱ. 사업체 규모별 종사자 수 동향

(단위: 천 명)

사업체 규모 \ 시기	2022년 7월	2023년 6월	2023년 7월
300인 미만	16,216	16,555	16,549
300인 이상	3,264	3,320	3,333

ㄴ. 주요산업별 종사자 수 동향

(단위: 천 명)

주요산업 \ 시기	2022년 7월	2023년 6월	2023년 7월
제조업	3,696	3,740	3,737
건설업	1,452	1,463	1,471
도매 및 소매업	2,274	2,308	2,301

ㄷ. 입직자 및 이직자 수 동향

(단위: 천 명)

구분 \ 시기	2022년 7월	2023년 6월	2023년 7월
입직자	1,001	969	1,027
이직자	973	946	1,012

ㄹ. 입직유형별 입직자 수 동향

(단위: 천 명)

입직유형 \ 시기	2022년 7월	2023년 6월	2023년 7월
채용	892	925	917
기타	109	44	110
합계	1,001	969	1,027

① ㄱ, ㄷ　② ㄴ, ㄷ
③ ㄴ, ㄹ　④ ㄱ, ㄴ, ㄹ
⑤ ㄱ, ㄷ, ㄹ

09

다음 <표>는 2022년 '갑'모터쇼에 전시된 전기차 A~E의 차량가격 및 제원에 관한 자료이다. 이에 대한 <보기>의 설명 중 옳은 것만을 모두 고르면?

<표> 전기차 A~E의 차량가격 및 제원

(단위: 만 원, 분, km, kWh)

전기차 \ 구분	차량가격	완충시간	완충시 주행거리	배터리 용량
A	8,469	350	528	75.0
B	5,020	392	475	77.4
C	17,700	420	478	112.8
D	14,620	420	447	111.5
E	6,000	252	524	77.4

〈보 기〉

ㄱ. '배터리 용량'당 '차량가격'은 C가 가장 높다.
ㄴ. '차량가격'이 가장 낮은 전기차는 '완충시간' 대비 '배터리 용량'의 비율도 가장 낮다.
ㄷ. '완충시 주행거리' 대비 '완충시간'의 비율은 D가 E의 2배 이상이다.
ㄹ. '차량가격'이 높을수록 '배터리 용량'도 크다.

① ㄱ, ㄴ　② ㄱ, ㄷ
③ ㄷ, ㄹ　④ ㄱ, ㄴ, ㄹ
⑤ ㄴ, ㄷ, ㄹ

10

다음 <표>는 '갑'국 공공기관 A ~ C의 경영실적 및 평가점수에 관한 자료이다. 이에 대한 <보기>의 설명 중 옳은 것만을 모두 고르면?

<표> 공공기관 A ~ C의 경영실적 및 평가점수

(단위: 백만 원, 점)

구분 \ 공공기관	A	B	C
매출액	(　)	4,000	(　)
영업이익	400	(　)	(　)
평균총자산	2,000	(　)	6,000
자산회전지표	0.50	0.80	(　)
영업이익지표	(　)	0.15	0.50
평가점수	(　)	(　)	1.50

※ 1) 자산회전지표 = $\frac{\text{매출액}}{\text{평균총자산}}$

2) 영업이익지표 = $\frac{\text{영업이익}}{\text{매출액}}$

3) 평가점수(점) = (자산회전지표 × 1점) + (영업이익지표 × 2점)

〈보 기〉

ㄱ. 매출액은 A가 가장 크다.
ㄴ. 영업이익은 C가 A의 4배 이상이다.
ㄷ. 평가점수는 B가 가장 낮다.

① ㄴ　　② ㄷ
③ ㄱ, ㄴ　　④ ㄱ, ㄷ
⑤ ㄱ, ㄴ, ㄷ

11

다음 <표>와 <그림>은 2018 ~ 2022년 우리나라 친환경차 유형별 등록대수 및 수출대수와 2019년 친환경차 수출액 상위 10개 수출국 현황에 관한 자료이다. 이를 근거로 작성한 <보고서>의 내용 중 옳지 않은 것은?

<표 1> 2018 ~ 2022년 우리나라 친환경차 유형별 등록대수

(단위: 대)

유형 \ 연도	2018	2019	2020	2021	2022
하이브리드차	399,464	497,297	652,876	888,481	1,157,940
플러그인 하이브리드차	5,620	8,350	21,585	19,759	12,567
전기차	55,756	89,918	134,962	231,443	389,855
수소차	893	5,083	10,906	19,404	29,623
전체	461,733	600,648	820,329	1,159,087	1,589,985

<그림> 2018 ~ 2022년 우리나라 친환경차 유형별 수출대수

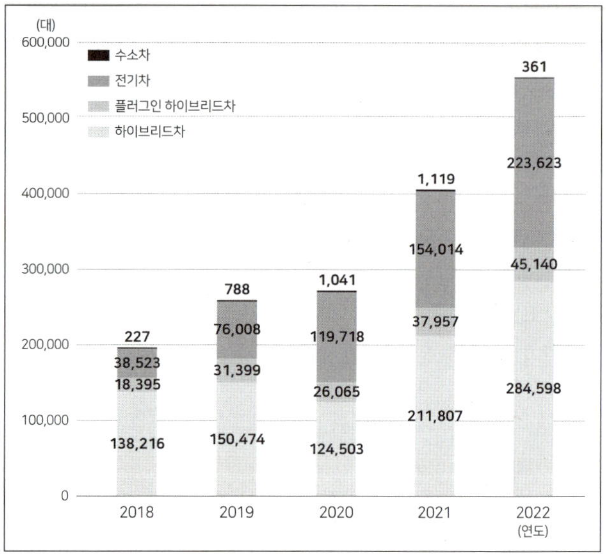

※ 친환경차 유형은 '하이브리드차', '플러그인 하이브리드차', '전기차', '수소차'로만 구분됨.

<표 2> 2019년 하이브리드차, 플러그인 하이브리드차 및 전기차의 수출액 상위 10개 수출국 현황

(단위: 백만 달러)

순위	하이브리드차		플러그인 하이브리드차		전기차	
	국가	수출액	국가	수출액	국가	수출액
1	일본	16,311	독일	4,818	미국	7,648
2	독일	6,172	일본	2,588	벨기에	5,018
3	벨기에	3,674	스웨덴	1,762	독일	3,913
4	터키	3,125	미국	1,008	한국	2,354
5	영국	2,762	한국	939	오스트리아	1,220
6	한국	2,691	영국	839	프랑스	1,166
7	슬로바키아	1,876	중국	523	영국	1,097
8	캐나다	1,845	슬로바키아	502	네덜란드	902
9	프랑스	1,227	스페인	271	중국	438
10	스웨덴	828	벨기에	199	일본	431

〈보고서〉

최근 이산화탄소 배출 및 연비에 대한 환경 규제가 강화되고 친환경차 수요가 증가함에 따라 자동차 기업들이 친환경차 시장에 본격적으로 진출하였다. 우리나라 친환경차 시장은 정부의 적극적인 보급 정책으로 급성장하여 ① 2018~2022년 전체 친환경차 등록대수는 매년 30% 이상 증가하였다. 친환경차의 유형별로 살펴보면, 2018년 대비 2022년에 등록대수가 가장 많이 증가한 친환경차 유형은 '하이브리드차'였으나, ② 2018년 대비 2022년 등록대수의 증가율이 가장 높은 친환경차 유형은 '수소차'였다. ③ 친환경차 수출대수는 2018년 195,361대에서 매년 증가하여 2022년에는 553,722대가 되었다. ④ 2018~2022년 친환경차 유형별 수출대수는 '전기차'와 '수소차'만 매년 증가하였다.

세계 친환경차 시장에서 우리나라의 수출 순위는 2019년 수출액 기준 '하이브리드차' 6위, '플러그인 하이브리드차' 5위, '전기차' 4위로 나타났다. 이는 우리나라가 세계 친환경차 시장에서 경쟁력을 확보하고 있음을 보여준다. ⑤ 2019년 '하이브리드차', '플러그인 하이브리드차', '전기차' 각각의 수출액 상위 10개 수출국에 모두 들어가는 국가는 한국을 포함하여 5개국이었다.

12

다음 <표>는 2023년 '갑'기업 전체 임원(A ~ J)의 보수 현황에 관한 자료이다. 이에 대한 설명으로 옳은 것은?

<표> '갑'기업 전체 임원의 보수 현황

(단위: 십만 원)

임원	사업부	등기여부	보수총액	급여	상여
A	가	미등기	7,187	2,700	4,487
B	나	등기	6,497	2,408	( )
C	다	등기	4,068	( )	2,000
D	라	미등기	( )	1,130	2,598
E	마	등기	3,609	1,933	1,676
F	마	등기	3,069	1,643	1,426
G	나	미등기	3,050	1,633	1,417
H	바	미등기	3,036	1,626	1,410
I	사	등기	3,000	2,000	1,000
J	다	미등기	2,990	2,176	814
합계	-	-	40,234	19,317	20,917

※ 보수총액 = 급여 + 상여

① 보수총액이 많은 임원일수록 상여도 많다.

② '마'사업부 임원의 보수총액 합에서 급여 합이 차지하는 비중은 60% 미만이다.

③ 임원 1인당 보수총액이 가장 적은 사업부는 임원 1인당 급여도 가장 적다.

④ 보수총액에서 상여가 차지하는 비중이 가장 큰 임원은 B이다.

⑤ 미등기 임원의 급여 합은 등기 임원의 급여 합보다 많다.

13

다음 <표>는 1995 ~ 2020년 '갑'지역의 농가구조 변화에 관한 자료이다. 이에 대한 설명으로 옳지 않은 것은?

<표 1> '갑'지역의 가구원수별 농가수 추이

(단위: 가구)

가구원수 \ 조사연도	1995	2000	2005	2010	2015	2020
1인	13,262	15,565	18,946	18,446	17,916	20,609
2인	43,584	52,394	56,264	57,023	52,023	53,714
3인	33,776	27,911	24,078	19,666	17,971	13,176
4인	33,047	23,292	17,556	13,122	11,224	7,176
5인 이상	64,491	33,095	20,573	13,492	10,299	5,687
전체	188,160	152,257	137,417	121,749	109,433	100,362
농가당 가구원수(명)	3.8	3.2	2.8	2.6	2.5	2.3

<표 2> '갑'지역의 경영주 연령대별 농가수 추이

(단위: 가구)

연령대 \ 조사연도	1995	2000	2005	2010	2015	2020
30대 이하	23,891	12,445	8,064	3,785	3,120	1,567
40대	39,308	26,471	20,851	15,750	12,131	7,796
50대	61,989	44,919	34,927	28,487	24,494	21,126
60대	46,522	48,747	49,496	42,188	34,296	30,807
70대 이상	16,450	19,675	24,079	31,539	35,392	39,066
전체	188,160	152,257	137,417	121,749	109,433	100,362

① '5인 이상'을 제외하고, 1995년 대비 2020년 가구원수별 농가수 증감률은 '2인'이 가장 작다.

② 매 조사연도에서 '3인' 농가수는 그 외 농가수 합의 25 % 이하이다.

③ 2000년 전체 농가 가구원수는 2020년 전체 농가 가구원수의 2배 이상이다.

④ 2020년 전체 농가수 중 경영주 연령대가 40대 이하인 농가수가 차지하는 비중은 10 % 이하이다.

⑤ 경영주 연령대가 30대 이하인 농가수는 1995년 대비 2020년에 95 % 이상 감소하였다.

14

다음 <표>와 <그림>은 A미술전 응모 및 수상 결과에 관한 자료이다. 이에 대한 <보기>의 설명 중 옳은 것만을 모두 고르면?

<표> 2023년 A미술전 응모 및 수상 결과

(단위: 개, 명)

구분 \ 부문	초등부		중등부		고등부	
	팀	인원	팀	인원	팀	인원
응모	268	502	232	446	306	624
수상	56	88	30	59	43	68

※ A미술전의 부문은 초등부, 중등부, 고등부로만 구성됨.

<그림> 연도별 A미술전 응모인원

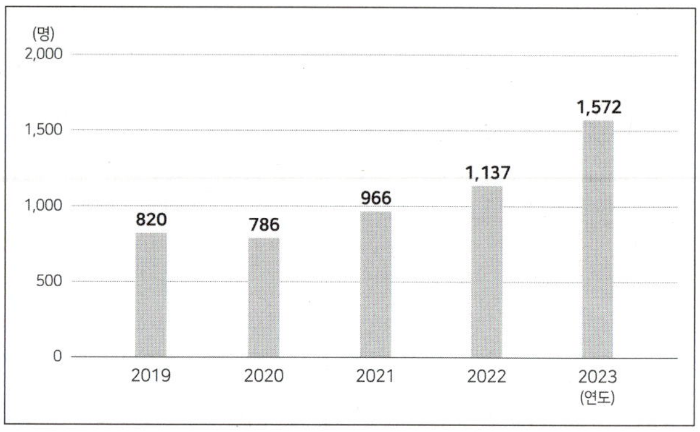

〈보 기〉

ㄱ. 2023년 응모인원 대비 수상인원이 가장 많은 부문은 초등부이다.

ㄴ. 2023년 팀별 인원이 1 ~ 3명이라면, 3명으로 구성된 초등부 수상팀은 15개 이하이다.

ㄷ. 2020년 응모인원의 부문별 구성비가 2023년과 동일하다면, 2020년 중등부 응모인원은 200명 이상이다.

ㄹ. 2024년부터 매년 응모인원이 전년 대비 30 %씩 증가한다면, 응모인원이 2019년의 3배를 처음 초과하는 해는 2026년이다.

① ㄱ, ㄴ

② ㄱ, ㄷ

③ ㄴ, ㄷ

④ ㄴ, ㄹ

⑤ ㄱ, ㄷ, ㄹ

15

다음 <표>는 '갑'국의 빈집 철거 및 활용을 위한 빈집 정비기준이고, <그림>은 '갑'국의 '가'~'자' 구역 및 빈집의 정보에 관한 자료이다. 이에 대한 설명으로 옳은 것은?

<표 1> 빈집 철거 및 활용을 위한 빈집정비기준

<table>
<tr><th colspan="3">항목</th><th rowspan="2">철거</th><th rowspan="2">활용</th></tr>
<tr><th>구역 종류</th><th>공가기간</th><th>건축물 연령</th></tr>
<tr><td rowspan="3">일반구역</td><td rowspan="2">20년 이하</td><td>건축구조의 사용연한 이하</td><td>불가능</td><td>가능</td></tr>
<tr><td>건축구조의 사용연한 초과</td><td>가능</td><td>불가능</td></tr>
<tr><td>20년 초과</td><td>–</td><td>가능</td><td>불가능</td></tr>
<tr><td>정비구역</td><td>–</td><td>–</td><td>불가능</td><td>불가능</td></tr>
</table>

※ 1) 공가기간: 빈집이 된 이후부터 현재까지의 기간
2) 건축물 연령: 건축물의 완공부터 현재까지의 기간
3) '–'는 해당 항목을 고려하지 않음을 의미함.

<표 2> 건축구조별 사용연한

건축구조	사용연한
목구조	20년
조적조	30년
철골구조	40년

<그림> '가'~'자' 구역 및 빈집의 정보

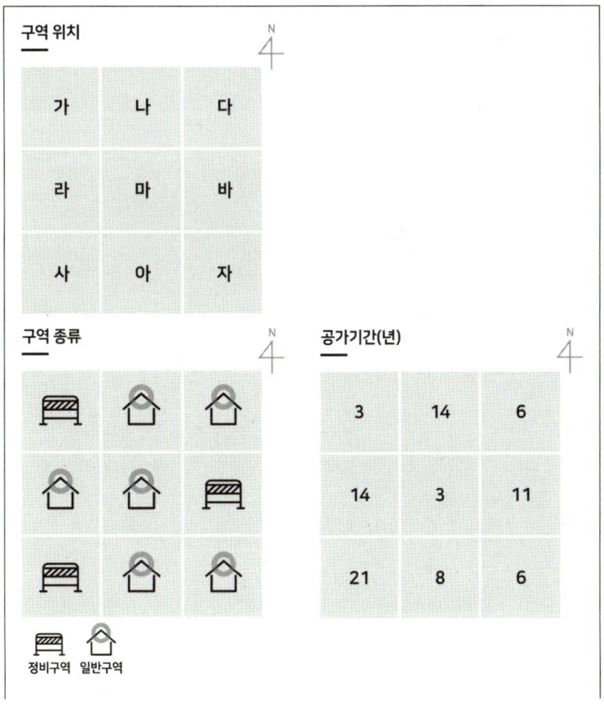

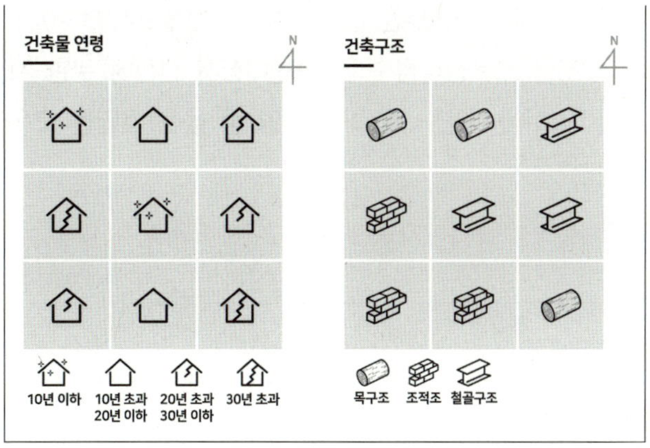

※ 각 구역에는 빈집이 1개씩만 존재함.

① 철거가 가능한 빈집은 3개이다.
② '가', '바', '사' 구역의 빈집은 철거가 가능하다.
③ '다' 구역의 빈집은 활용이 불가능하다.
④ 활용이 가능한 빈집은 4개이다.
⑤ '마' 구역의 빈집은 철거가 가능하다.

16

다음 <표>와 <정보>는 '갑'회사의 승진후보자별 2021 ~ 2023년 근무성적점수 및 승진대상자 선정에 관한 자료이다. 이에 대한 <보기>의 설명 중 옳은 것만을 모두 고르면?

<표 1> 승진후보자별 2021 ~ 2023년 근무성적점수

(단위: 점)

승진후보자 \ 연도	2023	2022	2021
정숙	85	65	65
윤호	70	85	75
찬희	75	75	65
상용	80	60	65

<표 2> 평가방법별 2021 ~ 2023년 가중치

평가방법 \ 연도	2023	2022	2021
A	0.5	0.3	0.2
B	0.6	0.4	0.0
C	1.0	0.0	0.0

※ 평가방법별 가중치 합은 1.0임.

〈정 보〉

○ 평정점수는 2021 ~ 2023년 근무성적점수에 해당연도의 가중치를 곱한 값의 합임.

○ 평정점수가 가장 높은 승진후보자만 승진대상자로 선정함.

〈보 기〉

ㄱ. 모든 승진후보자의 평정점수는 평가방법 A를 적용할 때보다 평가방법 B를 적용할 때가 더 높다.

ㄴ. 평가방법 A를 적용할 때와 평가방법 C를 적용할 때의 승진대상자는 같다.

ㄷ. '상용'의 2023년 근무성적점수만 90점으로 변경된다면, 평가방법 A ~ C 중 어떤 평가방법을 적용하더라도 '상용'이 승진대상자가 된다.

① ㄱ
② ㄷ
③ ㄱ, ㄴ
④ ㄱ, ㄷ
⑤ ㄴ, ㄷ

17

다음 <표>는 2021 ~ 2023년 '갑'국 공무원의 교육방법별 교육시간에 관한 자료이다. <표>와 <정보>에 근거하여 A ~ C에 해당하는 교육방법을 바르게 연결한 것은?

<표> 2021 ~ 2023년 '갑'국 공무원의 교육방법별 교육시간

(단위: 시간)

교육방법 \ 연도	2021	2022	2023
A	671	1,106	557
B	3,822	2,614	2,394
C	717	204	191
D	392	489	559
사례연구	607	340	385
세미나	80	132	391
역할연기	864	713	97
전체	7,153	5,598	4,574

※ 교육방법은 '강의', '분임토의', '사례연구', '세미나', '실습', '역할연기', '현장체험' 중 1개로만 구분됨.

〈정 보〉

○ 매년 교육시간이 감소하는 교육방법은 '강의', '실습', '역할연기'이다.

○ 2023년 전체 교육시간 중 교육방법별 교육시간 비중이 전년 대비 감소한 교육방법은 '분임토의'와 '역할연기'이다.

○ 2023년 교육시간의 전년 대비 감소율이 세 번째로 큰 교육방법은 '실습'이다.

	A	B	C
①	강의	실습	현장체험
②	분임토의	강의	실습
③	분임토의	실습	강의
④	실습	강의	현장체험
⑤	현장체험	강의	실습

18

다음 <표>는 2022년 '갑'국 A전력회사의 월별 및 용도별 전력판매 단가에 관한 자료이다. 이에 대한 설명으로 옳지 않은 것은?

<표> 2022년 A전력회사의 월별 및 용도별 전력판매 단가

(단위: 원/kWh)

용도 월	주택	일반	교육	산업	농사	가로등	심야
1	119.1	134.2	97.9	113.8	48.2	108.1	75.3
2	118.9	131.7	101.4	115.5	48.1	113.2	75.3
3	109.3	122.6	98.5	95.2	48.8	114.3	66.9
4	112.9	119.4	95.7	100.7	52.3	121.3	57.9
5	112.2	124.4	99.0	100.9	56.0	128.9	63.6
6	115.0	139.3	118.7	122.0	54.5	132.6	66.9
7	127.1	154.4	127.3	129.8	60.7	137.6	76.3
8	129.6	151.8	133.6	130.7	59.9	133.4	77.8
9	122.3	137.5	117.3	109.6	60.4	129.8	74.7
10	123.0	133.7	110.8	117.9	65.6	127.4	74.3
11	129.0	154.5	125.2	145.1	64.1	128.9	83.3
12	131.9	158.1	118.1	143.0	68.4	125.9	94.3

※ 전력판매 용도는 제시된 7가지로만 구분됨.

① 7 ~ 12월 전력판매 단가는 '농사'가 매월 가장 낮고, '일반'이 매월 가장 높다.
② 2월 '심야' 전력판매 단가는 2월 '주택' 전력판매 단가의 60% 이상이다.
③ 전력판매 단가의 전월 대비 증가율은 11월 '교육'이 4월 '가로등'의 2배 이상이다.
④ 전력판매 단가는 매월 '주택'이 '농사'의 1.5배 이상이다.
⑤ 7 ~ 12월 '교육' 전력판매 단가와 '산업' 전력판매 단가의 전월 대비 증감 방향은 동일하다.

19

다음 <표>는 A ~ D지방자치단체의 재정 현황에 관한 자료이다. 이에 대한 <보기>의 설명 중 옳은 것만을 모두 고르면?

<표> 지방자치단체별 재정 현황

(단위: 억 원, %)

구분 지방자치단체	자체 수입	자주 재원	세입 총계	재정 자립도	재정 자주도
A	5,188	1,240	9,966	( )	( )
B	2,792	( )	10,080	27.70	69.67
C	1,444	3,371	6,754	21.38	( )
D	2,176	4,143	9,696	22.44	65.17

※ 1) 재정자립도(%) = $\frac{\text{자체수입}}{\text{세입총계}} \times 100$

2) 재정자주도(%) = $\frac{\text{자체수입} + \text{자주재원}}{\text{세입총계}} \times 100$

3) 세입총계 = 자체수입 + 자주재원 + 기타

〈보 기〉

ㄱ. 재정자주도는 A가 C보다 높다.
ㄴ. 세입총계에서 자주재원이 차지하는 비중은 A가 B보다 작다.
ㄷ. C는 D보다 재정자립도는 낮고 재정자주도는 높다.
ㄹ. 자주재원은 D가 가장 많다.

① ㄱ, ㄴ
② ㄴ, ㄷ
③ ㄷ, ㄹ
④ ㄱ, ㄴ, ㄹ
⑤ ㄴ, ㄷ, ㄹ

20

다음 <표>는 2023년 '갑'국 8개 도시(A ~ H)의 상수도 관련 자료이다. 이에 대한 설명으로 옳지 않은 것은?

<표> '갑'국 A ~ H 도시의 상수도 통계

(단위: %)

도시	유수율	무수율	누수율	계량기 불감수율	수도사업 용수량 비율
A	94.2	5.8	5.4	0.1	0.0
B	91.6	8.4	3.6	4.5	0.3
C	90.1	9.9	4.5	2.3	0.1
D	93.4	6.6	4.3	2.0	0.1
E	93.8	6.2	4.2	1.9	0.1
F	92.2	7.8	5.1	2.6	0.1
G	90.9	9.1	5.1	3.8	0.1
H	94.6	5.4	2.6	2.3	0.2

※ 1) 무수율 = 누수율 + 유효무수율
  2) 유효무수율 = 계량기 불감수율 + 수도사업 용수량 비율 + 부정사용률

① 유효무수율이 가장 낮은 도시는 누수율이 가장 높다.
② 유수율이 가장 낮은 도시의 부정사용률은 유수율이 세 번째로 높은 도시의 부정사용률보다 높다.
③ 무수율과 부정사용률의 차이가 가장 큰 도시는 G이다.
④ 계량기 불감수율이 가장 높은 도시는 유효무수율도 가장 높다.
⑤ 부정사용률이 가장 높은 도시는 무수율도 가장 높다.

21

다음 <표>는 2023년 '갑'국의 농산물 가공식품 품목별 수입 현황에 관한 자료이다. <표>와 <조건>에 근거하여 A ~ C에 해당하는 농산물 가공식품을 바르게 연결한 것은?

<표> 2023년 '갑'국의 농산물 가공식품 품목별 수입 현황

(단위: 톤, 원/kg, %)

품목	수입중량	수입단가	
			전년 대비 증가율
A	217	2,181	20.3
B	61	16,838	−16.1
C	2,634	1,174	24.1
D	43	1,479	−22.3
E	2,238	1,788	−37.0
김치	6,511	969	2.2
두부	86	3,848	8.4
밀가루	343	1,489	26.0

※ 1) A ~ E는 '간장', '고춧가루', '된장', '설탕', '식용유' 중 하나임.
  2) 수입금액(천 원) = 수입중량(톤) × 수입단가(원/kg)

〈조 건〉

○ 2023년 '간장'과 '고춧가루'의 수입중량 합은 '식용유' 수입중량의 15% 이하이다.
○ 2023년 수입금액이 가장 낮은 품목은 '된장'이다.
○ 2022년 수입단가가 2,000원/kg 이상인 품목은 '고춧가루', '두부', '식용유'이다.
○ 2023년 수입중량이 2,000톤 이상인 품목은 '김치', '설탕', '식용유'이다.

	A	B	C
①	간장	고춧가루	설탕
②	간장	고춧가루	식용유
③	간장	설탕	식용유
④	고춧가루	간장	식용유
⑤	된장	고춧가루	설탕

22 ~ 23

다음은 2022년 '갑'시 양육자의 양육 스트레스 및 정신건강 문제 실태에 관한 자료이다. 다음 물음에 답하시오.

<표 1> 양육자의 성별 및 연령대별 양육 스트레스

(단위: 점, %)

구분		양육 스트레스 점수	고위험군 비율
성별	여성	37.3	62.3
	남성	33.6	46.5
연령대	20대 이하	38.1	56.0
	30대	36.0	53.3
	40대	34.3	54.2
	50대 이상	35.1	51.8

<표 2> 양육자의 정신건강 문제 유형별 발생 비율

(단위: %)

구분 \ 유형		A	B	C	D
성별	여성	28.5	21.5	23.6	12.3
	남성	22.8	14.5	17.1	8.7
육아 참여 방식	육아 미참여	34.0	24.5	24.4	13.7
	양육자 혼자 육아 참여	33.3	22.2	24.0	15.3
	배우자와 함께 육아 참여	19.2	13.5	16.9	7.1
양육 스트레스 위험 수준	저위험군	9.6	4.2	8.1	3.1
	고위험군	39.0	29.3	30.3	16.5

〈보고서〉

2022년 '갑'시에 거주하는 양육자를 대상으로 양육 스트레스 및 정신건강 문제 실태를 조사하였다. 양육자의 성별에 따른 양육 스트레스를 살펴본 결과, 여성의 양육 스트레스 점수가 남성의 양육 스트레스 점수보다 높은 것으로 나타났다. 다음으로 양육자 연령대별로 양육 스트레스를 살펴본 결과, 20대 이하가 양육 스트레스 점수와 고위험군 비율이 모두 가장 높았다. 자녀 연령별 양육 스트레스 점수는 0~2세가 가장 높고, 3~6세, 7~9세 순이었다. 고위험군 비율 순위 역시 자녀의 연령별 양육 스트레스 점수 순위와 같았다. 또한, 가구의 월평균 소득 구간이 200만 원 미만인 양육자의 스트레스 점수가 40.5점으로 가장 높았고, 고위험군 비율도 다른 소득 구간보다 25 %p 이상 높은 것으로 나타났다.

다음으로 '갑'시에 거주하는 양육자의 정신건강 문제를 4가지 유형으로 구분하여 조사한 결과를 살펴보면, 양육자 성별이나 육아 참여 방식과 관계없이 모든 문제 유형 중 '섭식문제'의 발생 비율이 가장 낮았다. 양육자 성별에 따른 정신건강 문제 발생 비율 차이는 '불면증'이 '우울'보다 컸다. 육아 참여 방식에 따라서는 '배우자와 함께 육아 참여'일 때, 모든 유형에서 정신건강 문제 발생 비율이 가장 낮았다. 일례로 '우울' 발생 비율은 '배우자와 함께 육아 참여'일 때가 '양육자 혼자 육아 참여'일 때보다 14.1 %p 낮게 나타났다. 한편, 양육 스트레스 고위험군은 저위험군에 비해 정신건강 문제 발생 비율이 높았는데, 그중 '불안'과 '섭식문제'의 발생 비율은 각각 고위험군이 저위험군의 5배 이상이었다.

22

위 <표>와 <보고서>를 근거로 B와 C에 해당하는 정신건강 문제 유형을 바르게 연결한 것은?

	B	C
①	불면증	불안
②	불면증	우울
③	불안	불면증
④	불안	우울
⑤	우울	불면증

23

제시된 <표> 이외에 <보고서>를 작성하기 위해 추가로 필요한 자료만을 <보기>에서 모두 고르면?

〈보 기〉

ㄱ. 2022년 '갑'시 양육자의 자녀 연령별 양육 스트레스

구분 \ 자녀 연령	0~2세	3~6세	7~9세
양육 스트레스 점수(점)	36.3	35.1	34.5
고위험군 비율(%)	58.3	52.4	50.7

ㄴ. 2022년 '갑'시 양육자의 가구 월평균 소득 구간별 양육 스트레스

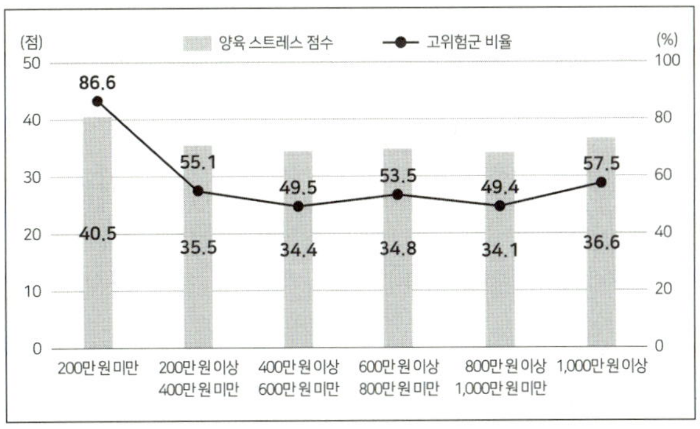

ㄷ. 2022년 '갑'시 양육자의 경제활동 여부별 양육 스트레스

경제활동 여부 \ 구분	양육 스트레스 점수(점)	고위험군 비율(%)
양육자 모두 경제활동	34.9	53.1
남성 양육자만 경제활동	35.4	53.4
여성 양육자만 경제활동	36.4	54.9
양육자 모두 비경제활동	46.0	100.0

ㄹ. 2022년 '갑'시 양육자의 자녀수별 양육 스트레스 점수

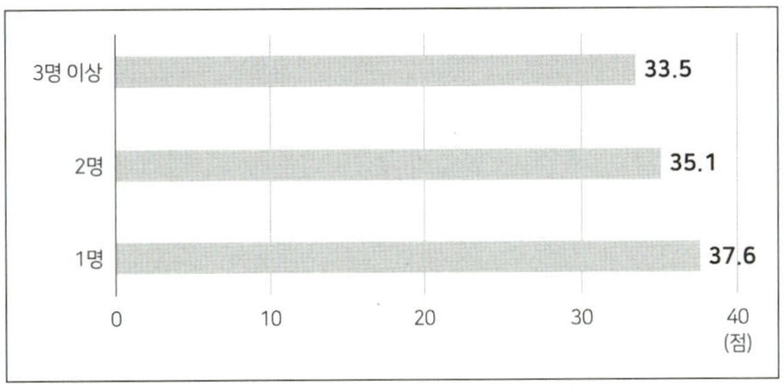

① ㄱ, ㄴ
② ㄱ, ㄷ
③ ㄷ, ㄹ
④ ㄱ, ㄴ, ㄹ
⑤ ㄴ, ㄷ, ㄹ

24

다음 <보고서>는 2016 ~ 2022년 '갑'국의 지주회사 및 소속회사에 관한 자료이다. <보기>의 자료 중 <보고서>의 내용에 부합하는 것만을 모두 고르면?

〈보고서〉

지주회사는 주식의 소유를 통하여 다른 회사의 사업활동을 지배하는 것을 주된 사업으로 하는 회사이다. 지주회사 체제란 지주회사가 수직적 출자를 통해 계열사를 소속회사(자, 손자, 증손 회사)로 편입하여 지배하는 소유구조를 의미한다.

'갑'국의 지주회사 자산요건이 2017년에 상향됨에 따라 2018년 이후 지주회사 수는 2017년 지주회사 수의 90% 이하를 유지하고 있다. 하지만 2022년 지주회사 수는 168개로 전년 대비 증가하였다. 편입률은 지주회사 전체 계열사 중 지주회사 체제 안에 편입되어 있는 계열사 비율을 나타내는데, 2018년 80%를 초과하였고 2019년 이후 70% 이상을 유지하고 있다. 2022년에는 지주회사의 전체 계열사 1,281개 중 915개가 지주회사 체제 안에 편입되어 있는 것으로 나타났고, 편입률은 전년 대비 증가하였다.

지주회사의 평균 소속회사 수 추이를 보면, 자, 손자, 증손 회사 각각 2017년 이후 매년 증가하였다. 특히, 2022년에는 전체 소속회사 수가 200개 이상 증가하였다.

자산규모별로 보면 2022년 자산규모 1천억 원 이상 5천억 원 미만인 지주회사 수는 2017년 대비 30% 이상 감소한 반면, 5천억 원 이상인 지주회사 수는 30% 이상 증가하였다.

〈보 기〉

ㄱ. 연도별 지주회사 수

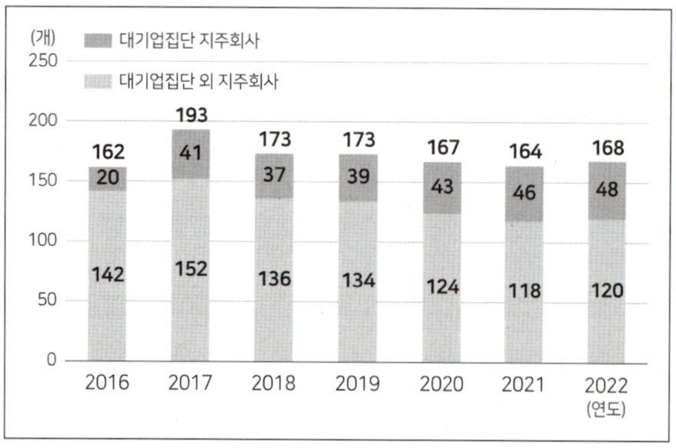

ㄴ. 지주회사의 평균 소속회사 수 추이

(단위: 개)

구분 \ 연도	2016	2017	2018	2019	2020	2021	2022
자	4.9	4.8	5.0	5.3	5.4	5.5	5.8
손자	5.0	4.8	5.2	5.6	5.9	6.2	6.9
증손	0.5	0.6	0.5	0.5	0.8	0.7	0.8
전체	10.4	10.2	10.7	11.4	12.1	12.4	13.5

ㄷ. 연도별 지주회사 편입률

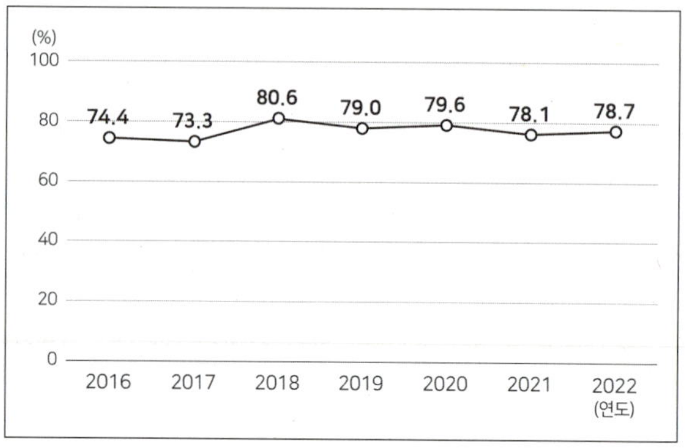

ㄹ. 자산규모별 지주회사 수

(단위: 개)

자산규모 \ 연도	2016	2017	2018	2019	2020	2021	2022
1천억 원 미만	64	84	79	76	78	76	86
1천억 원 이상 5천억 원 미만	88	97	82	83	74	72	66
5천억 원 이상	10	12	12	14	15	16	16

① ㄱ, ㄴ
② ㄱ, ㄷ
③ ㄱ, ㄹ
④ ㄴ, ㄷ
⑤ ㄴ, ㄹ

25

다음 <표>는 2023년 '갑'국 9개 콘텐츠 공모전의 상금 총액 및 작품 현황에 관한 자료이다. 이에 대한 설명으로 옳은 것은?

<표> '갑'국 9개 콘텐츠 공모전의 상금총액 및 작품 현황

(단위: 만 원, 개)

공모전 \ 구분	상금총액	응모작품 수	수상작품 수
청렴사회	4,980	1,507	50
평화통일	4,500	177	21
평화정책	3,400	368	65
문화 다양성	2,000	79	13
문화체험 메타버스	1,200	97	10
장애인 고용	1,100	134	14
평등가족 실천	850	155	21
적극행정 홍보	730	151	15
문화재 재난안전	670	118	12
전체	19,430	2,786	221

※ 수상률(%) $= \frac{\text{수상작품 수}}{\text{응모작품 수}} \times 100$

① 수상작품 수가 50개 미만인 공모전은 상금총액이 많을수록 수상작품 수도 많다.

② 수상률이 가장 높은 공모전은 '문화 다양성'이다.

③ 공모전 전체 상금총액 중 '평화통일' 상금총액이 차지하는 비중은 25% 이상이다.

④ 상금총액 대비 응모작품 수 비율이 두 번째로 높은 공모전의 수상작품 수는 20개 이상이다.

⑤ 수상률 하위 2개 공모전의 상금총액 합은 6,000만 원 이하이다.

memo

26

다음 <표>는 2017 ~ 2022년 원인별 연안사고 건수에 관한 자료이다. <표>를 이용하여 작성한 <보기>의 자료 중 옳은 것만을 모두 고르면?

<표> 2017 ~ 2022년 원인별 연안사고 건수

(단위: 건)

원인 \ 연도	2017	2018	2019	2020	2021	2022
기상불량	20	32	25	14	18	20
부주의	340	391	411	322	426	342
수영미숙	35	39	25	11	21	19
안전미준수	44	46	28	20	13	6
음주	91	108	79	89	79	72
조석미인지	114	100	105	83	90	72
기타	54	43	48	63	70	44
전체	698	759	721	602	717	575

〈보 기〉

ㄱ. 연도별 부주의 및 조석미인지로 인한 연안사고 건수

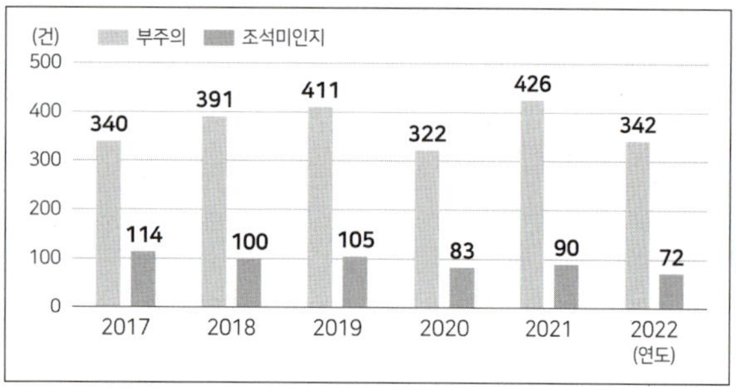

ㄴ. 연도별 전체 연안사고 건수 중 음주로 인한 연안사고 건수 비중

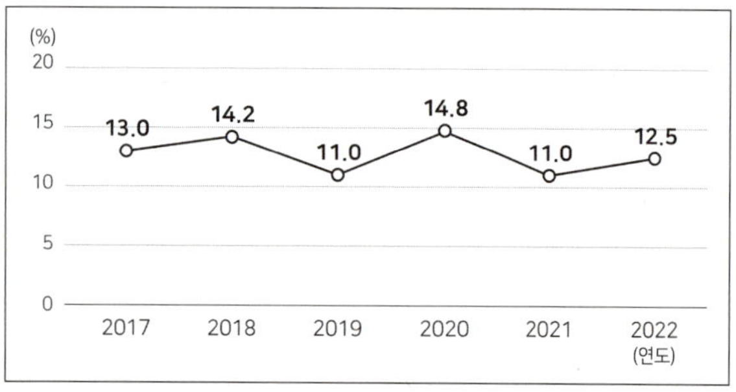

ㄷ. 2021년 연안사고 건수의 원인별 구성비

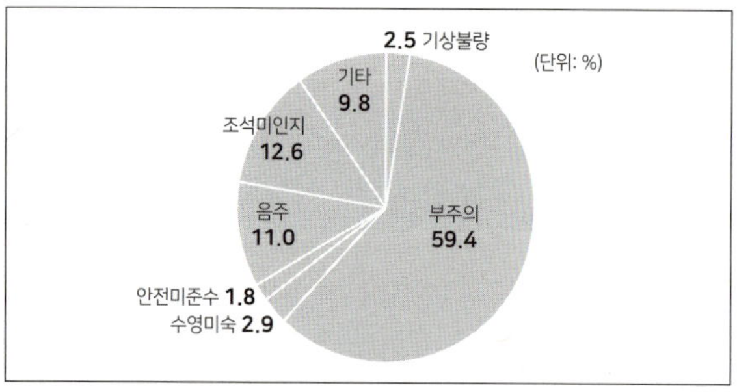

ㄹ. 2020 ~ 2022년 조석미인지 및 안전미준수로 인한 연안사고 건수의 전년 대비 증가율

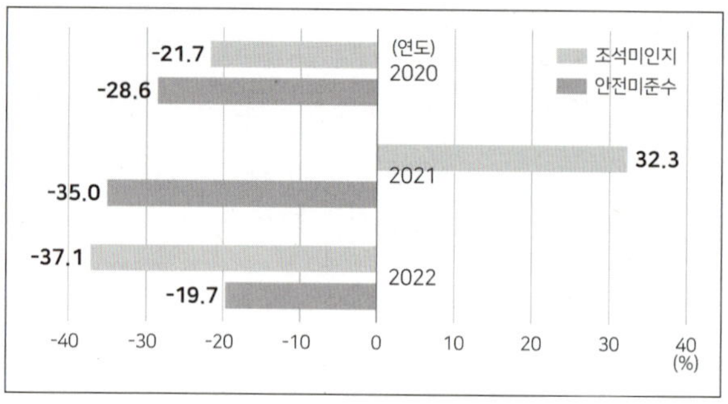

① ㄱ, ㄴ
② ㄱ, ㄷ
③ ㄱ, ㄴ, ㄷ
④ ㄱ, ㄷ, ㄹ
⑤ ㄴ, ㄷ, ㄹ

27

다음 <표>와 <그림>은 '갑'국제기구가 A ~ E국 농업기술센터 건립을 지원하기 위한 평가 자료이다. 이를 근거로 A ~ E 중 합산 점수가 가장 높은 국가를 고르면?

<표> 평가항목별 평가 점수 산정 기준 및 가중치

평가항목	평가 점수			가중치
	1점	2점	3점	
농업 종사자 수	1,000만 명 미만	1,000만 명 이상 3,000만 명 미만	3,000만 명 이상	2
1인당 국내 총생산	3,000달러 이상	1,000달러 이상 3,000달러 미만	1,000달러 미만	1
옥수수 경작면적당 생산량	3,000 kg/ha 이상	1,000 kg/ha 이상 3,000 kg/ha 미만	1,000 kg/ha 미만	3

※ 합산 점수는 평가항목별 평가 점수에 가중치를 곱한 값의 합임.

<그림> A ~ E국의 위치 및 평가항목별 현황

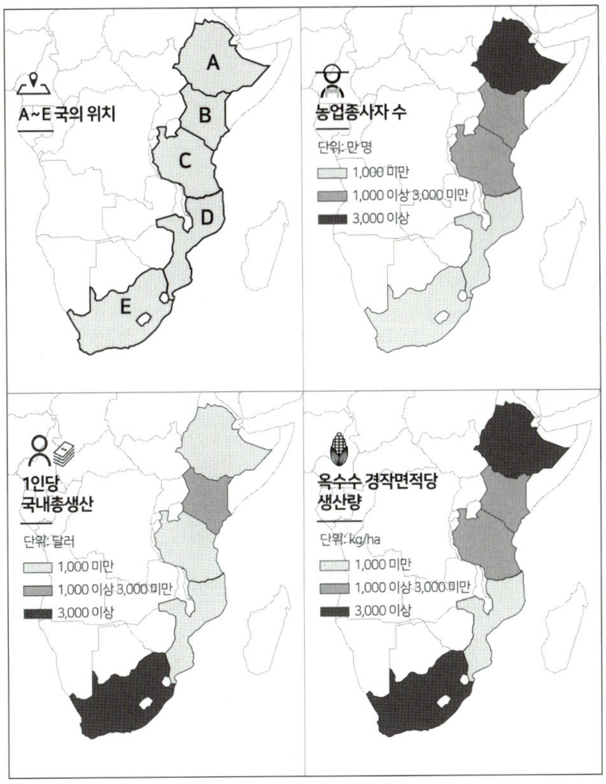

① A
② B
③ C
④ D
⑤ E

memo

28 ~ 29

다음 <표>는 2019 ~ 2023년 '갑'국의 과일 생산 현황에 관한 자료이다. 다음 물음에 답하시오.

<표 1> 연도별 과일 생산액

(단위: 십억 원)

과일 \ 연도		2019	2020	2021	2022	2023
전체		2,529	2,843	4,100	4,159	4,453
6대 과일		2,401	2,697	3,810	3,777	3,858
	사과	497	467	802	1,448	1,100
	감귤	634	811	931	637	990
	복숭아	185	200	410	456	601
	포도	514	496	793	586	693
	배	387	339	550	426	276
	단감	184	384	324	224	198
기타		128	146	290	382	595

<표 2> 연도별 6대 과일 재배면적과 생산량

(단위: 천 ha, 천 톤)

6대 과일	구분 \ 연도	2019	2020	2021	2022	2023
사과	재배면적	29.1	26.9	31.0	31.6	31.6
	생산량	489	368	460	583	422
감귤	재배면적	26.8	21.5	21.1	21.3	21.1
	생산량	563	638	615	640	668
복숭아	재배면적	13.9	15.0	13.9	16.7	20.5
	생산량	170	224	135	154	173
포도	재배면적	29.2	22.1	17.6	15.4	13.2
	생산량	476	381	257	224	136
배	재배면적	26.2	21.7	16.2	12.7	9.1
	생산량	324	443	308	261	133
단감	재배면적	23.8	17.2	15.2	11.8	8.4
	생산량	227	236	154	158	88
합계	재배면적	149.0	124.4	115.0	109.5	103.9
	생산량	2,249	2,290	1,929	2,020	1,620

28

위 <표>에 대한 <보기>의 설명 중 옳은 것만을 모두 고르면?

〈보 기〉

ㄱ. 2022년 재배면적당 생산액은 복숭아가 감귤보다 많다.

ㄴ. 6대 과일 중 2021년 생산량의 전년 대비 증감률이 가장 큰 과일은 복숭아이다.

ㄷ. 6대 과일 생산액의 합에서 배의 생산액이 차지하는 비중이 10% 이상인 연도는 4개이다.

① ㄱ
② ㄴ
③ ㄷ
④ ㄱ, ㄴ
⑤ ㄴ, ㄷ

29

위 <표>를 이용하여 작성한 <보기>의 자료 중 옳은 것만을 모두 고르면?

〈보 기〉

ㄱ. 연도별 사과 재배면적당 생산량

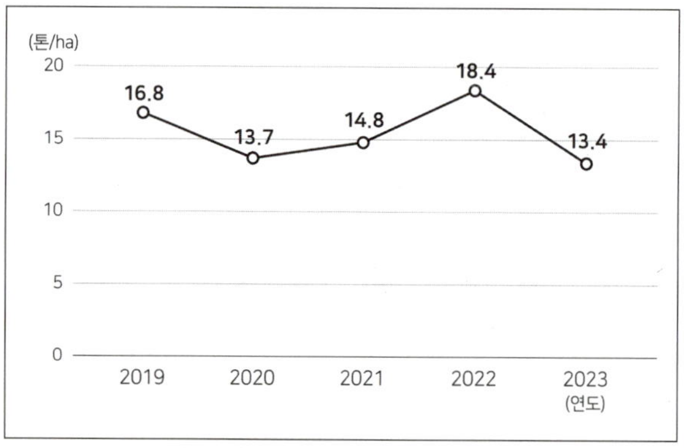

ㄴ. 연도별 감귤, 복숭아, 배 생산량

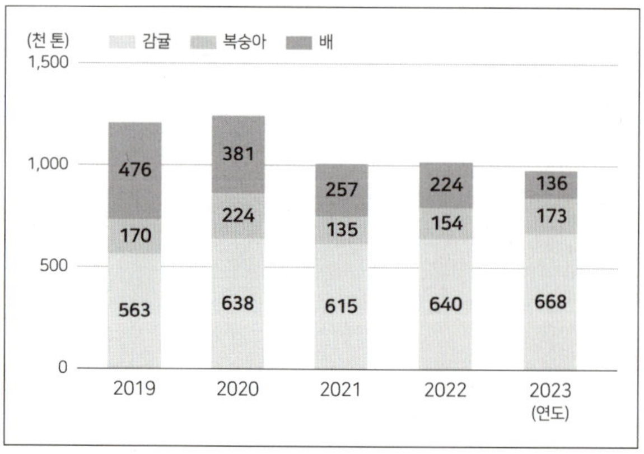

ㄷ. 2022년 전체 과일 생산액 중 과일별 생산액 비중

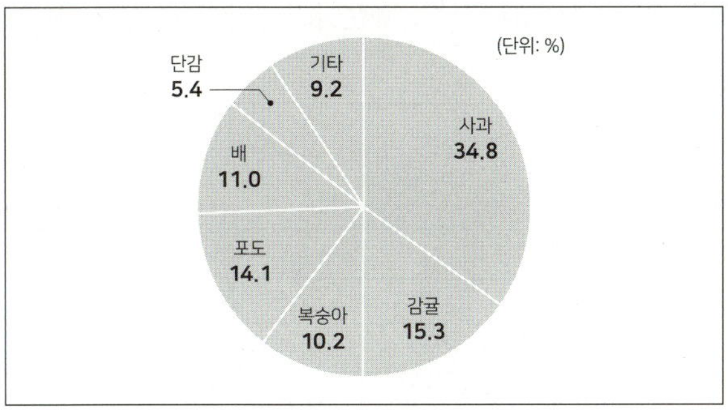

ㄹ. 연도별 포도와 단감의 재배면적

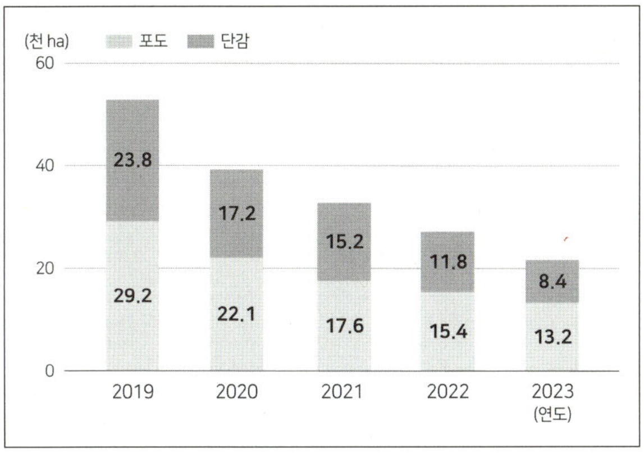

① ㄱ, ㄴ
② ㄱ, ㄹ
③ ㄴ, ㄷ
④ ㄴ, ㄹ
⑤ ㄷ, ㄹ

30

다음 <표>는 2022년 '갑'국에서 방영된 드라마 시청점유율 순위에 관한 자료이다. 이에 대한 <보기>의 설명 중 옳은 것만을 모두 고르면?

<표> 드라마 시청점유율 순위

(단위: %, 분)

순위	드라마	장르	시청점유율	1인당 시청시간	제작사
1	장수왕	사극	39.15	151	정림
2	하늘정원의 비밀	추리	11.10	54	신사제작
3	화성의 빛	SF	9.90	52	신사제작
4	기습	사극	4.20	78	폭풍
5	아이스	로맨스	3.60	89	퍼시픽
6	아프로디테	로맨스	2.90	45	신사제작
7	구름의 언덕	로맨스	2.50	34	퍼시픽
8	나만의 오렌지	로맨스	2.40	30	퍼시픽
9	함께 달리자	로맨스	2.30	26	폭풍
10	메피스토	액션	1.90	37	폭풍
⋮	⋮	⋮	⋮	⋮	⋮

※ 1) 시청점유율(%)

$$= \frac{\text{전체 시청자의 해당 드라마 시청시간 총합}}{\text{전체 시청자의 드라마 시청시간 총합}} \times 100$$

2) 1인당 시청시간(분)

$$= \frac{\text{전체 시청자의 해당 드라마 시청시간 총합}}{\text{해당 드라마 시청자 수}}$$

〈보 기〉

ㄱ. 장르가 '액션'인 드라마 시청점유율의 평균은 2% 이하이다.
ㄴ. 제작사가 '퍼시픽'인 드라마의 시청점유율 총합은 제작사가 '폭풍'인 드라마의 시청점유율 총합보다 높다.
ㄷ. 드라마 수는 21개 이상이다.
ㄹ. 5위 드라마의 시청자 수는 8위 드라마의 시청자 수보다 적다.

① ㄱ, ㄴ
② ㄱ, ㄷ
③ ㄴ, ㄷ
④ ㄴ, ㄹ
⑤ ㄱ, ㄷ, ㄹ

31

다음 <표>는 2016 ~ 2021년 '갑'국의 연금 가입 및 연금 계좌 보유 현황에 관한 자료이다. 이에 대한 <보기>의 설명 중 옳은 것만을 모두 고르면?

<표> '갑'국의 연금 가입 및 연금 계좌 보유 현황

(단위: 천 명, 천 개, %)

연도	인구	연금 가입자 수	연금 계좌 수	가입률	중복 가입률
2016	31,523	21,754	30,265	69.0	27.0
2017	31,354	(　)	(　)	69.8	28.0
2018	31,183	22,296	31,432	71.5	(　)
2019	30,915	(　)	31,538	(　)	30.0
2020	30,590	23,793	33,459	77.8	(　)
2021	30,128	23,727	33,458	78.8	(　)

※ 1) '갑'국 연금 가입자는 연금 계좌를 1개 또는 2개 보유함.
2) 연금 계좌 수: 해당연도 '갑'국 전체 연금 가입자가 보유한 연금 계좌 수의 합
3) 가입률(%) = $\frac{\text{연금 가입자 수}}{\text{인구}} \times 100$
4) 중복 가입률(%) = $\frac{\text{연금 계좌를 2개 보유한 연금 가입자 수}}{\text{인구}} \times 100$

〈보 기〉

ㄱ. 2017년 연금 계좌 수는 전년보다 증가하였다.
ㄴ. 2018년과 2019년의 중복 가입률 차이는 1 %p 이상이다.
ㄷ. 2020년 연금 가입자 수는 전년 대비 5 % 이상 증가하였다.
ㄹ. 2021년 중복 가입률은 전년보다 증가하였다.

① ㄱ, ㄴ
② ㄱ, ㄷ
③ ㄴ, ㄹ
④ ㄱ, ㄷ, ㄹ
⑤ ㄴ, ㄷ, ㄹ

32

다음 <표>는 2022년 3 ~ 6월 '갑'국 연안에서의 3개 어종 어업 현황에 관한 자료이다. 이에 대한 설명으로 옳은 것은?

<표 1> 어종별 어획량

(단위: kg)

월 \ 어종	우럭	광어	고등어
3	10,203	5,410	21,910
4	15,029	5,700	23,480
5	14,330	7,198	22,333
6	17,800	6,750	24,051

<표 2> 우럭과 광어의 도 · 소매단가

(단위: 원/kg)

월 \ 어종	우럭		광어	
	도매	소매	도매	소매
3	17,700	28,500	13,500	32,500
4	16,000	26,000	12,000	28,500
5	14,500	25,250	11,250	26,250
6	12,250	22,100	10,500	24,000

<표 3> 조업선박 수

(단위: 척)

월	3	4	5	6
조업선박 수	45	50	60	70

① 우럭 소매단가의 전월 대비 감소율이 가장 큰 달과 광어 소매단가의 전월 대비 감소율이 가장 큰 달은 같다.
② 3개 어종 어획량의 합은 매월 증가하였다.
③ 조업선박 1척당 3개 어종 어획량의 합은 3월과 비교해 6월에 20 % 이상 감소하였다.
④ 우럭의 도매단가 대비 소매단가 비율은 매월 증가하였다.
⑤ 고등어 어획량은 우럭과 광어의 어획량 합보다 매월 많다.

33

다음 <표>와 <그림>은 2020 ~ 2023년 '갑'국 교통사고 현황에 관한 자료이다. 이에 대한 <보고서>의 설명 중 옳은 것만을 모두 고르면?

<표> 교통사고 발생건수와 인명피해

(단위: 천 건, 백 명)

구분 \ 연도		2020	2021	2022	2023
발생건수		232.0	220.8	217.1	215.9
인명피해	사망자수	46.2	42.9	39.9	37.8
	부상자수	3,504.0	3,317.2	3,228.3	3,230.3
	중상자수	925.2	824.7	782.1	742.5
	경상자수	2,578.8	2,492.5	2,446.2	2,487.8

<그림> 도로종류별 교통사고 발생건수 비율

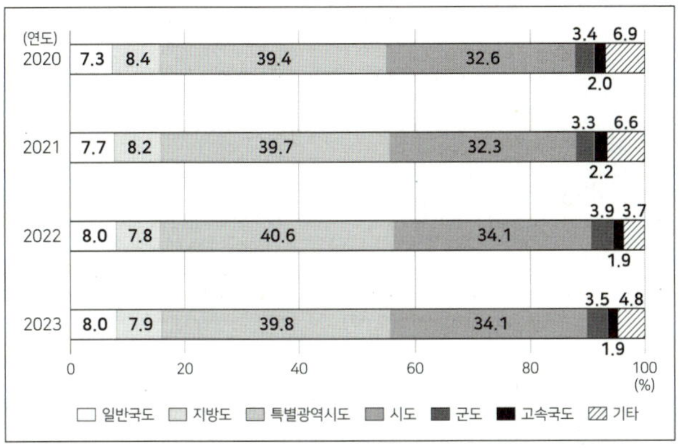

〈보고서〉

2020 ~ 2023년 '갑'국의 교통사고 발생건수는 매년 감소하였다. ㉠ 2020 ~ 2023년 교통사고 발생건수당 사망자수 역시 매년 감소하여 2023년 교통사고 발생건수 100건당 사망자수는 1.8명 이하였다. 또한, ㉡ 2020 ~ 2023년 부상자수 중 중상자수의 비율도 매년 감소하여 2023년에는 부상자수 중 중상자수의 비율이 25 % 이하였다. 2020 ~ 2023년 도로종류별 교통사고 발생건수를 살펴보면, 특별광역시도의 교통사고 발생건수가 매년 가장 많았다. 하지만 ㉢ 2020 ~ 2023년 특별광역시도의 교통사고 발생건수는 매년 감소하였다. 한편, 2022년과 2023년 일반국도의 교통사고 발생건수는 특별광역시도와 시도 다음으로 많았다. 하지만 ㉣ 일반국도의 교통사고 발생건수는 2022년과 2023년 각각 16,000건을 넘지 않았다.

① ㄱ, ㄴ
② ㄴ, ㄷ
③ ㄷ, ㄹ
④ ㄱ, ㄴ, ㄹ
⑤ ㄱ, ㄷ, ㄹ

34

다음 <표>는 2015 ~ 2022년 '갑'국의 논벼 소득에 관한 자료이다. 이에 대한 설명으로 옳은 것은?

<표> 2015 ~ 2022년 '갑'국의 논벼 소득 현황

(단위: 백만 원, %)

연도	총수입	전년 대비 증가율	경영비	전년 대비 증가율	소득	소득률
2015	993,903	−6.1	( )	−2.2	560,966	56.4
2016	856,165	( )	( )	−1.5	429,546	50.2
2017	974,553	13.8	433,103	1.5	541,450	55.6
2018	1,178,214	20.9	( )	10.2	( )	59.5
2019	1,152,580	−2.2	( )	1.7	667,350	57.9
2020	1,216,248	5.5	484,522	( )	( )	60.2
2021	1,294,242	6.4	508,375	4.9	785,867	60.7
2022	1,171,736	( )	566,121	11.4	605,615	51.7

※ 1) 소득 = 총수입 − 경영비

2) 소득률(%) = $\frac{\text{소득}}{\text{총수입}} \times 100$

① 2018년 소득은 전년 대비 25 % 이상 증가하였다.
② 2016년부터 2021년까지 소득은 매년 증가하였다.
③ 2017년 대비 2021년 경영비 증가율은 20 % 이상이다.
④ 2020년 총수입과 경영비의 전년 대비 증감 방향은 동일하다.
⑤ 총수입의 전년 대비 증가율이 가장 낮은 해와 소득의 전년 대비 감소폭이 가장 큰 해는 같다.

35

다음 <표>는 2021년 국군의 장서 보유량별 병영도서관 수에 관한 자료이다. 이에 대한 설명으로 옳지 않은 것은?

<표> 2021년 장서 보유량별 병영도서관 수

(단위: 개소)

보유량 / 구분	500권 이하	501 ~ 1,000권	1,001 ~ 2,000권	2,001 ~ 3,000권	3,001 ~ 5,000권	5,001권 이상	합
육군	60	158	( )	354	257	104	1,328
해군	67	49	52	39	34	21	262
공군	0	2	22	18	33	36	111
국직	1	5	17	19	13	9	64
전체	128	214	486	( )	337	170	1,765

① 1,001 ~ 2,000권의 장서를 보유한 병영도서관 수는 2,001 ~ 3,000권의 장서를 보유한 병영도서관 수보다 많다.

② 육군 이외 모든 국군 병영도서관 수의 합은 2,001권 이상의 장서를 보유한 육군 병영도서관 수의 70 % 이하이다.

③ 해군 병영도서관 중 장서 보유량 상위 50개소의 장서 보유량 합이 20만 권이라면, 해군 병영도서관당 장서 보유량은 2,000권 이상이다.

④ 공군 병영도서관의 장서 보유량 합은 30만 권 이상이다.

⑤ 국직 병영도서관의 장서 보유량 합이 21만 권이라면, 5,300권 이상의 장서를 보유한 국직 병영도서관은 1개소 이상이다.

36

다음 <표>는 2020 ~ 2023년 '갑'국 직업학교 A ~ E의 모집정원 및 지원자 수에 관한 자료이다. 이에 대한 설명으로 옳은 것은?

<표 1> '갑'국 직업학교 A ~ E의 모집정원

(단위: 명)

직업학교 / 성별	전체	남성	여성
A	330	290	40
B	170	144	26
C	235	199	36
D	90	9	81
E	550	490	60

※ 2020 ~ 2023년 동안 '갑'국 직업학교 A ~ E의 성별 모집정원은 변동 없음.

<표 2> 2020 ~ 2023년 '갑'국 직업학교 A ~ E의 지원자 수

(단위: 명)

연도	2020			2021			2022			2023		
직업학교 / 성별	전체	남성	여성	전체	남성	여성	전체	남성	여성	전체	남성	여성
A	11,273	8,149	3,124	14,656	10,208	4,448	8,648	6,032	2,616	8,073	5,713	2,360
B	6,797	4,824	1,973	3,401	2,434	967	3,856	2,650	1,206	3,686	2,506	1,180
C	9,957	6,627	3,330	12,406	8,079	4,327	5,718	4,040	1,678	5,215	3,483	1,732
D	4,293	559	3,734	3,994	600	3,394	2,491	336	2,155	2,389	275	2,114
E	2,965	2,107	858	3,393	2,205	1,188	2,657	1,715	942	2,528	1,568	960

① 직업학교 A ~ E의 전체 지원자 수의 합이 가장 많은 연도는 2020년이다.

② 2020년 전체 지원자 수 대비 2023년 전체 지원자 수 비율이 가장 낮은 직업학교는 D이다.

③ 직업학교 E에서 성별 모집정원 대비 지원자 수 비율이 가장 낮은 연도는 남성과 여성이 동일하다.

④ 직업학교 A는 남성 지원자 수의 전년 대비 증감률이 가장 큰 연도에 여성 지원자 수의 전년 대비 증감률도 가장 크다.

⑤ 직업학교 B에서 여성 모집정원 대비 여성 지원자 수 비율이 가장 낮은 연도와 직업학교 C에서 여성 모집정원 대비 여성 지원자 수 비율이 가장 높은 연도는 동일하다.

37

다음 <그림>은 '갑'지역 전세 사기 피해자 765명의 피해자 연령대별, 피해금액대별 현황에 관한 자료이다. 이에 대한 <보기>의 설명 중 옳은 것만을 모두 고르면?

<그림> '갑'지역 전세 사기 피해자 현황

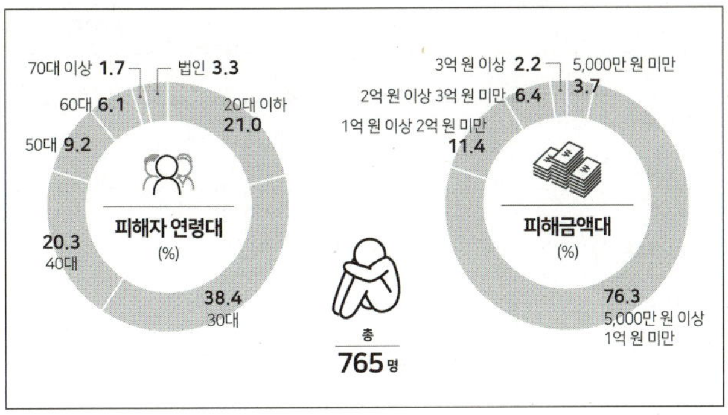

※ 각 피해 법인 1개는 피해자 1명으로 산정하고, 법인의 연령은 고려하지 않음.

〈보 기〉

ㄱ. 피해금액이 5,000만 원 이상 1억 원 미만인 피해자 중 30대 이하인 피해자가 차지하는 비중은 40% 미만이다.
ㄴ. 피해금액 총액은 500억 원 이상이다.
ㄷ. 피해금액이 3억 원 이상인 피해자가 모두 법인이고 40대 이하인 피해자의 피해금액이 모두 1억 원 미만이라면, 피해금액이 1억 원 미만인 법인은 없다.

① ㄱ
② ㄴ
③ ㄷ
④ ㄱ, ㄴ
⑤ ㄴ, ㄷ

38

다음 <표>는 2022년 '갑'대학 학생 A ~ J의 학기별 봉사 점수에 관한 자료이다. 이에 대한 설명으로 옳은 것은?

<표 1> 학생 A ~ J의 학기별 점수

(단위: 점)

학기 / 학생	1학기	2학기
A	4.3	4.2
B	3.7	3.6
C	4.0	3.8
D	2.8	2.7
E	3.4	( )
F	0.4	0.2
G	3.9	3.6
H	2.8	1.8
I	( )	2.2
J	1.2	1.1

<표 2> 학기별 · 등급별 평균점수(학생 A ~ J)

(단위: 점)

학기 / 등급	1학기	2학기
상	3.98	3.80
중	3.10	2.45
하	( )	1.25

※ 1) 학기별로 점수가 3.5점 이상이면 '상'등급, 2.0점 이상 3.5점 미만이면 '중'등급, 2.0점 미만이면 '하'등급으로 학생을 구분함.

2) $평균점수(점) = \frac{해당학기\ 해당등급\ 학생\ 점수의\ 합}{해당학기\ 해당등급\ 학생\ 수}$

3) 평균점수는 소수 셋째 자리에서 반올림한 값임.

① '상'등급에 해당하는 학생 수는 1학기가 2학기보다 많다.
② 1학기와 2학기의 점수 차이가 가장 큰 학생은 H이다.
③ 학생 E의 2학기 등급은 '중'이다.
④ '하'등급의 평균점수는 1학기가 2학기보다 높다.
⑤ 학생 A ~ J는 모두 1학기 점수가 2학기 점수보다 높다.

39

다음 <정보>와 <표>는 '갑'초등학교 6학년 1 ~ 6반 학생이 받은 상에 관한 자료이다. 이를 근거로 개근상을 받은 학생 수와 우등상을 받은 학생 수를 바르게 연결한 것은?

〈정 보〉

○ 상의 종류는 개근상, 우등상, 봉사상만 있다.
○ 학생 1명은 동일한 종류의 상을 중복해서 받을 수 없다.
○ 개근상, 우등상, 봉사상 3개를 모두 받은 학생은 1반, 2반, 5반에서 각각 2명이고, 3반, 4반, 6반에서 각각 1명이다.
○ 우등상을 받은 학생 수가 봉사상을 받은 학생 수보다 많다.

<표 1> 1 ~ 6반 수상 현황

(단위: 명, 개)

반	1	2	3	4	5	6
상 받은 학생 수	5	4	4	5	3	1
받은 상 개수	9	8	9	8	8	3

<표 2> 상별 상위 2개 반과 상을 받은 학생 수

(단위: 명)

상 / 구분 / 순위	개근상		우등상		봉사상	
	반	학생 수	반	학생 수	반	학생 수
1	2	4	1	5	4	5
2	5	3	3	4	3	4

※ 1) 상을 받은 학생 수 기준으로 순위를 정함.
2) 공동 2위는 없음.

	개근상을 받은 학생 수	우등상을 받은 학생 수
①	12	15
②	12	16
③	12	17
④	13	16
⑤	13	17

40

다음 <표>는 '갑'국의 유종별 소비자 판매가격 산정에 관한 자료이다. 이에 대한 <보기>의 설명 중 옳은 것만을 모두 고르면?

<표> 유종별 원가, 유류세 및 판매부과금

(단위: 원/L)

<table>
<tr><th rowspan="2">유종</th><th rowspan="2">원가</th><th colspan="4">유류세</th><th rowspan="2">판매
부과금</th></tr>
<tr><th>교통세</th><th>개별
소비세</th><th>교육세</th><th>주행세</th></tr>
<tr><td>보통
휘발유</td><td>670</td><td>529</td><td>0</td><td rowspan="4">교통세의
15 %</td><td rowspan="4">교통세의
26 %</td><td>0</td></tr>
<tr><td>고급
휘발유</td><td>760</td><td>529</td><td>0</td><td>36</td></tr>
<tr><td>선박용
경유</td><td>700</td><td>375</td><td>0</td><td>0</td></tr>
<tr><td>자동차용
경유</td><td>760</td><td>375</td><td>0</td><td>0</td></tr>
<tr><td>등유</td><td>820</td><td>0</td><td>63</td><td>개별
소비세의
15 %</td><td>0</td><td>0</td></tr>
</table>

※ 1) 유종은 '보통 휘발유', '고급 휘발유', '선박용 경유', '자동차용 경유', '등유'로만 구분됨.
2) 소비자 판매가격 = 원가 + 유류세 + 판매부과금 + 부가가치세
3) 유류세 = 교통세 + 개별소비세 + 교육세 + 주행세
4) 부가가치세 = (원가 + 유류세 + 판매부과금) × 0.1

〈보 기〉

ㄱ. 유류세는 '보통 휘발유'가 '자동차용 경유'의 1.3배 이상이다.
ㄴ. 소비자 판매가격 대비 유류세의 비율이 세 번째로 높은 유종은 '자동차용 경유'이다.
ㄷ. 원가와 판매부과금의 변동없이 유류세가 10 % 인하된다면, '보통 휘발유'의 소비자 판매가격은 80원/L 이상 인하된다.
ㄹ. 원가와 판매부과금의 변동없이 유류세가 15 % 인하될 때보다 유류세와 판매부과금의 변동없이 원가가 10 % 인하될 때, '선박용 경유'의 소비자 판매가격 인하폭이 더 크다.

① ㄱ, ㄴ
② ㄱ, ㄷ
③ ㄱ, ㄹ
④ ㄴ, ㄷ
⑤ ㄴ, ㄹ

2023
5급 공채

자료해석 가책형

PSAT 신헌 자료해석 ALL수록 기출문제집

01

다음 <표>와 <보고서>는 2022년 A ~ E국의 우편 서비스 현황에 관한 자료이다. 이를 근거로 판단할 때, A ~ E 중 '갑'국에 해당하는 국가는?

<표 1> 2022년 A ~ E국 우편 서비스 제공 방법별 인구 비율

(단위: %)

제공 방법 \ 국가	A	B	C	D	E	세계 평균
집으로 우편물 배달	19.2	88.4	94.0	97.3	96.6	85.8
우체국에서 우편물 배부	80.8	11.6	6.0	2.7	3.4	14.2

<표 2> 2022년 A ~ E국 우편 시장 및 우체국 현황

(단위: %, 명, 개)

구분 \ 국가	A	B	C	D	E	세계 평균
2012년 대비 국내우편 시장 규모 성장률	-20.6	-12.0	-10.3	-1.1	1.8	-
우체국 직원 1인당 인구	17,218	3,606	2,364	2,673	387	1,428
인구 10만 명당 우체국 수	1.1	3.3	8.2	21.2	12.4	12.7

〈보 고 서〉

'갑'국의 우편 서비스 보급 현황 및 성장률, 서비스 품질을 알아보기 위해 2022년 우편 서비스 제공 방법별 인구 비율, 2012년 대비 국내우편 시장 규모 성장률, 우체국 직원 1인당 인구 및 인구 10만 명당 우체국 수를 조사하였다.

먼저 2022년 우편 서비스 제공 방법별 인구 비율을 살펴보면, '갑'국은 '집으로 우편물 배달' 비율이 세계 평균 및 '우체국에서 우편물 배부' 비율보다 높았다. 한편 '갑'국의 2012년 대비 2022년 국내우편 시장 규모는 감소하였다.

'갑'국의 우체국 직원 1인당 인구는 세계 평균인 1,428명보다 70 % 이상 많아 직원들이 서비스를 제공해야 할 인구가 많았다. 또한 '갑'국의 인구 10만 명당 우체국 수를 살펴보면 세계 평균보다 적어 우체국 접근성이 낮은 것으로 나타났다.

① A
② B
③ C
④ D
⑤ E

02

다음 <표>는 2020년과 2021년 각각 '갑'국의 교원 2,000명(중학교 1,000명, 고등학교 1,000명)을 대상으로 진로체험 편성·운영 시 학생 의사 반영에 관해 조사한 자료이다. 이를 근거로 작성한 <보고서>의 내용 중 옳은 것만을 모두 고르면?

<표 1> 진로체험 편성·운영 시 학생 의사 반영 정도별 응답 비율

(단위: %)

학생 의사 반영 정도 \ 학교급, 연도	중학교		고등학교	
	2020	2021	2020	2021
전부 반영	13.0	15.4	26.4	29.2
일부 반영	72.1	70.8	59.0	58.3
미반영	14.9	13.8	14.6	12.5
계	100.0	100.0	100.0	100.0

※ 무응답과 중복 응답은 없음.

<표 2> 2021년 진로체험 편성·운영 시 학생 의사 미반영 이유별 응답 비율

(단위: %)

미반영 이유 \ 학교급	중학교	고등학교
수요 기반 체험처 미확보	26.1	38.4
체험처 수용 인원 규모 초과	27.5	18.4
운영 인력 부족	18.1	16.8
이동 시간 부족	8.0	8.0
예산상의 제약	11.6	8.0
기타	8.7	10.4
계	100.0	100.0

※ 1) 2021년 조사에서 학생 의사 반영 정도를 '미반영'으로 응답한 교원을 대상으로 조사함.
2) 무응답과 중복 응답은 없음.

〈보 고 서〉

2021년 조사 결과 진로체험 편성·운영 시 학생 의사 반영 정도를 살펴보면, ㉠'일부 반영'으로 응답한 비율이 중학교와 고등학교 각각 70.8 %, 58.3 %로 가장 높았다. ㉡'전부 반영'으로 응답한 비율은 전년 대비 중학교가 2.8 %p, 고등학교가 2.4 %p 증가하였다.

2021년 진로체험 편성·운영 시 학생 의사 미반영 이유를 살펴보면, ㉢중학교는 '체험처 수용 인원 규모 초과', 고등학교는 '수요 기반 체험처 미확보'로 응답한 비율이 가장 높았다. 기타를 제외하고, '이동 시간 부족'이라고 응답한 비율은 중학교와 고등학교 모두 가장 낮게 나타났다. 한편, ㉣학생 의사 미반영 이유를 '이동 시간 부족'으로 응답한 교원의 수는 중학교와 고등학교가 동일하였다.

① ㄱ, ㄷ
② ㄱ, ㄹ
③ ㄴ, ㄷ
④ ㄴ, ㄹ
⑤ ㄱ, ㄷ, ㄹ

03

다음 <표>는 2021년과 2022년 '갑'국의 학교급별 사교육비에 관한 자료이다. 제시된 <표> 이외에 <보고서>를 작성하기 위해 추가로 필요한 자료만을 <보기>에서 모두 고르면?

<표 1> 학교급별 사교육비 총액 및 학생 1인당 월평균 사교육비

구분 / 학교급 \ 연도		사교육비 총액(억 원)		학생 1인당 월평균 사교육비(만 원)	
		2021	2022	2021	2022
전체		194,851	209,968	29.1	32.1
	초등학교	85,531	95,596	26.3	29.0
	중학교	49,972	52,555	31.2	33.8
	고등학교	59,348	61,817	32.1	36.5

<표 2> 분야별 사교육비 총액 현황

(단위: 억 원)

연도 / 분야	2021	2022			
			초등학교	중학교	고등학교
일반교과	142,600	154,051	56,545	46,192	51,314
예체능 및 취미·교양	50,707	54,273	38,814	6,210	9,249
취업	929	910	0	0	910
진로·진학 학습상담	615	734	237	153	344

〈보 고 서〉

2022년 학교급별 사교육비 총액은 약 21조 원으로, 2021년 대비 1조 5천억 원 이상 증가하였다. 2022년 사교육비 총액을 학교급별로 보면, 초등학교 약 9조 6천억 원, 중학교 약 5조 3천억 원, 고등학교 약 6조 2천억 원이었다.

2022년 사교육비 총액을 분야별로 살펴보면, '일반교과'는 약 15조 4천억 원으로 전년 대비 1조 1천억 원 이상 증가하였고, '예체능 및 취미·교양'은 약 5조 4천억 원으로 전년 대비 3천 5백억 원 이상 증가하였다.

2022년 사교육비 총액 중 '예체능 및 취미·교양' 사교육비가 차지하는 비중은 2017년 대비 6 %p 이상 상승하였다. 이는 예체능에 대한 관심 증대, 취미·교양재능 계발 및 보육 등 사교육 목적의 다양화가 주요 원인으로 분석된다.

2022년 학생 1인당 월평균 사교육비는 32만 1천 원으로 전년 대비 3만 원 증가하였다. 학교급별로 학생 1인당 월평균 사교육비 증가액을 살펴보면 초등학교 2만 7천 원, 중학교 2만 6천 원, 고등학교 4만 4천 원이었다.

2022년 학생 1인당 주당 사교육 참여시간은 6.5시간으로 전년 대비 0.3시간 증가하였다. 학교급별로는 초등학교 5.7시간, 중학교 6.8시간, 고등학교 6.8시간으로 각각 전년 대비 0.4시간, 0.3시간, 0.3시간 증가하였다.

〈보 기〉

ㄱ. 전년 대비 2022년 학교급별 학생 1인당 월평균 사교육비 증가액

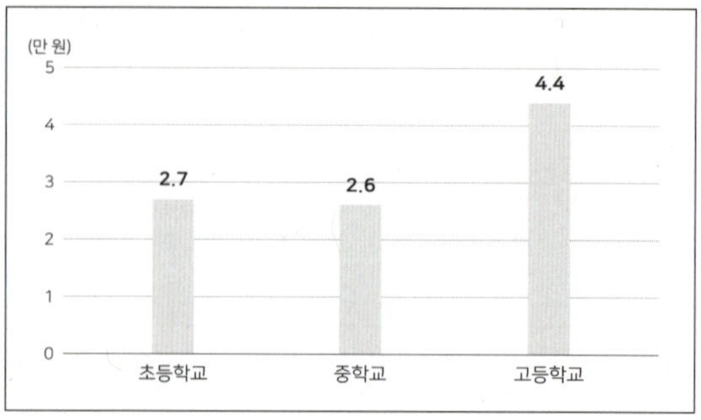

ㄴ. 2021년과 2022년 분야별 학생 1인당 월평균 사교육비

(단위: 만 원)

연도 / 분야	2021	2022
일반교과	21.3	23.6
예체능 및 취미·교양	7.6	8.3
취업	0.1	0.1
진로·진학 학습상담	0.1	0.1

ㄷ. 2017년 분야별 사교육비 총액 구성비

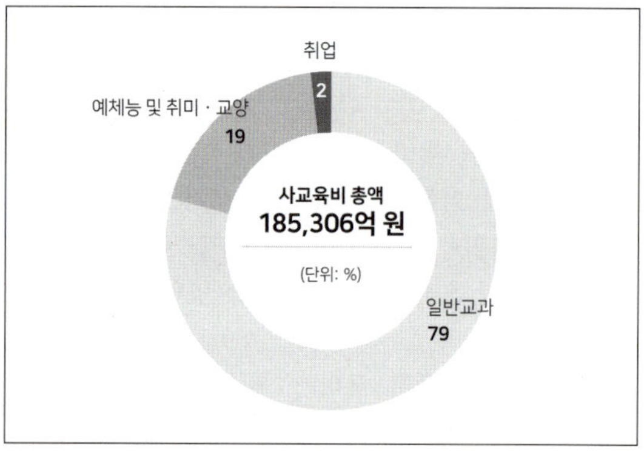

ㄹ. 2021년과 2022년 학교급별 학생 1인당 주당 사교육 참여시간

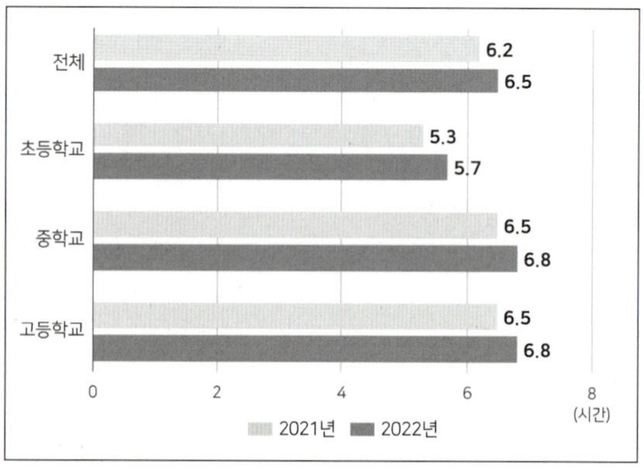

① ㄱ, ㄴ ② ㄱ, ㄷ
③ ㄴ, ㄷ ④ ㄴ, ㄹ
⑤ ㄷ, ㄹ

04

다음 <표>는 2014년과 2019년 A ~ E국의 3대 사망원인별 연령표준화사망률에 관한 자료이고, <보고서>는 '갑'국의 연령표준화사망률을 분석한 자료이다. 이를 근거로 판단할 때, A ~ E 중 '갑'국에 해당하는 국가는?

<표> 2014년과 2019년 A ~ E국의 3대 사망원인별 연령표준화사망률

(단위: 명/10만 명)

국가	사망원인 \ 연도, 성별	2014 남자	2014 여자	2019 남자	2019 여자
A	암	233.9	151.9	223.5	145.5
	순환기계	219.3	165.1	185.4	136.1
	호흡기계	73.0	48.8	66.3	47.3
B	암	278.5	201.8	255.6	186.0
	순환기계	233.9	153.7	217.0	140.0
	호흡기계	102.7	75.9	113.3	83.2
C	암	265.8	125.9	254.7	125.3
	순환기계	220.7	155.6	214.5	150.0
	호흡기계	102.9	46.1	107.8	52.3
D	암	279.1	133.9	278.5	133.5
	순환기계	272.5	194.8	254.3	178.0
	호흡기계	121.2	63.5	118.5	62.1
E	암	272.3	113.9	229.0	100.9
	순환기계	187.1	133.5	148.6	105.5
	호흡기계	113.7	48.4	125.3	54.3

〈보 고 서〉

'갑'국의 3대 사망원인별 연령표준화사망률을 살펴보면, 남자는 2014년과 2019년 모두 암이 가장 높았고, 순환기계가 다음으로 높았다. 그에 반해, 여자는 2014년과 2019년 모두 순환기계가 가장 높았고, 암이 다음으로 높았다.

남자와 여자 모두, 2014년 대비 2019년 암과 순환기계의 연령표준화사망률은 낮아졌으나 호흡기계의 연령표준화사망률은 높아졌다. 2014년에는 호흡기계의 연령표준화사망률이 남자와 여자 모두 암의 연령표준화사망률의 절반에 미치지 못했으나, 2019년에는 절반을 넘었다.

① A
② B
③ C
④ D
⑤ E

05

다음 <표>는 2016 ~ 2020년 '갑'국의 난민심사 현황에 관한 자료이다. 이에 대한 설명으로 옳지 않은 것은?

<표> 2016 ~ 2020년 '갑'국 난민심사 현황

(단위: 명)

연도 \ 구분	신규 신청자	신청 철회자	심사 완료자	난민 인정자	인도적 체류자	난민 불인정자	심사 인력
2016	1,574	208	523	57	206	260	20
2017	2,896	358	1,574	93	533	948	20
2018	5,268	603	2,755	105	198	2,452	30
2019	7,541	1,045	5,668	98	252	5,318	40
2020	9,942	1,117	5,890	121	317	5,452	50

※ 난민인정률(%) $= \frac{\text{난민인정자}}{\text{심사완료자}} \times 100$

① 심사완료자 중 인도적체류자의 비중은 매년 감소한다.
② 전년 대비 신규신청자 증가율이 가장 낮은 해는 2020년이다.
③ 난민인정률이 가장 낮은 해는 2019년이다.
④ 신규신청자가 가장 많은 해와 신청철회자가 가장 많은 해는 같다.
⑤ 심사인력 1인당 신규신청자는 매년 증가한다.

06

다음 <표>는 2022년 A시를 방문한 내국인 및 외국인 대상 업종별 매출액에 관한 자료이다. 이에 대한 설명으로 옳은 것은?

<표> 내국인 및 외국인 대상 업종별 매출액

(단위: 백만 원)

업종 \ 구분	내국인 대상	외국인 대상
쇼핑업	1,101,480	32,879
숙박업	101,230	11,472
식음료업	1,095,585	9,115
여가서비스업	92,459	1,233
여행업	958	2,000
운송업	31,114	141

※ 업종은 쇼핑업, 숙박업, 식음료업, 여가서비스업, 여행업, 운송업으로만 구성됨.

① 내국인 대상 전체 매출액에서 차지하는 비중이 큰 업종일수록 외국인 대상 전체 매출액에서 차지하는 비중도 크다.
② 내국인 대상 전체 매출액 중 식음료업이 차지하는 비중은 40% 이하이다.
③ 외국인 대상 전체 매출액은 내국인 대상 전체 매출액의 20% 이상이다.
④ 내국인 대상 매출액과 외국인 대상 매출액의 차이가 가장 큰 업종은 쇼핑업이다.
⑤ 외국인 대상 전체 매출액 중 쇼핑업이 차지하는 비중은 50% 이상이다.

07

다음 <표>는 일제강점기 1933년과 1943년 한국인과 일본인의 고등교육기관 재학생 현황에 관한 자료이다. 이에 대한 <보기>의 설명 중 옳은 것만을 모두 고르면?

<표> 1933년과 1943년 한국인과 일본인의 고등교육기관 재학생 현황

(단위: 명)

고등교육기관 \ 연도 / 구분	1933			1943		
	전체	한국인	일본인	전체	한국인	일본인
전문학교	3,787	2,046	1,741	7,051	4,054	2,997
관공립	1,716	553	1,163	3,026	802	2,224
사립	2,071	1,493	578	4,025	3,252	773
대학예과	314	97	217	697	200	497
대학	609	202	407	779	335	444

〈보 기〉

ㄱ. '대학' 재학생은 한국인과 일본인 모두 1943년이 1933년보다 많다.
ㄴ. '전문학교' 한국인 재학생 중 '사립' 전문학교 한국인 재학생의 비중은 1943년이 1933년보다 작다.
ㄷ. '대학예과'의 경우, 1933년 대비 1943년 재학생의 증가율은 한국인이 일본인보다 높다.
ㄹ. '관공립' 전문학교 재학생 중 한국인이 차지하는 비중은 1943년이 1933년보다 작다.

① ㄱ, ㄴ
② ㄱ, ㄷ
③ ㄱ, ㄹ
④ ㄴ, ㄹ
⑤ ㄷ, ㄹ

08

다음 <표>는 '갑'국 △△고속도로의 A ~ I 휴게소 현황에 관한 자료이다. 이에 대한 <보기>의 설명 중 옳은 것만을 모두 고르면?

<표> △△고속도로 휴게소 현황

(단위: m^2, 면, 백만 원)

진행 방향	휴게소	준공년월	면적	주차면수	사업비
동쪽	A	1997년 6월	104,133	313	9,162
	B	2003년 12월	88,196	292	9,800
	C	1999년 9월	63,846	283	15,358
	D	2008년 10월	39,930	193	14,400
서쪽	E	2003년 12월	53,901	277	9,270
	F	1999년 12월	9,033	145	9,330
	G	2010년 8월	40,012	193	14,522
	H	1997년 12월	85,560	313	11,908
	I	2004년 1월	72,564	225	10,300

〈보 기〉

ㄱ. 2000년 이후 준공된 휴게소 중 면적당 사업비가 가장 큰 휴게소는 E 휴게소이다.
ㄴ. 진행 방향별 휴게소 주차면수의 합은 '동쪽'이 '서쪽'보다 적다.
ㄷ. 면적당 주차면수가 가장 많은 휴게소는 F 휴게소이다.
ㄹ. 주차면수당 사업비는 G 휴게소가 A 휴게소의 2배 이상이다.

① ㄱ, ㄴ
② ㄱ, ㄹ
③ ㄴ, ㄷ
④ ㄷ, ㄹ
⑤ ㄴ, ㄷ, ㄹ

09

다음 <그림>은 갈라파고스 군도 A ~ F섬의 서식종 수, 토속종 수, 면적을 나타낸 자료이다. 이에 대한 <보기>의 설명 중 옳은 것만을 모두 고르면?

<그림> 갈라파고스 군도 A ~ F섬의 서식종 수, 토속종 수, 면적

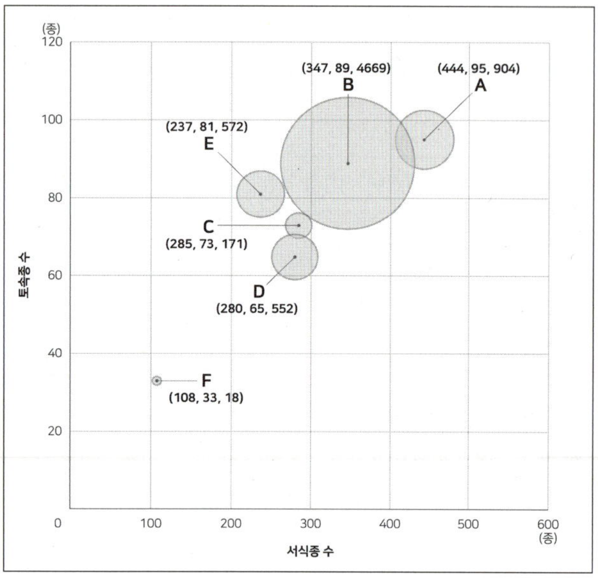

※ 원의 크기는 섬의 면적(km^2)에 비례하고, 괄호 안의 수치는 (서식종 수, 토속종 수, 면적)을 나타냄.

〈보 기〉

ㄱ. '면적당 서식종 수'가 가장 많은 섬이 '면적당 토속종 수'도 가장 많다.

ㄴ. '면적당 토속종 수'가 가장 적은 섬이 '서식종당 토속종 수'도 가장 적다.

ㄷ. C섬의 '면적당 서식종 수' 순위는 F섬의 '서식종당 토속종 수' 순위와 같다.

ㄹ. '면적'이 세 번째로 큰 섬이 '서식종 수'도 세 번째로 많다.

① ㄱ, ㄴ
② ㄱ, ㄷ
③ ㄴ, ㄷ
④ ㄴ, ㄹ
⑤ ㄷ, ㄹ

10

다음 <표>는 '갑'국의 면적직불금 지급단가에 관한 자료이다. 이에 대한 <보기>의 설명 중 옳은 것만을 모두 고르면?

<표> 농지유형별 면적구간별 면적직불금 지급단가

(단위: 만 원/ha)

면적구간 \ 농지유형	진흥지역 논·밭	비진흥지역 논	비진흥지역 밭
0 ha 초과 2 ha 이하분	205	178	134
2 ha 초과 6 ha 이하분	197	170	117
6 ha 초과분	189	162	100

※ 면적직불금은 면적구간별 해당 면적에 농지유형별 지급단가를 곱한 금액의 총합임. 예를 들어, '비진흥지역 밭'이 3 ha인 경우, 면적직불금은 385만 원(= 134만 원/ha × 2 ha + 117만 원/ha × 1 ha)임.

〈보 기〉

ㄱ. 동일한 면적에 대한 면적직불금은 '비진흥지역 논'이 '비진흥지역 밭'보다 많다.

ㄴ. 면적이 2 ha로 같더라도 면적직불금은 '비진흥지역 논'과 '비진흥지역 밭'이 각각 1 ha인 경우가 '진흥지역 논·밭'만 2 ha인 경우보다 많다.

ㄷ. '진흥지역 논·밭', '비진흥지역 논', '비진흥지역 밭'이 각각 10 ha인 총면적 30 ha의 면적직불금은 4,500만 원 이상이다.

ㄹ. '비진흥지역 논' 5 ha와 '비진흥지역 밭' 5 ha의 면적직불금 차이는 250만 원 이상이다.

① ㄱ, ㄴ
② ㄱ, ㄷ
③ ㄴ, ㄷ
④ ㄴ, ㄹ
⑤ ㄱ, ㄷ, ㄹ

11

다음 <표>는 A가계의 2019년과 2020년 가계지출에 관한 자료이다. <표>를 이용하여 작성한 자료로 옳지 않은 것은?

<표 1> A가계의 2019년 항목별 가계지출

(단위: 천 원)

항목 \ 분기	1	2	3	4	합
식비	1,896	2,113	1,770	1,920	7,699
교통비	227	233	327	329	1,116
주거비	961	1,186	929	919	3,995
생활용품비	643	724	536	611	2,514
여가생활비	599	643	496	325	2,063
기타	326	734	682	232	1,974
계	4,652	5,633	4,740	4,336	19,361

<표 2> A가계의 2020년 항목별 가계지출

(단위: 천 원)

항목 \ 분기	1	2	3	4	합
식비	1,799	2,202	2,305	1,829	8,135
교통비	387	382	451	379	1,599
주거비	977	1,161	1,039	905	4,082
생활용품비	506	601	705	567	2,379
여가생활비	442	526	285	359	1,612
기타	203	412	267	561	1,443
계	4,314	5,284	5,052	4,600	19,250

① 2020년 분기별 '식비'의 직전 분기 대비 증가율

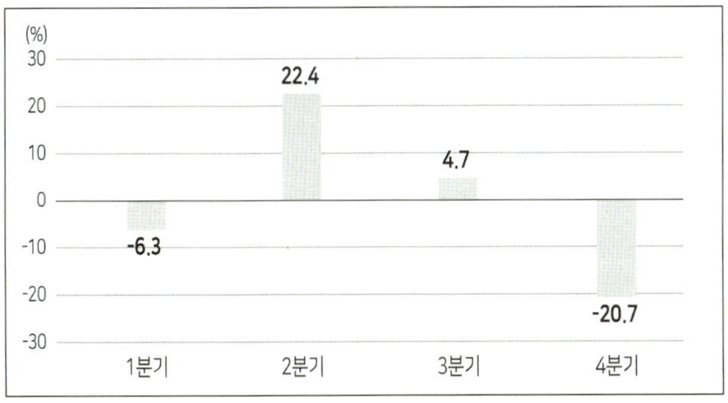

② 2019년과 2020년 연간 '교통비'의 분기별 구성비

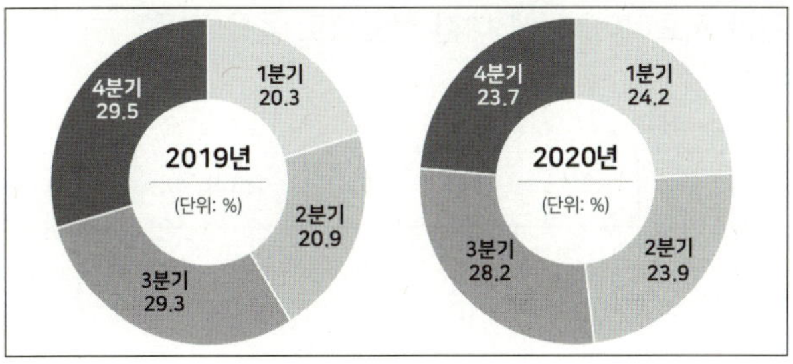

③ 2019년과 2020년 분기별 '여가생활비'

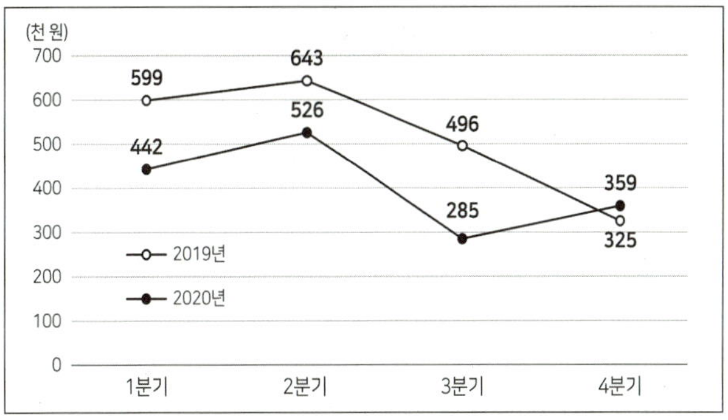

④ 2020년 '생활용품비'의 전년 동분기 대비 증가액

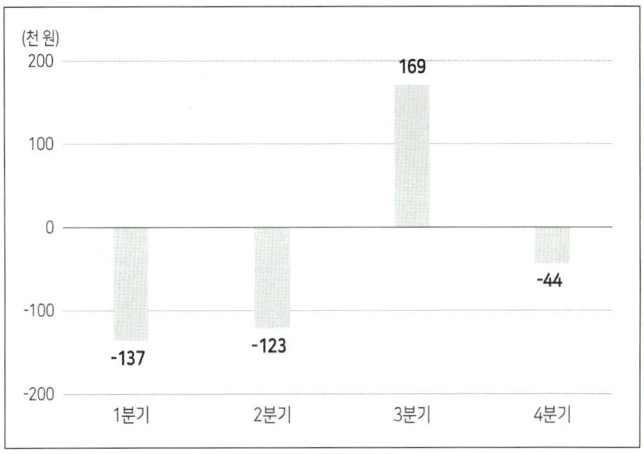

⑤ 2019년 4분기 가계지출 항목별 구성비

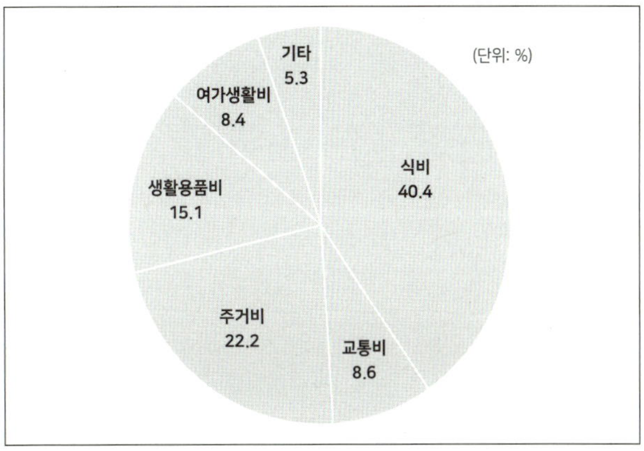

12

다음 <표>는 2022년 '갑'시 6개 공공도서관 운영 현황에 관한 자료이다. 이에 대한 설명으로 옳은 것은?

<표> 2022년 '갑'시 6개 공공도서관 운영 현황

도서관명	설립년도	규모			이용 현황		직원(명)
		부지(m^2)	건물(m^2)	열람석(석)	이용건수(건)	보유서적(권)	
꿈밭	2006	18,082	10,553	1,528	50,863	17,304	11
들풀	1989	5,048	3,461	812	71,675	21,937	23
새벗	1973	2,306	1,306	263	16,475	4,182	11
샛별	2019	8,211	4,600	901	61,144	36,450	22
숲길	1995	10,260	9,181	1,798	115,908	39,499	49
한빛	1991	3,840	2,140	520	14,451	4,356	10

① 1990년대에 설립된 도서관 이용건수의 합은 2000년 이후 설립된 도서관 이용건수의 합보다 적다.

② 이용건수 대비 보유서적 수의 비율이 가장 낮은 도서관은 '새벗' 도서관이다.

③ 건물 규모가 부지 규모의 60% 이상인 도서관은 3개이다.

④ 건물 $1m^2$당 열람석이 가장 많은 도서관은 직원 수가 두 번째로 많다.

⑤ 2000년 이전에 설립된 도서관은 설립년도가 이를수록 이용건수가 적다.

13

다음 <보고서>는 2015 ~ 2020년 한국의 항공기 및 부품 산업 현황에 관한 자료이다. <보고서>의 내용에 부합하지 않는 자료는?

〈보 고 서〉

한국의 항공기 및 부품 산업 '무역수지'는 2017년을 제외하고 2015년 이후 적자를 기록하고 있으며, 2017년 이후 수출액의 감소세가 이어지고 있다. 2017년 항공기 및 부품 산업 수출액은 전기차 산업 수출액의 2배 이상이었으나, 2020년에는 전기차 산업 수출액의 1/3 이하인 14.32억 달러를 기록하였다.

2020년 한국은 항공기 및 부품 산업의 수출규모와 기술수준 면에서 세계 주요국 대비 경쟁력이 낮은 것으로 분석된다. 2020년 한국의 항공기 및 부품 산업 수출규모는 미국의 1/50에도 미치지 못할 뿐 아니라 한국과 마찬가지로 '무역수지'가 적자인 일본 수출규모의 절반에도 미치지 못한다. 또한 2020년 한국의 우주·항공·해양 분야의 기술수준은 미국의 68.4% 수준으로 중국(81.6%)과 일본(83.5%)에 비해서도 뒤처져 있으며, 미국과의 기술 격차에서 한국은 일본에 비해 4년 이상 뒤처지는 것으로 나타났다.

하지만 한국의 항공기 및 부품 산업의 제품 차별화 수준을 나타내는 '산업내 무역지수'를 살펴보면, 2015년 0.662에서 2020년 0.785로 개선되었음을 알 수 있다. 특히 미국, 영국 등 완제기 부문에서 다양한 제품으로 특화된 항공선진국과 비교할 때, 2020년 한국의 항공기 및 부품 분야의 제품 차별화 수준은 미국, 독일, 영국보다도 높았다.

그럼에도 불구하고, 2020년 한국의 경량항공기 산업은 여전히 대부분 수입에 의존하면서 수입액이 수출액의 4배 이상이었다. 그렇지만 수출액은 2018년 이후 꾸준히 증가하고 있다.

① 2015~2020년 한국의 항공기 및 부품 산업 '무역수지' 현황

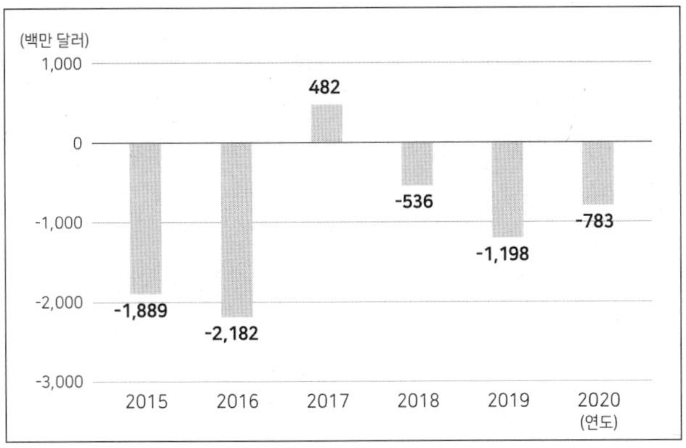

※ 무역수지(= 수출액 − 수입액) 값이 음수이면 적자이고 양수이면 흑자임.

② 2017~2020년 한국의 전기차 산업과 항공기 및 부품 산업 수출액

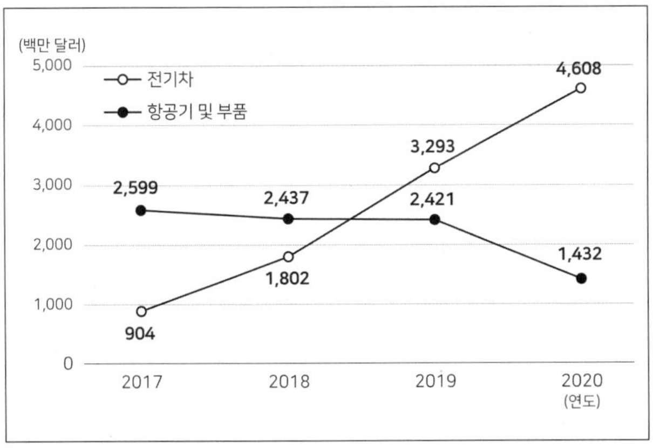

③ 2020년 우주항공·해양 분야 기술수준 및 기술격차 비교

(단위: %, 년)

구분	미국	한국	중국	일본	EU
기술수준	100.0	68.4	81.6	83.5	93.3
기술격차	0.0	8.6	5.1	4.8	1.9

※ 미국의 기술수준(100 %)과 기술격차(0년)를 기준으로 산정한 값임.

④ 한국의 항공기 및 부품 산업 '산업내 무역지수'

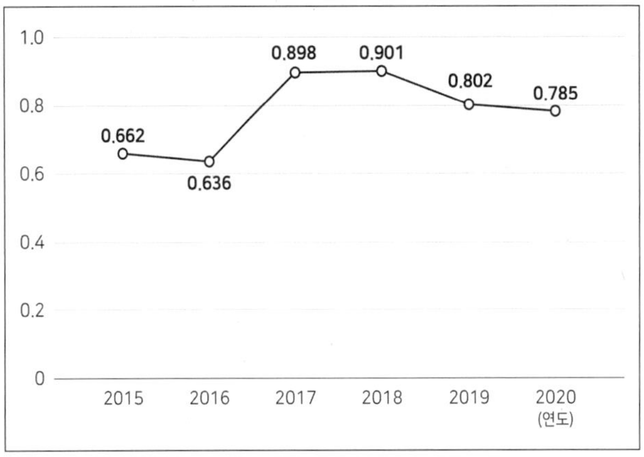

⑤ 2015~2020년 한국의 경량항공기 산업의 수출액과 수입액

(단위: 천 달러)

연도	수출액	수입액	무역수지
2015	1,125	28,329	−27,204
2016	1,722	23,018	−21,296
2017	2,899	18,424	−15,525
2018	1,352	14,442	−13,090
2019	2,114	14,905	−12,791
2020	4,708	20,279	−15,571

14

다음 <표>와 <그림>은 '갑'국의 전국 학교급식 운영 및 예산 현황에 관한 자료이다. 제시된 <표>와 <그림> 이외에 <보고서>를 작성하기 위해 추가로 필요한 자료만을 <보기>에서 모두 고르면?

<표> 전국 학교급별 학교급식 현황

(단위: 천 명, 개교)

학교급	학교급식 참여 학생 수	학교급식 운영 학교 수		
			직영운영	위탁운영
초등학교	2,688	6,044	6,042	2
중학교	1,384	3,213	3,179	34
고등학교	1,646	2,373	2,154	219
특수학교	24	170	167	3
전체	5,742	11,800	11,542	258

<그림> 전국 학교급식 예산 재원별 구성비

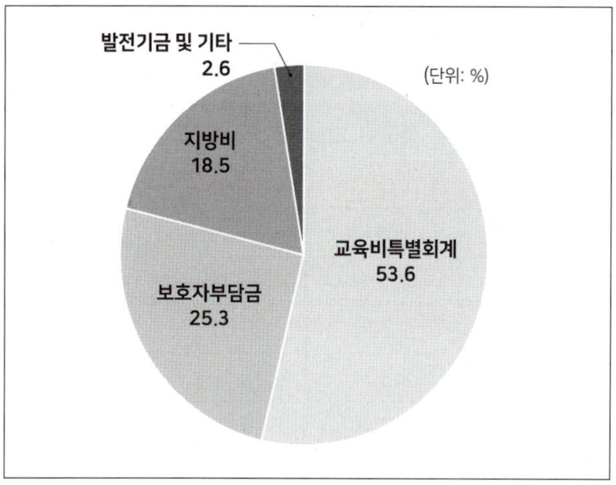

〈보 고 서〉

'갑'국에서 급식에 참여하는 학생은 초등학생 268만 8천 명, 중학생 138만 4천 명, 고등학생 164만 6천 명, 특수학교 학생 2만 4천 명으로, 학교급별 총학생 중 학교급식에 참여하는 학생의 비중은 각각 초등학생 99.9 %, 중학생 100 %, 고등학생 99.5 %, 특수학교 학생 98.5 %였다.

학교급식 운영형태는 직영운영 또는 위탁운영으로 구분되는데, 전체 학교급식 운영 학교 11,800개교 중 학교급식을 직영으로 운영하는 학교는 11,542개교였다. 학교급식을 운영하는 학교 중 직영으로 운영하는 학교의 비율을 학교급별로 알아보면, 초등학교는 99.9 %(6,042개교), 중학교는 98.9 %(3,179개교), 고등학교는 90.8 %(2,154개교), 특수학교는 98.2 %(167개교)로 고등학교의 학교급식 직영운영 비율이 상대적으로 낮았다. 학교급식을 위탁으로 운영하는 학교는 258개교였다.

학교급식 조리 형태는 단독조리 또는 공동조리로 구분되는데, 단독조리 학교급식 운영 학교가 78.1 %로 공동조리 학교급식 운영 학교의 3배 이상이었다.

전체 학교급식 예산액은 5조 9,088억 원으로 재원별로는 교육비특별회계 3조 1,655억 원, 보호자부담금 1조 4,972억 원, 지방비 1조 925억 원, 발전기금 및 기타 1,536억 원이었다.

〈보 기〉

ㄱ. 전국 학교급식 재원별 예산액
ㄴ. 전국 학교급별 학교급식 직영운영 학교 수
ㄷ. 전국 학교급별 총학생 수
ㄹ. 전국 학교급별 단독조리 학교급식 운영 학교 수

① ㄱ
② ㄱ, ㄴ
③ ㄷ, ㄹ
④ ㄱ, ㄷ, ㄹ
⑤ ㄴ, ㄷ, ㄹ

15

다음 <표>는 2020년 '갑' 지역 수산물 생산 현황에 관한 자료이다. <표>와 <조건>을 근거로 A ~ E에 해당하는 수산물을 바르게 연결한 것은?

<표> 2020년 '갑' 지역 수산물 생산 현황

(단위: 톤, %, 억 원)

구분 \ 수산물	갑				전국	
	생산량	전국 대비 비중	생산액	전국 대비 비중	생산량	생산액
A	660,366	97.8	803	92.3	675,074	870
B	482,216	95.2	1,181	82.1	506,620	1,439
C	394,111	73.5	3,950	77.7	536,341	5,084
D	46,631	14.3	428	14.6	325,889	2,940
E	27,730	99.0	146	98.6	28,017	148

※ 1) '갑' 지역에서 수산물은 굴, 김, 다시마, 미역, 톳만 생산됨.

2) $\text{시장지배력지수} = \dfrac{\text{지역 생산량} \times \text{지역 생산액}}{\text{전국 생산량} \times \text{전국 생산액}}$

〈조 건〉

○ 생산량의 전국 대비 비중이 생산액의 전국 대비 비중보다 큰 수산물은 다시마, 미역, 톳이다.
○ '갑' 지역에서 생산량 순위와 생산액 순위가 같은 수산물은 굴, 미역, 톳이다.
○ '시장지배력지수'가 가장 높은 수산물은 톳이다.

	A	B	C	D	E
①	다시마	미역	굴	김	톳
②	다시마	미역	김	굴	톳
③	다시마	톳	굴	김	미역
④	다시마	톳	김	굴	미역
⑤	미역	다시마	굴	김	톳

16

다음 <표>는 2022년 '갑' 부처 기금 A ~ E의 예산과 기금건전성 평가 결과 및 2023년 기금예산 결정방식에 관한 자료이다. 이에 대한 <보기>의 설명 중 옳은 것만을 모두 고르면?

<표 1> 2022년 기금별 예산과 기금건전성 평가 결과

(단위: 백만 원, 점)

구분 \ 기금	2022년 예산	평가항목별 점수			기금건전성 총점
		사업 적정성 점수	재원구조 적정성 점수	기금존치 타당성 점수	
A	200,220	30	18	( )	76
B	34,100	24	30	13	( )
C	188,500	( )	14	15	82
D	9,251	25	17	13	( )
E	90,565	18	15	6	45

※ 기금건전성 총점 = 사업 적정성 점수 + 재원구조 적정성 점수 + 기금존치 타당성 점수 × 2

<표 2> 2023년 기금예산 결정방식

2022년 기금건전성 총점	2023년 예산
60점 미만	2022년 예산의 80 %
60점 이상 80점 미만	2022년 예산의 100 %
80점 이상	2022년 예산의 110 %

〈보 기〉

ㄱ. 2022년 기금건전성 총점이 가장 높은 기금은 C이다.
ㄴ. 기금존치 타당성 점수는 A가 B보다 낮다.
ㄷ. 2023년 A ~ E 예산의 합은 전년 대비 2 % 이상 증가한다.
ㄹ. 2022년 사업 적정성 점수가 가장 높은 기금은 2023년 예산이 가장 많다.

① ㄱ, ㄴ
② ㄱ, ㄹ
③ ㄴ, ㄷ
④ ㄷ, ㄹ
⑤ ㄱ, ㄷ, ㄹ

17

다음 <표>와 <그림>은 '갑'국의 1925 ~ 1940년 산업별 공장 수에 관한 자료이다. 이에 근거하여 <그림>의 A ~ D에 해당하는 산업을 바르게 연결한 것은?

<표> 1934년과 1940년의 산업별 공장 수

(단위: 개소)

구분 산업	1934년 공장 수	1925년 대비 증가	1940년 공장 수	1934년 대비 증가
가스전기	52	2	( )	0
금속기계	524	-14	( )	( )
목제품	206	13	( )	( )
방직	( )	128	( )	332
화학	( )	605	( )	( )

<그림> 1925년과 1940년 산업별 공장 수 변화 추이

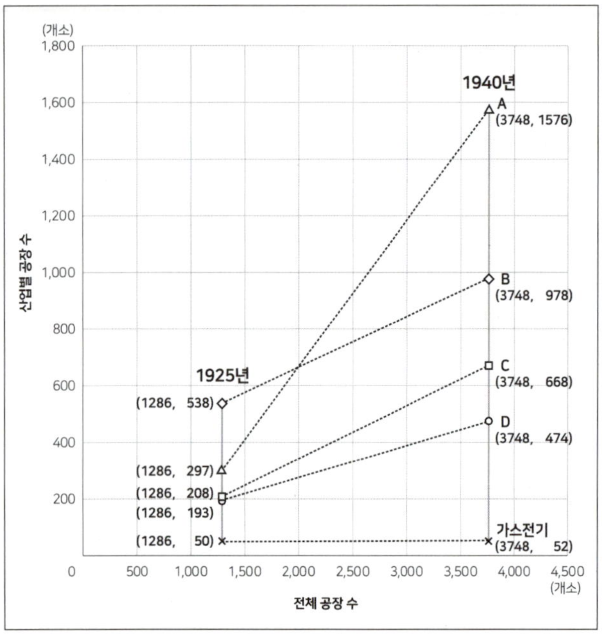

※ A ~ D는 각각 금속기계, 목제품, 방직, 화학 산업 중 하나임.

A	B	C	D
① 금속기계	방직	화학	목제품
② 금속기계	화학	목제품	방직
③ 목제품	금속기계	방직	화학
④ 화학	금속기계	방직	목제품
⑤ 화학	방직	금속기계	목제품

18 ~ 19

다음 <표>는 '갑'국의 2020년 6 ~ 11월 마스크 생산량 및 가격, 6월과 11월의 마스크 제조업체 수 및 품목별 허가제품 수에 관한 자료이다. 다음 물음에 답하시오.

<표 1> 마스크 생산량

(단위: 만 개)

품목 월	보건용	비말차단용	수술용
6	10,653	1,369	351
7	9,369	8,181	519
8	15,169	10,229	1,970
9	19,490	5,274	1,590
10	13,279	3,079	1,023
11	10,566	2,530	950

※ '갑'국의 마스크 품목은 보건용, 비말차단용, 수술용으로만 분류됨.

<표 2> 마스크 가격

(단위: 원/개)

구분 월	보건용		비말차단용	
	오프라인	온라인	오프라인	온라인
6	1,685	2,170	1,085	1,037
7	1,758	1,540	725	856
8	1,645	1,306	712	675
9	1,561	1,027	714	608
10	1,476	871	696	572
11	1,454	798	686	546

<표 3> 마스크 제조업체 수 및 품목별 허가제품 수

(단위: 개)

월 구분		6	11
마스크 제조업체		238	839
허가제품	보건용	1,525	2,098
	비말차단용	120	851
	수술용	72	300

18

위 <표>에 대한 <보기>의 설명 중 옳은 것만을 모두 고르면?

〈보 기〉

ㄱ. 전월 대비 보건용 마스크의 온라인 가격 감소율이 가장 큰 달과 전월 대비 비말차단용 마스크의 온라인 가격 감소율이 가장 큰 달은 같다.
ㄴ. 제조업체당 마스크 생산량은 11월이 6월의 40 % 이상이다.
ㄷ. 월별 마스크 총생산량은 8월 이후 매월 감소하였다.
ㄹ. 6월에는 생산량이 많은 품목일수록 허가제품 수도 많다.

① ㄱ, ㄴ
② ㄱ, ㄷ
③ ㄴ, ㄹ
④ ㄷ, ㄹ
⑤ ㄴ, ㄷ, ㄹ

19

위 <표>를 이용하여 작성한 자료로 옳지 않은 것은?

① 8 ~ 10월 품목별 마스크 생산량 비중

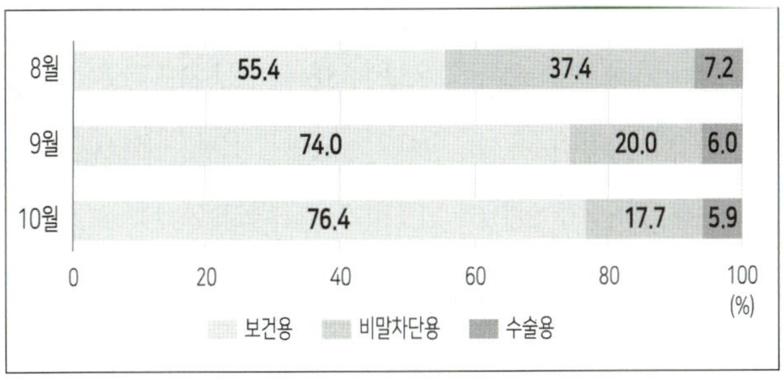

② 6 ~ 9월 보건용 마스크의 오프라인 가격 대비 온라인 가격 비율

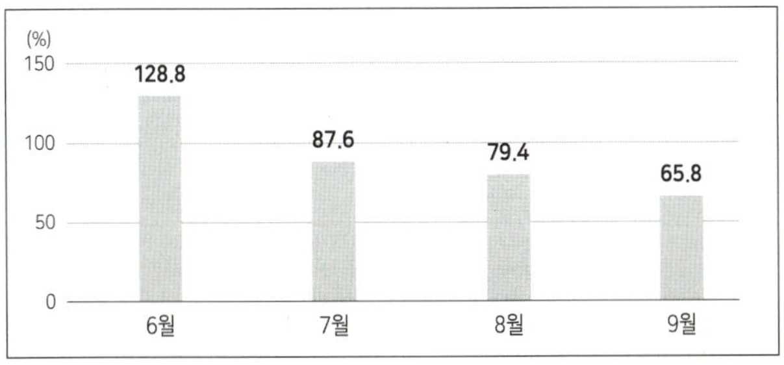

③ 6 ~ 9월 보건용 마스크와 비말차단용 마스크의 온라인 가격

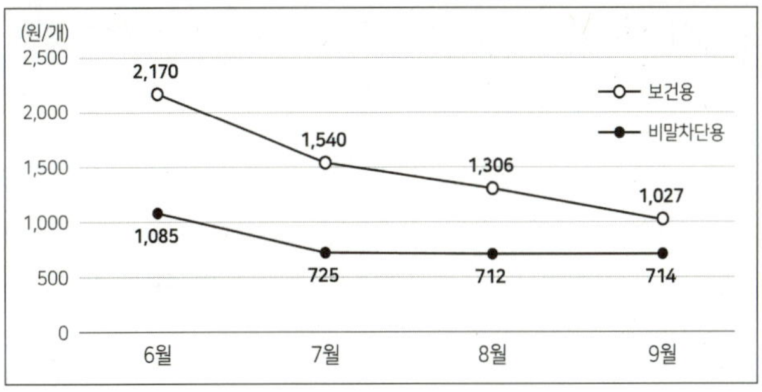

④ 품목별 마스크 허가제품 현황

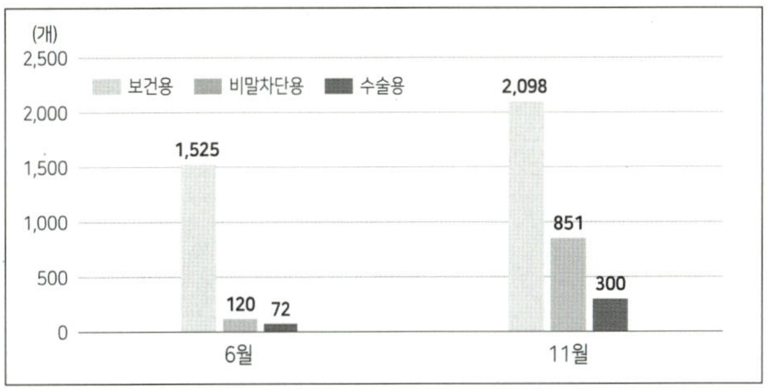

⑤ 6 ~ 10월 비말차단용 마스크의 온라인 및 오프라인 가격

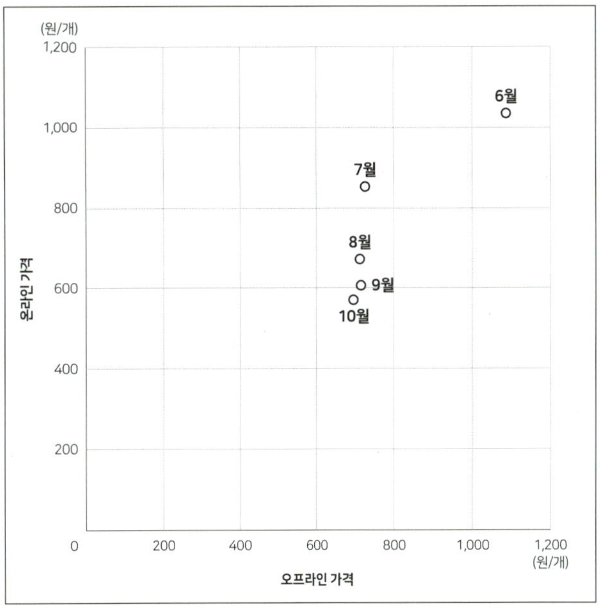

20

다음 <표>와 <그림>은 '갑'국의 2019 ~ 2021년 신재생 에너지원별 발전소 현황 및 2022년 A ~ Q지역별 신재생 에너지 발전소 현황에 관한 자료이다. 이에 대한 설명으로 옳지 않은 것은?

<표> 에너지원별 발전소 현황

(단위: 개소, MW)

연도 / 구분 / 에너지원		2019		2020		2021	
		발전소 수	발전 용량	발전소 수	발전 용량	발전소 수	발전 용량
태양광		1,901	386	5,501	869	6,945	986
비태양광	풍력	6	80	7	66	14	227
	수력	7	3	17	18	10	3
	연료전지	14	104	5	35	4	14
	바이오	14	299	26	705	12	163
	기타	3	26	13	53	10	31
전체		1,945	898	5,569	1,746	6,995	1,424

<그림 1> 2022년 지역별 태양광 발전소 현황

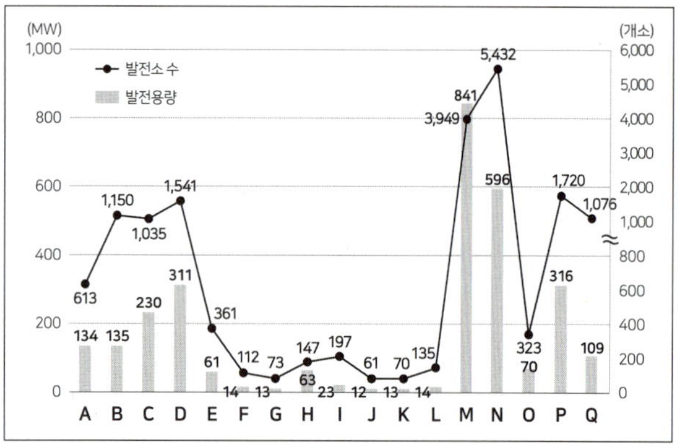

※ '갑'국에는 A ~ Q 지역만 있음.

<그림 2> 2022년 지역별 비태양광 발전소 현황

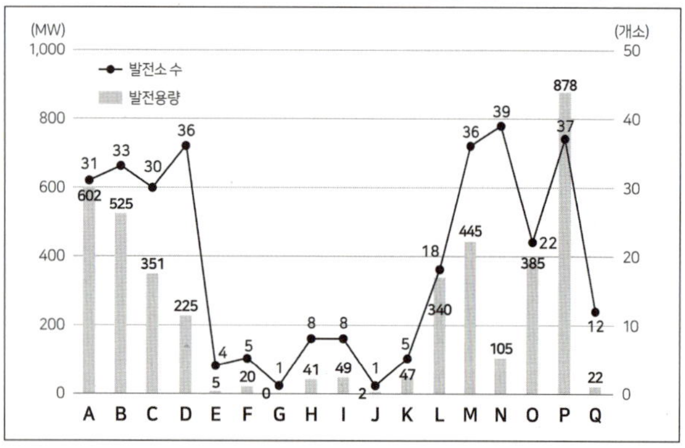

① 2022년 발전용량이 가장 큰 지역은 M이다.

② 태양광 발전소 수는 2022년이 2021년의 2배 이상이다.

③ 전체 발전용량 중 태양광이 차지하는 비중은 2019 ~ 2021년 동안 매년 증가하였다.

④ 2021년 발전소 수의 전년 대비 증가율은 풍력이 태양광의 3배 이상이다.

⑤ 기타를 제외하고, 2021년 발전소 1개소당 발전용량이 큰 에너지원부터 순서대로 나열하면 풍력, 바이오, 연료전지, 태양광, 수력이다.

21

다음 <표>와 <정보>는 2016년과 2021년 '갑'국 일평균 농식품 폐기량에 관한 자료이다. 이를 근거로 <보기>의 설명 중 옳은 것만을 모두 고르면?

<표> 일평균 농식품 폐기량

(단위: 톤/일)

연도	분야 / 농식품		A	B	C	D	기타	합계
2016	제조		12.7	5.6	24.3	4.6	7.5	54.7
	유통		29.5	22.2	18.4	27.2	14.3	111.6
	소비	가정	52.3	40.7	29.9	19.8	24.0	166.7
		음식점업	280.6	112.9	184.4	156.2	148.2	882.3
		숙박업	113.0	55.4	52.2	47.5	46.6	314.7
		교육기관	66.5	34.2	41.9	30.7	23.4	196.7
2021	제조		16.9	5.1	10.9	5.8	6.0	44.7
	유통		64.8	35.2	55.5	30.4	40.1	226.0
	소비	가정	55.1	33.8	35.4	29.1	27.3	180.7
		음식점업	324.4	98.0	251.2	189.9	122.2	985.7
		숙박업	97.3	46.4	82.5	48.4	42.3	316.9
		교육기관	69.8	25.9	55.9	35.3	23.2	210.1

※ 소비 분야는 가정, 음식점업, 숙박업, 교육기관으로만 구성됨.

〈정　보〉

○ A ~ D는 과일류, 곡류, 어육류, 채소류 중 하나이다.
○ 기타를 제외하고, 2016년 대비 2021년 제조 분야의 농식품 폐기량에서 차지하는 비중이 가장 많이 증가한 농식품은 채소류이다.
○ 기타를 제외하고, 2016년 대비 2021년 제조, 유통 분야와 소비의 각 분야에서 일평균 폐기량이 모두 증가한 농식품은 어육류이다.
○ 기타를 제외하고, 2021년 소비 분야의 연간 폐기량이 가장 적은 농식품은 과일류이다.

〈보　기〉

ㄱ. 2021년 소비 분야 일평균 어육류 폐기량은 300톤보다 많다.
ㄴ. 2016년 유통 분야에서 연간 폐기량은 채소류가 과일류보다 많다.
ㄷ. 기타를 제외하고, 2016년 대비 2021년 가정의 일평균 농식품 폐기량은 모두 증가하였다.
ㄹ. 숙박업의 일평균 채소류 폐기량은 2021년이 2016년보다 적다.

① ㄱ
② ㄷ, ㄹ
③ ㄱ, ㄴ, ㄷ
④ ㄱ, ㄴ, ㄹ
⑤ ㄴ, ㄷ, ㄹ

22

다음 <표>는 2020년과 2021년 '갑'국의 발화요인별 화재발생 건수에 관한 자료이다. 이에 대한 설명으로 옳지 않은 것은?

<표> 2020년과 2021년 '갑'국의 발화요인별 화재발생 건수

(단위: 건)

연도 / 발화요인	2020	2021
전기적 요인	9,329	9,472
기계적 요인	4,053	4,038
제품 결함	101	168
가스 누출	141	146
화학적 요인	630	683
교통사고	458	398
부주의	19,186	16,875
자연적 요인	238	241
방화	1,257	1,158
미상	3,266	3,088
전체	38,659	36,267

※ 화재발생 1건에 대해 발화요인은 1가지로만 분류함.

① 2021년 화재발생 건수의 전년 대비 증가율이 가장 큰 발화요인은 '제품 결함'이다.
② 전체 화재발생 건수 중 발화요인이 '부주의'인 화재발생 건수가 차지하는 비중은 2021년이 2020년보다 크다.
③ 화재발생 건수가 많은 것부터 순서대로 나열했을 때, 상위 3개 발화요인은 2020년과 2021년이 같다.
④ 2021년 화재발생 건수가 전년 대비 감소한 발화요인은 5개이다.
⑤ 2021년 전체 화재발생 건수는 전년 대비 6% 이상 감소하였다.

23

다음 <표>는 2020년과 2021년 '갑'국 주요 축산물의 축종별 수익성 현황에 관한 자료이다. 이에 대한 설명으로 옳은 것은?

<표> 2020년과 2021년 '갑'국 주요 축산물의 축종별 수익성 현황

(단위: 천 원/마리)

축종 \ 연도	2020			2021		
	총수입	소득	순수익	총수입	소득	순수익
한우번식우	3,184	1,367	518	3,351	1,410	563
한우비육우	9,387	1,190	58	10,215	1,425	292
육우	4,789	377	−574	5,435	682	−231
젖소	10,657	3,811	2,661	10,721	3,651	2,434
비육돈	362	63	47	408	83	68
산란계	31	4	3	52	21	20

※ 1) 소득 = 총수입 − 일반비
2) 순수익 = 총수입 − 사육비
3) 일반비 = 사육비 − 내급비

① 2020년 대비 2021년 소득 증가율이 가장 높은 축종은 '육우'이다.
② 2021년 '한우번식우'의 사육비는 2020년보다 적다.
③ 2020년의 경우, 사육비가 총수입보다 많은 축종은 2개이다.
④ 2021년 일반비는 '젖소'가 '육우'의 2배 이상이다.
⑤ 2021년 내급비가 가장 많은 축종은 '젖소'이다.

24

다음 <표>는 A지역의 일평균 폐기물 발생량 및 재활용량에 관한 자료이다. 이에 대한 <보기>의 설명 중 옳은 것만을 모두 고르면?

<표> A지역 일평균 폐기물 발생량 및 재활용량

(단위: 톤/일)

유형 \ 연도·구분	2019		2020	
	발생량	재활용량	발생량	재활용량
생활폐기물	7,041.1	( )	9,673.4	( )
음식물폐기물	2,827.4	2,827.4	2,539.7	2,539.7
사업장폐기물	2,303.0	932.6	2,301.3	1,077.1
건설폐기물	35,492.5	34,693.0	39,904.0	38,938.3
지정폐기물	352.9	74.6	361.5	80.1
합계	48,016.9	42,256.9	54,779.9	46,503.9

※ 재활용률(%) = $\frac{\text{일평균 폐기물 재활용량}}{\text{일평균 폐기물 발생량}} \times 100$

〈보 기〉

ㄱ. 2020년 일평균 폐기물 발생량이 2019년보다 많은 유형은 2개이다.
ㄴ. 2020년 일평균 생활폐기물 재활용량은 2019년보다 많다.
ㄷ. 2020년 연간 음식물폐기물 재활용량은 100만 톤 이상이다.
ㄹ. 2019년에 건설폐기물 재활용률은 사업장폐기물 재활용률보다 50 %p 이상 높다.

① ㄱ, ㄴ
② ㄱ, ㄷ
③ ㄴ, ㄷ
④ ㄴ, ㄹ
⑤ ㄷ, ㄹ

25

다음 <표>는 '갑'국의 2016~2020년 보호관찰 접수 인원에 관한 자료이다. <표>를 이용하여 작성한 <보기>의 자료 중 옳은 것만을 모두 고르면?

<표> 연도별 보호관찰 접수 인원 현황

(단위: 명)

구분 \ 연도	소년			성인			전체
		남성	여성		남성	여성	
2016	25,162	21,025	4,137	69,456	63,460	5,996	94,618
2017	23,330	19,893	3,437	81,181	73,914	7,267	104,511
2018	22,039	18,369	3,670	103,606	94,438	9,168	125,645
2019	21,676	17,626	4,050	103,554	93,304	10,250	125,230
2020	20,319	16,205	4,114	95,148	85,566	9,582	115,467

〈보 기〉

ㄱ. 연도별 전체 보호관찰 접수 성별 인원

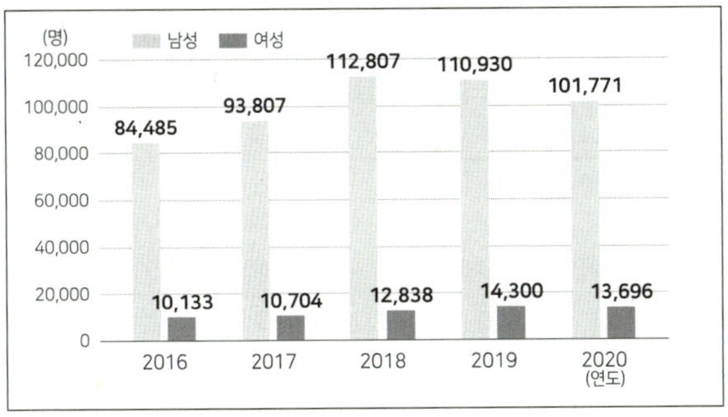

ㄴ. 연도별 소년 남성 및 성인 남성 보호관찰 접수 인원

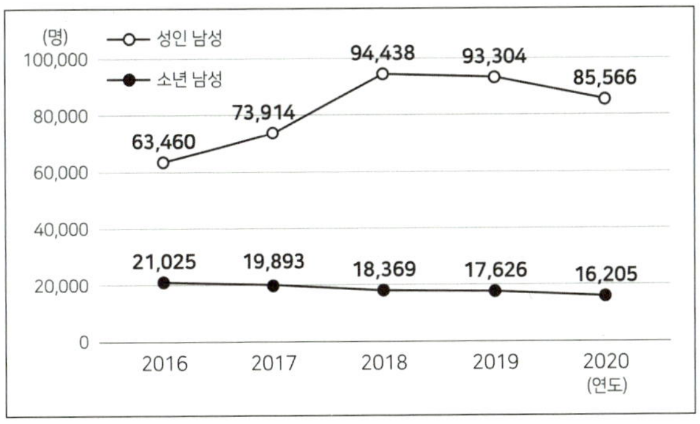

ㄷ. 2020년 보호관찰 접수 인원 구성비

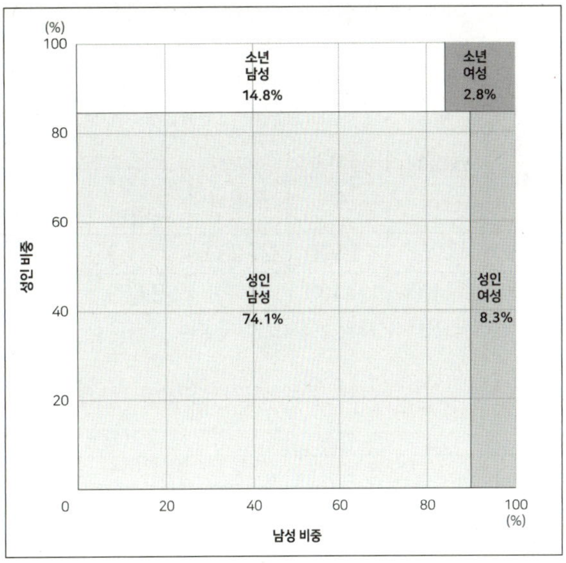

ㄹ. 연도별 소년 보호관찰 접수 인원의 전년 대비 증가율

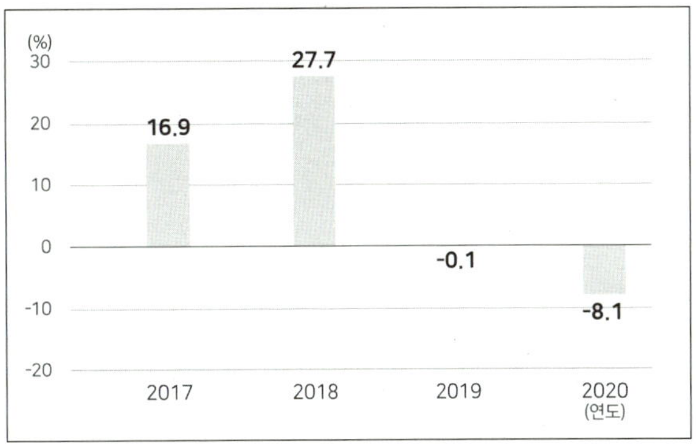

① ㄱ, ㄴ
② ㄴ, ㄷ
③ ㄷ, ㄹ
④ ㄱ, ㄴ, ㄷ
⑤ ㄴ, ㄷ, ㄹ

26

다음 <표>는 2021년 '갑'국 대학교의 자료구입비에 관한 자료이다. 이에 대한 설명으로 옳지 않은 것은?

<표 1> '갑'국 대학교의 자료구입비

(단위: 개, 천 명, 백만 원)

구분	대학교 수	재학생 수	자료구입비		
				전자자료구입비	도서구입비
4년제	256	1,910	227,290	( )	62,823
2년제	135	435	( )	2,679	8,196

※ '갑'국 대학교는 4년제와 2년제로만 구성됨.

<표 2> '갑'국 대학교의 전자자료구입비 세부내역

(단위: 백만 원)

구분	전자자료구입비			
		전자저널구입비	웹자료구입비	기타전자자료구입비
4년제	164,467	( )	39,963	8,461
2년제	2,679	904	883	892

① 4년제는 전자자료구입비가 도서구입비의 2배 이상이다.
② 대학교 1개당 자료구입비는 6억 원 이하이다.
③ 재학생 1명당 자료구입비는 4년제가 2년제의 4배 이상이다.
④ 전자저널구입비가 자료구입비에서 차지하는 비중은 4년제가 2년제보다 크다.
⑤ 웹자료구입비와 기타전자자료구입비의 합은 2년제가 4년제의 5% 이하이다.

27

다음 <표>는 2022년 '갑'시의 시내버스 현황에 관한 자료이다. 이에 대한 <보기>의 설명 중 옳은 것만을 모두 고르면?

<표 1> 버스종류별 노선 수 및 인가차량 현황

(단위: 개, 대)

구분 버스종류	노선 수	인가차량		
			운행차량	예비차량
간선	126	3,598	3,429	169
지선	223	3,454	3,258	196
광역	10	229	211	18
순환	1	12	10	2
심야	14	100	96	4
계	374	7,393	7,004	389

<표 2> 인가차량 대수 구간별 회사 수

(단위: 개)

대수 구간	1 ~ 40대	41 ~ 80대	81 ~ 120대	121 ~ 160대	161 ~ 200대	201대 이상	합
회사	5	8	28	10	10	4	65

〈보 기〉

ㄱ. 인가차량 중 운행차량의 비중은 '심야'가 가장 크다.
ㄴ. 노선 수 대비 예비차량 대수의 비율은 '광역'이 '지선'의 2배 이하이다.
ㄷ. 인가차량 대수 상위 4개 회사의 인가차량 대수 평균은 500 이하이다.

① ㄱ
② ㄴ
③ ㄷ
④ ㄱ, ㄴ
⑤ ㄱ, ㄷ

28

다음 <표>는 A사 임직원 평균 연봉 현황에 관한 자료이다. 이에 대한 <보기>의 설명 중 옳은 것만을 모두 고르면?

<표> A사 임직원 평균 연봉 현황

(단위: 만 원)

구분	평균 연봉
전체 임직원	6,000
과장 이하 직급	4,875
주임 이하 직급	3,750
사원 이하 직급	3,000
수습	2,000

※ 1) '평균 연봉'은 해당 임직원 연봉의 합을 해당 임직원 수로 나눈 값임.
2) 직급을 높은 것부터 순서대로 나열하면 사장, 과장, 주임, 사원, 수습이고, A사의 전체 임직원은 사장 1명, 과장 2명, 주임 3명, 사원 5명, 수습 10명으로 구성됨.

〈보기〉

ㄱ. 사장의 연봉은 3억 원 이상이다.
ㄴ. 주임 3명의 평균 연봉은 7천만 원 이상이다.
ㄷ. 사원 5명의 연봉의 합은 과장 2명의 연봉의 합보다 작다.

① ㄱ
② ㄷ
③ ㄱ, ㄴ
④ ㄴ, ㄷ
⑤ ㄱ, ㄴ, ㄷ

29

다음 <표>는 2011 ~ 2021년 '갑' 복지재단의 수입, 지출 및 기금 적립 현황에 관한 자료이다. 이에 대한 <보기>의 설명 중 옳은 것만을 모두 고르면?

<표> '갑' 복지재단의 수입, 지출 및 기금 적립 현황

(단위: 백만 원)

연도 \ 구분	수입	지출	사업 부문	운영 부문	기금 적립
2011	13,930	3,818	( )	799	10,112
2012	14,359	3,575	3,194	381	10,784
2013	14,766	4,881	4,337	544	9,885
2014	15,475	8,989	7,931	1,058	( )
2015	12,266	( )	5,068	1,431	5,767
2016	10,988	( )	8,415	1,041	( )
2017	13,101	8,213	7,038	1,175	4,888
2018	17,498	8,390	6,977	1,413	9,108
2019	17,395	8,193	6,522	1,671	9,202
2020	14,677	7,894	6,435	1,459	6,783
2021	( )	8,291	6,813	( )	13,553

※ 1) 기금 적립 = 수입 − 지출
2) 지출은 사업 부문과 운영 부문으로만 구성됨.

〈보기〉

ㄱ. 수입이 2014년보다 많은 연도는 2개이다.
ㄴ. 수입이 가장 적은 연도와 기금 적립이 가장 적은 연도는 같다.
ㄷ. 2011년 대비 2021년 지출의 부문별 증가율은 사업 부문이 운영 부문보다 높다.
ㄹ. 지출 중 운영 부문이 차지하는 비중은 2011년이 가장 크다.

① ㄱ, ㄴ
② ㄱ, ㄷ
③ ㄴ, ㄷ
④ ㄴ, ㄹ
⑤ ㄷ, ㄹ

30

다음 <보고서>는 21대 국회의원 당선자를 분석한 자료이다. <보고서>의 내용과 부합하지 않는 자료는?

〈보 고 서〉

21대 국회의원 당선자는 지역구 253명, 비례대표 47명으로 총 300명이다. 평균 연령은 54.9세이며, 이 중에서도 50대가 177명으로 압도적으로 많았다. 50대 다음으로는 60대가 많았는데, 이 두 연령대만 합쳐도 246명으로 전체의 82%였다. 한편, 40대는 38명, 30대는 11명, 70대는 3명이었다. 최고령 당선자는 72세이고, 최연소 당선자는 27세이다.

여성 당선자는 57명으로 전체 당선자의 19%이며, 이는 20대 국회보다 2%p 상승한 것이다. 하지만 지역구 여성 당선자는 지역구 전체 당선자의 약 11.5%에 그쳤다. 반면 비례대표 여성 당선자는 28명으로 비례대표 전체 당선자의 약 60%였다. 지역구보다 비례대표에서 여성 당선자 비율이 높은 현상은 각 정당이 비례대표 후보의 절반 이상을 여성으로 공천하고 여성 후보를 홀수 순번으로 배치하도록 「공직선거법」을 개정한 결과로 분석된다.

당선자의 최종 학력은 대부분 대졸 이상이었다. 지역구 당선자는 전원이 대졸 이상이었으며 비례대표 당선자는 고졸, 대학교 재학, 대학교 중퇴, 대학교 수료가 각각 1명씩이었다. 당선자의 최종 학력 중 가장 큰 비중을 차지하는 것은 지역구 및 비례대표 당선자 모두 대학원 졸업일 정도로 고학력 당선자가 많았다. 특히, 비례대표의 경우 대학원을 졸업한 당선자가 30명으로 비례대표 전체 당선자의 63% 이상이었다. 대졸 이상의 당선자를 출신대학별로 살펴보면 A대학 63명, B대학 27명, C대학 22명 순으로 이 세 대학 출신이 대졸 이상 당선자의 30% 이상을 차지하였다.

당선자의 직업별 분포를 보면, 정치인이 217명으로 전체 당선자의 70%를 넘어선다. 다음으로 변호사가 20명, 교수가 16명 순이었고, 변호사와 교수 출신 당선자를 합하면 전체 당선자의 10% 이상을 차지하였다.

① 21대 당선자의 연령대별 분포

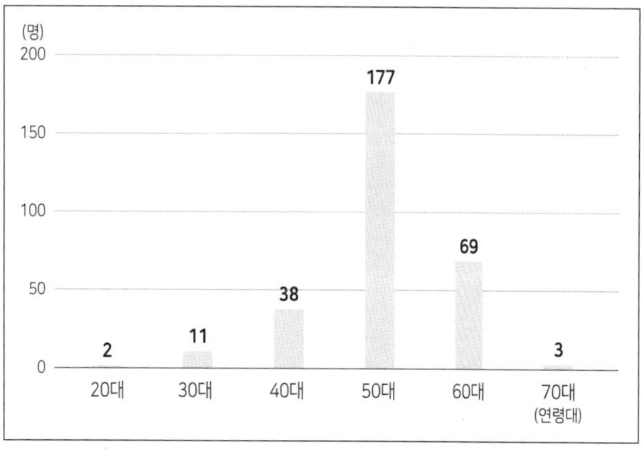

② 20대 및 21대 당선자의 성별 분포

(단위: 명)

구분	20대 선거		21대 선거	
	남성	여성	남성	여성
지역구	227	26	224	29
비례대표	22	25	19	28

③ 21대 대졸 이상 당선자의 최종 학력별 분포

(단위: 명)

구분	대졸	대학원 재학	대학원 수료	대학원 졸업	전체
지역구	101	1	23	128	253
비례대표	12	4	1	30	47

④ 17~21대 당선자의 직업별 분포

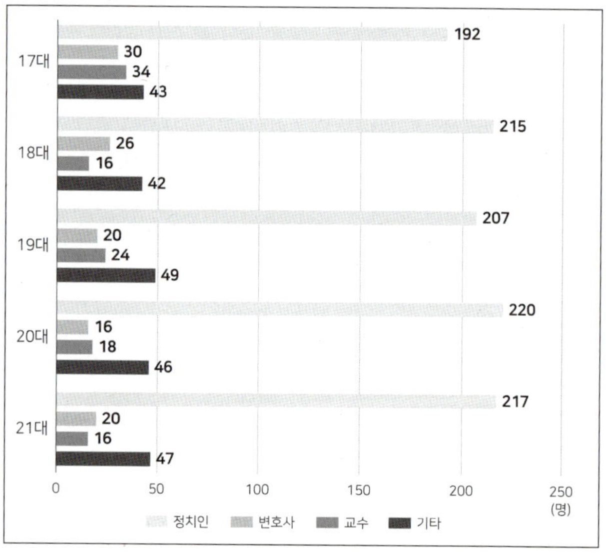

⑤ 21대 대졸 이상 당선자의 출신대학 구성비

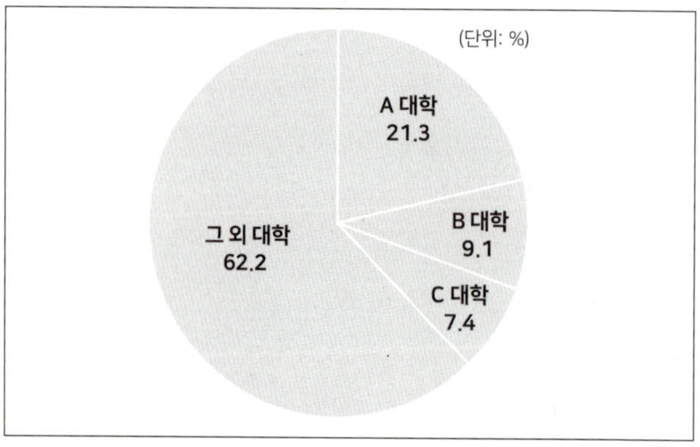

31 ~ 32

다음 <표>는 A ~ D기업의 2022년 8월 첫째 주의 주간 소비자 불만 신고 건수에 대한 각 기업의 요일별 편차를 산출한 자료이다. 다음 물음에 답하시오.

<표> A ~ D 기업의 주간 소비자 불만 신고 건수의 편차

(단위: 건)

기업 \ 요일	월	화	수	목	금	토	일
A	−1	0	(가)	−1	−1	1	−1
B	−1	2	0	−1	(나)	0	(다)
C	1	(라)	2	−1	−2	(마)	1
D	(바)	2	1	−5	1	0	−1

※ 1) 편차 = 해당 기업의 해당 요일 신고 건수 − 해당 기업의 8월 첫째 주 하루 평균 신고 건수
2) 각 기업의 한 주간 편차의 합은 0임.
3) 한 주간 편차 제곱의 합은 A기업과 B기업이 같고, C기업과 D기업이 같음.

31

위 <표>를 근거로 '가' ~ '바'에 들어갈 값 중 최솟값과 최댓값을 바르게 연결한 것은?

	최솟값	최댓값
①	−4	3
②	−4	4
③	−3	3
④	−3	4
⑤	−2	2

32

위 <표>와 아래 <조건>에 근거한 <보기>의 설명 중 옳은 것만을 모두 고르면?

〈조 건〉

○ A기업의 월요일 신고 건수는 2건이다.
○ B기업의 화요일 신고 건수는 A기업의 토요일 신고 건수의 2배이다.
○ C기업의 일요일 신고 건수와 D기업의 화요일 신고 건수는 같다.
○ D기업의 신고 건수가 가장 적은 요일의 신고 건수와 B기업의 목요일 신고 건수는 같다.

〈보 기〉

ㄱ. A기업의 신고 건수가 4건 이상인 날은 3일 이상이다.
ㄴ. B기업의 하루 평균 신고 건수는 6건이다.
ㄷ. 하루 평균 신고 건수는 D기업이 C기업보다 많다.
ㄹ. A기업과 B기업의 하루 평균 신고 건수의 합은 D기업의 하루 평균 신고 건수보다 적다.

① ㄱ, ㄴ
② ㄱ, ㄷ
③ ㄴ, ㄷ
④ ㄴ, ㄹ
⑤ ㄷ, ㄹ

33

다음 <표>는 2018 ~ 2021년 '갑'국의 가구수 및 반려동물 보유가구 현황과 관련 시장 매출액에 관한 자료이다. 이에 대한 <보기>의 설명 중 옳은 것만을 모두 고르면?

<표 1> '갑'국 가구수 및 반려동물 보유가구 현황

(단위: 천 가구, %, 마리/가구, 천 마리)

구분	연도	2018	2019	2020	2021
가구수		17,495	18,119	19,013	19,524
개	보유가구 비중	16.3	16.0	19.1	24.2
	보유가구당 마릿수	1.47	1.38	1.28	1.34
	총보유 마릿수	4,192	( )	( )	6,318
고양이	보유가구 비중	1.7	3.4	5.2	8.5
	보유가구당 마릿수	1.92	1.70	1.74	1.46
	총보유 마릿수	571	1,047	1,720	2,425
전체	보유가구 비중	17.4	17.9	21.8	29.4
	보유가구당 마릿수	1.56	1.56	1.54	1.52
	총보유 마릿수	4,763	5,048	6,369	8,743

※ 1) '갑'국의 반려동물은 개와 고양이뿐임.

2) $\text{반려동물 보유가구 비중(\%)} = \frac{\text{반려동물 보유가구수}}{\text{가구수}} \times 100$

<표 2> 2018 ~ 2021년 반려동물 관련 시장 매출액

(단위: 백만 원)

구분 \ 연도	2018	2019	2020	2021
사료	385,204	375,753	422,807	494,089
수의 서비스	354,914	480,696	579,046	655,077
동물 관련 용품	287,408	309,876	358,210	384,855
장묘 및 보호 서비스	16,761	19,075	25,396	33,848
보험	352	387	405	572
전체	1,044,639	1,185,787	1,385,864	1,568,441

〈보 기〉

ㄱ. 개의 총보유 마릿수는 2019년에 전년 대비 감소하였다가 2020년에 전년 대비 증가하였다.

ㄴ. 반려동물 보유가구수는 매년 증가하였다.

ㄷ. 2018년 대비 2021년 매출액 증가율이 가장 높은 반려동물 관련 시장은 '수의 서비스'이다.

ㄹ. 2019년 반려동물 한 마리당 '동물 관련 용품' 매출액은 7만 원 이상이다.

① ㄱ, ㄴ

② ㄱ, ㄹ

③ ㄴ, ㄷ

④ ㄱ, ㄷ, ㄹ

⑤ ㄴ, ㄷ, ㄹ

34

다음 <표>는 '갑'국 A ~ J지역의 시의원 후보자 및 당선자에 관한 자료이다. 이에 대한 설명으로 옳지 않은 것은?

<표> '갑'국 시의원 지역별 성별 후보자 및 당선자 수

(단위: 명)

구분 / 지역 \ 성별	후보자		당선자	
	여성	남성	여성	남성
전체	120	699	17	165
A	37	195	8	36
B	12	64	1	18
C	7	38	1	11
D	9	50	2	12
E	5	34	0	10
F	4	19	0	6
G	34	193	4	47
H	7	43	0	12
I	3	50	1	10
J	2	13	0	3

※ 1) 여성(남성) 당선율 = $\frac{\text{여성(남성) 당선자 수}}{\text{여성(남성) 후보자 수}}$

2) 후보자(당선자) 성비 = $\frac{\text{남성 후보자(당선자) 수}}{\text{여성 후보자(당선자) 수}}$

3) 후보자(당선자) 성비는 여성 후보자(당선자)가 있는 지역만 대상으로 산출함.

① 전체 남성 당선율은 전체 여성 당선율의 2배 이하이다.
② 여성 당선율이 남성 당선율보다 높은 지역은 2개이다.
③ 당선자 성비가 가장 낮은 지역은 A이다.
④ 후보자 성비가 10 이상인 지역은 I뿐이다.
⑤ 여성 후보자가 가장 많은 지역의 여성 당선율은 남성 후보자가 가장 적은 지역의 남성 당선율보다 높다.

35

다음 <표>는 '갑' 마을의 2013 ~ 2022년 인구 및 가구 변화에 관한 자료이다. 이에 대한 설명으로 옳지 않은 것은?

<표> 인구 및 가구 변화

(단위: 명, 가구)

구분 / 연도	남성 인구	여성 인구	외국인 인구	고령 인구	가구
2013	209	184	21	30	142
2014	249	223	22	34	169
2015	271	244	24	37	185
2016	280	252	26	38	190
2017	287	257	27	40	193
2018	289	261	25	42	196
2019	294	264	28	44	198
2020	303	270	32	46	204
2021	333	297	33	47	226
2022	356	319	35	53	246

※ 총인구 = 남성 인구 + 여성 인구

① 가구당 여성 인구는 2015년 이후 매년 감소하였다.
② 전년 대비 2022년 고령 인구 증가율은 전년 대비 2022년 총인구 증가율보다 높다.
③ 전년 대비 외국인 인구가 감소한 해와 전년 대비 총인구 증가폭이 가장 작은 해는 같다.
④ 전년 대비 총인구 증가율은 2014년이 가장 높다.
⑤ 전년 대비 가구 수 증가폭이 가장 큰 해와 전년 대비 남성 인구 증가폭이 가장 큰 해는 같다.

36

다음 <표>는 2017 ~ 2021년 '갑'국의 청년 창업 현황에 관한 자료이다. <표>를 이용하여 작성한 자료로 옳지 않은 것은?

<표 1> 연도별 청년 창업건수 현황

(단위: 건)

연도	2017	2018	2019	2020	2021
청년 전체	228,460	215,819	208,260	218,530	226,082
남성	150,341	140,362	120,463	130,532	150,352
여성	78,119	75,457	87,797	87,998	75,730

<표 2> 2021년 청년 창업건수 상위 10개 업종의 성별 창업건수 현황

(단위: 건)

순위	업종	남성 창업건수	여성 창업건수	합
1	통신판매업	30,352	20,351	50,703
2	숙박 · 음식점업	29,352	9,162	38,514
3	상품중개업	18,341	6,365	24,706
4	온라인광고업	6,314	5,348	11,662
5	정보통신업	5,291	4,871	10,162
6	부동산업	5,433	4,631	10,064
7	운송 및 창고업	3,316	2,201	5,517
8	교육서비스업	3,021	2,472	5,493
9	여가 관련 서비스업	1,053	1,377	2,430
10	제조업	992	472	1,464
계		103,465	57,250	160,715

<표 3> 2017 ~ 2020년 10개 업종별 청년 창업건수 현황

(단위: 건)

업종 \ 연도	2017	2018	2019	2020
통신판매업	42,123	51,321	55,123	47,612
숙박 · 음식점업	31,428	39,212	46,121	49,182
상품중개업	18,023	14,921	10,982	20,761
온라인광고업	9,945	8,162	9,165	8,172
정보통신업	8,174	7,215	6,783	6,943
부동산업	9,823	7,978	7,152	6,987
운송 및 창고업	7,122	6,829	6,123	5,931
교육서비스업	6,119	5,181	5,923	4,712
여가 관련 서비스업	3,089	2,987	3,621	4,981
제조업	1,891	1,523	2,012	1,723
합계	137,737	145,329	153,005	157,004

① 연도별 성별 청년 창업건수

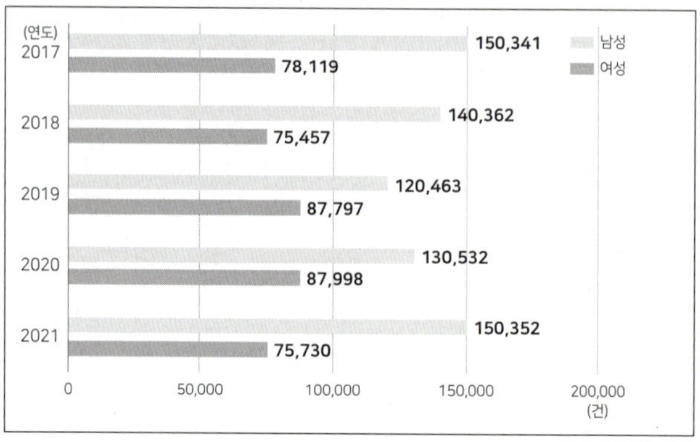

② 2021년 청년 창업건수 상위 10개 업종의 2017년 대비 창업건수 증감폭

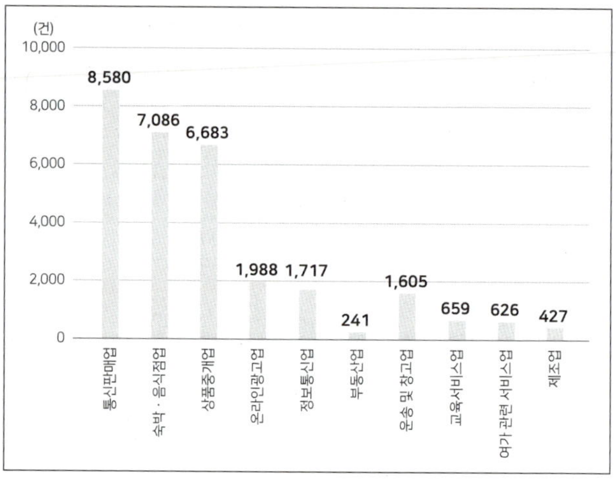

③ 여성 창업건수의 전년 대비 증가율 추이

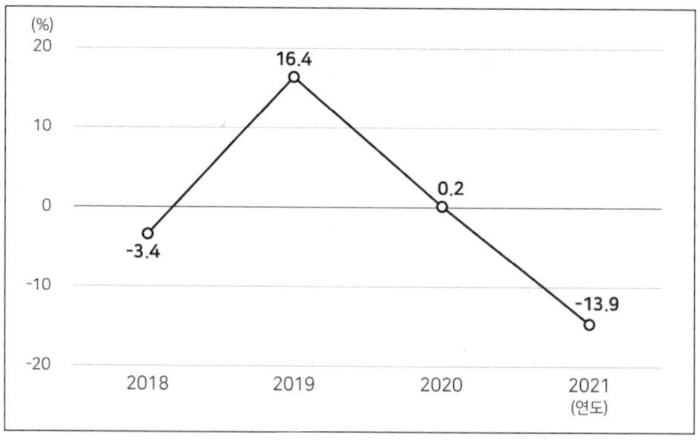

④ 2021년 청년 창업건수 상위 10개 업종의 성별 창업건수 구성비

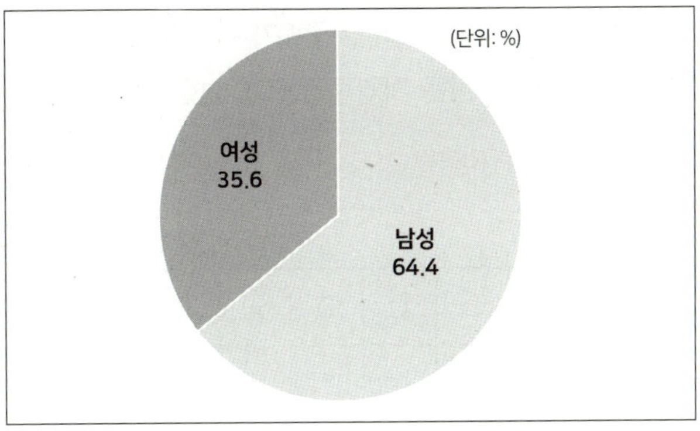

⑤ 2021년 청년 창업건수 상위 3개 업종의 성별 창업건수 구성비

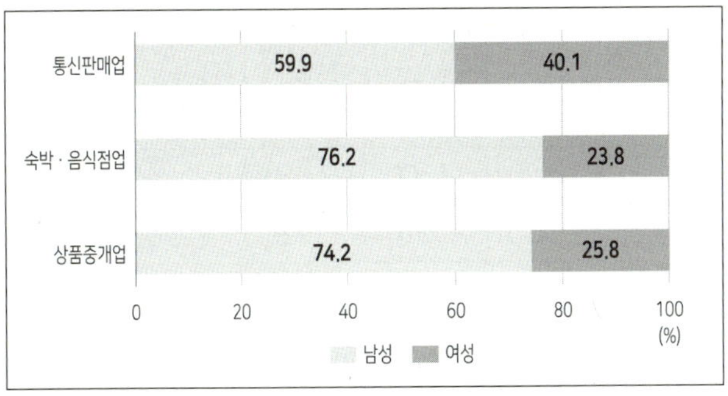

37

다음 <표>는 '갑'국의 교역대상국(A ~ F)별 2022년 7월 해상 수출 및 수입 운송비용에 관한 자료이다. 이에 대한 <보기>의 설명 중 옳은 것만을 모두 고르면?

<표> 2022년 7월 해상 수출 및 수입 운송비용

(단위: 백만 원, %)

구분 / 교역대상국	수출			수입		
	운송비용	전월 대비 증가율	전년 동월 운송비용	운송비용	전월 대비 증가율	전년 동월 운송비용
A	14,077	−0.1	9,734	3,298	−6.3	2,663
B	14,337	−5.2	8,744	3,141	14.7	1,762
C	13,103	−3.7	8,352	2,335	9.5	2,307
D	1,266	5.2	1,006	2,991	5.8	2,093
E	1,106	3.7	1,306	1,658	9.7	1,017
F	2,480	5.9	1,190	2,980	2.8	1,997

〈보 기〉

ㄱ. 2022년 7월 수입 운송비용은 각 교역대상국에 대해 전년 동월 대비 증가하였다.

ㄴ. 2021년 7월 수출 운송비용이 많은 교역대상국일수록 2022년 7월 수출 운송비용도 많다.

ㄷ. 2022년 7월, 수입 운송비용의 전월 대비 증가율이 가장 높은 교역대상국과 수입 운송비용의 전년 동월 대비 증가율이 가장 높은 교역대상국은 같다.

ㄹ. 2022년 6월, 수출 운송비용이 수입 운송비용보다 많은 교역대상국은 2개이다.

① ㄱ, ㄷ

② ㄱ, ㄹ

③ ㄴ, ㄷ

④ ㄴ, ㄹ

⑤ ㄷ, ㄹ

38

다음 <표>는 1936 ~ 2022년 필즈상 수상자의 최종 박사학위 취득 대학에 관한 자료이다. 필즈상 수상자의 최종 박사학위 취득 대학 중 수상자가 1명인 대학의 수는?

<표 1> 필즈상 수상자의 최종 박사학위 취득 대학의 소속 국가별 현황

(단위: 개, 명)

순위	대학 소속 국가	대학 수	필즈상 수상자 수
1	미국	7	21
2	프랑스	7	12
3	영국	4	8
4	러시아	3	6
5	독일	2	4
6	스위스	1	3
⋮	⋮	⋮	⋮
전체		34	65

※ 1) 필즈상 수상자 수가 많을수록 순위가 높음.
2) 필즈상 수상자는 모두 박사학위자이며, 중복수상자는 없음.

<표 2> 최종 박사학위 기준 필즈상 수상자를 3명 이상 배출한 대학 현황

(단위: 명)

대학명	대학 소속 국가	필즈상 수상자 수
프린스턴	미국	7
하버드	미국	6
모스크바	러시아	4
케임브리지	영국	4
본	독일	3
제네바	스위스	3
ENS	프랑스	3

① 16
② 17
③ 18
④ 19
⑤ 20

39

다음 <표>와 <설명>은 2020년 '갑'국 A ~ H지역의 코로나19 지원금에 관한 자료이다. 이에 근거하여 A ~ H 지역 중 현금 방식의 지급 가구수가 세 번째로 많은 지역과 다섯 번째로 많은 지역을 바르게 연결한 것은?

<표 1> A ~ H지역별 전체 가구수와 코로나19 지원금 지급총액

(단위: 천 가구, 억 원)

구분 \ 지역	A	B	C	D	E	F	G	H
전체 가구수	4,360	1,500	1,040	1,240	620	640	470	130
지급총액	25,700	9,200	6,600	7,900	3,900	4,000	3,100	900

<표 2> 지급 방식별 코로나19 지원금 지급 가구수

(단위: 천 가구)

지역 \ 지급 방식	상품권	선불카드	신용·체크카드	현금	합
A	20	570	3,050	(　)	(　)
B	10	270	920	240	1,440
C	90	140	(　)	(　)	1,010
D	(　)	0	810	(　)	1,210
E	110	0	410	(　)	(　)
F	10	20	500	70	600
G	0	80	330	(　)	450
H	0	10	(　)	(　)	130

※ 각 가구는 1가지 지급 방식으로만 코로나19 지원금을 지급받음.

〈설　명〉

○ A는 전체 가구수 대비 코로나19 지원금 지급 가구수 비율이 92.9 %이다.
○ 지역별 코로나19 지원금 지급 가구수 대비 신용·체크카드 방식의 지급 가구수 비율은 H가 84.6 %로 가장 높고, C가 62.4 %로 가장 낮다.
○ D는 코로나19 지원금 지급 가구수 대비 상품권 방식의 지급 가구수 비율이 21.5 %이다.
○ E는 코로나19 지원금 지급 가구의 평균 지원금이 65만 원이다.

	세 번째로 많은 지역	다섯 번째로 많은 지역
①	B	E
②	B	F
③	C	E
④	C	F
⑤	D	E

40

다음 <표>와 <정보>는 2021년과 2022년 A기업의 전체 직원 1,000명을 대상으로 갑질 발생 위험도를 설문조사한 결과이다. 이를 근거로 한 <보기>의 설명 중 옳은 것만을 모두 고르면?

<표 1> 종합위험도 평가 결과

(단위: 명)

구분 \ 연도		2021					2022				
갑질 발생 위험도		매우 낮음	낮음	보통	높음	매우 높음	매우 낮음	낮음	보통	높음	매우 높음
전체		770	78	49	45	58	790	121	33	31	25
성별	남성	320	38	24	15	18	336	55	10	11	3
	여성	450	40	25	30	40	454	66	23	20	22
직급	관리자	180	11	4	2	3	185	15	4	4	2
	실무자	590	67	45	43	55	605	106	29	27	23
소속	본사	70	9	5	5	6	80	11	4	3	2
	공장	700	69	44	40	52	710	110	29	28	23

<표 2> 갑질 유형별 평가 결과

(단위: 명)

갑질 유형 \ 연도	2021					2022				
갑질 발생 위험도	매우 낮음	낮음	보통	높음	매우 높음	매우 낮음	낮음	보통	높음	매우 높음
언어	747	85	50	53	65	770	120	35	44	31
부당한 지시	788	78	43	38	53	810	127	25	21	17
불리한 처우	781	73	52	41	53	795	117	37	27	24

〈정　보〉

○ 2021년과 2022년 설문조사 대상자는 같으며, 무응답과 중복응답은 없음.
○ 2021년 실무자의 절반은 여성임.
○ 각 설문조사에서 '부당한 지시'의 갑질 발생 위험도를 '높음' 또는 '매우 높음'으로 답변한 응답자는 '언어'와 '불리한 처우'에 대해서도 '높음' 또는 '매우 높음'으로 답변함.

〈보　기〉

ㄱ. 2021년 여성 관리자는 185명이다.
ㄴ. 소속이 본사인 직원은 2022년이 2021년보다 5명 많다.
ㄷ. '부당한 지시'의 갑질 발생 위험도를 '매우 낮음', '낮음' 또는 '보통'으로 답변한 응답자 중 '언어'의 갑질 발생 위험도를 '높음' 또는 '매우 높음'으로 답변한 응답자는 2021년이 2022년보다 많다.

① ㄴ
② ㄷ
③ ㄱ, ㄴ
④ ㄱ, ㄷ
⑤ ㄱ, ㄴ, ㄷ

MFMU

2022
5급 공채

자료해석 나책형

PSAT 신헌 자료해석 ALL수록 기출문제집

01

다음 <표>는 2020년 4분기(10 ~ 12월) 전국 아파트 입주 물량에 관한 자료이다. 제시된 <표> 이외에 <보고서>를 작성하기 위해 추가로 필요한 자료만을 <보기>에서 모두 고르면?

<표 1> 월별 아파트 입주 물량

(단위: 세대)

구분 \ 월	10월	11월	12월	합
전국	21,987	25,995	32,653	80,635
수도권	13,951	15,083	19,500	48,534
비수도권	8,036	10,912	13,153	32,101

<표 2> 규모 및 공급주체별 아파트 입주 물량

(단위: 세대)

구분	규모			공급주체	
	60 m² 이하	60 m² 초과 85 m² 이하	85 m² 초과	공공	민간
전국	34,153	42,528	3,954	23,438	57,197
수도권	21,446	24,727	2,361	15,443	33,091
비수도권	12,707	17,801	1,593	7,995	24,106

〈보고서〉

2020년 4분기(10 ~ 12월) 전국 아파트 입주 물량은 80,635세대로 집계되었다. 수도권은 48,534세대로 전년동기 및 2015 ~ 2019년 4분기 평균 대비 각각 37.5 %, 1.7 % 증가했고, 비수도권은 32,101세대로 전년동기 및 2015 ~ 2019년 4분기 평균 대비 각각 47.6 %, 46.8 % 감소하였다. 시도별로 살펴보면, 서울은 12,097세대로 전년동기 대비 7.9 % 증가하였다. 그 외 인천·경기 36,437세대, 대전·세종·충남 8,015세대, 충북 3,835세대, 강원 646세대, 전북 0세대, 광주·전남·제주 5,333세대, 대구·경북 5,586세대, 부산·울산 5,345세대, 경남 3,341세대였다. 주택 규모별로는 60 m² 이하 34,153세대, 60 m² 초과 85 m² 이하 42,528세대, 85 m² 초과 3,954세대로, 85 m² 이하 중소형주택이 전체의 95.1 %를 차지하여 중소형주택의 입주 물량이 많았다. 공급주체별로는 민간 57,197세대, 공공 23,438세대로, 민간 입주 물량이 공공 입주 물량의 2배 이상이었다.

〈보 기〉

ㄱ. 2015 ~ 2019년 4분기 수도권 및 비수도권 아파트 입주 물량

ㄴ. 2015 ~ 2019년 공급주체별 연평균 아파트 입주 물량

ㄷ. 2019 ~ 2020년 4분기 시도별 아파트 입주 물량

ㄹ. 2019년 4분기 규모 및 공급주체별 아파트 입주 물량

① ㄱ, ㄴ

② ㄱ, ㄷ

③ ㄱ, ㄹ

④ ㄴ, ㄷ

⑤ ㄴ, ㄹ

02

다음 <표>는 A ~ E 지점을 연이어 주행한 '갑' ~ '병'자동차의 구간별 연료 소모량 및 평균 속력에 관한 자료이다. 이에 대한 <보기>의 설명 중 옳은 것만을 모두 고르면?

<표> '갑' ~ '병'자동차의 구간별 연료 소모량 및 평균 속력

(단위: km, L, km/h)

자동차(연료)		갑(LPG)		을(휘발유)		병(경유)	
구간	구분 거리	연료 소모량	평균 속력	연료 소모량	평균 속력	연료 소모량	평균 속력
A→B	100	7.0	100	5.0	100	3.5	110
B→C	50	4.0	90	3.0	100	2.0	90
C→D	70	5.0	100	4.0	90	3.0	100
D→E	20	2.0	100	1.5	110	1.5	100
전체	240	18.0	( )	13.5	( )	10.0	( )

※ 1) L당 연료비는 LPG 1,000원, 휘발유 1,700원, 경유 1,500원임.

2) $\text{주행 연비(km/L)} = \frac{\text{주행 거리}}{\text{연료 소모량}}$

〈보 기〉

ㄱ. 전체 구간 주행 시간은 '병'이 가장 길다.
ㄴ. 전체 구간 주행 연료비는 '을'이 가장 많고, '병'이 가장 적다.
ㄷ. 전체 구간 주행 연비는 '병'이 가장 높고, '갑'이 가장 낮다.
ㄹ. '갑'의 A→B 구간 주행 연비는 '을'의 B→C 구간 주행 연비보다 높다.

① ㄱ, ㄴ
② ㄱ, ㄷ
③ ㄴ, ㄷ
④ ㄷ, ㄹ
⑤ ㄴ, ㄷ, ㄹ

03

다음 <표>는 A질환 환자의 성별 흡연 및 음주 여부에 관한 자료이다. 이에 대한 <보기>의 설명 중 옳은 것만을 모두 고르면?

<표> A질환 환자의 성별 흡연 및 음주 여부

(단위: 명, %)

성별		남성		여성	
음주 여부	흡연 여부 / 구분	흡연	비흡연	흡연	비흡연
음주	인원	600	( )	( )	( )
	비율	30	35	( )	20
비음주	인원	( )	( )	300	450
	비율	10	( )	( )	30

※ 비율(%)은 흡연 및 음주 여부에 따른 남(여)성 환자 수를 전체 남(여)성 환자 수로 나눈 값에 100을 곱한 것임. 예를 들어, 남성 환자 중 흡연과 음주를 모두 하는 비율은 30 %임.

〈보 기〉

ㄱ. 흡연 비율은 남성 환자가 여성 환자보다 높다.
ㄴ. 비음주이면서 비흡연인 환자는 남성이 여성보다 많다.
ㄷ. 각 성별에서 음주 환자가 비음주 환자보다 많다.
ㄹ. 전체 환자 중 음주 환자 비중은 전체 환자 중 흡연 환자 비중보다 크다.

① ㄱ, ㄴ
② ㄱ, ㄷ
③ ㄴ, ㄹ
④ ㄷ, ㄹ
⑤ ㄴ, ㄷ, ㄹ

04

다음 <표>는 '갑'국 국세청의 행정소송 현황에 관한 자료이다. 제시된 <표> 이외에 <보고서>를 작성하기 위해 추가로 필요한 자료만을 <보기>에서 모두 고르면?

<표 1> 2017 ~ 2020년 행정소송 현황

(단위: 건)

구분 / 연도	처리대상 건수		처리완료 건수				처리미완료 건수		
	전년 이월	당년 제기	취하	각하	국가 승소	국가 패소	행정 법원	고등 법원	대법원
2017	2,093	1,679	409	74	862	179	1,279	647	322
2018	2,248	1,881	485	53	799	208	1,536	713	335
2019	2,584	1,957	493	78	749	204	2,043	692	282
2020	3,017	2,026	788	225	786	237	1,939	793	275

※ 미완료율(%) = $\frac{\text{처리미완료건수}}{\text{처리대상건수}} \times 100$

<표 2> 2020년 세목별 행정소송 현황

(단위: 건)

구분 / 세목	처리대상 건수		처리완료 건수				처리미완료 건수		
	전년 이월	당년 제기	취하	각하	국가 승소	국가 패소	행정 법원	고등 법원	대법원
종합소득세	305	249	85	7	103	33	227	74	25
법인세	443	347	54	6	108	44	396	123	59
부가가치세	645	405	189	13	162	42	400	183	61
양도소득세	909	447	326	170	240	39	378	167	36
상속세	84	52	14	1	28	9	50	20	14
증여세	429	282	70	12	96	49	272	157	55
기타	202	244	50	16	49	21	216	69	25

<표 3> 2020년 소송가액별 행정소송 현황

(단위: 건)

구분 / 소송가액	처리대상 건수		처리완료 건수				처리미완료 건수		
	전년 이월	당년 제기	취하	각하	국가 승소	국가 패소	행정 법원	고등 법원	대법원
3억 원 미만	1,758	1,220	599	204	540	102	1,028	414	91
3억 원 이상 10억 원 미만	542	375	129	15	133	56	374	156	54
10억 원 이상	717	431	60	6	113	79	537	223	130

〈보고서〉

2017 ~ 2020년 '갑'국 국세청의 연도별 행정소송 현황을 살펴보면 전년 이월 처리대상건수와 당년 제기 처리대상 건수는 매년 증가하였다. 한편 2017 ~ 2019년 미완료율은 매년 증가하였으나, 2020년에는 미완료율이 전년 대비 감소하였다. 2017 ~ 2020년 처리대상건수 대비 국가승소 건수의 비율은 매년 감소하였는데, 특히 2017년에는 전년 대비 20 %p 감소하여 가장 큰 폭으로 감소하였다. 2017 ~ 2020년 국가승소 건수 중 법인세 관련 행정소송 건수가 차지하는 비율 또한 매년 감소하였다.

2020년에 전년 이월 처리대상건수가 가장 많은 세목은 양도소득세였으며, 행정소송이 진행 중이어서 처리완료되지 못하고 2021년으로 이월된 행정소송 건수가 가장 많은 세목은 부가가치세였다.

2020년의 경우 소송가액 3억 원 미만인 국가승소 건수가 3억 원 이상인 국가승소 건수보다 많았다. 한편 2017 ~ 2020년 행정법원 소송 처리미완료건수 중 소송가액 10억 원 이상인 건수가 차지하는 비율은 2018년이 가장 높았으며 2020년이 가장 낮았다.

〈보 기〉

ㄱ. 2016년 행정소송 처리대상건수 및 국가승소 건수
ㄴ. 2021년 소송가액별 행정소송 처리대상건수
ㄷ. 2017 ~ 2019년 국가승소 건수 중 법인세 관련 행정소송 건수
ㄹ. 2017 ~ 2019년 소송가액이 10억 원 이상인 행정법원 소송 처리미완료건수

① ㄱ, ㄴ
② ㄱ, ㄷ
③ ㄴ, ㄹ
④ ㄱ, ㄷ, ㄹ
⑤ ㄴ, ㄷ, ㄹ

05

다음 <표>는 '갑'도매시장에서 출하되는 4개 농산물의 수송 방법별 운송량에 관한 자료이다. 이에 대한 <보기>의 설명 중 옳은 것만을 모두 고르면?

<표> 4개 농산물의 수송 방법별 운송량

(단위: 톤)

농산물 / 수송 방법	쌀	밀	콩	보리	합계
도로	10,600	16,500	400	2,900	30,400
철도	5,800	7,500	600	7,100	21,000
해운	1,600	3,000	4,000	2,000	10,600

※ '갑'도매시장 농산물 수송 방법은 도로, 철도, 해운으로만 구성됨.

〈보 기〉

ㄱ. 농산물별 해운 운송량이 각각 100톤씩 증가하면 4개 농산물 해운 운송량의 평균은 2,750톤이다.

ㄴ. 보리의 수송 방법별 운송량이 각각 50%씩 감소하고 콩의 수송 방법별 운송량이 각각 100%씩 증가하더라도, 4개 농산물 전체 운송량에는 변동이 없다.

ㄷ. 도로 운송량이 많은 농산물일수록 해당 농산물의 운송량 중 도로 운송량이 차지하는 비중이 더 크다.

ㄹ. 해운 운송량이 적은 농산물일수록 해당 농산물의 운송량 중 해운 운송량이 차지하는 비중이 더 작다.

① ㄱ, ㄷ
② ㄱ, ㄹ
③ ㄴ, ㄷ
④ ㄴ, ㄹ
⑤ ㄷ, ㄹ

06

다음 <그림>은 2019 ~ 2021년 '갑'국의 건설, 농림수산식품, 소재 3개 산업의 기술도입액과 기술수출액 현황에 관한 자료이다. 이에 대한 설명으로 옳지 않은 것은?

<그림> 3개 산업의 기술도입액과 기술수출액 현황

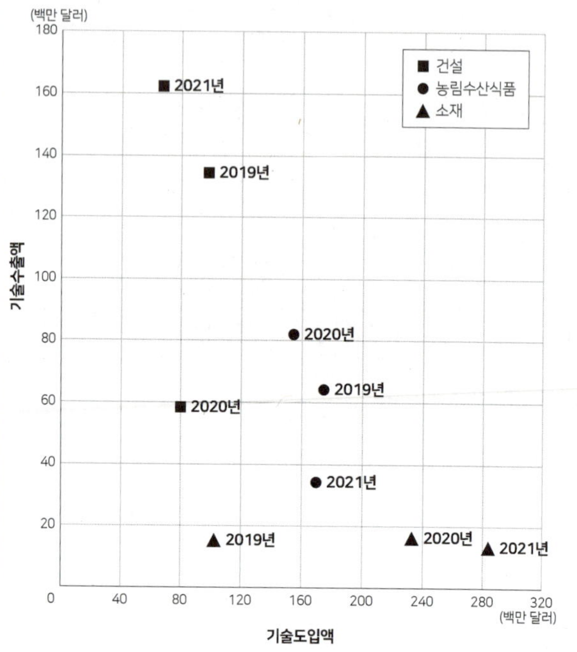

※ 1) 기술무역규모 = 기술수출액 + 기술도입액

2) 기술무역수지 = 기술수출액 − 기술도입액

3) 기술무역수지비 = $\frac{\text{기술수출액}}{\text{기술도입액}}$

① 2020년 3개 산업 중 기술무역수지가 가장 작은 산업은 건설 산업이다.

② 2021년 3개 산업 중 기술무역규모가 가장 큰 산업은 소재 산업이다.

③ 2019년 3개 산업의 전체 기술도입액은 3억 2천만 달러 이상이다.

④ 소재 산업에서 기술무역수지는 매년 감소한다.

⑤ 농림수산식품 산업에서 기술무역수지비가 가장 큰 해는 2020년이다.

07

다음 <표>는 2018 ~ 2021년 '갑'국의 여름철 물놀이 사고 사망자에 관한 자료이다. 이를 바탕으로 작성한 <보고서>의 내용 중 옳지 않은 것은?

<표 1> 연령대별 여름철 물놀이 사고 사망자 수

(단위: 명)

연령대 / 연도	10세 미만	10대	20대	30대	40대	50대 이상
2018	2	6	4	4	4	4
2019	2	13	9	2	2	8
2020	2	9	7	2	4	13
2021	0	5	3	5	5	19

<표 2> 4대 주요 발생 장소 및 원인별 여름철 물놀이 사고 사망자 수

(단위: 명)

구분 / 연도	4대 주요 발생 장소				4대 주요 원인			
	하천	해수욕장	계곡	수영장	안전부주의	수영미숙	음주수영	급류
2018	16	3	2	2	6	13	3	2
2019	23	3	5	4	9	14	5	6
2020	19	3	1	12	8	14	3	8
2021	23	7	2	5	9	12	6	2

※ 여름철 물놀이 사고 사망자의 발생 장소와 원인은 각각 1가지로만 정함.

〈보고서〉

물놀이 사고는 여름철인 6 ~ 8월에 집중적으로 발생한다. 연도별 사고 현황을 살펴보면, ㉠ 여름철 물놀이 사고 사망자는 2019년에 전년 대비 50% 이상 증가하였고, 이후 매년 30명 이상이었다.

㉡ 여름철 물놀이 사고 사망자 중 4대 주요 원인에 의한 사망자가 차지하는 비율이 가장 높은 해는 2018년이다. 한편, ㉢ 여름철 물놀이 사고 사망자 중 수영미숙에 의한 사망자가 매년 30% 이상을 차지해 이에 대한 예방책이 필요한 것으로 판단된다. 또 2019년과 2020년은 급류 사고로 인한 사망자가 다른 해에 비해 많았다.

사고 발생 장소를 살펴보면, ㉣ 2018년부터 2021년까지 매년 여름철 물놀이 사고 사망자의 60% 이상이 하천에서 발생한 사고로 사망하였다. 따라서 하천에서의 사고를 예방하기 위해 물놀이 안전수칙 홍보를 강화할 필요가 있다. 여름철 물놀이 사고 사망자 수를 연령대와 장소 및 원인에 따라 세부적으로 살펴보면, 2020년 50대 이상 사망자 중 수영장 외의 장소에서 사망한 사망자가 1명 이상이고, ㉤ 2021년 안전부주의 사망자 중 30대 이상 사망자가 1명 이상이다.

① ㄱ
② ㄴ
③ ㄷ
④ ㄹ
⑤ ㅁ

08

다음 <표>는 2020년 A ~ D국의 어업 생산량에 관한 자료이다. <표>와 <조건>을 근거로 A ~ D에 해당하는 국가를 바르게 나열한 것은?

<표> 2020년 A ~ D국의 어업 생산량

(단위: 천 톤)

어업유형 / 국가	전체	해면어업	천해양식	원양어업	내수면어업
A	3,255	1,235	1,477	( )	33
B	10,483	3,245	( )	1,077	3,058
C	8,020	2,850	( )	720	1,150
D	9,756	4,200	324	( )	2,287

※ 1) 어업유형은 해면어업, 천해양식, 원양어업, 내수면어업으로만 구분됨.

2) $\text{어업유형별 의존도} = \dfrac{\text{해당 어업유형의 어업 생산량}}{\text{전체 어업 생산량}}$

〈조 건〉

○ 내수면어업 생산량이 원양어업 생산량보다 많은 국가는 '갑'과 '병'이다.
○ 해면어업 의존도는 '갑' ~ '정' 중 '정'이 두 번째로 높다.
○ '병'의 천해양식 생산량은 '을'의 원양어업 생산량의 1.1배 이상이다.

	A	B	C	D
①	을	갑	병	정
②	을	병	갑	정
③	병	을	정	갑
④	정	갑	병	을
⑤	정	병	갑	을

09

다음 <그림>은 '갑'국 및 글로벌 e스포츠 산업 규모에 관한 자료이다. 이에 대한 <보고서>의 내용 중 옳지 않은 것은?

<그림 1> 2017 ~ 2021년 '갑'국 e스포츠 산업 규모

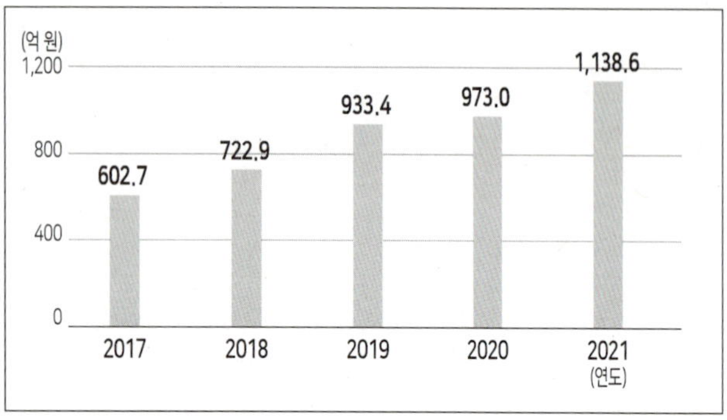

<그림 2> 2020년, 2021년 '갑'국 e스포츠 산업의 세부항목별 규모

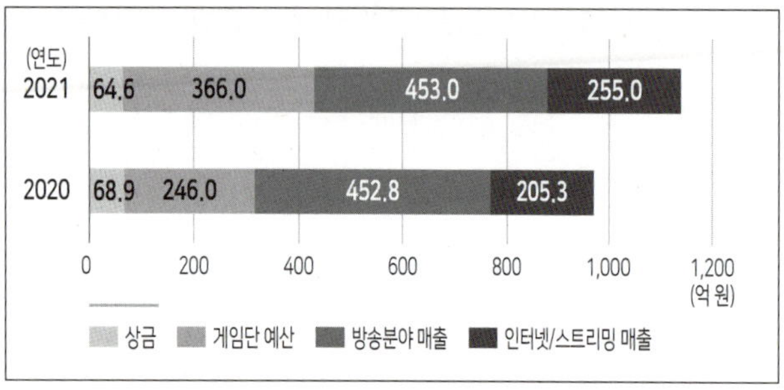

<그림 3> 2017 ~ 2021년 글로벌 e스포츠 산업 규모

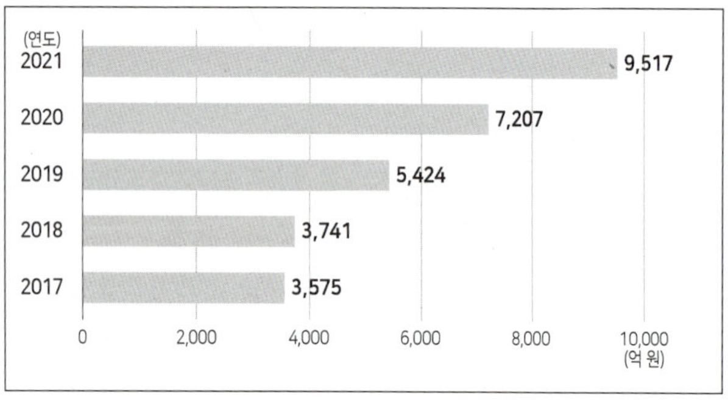

〈보고서〉

2021년 '갑'국 e스포츠 산업 규모는 1,138억 6,000만 원으로 집계되었다. ㉠ 이는 2020년 973억 원에서 15% 이상 성장한 것이다. 세부항목별로 살펴보면 ㉡ 방송분야 매출이 453억 원으로 전체의 35% 이상을 차지하여 가장 비중이 큰 것으로 나타났다. 이외에 게임단 예산은 366억 원, 인터넷/스트리밍 매출은 255억 원, 상금은 64억 6,000만 원이었다. 게임단 예산은 전년 대비 45% 이상 증가한 것이고, 인터넷/스트리밍 매출 또한 전년 대비 20% 이상 증가한 것이다. 하지만 방송분야 매출은 큰 차이가 없었으며, 상금은 전년 대비 5% 이상 감소한 것으로 나타났다.

한편 글로벌 e스포츠 산업 규모와 '갑'국 e스포츠 산업 규모의 성장세를 살펴보면, ㉢ 글로벌 e스포츠 산업 규모는 2019년부터 전년 대비 30% 이상 성장하였고, '갑'국 e스포츠 산업 규모도 매년 성장하였다. 그러나, ㉣ '갑'국 e스포츠 산업 규모가 2020년에는 전년 대비 5% 미만의 성장에 그쳐 글로벌 e스포츠 산업 규모에서 차지하는 비중이 15% 미만이 되었다. 이는 ㉤ 글로벌 e스포츠 산업 규모 대비 '갑'국 e스포츠 산업 규모의 비중이 2017년 이후 매년 감소한 것으로, '갑'국 e스포츠 산업 규모가 꾸준히 성장하고는 있으나 글로벌 e스포츠 산업 규모의 성장세에는 미치지 못하고 있기 때문이다.

① ㄱ
② ㄴ
③ ㄷ
④ ㄹ
⑤ ㅁ

10

다음 <표>는 2017 ~ 2021년 '갑'국의 불법체류외국인 현황에 관한 자료이다. 이에 대한 설명으로 옳은 것은?

<표 1> 연도별 체류외국인 현황

(단위: 명, %)

연도 \ 구분	체류 외국인	불법체류 외국인	체류유형별 구성비			
			단기체류 외국인	등록 외국인	외국국적 동포 국내거소 신고자	전체
2017	1,797,618	208,778	54.0	45.0	1.0	100.0
2018	1,899,519	214,168	59.8	39.7	0.5	100.0
2019	2,049,441	208,971	63.5	36.0	0.5	100.0
2020	2,180,498	251,041	66.6	33.0	0.4	100.0
2021	2,367,607	355,126	74.4	25.4	0.3	100.0

※ 체류외국인은 불법체류외국인과 합법체류외국인으로 구분됨.

<표 2> 체류자격별 불법체류외국인 현황

(단위: 명, %)

체류자격 \ 연도	2017	2018	2019	2020	2021	
						구성비
사증면제	46,117	56,307	63,319	85,196	162,083	45.6
단기방문	45,746	47,373	46,041	56,331	67,157	18.9
비전문취업	52,760	49,272	45,567	46,618	47,373	13.3
관광통과	15,899	19,658	19,038	20,662	30,028	8.5
일반연수	4,816	4,425	4,687	7,209	12,613	3.6
기타	43,440	37,133	30,319	35,025	35,872	10.1
전체	208,778	214,168	208,971	251,041	355,126	100.0

※ 체류자격은 불법체류외국인의 입국 당시 체류자격을 의미함.

<표 3> 국적별 불법체류외국인 현황

(단위: 명, %)

국적 \ 연도	2017	2018	2019	2020	2021	
						구성비
A	53,689	61,943	65,647	81,129	153,485	43.2
B	79,717	76,757	65,379	75,507	85,964	24.2
C	36,338	35,987	37,410	44,371	56,950	16.0
D	16,814	17,698	19,694	25,399	30,813	8.7
기타	22,220	21,783	20,841	24,635	27,914	7.9
전체	208,778	214,168	208,971	251,041	355,126	100.0

① 2020년 대비 2021년 불법체류외국인 증가인원 중에서 국적이 A인 불법체류외국인이 차지하는 비중은 60% 이상이다.
② 체류유형이 등록외국인인 불법체류외국인의 수는 매년 감소한다.
③ 불법체류외국인 수가 많은 상위 3개 체류자격을 그 수가 큰 것부터 순서대로 나열하면 사증면제, 단기방문, 비전문취업 순으로 매년 동일하다.
④ 체류외국인 대비 불법체류외국인 비중은 매년 증가한다.
⑤ 2021년 체류외국인은 전년 대비 10% 이상 증가하였다.

11

다음 <표>는 2015 ~ 2021년 '갑'국 4개 대학의 변호사시험 응시자 및 합격자에 관한 자료이다. <표>와 <조건>에 근거하여 A ~ D에 해당하는 대학을 바르게 나열한 것은?

<표> 2015 ~ 2021년 대학별 변호사시험 응시자 및 합격자

(단위: 명)

대학	구분 \ 연도	2015	2016	2017	2018	2019	2020	2021
A	응시자	50	52	54	66	74	89	90
	합격자	50	51	46	51	49	55	48
B	응시자	58	81	94	98	94	89	97
	합격자	47	49	65	73	66	53	58
C	응시자	89	101	109	110	115	142	145
	합격자	79	83	94	88	75	86	80
D	응시자	95	124	152	162	169	210	212
	합격자	86	82	85	109	80	87	95

〈조 건〉

○ '우리대'와 '나라대'는 해당 대학의 응시자 수가 가장 많은 해에 합격률이 가장 낮다.
○ 2021년 '우리대'의 합격률은 55% 미만이다.
○ '푸른대'와 '강산대'는 해당 대학의 합격자 수가 가장 많은 해와 가장 적은 해의 합격자 수 차이가 각각 25명 이상이다.
○ '강산대'의 2015년 대비 2021년 합격률 감소폭은 40%p 이하이다.

	A	B	C	D
①	나라대	강산대	우리대	푸른대
②	나라대	푸른대	우리대	강산대
③	우리대	강산대	나라대	푸른대
④	우리대	푸른대	나라대	강산대
⑤	푸른대	나라대	강산대	우리대

12

다음 <표>는 2019 ~ 2021년 '갑'국의 조세지출에 관한 자료이다. 이에 대한 <보기>의 설명 중 옳은 것만을 모두 고르면?

<표> 2019 ~ 2021년 항목별 조세지출 현황

(단위: 억 원, %)

연도 / 구분 / 항목	2019		2020		2021	
	금액	비중	금액	비중	금액	비중
중소기업지원	24,176	6.09	26,557	6.34	31,050	6.55
연구개발	29,514	7.44	29,095	6.95	28,360	5.98
국제자본거래	24	0.01	5	0.00	4	0.00
투자촉진	16,496	4.16	17,558	4.19	10,002	2.11
고용지원	1,742	0.44	3,315	0.79	4,202	0.89
기업구조조정	921	0.23	1,439	0.34	1,581	0.33
지역균형발전	25,225	6.36	26,199	6.26	27,810	5.87
공익사업지원	5,006	1.26	6,063	1.45	6,152	1.30
저축지원	14,319	3.61	14,420	3.44	14,696	3.10
국민생활안정	125,727	31.69	134,631	32.16	142,585	30.07
근로·자녀장려	17,679	4.46	18,314	4.38	57,587	12.15
간접국세	94,455	23.81	97,158	23.21	104,071	21.95
외국인투자	2,121	0.53	1,973	0.47	2,064	0.44
국제도시육성	2,316	( )	2,149	0.51	2,255	( )
기업도시	75	0.02	54	0.01	56	0.01
농협구조개편	480	0.12	515	0.12	538	0.11
수협구조개편	44	0.01	1	0.00	0	0.00
기타	36,449	9.19	39,155	9.35	41,112	8.67
전체	396,769	100.00	418,601	100.00	474,125	100.00

〈보 기〉

ㄱ. 기타를 제외하고, 전년 대비 조세지출금액이 증가한 항목 수는 2020년이 2021년보다 많다.

ㄴ. 기타를 제외한 항목 중 조세지출금액 상위 3개 항목이 전체 조세지출에서 차지하는 비중의 합은 매년 60%를 초과한다.

ㄷ. 기타를 제외하고, 조세지출금액이 매년 증가한 항목은 10개이다.

ㄹ. 국제도시육성 항목의 비중은 매년 감소한다.

① ㄱ, ㄷ
② ㄱ, ㄹ
③ ㄴ, ㄷ
④ ㄷ, ㄹ
⑤ ㄴ, ㄷ, ㄹ

13

다음 <표>는 '갑'국의 2017 ~ 2021년 소년 범죄와 성인 범죄 현황에 관한 자료이다. 이에 대한 <보기>의 설명 중 옳은 것만을 모두 고르면?

<표> 소년 범죄와 성인 범죄 현황

(단위: 명, %)

구분 / 연도	소년 범죄			성인 범죄			소년 범죄자 비율
	범죄자수	범죄율	발생지수	범죄자수	범죄율	발생지수	
2017	63,145	1,172	100.0	953,064	2,245	100.0	6.2
2018	56,962	1,132	96.6	904,872	2,160	96.2	5.9
2019	61,162	1,246	106.3	920,760	2,112	94.1	( )
2020	58,255	1,249	( )	878,991	2,060	( )	6.2
2021	54,205	1,201	102.5	878,917	2,044	91.0	5.8

※ 1) 범죄는 소년 범죄와 성인 범죄로만 구분함.
2) 소년(성인) 범죄율은 소년(성인) 인구 10만 명당 소년(성인) 범죄자수를 의미함.
3) 소년(성인) 범죄 발생지수는 2017년 소년(성인) 범죄율을 100.0으로 할 때, 해당 연도 소년(성인) 범죄율의 상대적인 값임.
4) 소년 범죄자 비율(%) =
$$\left(\frac{\text{소년 범죄자수}}{\text{소년 범죄자수} + \text{성인 범죄자수}}\right) \times 100$$

〈보 기〉

ㄱ. 2017년 대비 2021년 소년 인구는 증가하고 소년 범죄자수는 감소하였다.

ㄴ. 소년 범죄율이 2017년 대비 6.0% 이상 증가한 연도의 소년 범죄자 비율은 6.0% 이상이다.

ㄷ. 소년 범죄 발생지수와 성인 범죄 발생지수 모두 2021년이 2020년보다 작다.

ㄹ. 소년 범죄 발생지수가 전년 대비 증가한 연도에는 소년 범죄자수도 전년 대비 증가하였다.

① ㄱ, ㄴ
② ㄱ, ㄷ
③ ㄴ, ㄷ
④ ㄴ, ㄹ
⑤ ㄷ, ㄹ

14

다음 <표>는 A ~ D 마을로 구성된 '갑'지역의 가구수에 관한 자료이다. <표>를 이용하여 작성한 그래프로 옳은 것은?

<표 1> 마을별 1인 가구 현황

(단위: 가구, %)

연도 \ 마을	A	B	C	D
2018	90(18.0)	130(26.0)	200(40.0)	80(16.0)
2019	220(36.7)	60(10.0)	130(21.7)	190(31.7)
2020	305(43.6)	240(34.3)	80(11.4)	75(10.7)
2021	120(15.0)	205(25.6)	160(20.0)	315(39.4)

※ (　)안 수치는 연도별 '갑'지역 1인 가구수 중 해당 마을 1인 가구수의 비중임.

<표 2> 마을별 총가구수

(단위: 가구)

마을	A	B	C	D
총가구수	600	550	500	500

※ A ~ D 마을별 총가구수는 매년 변동 없음.

① 연도별 '갑'지역 1인 가구수

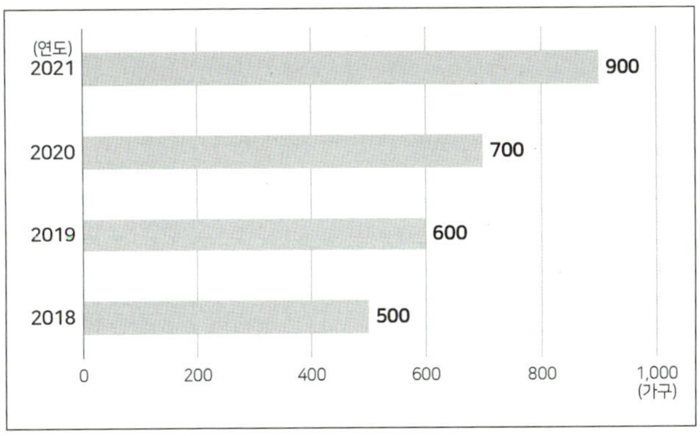

② 2021년 '갑'지역 2인 이상 가구의 마을별 구성비

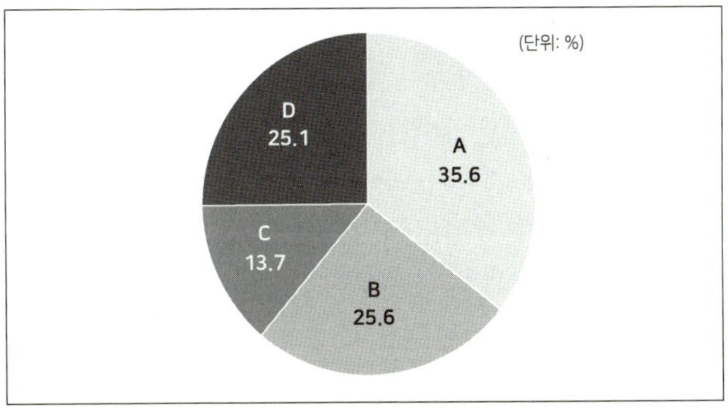

③ 연도별 A 마을의 총가구수 대비 1인 가구수 비중

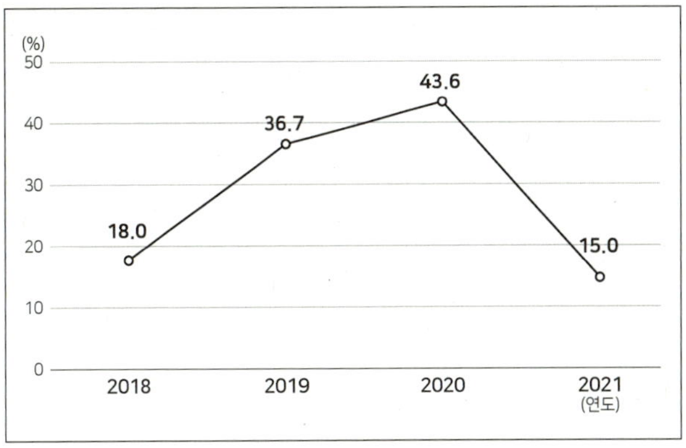

④ 연도별 B, C 마을의 2인 이상 가구수와 1인 가구수 차이

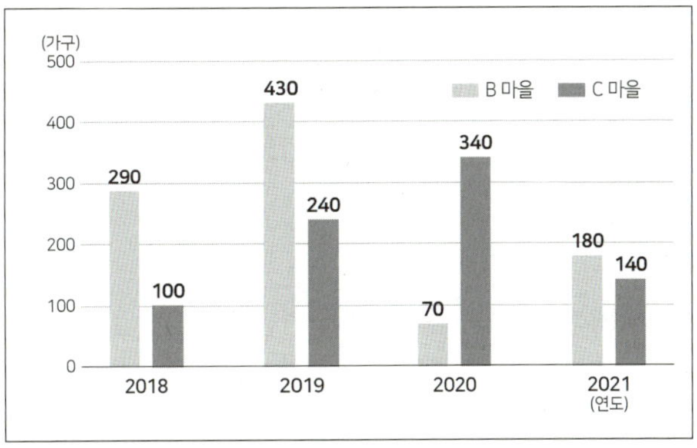

⑤ 연도별 D 마을의 전년 대비 1인 가구수 증가율

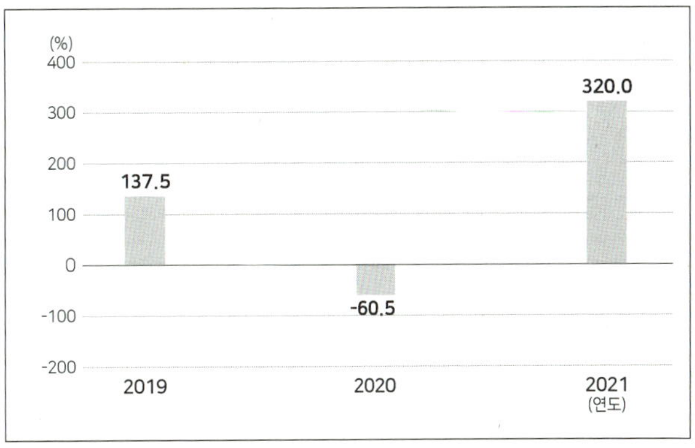

15

다음 <표>는 2020년과 2021년 A ~ E 국의 선행시간별 태풍예보 거리오차에 관한 자료이고, <보고서>는 '갑'국의 태풍예보 거리오차를 분석한 자료이다. 이를 근거로 판단할 때, A ~ E 중 '갑'국에 해당하는 국가는?

<표> 2020년과 2021년 A ~ E 국의 선행시간별 태풍예보 거리오차

(단위: km)

국가 \ 선행시간 / 연도	48시간		36시간		24시간		12시간	
	2020	2021	2020	2021	2020	2021	2020	2021
A	121	119	95	90	74	66	58	51
B	151	112	122	88	82	66	77	58
C	128	132	106	103	78	78	59	60
D	122	253	134	180	113	124	74	81
E	111	170	88	100	70	89	55	53

〈보고서〉

태풍예보 정확도 개선을 위해 지난 2년간의 '갑'국 태풍예보 거리오차를 분석하였다. 이때 선행시간 48시간부터 12시간까지 12시간 간격으로 예측한 태풍에 대해 거리오차를 계산하였고, 그 결과 다음과 같은 사실을 확인하였다.

첫째, 2020년과 2021년 모두 선행시간이 12시간씩 감소할수록 거리오차도 감소하였다. 둘째, 2021년의 거리오차는 선행시간이 36시간, 24시간, 12시간일 때 각각 100 km 이하였다. 셋째, 선행시간별 거리오차는 모두 2020년보다 2021년이 작았다. 마지막으로 2020년과 2021년 모두 선행시간이 12시간씩 감소하더라도 거리오차 감소폭은 30 km 미만이었다.

① A
② B
③ C
④ D
⑤ E

16

다음 <그림>과 <표>는 2016 ~ 2020년 '갑'국 대체육 분야의 정부 R&D 지원 규모에 관한 자료이다. 이에 대한 설명으로 옳은 것은?

<그림> 대체육 분야별 정부 R&D 지원 규모

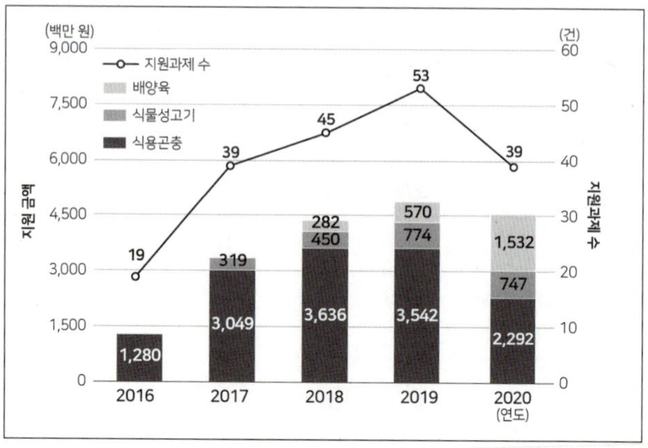

<표> 대체육 분야 연구유형별 정부 R&D 지원 금액

(단위: 백만 원)

분야	연구유형 \ 연도	2016	2017	2018	2019	2020
배양육	기초연구	–	–	–	8	972
	응용연구	–	–	67	( )	0
	개발연구	–	–	215	383	( )
	기타	–	–	–	40	0
식물성 고기	기초연구	–	–	–	–	100
	응용연구	–	78	130	221	70
	개발연구	–	241	320	553	577
	기타	–	–	–	–	–
식용 곤충	기초연구	( )	75	( )	209	385
	응용연구	250	1,304	1,306	1,339	89
	개발연구	836	1,523	1,864	1,915	( )
	기타	127	147	127	79	37
전체		1,280	3,368	4,368	4,886	4,571

※ 1) 대체육 분야는 배양육, 식물성고기, 식용곤충으로만 구분됨.
2) '–'는 지원이 시작되지 않았음을 나타내며, 식용곤충 분야는 2016년부터 지원이 시작되었음.

① 지원과제당 지원 금액은 2019년이 2017년보다 적다.
② 배양육 분야 지원 금액에서 응용연구 지원 금액이 차지하는 비중은 2018년이 2019년보다 크다.
③ 대체육 전체 지원 금액에서 식물성고기 분야 지원 금액이 차지하는 비중은 2017년이 2018년보다 크다.
④ 식용곤충 분야 기초연구 지원 금액은 2018년이 2016년의 5배 이상이다.
⑤ 모든 분야에서 개발연구 지원 금액은 지원이 시작된 이후 매년 증가하였다.

17

다음 <표>는 2020년 기준 글로벌 전기차 시장 점유율 상위 10개 업체의 2015 ~ 2020년 전기차 판매량에 관한 자료이다. 이에 대한 <보고서>의 설명 중 옳은 것만을 모두 고르면?

<표> 2020년 기준 글로벌 전기차 시장 점유율 상위 10개 업체의 전기차 판매량 및 시장 점유율

(단위: 대, %)

업체 \ 연도	2015	2016	2017	2018	2019	2020
T사	43,840 (15.9)	63,479 (14.4)	81,161 (10.8)	227,066 (17.4)	304,353 (19.8)	458,385 (22.1)
G사	2,850 (1.0)	3,718 (0.8)	39,454 (5.2)	56,294 (4.3)	87,936 (5.7)	218,626 (10.6)
V사	5,190 (1.9)	12,748 (2.9)	18,424 (2.5)	24,093 (1.8)	69,427 (4.5)	212,959 (10.3)
R사	60,129 (21.8)	78,048 (17.7)	85,308 (11.3)	140,441 (10.8)	143,780 (9.4)	184,278 (8.9)
H사	1,364 (0.5)	6,460 (1.5)	26,841 (3.6)	53,138 (4.1)	98,737 (6.4)	146,153 (7.1)
B사	9,623 (3.5)	46,909 (10.6)	42,715 (5.7)	103,263 (7.9)	147,185 (9.6)	130,970 (6.3)
S사	412 (0.1)	1,495 (0.3)	10,490 (1.4)	34,105 (2.6)	52,547 (3.4)	68,924 (3.3)
P사	1,543 (0.6)	5,054 (1.1)	4,640 (0.6)	8,553 (0.7)	6,855 (0.4)	67,446 (3.3)
A사	–	–	–	15 (0.0)	40,272 (2.6)	60,135 (2.9)
W사	–	–	–	5,245 (0.4)	38,865 (2.5)	56,261 (2.7)

※ 괄호 안의 수치는 글로벌 전기차 시장에서 해당 업체의 판매량 기준 점유율임.

〈보고서〉

2020년 글로벌 전기차 시장에서 판매량 기준 업체별 순위는 T사, G사, V사, R사, H사 순이었다. ㉠H사의 2020년 전기차 판매량은 2016년 대비 20배 이상이었으며, 시장 점유율은 7.1 %였다. ㉡H사의 전기차 판매량 순위는 2015년 7위에서 2016년 5위로 상승하였으며, 2019년에는 4위로 오른 후 2020년에 다시 5위를 기록하였다. T사는 2020년 약 45만 8천 대로 가장 많은 전기차를 판매한 업체였다. ㉢T사의 전기차 판매량이 2016년 이후 전년 대비 가장 많이 증가한 해에는 시장 점유율도 전년 대비 가장 많이 증가하였다. 한편, G사는 2020년 약 21만 9천 대의 전기차를 판매하였는데, 이 중 81.4 %인 약 17만 8천 대가 중국에서 판매되었다. V사는 2020년 다양한 모델을 출시하여 시장 점유율을 확대하였는데, ㉣V사의 2020년 전기차 판매량은 전년 대비 14만 대 이상 증가하여 전기차 판매량 상위 10개 업체 중 판매량 증가율이 가장 높았다.

① ㄱ
② ㄱ, ㄴ
③ ㄱ, ㄹ
④ ㄴ, ㄷ
⑤ ㄴ, ㄷ, ㄹ

18 ~ 19

다음 <표>는 2021년 '갑'기관에서 출제한 1차, 2차 면접 문제의 문항별 점수 및 반영률과 면접에 참여한 지원자 A ~ F의 면접 점수 및 결과를 나타낸 자료이다. 다음 물음에 답하시오.

<표 1> '갑'기관의 면접 문항별 점수 및 반영률

구분 \ 차수	평가 항목	문항 번호	문항 점수	기본 점수	명목 반영률	실질 반영률
1차	교양	1	20	10	(　)	0.17
		2	30	10	0.25	(　)
	전문성	3	30	20	(　)	(　)
		4	40	20	(　)	(　)
	합계		120	60	1.00	1.00
2차	창의성	1	20	10	0.22	(　)
	도전성	2	20	10	0.22	(　)
	인성	3	50	20	0.56	0.60
	합계		90	40	1.00	1.00

※ 1) 문항의 명목 반영률 = $\frac{\text{문항점수}}{\text{해당차수 문항점수의 합계}}$

2) 문항의 실질 반영률 = $\frac{\text{문항점수} - \text{기본점수}}{\text{해당차수 문항별 (문항점수} - \text{기본점수)의 합계}}$

<표 2> 지원자 A ~ F의 면접 점수 및 결과

차수 / 평가항목 / 문항번호 \ 지원자	1차					2차				종합점수	결과
	교양		전문성		합계	창의성	도전성	인성	합계		
	1	2	3	4		1	2	3			
A	18	26	30	38	112	20	18	46	84	(　)	(　)
B	20	28	28	38	114	18	20	46	84	93.0	합격
C	18	28	26	38	110	20	20	46	86	(　)	(　)
D	20	28	30	40	118	20	18	44	82	(　)	불합격
E	18	30	30	40	118	18	18	50	86	95.6	(　)
F	18	28	28	40	114	20	20	48	88	(　)	(　)

※ 1) 종합점수 = 1차 합계 점수 × 0.3 + 2차 합계 점수 × 0.7

2) 합격정원까지 종합점수가 높은 지원자부터 순서대로 합격시킴.

3) 지원자는 A ~ F 뿐임.

18

위 <표>에 근거하여 결과가 합격인 지원자를 종합점수가 높은 지원자부터 순서대로 모두 나열하면?

① E, F, B
② E, F, B, C
③ F, E, C, B
④ E, F, C, B, A
⑤ F, E, B, C, A

19

위 <표>에 근거한 <보기>의 설명 중 옳은 것만을 모두 고르면?

〈보 기〉

ㄱ. 각 문항에서 명목 반영률이 높을수록 실질 반영률도 높다.

ㄴ. 1차 면접에서 문항별 실질 반영률의 합은 '교양'이 '전문성'보다 크다.

ㄷ. D가 1차 면접 2번 문항에서 1점을 더 받았다면, D의 결과는 합격이다.

ㄹ. 명목 반영률보다 실질 반영률이 더 높은 2차 면접 문항에서 지원자 중 가장 낮은 점수를 받은 지원자는 2차 합계 점수도 가장 낮다.

① ㄱ
② ㄹ
③ ㄱ, ㄹ
④ ㄴ, ㄷ
⑤ ㄷ, ㄹ

20

다음 <표>는 2021년 12월 31일 기준 '갑'국 응급의료기관의 응급실 현황에 관한 자료이다. 이에 대한 설명으로 옳은 것은?

<표> 응급의료기관 유형별 응급실 현황

(단위: 개, 명)

유형 \ 구분	응급의료기관 수	내원 환자 수	응급실 병상 수	응급실 전담 전문의 수	응급실 전담 간호사 수
전체	399	7,664,679	7,087	1,417	7,240
권역응급의료센터	35	1,540,393	1,268	318	1,695
지역응급의료센터	125	3,455,117	3,279	720	3,233
기초응급의료센터	239	2,669,169	2,540	379	2,312

※ 내원 환자 수는 2021년에 응급의료기관 응급실에 내원한 전체 환자 수임.

① 응급실 전담 전문의 1인당 응급실 전담 간호사 수가 가장 많은 응급의료기관 유형은 기초응급의료센터이다.
② 전체 응급의료기관당 응급실 전담 전문의 수는 4명 이상이다.
③ 내원 환자 수가 가장 많은 응급의료기관 유형과 응급의료기관당 응급실 전담 간호사 수가 가장 많은 유형은 동일하다.
④ 응급실 전담 전문의 1인당 내원 환자 수가 가장 적은 응급의료기관 유형은 권역응급의료센터이다.
⑤ 응급실 병상당 내원 환자 수는 모든 응급의료기관 유형에서 각각 1,200명 이하이다.

21

다음 <표>는 2016 ~ 2020년 '갑'국의 장기 기증 및 이식 현황에 관한 자료이다. 이에 대한 <보기>의 설명 중 옳은 것만을 모두 고르면?

<표> 연도별 장기 기증 및 이식 현황

(단위: 명, 건)

구분 \ 연도	2016	2017	2018	2019	2020
기증 희망자	926,009	1,036,916	1,140,808	1,315,132	1,438,665
뇌사 기증자	268	368	409	416	446
이식 대기자	18,189	21,861	22,695	26,036	24,607
이식 건수	3,133	3,797	3,990	3,814	3,901
뇌사자 장기이식	1,108	1,548	1,751	1,741	1,818
생체이식	1,780	1,997	2,045	1,921	1,952
사후 각막이식	245	252	194	152	131

〈보 기〉

ㄱ. 2017년 이후 뇌사 기증자 수의 전년 대비 증가율은 기증 희망자 수의 전년 대비 증가율보다 매년 높다.
ㄴ. 뇌사 기증자 1인당 뇌사자장기이식 건수는 매년 4건 이상이다.
ㄷ. 이식 대기자 수와 이식 건수는 연도별 증감 방향이 같다.
ㄹ. 이식 건수 중 생체이식 건수가 차지하는 비중은 매년 감소한다.

① ㄱ
② ㄱ, ㄴ
③ ㄴ, ㄹ
④ ㄷ, ㄹ
⑤ ㄴ, ㄷ, ㄹ

22

다음 <표>는 '갑'국을 방문한 외국인 관광객을 관광객 국적에 따라 대륙별, 국가별로 정리한 자료이다. 이에 대한 <보기>의 설명 중 옳은 것만을 모두 고르면?

<표 1> '갑'국 방문 외국인 관광객의 대륙별 현황

(단위: 명)

대륙 \ 연도	2010	2015	2020
아시아	6,749,222	10,799,355	1,918,037
북미	813,860	974,153	271,487
유럽	645,753	806,438	214,911
대양주	146,089	168,064	30,454
아프리카	33,756	46,525	14,374
기타	408,978	439,116	69,855
전체	8,797,658	13,233,651	2,519,118

<표 2> '갑'국 방문 외국인 관광객의 주요 국가별 현황

(단위: 명)

국가 \ 연도	2010	2015	2020
일본	3,023,009	1,837,782	430,742
중국	1,875,157	5,984,170	686,430
미국	652,889	767,613	220,417

〈보 기〉

ㄱ. 2010년 대비 2015년 외국인 관광객 증가율은 '아프리카'가 '대양주'의 2배 이상이다.
ㄴ. 2015년 '일본'과 '중국' 관광객의 합은 같은 해 '아시아' 관광객의 75 % 이상이다.
ㄷ. 2015년 대비 2020년 외국인 관광객 감소폭은 '북미'가 '유럽'보다 크다.
ㄹ. 2020년 전체 외국인 관광객 중 '미국' 관광객이 차지하는 비중은 8 % 미만이다.

① ㄱ, ㄴ
② ㄱ, ㄷ
③ ㄱ, ㄹ
④ ㄴ, ㄷ
⑤ ㄴ, ㄹ

23

다음 <표>는 5개 구간(A ~ E)의 교통수단별 소요시간 및 비용에 관한 자료이다. 이에 대한 설명으로 옳은 것은?

<표> 교통수단별 소요시간 및 비용

(단위: 분, 원)

구간	구분 \ 교통수단	고속열차	일반열차	고속버스	일반버스
A	소요시간	160	290	270	316
	비용	53,300	40,700	32,800	27,300
B	소요시간	181	302	245	329
	비용	48,600	39,300	29,300	26,500
C	소요시간	179	247	210	264
	비용	36,900	32,800	25,000	22,000
D	소요시간	199	287	240	300
	비용	41,600	37,800	29,200	25,400
E	소요시간	213	283	250	301
	비용	42,800	39,300	29,500	26,400

① C 구간에서 비용이 35,000원 이하인 교통수단 중 소요시간당 비용이 가장 큰 교통수단은 고속버스이다.
② 고속열차와 일반버스 간 소요시간 차이가 가장 작은 구간과 고속열차와 일반버스 간 비용 차이가 가장 작은 구간은 동일하다.
③ 고속열차 이용 시 소요시간당 비용은 D 구간이 E 구간보다 작다.
④ 고속버스가 일반열차보다 소요시간과 비용이 모두 작은 구간은 4개이다.
⑤ A 구간에서 교통수단 간 소요시간 차이가 클수록 비용 차이도 크다.

24

다음 <표>는 A ~ D 지역의 면적, 동 수 및 인구 현황에 관한 자료이다. <표>와 <조건>을 근거로 A ~ D에 해당하는 지역을 바르게 나열한 것은?

<표> A ~ D 지역의 면적, 동 수 및 인구 현황

(단위: km^2, %, 개, 명)

구분＼지역	면적	구성비				동 수		행정동 평균 인구
		주거	상업	공업	녹지	행정동	법정동	
A	24.5	35.0	20.0	10.0	35.0	16	30	9,175
B	15.0	65.0	35.0	0.0	0.0	19	19	7,550
C	27.0	40.0	2.0	3.0	55.0	14	13	16,302
D	21.5	30.0	3.0	45.0	22.0	11	12	14,230

※ 1) 각 지역은 용도에 따라 주거, 상업, 공업, 녹지로만 구성됨.
2) 지역을 동으로 구분하는 방법에는 행정동 기준과 법정동 기준이 있음. 예를 들어, A지역의 동 수는 행정동 기준으로 16개이지만 법정동 기준으로 30개임.

〈조 건〉

○ 인구가 15만 명 미만인 지역은 '행복'과 '건강'이다.
○ 주거 면적당 인구가 가장 많은 지역은 '사랑'이다.
○ 행정동 평균 인구보다 법정동 평균 인구가 많은 지역은 '우정'이다.
○ 법정동 평균 인구는 '우정' 지역이 '행복' 지역의 3배 이상이다.

	A	B	C	D
①	건강	행복	사랑	우정
②	건강	행복	우정	사랑
③	사랑	행복	건강	우정
④	행복	건강	사랑	우정
⑤	행복	건강	우정	사랑

memo

25

다음 <표>는 '갑'국의 재난사고 발생 및 피해 현황에 관한 자료이다. 이를 이용하여 작성한 것으로 옳지 않은 것은?

<표 1> 재난사고 발생 현황

(단위: 건, 명)

유형	구분＼연도	2017	2018	2019	2020	2021
전체	발생건수	14,879	24,454	17,662	15,313	12,413
	피해인원	9,819	13,189	14,959	16,109	16,637
화재	발생건수	1,527	1,296	1,552	1,408	1,594
	피해인원	138	46	148	111	178
붕괴	발생건수	2	8	2	6	14
	피해인원	4	6	2	4	14
폭발	발생건수	6	2	2	5	3
	피해인원	3	1	3	1	6
도로교통사고	발생건수	12,805	23,115	13,960	12,098	9,581
	피해인원	9,536	13,097	14,394	14,560	15,419
기타	발생건수	539	33	2,146	1,796	1,221
	피해인원	138	39	412	1,433	1,020

※ '피해인원'은 재난사고로 인해 인적피해 또는 재산피해를 본 인원임.

<표 2> 재난사고 피해 현황

(단위: 명, 백만 원)

연도＼구분	인적피해		재산피해액
	사망	부상	
2017	234	8,352	14,629
2018	224	10,873	20,165
2019	222	12,435	52,654
2020	215	14,547	20,012
2021	292	14,637	40,981

※ 인적피해는 사망과 부상으로만 구분됨.

① 연도별 전체 재난사고 인적피해 중 부상 비율

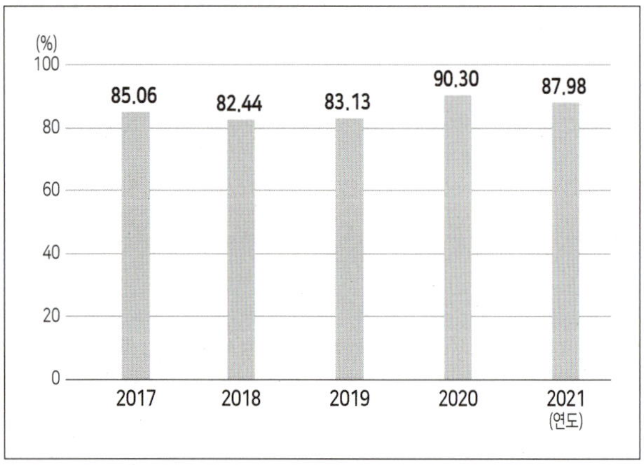

② 연도별 전체 재난사고 발생건수 및 피해인원

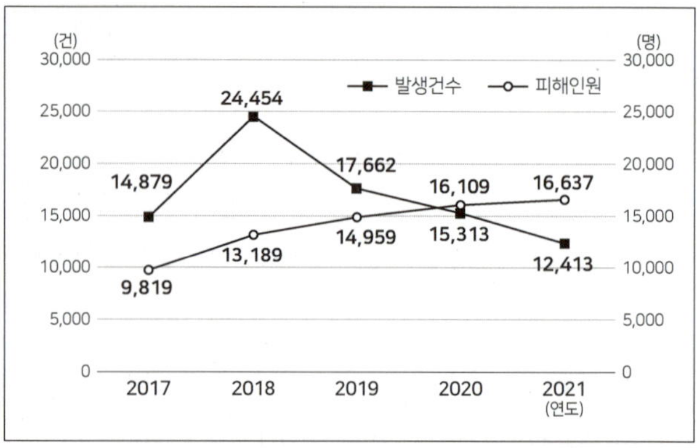

③ 연도별 전체 재난사고 발생건수 중 도로교통사고 발생건수 비중

(단위: %)

연도	2017	2018	2019	2020	2021
비중	86.06	94.52	79.04	79.00	77.19

④ 연도별 전체 재난사고 발생건수당 재산피해액

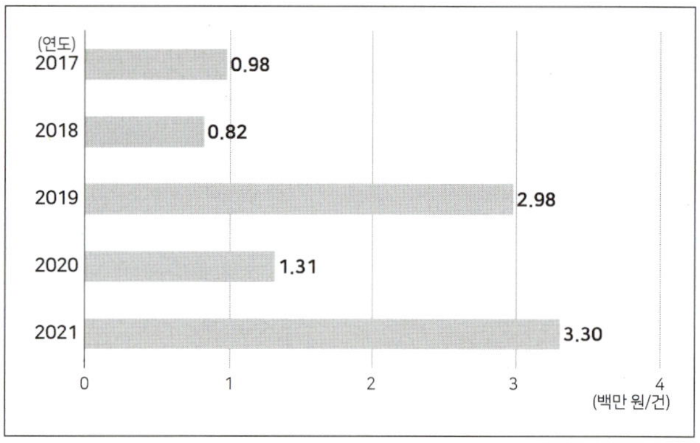

⑤ 연도별 화재 및 도로교통사고 발생건수당 피해인원

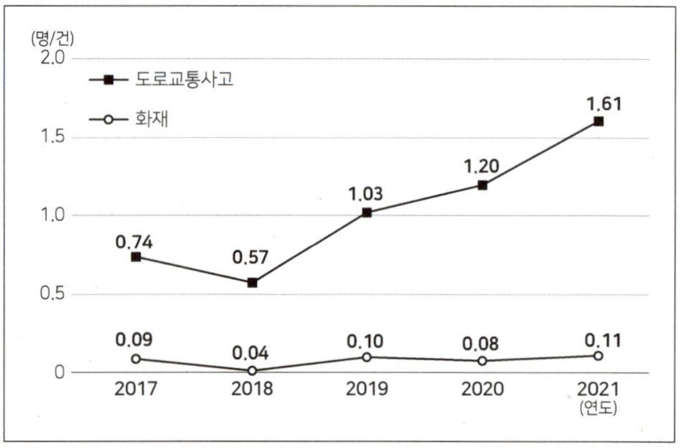

26

다음 <표>는 2021년 A시 자녀장려금 수급자의 특성별 수급횟수를 조사한 자료이다. 이에 대한 <보기>의 설명 중 옳은 것만을 모두 고르면?

<표> 자녀장려금 수급자 특성별 수급횟수 비중

(단위: 명, %)

수급자 특성		수급자 수	수급횟수			
대분류	소분류		1회	2회	3회	4회 이상
연령대	20대 이하	8	37.5	25.0	0.0	37.5
	30대	583	37.2	30.2	19.0	13.6
	40대	347	34.9	27.7	23.9	13.5
	50대 이상	62	29.0	30.6	35.5	4.8
자녀수	1명	466	42.3	28.1	19.7	9.9
	2명	459	31.2	31.8	22.2	14.8
	3명	66	27.3	22.7	27.3	22.7
	4명 이상	9	11.1	11.1	44.4	33.3
주택보유여부	무주택	732	35.0	29.5	22.0	13.5
	유주택	268	38.4	28.7	20.5	12.3
전체		1,000	35.9	29.3	21.6	13.2

〈보 기〉

ㄱ. 자녀장려금 수급자의 전체 수급횟수는 2,000회 이상이다.

ㄴ. 자녀장려금을 1회 수령한 수급자 수는 30대가 40대의 1.5배 이상이다.

ㄷ. 자녀수가 2명인 수급자의 자녀장려금 전체 수급횟수는 자녀수가 1명인 수급자의 자녀장려금 전체 수급횟수보다 많다.

ㄹ. 자녀장려금을 2회 이상 수령한 수급자 수는 무주택 수급자가 유주택 수급자의 2.5배 이상이다.

① ㄱ
② ㄷ, ㄹ
③ ㄱ, ㄴ, ㄷ
④ ㄱ, ㄴ, ㄹ
⑤ ㄴ, ㄷ, ㄹ

27

다음 <표>는 2020년 11월 '갑'국의 도로종류 및 기상상태별 교통사고 현황에 관한 자료이다. 이에 대한 설명으로 옳은 것은?

<표> 2020년 11월 도로종류 및 기상상태별 교통사고 현황

(단위: 건, 명)

도로종류	기상상태 \ 구분	발생건수	사망자수	부상자수
일반국도	맑음	1,442	32	2,297
	흐림	55	3	115
	비	83	6	134
	안개	24	3	38
	눈	29	0	51
지방도	맑음	1,257	26	1,919
	흐림	56	5	110
	비	73	2	104
	안개	14	1	18
	눈	10	0	20
고속국도	맑음	320	10	792
	흐림	14	1	23
	비	15	1	29
	안개	4	2	12
	눈	4	0	8

※ 1) 기상상태는 교통사고 발생시점을 기준으로 맑음, 흐림, 비, 안개, 눈 중 1가지로만 분류함.
2) 사상자수 = 사망자수 + 부상자수

① 각 도로종류에서 교통사고 발생건수 대비 사망자수 비율은 기상상태가 '안개'일 때 가장 높다.
② 각 도로종류에서 부상자수 대비 사망자수 비율은 기상상태가 '안개'일 때가 '맑음'일 때의 3배 이상이다.
③ 각 도로종류에서 기상상태가 '비'일 때와 '눈'일 때의 교통사고 발생건수 합은 해당 도로종류의 전체 교통사고 발생건수의 10% 이상이다.
④ 교통사고 발생건수당 사상자수가 2명을 초과하는 기상상태는 일반국도 1가지, 지방도 1가지, 고속국도 3가지이다.
⑤ 기상상태가 '흐림'일 때 교통사고 발생건수 대비 부상자수 비율은 일반국도가 지방도보다 낮다.

28

다음 <표>는 '갑'국의 6 ~ 9월 무역지수 및 교역조건지수에 관한 자료이다. 이에 대한 <보기>의 설명 중 옳은 것만을 모두 고르면?

<표 1> 무역지수

구분 월	수출		수입	
	수출금액 지수	수출물량 지수	수입금액 지수	수입물량 지수
6	110.06	113.73	120.56	114.54
7	103.54	106.28	111.33	102.78
8	104.32	108.95	116.99	110.74
9	105.82	110.60	107.56	103.19

※ 수출(입)물가지수 = $\frac{\text{수출(입)금액지수}}{\text{수출(입)물량지수}} \times 100$

<표 2> 교역조건지수

구분 월	순상품교역조건지수	소득교역조건지수
6	91.94	( )
7	( )	95.59
8	( )	98.75
9	91.79	( )

※ 1) 순상품교역조건지수 = $\frac{\text{수출물가지수}}{\text{수입물가지수}} \times 100$

2) 소득교역조건지수 = $\frac{\text{수출물가지수} \times \text{수출물량지수}}{\text{수입물가지수}}$

〈보 기〉

ㄱ. 수출금액지수와 수출물량지수는 매월 상승한다.
ㄴ. 수출물가지수는 매월 90 이상이다.
ㄷ. 순상품교역조건지수는 매월 100 이하이다.
ㄹ. 소득교역조건지수는 9월이 6월보다 낮다.

① ㄱ, ㄴ
② ㄴ, ㄷ
③ ㄴ, ㄹ
④ ㄱ, ㄷ, ㄹ
⑤ ㄴ, ㄷ, ㄹ

29

다음 <방법>은 2021년 '갑'국의 건물 기준시가 산정방법이고, <표>는 건물 A ~ E의 기준시가를 산정하기 위한 자료이다. 이에 근거하여 A ~ E 중 2021년 기준시가가 두 번째로 높은 건물을 고르면?

〈방 법〉

○ 기준시가 = 구조지수 × 용도지수 × 경과연수별잔가율 × 건물면적(m^2) × 100,000(원/m^2)

○ 구조지수

구조	지수
경량철골조	0.67
철골콘크리트조	1.00
통나무조	1.30

○ 용도지수

용도	대상건물	지수
주거용	단독주택	1.00
	아파트	1.10
상업용 및 업무용	여객자동차터미널	1.20
	청소년수련관	1.25
	관광호텔	1.50
	무도장	1.50

○ 경과연수별잔가율 = 1 − 연상각률 × (2021 − 신축연도)

용도	주거용	상업용 및 업무용
연상각률	0.04	0.05

※ 경과연수별잔가율 계산 결과가 0.1 미만일 경우에는 경과연수별잔가율을 0.1로 정함.

<표> 건물 A ~ E의 구조, 대상건물, 신축연도 및 건물면적

구분 건물	구조	대상건물	신축연도	건물면적 (m^2)
A	철골콘크리트조	아파트	2016	125
B	경량철골조	여객자동차 터미널	1991	500
C	철골콘크리트조	청소년수련관	2017	375
D	통나무조	관광호텔	2001	250
E	통나무조	무도장	2002	200

① A
② B
③ C
④ D
⑤ E

30

다음 <표>는 2017년 기준 농림어업 생산액 상위 20개국의 GDP 및 농림어업 생산액에 관한 자료이다. 이에 대한 설명으로 옳지 않은 것은?

<표> 2017년 기준 농림어업 생산액 상위 20개국의 GDP 및 농림어업 생산액 현황

(단위: 십억 달러, %)

연도 / 구분 / 국가	2017 GDP	2017 농림어업 생산액	2017 GDP 대비 비율	2012 GDP	2012 농림어업 생산액	2012 GDP 대비 비율
중국	12,237	(　)	7.9	8,560	806	9.4
인도	2,600	(　)	15.5	1,827	307	16.8
미국	(　)	198	1.0	16,155	194	1.2
인도네시아	1,015	133	13.1	917	122	13.3
브라질	2,055	93	(　)	2,465	102	(　)
나이지리아	375	78	20.8	459	100	21.8
파키스탄	304	69	(　)	224	53	(　)
러시아	1,577	63	4.0	2,210	70	3.2
일본	4,872	52	1.1	6,230	70	1.1
터키	851	51	6.0	873	67	7.7
이란	454	43	9.5	598	45	7.5
태국	455	39	8.6	397	45	11.3
멕시코	1,150	39	3.4	1,201	38	3.2
프랑스	2,582	38	1.5	2,683	43	1.6
이탈리아	1,934	37	1.9	2,072	40	1.9
호주	1,323	36	2.7	1,543	34	2.2
수단	117	35	29.9	68	22	32.4
아르헨티나	637	35	5.5	545	31	5.7
베트남	223	34	15.2	155	29	18.7
스페인	1,311	33	2.5	1,336	30	2.2
전세계	80,737	3,351	4.2	74,993	3,061	4.1

① 2017년 농림어업 생산액 상위 5개국 중, 농림어업 생산액의 GDP 대비 비율이 전세계보다 낮은 국가는 미국뿐이다.

② 2017년 농림어업 생산액 상위 3개국의 GDP 합은 전세계 GDP의 50% 이상이다.

③ 2017년 농림어업 생산액 상위 20개국 중, 2012년 대비 2017년 농림어업 생산액의 GDP 대비 비율이 증가한 국가는 모두 2012년 대비 2017년 GDP가 감소하였다.

④ 2017년 농림어업 생산액은 중국이 인도의 2배 이상이다.

⑤ 파키스탄은 농림어업 생산액의 GDP 대비 비율이 2012년 대비 2017년에 감소하였다.

31

다음 <보고서>는 '갑'국 아동 및 청소년의 성별 스마트폰 과의존위험군에 관한 자료이고, <표>는 A～E국의 스마트폰 과의존위험군 비율에 관한 자료이다. <보고서>의 내용을 근거로 판단할 때, A～E 중 '갑'국에 해당하는 국가는?

〈보고서〉

'갑'국은 전체 아동과 청소년 중 스마트폰 과의존위험군 비율을 조사하여 스마트폰 과의존위험군을 위험의 정도에 따라 고위험군과 잠재위험군으로 구분했다. '갑'국의 아동은 남자가 여자보다 고위험군과 잠재위험군 비율이 모두 높았으나, 청소년은 반대로 여자가 남자보다 모든 위험군에서 비율이 높았다.

다음으로, 남자와 여자 모두 아동에 비해 청소년의 과의존위험군 비율이 높았다. 아동의 경우 남자와 여자 각각 과의존위험군 비율이 20%에서 25% 사이이지만, 청소년의 경우 남자와 여자의 과의존위험군 비율은 각각 25%를 초과했다.

아동과 청소년 간 과의존위험군 비율 차이는 남자보다 여자가 컸지만, 여자의 해당 비율 차이는 10%p 이하였다. 잠재위험군 비율에서 아동과 청소년 간 차이는 남자가 5%p 이하였으나, 여자는 7%p 이상이었다.

<표> A～E국 아동 및 청소년의 성별 스마트폰 과의존위험군 비율 현황

(단위: %)

구분	성별	위험군 \ 국가	A	B	C	D	E
아동	남자	고위험	2.1	2.3	2.2	2.6	2.2
		잠재위험	20.1	20.0	20.2	21.3	21.2
	여자	고위험	2.0	2.2	1.8	2.0	2.4
		잠재위험	18.1	19.8	17.5	19.9	18.8
청소년	남자	고위험	3.1	3.3	3.2	3.6	3.2
		잠재위험	24.7	25.3	24.8	25.5	25.1
	여자	고위험	4.1	3.9	3.8	4.0	3.5
		잠재위험	28.2	28.1	25.2	27.4	27.7

① A

② B

③ C

④ D

⑤ E

32

다음 <그림>과 <표>는 2021년 '갑'국 생물 갈치와 냉동 갈치의 유통구조 및 물량 현황에 관한 자료이다. 이에 대한 <보기>의 설명 중 옳은 것만을 모두 고르면?

<그림 1> 생물 갈치의 유통구조 및 물량비율

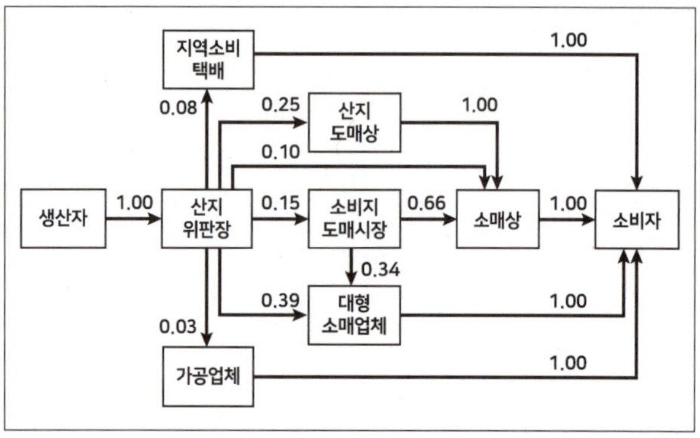

<그림 2> 냉동 갈치의 유통구조 및 물량비율

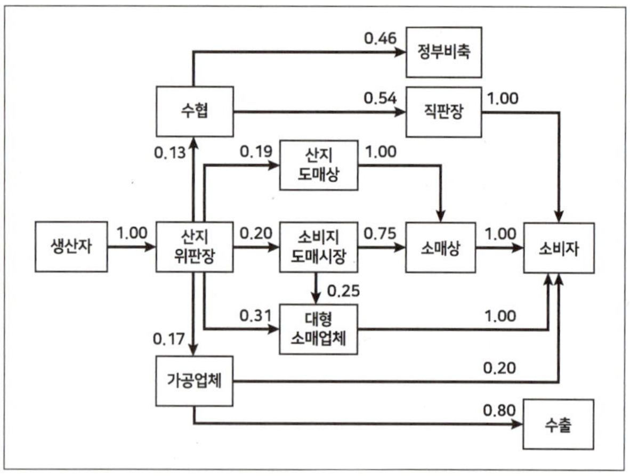

※ 유통구조 내 수치는 물량비율

$$\left(= \frac{\text{다음 유통경로에 전달되는 유통물량}}{\text{해당 유통경로에 투입되는 유통물량}} \right)$$ 을 의미함.

예를 들어, [가] —0.20→ [나] 는 해당 유통경로 '가'에 100톤의 유통물량이 투입되면 이 중 20톤(= 100톤 × 0.20)의 유통물량이 다음 유통경로 '나'에 전달되어 투입됨을 의미함.

<표> 생산자가 공급한 생물 갈치와 냉동 갈치의 물량

(단위: 톤)

구분	생물 갈치	냉동 갈치
물량	42,100	7,843

〈보 기〉

ㄱ. '생산자'가 공급한 냉동 갈치 물량의 85% 이상이 유통구조를 거쳐 '소비자'에게 전달되었다.

ㄴ. '소매상'을 통해 유통된 물량은 생물 갈치가 냉동 갈치의 6배 이상이다.

ㄷ. '대형소매업체'를 통해 유통된 생물 갈치와 냉동 갈치 물량의 합은 20,000톤 미만이다.

ㄹ. 2022년 냉동 갈치 '수출' 물량이 2021년보다 60% 증가한다면, 2022년 냉동 갈치 '수출' 물량은 2021년 '소비지 도매시장'을 통해 유통된 냉동 갈치 물량보다 많다.

① ㄱ, ㄴ

② ㄱ, ㄷ

③ ㄴ, ㄹ

④ ㄷ, ㄹ

⑤ ㄴ, ㄷ, ㄹ

33

다음 <표>는 총 100회 개최된 사내 탁구대회에 매회 모두 참가한 사원 A, B, C의 라운드별 승률에 관한 자료이다. <표>와 <탁구대회 운영방식>에 근거한 <보기>의 설명 중 옳은 것만을 모두 고르면?

<표> 사원 A, B, C의 사내 탁구대회 라운드별 승률

(단위: %)

라운드 / 사원	16강	8강	4강	결승
A	80.0	100.0	( )	( )
B	100.0	90.0	( )	( )
C	96.0	87.5	( )	( )

〈탁구대회 운영방식〉

○ 매회 사내 탁구대회는 16강, 8강, 4강, 결승 순으로 라운드가 치러지고, 라운드별 경기 승자만 다음 라운드에 진출하며, 결승 라운드 승자가 우승한다.
○ 매회 16명이 대회에 참가하고, 각 라운드에서 참가자는 한 경기만 치른다.
○ 모든 경기는 참가자 1:1 방식으로 진행되며 무승부는 없다.

〈보 기〉

ㄱ. 사원 A, B, C 중 4강에 많이 진출한 사원부터 순서대로 나열하면 B, A, C 순이다.
ㄴ. A가 8번 우승했다면, A의 결승 라운드 승률 최솟값은 10%이다.
ㄷ. 16강에서 A와 B 간 또는 B와 C 간 경기가 있었던 대회 수는 24회 이하이다.
ㄹ. 사원 A, B, C가 모두 4강에 진출한 대회 수는 50회 이상이다.

① ㄱ, ㄷ
② ㄴ, ㄷ
③ ㄴ, ㄹ
④ ㄱ, ㄴ, ㄷ
⑤ ㄴ, ㄷ, ㄹ

memo

34

다음 <그림>은 '갑'국의 급수 사용량과 사용료에 관한 자료이다. 이에 대한 <보기>의 설명 중 옳은 것만을 모두 고르면?

<그림 1> 2016 ~ 2021년 연간 급수 사용량

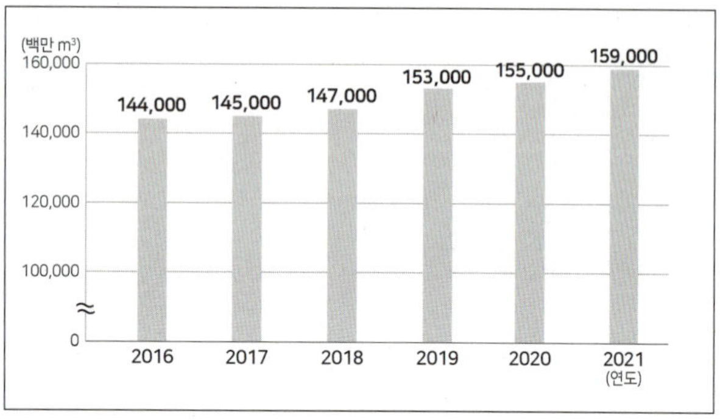

<그림 2> 2021년 용도별 급수 사용량과 사용료

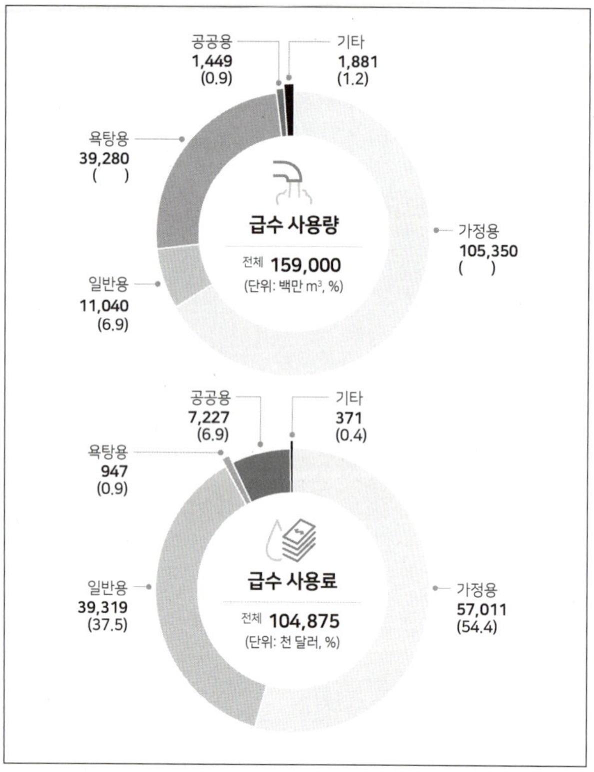

※ 1) 괄호 안의 수치는 전체에서 해당 용도가 차지하는 비중임.

2) 용도별 급수단가(달러/m3) $= \frac{\text{용도별 급수 사용료}}{\text{용도별 급수 사용량}}$

〈보 기〉

ㄱ. 2018년 이후 급수 사용량의 전년 대비 증가율은 매년 감소한다.

ㄴ. 2021년 급수 사용량의 60% 이상이 가정용이다.

ㄷ. 2016년 용도별 급수 사용량의 구성비와 용도별 급수단가가 2021년과 동일하다면, 2016년 전체 급수 사용료는 1억 달러 이상이다.

ㄹ. 2021년 공공용 급수단가는 가정용 급수단가의 9배 이상이다.

① ㄱ, ㄷ
② ㄴ, ㄷ
③ ㄴ, ㄹ
④ ㄱ, ㄷ, ㄹ
⑤ ㄴ, ㄷ, ㄹ

35

다음 <표>는 A지역 아파트 분양 청약 및 경쟁률에 관한 자료이다. <표>와 <청약 및 추첨 방식>을 근거로 판단할 때, (가)에 해당하는 값은?

<표 1> A지역 아파트 분양 청약 결과

(단위: 세대, 명)

택형	공급세대수	청약자 주소지	청약자수
84	100	A지역	600
		인근지역	420
		기타지역	5,020
99	200	A지역	800
		인근지역	440
		기타지역	4,840

<표 2> A지역 아파트 추첨 단계별 경쟁률

(단위: 세대)

택형	공급세대수	단계	경쟁률
84	100	1단계	30
		2단계	(가)
		3단계	100
99	200	1단계	(나)
		2단계	30
		3단계	50

※ (해당 단계) 경쟁률 $= \frac{\text{(해당 단계) 추첨 대상 청약자수}}{\text{(해당 단계) 당첨자수}}$

〈청약 및 추첨방식〉

○ 청약자는 한 개의 택형에만 청약이 가능함.
○ 청약자 주소지에 의해 'A지역', '인근지역', '기타지역'으로 접수됨.
○ 84택형과 99택형의 추첨 방식은 동일함.
○ 다음 단계에 따라 택형별 당첨자를 뽑음.
- (1단계) 'A지역' 청약자 중 해당 택형 공급세대수의 (다) %를 뽑은 후,
- (2단계) 1단계에서 당첨되지 않은 'A지역' 청약자와 '인근지역' 청약자 중 해당 택형 공급세대수의 (라) %를 뽑고,
- (3단계) 마지막으로 1~2단계에서 당첨되지 않은 청약자와 '기타지역' 청약자 중 해당 택형의 남은 공급세대수만큼 당첨자를 뽑음.

① 20 ② 50
③ 60 ④ 75
⑤ 80

36

다음 <표>는 '갑'국 국민 4,000명을 대상으로 공동인증서 비밀번호 변경주기를 조사한 자료이다. 이에 대한 <보기>의 설명 중 옳은 것만을 모두 고르면?

<표> 공동인증서 비밀번호 변경주기 조사 결과

(단위: 명, %)

구분		대상자수	변경하였음					변경하지 않았음
				1년 초과	6개월 초과 1년 이하	3개월 초과 6개월 이하	3개월 이하	
전체		4,000	70.0	30.9	21.7	10.5	6.9	29.7
성별	남성	2,059	70.5	28.0	23.2	11.7	7.6	29.1
	여성	1,941	69.5	34.0	20.1	9.2	6.2	30.3
연령대	15~19세	367	55.0	22.9	12.5	12.0	7.6	45.0
	20대	702	67.7	32.5	17.0	9.5	8.7	32.3
	30대	788	74.7	33.8	20.4	11.9	8.6	24.5
	40대	922	71.0	29.5	25.1	10.1	6.4	28.5
	50대 이상	1,221	72.0	31.6	25.5	10.0	4.9	27.8
직업	전문직	691	70.3	28.7	23.7	11.4	6.5	29.2
	사무직	1,321	72.7	30.8	23.1	11.6	7.3	26.7
	판매직	374	74.3	32.4	22.2	11.5	8.3	25.4
	기능직	242	73.1	29.8	25.6	9.1	8.7	26.9
	농림어업직	22	81.8	13.6	31.8	18.2	18.2	18.2
	학생	611	58.9	27.5	12.8	11.0	7.7	41.1
	전업주부	506	73.5	36.4	24.5	7.5	5.1	26.5
	기타	233	63.5	35.6	19.3	6.0	2.6	36.1

※ 항목별로 중복응답은 없으며, 전체 대상자 중 무응답자는 12명임.

〈보 기〉

ㄱ. 변경주기가 1년 이하인 응답자수는 남성이 여성보다 많다.
ㄴ. 전체 무응답자 중 '사무직' 남성은 2명 이상이다.
ㄷ. 20대 응답자 중 변경주기가 6개월 이하인 비율은 40대 응답자 중 변경주기가 6개월 이하인 비율보다 높다.
ㄹ. 비밀번호를 변경한 응답자 중 변경주기가 1년 초과인 응답자수는 '학생'이 '전업주부'보다 많다.

① ㄱ, ㄷ
② ㄱ, ㄹ
③ ㄴ, ㄹ
④ ㄱ, ㄴ, ㄷ
⑤ ㄴ, ㄷ, ㄹ

37

다음 <표>는 '갑'국 소프트웨어 A ~ C의 개발에 관한 자료이다. <표>와 <개발비 및 생산성지수 산정 방식>에 근거한 <보기>의 설명 중 옳은 것만을 모두 고르면?

<표 1> 소프트웨어 A ~ C의 기능유형별 기능 개수

(단위: 개)

기능유형 / 소프트웨어	내부 논리 파일	외부 연계 파일	외부 입력	외부 출력	외부 조회
A	10	5	5	10	4
B	15	4	6	7	3
C	3	2	4	6	5

<표 2> 기능유형별 가중치

기능유형	내부논리 파일	외부연계 파일	외부입력	외부출력	외부조회
가중치	7	5	4	5	3

<표 3> 소프트웨어 A ~ C의 보정계수, 이윤 및 공수

구분 / 소프트웨어	보정계수				이윤 (%)	공수
	규모 계수	언어 계수	품질 및 특성 계수	애플리케이션 유형계수		
A	0.8	2.0	0.2	2.0	20	20
B	1.0	1.0	1.2	3.0	10	30
C	0.8	2.0	1.2	1.0	20	10

※ 공수는 1인의 개발자가 1개월 동안 일하는 노력의 양(man-month)을 의미함.

〈개발비 및 생산성지수 산정 방식〉

○ 개발비 = 개발원가 + 개발원가 × 이윤
○ 개발원가 = 기준원가 × 보정계수
○ 기준원가 = 기능점수 × 50만 원
○ 보정계수 = 규모계수 × 언어계수 × 품질 및 특성계수 × 애플리케이션유형계수
○ 기능점수는 각 기능유형별 기능 개수에 해당 기능유형별 가중치를 곱한 값의 합으로 계산됨.
○ 생산성지수 = $\frac{\text{기능점수}}{\text{공수}}$

〈보 기〉

ㄱ. 기능점수는 B가 가장 높고 C가 가장 낮다.
ㄴ. 기준원가가 가장 낮은 소프트웨어와 개발비가 가장 적은 소프트웨어는 동일하다.
ㄷ. 개발원가와 기준원가의 차이는 B가 C의 5배 이상이다.
ㄹ. 기능점수가 가장 높은 소프트웨어가 생산성지수도 가장 크다.

① ㄱ, ㄴ
② ㄱ, ㄷ
③ ㄱ, ㄹ
④ ㄴ, ㄷ
⑤ ㄴ, ㄹ

38 ~ 39

다음 <표>는 A ~ J팀으로만 구성된 '갑'야구리그에 관한 자료이다. 다음 물음에 답하시오.

<표 1> A ~ J팀의 8월 15일 기준 순위 및 기록

순위	팀	전체 경기 수	승수	패수	무승부 수	승률 (%)	승차	최근 연속 승패 기록	최근 10경기 기록
1	A	99	61	37	1	62.24	0.0	3패	4승 6패
2	B	91	55	34	2	61.80	1.5	1패	6승 4패
3	C	98	54	43	1	55.67	6.5	1패	4승 6패
4	D	100	49	51	0	49.00	( )	1승	4승 6패
5	E	99	48	50	1	48.98	13.0	1패	8승 2패
6	F	97	46	51	0	47.42	14.5	1승	3승 7패
7	G	97	43	51	3	45.74	16.0	1승	6승 4패
8	H	96	43	52	1	45.26	16.5	3승	7승 3패
9	I	96	41	54	1	43.16	18.5	2승	4승 6패
10	J	95	38	55	2	40.86	20.5	2패	4승 6패

※ 1) 일자별 팀 순위 및 기록은 해당일 경기를 포함한 모든 경기 결과를 반영한 값이며, 팀 순위는 승률이 높은 순서로 정함.

2) 각 팀은 최근 10일 동안 매일 한 경기씩 참여하였고, 매 경기는 시작 당일에 종료됨.

3) $승률(\%) = \frac{승수}{승수 + 패수} \times 100$

4) $승차 = \frac{(1위\ 팀\ 승수 - 해당\ 팀\ 승수) - (1위\ 팀\ 패수 - 해당\ 팀\ 패수)}{2}$

<표 2> A ~ J팀의 8월 16일 기준 최근 연속 승패 기록

팀	A	B	C	D	E	F	G	H	I	J
최근 연속 승패 기록	4패	1승	2패	2승	1승	2승	1패	4승	1패	3패

38

위 <표>를 근거로 판단한 내용으로 옳지 않은 것은?

① 8월 15일 기준 D팀의 승차는 13.0이다.
② 8월 5일 기준 승차 대비 8월 15일 기준 승차가 가장 많이 증가한 팀은 F이다.
③ 8월 12일 경기에서 A팀이 승리하였다.
④ 8월 13일 기준 E팀과 I팀의 승차 합은 35.0이다.
⑤ 8월 15일 기준 최근 연속 승수가 가장 많은 팀과 최근 10경기 승률이 가장 높은 팀은 다르다.

39

위 <표>에 대한 <보기>의 설명 중 옳은 것만을 모두 고르면?

〈보 기〉

ㄱ. 8월 15일과 8월 16일 경기의 승패 결과가 동일한 팀은 5개이다.
ㄴ. 8월 16일 기준 7위 팀은 H이다.
ㄷ. 8월 16일 기준 승차가 음수인 팀이 있다.
ㄹ. 8월 16일 기준 4위 팀 승차와 5위 팀 승차는 동일하다.

① ㄱ, ㄹ
② ㄴ, ㄷ
③ ㄴ, ㄹ
④ ㄱ, ㄴ, ㄷ
⑤ ㄴ, ㄷ, ㄹ

40

다음 <표>는 2018 ~ 2020년 프랜차이즈 기업 A ~ E의 가맹점 현황에 관한 자료이다. 이에 대한 <보기>의 설명 중 옳은 것만을 모두 고르면?

<표 1> 2018 ~ 2020년 기업 A ~ E의 가맹점 신규개점 현황

(단위: 개, %)

구분 \ 연도 \ 기업	신규개점 수			신규개점률	
	2018	2019	2020	2019	2020
A	249	390	357	31.1	22.3
B	101	89	75	9.5	7.8
C	157	110	50	12.6	5.7
D	93	233	204	35.7	24.5
E	131	149	129	27.3	19.3

※ 해당 연도 신규개점률(%) =

$$\frac{\text{해당 연도 신규개점 수}}{\text{전년도 가맹점 수} + \text{해당 연도 신규개점 수}} \times 100$$

<표 2> 2018 ~ 2020년 기업 A ~ E의 가맹점 폐점 수 현황

(단위: 개)

연도 \ 기업	2018	2019	2020
A	11	12	21
B	27	53	140
C	24	39	70
D	55	25	64
E	4	8	33

※ 해당 연도 가맹점 수 = 전년도 가맹점 수 + 해당 연도 신규개점 수 − 해당 연도 폐점 수

〈보 기〉

ㄱ. 2018년 C의 가맹점 수는 800개 이상이다.
ㄴ. 2019년에 비해 2020년 가맹점 수가 감소한 기업은 B와 C이다.
ㄷ. 2020년 가맹점 수는 E가 가장 적고, A가 가장 많다.
ㄹ. 2018년 폐점 수 대비 신규개점 수의 비율은 D가 가장 낮고, A가 가장 높다.

① ㄱ, ㄴ
② ㄱ, ㄷ
③ ㄴ, ㄷ
④ ㄴ, ㄹ
⑤ ㄷ, ㄹ

memo

2021
5급 공채

자료해석 가책형

PSAT 신헌 자료해석 ALL수록 기출문제집

01

다음 <그림>과 <표>는 지역별 고령인구 및 고령인구 비율에 대한 자료이다. 이에 대한 <보기>의 설명 중 옳은 것만을 고르면?

<그림> 2019년 지역별 고령인구 및 고령인구 비율 현황

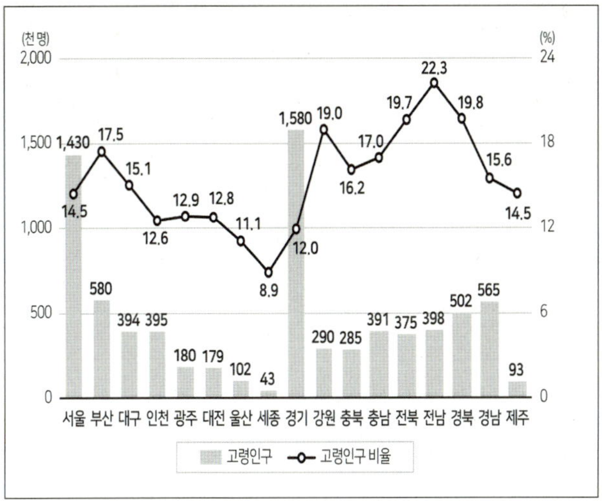

※ 고령인구 비율(%) $= \frac{\text{고령인구}}{\text{인구}} \times 100$

<표> 지역별 고령인구 및 고령인구 비율 전망

(단위: 천 명, %)

연도 / 구분 / 지역	2025		2035		2045	
	고령인구	고령인구 비율	고령인구	고령인구 비율	고령인구	고령인구 비율
서울	1,862	19.9	2,540	28.4	2,980	35.3
부산	784	24.4	1,004	33.4	1,089	39.7
대구	494	21.1	691	31.2	784	38.4
인천	550	18.4	867	28.4	1,080	36.3
광주	261	18.0	377	27.3	452	35.2
대전	270	18.4	392	27.7	471	35.0
울산	193	17.3	302	28.2	352	35.6
세종	49	11.6	97	18.3	153	26.0
경기	2,379	17.0	3,792	26.2	4,783	33.8
강원	387	25.6	546	35.9	649	43.6
충북	357	21.6	529	31.4	646	39.1
충남	488	21.5	714	30.4	897	38.4
전북	441	25.2	587	34.7	683	42.5
전남	475	27.4	630	37.1	740	45.3
경북	673	25.7	922	36.1	1,064	43.9
경남	716	21.4	1,039	31.7	1,230	39.8
제주	132	18.5	208	26.9	275	34.9
전국	10,511	20.3	15,237	29.5	18,328	37.0

〈보 기〉

ㄱ. 2019년 고령인구 비율이 가장 낮은 지역은 2025년 대비 2045년 고령인구 증가율도 가장 낮다.
ㄴ. 2045년 고령인구 비율이 40% 이상인 지역은 4곳이다.
ㄷ. 2025년, 2035년, 2045년 고령인구 상위 세 개 지역은 모두 동일하다.
ㄹ. 2045년 충북 인구는 전남 인구보다 많다.

① ㄱ, ㄴ
② ㄱ, ㄷ
③ ㄴ, ㄷ
④ ㄴ, ㄹ
⑤ ㄷ, ㄹ

02

다음 <표>는 2020년 '갑'국의 가구당 보험료 및 보험급여 현황에 대한 자료이다. <표>와 <보고서>를 근거로 A, B, D에 해당하는 질환을 바르게 나열한 것은?

<표> 2020년 가구당 보험료 및 보험급여 현황

(단위: 원)

구분 / 보험료 분위	보험료	전체질환 보험급여 (보험혜택 비율)	4대 질환별 보험급여 (보험혜택 비율)			
			A 질환	B 질환	C 질환	D 질환
전체	99,934	168,725 (1.7)	337,505 (3.4)	750,101 (7.5)	729,544 (7.3)	390,637 (3.9)
1분위	25,366	128,431 (5.1)	327,223 (12.9)	726,724 (28.6)	729,830 (28.8)	424,764 (16.7)
5분위	231,293	248,741 (1.1)	322,072 (1.4)	750,167 (3.2)	713,160 (3.1)	377,568 (1.6)

※ 1) 보험혜택 비율 $= \frac{\text{보험급여}}{\text{보험료}}$

2) 4대 질환은 뇌혈관, 심장, 암, 희귀 질환임.

〈보고서〉

2020년 전체 가구당 보험료는 10만 원 이하였지만 전체질환의 가구당 보험급여는 16만 원 이상으로 전체질환 보험혜택 비율은 1.7로 나타났다.

4대 질환 중 전체 보험혜택 비율이 가장 높은 질환은 심장 질환이었다. 뇌혈관, 심장, 암 질환의 1분위 보험혜택 비율은 각각 5분위의 10배에 미치지 못하였다. 또한, 뇌혈관, 심장, 희귀 질환의 1분위 가구당 보험급여는 각각 전체질환의 1분위 가구당 보험급여의 3배 이상이었다.

	A	B	D
①	뇌혈관	심장	희귀
②	뇌혈관	암	희귀
③	암	심장	희귀
④	암	희귀	심장
⑤	희귀	심장	암

03

다음 <표>는 2013 ~ 2020년 '갑'국 재정지출에 대한 자료이다. 이에 대한 설명으로 옳지 않은 것은?

<표 1> 전체 재정지출

(단위: 백만 달러, %)

연도 \ 구분	금액	GDP 대비 비율
2013	487,215	34.9
2014	466,487	31.0
2015	504,426	32.4
2016	527,335	32.7
2017	522,381	31.8
2018	545,088	32.0
2019	589,175	32.3
2020	614,130	32.3

<표 2> 전체 재정지출 중 5대 분야 재정지출 비중

(단위: %)

분야 \ 연도	2013	2014	2015	2016	2017	2018	2019	2020
교육	15.5	15.8	15.4	15.9	16.3	16.3	16.2	16.1
보건	10.3	11.9	11.4	11.4	12.2	12.5	12.8	13.2
국방	7.5	7.7	7.6	7.5	7.8	7.8	7.7	7.6
안전	3.6	3.7	3.6	3.8	4.0	4.0	4.1	4.2
환경	3.1	2.5	2.4	2.4	2.4	2.5	2.4	2.4

① 2015 ~ 2020년 환경 분야 재정지출 금액은 매년 증가하였다.
② 2020년 교육 분야 재정지출 금액은 2013년 안전 분야 재정지출 금액의 4배 이상이다.
③ 2020년 GDP는 2013년 대비 30 % 이상 증가하였다.
④ 2016년 이후 GDP 대비 보건 분야 재정지출 비율은 매년 증가하였다.
⑤ 5대 분야 재정지출 금액의 합은 매년 전체 재정지출 금액의 35 % 이상이다.

04

다음 <표>는 2020년 12월 '갑'공장 A ~ C 제품의 생산량과 불량품수에 대한 자료이다. 이에 대한 설명으로 옳지 않은 것은?

<표> A ~ C 제품의 생산량과 불량품수

(단위: 개)

구분 \ 제품	A	B	C	전체
생산량	2,000	3,000	5,000	10,000
불량품수	200	300	400	900

※ 1) 불량률(%) = $\frac{\text{불량품수}}{\text{생산량}} \times 100$

2) 수율(%) = $\frac{\text{생산량} - \text{불량품수}}{\text{생산량}} \times 100$

① 불량률이 가장 낮은 제품은 C이다.
② 제품별 생산량 변동은 없고 불량품수가 제품별로 100 % 씩 증가한다면 전체 수율은 82 %이다.
③ 제품별 불량률 변동은 없고 생산량이 제품별로 100 % 씩 증가한다면 전체 수율은 기존과 동일하다.
④ 제품별 생산량 변동은 없고 불량품수가 제품별로 100개 씩 증가한다면 전체 수율은 88 %이다.
⑤ 제품별 불량률 변동은 없고 생산량이 제품별로 1,000개 씩 증가한다면 전체 수율은 기존과 동일하다.

05

다음 <표>는 '갑'국의 2019년과 2020년의 대학 교원 유형별 강의 담당학점 현황에 대한 자료이다. 이에 대한 <보기>의 설명 중 옳은 것만을 모두 고르면?

<표> 교원 유형별 강의 담당학점 현황

(단위: 학점, %)

구분			2020년 전임교원	2020년 비전임교원	2020년 비전임교원 중 강사	2019년 전임교원	2019년 비전임교원	2019년 비전임교원 중 강사
전체(196개교)		담당학점	479,876	239,394	152,898	476,551	225,955	121,265
		비율	66.7	33.3	21.3	67.8	32.2	17.3
설립주체	국공립(40개교)	담당학점	108,237	62,934	47,504	107,793	59,980	42,824
		비율	63.2	36.8	27.8	64.2	35.8	25.5
	사립(156개교)	담당학점	371,639	176,460	105,394	368,758	165,975	78,441
		비율	67.8	32.2	19.2	69.0	31.0	14.7
소재지	수도권(73개교)	담당학점	173,383	106,403	64,019	171,439	101,864	50,696
		비율	62.0	38.0	22.9	62.7	37.3	18.5
	비수도권(123개교)	담당학점	306,493	132,991	88,879	305,112	124,091	70,569
		비율	69.7	30.3	20.2	71.1	28.9	16.4

※ 비율(%) $= \frac{\text{교원 유형별 담당학점}}{\text{전임교원 담당학점} + \text{비전임교원 담당학점}} \times 100$

〈보 기〉

ㄱ. 2020년 전체 대학의 전임교원 담당학점 비율은 비전임교원 담당학점 비율의 2배 이상이다.

ㄴ. 2020년 전체 대학의 전임교원 담당학점은 전년 대비 1.1% 줄어들었다.

ㄷ. 사립대학의 경우, 비전임교원 담당학점 중 강사 담당학점 비중의 2019년과 2020년간 차이는 10%p 미만이다.

ㄹ. 2019년 대비 2020년에 증가한 비전임교원 담당학점은 비수도권 대학이 수도권 대학의 2배 미만이다.

① ㄱ, ㄴ

② ㄱ, ㄹ

③ ㄷ, ㄹ

④ ㄱ, ㄴ, ㄷ

⑤ ㄴ, ㄷ, ㄹ

memo

06

다음 <보고서>는 세계 전기차 현황과 전망에 대한 자료이다. <보고서>를 작성하기 위해 사용하지 않은 것은?

〈보고서〉

세계 각국이 내연기관차의 배기가스 배출을 규제하고, 친환경차 도입을 위한 각종 지원정책을 이어가면서 전기차 시장은 빠르게 성장하고 있다. '세계 전기차 전망' 보고서에 따르면, 전문가들은 2015년 1.2백만 대에 머물던 세계 전기차 누적 생산량이 2030년에는 2억 5천만 대를 넘어설 것으로 추정하고 있다. 전기차 보급에 대한 전망도 희망적이다. 2020년 5백만 대에 못 미치던 전 세계 전기차 연간 판매량이 2030년에는 2천만 대가 넘을 것으로 추정된다.

국내 역시 빠른 속도로 전기차 시장이 성장하고 있다. 정부의 친환경차보급로드맵에 따르면 2015년 산업수요 대비 비중이 0.2 %였던 전기차는 2019년에는 2.4 %까지 비중이 늘었고, 2025년에는 산업수요에서 차지하는 비중을 14.4 %까지 끌어올린다는 목표를 가지고 있다.

전기차가 빠른 기간 내에 시장 규모를 키워나갈 수 있었던 것은 보조금 지원과 전기 충전 인프라 확충의 영향이 크다. 현재 전기차는 동급의 내연기관차에 비해 가격이 비싸지만, 보조금을 받아 구매하면 실구매가가 낮아진다. 우리나라에서 소비자는 2019년 3월 기준, 전기차 구매 시 지역별로 대당 최소 450만 원에서 최대 1,000만 원까지 구매 보조금을 받을 수 있다. 이는 전기차의 가격 경쟁력을 높이는 요인 중 하나다. 충전 인프라의 확충은 전기차 보급 확대의 핵심적인 요소로, 국내 전기 충전 인프라는 2019년 3월 기준 전국 주유소 대비 80 % 수준으로 설치되어 있다.

① 세계 전기차 누적 생산량 현황과 전망

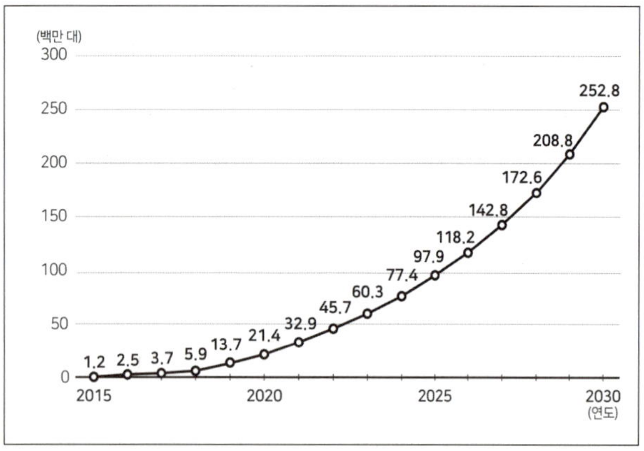

② 우리나라 지역별 전기차 공용 충전기 현황(2020년 3월)

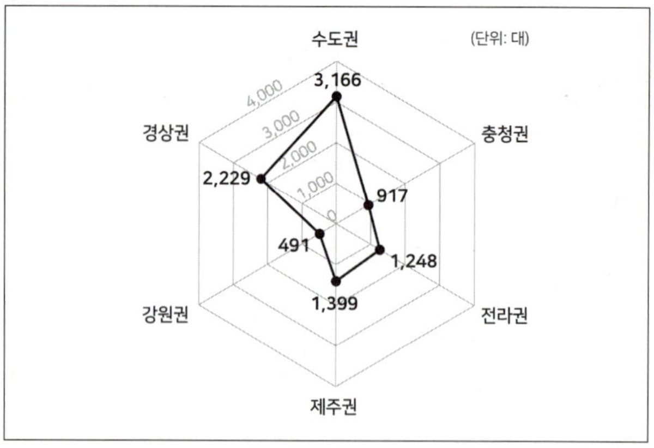

③ 우리나라 산업수요 대비 전기차 비중의 현황과 전망

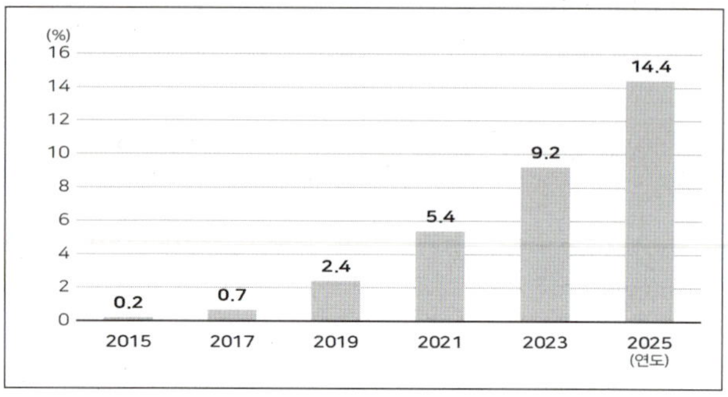

④ 세계 전기차 연간 판매량의 국가별 비중 현황과 전망

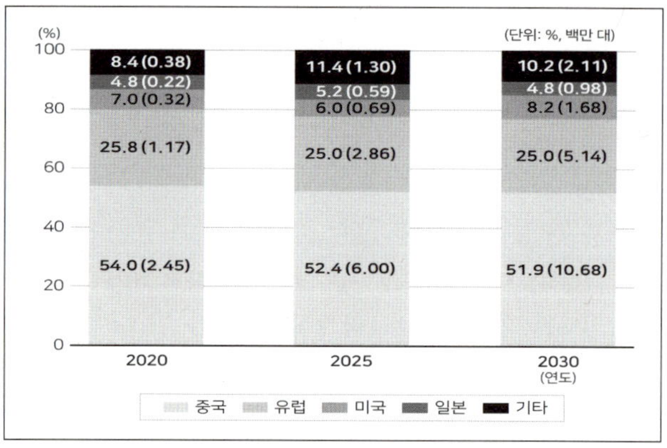

⑤ 우리나라 지역별 전기차 구매 보조금 현황(2019년 3월)

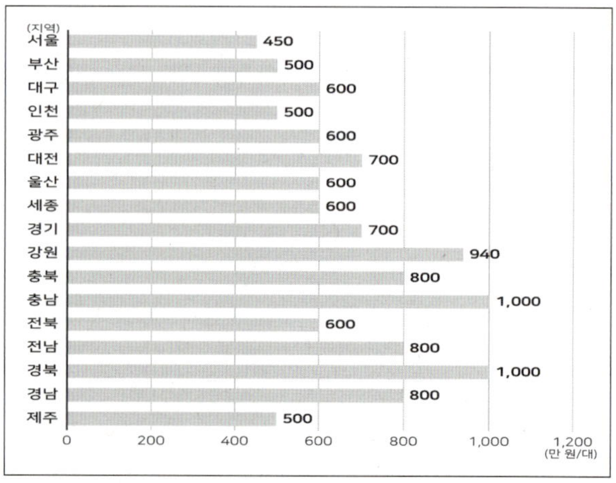

07

다음 <표>는 '갑'국의 2021학년도 중등교사 임용시험 과목별 접수인원 및 경쟁률 현황에 대한 자료이다. 이에 대한 <보기>의 설명 중 옳은 것만을 고르면?

<표> 2021학년도 중등교사 임용시험 과목별 접수 현황

(단위: 명)

구분 \ 과목	모집정원	접수인원	경쟁률	2020학년도 경쟁률
국어	383	6,493	16.95	19.55
영어	(　)	4,235	15.92	19.10
중국어	31	819	26.42	23.98
도덕윤리	297	1,396	4.70	(　)
일반사회	230	1,557	6.77	7.06
지리	150	1,047	(　)	6.83
역사	229	3,268	14.27	15.22
수학	(　)	4,452	12.54	14.20
물리	133	(　)	7.46	7.10
화학	142	1,122	7.90	8.10
생물	159	1,535	(　)	11.14
지구과학	115	795	6.91	7.25
가정	141	1,048	7.43	8.03
기술	144	424	(　)	2.65
정보컴퓨터	145	(　)	6.26	5.88
음악	193	2,574	(　)	11.33
미술	209	1,998	9.56	10.62
체육	425	4,046	9.52	9.46

※ 경쟁률 $= \frac{\text{접수인원}}{\text{모집정원}}$

〈보　기〉

ㄱ. 2021학년도 경쟁률이 전년 대비 하락한 과목 수는 상승한 과목 수보다 많다.
ㄴ. 2021학년도 경쟁률 상위 3과목과 접수인원 상위 3과목은 일치한다.
ㄷ. 2021학년도 경쟁률이 5.0 미만인 과목의 모집정원은 각각 150명 이상이다.
ㄹ. 2021학년도 과목별 모집정원은 수학이 영어보다 많다.

① ㄱ, ㄴ
② ㄱ, ㄷ
③ ㄱ, ㄹ
④ ㄴ, ㄷ
⑤ ㄴ, ㄹ

08

다음 <표>는 '조선왕조실록'과 '호구총수'에 따른 17세기 후반 현종에서 숙종 사이 5개 조사연도의 호구(戶口) 자료이다. 이에 대한 <보기>의 설명 중 옳은 것만을 모두 고르면?

<표> 17세기 후반 호구(戶口) 자료

(단위: 호, 명)

구분 \ 조사연도	조선왕조실록		호구총수	
	호(戶)	구(口)	호(戶)	구(口)
현종 10년	1,342,274	5,164,524	1,313,652	5,018,744
현종 13년	1,176,917	4,695,611	1,205,866	4,720,815
숙종 원년	1,234,512	4,703,505	1,250,298	4,725,704
숙종 19년	1,546,474	7,188,574	1,547,237	7,045,115
숙종 25년	1,293,083	5,772,300	1,333,330	5,774,739

〈보　기〉

ㄱ. '조선왕조실록', '호구총수'에 따른 호(戶)당 구(口)는 모든 조사연도마다 각각 3명 이상이다.
ㄴ. 현종 13년 이후, 직전 조사연도 대비 호(戶) 증가율이 가장 큰 조사연도는 '조선왕조실록'과 '호구총수'가 같다.
ㄷ. 숙종 원년 대비 숙종 19년 '조선왕조실록'에 따른 구(口) 증가율은 '호구총수'에 따른 구(口) 증가율보다 작다.
ㄹ. '조선왕조실록'과 '호구총수' 간 호(戶)의 차이가 가장 큰 조사연도는 구(口)의 차이도 가장 크다.

① ㄱ, ㄴ
② ㄱ, ㄹ
③ ㄴ, ㄷ
④ ㄱ, ㄷ, ㄹ
⑤ ㄴ, ㄷ, ㄹ

09

다음 <표>는 작가 A의 SNS 팔로워 25,000명에 대한 자료이다. 이에 대한 설명으로 옳은 것은?

<표 1> 팔로워의 성별 및 연령대 비율

(단위: %)

연령대 / 성별	24세 이하	25 ~ 34세	35 ~ 44세	45 ~ 54세	55 ~ 64세	65세 이상	합
여성	12.4	11.6	8.1	4.4	1.6	1.1	39.2
남성	19.6	17.4	9.9	7.6	5.4	0.9	60.8
계	32.0	29.0	18.0	12.0	7.0	2.0	100.0

<표 2> 팔로워의 거주지역별 수

(단위: 명)

거주지역	서울	부산	대구	인천	광주	대전	울산	기타	전체
팔로워	13,226	2,147	1,989	1,839	1,171	1,341	( )	( )	25,000

① 34세 이하 팔로워는 45세 이상 팔로워의 3배 이상이다.
② 서울에 거주하는 34세 이하 팔로워는 3,000명 이상이다.
③ 서울에 거주하는 팔로워는 다른 모든 지역에 거주하는 팔로워의 합보다 적다.
④ 팔로워 중 10 % 이상이 기타 지역에 거주하면, 울산에 거주하는 팔로워는 750명 이하이다.
⑤ 기타 지역에 거주하는 팔로워 수는 변동이 없고 다른 지역에 거주하는 팔로워만 각각 100명씩 증가하면, 광주에 거주하는 팔로워는 전체 팔로워의 5 % 이상이 된다.

10

다음 <표>는 성인 A ~ F의 일일 영양소 섭취량에 관한 자료이다. <표>와 <조건>을 근거로 <에너지 섭취 권장기준>에 부합하는 남성과 여성을 바르게 나열한 것은?

<표> 성인 A ~ F의 일일 영양소 섭취량

(단위: g)

영양소 / 성인	탄수화물	단백질	지방
A	375	50	60
B	500	50	60
C	300	75	50
D	350	120	70
E	400	100	70
F	200	80	90

〈조 건〉

○ 에너지 섭취량은 탄수화물 1 g당 4 kcal, 단백질 1 g당 4 kcal, 지방 1 g당 9 kcal이다.
○ 에너지는 탄수화물, 단백질, 지방으로만 섭취하며, 섭취하는 과정에서 손실되는 에너지는 없다.
○ <에너지 섭취 권장기준>에 부합하는 남성과 여성은 1명씩 존재한다.

〈에너지 섭취 권장기준〉

○ 일일 총에너지 섭취량 중 55~65 %를 탄수화물로, 7~20 %를 단백질로, 15~30 %를 지방으로 섭취한다.
○ 일일 에너지 섭취 권장량은 성인 남성이 2,600~2,800 kcal이며, 성인 여성이 1,900~2,100 kcal이다.

	남성	여성
①	A	F
②	B	C
③	B	F
④	E	C
⑤	E	F

11

다음 <표>는 2024년 예상 매출액 상위 10개 제약사의 2018년, 2024년 매출액에 관한 자료이다. 이에 대한 <보기>의 설명 중 옳은 것만을 고르면?

<표> 2024년 매출액 상위 10개 제약사의 2018년, 2024년 매출액

(단위: 억 달러)

2024년 기준 매출액 순위	기업명	2024년	2018년	2018년 대비 2024년 매출액 순위변화
1	Pfizer	512	453	변화없음
2	Novartis	498	435	1단계 상승
3	Roche	467	446	1단계 하락
4	J&J	458	388	변화없음
5	Merck	425	374	변화없음
6	Sanofi	407	351	변화없음
7	GSK	387	306	5단계 상승
8	AbbVie	350	321	2단계 상승
9	Takeda	323	174	7단계 상승
10	AstraZeneca	322	207	4단계 상승
매출액 소계		4,149	3,455	
전체 제약사 총매출액		11,809	8,277	

※ 2024년 매출액은 예상 매출액임.

〈보 기〉

ㄱ. 2018년 매출액 상위 10개 제약사의 2018년 매출액 합은 3,700억 달러 이상이다.
ㄴ. 2024년 매출액 상위 10개 제약사 중, 2018년 대비 2024년 매출액이 가장 많이 증가한 기업은 Takeda이고 가장 적게 증가한 기업은 Roche이다.
ㄷ. 2024년 매출액 상위 10개 제약사의 매출액 합이 전체 제약사 총매출액에서 차지하는 비중은 2024년이 2018년보다 크다.
ㄹ. 2024년 매출액 상위 10개 제약사 중, 2018년 대비 2024년 매출액 증가율이 60% 이상인 기업은 2개이다.

① ㄱ, ㄴ
② ㄱ, ㄷ
③ ㄱ, ㄹ
④ ㄴ, ㄷ
⑤ ㄴ, ㄹ

12

다음 <정보>와 <그림>은 '갑'국의 2010년과 2020년 구획별 토지이용유형 현황을 보여주는 자료이다. 이에 대한 설명으로 옳지 않은 것은?

〈정 보〉

○ '갑'국은 36개의 정사각형 구획으로 이루어져 있고, 각 구획의 토지면적은 동일함.
○ '갑'국 각 구획의 토지이용유형은 '도시', '산림', '농지', '수계', '나지'로만 구성됨.

<그림> 2010년, 2020년 구획별 토지이용유형 현황

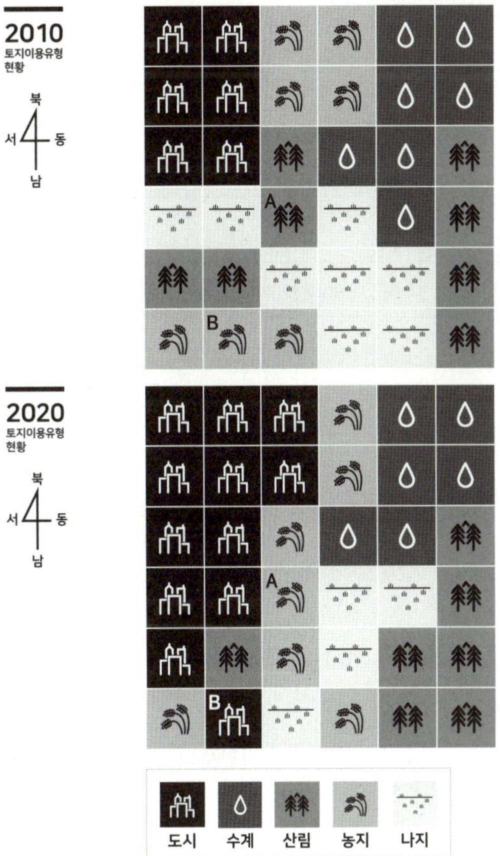

① 2010년 대비 2020년 토지이용유형별 토지면적 증감량은 가장 큰 유형이 두 번째로 큰 유형의 1.5배 이상이다.
② 2010년 '산림' 구획 중 2020년 '산림'이 아닌 구획의 토지면적은 2010년 '농지'가 아닌 구획 중 2020년 '농지'인 구획의 토지면적보다 작다.
③ 2010년 '농지' 구획의 개수는 2010년 '산림'이 아닌 구획 중 2020년 '산림'인 구획의 개수와 같다.
④ 2010년 전체 '나지' 구획 중 일부 구획은 2020년 '도시', '농지', '산림' 구획이 되었다.
⑤ 2021년 A구획과 B구획이 각각 '도시', '나지'이고 나머지 구획이 2020년의 토지이용유형과 동일하다면, 2020년과 2021년의 '도시' 구획의 토지면적은 동일하다.

13

다음 <표>는 A, B 지역의 2020년 6 ~ 10월 돼지열병 발생 현황에 관한 자료이다. 이에 대한 설명으로 옳은 것은?

<표 1> A 지역의 돼지열병 발생 현황

(단위: 두, %, ‰)

구분 \ 월	6	7	8	9	10	전체
발병	( )	( )	1,600	2,400	3,000	( )
폐사	20	20	100	80	180	400
폐사율	10.0	2.5	6.3	3.3	6.0	( )
발병률	1.0	( )	( )	( )	15.0	( )

<표 2> B 지역의 돼지열병 발생 현황

(단위: 두, %, ‰)

구분 \ 월	6	7	8	9	10	전체
발병	600	800	2,400	1,400	600	5,800
폐사	( )	50	( )	20	40	( )
폐사율	5.0	6.3	2.5	1.4	6.7	( )
발병률	6.0	( )	( )	( )	6.0	( )

※ 1) (해당월) 폐사율(%) = $\frac{\text{(해당월) 폐사 두수}}{\text{(해당월) 발병 두수}} \times 100$

2) (해당월) 발병률(‰) = $\frac{\text{(해당월) 발병 두수}}{\text{사육 두수}} \times 1{,}000$

3) 사육 두수는 2020년 6월 두수임.

① 사육 두수는 B 지역이 A 지역보다 많다.
② 전체 폐사 두수는 A 지역이 B 지역의 3배 이상이다.
③ 전체 폐사율은 B 지역이 A 지역보다 높다.
④ B 지역의 폐사 두수가 가장 적은 월에 A 지역의 발병 두수는 전월 대비 40% 증가했다.
⑤ 전월 대비 11월 발병 두수가 A 지역은 100%, B 지역은 400% 증가하면, A, B 지역의 11월 발병률은 같다.

14

다음 <표>는 2019년 아세안 3개국 7개 지역별 외국투자기업의 지출 항목별 단가 및 보조금 지급기준에 관한 자료이다. <표>와 <정보>에 근거하여 7개 지역에 진출한 우리나라 '갑'기업의 월간 순지출액이 가장 작은 지역과 가장 큰 지역을 바르게 나열한 것은?

<표 1> 지역별 외국투자기업의 지출 항목별 단가

(단위: 달러)

국가	지역 \ 항목	급여 (1인당 월지급액)	전력 사용료 (100 kWh당 요금)	운송비 (1회당 운임)
인도네시아	자카르타	310	7	2,300
	바탐	240	7	3,500
베트남	하노이	220	19	3,400
	호치민	240	10	2,300
	다낭	200	19	4,000
필리핀	마닐라	230	12	2,300
	세부	220	21	3,500

<표 2> 국가별 외국투자기업의 지출 항목별 보조금 지급기준

국가 \ 항목	급여	전력 사용료	운송비
인도네시아	1인당 월 50달러	보조금 없음	1회당 50% 보조
베트남	1인당 월 30달러	100 kWh당 5달러	보조금 없음
필리핀	보조금 없음	100 kWh당 10달러	1회당 50% 보조

〈정 보〉

○ 지역별 외국투자기업의 월간 순지출액은 각 지역에서 월간 발생하는 총지출액에서 해당 국가의 월간 총보조금을 뺀 금액임.
○ 지출과 보조금 항목은 급여, 전력 사용료, 운송비로만 구성됨.
○ '갑'기업은 7개 지역에서 각각 10명의 직원에게 급여를 지급하고, 월간 전력 사용량은 각각 1만 kWh이며, 월간 4회 운송을 각각 시행함.

	가장 작은 지역	가장 큰 지역
①	마닐라	다낭
②	마닐라	하노이
③	자카르타	다낭
④	자카르타	세부
⑤	자카르타	하노이

15

다음 <표>는 어느 학술지의 우수논문 선정대상 논문 I ~ V에 대한 심사자 '갑', '을', '병'의 선호순위를 나열한 것이다. <표>와 <규칙>에 근거한 <보기>의 설명 중 옳은 것만을 모두 고르면?

<표> 심사자별 논문 선호순위

심사자 \ 논문	I	II	III	IV	V
갑	1	2	3	4	5
을	1	4	2	5	3
병	5	3	1	4	2

※ 선호순위는 1 ~ 5의 숫자로 나타내며 숫자가 낮을수록 선호가 더 높음.

〈규　칙〉

○ 평가점수 산정방식

가. [(선호순위가 1인 심사자 수 × 2) + (선호순위가 2인 심사자 수 × 1)]의 값이 가장 큰 논문은 1점, 그 외의 논문은 2점의 평가점수를 부여한다.

나. 논문별 선호순위의 중앙값이 가장 작은 논문은 1점, 그 외의 논문은 2점의 평가점수를 부여한다.

다. 논문별 선호순위의 합이 가장 작은 논문은 1점, 그 외의 논문은 2점의 평가점수를 부여한다.

○ 우수논문 선정방식

A. 평가점수 산정방식 가, 나, 다 중 한 가지만을 활용하여 평가점수가 가장 낮은 논문을 우수논문으로 선정한다. 단, 각 산정방식이 활용될 확률은 동일하다.

B. 평가점수 산정방식 가, 나, 다에서 도출된 평가점수의 합이 가장 낮은 논문을 우수논문으로 선정한다.

C. 평가점수 산정방식 가, 나, 다에서 도출된 평가점수에 가중치를 각각 $\frac{1}{6}$, $\frac{1}{3}$, $\frac{1}{2}$을 적용한 점수의 합이 가장 낮은 논문을 우수논문으로 선정한다.

※ 1) 중앙값은 모든 관측치를 크기 순서로 나열하였을 때, 중앙에 오는 값을 의미함. 예를 들어, 선호순위가 2, 3, 4인 경우 3이 중앙값이며, 선호순위가 2, 2, 4인 경우 2가 중앙값임.

2) 점수의 합이 가장 낮은 논문이 2편 이상이면, 심사자 '병'의 선호가 더 높은 논문을 우수논문으로 선정함.

〈보　기〉

ㄱ. 선정방식 A에 따르면 우수논문으로 선정될 확률이 가장 높은 논문은 I 이다.

ㄴ. 선정방식 B에 따르면 우수논문은 II이다.

ㄷ. 선정방식 C에 따르면 우수논문은 III이다.

① ㄴ
② ㄱ, ㄴ
③ ㄱ, ㄷ
④ ㄴ, ㄷ
⑤ ㄱ, ㄴ, ㄷ

16 ~ 17

다음 <설명>과 <표>는 2019년 12월 31일 기준 우리나라 행정구역 현황에 관한 자료이다. 다음 물음에 답하시오.

〈설　명〉

○ 광역지방자치단체는 특별시, 광역시, 특별자치시, 도, 특별자치도로 구분된다.
○ 기초지방자치단체는 시, 군, 구로 구분된다.
○ 특별시는 구를, 광역시는 구와 군을, 도는 시와 군을 하위 행정구역으로 둔다. 단, 도의 하위 행정구역인 시에는 하위 행정구역으로 구를 둘 수 있으나, 이 구는 기초지방자치단체에 해당하지 않는다.
○ 특별자치도는 하위 행정구역으로 시를 둘 수 있으나, 이 시는 기초지방자치단체에 해당하지 않는다.
○ 시와 구는 읍, 면, 동을, 군은 읍, 면을 하위 행정구역으로 둔다.

<표> 2019년 12월 31일 기준 우리나라 행정구역 현황

(단위: 개, km^2, 세대, 명)

행정구역	시	군	구	면적	세대수	공무원수	인구	
								여성
서울특별시	0	0	25	605.24	4,327,605	34,881	9,729,107	4,985,048
부산광역시	0	1	15	770.02	1,497,908	11,591	3,413,841	1,738,424
대구광역시	0	1	7	883.49	1,031,251	7,266	2,438,031	1,232,745
인천광역시	0	2	8	1,063.26	1,238,641	9,031	2,957,026	1,474,777
광주광역시	0	0	5	501.14	616,485	4,912	1,456,468	735,728
대전광역시	0	0	5	539.63	635,343	4,174	1,474,870	738,263
울산광역시	0	1	4	1,062.04	468,659	3,602	1,148,019	558,307
세종특별자치시	0	0	0	464.95	135,408	2,164	340,575	170,730
경기도	28	3	17	10,192.52	5,468,920	45,657	13,239,666	6,579,671
강원도	7	11	0	16,875.28	719,524	14,144	1,541,502	766,116
충청북도	3	8	4	7,406.81	722,123	10,748	1,600,007	789,623
충청남도	8	7	2	8,245.55	959,255	14,344	2,123,709	1,041,771
전라북도	6	8	2	8,069.13	816,191	13,901	1,818,917	914,807
전라남도	5	17	0	12,345.20	872,628	17,874	1,868,745	931,071
경상북도	10	13	2	19,033.34	1,227,548	21,619	2,665,836	1,323,799
경상남도	8	10	5	10,540.39	1,450,822	20,548	3,362,553	1,670,521
제주특별자치도	2	0	0	1,850.23	293,155	2,854	670,989	333,644
계	77	82	101	100,448.22	22,481,466	239,310	51,849,861	25,985,045

16

위 <설명>과 <표>를 이용하여 2019년 12월 31일 기준으로 작성한 <보기>의 그래프 중 옳은 것만을 고르면?

〈보　기〉

ㄱ. 남부지역 4개 도의 군당 거주 여성인구 수

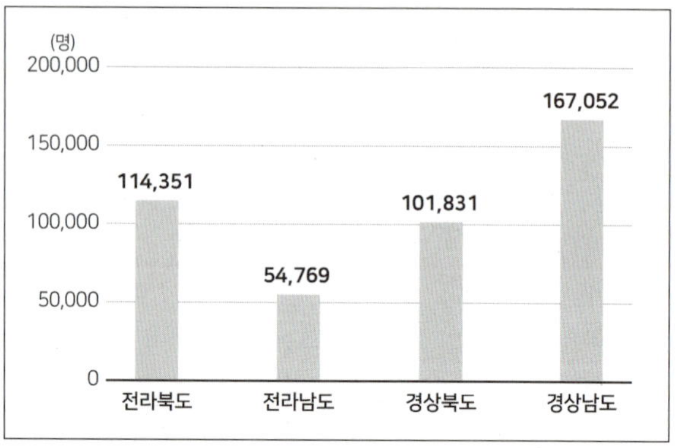

ㄴ. 도와 특별자치도의 세대당 면적

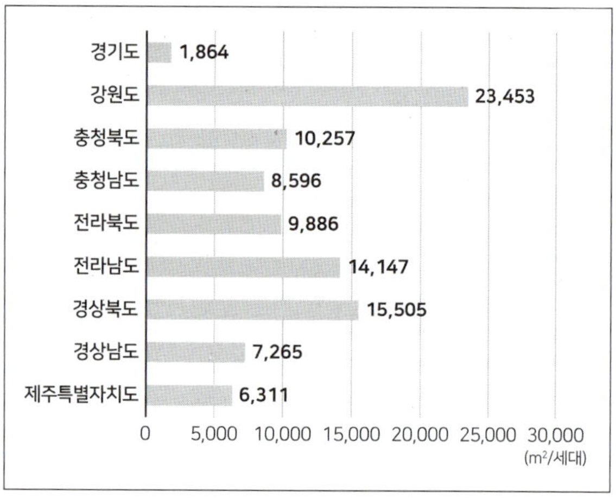

ㄷ. 서울특별시 공무원수 대비 6대 광역시 공무원수의 비율

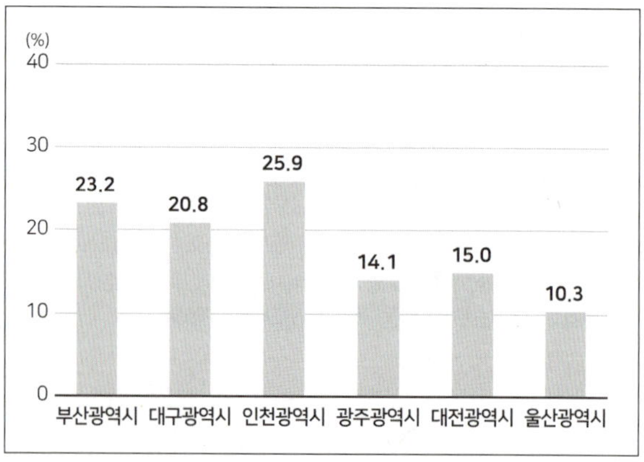

ㄹ. 전국 기초지방자치단체 구성 비율

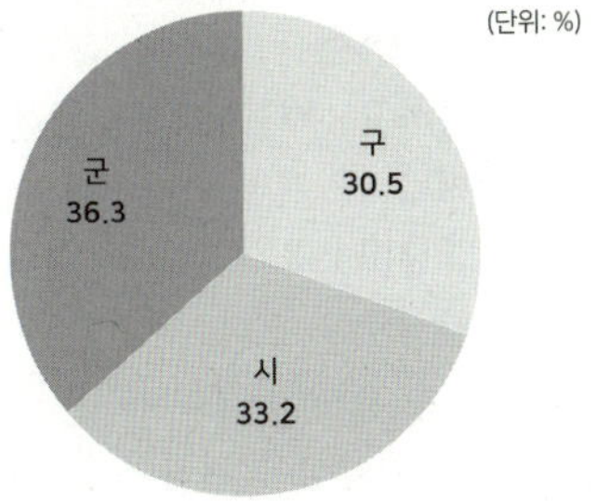

① ㄱ, ㄴ
② ㄱ, ㄷ
③ ㄱ, ㄹ
④ ㄴ, ㄷ
⑤ ㄴ, ㄹ

17

위 <설명>, <표>와 다음 <우리나라 행정구역 변천사>를 이용하여 2012년 6월 30일 광역지방자치단체의 하위 행정구역인 시, 군, 구의 수를 바르게 나열한 것은?

〈우리나라 행정구역 변천사〉

○ 2012년 1월 1일 당진군이 당진시로 승격하였다.
○ 2012년 7월 1일 세종특별자치시가 출범하였다. 이로 인하여 충청남도 연기군이 폐지되어 세종특별자치시로 편입되었다.
○ 2013년 9월 23일 여주군이 여주시로 승격되었다.
○ 2014년 7월 1일 청원군은 청주시와의 통합으로 폐지되고, 청주시에 청원구, 서원구가 새로 설치되어 구가 4개가 되었다.
○ 2016년 7월 4일 부천시의 3개 구가 폐지되었다.

※ 2012년 1월 1일 이후 시, 군, 구의 설치, 승격, 폐지를 모두 포함함

	시	군	구
①	74	86	100
②	74	88	100
③	76	85	102
④	76	86	102
⑤	78	83	100

memo

18

다음 <그림>은 2020년 A대학 6개 계열의 학과별 남·여 졸업생 월평균소득, 취업률을 인문계열 기준으로 비교한 자료이다. 이에 대한 <보기>의 설명 중 옳은 것만을 고르면?

<그림> 계열별 월평균상대소득지수와 취업률지수

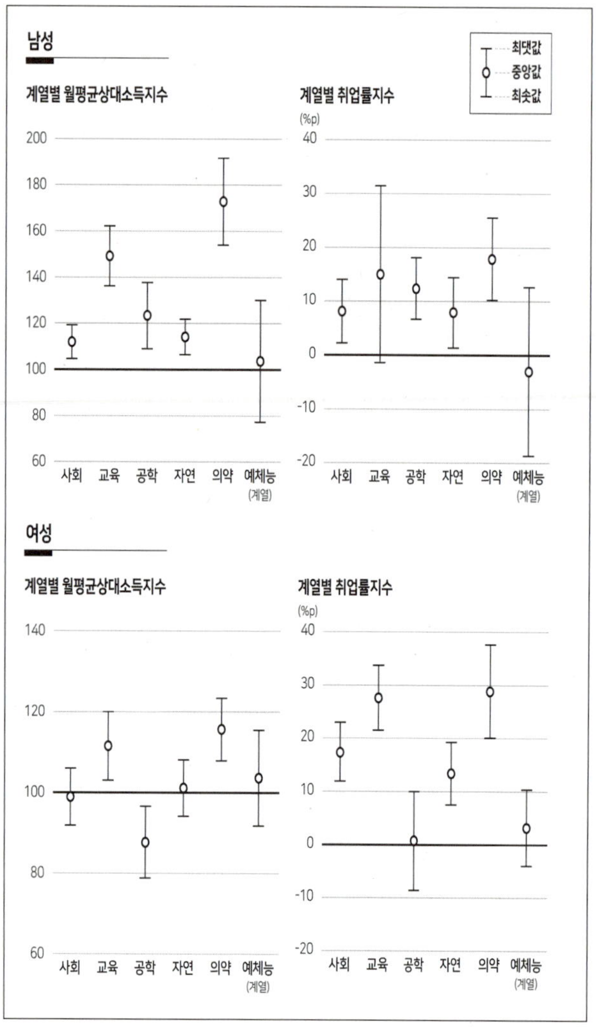

※ 1) 월평균상대소득지수는 학과 졸업생의 월평균소득 값을 인문계열의 월평균소득 기준(100)으로 환산한 값임.

2) 취업률지수(%p)는 학과의 취업률에서 인문계열 평균 취업률을 뺀 값임.

3) 계열별 월평균상대소득(취업률)지수는 해당계열 소속 각 학과의 월평균상대소득(취업률)지수 가운데 최댓값, 중앙값, 최솟값을 그래프로 표시함.

〈보 기〉

ㄱ. 인문계열을 제외하고 계열별 월평균상대소득지수의 최댓값이 네 번째로 큰 계열은 남성과 여성이 같다.

ㄴ. 교육계열 월평균상대소득지수의 최댓값과 최솟값의 차이는 여성이 남성보다 크다.

ㄷ. 취업률이 인문계열 평균 취업률과 차이가 가장 큰 학과가 소속된 계열은 남성과 여성이 다르다.

ㄹ. 취업률이 인문계열 평균 취업률보다 낮은 학과가 소속된 계열의 개수는 남성과 여성이 같다.

① ㄱ, ㄴ

② ㄱ, ㄷ

③ ㄴ, ㄷ

④ ㄴ, ㄹ

⑤ ㄷ, ㄹ

19

다음 <표>는 2019년 금융소득 분위별 가구당 자산규모와 소득규모에 관한 자료이다. 제시된 <표> 이외에 <보고서>를 작성하기 위해 추가로 필요한 자료만을 <보기>에서 고르면?

<표 1> 금융소득 분위별 가구당 자산규모

(단위: 만 원)

자산구분	가구분류 \ 금융소득분위	1분위	2분위	3분위	4분위	5분위
자산총액	전체	34,483	42,390	53,229	68,050	144,361
	노인	26,938	32,867	38,883	55,810	147,785
순자산액	전체	29,376	37,640	47,187	63,197	133,050
	노인	23,158	29,836	35,687	53,188	140,667
저축액	전체	6,095	8,662	11,849	18,936	48,639
	노인	2,875	4,802	6,084	11,855	48,311

<표 2> 금융소득 분위별 가구당 소득규모

(단위: 만 원)

소득구분	가구분류 \ 금융소득분위	1분위	2분위	3분위	4분위	5분위
경상소득	전체	4,115	4,911	5,935	6,509	9,969
	노인	1,982	2,404	2,501	3,302	6,525
근로소득	전체	2,333	2,715	3,468	3,762	5,382
	노인	336	539	481	615	1,552
사업소득	전체	1,039	1,388	1,509	1,334	1,968
	노인	563	688	509	772	1,581

※ 금융소득 분위는 금융소득이 있는 가구의 금융소득을 1~5분위로 구분하며, 숫자가 클수록 금융소득 분위가 높음.

〈보고서〉

2019년 금융소득 분위별 가구당 자산규모를 살펴보면, 금융소득 5분위 가구를 제외할 경우 각 금융소득 분위에서 노인가구당 자산총액은 전체가구당 자산총액보다 낮았다. 가구당 자산총액과 순자산액은 전체가구와 노인가구 모두에서 금융소득 분위가 높아짐에 따라 각각 증가하였다. 금융자산 역시 금융소득과 함께 증가하였는데 특히 전체가구 중 금융소득 1분위 가구당 금융자산은 자산총액의 약 35% 수준으로 나타났다. 이는 자산총액에 비해 금융자산의 불평등 정도가 심한 것으로 볼 수 있다. 저축액의 경우 노인가구 중 금융소득 1분위 가구당 저축액은 2,875만 원이고, 2분위 가구당 저축액은 4,802만 원으로 나타났다. 이는 금융소득 분위별로 구한 가구당 금융소득과 유사한 비율로 증가한 것이다.

2019년 금융소득 분위별 가구당 소득규모를 살펴보면, 금융소득 5분위를 제외한 가구당 경상소득은 각 금융소득 분위에서 노인가구가 전체가구 대비 60% 이하로 나타났다. 이는 노인가구의 경우 근로활동의 비중이 감소하므로 자산총액과는 다르게 전체가구의 경상소득과 노인가구의 경상소득 차이가 크게 나타난 결과로 볼 수 있다. 근로소득의 경우는 노인가구에서 금융소득 2분위보다 3분위의 가구당 근로소득이 더 작은 것으로 나타나 금융소득 분위가 높아짐에 따라 증가 추세를 보여준 가구당 금융자산과는 다른 형태를 보여주었다.

〈보 기〉

ㄱ. 2019년 금융소득 없는 가구의 자산, 소득
ㄴ. 2019년 금융소득 분위별 가구당 금융자산
ㄷ. 2019년 경상소득 분위별 가구당 금융소득
ㄹ. 2019년 금융소득 분위별 가구당 금융소득

① ㄱ, ㄴ
② ㄱ, ㄷ
③ ㄴ, ㄷ
④ ㄴ, ㄹ
⑤ ㄷ, ㄹ

20

다음 <표>는 2020년 1 ~ 4월 애니메이션을 등록한 회사의 애니메이션 등록 현황에 관한 자료이다. 이에 대한 <보기>의 설명 중 옳은 것만을 모두 고르면?

<표 1> 월별 애니메이션 등록 회사와 유형별 애니메이션 등록 현황

(단위: 개사, 편)

월	회사 \ 유형	국내단독	국내합작	해외합작	전체
1	13	6	6	2	14
2	6	4	0	2	6
3	(　)	6	4	1	11
4	7	3	5	0	8

※ 애니메이션 1편당 등록 회사는 1개사임.

<표 2> 1 ~ 4월 동안 2편 이상의 애니메이션을 등록한 회사의 월별 애니메이션 등록 현황

(단위: 편)

회사	유형 \ 월	1	2	3	4
아트팩토리	국내단독	0	1	1	0
꼬꼬지	국내단독	1	1	0	0
코닉스	국내단독	0	0	1	1
제이와이제이	국내합작	1	0	0	1
유이락	국내단독	2	0	3	1
한스튜디오	국내합작	1	0	1	2

〈보　기〉

ㄱ. 1~4월 동안 1편의 애니메이션만 등록한 회사는 20개사 이상이다.

ㄴ. 1월에 국내단독 유형인 애니메이션을 등록한 회사는 5개사이다.

ㄷ. 3월에 애니메이션을 등록한 회사는 9개사이다.

① ㄱ

② ㄴ

③ ㄱ, ㄴ

④ ㄴ, ㄷ

⑤ ㄱ, ㄴ, ㄷ

memo

21

다음 <그림>과 <표>는 한국의 방진용 마스크 수출수입에 관한 자료이다. 이에 대한 <보고서>의 설명 중 옳은 것만을 고르면?

<그림> 한국의 방진용 마스크 수출액 · 수입액 변화

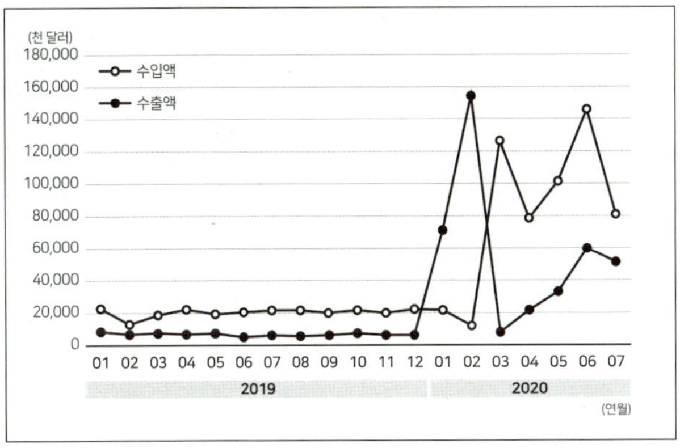

<표 1> 한국의 방진용 마스크 수출액 상위 5개국

(단위: 천 달러)

순위 \ 기간·구분	2019년 1~7월 국가	2019년 1~7월 수출액	2020년 1~7월 국가	2020년 1~7월 수출액
1	일본	11,000	중국	90,000
2	베트남	5,000	미국	72,000
3	미국	4,900	일본	37,000
4	중국	4,500	홍콩	27,000
5	멕시코	3,000	아일랜드	17,000

<표 2> 한국의 방진용 마스크 수입액 상위 5개국

(단위: 천 달러)

순위 \ 기간·구분	2019년 1~7월 국가	2019년 1~7월 수입액	2020년 1~7월 국가	2020년 1~7월 수입액
1	중국	93,000	중국	490,000
2	베트남	18,000	베트남	35,000
3	일본	4,900	미국	6,300
4	대만	2,850	일본	5,600
5	미국	2,810	싱가포르	4,600

〈보고서〉

한국의 방진용 마스크 수출·수입 변화를 살펴보면, 2019년 1월부터 2019년 12월까지는 한국의 월별 수출액이 수입액보다 작은 상황이었다. 코로나19의 확산으로 인해 방진용 마스크 수요가 늘어나면서 2020년 1월과 2월에는 한국의 수출액이 큰 폭으로 증가하였다. ㉠ 2020년 2월에는 수출액이 수입액의 7배 이상이 되었다. 한국 정부에서 방진용 마스크 공급을 조절하고 수출을 규제하기 시작한 2020년 3월 수출이 급감하였고, 이후 다시 상승세를 보이고 있다. 2020년 1~7월에는 코로나19가 전세계적으로 확산하면서 국가별 수출액 변화가 나타났다. ㉡ 전년 동기간 대비 2020년 1~7월 한국에서 미국으로 수출한 방진용 마스크 수출액 증가율은 한국에서 중국으로 수출한 방진용 마스크 수출액 증가율보다 크다.

한국의 방진용 마스크 수입은 2020년 1, 2월까지도 큰 변화가 나타나지 않다가 한국의 코로나19 확산세가 두드러진 2020년 3월부터 급격한 변화가 나타났다. ㉢ 2019년 8월부터 2020년 7월까지의 월별 수입액 변화를 살펴보면, 방진용 마스크 수입액은 2020년 3월에 전월 대비 가장 높은 증가율을 보이고 있다. 2020년 1~7월 수입액 상위 5개 국가를 살펴보면, 중국으로부터의 방진용 마스크 수입액이 가장 많게 나타나고 있다. ㉣ 전년 동기간 대비 2020년 1~7월 한국이 베트남에서 수입한 방진용 마스크 수입액 증가율은 한국이 중국에서 수입한 방진용 마스크 수입액 증가율보다 크다.

① ㄱ, ㄴ　　② ㄱ, ㄷ

③ ㄴ, ㄷ　　④ ㄴ, ㄹ

⑤ ㄷ, ㄹ

22

다음 <표>는 우리나라 7개 도시의 공원 현황을 나타낸 자료이다. <표>와 <조건>을 바탕으로 '가' ~ '라' 도시를 바르게 나열한 것은?

<표> 우리나라 7개 도시의 공원 현황

구분	개소	결정면적 (백만 m^2)	조성면적 (백만 m^2)	활용률 (%)	1인당 결정면적 (m^2)
전국	20,389	1,020.1	412.0	40.4	22.0
서울	2,106	143.4	86.4	60.3	14.1
(가)	960	69.7	29.0	41.6	25.1
(나)	586	19.6	8.7	44.2	13.4
부산	904	54.0	17.3	29.3	16.7
(다)	619	22.2	12.3	49.6	15.5
대구	755	24.6	11.2	45.2	9.8
(라)	546	35.9	11.9	33.2	31.4

〈조　건〉

○ 결정면적이 전국 결정면적의 3% 미만인 도시는 광주, 대전, 대구이다.
○ 활용률이 전국 활용률보다 낮은 도시는 부산과 울산이다.
○ 1인당 조성면적이 1인당 결정면적의 50% 이하인 도시는 부산, 대구, 광주, 인천, 울산이다.

	가	나	다	라
①	울산	광주	대전	인천
②	울산	대전	광주	인천
③	인천	광주	대전	울산
④	인천	대전	광주	울산
⑤	인천	울산	광주	대전

23

다음 <그림>과 <표>는 2014 ~ 2018년 A ~ C국의 GDP 및 조세부담률을 나타낸 자료이다. 이에 대한 설명으로 옳지 않은 것은?

<그림> 연도별 A ~ C국 GDP

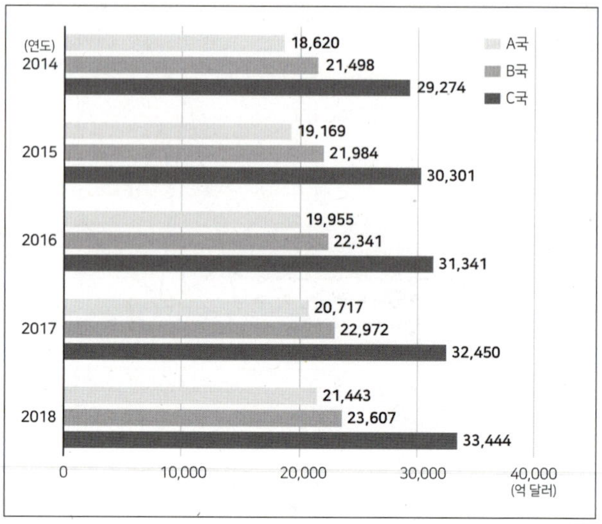

<표> 연도별 A ~ C국 조세부담률

(단위: %)

연도	구분＼국가	A	B	C
2014	국세	24.1	16.4	11.4
	지방세	1.6	5.9	11.3
2015	국세	24.4	15.1	11.3
	지방세	1.6	6.0	11.6
2016	국세	24.8	15.1	11.2
	지방세	1.6	6.1	12.1
2017	국세	25.0	15.9	11.1
	지방세	1.6	6.2	12.0
2018	국세	25.0	15.6	11.4
	지방세	1.6	6.2	12.5

※ 1) 조세부담률 = 국세부담률 + 지방세부담률

2) $국세(지방세)부담률(\%) = \frac{국세(지방세)\ 납부액}{GDP} \times 100$

① 2016년에는 전년 대비 GDP 성장률이 가장 높은 국가가 조세부담률도 가장 높다.
② B국은 GDP가 증가한 해에 조세부담률도 증가한다.
③ 2017년 지방세 납부액은 B국이 A국의 4배 이상이다
2018년 A국의 국세 납부액은 C국의 지방세 납부액보다 많다.
⑤ C국의 국세 납부액은 매년 증가한다.

24

다음 <그림>은 A ~ E 학교의 장학금에 대한 자료이다. 이를 근거로 해당 학교의 전체 학생 중 장학금 수혜자 비율이 가장 큰 학교부터 순서대로 나열한 것은?

<그림> 학교별 장학금 신청률과 수혜율

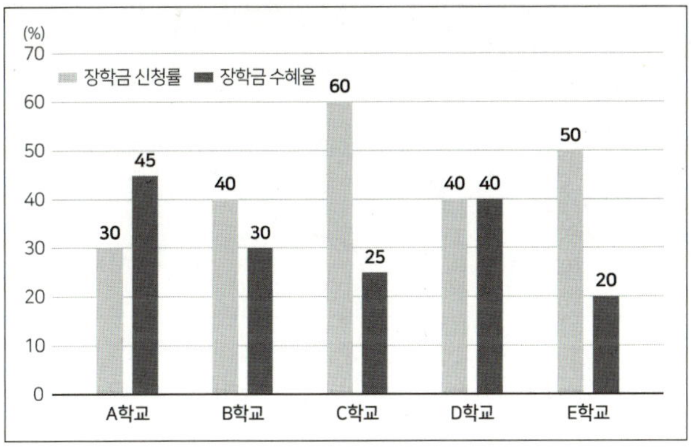

※ 1) 장학금 신청률(%) = $\frac{\text{장학금 신청자}}{\text{전체 학생}} \times 100$

2) 장학금 수혜율(%) = $\frac{\text{장학금 수혜자}}{\text{장학금 신청자}} \times 100$

① A, B, D, E, C
② A, D, B, C, E
③ C, E, B, D, A
④ D, C, A, B, E
⑤ E, D, C, A, B

25

다음 <그림>은 4대 곡물 세계 수입 현황에 대한 자료이다. 이에 대한 설명으로 옳지 않은 것은?

<그림> 4대 곡물의 세계 총수입액 및 주요 수입국 현황

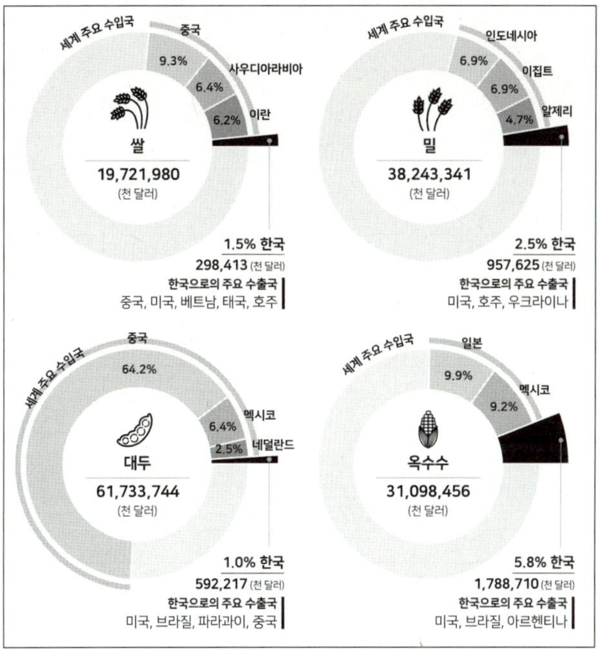

※ '세계 주요 수입국'은 세계 곡물 시장에서 한국보다 해당 곡물의 수입액이 큰 국가임.

① 한국의 밀 수입액은 쌀 수입액의 3배 이상이다.
② 중국이 수입한 4대 곡물 총수입액은 세계 밀 총수입액보다 크다.
③ 브라질은 4대 곡물 중 2개에서 '한국으로의 주요 수출국'이다.
④ 4대 곡물을 한국의 수입액이 큰 곡물부터 순서대로 나열하면 옥수수, 밀, 대두, 쌀 순이다.
⑤ 이란의 쌀 수입액은 알제리의 밀 수입액보다 크다.

26

다음 <표>는 국내 건축물 내진율 현황에 관한 자료이다. <표>를 이용하여 작성한 <보기>의 그래프 중 옳은 것만을 모두 고르면?

<표> 국내 건축물 내진율 현황

(단위: 개, %)

구분			건축물 전체	건축물 내진대상	건축물 내진확보	내진율
계			6,986,913	1,439,547	475,335	33.0
지역		서울	628,947	290,864	79,100	27.2
		부산	377,147	101,795	26,282	25.8
		대구	253,662	81,311	22,123	27.2
		인천	215,996	81,156	23,129	28.5
		광주	141,711	36,763	14,757	40.1
		대전	133,118	44,118	15,183	34.4
		울산	132,950	38,225	15,690	41.0
		세종	32,294	4,648	2,361	50.8
		경기	1,099,179	321,227	116,805	36.4
		강원	390,412	45,700	13,412	29.3
		충북	372,318	50,598	18,414	36.4
		충남	507,242	57,920	22,863	39.5
		전북	436,382	47,870	18,506	38.7
		전남	624,155	43,540	14,061	32.3
		경북	786,058	84,391	29,124	34.5
		경남	696,400	89,522	36,565	40.8
		제주	158,942	19,899	6,960	35.0
용도	주택	소계	4,568,851	806,225	314,376	39.0
		단독주택	4,168,793	445,236	143,204	32.2
		공동주택	400,058	360,989	171,172	47.4
	주택 이외	소계	2,418,062	633,322	160,959	25.4
		학교	46,324	31,638	7,336	23.2
		의료시설	6,260	5,079	2,575	50.7
		공공업무 시설	42,077	15,003	2,663	17.7
		기타	2,323,401	581,602	148,385	25.5

※ 내진율(%) $= \frac{\text{내진확보 건축물}}{\text{내진대상 건축물}} \times 100$

〈보 기〉

ㄱ. 지역별 내진율

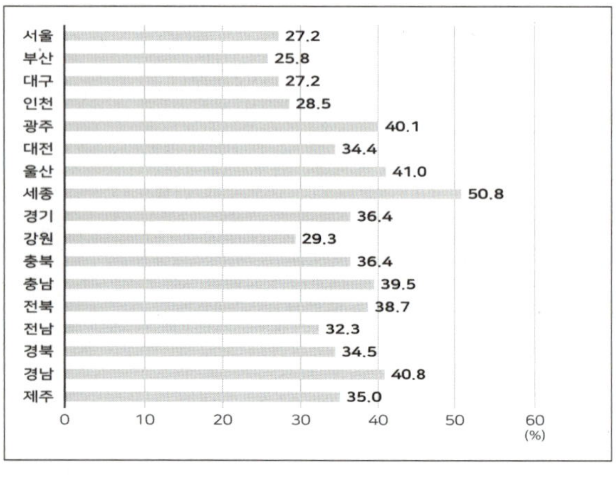

ㄴ. 용도별 내진대상 건축물 구성비

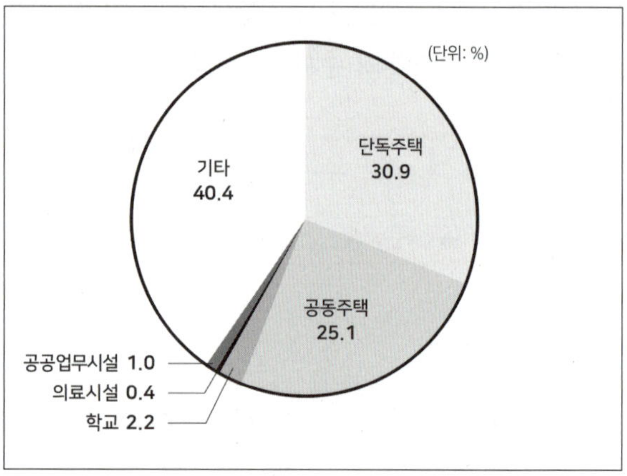

ㄷ. 주택 및 주택이외 건축물의 용도별 내진확보 건축물 구성비

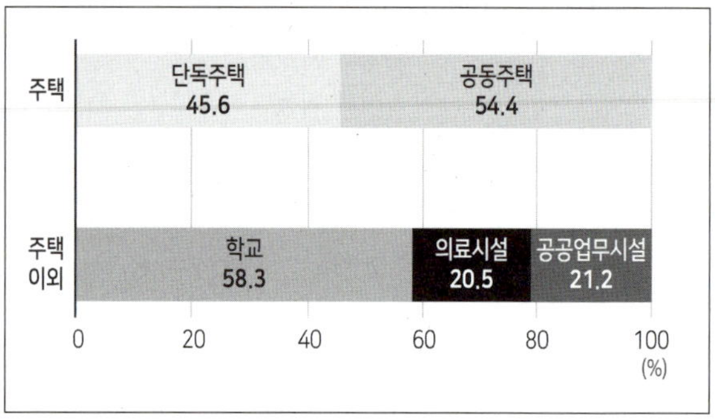

ㄹ. 주택이외 건축물 용도별 내진율

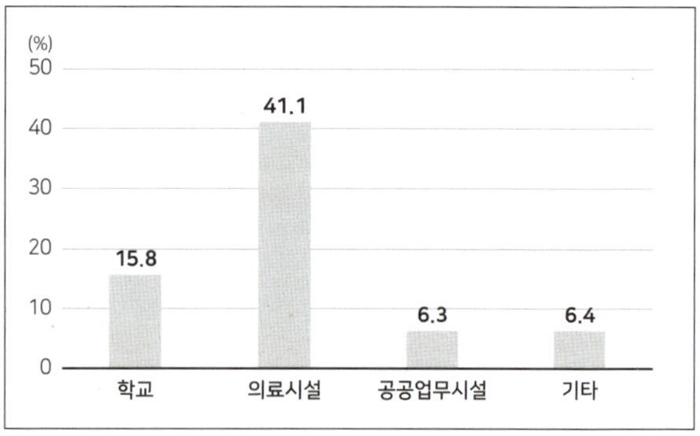

① ㄱ, ㄴ
② ㄱ, ㄷ
③ ㄴ, ㄷ
④ ㄴ, ㄹ
⑤ ㄱ, ㄴ, ㄷ

27

다음 <표>는 12대 주요 산업별 총산업인력과 기술인력 현황에 관한 자료이다. 이에 대한 <보기>의 설명 중 옳은 것만을 고르면?

<표> 12대 주요 산업별 총산업인력과 기술인력 현황

(단위: 명, %)

부문	산업	총산업인력	기술인력 현원	기술인력 비중	기술인력 부족인원	기술인력 부족률
제조	기계	287,860	153,681	53.4	4,097	(　)
	디스플레이	61,855	50,100	(　)	256	(　)
	반도체	178,734	92,873	(　)	1,528	1.6
	바이오	94,364	31,572	33.5	1,061	(　)
	섬유	131,485	36,197	(　)	927	2.5
	자동차	325,461	118,524	(　)	2,388	2.0
	전자	416,111	203,988	(　)	5,362	2.6
	조선	107,347	60,301	56.2	651	(　)
	철강	122,066	65,289	(　)	1,250	1.9
	화학	341,750	126,006	36.9	4,349	3.3
서비스	소프트웨어	234,940	139,454	(　)	6,205	(　)
	IT 비즈니스	111,049	23,120	20.8	405	(　)

※ 1) 기술인력 비중(%) $= \frac{\text{기술인력 현원}}{\text{총산업인력}} \times 100$

2) 기술인력 부족률(%)

$= \frac{\text{기술인력 부족인원}}{\text{기술인력 현원} + \text{기술인력 부족인원}} \times 100$

〈보　기〉

ㄱ. 디스플레이 산업의 기술인력 비중은 80 % 미만이다.
ㄴ. 기술인력 비중이 50 % 이상인 산업은 6개다.
ㄷ. 소프트웨어 산업의 기술인력 부족률은 5 % 미만이다.
ㄹ. 기술인력 부족률이 두 번째로 낮은 산업은 반도체 산업이다.

① ㄱ, ㄴ
② ㄱ, ㄷ
③ ㄴ, ㄷ
④ ㄴ, ㄹ
⑤ ㄷ, ㄹ

28

다음 <표>와 <그림>은 A국 게임시장에 관한 자료이다. 이에 대한 <보기>의 설명 중 옳은 것만을 고르면?

<표> 2017 ~ 2020년 A국의 플랫폼별 게임시장 규모

(단위: 억 원)

플랫폼 \ 연도	2017	2018	2019	2020
PC	149	165	173	(　)
모바일	221	244	256	301
태블릿	56	63	66	58
콘솔	86	95	78	77
기타	51	55	40	28

<그림> 2020년 A국의 플랫폼별 게임시장 점유율

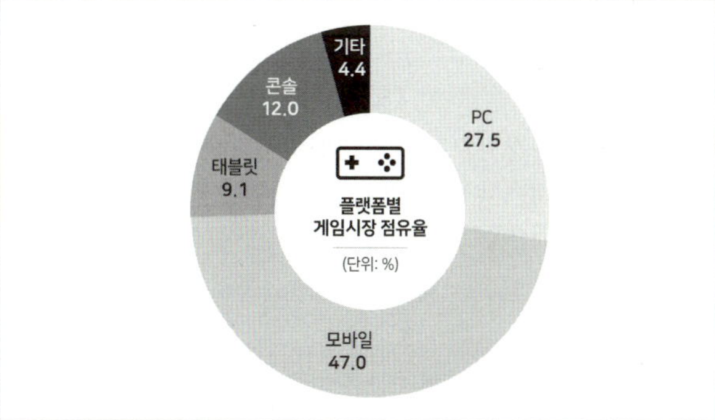

※ 플랫폼별 게임시장 점유율(%)

$= \frac{\text{A국 해당 플랫폼의 게임시장 규모}}{\text{A국 게임시장 전체 규모}} \times 100$

〈보　기〉

ㄱ. A국 게임시장 전체 규모는 매년 증가하였다.
ㄴ. 2020년 PC, 태블릿, 콘솔의 게임시장 규모의 합은 A국 게임시장 전체 규모의 50 % 미만이다.
ㄷ. PC의 게임시장 점유율은 2020년이 2019년보다 높다.
ㄹ. 기타를 제외하고 2017년 대비 2018년 게임시장 규모 증가율이 가장 높은 플랫폼은 태블릿이다.

① ㄱ, ㄴ
② ㄱ, ㄹ
③ ㄴ, ㄷ
④ ㄴ, ㄹ
⑤ ㄷ, ㄹ

29

다음 <표>는 2015 ~ 2019년 A국의 보유세 추이에 관한 자료이다. 이에 대한 <보기>의 설명 중 옳은 것만을 모두 고르면?

<표> A국의 보유세 추이

(단위: 십억 원)

구분 \ 연도	2015	2016	2017	2018	2019
보유세	5,030	6,838	9,196	9,856	8,722
재산세	2,588	3,123	3,755	4,411	4,423
도시계획세	1,352	1,602	1,883	2,183	2,259
공동시설세	446	516	543	588	591
종합부동산세	441	1,328	2,414	2,130	1,207
농어촌특별세	203	269	601	544	242

※ 보유세는 재산세, 도시계획세, 공동시설세, 종합부동산세, 농어촌특별세로만 구성됨.

〈보 기〉

ㄱ. '보유세'는 2017년이 2015년의 1.8배 이상이다.
ㄴ. '보유세' 중 재산세 비중은 2017년까지는 매년 감소하다가 2018년부터는 매년 증가하였다.
ㄷ. 농어촌특별세는 '보유세'에서 차지하는 비중이 매년 가장 작다.
ㄹ. 재산세 대비 종합부동산세 비는 가장 큰 연도가 가장 작은 연도의 4배 이상이다.

① ㄱ, ㄴ
② ㄱ, ㄷ
③ ㄷ, ㄹ
④ ㄱ, ㄴ, ㄹ
⑤ ㄴ, ㄷ, ㄹ

30 ~ 31

다음 <표>는 2014 ~ 2019년 '갑'지역의 월별 기상자료이다. 다음 물음에 답하시오.

<표 1> 2014 ~ 2019년 월별 평균기온

(단위: ℃)

연도 \ 월	1	2	3	4	5	6	7	8	9	10	11	12
2014	-4.5	1.4	4.3	9.5	17.2	23.4	25.8	26.5	21.8	14.5	6.5	-1.3
2015	-7.2	1.2	3.6	10.7	17.9	22.0	24.6	25.8	21.8	14.2	10.7	-0.9
2016	-2.8	-2.0	5.1	12.3	19.7	24.1	25.4	27.1	21.0	15.3	5.5	-4.1
2017	-3.4	-1.2	5.1	10.0	18.2	24.4	25.5	27.7	21.8	15.8	6.2	-0.2
2018	-0.7	1.9	7.9	14.0	18.9	23.1	26.1	25.2	22.1	15.6	9.0	-2.9
2019	-0.9	1.0	6.3	13.3	18.9	23.6	25.8	26.3	22.4	15.5	8.9	1.6

<표 2> 2014 ~ 2019년 월별 강수량

(단위: mm)

연도 \ 월	1	2	3	4	5	6	7	8	9	10	11	12	합계(연강수량)
2014	6	55	83	63	124	128	239	599	672	26	11	16	2,022
2015	29	29	15	110	53	405	1,131	167	26	32	56	7	2,060
2016	9	1	47	157	8	92	449	465	212	99	68	41	1,648
2017	7	74	27	72	132	28	676	149	139	14	47	25	1,390
2018	22	16	7	31	63	98	208	173	88	52	42	18	818
2019	11	23	10	81	29	99	226	73	26	82	105	29	794

<표 3> 2014 ~ 2019년 월별 일조시간

(단위: 시간)

연도 \ 월	1	2	3	4	5	6	7	8	9	10	11	12	합계(연일조시간)
2014	168	141	133	166	179	203	90	97	146	195	180	158	1,856
2015	219	167	240	202	180	171	80	94	180	215	130	196	2,074
2016	191	225	192	213	251	232	143	159	191	235	181	194	2,407
2017	168	187	256	213	238	224	101	218	191	250	188	184	2,418
2018	184	164	215	213	304	185	173	151	214	240	194	196	2,433
2019	193	180	271	216	290	258	176	207	262	240	109	178	2,580

30

다음 <표 4>는 '갑'지역의 2020년 월별 기상 관측값의 전년 동월 대비 변화량을 나타낸 자료의 일부이다. 위 <표>와 아래 <표 4>를 근거로 <보기>의 설명 중 옳은 것만을 모두 고르면?

<표 4> 2020년 기상 관측값의 전년 동월 대비 변화량

(단위: ℃, mm, 시간)

관측항목 \ 월	1	2	3	4	5	6	7	8	9	10
평균기온	−2.3	−0.8	+0.7	+0.8	+0.7	0.0	+0.4	+1.7	+0.7	
강수량	−10	+25	+31	−4	+132	−45	+132	−6	+7	
일조시간	+3	+15	−17	+4	−10	−28	−16	+29	−70	

〈보 기〉

ㄱ. 8월 평균기온은 2020년이 가장 높다.

ㄴ. 2020년 7월 강수량은 2014~2019년 동안의 7월 평균강수량보다 많다.

ㄷ. 연강수량은 2020년이 2019년보다 많다.

ㄹ. 여름(6~8월)의 일조시간은 2020년이 2019년보다 적으나 2018년보다는 많다.

① ㄱ, ㄴ

② ㄱ, ㄹ

③ ㄴ, ㄷ

④ ㄱ, ㄷ, ㄹ

⑤ ㄴ, ㄷ, ㄹ

31

다음 <그림>은 2014 ~ 2019년 중 특정 연도의 '갑'지역 월별 일평균 일조시간과 누적 강수량에 대한 자료의 일부이다. 위 <표>와 아래 <그림>을 근거로 A, B에 해당하는 값을 바르게 나열한 것은?

<그림> 월별 일평균 일조시간과 누적 강수량

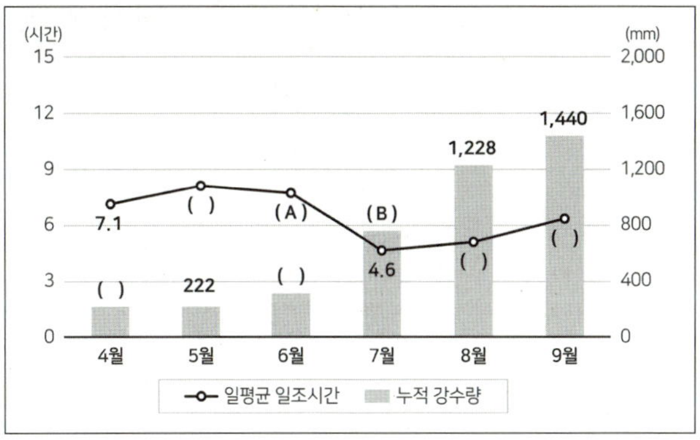

※ 1) 일평균 일조시간은 해당 월 일조시간을 해당 월 날짜 수로 나눈 값임.

2) 누적 강수량은 해당 연도 1월부터 해당 월까지의 강수량을 누적한 값임.

	A	B
①	7.5	763
②	7.5	779
③	7.5	794
④	7.7	763
⑤	7.7	779

32

다음 <표>는 2020년 A지역의 가구주 연령대별 및 종사상지위별 가구 구성비와 가구당 자산 보유액 현황에 관한 자료이다. 이를 이용하여 작성한 <보기>의 그래프 중 옳은 것만을 모두 고르면?

<표> 가구 구성비 및 가구당 자산 보유액

(단위: %, 만 원)

구분		가구 구성비	전체	금융자산	실물자산: 부동산	실물자산: 부동산 중 거주주택	실물자산: 기타
가구 전체		100.0	43,191	10,570	30,379	17,933	2,242
가구주 연령대	30세 미만	2.0	10,994	6,631	3,692	2,522	671
	30~39세	12.5	32,638	10,707	19,897	13,558	2,034
	40~49세	22.6	46,967	12,973	31,264	19,540	2,730
	50~59세	25.2	49,346	12,643	33,798	19,354	2,905
	60세 이상	37.7	42,025	7,912	32,454	18,288	1,659
가구주 종사상 지위	상용근로자	42.7	48,531	13,870	32,981	20,933	1,680
	임시·일용근로자	12.4	19,498	4,987	13,848	9,649	663
	자영업자	22.8	54,869	10,676	38,361	18,599	5,832
	기타(무직 등)	22.1	34,179	7,229	26,432	16,112	518

〈보 기〉

ㄱ. 가구주 연령대별 부동산 자산 중 거주주택 자산 비중

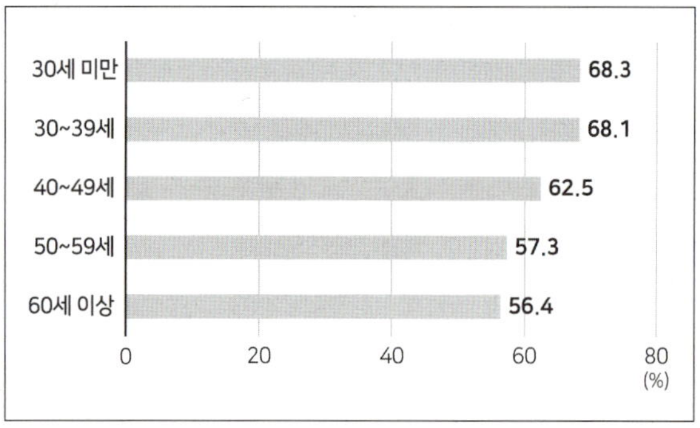

ㄴ. 상용근로자와 자영업자의 자산 유형별 자산 보유액 구성비 비교

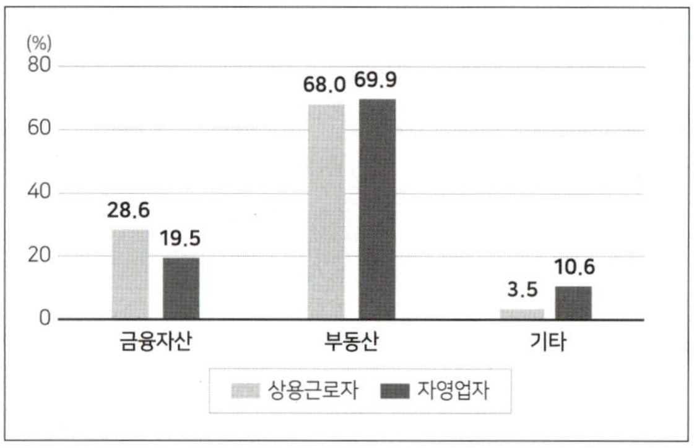

ㄷ. 전체 자산의 가구주 연령대별 구성비

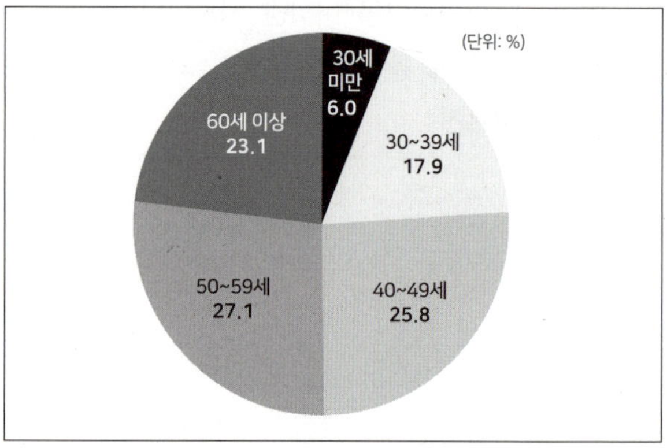

ㄹ. 가구주 종사상지위별 가구당 실물자산 규모

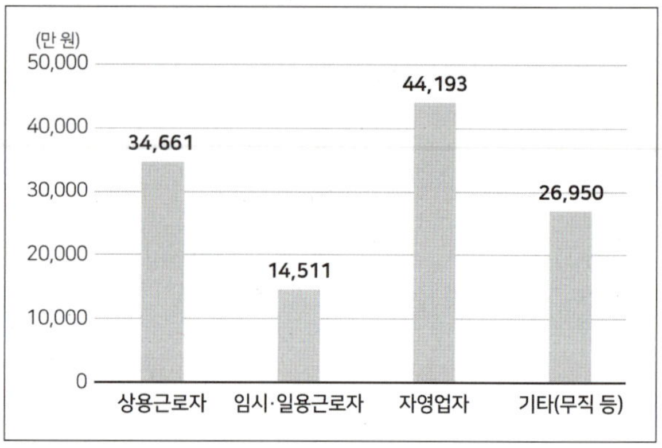

① ㄱ, ㄹ
② ㄴ, ㄷ
③ ㄴ, ㄹ
④ ㄷ, ㄹ
⑤ ㄱ, ㄴ, ㄹ

33

다음 <표>는 2020년 '갑'시의 오염물질 배출원별 배출량에 대한 자료이다. 이에 대한 <보기>의 설명 중 옳은 것만을 모두 고르면?

<표 1> 2020년 오염물질 배출원별 배출량 현황 - 1

(단위: 톤, %)

오염물질 / 구분 / 배출원	PM_{10}		$PM_{2.5}$		CO	
	배출량	배출비중	배출량	배출비중	배출량	배출비중
선박	1,925	61.5	1,771	64.0	2,126	5.8
화물차	330	10.6	304	11.0	2,828	7.7
건설장비	253	8.1	233	8.4	2,278	6.2
비산업	163	5.2	104	3.8	2,501	6.8
RV	134	4.3	123	4.5	1,694	4.6
계	2,805	( )	2,535	( )	11,427	( )

<표 2> 2020년 오염물질 배출원별 배출량 현황 - 2

(단위: 톤, %)

오염물질 / 구분 / 배출원	NO_x		SO_x		VOC	
	배출량	배출비중	배출량	배출비중	배출량	배출비중
선박	24,994	45.9	17,923	61.6	689	1.6
화물차	7,427	13.6	3	0.0	645	1.5
건설장비	4,915	9.0	2	0.0	649	1.5
비산업	6,047	11.1	8,984	30.9	200	0.5
RV	1,292	2.4	1	0.0	138	0.3
계	44,675	( )	26,913	( )	2,321	( )

※ 1) PM_{10} 기준 배출량 상위 5개 오염물질 배출원을 선정하고, 6개 오염물질 배출량을 조사함.

2) $\text{배출비중(\%)} = \frac{\text{해당 배출원의 배출량}}{\text{전체 배출원의 배출량}} \times 100$

〈보 기〉

ㄱ. 오염물질 CO, NO_x, SO_x, VOC 배출량 합은 '화물차'가 '건설장비'보다 많다.

ㄴ. $PM_{2.5}$ 기준 배출량 상위 5개 배출원의 $PM_{2.5}$ 배출비중 합은 90% 이상이다.

ㄷ. NO_x의 전체 배출원 중에서 '건설장비'는 네 번째로 큰 배출비중을 차지한다.

ㄹ. PM_{10}의 전체 배출량은 VOC의 전체 배출량보다 많다.

① ㄱ, ㄴ
② ㄱ, ㄷ
③ ㄴ, ㄹ
④ ㄱ, ㄴ, ㄷ
⑤ ㄴ, ㄷ, ㄹ

memo

34

다음 <표>는 '갑'국의 2020년 5월, 6월 음원차트 상위 15위 현황에 대한 자료이다. 이에 대한 <보기>의 설명 중 옳은 것만을 모두 고르면?

<표 1> 2020년 6월 음원차트 상위 15위 현황

순위	전월 대비 순위변동	음원	GA점수
1	–	(　)	147,391
2	(　)	알로에	134,098
3	(　)	미워하게 될 줄 알았어	127,995
4	신곡	LESS & LESS	117,935
5	▽ [2]	매우 화났어	100,507
6	신곡	Uptown Baby	98,506
7	신곡	땅 Official Remix	91,674
8	(　)	개와 고양이	80,927
9	▽ [2]	(　)	77,789
10	△ [100]	나에게 넌, 너에게 난	74,732
11	△ [5]	Whale	73,333
12	▽ [2]	(　)	68,435
13	△ [18]	No Memories	67,725
14	△ [3]	화려한 고백	67,374
15	▽ [10]	마무리	65,797

<표 2> 2020년 5월 음원차트 상위 15위 현황

순위	전월 대비 순위변동	음원	GA점수
1	신곡	세븐	203,934
2	▽ [1]	알로에	172,604
3	△ [83]	(　)	135,959
4	신곡	개와 고양이	126,306
5	▽ [3]	마무리	93,295
6	△ [4]	럼더덤	90,637
7	△ [6]	좋은 사람 있으면 만나	88,775
8	▽ [5]	첫사랑	87,962
9	신곡	Sad	87,128
10	▽ [6]	흔들리는 풀잎 속에서	85,957
11	▽ [6]	아는 노래	78,320
12	–	Blue Moon	73,807
13	▽ [4]	METER	69,182
14	▽ [3]	OFF	68,592
15	신곡	미워하게 될 줄 알았어	66,487

※ 1) GA점수는 음원의 스트리밍, 다운로드, BGM 판매량에 가중치를 부여하여 집계한 것으로 GA점수가 높을수록 순위가 높음.
2) –: 변동없음, △[ ]: 상승 [상승폭], ▽[ ]: 하락 [하락폭], 신곡: 해당 월 발매 신곡

〈보 기〉

ㄱ. 2020년 4~6월 동안 매월 상위 15위에 포함된 음원은 모두 4곡이다.
ㄴ. 'Whale'의 2020년 6월 GA점수는 전월에 비해 6,000 이상 증가하였다.
ㄷ. 2020년 6월 음원차트 상위 15위 음원 중 6월 발매 신곡을 제외하고 전월 대비 순위 상승폭이 세 번째로 큰 음원의 GA점수는 전월 GA점수의 두 배 이상이다.
ㄹ. 2020년 6월 음원차트 상위 15위 음원 중 6월 발매 신곡을 제외하고 전월 대비 순위가 상승한 음원은 전월 대비 순위가 하락한 음원보다 많다.

① ㄱ, ㄴ
② ㄴ, ㄹ
③ ㄷ, ㄹ
④ ㄱ, ㄴ, ㄷ
⑤ ㄱ, ㄷ, ㄹ

35

다음 <표>는 A시의 2016 ~ 2020년 버스 유형별 노선 수와 차량대수에 관한 자료이다. 이에 대한 <보고서>의 내용 중 옳은 것만을 고르면?

<표> 2016 ~ 2020년 버스 유형별 노선 수와 차량대수

(단위: 개, 대)

유형 구분 연도	간선버스		지선버스		광역버스		순환버스		심야버스	
	노선 수	차량 대수	노선 수	차량 대수	노선 수	차량 대수	노선 수	차량 대수	노선 수	차량 대수
2016	122	3,703	215	3,462	11	250	4	25	9	45
2017	121	3,690	214	3,473	11	250	4	25	8	47
2018	122	3,698	211	3,474	11	249	3	14	8	47
2019	122	3,687	207	3,403	10	247	3	14	9	70
2020	124	3,662	206	3,406	10	245	3	14	11	78

※ 버스 유형은 간선버스, 지선버스, 광역버스, 순환버스, 심야버스로만 구성됨.

〈보고서〉

㉠ 2017 ~ 2020년 A시 버스 총노선 수와 총차량대수는 각각 매년 감소하고 있으며, ㉡ 전년 대비 감소폭은 총노선 수와 총차량대수 모두 2019년이 가장 크다. 이는 A시 버스 이용객의 감소와 버스 노후화로 인한 감차가 이루어져 나타난 결과로 볼 수 있다. ㉢ 2019년 심야버스는 버스 유형 중 유일하게 전년에 비해 차량대수가 증가하였고 전년 대비 차량대수 증가율은 45 %를 상회하였다. 이는 심야시간 버스 이용객의 증가로 인해 나타난 것으로 볼 수 있다. ㉣ 2016 ~ 2020년 동안 노선 수 대비 차량대수 비는 간선버스가 매년 가장 크다. 이는 간선버스가 차량운행거리가 길고 배차시간이 짧다는 특성이 반영된 것으로 볼 수 있다. 마지막으로 ㉤ 2016 ~ 2020년 동안 노선 수 대비 차량대수 비는 심야버스가 순환버스보다 매년 크다.

① ㄱ, ㄴ, ㄷ
② ㄱ, ㄹ, ㅁ
③ ㄴ, ㄷ, ㄹ
④ ㄴ, ㄷ, ㅁ
⑤ ㄷ, ㄹ, ㅁ

36

다음 <그림>은 2020년 A기관의 조직 및 운영에 관한 자료이다. 이에 대한 <보기>의 설명 중 옳은 것만을 모두 고르면?

<그림> 2020년 A기관의 조직 및 운영 현황

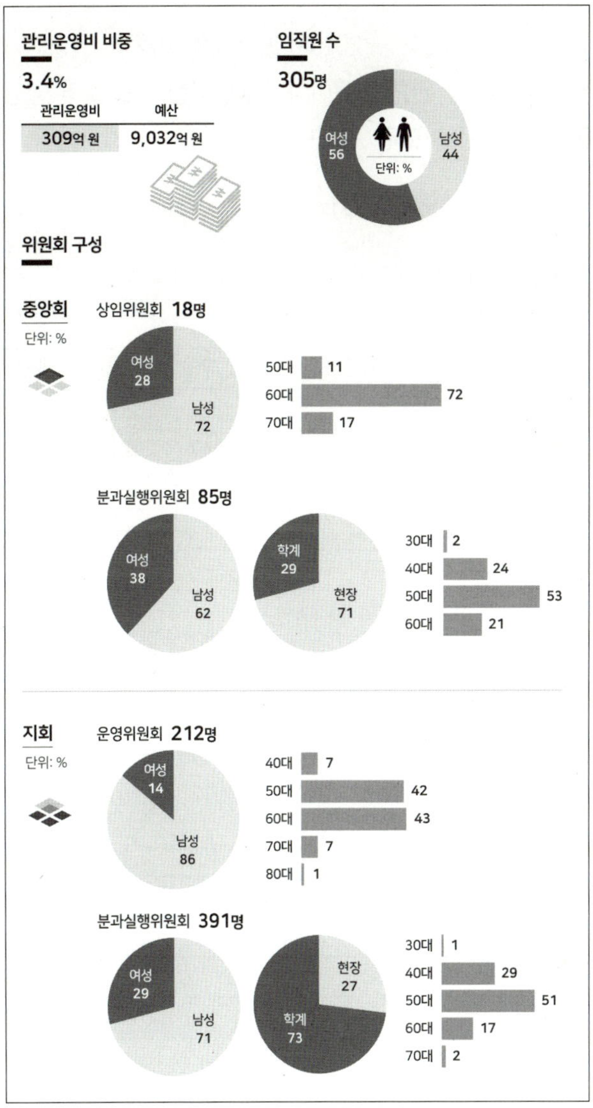

※ 중앙회는 상임위원회와 분과실행위원회로만 구성되고, 지회는 운영위원회와 분과실행위원회로만 구성됨.

〈보 기〉

ㄱ. 2020년 임직원당 관리운영비는 1억 원 이상이다.
ㄴ. 분과실행위원회의 현장 위원 수는 중앙회가 지회보다 많다.
ㄷ. 중앙회 상임위원회의 모든 여성 위원이 동시에 중앙회 분과실행위원회 위원이라면, 중앙회 여성 위원 수는 총 32명이다.
ㄹ. 지회 분과실행위원회의 50대 학계 위원은 80명 이상이다.

① ㄱ, ㄴ
② ㄱ, ㄹ
③ ㄴ, ㄷ
④ ㄴ, ㄹ
⑤ ㄱ, ㄷ, ㄹ

37

다음 <표>는 2015 ~ 2019년 보호조치 아동의 발생원인 및 조치방법에 관한 자료이다. 이에 대한 <보기>의 설명 중 옳은 것만을 모두 고르면?

<표 1> 보호조치 아동의 발생원인별 현황

(단위: 명)

발생원인 \ 연도	2015	2016	2017	2018	2019
학대	2,866	3,139	2,778	2,726	2,865
비행	360	314	227	231	473
가정불화	930	855	847	623	464
유기	321	264	261	320	237
미아	26	11	12	18	8
전체	( )	( )	( )	( )	4,047

※ 보호조치 아동 한 명당 발생원인은 1개임.

<표 2> 보호조치 아동의 조치방법별 현황

(단위: 명)

조치방법 \ 연도	2015	2016	2017	2018	2019
시설보호	2,682	2,887	2,421	2,449	2,739
가정위탁	1,582	1,447	1,417	1,294	1,199
입양	239	243	285	174	104
기타	0	6	2	1	5
전체	( )	( )	( )	( )	4,047

※ 보호조치 아동 한 명당 조치방법은 1개임.

〈보 기〉

ㄱ. 매년 전체 보호조치 아동은 감소한다.

ㄴ. 매년 전체 보호조치 아동 중 발생원인이 '가정불화'인 보호조치 아동의 비중은 10% 이상이다.

ㄷ. 2019년 조치방법이 '시설보호'인 보호조치 아동 중 발생원인이 '학대'인 보호조치 아동의 비중은 50% 이상이다.

ㄹ. 2016년 이후 조치방법이 '가정위탁'인 보호조치 아동의 전년 대비 감소율은 매년 10% 이하이다.

① ㄱ, ㄴ
② ㄱ, ㄷ
③ ㄴ, ㄹ
④ ㄱ, ㄷ, ㄹ
⑤ ㄴ, ㄷ, ㄹ

38

다음 <표>는 영재학생 역량에 대한 과학교사와 인문교사 두 집단의 인식에 대한 자료이다. 이에 대한 설명으로 옳은 것은?

<표 1> 영재학생 역량별 요구수준 및 현재수준

(단위: 점)

역량 \ 집단, 구분	과학교사 요구수준	과학교사 현재수준	과학교사 부족수준	인문교사 요구수준	인문교사 현재수준	인문교사 부족수준
문해력	4.30	3.30	1.00	4.50	3.26	1.24
수리적 소양	4.37	4.00	0.37	4.43	3.88	0.55
과학적 소양	4.52	4.03	0.49	4.63	4.00	0.63
ICT 소양	4.33	3.59	0.74	4.52	3.68	0.84
경제적 소양	3.85	2.84	1.01	4.01	2.87	1.14
문화적 소양	4.26	2.84	1.42	4.46	3.04	1.42
비판적 사고	4.71	3.53	1.18	4.73	3.70	1.03
창의성	4.64	3.43	1.21	4.84	3.67	1.17
의사소통능력	4.68	3.42	1.26	4.71	3.65	1.06
협업능력	( )	3.56	( )	4.72	3.66	1.06
호기심	4.64	3.50	1.14	4.64	3.63	1.01
주도성	4.39	3.46	0.93	4.47	3.43	1.04
끈기	4.48	3.30	1.18	4.60	3.35	1.25
적응력	4.31	3.34	0.97	4.41	3.43	0.98
리더십	4.24	3.34	0.90	4.34	3.49	0.85
사회인식	4.32	3.05	1.27	4.48	3.24	1.24

※ 1) 부족수준 = 요구수준 − 현재수준
2) 점수가 높을수록 해당 역량의 요구(현재, 부족)수준이 높음.

<표 2> 교사집단별 영재학생 역량 우선지수 순위

집단 / 구분 / 순위	과학교사		인문교사	
	역량	우선지수	역량	우선지수
1	문화적 소양	6.05	문화적 소양	6.33
2	( )	( )	( )	( )
3	( )	( )	창의성	5.66
4	비판적 사고	5.56	문해력	5.58
5	사회인식	5.49	사회인식	5.56
6	호기심	5.29	( )	( )
7	끈기	5.29	의사소통능력	4.99
8	협업능력	5.24	비판적 사고	4.87
9	문해력	4.30	호기심	4.69
10	적응력	4.18	주도성	4.65
11	주도성	4.08	경제적 소양	4.57
12	( )	( )	( )	( )
13	리더십	3.82	( )	( )
14	( )	( )	리더십	3.69
15	( )	( )	( )	( )
16	( )	( )	( )	( )

※ 우선지수 = 요구수준 × 부족수준

① '끈기'에 대한 우선지수는 과학교사 집단이 인문교사 집단보다 높다.
② 각 교사집단에서 우선지수가 가장 낮은 역량은 모두 '수리적 소양'이다.
③ 두 교사집단 간 부족수준의 차이가 가장 큰 역량은 '경제적 소양'이다.
④ 각 교사집단이 인식하는 요구수준 상위 5개에 속한 역량은 다르다.
⑤ 각 교사집단이 인식하는 요구수준 하위 3개에 속한 역량은 같다.

39

다음 <표>는 S시 공공기관 의자 설치 사업에 참여한 '갑' ~ '무'기업의 소요비용에 대한 자료이다. 이에 대한 <보기>의 설명 중 옳은 것만을 모두 고르면?

<표> 기업별 의자 설치 소요비용 산출근거

기업	의자 제작비용 (천 원/개)	배송 거리 (km)	배송차량당 배송비용 (천 원/km)		배송차량의 최대 배송량 (개/대)
			배송업체 A	배송업체 B	
갑	300	120	1.0	1.2	30
을	250	110	1.1	0.9	50
병	320	130	0.7	0.9	70
정	400	80	0.8	1.0	40
무	270	150	0.5	0.3	25

※ 1) 소요비용 = 제작비용 + 배송비용
2) '갑' ~ '무' 기업은 배송에 필요한 최소대수의 배송차량을 사용함.

〈보 기〉

ㄱ. 배송업체 A를 이용하여 의자 500개를 설치할 때, 소요비용이 가장 적은 기업은 '을'이다.
ㄴ. 배송업체 A를 이용하여 의자 300개를 설치할 때, 소요비용이 1억 원 미만인 기업이 있다.
ㄷ. 배송업체 B를 이용하여 의자 300개를 설치할 때, 소요비용이 가장 적은 기업은 '무'이다.
ㄹ. 배송업체 B를 이용하여 의자 590개를 설치할 때, 소요비용이 1억 5천만 원 미만인 기업이 있다.

① ㄱ, ㄴ
② ㄱ, ㄹ
③ ㄴ, ㄷ
④ ㄱ, ㄴ, ㄹ
⑤ ㄴ, ㄷ, ㄹ

40

다음 <조건>, <그림>과 <표>는 2015 ~ 2019년 '갑'지역의 작물재배와 생산, 판매가격에 대한 자료이다. 이에 대한 설명으로 옳지 않은 것은?

〈조 건〉

○ '갑'지역의 전체 농민은 '가', '나', '다' 3명뿐이다.
○ 각 농민은 1,000 m^2 규모의 경작지 2곳만을 가지고 있다.
○ 한 경작지에는 한 해에 하나의 작물만 재배한다.
○ 각 작물의 '경작지당 연간 최대 생산량'은 A는 100 kg, B는 200 kg, C는 100 kg, D는 200 kg, E는 50 kg이다.
○ 생산된 작물은 해당 연도에 모두 판매된다.
○ 각 작물의 판매가격은 해당 연도의 '갑'지역 작물별 연간 총생산량에 따라 결정된다.

<그림> A ~ E 작물별 '갑'지역 연간 총생산량에 따른 판매가격

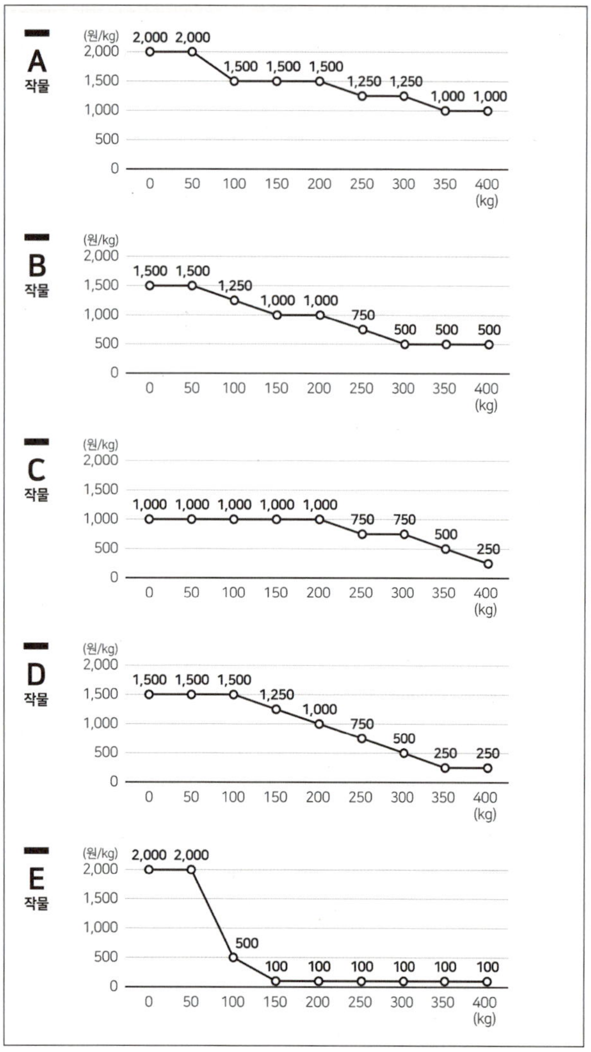

<표> 2015 ~ 2019년 경작지별 재배작물 종류 및 생산량

(단위: kg)

농민	연도 / 구분 / 경작지	2015 작물	2015 생산량	2016 작물	2016 생산량	2017 작물	2017 생산량	2018 작물	2018 생산량	2019 작물	2019 생산량
가	경작지 1	A	100	A	50	A	25	B	100	A	100
	경작지 2	A	100	B	100	D	200	B	100	B	50
나	경작지 3	B	100	B	50	C	100	C	50	D	200
	경작지 4	C	100	A	100	D	200	E	50	E	50
다	경작지 5	D	200	D	200	C	50	D	200	D	200
	경작지 6	E	50	E	50	E	50	E	50	E	50

① 동일 경작지에서 동일 작물을 다년간 연속 재배하였을 때, 전년 대비 생산량 감소를 보인 작물은 A, B, C이다.
② 2016년 농민 '가'의 작물 총판매액은 225,000원이다.
③ E 작물은 동일 경작지에서 다년간 연속 재배해도 생산량이 감소하지 않았다.
④ 동일 경작지에서 A 작물을 3개년 연속 재배하고 B 작물을 재배한 후 다시 A 작물을 재배한 해에는 A 작물이 '경작지당 연간 최대 생산량'만큼 생산되었다.
⑤ 2016년과 2019년의 작물 판매가격 차이는 D 작물이 E 작물보다 작다.

PSAT 신헌
자료해석 ALL수록
기출문제집
정답과 해설

CONTENTS

목차

신헌 PSAT 자료해석 ALL 수록 기출문제집

2023년 7급 공채 및 민간경력 [인책형]

문항별 핵심 정리표

번호	난이도	유형	포인트	소재	자료수
1	★☆☆☆☆	상황판단형	조건에 맞는 항목 선별, 도표 해석	'갑' 지역의 리조트 개발 후보지 A ~ E의 지리정보 조사 결과	그림1, 정보1
2	★★☆☆☆	수리계산형	a당 b 자료, 분수 계산	종합병원 A의 날짜별 진료 실적	표1
3	★★☆☆☆	수리계산형	전체비와 상대비, 분수 비교	2022년 '갑'국 주요 수입 농산물의 수입경로별 수입량	표1
4	★★☆☆☆	수리계산형	가중치, 조건에 따른 점수 계산	'갑'시 공공정책 홍보사업에 입찰한 A ~ F 홍보업체의 온라인 홍보매체 운영현황	표1, 정보1
5	★☆☆☆☆	보고서형	추가로 필요한 자료	2013 ~ 2022년 '갑'국 국방연구소가 출원한 지식재산권	표5, 보고서1
6	★★★☆☆	일반형	분수 비교, a당 b 자료	2022년 A ~ E국의 연구개발 세액감면 현황	표1
7	★★☆☆☆	일반형	비중, 비례식, 분수 계산	2013 ~ 2022년 '갑'국의 농업진흥지역 면적	표1, 보고서1
8	★★★★☆	보고서형	조건에 맞는 자료 찾기, 감소율 계산	'갑'군의 농촌관광 사업	보고서1, 표5
9	★★★☆☆	일반형	차트 스피드 해법, 증가율 계산	2020년과 2021년 '갑'국의 농림축수산물 종류별 수출입량	그림1
10	★★★☆☆	일반형	정보가 많은 표, 비례식, 단순 연산	조선왕조실록에 수록된 1401 ~ 1418년의 이상 기상 및 자연재해 발생 건수	표1
11	★★★☆☆	수리계산형	조건에 따른 비용 계산	위원회 회의참석수당 지급규정	표2, 정보2
12	★★★☆☆	수리계산형	공식 분석, 계산 단순화	'갑'국의 특허 출원인 A ~ E의 IT 분야 등록특허별 피인용 횟수	표1, 정보1
13	★★★☆☆	표-차트 변환형	구성비 계산, 증가율 계산	2018 ~ 2022년 '갑'국의 양자기술 분야별 정부 R&D 투자금액	표1, 그림5
14	★★☆☆☆	일반형	괄호가 있는 표, 단순 연산, 증가율 계산	2017 ~ 2022년 '갑'국의 병해충 발생면적	표1
15	★★★★☆	일반형	차트 스피드 해법, 그래프 파악	'갑'국의 2017년과 2022년 A ~ H 학생의 신장 및 체중과 체질량지수 분류기준	그림1, 표1
16	★★★☆☆	일반형	빠른 연산, 증가율 계산	2016 ~ 2022년 '갑'국의 스마트농업 정부연구비	그림1, 표1
17	★★★☆☆	일반형	비율 계산, 최소교집합, 단순 연산	A 지역 산불피해 복구에 대한 국비 및 지방비 지원금액	표2
18	★★★☆☆	일반형	전체비와 상대비, 분수 계산	2022년도 '갑'국의 운전면허 종류별 응시자 및 합격자 수	표1
19	★★★☆☆	일반형	상대비, 분수 계산	2022년 A ~ E국의 국방비와 GDP, 군병력, 인구	표1
20	★★★☆☆	일반형	단위 주의, 공식의 적용	'갑'국의 건설공사 안전관리비	표1, 정보1
21	★★★☆☆	일반형	괄호가 있는 표, 분수 계산	'갑'국 재외국민의 5개 지역별 투표 결과	표1
22	★★☆☆☆	매칭형	매칭형, 단순 연산	2017 ~ 2021년 '갑'국의 해양사고 유형별 발생 건수와 인명피해 인원 현황	표2, 정보1
23	★★☆☆☆	일반형	괄호가 있는 표, 단순 연산, 분수 비교	2017 ~ 2022년 '갑'시의 택시 위법행위 유형별 단속건수	표1
24	★★★☆☆	일반형	세트형, 단순 연산, 수치 읽기형	'갑'국의 2022년 4 ~ 6월 A ~ D 정유사의 휘발유와 경유 가격	표1
25	★★★★★	수리계산형	세트형, 공식을 이용한 복합 연산, 가정형 지문	'갑'국의 2022년 4 ~ 6월 A ~ D 정유사의 휘발유와 경유 가격	표1, 정보1

2023년 7급 공채 및 민간경력 [인책형]

01 ①	02 ③	03 ②	04 ③	05 ⑤
06 ④	07 ①	08 ①	09 ②	10 ⑤
11 ③	12 ④	13 ⑤	14 ③	15 ⑤
16 ④	17 ④	18 ④	19 ②	20 ①
21 ③	22 ①	23 ③	24 ④	25 ②

01

난이도 ★☆☆☆☆ 정답 ①

[핵심] 상황판단형, 조건에 맞는 항목 선별, 도표 해석

<조건 1> 나들목에서부터 거리가 6km 초과하는 E는 탈락
<조건 2> 역에서부터 거리가 8km 초과하는 B는 탈락
<조건 3> 지가가 30만원/m^2 이상인 D, E는 탈락
<조건 4> 해발고도가 100m 미만인 C, E는 탈락
따라서 정답은 A이다.

02

난이도 ★★☆☆☆ 정답 ③

[핵심] 수리계산형, a당 b 자료, 분수 계산

4월 7일 진료의사 수는 '계'에서 나머지 날짜의 진료의사 수를 빼서 구한다. 계산해보면, 진료의사 수는 20명이고 진료의사 1인당 진료환자 수는 29(= 580/20)명이다.

03

난이도 ★★☆☆☆ 정답 ②

[핵심] 수리계산형, 전체비와 상대비, 분수 비교

육로수입량 비중(전체비 : $\frac{\text{육로}}{\text{육로}+\text{해상}+\text{항공}}$)의 순서는 상대비($\frac{\text{육로}}{\text{해상}+\text{항공}}$)의 순서와 같다. 이때, 육로 수입량(분자)은 2,000~2,500으로 크게 차이나지 않는 반면, '땅콩'의 경우 해상+항공 수입량(분모)이 다른 농산물에 비해 압도적으로 적기 때문에 육로가 차지하는 비중은 가장 크다.

04

난이도 ★★☆☆☆ 정답 ③

[핵심] 수리계산형, 가중치, 조건에 따른 점수 계산

미디어 채널 구독자수의 가중치(0.4)를 1로 놓았을 때, SNS 팔로워 수(0.6)는 1.5로 두고 인지도를 계산하면 다음과 같다.

홍보업체 \ 구분	미디어채널 구독자 수	SNS 팔로워 수 ×1.5	합
A	90	75	165
B	180	0	**180**
C	50	120	**170**
D	80	90	170
E	100	60	160
F	60	67.5	127.5

따라서 홍보경력이 있는 홍보업체 중에는 C가 선정되고, 홍보경력이 없는 홍보업체 중에는 B가 선정된다.

05

난이도 ★☆☆☆☆ 정답 ⑤

[핵심] 보고서형, 추가로 필요한 자료

ㄱ. (×) "전체 특허 출원" 건수는 <표>의 "국내 출원+국외 출원"으로 구할 수 있기 때문에 추가로 필요하지 않다.
ㄴ. (○) 보고서 2문단 2문장에서 필요하다.
ㄷ. (○) 보고서 3문단 1문장에서 필요하다.
ㄹ. (○) 보고서 3문단 2문장에서 필요하다.

06

난이도 ★★★☆☆ 정답 ④

[핵심] 분수 비교, a당 b 자료

표의 항목 순서대로 문자로 치환한다.
X : 연구개발 세액감면액
Y : GDP 대비 연구개발 세액 감면액 비율
Z : 연구개발 총지출액 대비 연구개발 세액 감면액 비율
ㄱ. (×) GDP = X / Y. C국과 E국의 분모는 동일하므로 연구개발 세액감면액(X)이 더 큰 E국이 GDP도 더 크다.
ㄴ. (○) 연구개발 총지출액 = X / Z. B국이 분자가 가장 크고 분모가 가장 작으므로 연구개발 총지출액도 가장 크다(자대모소).
ㄷ. (○) GDP 대비 연구개발 총지출액 비율 = Y / Z. A국이 $\frac{0.20}{4.97}$, B국이 $\frac{0.07}{2.85}$로 분자는 2배 이상, 분모는 2배 미만이므로 A국이 높다(자증대상).

07

난이도 ★★☆☆☆ 정답 ①

[핵심] 비중, 비례식, 분수 계산

ㄱ. (○) 농업진흥지역이 전체 농지에서 50% 이하이려면, 전체 농지가 농업진흥지역의 2배 이상이어야 한다. 따라서 맞는 지문이다.
ㄴ. (×) 농업진흥지역은 2016년과 2021년에 증가하였다.

ㄷ. (X) 2013년 농업진흥지역 면적에서 밭 면적이 차지하는 비중은 약 16%(=14.6/91.5)이다.

[스피드 해법]

ㄷ. 분모를 100으로 세팅 : $\frac{14.6\times1.1}{91.5\times1.1}$ ≒ $\frac{16}{100}$ (=16%)

분수 비교 : $\frac{14.6}{91.5}$ > $\frac{15}{100}$ (=15%) [자증대상]

08

난이도 ★★★★☆ 정답 ①

[핵심] 보고서형, 조건에 맞는 자료 찾기, 감소율 계산

'기자'의 방송뉴스 내용과 부합하지 않는 선지를 단계적으로 제거한다.

[1] "농촌체험마을은 2020년 방문객 수와 매출액이 2019년에 비해 75 % 이상 감소하였습니다." → 75% 이상 감소하였다는 것은 2020년 수치가 2019년 수치의 25% 이하이라는 것이고, 따라서 2019년 수치가 2020년 수치의 4배 이상이라는 것이다 (100 : 25↓= 4 : 1↓= 4↑: 1).

②, ④ (X) 매출액의 경우, 2019년 12,320(천 원)이 3,180×4(천 원) 미만이다.

[2] "농촌민박도 2020년 방문객 수와 매출액이 전년과 비교하여 30 % 이상 줄어들었습니다." → 30% 이상 감소하였다는 것은 2020년 수치가 2019년 수치의 70% 이하이라는 것이다 (100 : 70↓).

⑤ (X) 2020년 농촌민박 매출액은 2019년의 70% 초과이다.

[3] "농촌융복합사업장은 2020년 방문객 수와 매출액이 전년과 비교해 줄어든 비율이 농촌체험마을보다는 작았습니다."

③ (X) 감소율은 남은 비율(2019년 대비 2020년 비율)과 여사건 관계(즉 대소 관계 반대)이다. 남은 비율을 보면, 농촌체험마을 매출액은 약 1/4 (=25%)이고, 농촌융복합사업장 매출액은 약 1/5 (=20%)이다. 따라서 감소율은 농촌체험마을이 약 75%이고, 농촌융복합사업장이 약 80%이다.

09

난이도 ★★★☆☆ 정답 ②

[핵심] 차트 스피드 해법, 증가율 계산

ㄱ. (O) <그림>에서 전년대비 x축 값이 오른쪽으로 이동했는지 확인한다.

ㄴ. (X) 농림축수산물 총수입량은 2020년이 1,050(=400+400+150+ 100)천만 톤, 2021년이 850(=300+300+150+100)천만 톤으로 전년 대비 감소하였다.

ㄷ. (O) 수출량 대비 수입량 비율($\frac{y}{x}$)은 <그림>에서 원점에서 연결한 직선의 기울기이므로 2020년과 2021년 모두 가장 큰 종류는 임산물이다.

ㄹ. (X) 2021년 수출량의 전년 대비 증가율은 축산물이 66.7%(=100/150)인데, 수산물은 100%(=100/100)이므로 가장 큰 종류는 수산물이다.

[스피드 해법]

ㄴ. 같은 수는 제거하고 비교한다.
2020년 : 2021년 = (400 + 400 + 150 + 100) : (300 + 300 + 150 + 100) = (400 + 400) : (300+300)

ㄹ. 증가율보다는 배율로 비교하는 것이 쉽다. 수산물은 2배, 다른 항목은 2배 미만이다.

10

난이도 ★★★☆☆ 정답 ⑤

[핵심] 정보가 많은 표, 비례식, 단순 연산

ㄱ. (X) 전체 발생 건수 상위 2개 연도는 1405년과 1406년으로 발생 건수의 합은 133(=74+59)건이고, 하루 2개 연도는 1404년과 1408년으로 발생 건수의 합은 52(=29+23)건이다. 따라서 전자는 후자의 3배 미만이다.

ㄴ. (O) 1406년 '큰 비'는 21건이므로 '큰 비'가 가장 많이 발생한 해는 1405년(27건)이 되고, '우박'이 가장 많이 발생한 해도 1405년(9건)이다.

ㄷ. (O) '큰 비'의 경우, 발생 건수 합이 234건이므로 발생 건수 합 상위 5개 유형은 '천둥번개', '큰 비', '벼락', '우박', '짙은 안개'이다.

ㄹ. (O) 1402년 '짙은 안개'는 15건이므로 가장 많이 발생하였고, 1408년은 7건이므로 역시 가장 많이 발생하였다.

[스피드 해법]

ㄱ. 합산 전에 각각 3배 미만임을 확인한다. 29와 74, 23과 59를 연결해서 비교한다.

ㄷ. '큰 비'의 발생 건수 합을 정확히 계산할 필요 없다. '큰 비'를 제외하고 상위 5개를 고르고 그 중 가장 작은 값이 57(황충 피해)이므로 '큰 비'의 합이 57(황충 피해)보다 크다는 것을 확인하면, 상위 5개에 '황충 피해'는 빠지고 '큰 비'는 포함된다.

11

난이도 ★★★☆☆ 정답 ③

[핵심] 수리계산형, 조건에 따른 비용 계산

회의별 회의참석수당을 계산하면 다음과 같다(단위: 천 원).

구분 \ 회의		(가)	(나)	(다)	(라)
안건 검토비	위원장	250	200	200	150
	위원	200 × 2	150 × 2	150 × 2	100 × 2
	소계	650	500	500	350
회의 참석비		150 × 3	200 × 3	150 × 3	200 × 3
교통비		12 × 3	16 × 3	25 × 3	30 × 3
합계		1,136	1,148	1,025	1,040

위 표를 바탕으로 총지급액이 큰 순서대로 나열하면, (나), (가), (라), (다)가 된다. 따라서 정답은 ③이다.

[스피드 해법]

차액만 비교한다.

구분 \ 회의		(가)	(나)	(다)	(라)
안건 검토비	위원장	50			−50
	위원	50 × 2			−50 × 2
	소계	150			−150
회의 참석비			150 (50×3인)		150 (50×3인)
교통비		36	48	75	90
합계		186	198	75	90

12

난이도 ★★★☆☆ 정답 ④

[핵심] 수리계산형, 공식 분석, 계산 단순화

1) 영향력지수가 가장 큰 출원인

<정보>의 영향력지수 공식을 볼 때, 분모인 'IT 분야 전체 등록특허의 피인용도 지수'는 공통이므로 분자인 '해당 출원인의 피인용도 지수'로만 대소비교를 한다.

피인용도 지수를 계산하면 다음과 같다.

A : (3+25)/2 = 14

B : (1+3+20)/3 = 8

C : (3+2+10+5+6)/5 = 5.2

D : (12+21+15)/3 = 16

E : (6+56+4+12)/4 = 19.5

따라서 가장 큰 출원인은 E이다.

2) 기술력지수가 가장 작은 출원인

기술력지수도 위와 같은 이유로 영향력지수의 분자인 '해당 출원인의 피인용도 지수' × '해당 출원인의 등록특허 수'로 대소비교를 할 수 있다.

즉, $\frac{\text{해당 출원인의 등록특허 피인용 횟수의 합}}{\text{해당 출원인의 등록특허 수}}$ × 해당 출원인의 등록특허 수 = 해당 출원인의 등록특허 피인용 횟수의 합이 된다. 이를 계산하면 다음과 같다.

A : 3+25 = 28

B : 1+3+20 = 24

C : 3+2+10+5+6 = 26

D : 12+21+15 = 48

E : 6+56+4+12 = 78

따라서 가장 작은 출원인은 B이다.

[스피드 해법]

계산이 쉬운 기술력 지수(→피인용 횟수 합)를 먼저 처리한다. (선지에 있는 것만 대상)

A = 28, B = 24, C = 26 → 가장 작은 것은 B이므로 ①, ④만 남는다.

영향력 지수(→ 피인용도 지수)는 A와 E만 비교한다.

A = 28/2 < E = 78/4 → 가장 큰 것은 E이므로 답은 ④이다.

13

난이도 ★★★☆☆ 정답 ⑤

[핵심] 표-차트 변환형, 구성비 계산, 증가율 계산

⑤ (×) 2022년 양자센서만 보더라도 10% 미만(209/2,244)이므로 틀린 그래프라는 것을 알 수 있다.

[스피드 해법]

표-차트 변환형을 판단할 때는 수치 확인형(②)부터 확인하고, 구성비 자료(③, ⑤) 순으로 계산하여 처리한다.

⑤ 2018년의 분야별 순서만 비교해도 틀렸음을 알 수 있다. <표>에서는 양자통신이 1위인데 <그림>에서는 양자내성암호가 1위이다.

14

난이도 ★★☆☆☆ 정답 ③

[핵심] 괄호가 있는 표, 단순 연산, 증가율 계산

ㄱ. (○) 2022년 '참나무시들음병'은 1,487ha이므로 매년 감소한 병해충은 '솔껍질깍지벌레'뿐이다.

ㄴ. (○) 2018년 전체 병해충 발생면적은 80,565ha이다. 따라서 전년대비 증가한 해는 2018년뿐이다.

ㄷ. (×) 2019년 솔잎혹파리 발생면적은 32,531ha이므로 2022년 '참나무시들음병'의 30배인 44,610(=1,487×30)ha 미만이다.

ㄹ. (×) 2022년 병해충 발생면적의 전년 대비 증가율은 '참나무시들음병'이 약 20%(1,240→1,487)이고, '흰불나방'은 15% 미만(28,522→32,627)이므로 전자가 후자보다 높다.

15

난이도 ★★★★☆ 정답 ⑤

[핵심] 차트 스피드 해법, 그래프 파악

① (○) 체질량지수는 <그림>에서 $\frac{y축}{x축}$으로, 즉 원점에서의 기울기로 구할 수 있다. 저체중 기준인 체질량지수 20kg/m²을 표시하면 다음과 같다. 저체중은 20kg/m² 미만이므로 20kg/m² 선 아래에 있는(기울기가 더 작은) 2017년 C, 2022년 B, C이다. 따라서 2022년이 2017년보다 많다.

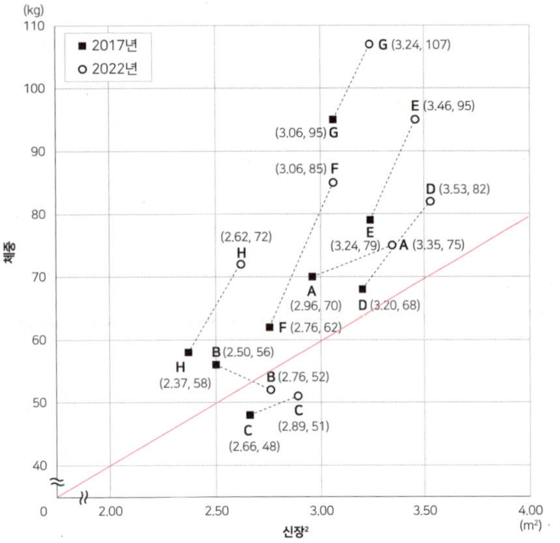

② (○) 2017년 체중의 평균은 약 77.4(=(107+95+85+82+75+72+52+51)/8)kg이고, 2022년 체중의 평균은 약 67(=(95+79+70+68+62+58+56+48)/8)kg이다. 따라서 2022년에 2017년 대비 10% 이상 증가하였다.

③ (○) 체질량지수가 25kg/m²인 선을 표시하면 '정상' 범위는 20kg/m²과 25kg/m² 선의 사이에 위치한 학생이다. 따라서 2017년과 2022년에 모두 '정상'으로 분류된 학생은 A, D이다.

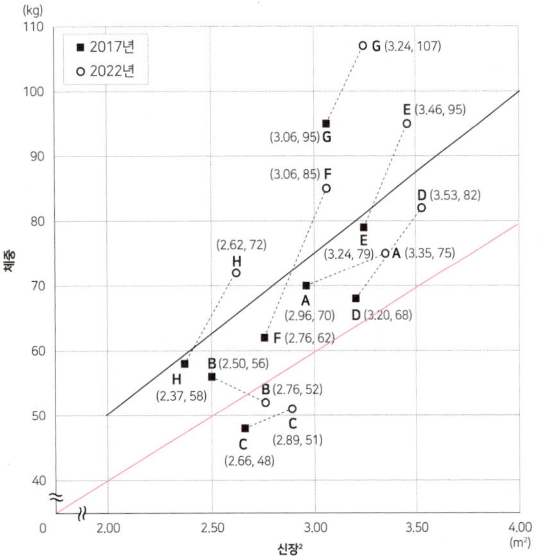

④ (○) 원칙적으로는 x축의 경우 [신장²]이므로 <그림>의 x축 사이의 거리를 통해 바로 [신장]의 차이를 비교할 수는 없지만, [신장]의 단위가 m여서 수치 규모가 작다는 점을 확인하면, [신장²]의 차이의 순서 대신 [신장]의 차이의 순서를 이용한다. 따라서 2017년 대비 2022년에 x축 기준 오른쪽으로 가장 많이 이동한 학생을 찾으면 A라는 것을 알 수 있다.

⑤ (×) 체질량지수는 원점에서의 기울기이므로 가장 큰 값은 G이고, 가장 작은 값은 C이다. 따라서 G의 체질량지수는 약 33(=107/3.24)이고, C는 약 17(=51/2.89)이므로 전자는 후자의 2배 미만이다.

[스피드 해법]

⑤ $\frac{107}{3.24} < \frac{51\times2}{2.89}$: 분자 증가율 5% 미만, 분모 증가율 10% 초과 → 모증대하

16

난이도 ★★★☆☆ 정답 ④

[핵심] 빠른 연산, 증가율 계산

ㄱ. (○) 2016년 스마트농업 연구과제당 정부연구비는 유일하게 150백만 원을 초과하며 가장 많다.

ㄴ. (○) 전체 정부연구비는 자동화설비기기가 174,142(백만 원), 융합연구가 154,847(백만 원)이므로 '자동화설비기기'가 가장 많다.

ㄷ. (×) 2022년 스마트농업 정부연구비의 전년 대비 증가율은 30% 미만인데, 2018년, 2019년은 30% 이상이기 때문에 옳지 않다.

ㄹ. (○) 2019년 대비 2022년 정부연구비 증가율은 '데이터 기반구축'이 70% 이상으로 가장 높다.

17

난이도 ★★★☆☆ 정답 ④

[핵심] 비율 계산, 최소교집합, 단순 연산

ㄱ. (×) '주택 복구'의 국비 지원금액 대비 지방비 지원금액 비율은 약 34%(=1,800/5,200)인데, '생계안정 지원'이 50%(=660/1,320)로 가장 높다.

ㄴ. (○) <표 2>의 제목을 보면 '산림청' 지원금액은 국비이므로, <표 1>에서도 '국비' 수치를 이용한다. '산림시설 복구' 중 국비를 A, 산림청을 B, 국비 전체를 N으로 두고, 최소교집합 공식(A+B-N)을 이용한다. 32,594 + 33,008 − 55,058 = 10,544(천만 원)이므로 1,000억 원 이상이다.

ㄷ. (×) 국토교통부 지원금액은 <표 2>에서 계산해보면 9,010천만 원이므로 전체 국비 대비 20% 미만이다.

ㄹ. (○) 전체 지방비 지원금액은 <표 1>에서 계산해보면 12,592천만 원이므로 '상·하수도 복구' 국비 지원금액(10,930)보다 크다.

[스피드 해법]

ㄱ. 40%를 기준으로 판단한다. 주택 복구는 40% 미만, 생계 안정 지원은 40% 초과이다. 또는 '주택 복구' ← '생계안정 지원' 방향으로 읽으면, 분자는 3배 초과, 분모는 3배 미만, 따라서 자증대상으로 처리한다.
ㄴ. <표>의 단위가 '천만 원'이므로 '억 원' 단위만 처리한다. 즉, <표>에서 한 자리 수치를 지우고 판단한다. 3259 + 3300 − 5505 > 1000
ㄹ. 전체 지방비 지원금액은 <표 1>에서 어림산하면 12,000 초과이므로 '상·하수도 복구' 국비 지원금액(10,930)보다 크다.

18

난이도 ★★★☆☆ 정답 ④

[핵심] 전체비와 상대비, 분수 계산

① (×) 2종 남자 응시자 수는 28,139(= 25,047 + 1,753 + 1,339)명이므로 2종 응시자 수는 42,469명이다. 따라서 2종 응시자 수는 1종 응시자 수의 2배 미만이다.

② (×) 전체 합격률은 약 61.1%(= $\frac{44,012}{71,976}$)이므로 60% 이상이다.

③ (×) 1종 보통 면허 합격률은 약 63%(= $\frac{15,346}{24,388}$)이고, 2종 보통 면허 합격률은 약 67%(= $\frac{26,289}{39,312}$)이므로 전자가 후자보다 낮다.

④ (○) 1종 면허 남자 응시자 수는 28,191명이고, 2종 면허 남자 응시자 수는 28,139명이므로 전자가 후자보다 많다.

⑤ (×) 1종 대형 면허 여자 합격률은 8%(= $\frac{4}{50}$)이고, 2종 소형 면허 여자 합격률은 20%(= $\frac{1}{5}$)이므로 전자가 후자보다 낮다.

[스피드 해법]

① 2종 응시자 수가 1종 응시자 수의 2배 이상이 되려면 1종 응시자 수가 전체 응시자의 $\frac{1}{3}$ 이하이어야 한다. 실제 자료에서는 $\frac{29}{71} > \frac{1}{3}$ 이다.
③ 약분한 값으로 비교한다. 전자는 약 5/8, 후자는 약 2/3, 분모를 상대방 쪽으로 넘겨서 곱하면 15 : 16 관계이다.
④ 컴마(,) 앞 부분 수치(천 단위)는 27로 동일하므로, 백 단위 이하의 수치만 비교한다.

19

난이도 ★★★☆☆ 정답 ②

[핵심] 상대비, 분수 계산

ㄱ. (○) 국방비가 가장 많은 국가는 A국이다. 이때 A ~ E국 국방비 합은 9,711이고, A국은 8,010이므로 80% 이상이다.
ㄴ. (×) B국의 인구 1인당 GDP는 3 미만(= 16,652/5,197)이고, C는 3 초과(= 16,652/5,197)하므로 전자가 후자보다 작다.
ㄷ. (×) 국방비는 E국이 C국보다 많으나, GDP 대비 국방비 비율은 E국(684/30,706)이 C국(502/16,652)보다 낮다.
ㄹ. (○) 군병력 1인당 국방비는 A국이 약 60.2(= 8,010/133), D국이 약 18.8(= 320/17)이므로 전자는 후자의 3배 이상이다.

[스피드 해법]

ㄱ. 상대비를 이용한다. A국 : [B ~ E국] 국방비 합 = 4↑ : 1을 이용하면, 8,000 초과 : 2,000 미만.
ㄹ. 군병력 1인당 국방비는 A국 60 초과, D국 20 미만.

20

난이도 ★★★☆☆ 정답 ①

[핵심] 단위 주의, 공식의 적용

ㄱ. (○) 대상액이 10억 원이라면 안전관리비는 "대상액 × 요율 + 기초액"으로 구할 수 있다. '일반건설공사(을)'의 안전관리비는 25.4(= 1,000×1.99% + 5.5)백만 원이고 '중건설공사'는 28.9(= 1,000×2.35% + 5.4)백만 원이다. 따라서 전자가 후자보다 적다.
ㄴ. (×) 대상액이 4억 원이라면 안전관리비는 "대상액 × 요율"로 구할 수 있다. '일반건설공사(갑)'와 '철도·궤도신설공사'의 안전관리비 차이는 4억 원×(2.93 − 2.45)% = 192백만 원이다.
ㄷ. (×) '특수 및 기타 건설공사' 안전관리비는 대상액이 100억 원일 때 1억 2,700만 원(=100억 원×1.27%)이며, 10억 원일 때는 1,525(= 10억 원×1.20% + 325)만 원이므로 전자는 후자의 10배 미만이다.

[스피드 해법]

ㄱ. 차액을 비교한다. '중건설공사'는 '일반건설공사(을)'에 비해서 '대상액 × 요율'에서 360만 원(=10억 원 × 0.36%) 많고, '기초액'에서 10만 원(=100천 원) 적다.

21

난이도 ★★★☆☆ 정답 ③

[핵심] 괄호가 있는 표, 분수 계산

ㄱ. (×) '아주'의 투표소 수는 68개소로 '중동'(21개소)의 4배 미만이다.

ㄴ. (×) '유럽'의 투표율이 약 78.6%(=25,629/32,591)이므로 중동(83%)이 가장 높고, 가장 낮은 지역은 '미주'(68.7%)이므로 그 차이는 14.3%p이다.

ㄷ. (○) '미주'의 선거인 수는 약 73,000명 이상(=50,440/68.7%)이므로 투표소당 선거인 수는 1,100명 이상이다. 한편, '유럽'의 투표소당 선거인 수는 1,000명 미만이므로 전자가 후자보다 많다.

ㄹ. (○) 제 19대 선거인 수[=(투표자 수/투표율)×100]와 제 20대 선거와의 차이를 구하면 다음과 같다. (답을 찾을 때 풀지 않아도 되는 보기이므로 실전에서는 패스한다.)

제19대 선거		제20대 선거인 수와 차이(명)
지역	선거인 수 (명)	
아주	143,914	33,096
미주	95,137	21,716
유럽	42,603	10,012
중동	9,670	2,852
아프리카	3,386	832

[스피드 해법]

ㄴ. '유럽'의 투표율을 $\frac{256}{325}$으로 어림산하면,

$$\frac{16\times16=32\times8}{32\times10\uparrow}<0.8$$

따라서 유럽의 투표율이 중동보다 낮다는 것만 확인하면 된다.

ㄷ. 미주의 선거인 수 (　)를 구하는 방법은 다음과 같다.

1) 세로 합계를 이용한다. 컴마(,) 앞 부분만 처리하면, 약 76,000명이다.

2) 비례식을 이용한다. (　) : 50,440 = 100 : 68.7 (대략 3 : 2) 대략 (　)는 약 75,000명이다.

→ 투표소당 선거인 수는 분수 비교 테크닉을 이용하면 자증대상(미주←유럽).

22

난이도 ★★☆☆☆ 정답 ①

[핵심] 매칭형, 단순 연산

<조건 2> 2020년 해양사고 발생 건수 대비 인명피해 인원의 비율이 가장 높은 유형은 E(=79/203)이고, 그 다음은 B(=25/108)이다. 따라서 B가 '전복'에 해당한다(③, ⑤ 제거).

<조건 3> '전복'이 B이므로 '전복' 발생 건수의 매년 2배 이상인 유형은 A이다. 따라서 A가 '충돌'이다(④ 제거).

<조건 5> 2020년과 2021년의 해양사고 인명피해 인원 차이가 가장 큰 유형은 D(5명)이다. 따라서 D가 '화재폭발'로 정답은 ①이다.

[스피드 해법]

<조건 2>는 비율을 비교하고 있고, <조건 5>는 차이를 비교하고 있으므로, <조건 5>를 먼저 처리하면, 선지는 ①, ③, ④로 좁혀진다.

<조건 2>를 처리하면 선지는 ①, ④로 좁혀진다.

<조건 3>을 처리하면 선지는 ①로 확정된다.

23

난이도 ★★☆☆☆ 정답 ③

[핵심] 괄호가 있는 표, 단순 연산, 분수 비교

① (×) 2017년 '승차거부' 단속건수는 1,566건이고, 2018년 '방범등 소등위반' 단속건수는 879건이다. 따라서 2017년 단속건수 상위 2개 유형은 '승차거부', '정류소 정차 질서문란'이고, 2018년은 '승차거부', '방범등 소등위반'이므로 두 연도가 다르다.

② (×) '부당요금' 단속건수 대비 '승차거부' 단속건수 비율은 2017년이 약 12.5(=1,566/125)인데, 2020년에는 14를 초과(=717/51)하므로 가장 높은 연도는 2020년이다.

③ (○) 전체 단속건수를 구해보면 2020년 5,985건, 2021년 3,287건이므로 가장 많은 연도는 2020년이다.

④ (×) 전체 단속건수 중 '방범등 소등위반' 단속건수가 차지하는 비중은 2020년에 20% 미만(=769/5,985)인데 2021년에는 30% 초과(=1,214/3,287)하므로 매년 감소하는 것은 아니다.

⑤ (×) 2017년 '승차거부' 단속건수는 1,566건이고, 2022년 '방범등 소등위반'은 1,262건이므로 전자가 후자보다 많다.

24

난이도 ★★★☆☆ 정답 ④

[핵심] 세트형, 단순 연산, 수치 읽기형

① (×) 휘발유와 경유의 가격 차이는 4월이 20원으로 D정유사가 가장 큰데 5월은 45원으로 B정유사가 가장 크다.

② (×) 4월에 휘발유 가격보다 경유 가격이 낮은 정유사는 없다.

③ (×) 5월 휘발유 가격이 가장 높은 정유사는 C이고 경유 가격이 가장 높은 정유사는 D이다.

④ (○) 표에서 확인할 수 있듯, 각 정유사의 경유 가격은 매월 높아졌다.

⑤ (×) C 정유사의 경우, 5월과 6월 가격 차이는 경유가 128(=2,013−1,885)원, 휘발유가 139(=2,006−1,867)원이므로 휘발유가 경유보다 크다.

25

난이도 ★★★★★ 정답 ②

[핵심] 세트형, 공식을 이용한 복합 연산, 가정형 지문

원가를 x로 두고 <정보>를 정리하면, 4월 가격 = $(x + 0.5x) \times 1.1 = 1.65x$

ㄱ. (×) B의 휘발유 원가를 x라고 두면, 5월 가격 = 1,849 = $(x + 0.4x) \times 1.1 = 1.54x$ 따라서 x = 1,849/1.54 (≒ 1,200) < 1,300(원/L)이다.

ㄴ. (○) 4월 C의 경유 원가는 약 1,095(=1,806/1.65)원/L이다. 한편, 5월 C의 경유 “원가+유류세”는 약 1,714(=1,885/1.1)원/L이므로 전월과 원가가 같다면 유류세는 600원/L 이상(=1,714-1,095 = 619) 크다.

ㄷ. (×) D의 경유 “원가+유류세”는 4월이 1,827/1.1, 6월이 2,024/1.1이다. 따라서 분모가 1.1로 같으므로, 4월 : 6월 = 1,827 : 2,024이다. 즉, 4월보다 6월이 크다. 한편, 두 달의 유류세를 x라고 두면, “원가+유류세”를 정리하면, 4월 : 6월 = $3x$: $3x\uparrow$ = $(2x + x)$: $(2\uparrow x + x)$ 구조이다. 따라서 6월의 $\frac{\text{원가}}{\text{유류세}} = \frac{x}{2\uparrow x}$ < 50%이다.

2022년 7급 공채 및 민간경력 [가책형]

문항별 핵심 정리표

번호	난이도	유형	포인트	소재	자료수
1	★☆☆☆☆	수리계산형	자료읽기, 단순계산	15세 이상 인구를 대상으로 한 경제활동인구조사 결과	그림1
2	★★☆☆☆	일반형	자료읽기, 감소율 계산	2017 ~ 2021년 '갑'국의 청구인과 피청구인에 따른 특허심판 청구건수	표1
3	★☆☆☆☆	보고서형	<보고서>의 키워드로 해당하는 선택지 빠르게 찾기	2018 ~ 2021년 '갑'국의 생활밀접업종 현황	보고서1, 그림4, 표1
4	★★☆☆☆	일반형	자료읽기, 의결정족수	'갑'국 A 위원회의 24 ~ 26차 회의 심의결과	표1
5	★★☆☆☆	매칭형	보고서와 매칭, 소거법	A ~ E 도시의 시기별 및 자본금액별 창업 건수	표1, 보고서1
6	★★★☆☆	일반형	자료읽기, 곱셈비교, 감소폭 비	원료곡종별 및 등급별 가공단가와 A ~ C 지역의 가공량	표2
7	★★☆☆☆	일반형	조건의 적용 및 상황판단	정비사업 투자의 우선순위를 결정하기 위한 자료	표2
8	★★☆☆☆	일반형	자료읽기, 증가율 계산	반려동물 사료 유형별 특허 출원건수	그림1
9	★★☆☆☆	일반형	자료읽기, 증가폭	2019년과 2020년 지역별 전체주택 및 빈집 현황	표1, 보고서1
10	★★☆☆☆	보고서형	추가로 필요한 자료 찾기	2021년 '갑'국의 초등돌봄교실	표2, 보고서1
11	★★★☆☆	일반형	자료읽기, 여사건, 증가율	해양사고 심판현황	표1
12	★★☆☆☆	매칭형	매칭형, 키워드 찾기, 자료 읽기	해양포유류를 국제자연보전연맹(IUCN) 적색 목록 지표에 따라 분류한 자료	표1, 보고서1
13	★★★★★	수리계산형	방정식, 조건의 적용	공유킥보드 운영사 A ~ D의 2022년 1월 기준 대여요금제	표1, 보고서1
14	★★☆☆☆	보고서형	감소율 계산	2021년 '갑'국 사교육비 조사결과	보고서1, 표3, 그림2
15	★★★☆☆	일반형	불연속 자료, 수식 변형, 분수 비교	갑'국의 학교급별 여성 교장 수와 비율을 1980년부터 5년마다 조사한 자료	표1
16	★★☆☆☆	매칭형	보고서+매칭형, %p, 편차 계산	도지사 선거 후보자 A와 B의 TV 토론회 전후 '가' ~ '마'지역 유권자의 지지율	표1, 보고서1
17	★★★☆☆	일반형	점그래프, 차트 스피드 해법, 곱셈 비교, 수식 변환	'갑'공업단지 내 8개 업종 업체 수와 업종별 스마트시스템 도입률 및 고도화율	그림2
18	★★★☆☆	수리계산형	수식 단순화, 곱셈	운전자 A ~ E의 정지시거 산정	표1
19	★★★★☆	일반형	점그래프, 차트 스피드 해법, 평균, 곱셈 비교	'갑'국 8개 어종의 2020년 어획량	표1, 그림1
20	★★★☆☆	상황판단형	스포츠 자료, 시간 계산, 순위	2021년 A 시에서 개최된 철인3종경기 기록	표1
21	★★★☆☆	수리계산형	수식 변환, 곱셈 비교	제품 A ~ E의 제조원가	표1
22	★★★☆☆	일반형	세트형, 증가율 계산, 최소교집합	'갑'국 방위산업의 매출액 및 종사자 수	표4
23	★★★☆☆	매칭형	세트형, 보고서+매칭형	'갑'국 방위산업의 매출액 및 종사자 수	표4, 보고서1
24	★★★☆☆	수리계산형	수식 변환, 자리수 유의, 복합 계산	국가 A ~ D의 국내총생산, 1인당 국내총생산, 1인당 이산화탄소 배출량	표1
25	★★★☆☆	일반형	비중 계산, 상대비, 증가율 계산	장소별 전기차 급속충전기 수	표1

2022년 7급 공채 및 민간경력 [가책형]

01 ①	02 ⑤	03 ④	04 ①	05 ②
06 ①	07 ④	08 ①	09 ⑤	10 ④
11 ②	12 ③	13 ③	14 ⑤	15 ④
16 ②	17 ②	18 ⑤	19 ③	20 ①
21 ③	22 ⑤	23 ①	24 ④	25 ②

01

난이도 ★☆☆☆☆ 정답 ①

[핵심] 자료읽기, 단순계산

15세 이상인구 = 경제활동인구 + 비경제활동인구
비경제활동인구 = 취업자 + 실업자

(A) : '경제활동인구'의 증감분과 '비경제활동인구'의 증감분을 합하면 '15세 이상 인구'의 증감분이 도출되어야 한다. '15세 이상 인구'의 증감분은 －1만 5천 명이고, '경제활동인구'의 증감분은 ＋3만 명이므로 '비경제활동인구'의 증감분(A)은 －4만 5천 명이 된다.

(B) : '취업자'와 '실업자'의 합으로 '경제활동인구'가 도출된다. 따라서 실업자가 6만 1천 명이므로 '경제활동인구' 175만 7천 명이 도출되려면 취업자(B)는 169만 6천 명이다(=175.7−6.1).

02

난이도 ★★☆☆☆ 정답 ⑤

[핵심] 자료읽기, 감소율 계산

ㄱ. (○) 2019년 청구인이 내국인인 특허심판 청구건수는 1,154(=795+359)건이고, 2018년 청구인이 내국인인 특허심판 청구건수는 2,859(=889+1,970)건이므로 감소율은 50% 이상이다.

ㄴ. (○) 2021년 피청구인이 내국인인 특허심판 청구건수는 893(=741+152)건으로 피청구인이 외국인인 특허심판 청구건수 259(=213+46)건의 3배 이상이다.

ㄷ. (○) 2017년 내국인이 외국인에게 청구한 특허심판 청구건수는 270건이고, 2020년 외국인이 외국인에게 청구한 특허심판 청구건수는 230건이다.

03

난이도 ★☆☆☆☆ 정답 ④

[핵심] 보고서형, <보고서>의 키워드로 해당하는 선택지 빠르게 찾기

① (○) 1문단 2문장에서 확인한다. 생활밀접업종의 2021년 사업자수는 2,215천 명이고, 2018년 사업자 수는 1,989천 명이므로 10% 이상 증가하였다.

② (○) 1문단 3문장에서 확인한다. 2018년 대비 2021년 생활밀접업종 사업자 수 증가율 1위는 스포츠시설운영업(140.3%), 2위는 펜션·게스트하우스(89.1%), 3위는 애완용품점(80.2%)이다.

③ (○) 2문단 2문장에서 확인한다. 산부인과 병·의원 사업자 수는 2018년 1,726명, 2019년 1,713명, 2020년 1,686명, 2021년 1,663명으로 매년 감소하였다.

④ (×) 2문단 3문장에서 확인한다. 2019년 예식장 사업자 수는 전년대비 증가하였다. 이는 2018년 이후 예식장과 결혼상담소의 사업자 수가 각각 매년 감소하였다는 보고서의 내용과 부합하지 않는다.

⑤ (○) 3문단에서 확인한다. 7개 그룹의 생활밀접업종 중 2018년 대비 2021년 사업자 수 증가율은 전문직 그룹의 증가율(17.6%)이 가장 높다.

04

난이도 ★★☆☆☆ 정답 ①

[핵심] 자료읽기, 의결정족수

ㄱ. (○) 24 ~ 26차 회의의 심의 안건에 모두 동의한 의원은 기획재정부장관, 보건복지부장관, 여성가족부장관, 국토교통부장관, 해양수산부장관, 문화재청장으로 6명이다.

ㄴ. (×) 심의안건에 부동의한 위원 수는 5명(24차) → 6명(25차) → 4명(26차)으로 26차에서 감소하였다.

ㄷ. (×) 전체 위원(16명)의 $\frac{2}{3}$ 이상이 동의해야 한다면, 11명 이상의 동의가 필요하다. 즉 부동의한 위원이 5명 이하여야 하는데, 25차 회의에서는 부동의한 위원이 6명이기 때문에 의결되지 못한다.

05

난이도 ★★☆☆☆ 정답 ②

[핵심] 매칭형, 보고서와 매칭, 소거법

보고서의 내용과 부합하지 않는 도시를 차례로 소거해 나간다.

"첫째, 1990년대 이후 모든 시기에서 자본금액 1천만 원 미만 창업건수가 자본금액 1천만 원 이상 창업 건수보다 많다." → C 도시는 2010년대 1천만 원 이상 창업건수가 자본금액 1천만 원 미만 창업 건수보다 많다(③ 제거).

"둘째, 자본금액 1천만 원 미만 창업 건수와 1천만 원 이상 창업 건수의 차이는 2010년대가 2000년대의 2배 이상이다." → D 도시의 2000년대 창업건수의 차이는 39건이고, 2010년대 창업건수의 차이는 77건으로 후자는 전자의 2배 미만이다(④ 제거).

"셋째, 2020년 이후 전체 창업 건수는 1990년대 전체 창업 건수의 10배 이상이다." → A 도시의 1990년대 창업건수는 209건이고, 2020년 이후 창업건수는 889건으로 후자는 전자의 10배 미만이다(① 제거).

"넷째, 2020년 이후 전체 창업 건수 중 자본금액 1천만 원 이상 창업 건수의 비중은 3％ 이상이다." → E도시의 2020년 이후 전체 창업 건수 중 자본금액 1천만 원 이상 창업 건수의 비중은 $2.7\%\left(=\frac{7}{253}\times100\right)$로 3% 미만이다(⑤ 제거).

06

난이도 ★★★☆☆ 정답 ①

[핵심] 자료읽기, 곱셈비교, 감소폭 비교

ㄱ. (○) 각주에 따라 각 지역의 가공비용을 구하면 A지역의 3등급 쌀 가공비용은 2,500(=25×100)천 원으로 B지역의 2등급 현미가공비용 2,425(=25×97)천 원보다 크다.

ㄴ. (×) 1등급 현미 전체의 가공비용은 11,130(=106×105)천 원으로 2등급 현미 전체 가공비용의 7,954(=82×97)천 원의 2배 미만이다.

ㄷ. (×) 3등급 쌀과 3등급 보리의 가공단가가 각각 90천 원/톤, 50천 원/톤으로 변경될 경우, 3등급 쌀은 10(천 원/톤), 3등급 보리는 5(천 원/톤)만큼 감소하게 된다. 지역별 가공비용 총액의 감소폭은 가공단가의 감소분에 가공량을 곱하여주면 구할 수 있다. 따라서 가공비용 총액 감소폭이 가장 작은 지역은 C이다.

구분	A	B	C
감소폭 (천 원/톤)	(25×10)+(7×5)	(55×10)+(5×5)	(20×10)+(2×5)

07

난이도 ★★☆☆☆ 정답 ④

[핵심] 조건의 적용 및 상황판단

<표> '갑'~'병'지역의 평가 항목별 등급에 따른 점수

평가 항목 / 지역	편익	피해액	재해발생 위험도	총점
갑	6	15	17	38
을	8	6	25	39
병	10	12	10	32

ㄱ. (○) '재해발생위험도' 점수가 높은 지역은 을, 갑, 병 순이고, 우선순위가 높은 지역 또한 을, 갑, 병 순으로 동일하다.

ㄴ. (×) 우선순위가 가장 높은 지역(을)과 가장 낮은 지역(병)의 '피해액' 점수 차이는 6점이고, '재해발생위험도' 점수 차이는 15점으로 전자는 후자보다 작다.

ㄷ. (○) '피해액' 점수와 '재해발생위험도' 점수의 합이 가장 큰 지역은 32점을 기록한 '갑' 지역이다.

ㄹ. (○) '갑' 지역의 '편익' 등급이 B로 변경되면 편익점수가 2점 상승하여 총점이 40점이 된다. 이에 따라 기존의 가장 우선순위가 높은 '을'지역보다 점수가 높아지게 된다.

08

난이도 ★★☆☆☆ 정답 ①

[핵심] 자료읽기, 증가율 계산

ㄱ. (○) 2017~2021년 동안의 출원건수의 합은 '식물기원'이 58건, '동물기원'이 42건, '미생물효소'이 40건으로 '미생물효소'가 가장 작다.

ㄴ. (×) 연도별 전체 특허 출원건수 대비 각 사료 유형의 특허출원 건수 비율은 해당 연도의 분모가 동일하므로 각 사료 유형의 특허출원 건수와 비례한다. 2019년의 경우 '동물기원'의 특허건수가 가장 많으므로 전체 특허 출원건수 대비 각 사료 유형의 특허출원 건수 비율 또한 '동물기원'이 가장 높다.

ㄷ. (×) 2021년 특허 출원건수의 전년 대비 증가율은 '식물기원'이 108%, '미생물효소'가 112.5%로 '미생물효소'가 가장 높다.

[스피드 해법]

ㄷ. 2021년 '식물기원'의 전년대비 배율은 2배하고 1이 남는다. 25 = (12×2) + 1
2021년 '미생물효소'의 전년대비 배율 또한 2배하고 1이 남는다. 17 = (8×2) + 1
이때 동일한 증가폭에 대해 전년값(기준값)이 작을수록 증가율은 높으므로 '식물기원'의 전년 대비 증가율보다 '미생물효소'의 증가율이 더 크다.

09

난이도 ★★☆☆☆ 정답 ⑤

[핵심] 자료읽기, 증가폭

[A] : 2020년 빈집수가 전년대비 증가한 지역은 서울특별시, 부산광역시, 광주광역시, 전라북도, 전라남도, 경상남도 등 [6] 개 지역이다.

[B] : 2020년 빈집비율이 전년 대비 가장 큰 폭으로 증가한 지역은 0.3%p증가한 [전라북도] 이다.

[C] : 2019년 빈집비율이 가장 높은 지역은 전라남도(15.5%)이고, 가장 낮은 지역은 서울특별시(3.2%)로 양자의 차이는 12.3%p이다. 2020년 빈집비율이 가장 높은 지역은 전라남도(15.2%)이고, 가장 낮은 지역은 서울특별시(3.2%)로 양자의 차이는 12%p이다. 따라서 빈집비율이 가장 높은 지역과 가장 낮은 지역의 빈집비율 차이는 2019년에 비해 2020년이 [감소] 하였다.

10

난이도 ★★☆☆☆ 정답 ④

[핵심] 보고서형, 추가로 필요한 자료 찾기

ㄱ. (○) 보고서 첫 번째 문단의 '초등학교 참여율'을 작성하기 위해 필요하다.

ㄴ. (○) 보고서 세 번째 문단의 '저녁돌봄교실의 시간별 이용 비중'을 작성하기 위해 필요하다.
ㄷ. (×) <표 1>을 통해 보고서 세 번째 문단의 '저녁돌봄교실 이용학생의 학년별 분포'를 작성할 수 있다.
ㄹ. (○) 보고서 마지막 문단의 '초등돌봄교실 담당인력'을 작성하기 위해 필요하다.

[스피드 해법]

보고서의 내용을 키워드 중심으로 제시된 <표>와 비교하며 <표>에 없는 내용을 찾는다.

11

난이도 ★★★☆☆ 정답 ②

[핵심] 자료읽기, 여사건, 증가율

<표> 2016 ~ 2020년 해양사고 심판현황

(단위: 건)

구분 \ 연도	2016	2017	2018	2019	2020
전년 이월	96	100	(90)	71	89
해당 연도 접수	226	223	168	204	252
심판대상	322	(323)	258	275	341
재결	222	233	187	186	210
이월건수	100	90	71	89	131

※ '심판대상' 중 '재결'되지 않은 건은 다음 연도로 이월함.

ㄱ. (○) '심판대상' 중 '전년 이월'의 비중은 2018년 $\frac{90}{258}$이고, 2016년 $\frac{96}{322}$ 이다. $\frac{90}{258} \rightarrow \frac{96}{322}$ 분자는 10% 미만 증가, 분모는 10% 이상 증가하였으므로 전자(2018년)가 더 크다(모증대하).
ㄴ. (×) 다음 연도로 이월되는 건수가 가장 많은 연도는 2020년(131건)이다.
ㄷ. (○) 2017년 이후 '해당 연도 접수' 건수의 전년 대비 증가율이 가장 높은 연도는 2020년(23.5%)이다. 2019년의 전년 대비 증가율은 21.4%로 2020년보다 낮다.
ㄹ. (×) '재결' 건수가 가장 적은 연도는 2019년이고, '해당 연도 접수' 건수가 가장 적은 연도는 2018년으로 동일하지 않다.

[스피드 해법]

ㄱ. "심판대상 = 전년 이월 + 해당 연도 접수"이므로 '전년 이월' 건수가 심판대상에서 차지하는 비중과 '해당 연도 접수' 건수가 심판대상에서 차지하는 비중은 '여사건' 관계이다. 따라서 괄호를 메꾸지 않고도 정오를 판단할 수 있다. 즉, '심판대상' 중 '해당연도 접수'가 차지하는 비중이 2016년이 더 높으므로 $\left(\frac{226}{322} > \frac{168}{258}\right)$ '심판대상' 중 '전년이월'의 비중은 2016년이 더 낮다.

12

난이도 ★★☆☆☆ 정답 ③

[핵심] 보고서형, 매칭형, 키워드 찾기, 자료 읽기

- 보고서 2문단 1문장 : A ~ D는 '고래류' '기각류' '해달류 및 북극곰' '해우류'라는 것을 알 수 있다.
- 보고서 2문단 2문장 : 1문단 2문장을 통해 멸종우려종은 심각한위기종(CR), 멸종위기종(EN), 취약종(VU)라는 것을 알 수 있다. 따라서 멸종위기종 중 80% 이상인 D가 '고래류'로 확정된다(①, ② 제거).
- 보고서 2문단 3문장 : 9개 지표 중 멸종우려종(CR, EN, VU) 또는 관심필요종(LC)으로만 분류되는 B가 '해달류 및 북극곰'으로 확정된다(④ 제거).
- 보고서 3문단 : 자료부족종(DD)으로 분류된 종이 없는 C가 '해우류'로 확정되며 자동적으로 '기각류'는 A로 확정된다. 정답은 ③이다.

13

난이도 ★★★★★ 정답 ③

[핵심] 수리계산형, 방정식, 조건의 적용

x를 대여시간, y를 대여요금으로 놓으면 대여요금제에 따른 대여요금은 다음의 그래프와 같이 나타낼 수 있다. 이때 잠금해제료는 대여시간(x)과 관계없이 부과되므로 y축 절편으로 나타낼 수 있다.

<그래프 1> 2022년 1월 기준 대여요금제

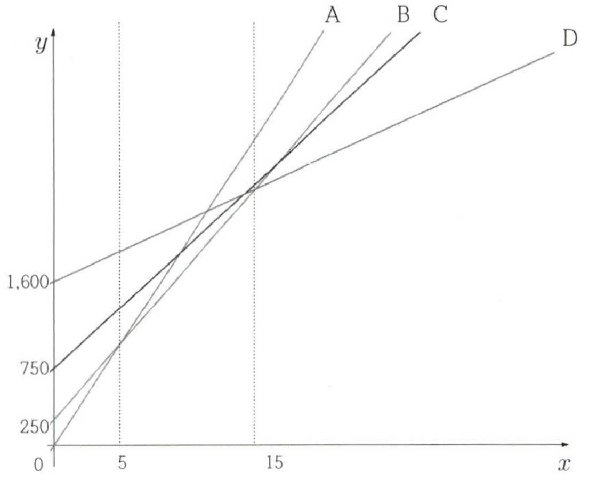

A 운영사 : $y = 200x$
B 운영사 : $y = 150x + 250$
C 운영사 : $y = 120x + 750$
D 운영사 : $y = 60x + 1,600$

위 그래프를 통해 0~5분까지는 A 운영사, 5분~15분까지는 B운영사, 15분 초과는 D운영사가 가장 낮은 대여요금을 제공하는 것을 알 수 있다. 따라서 (가)는 C운영사로 확정된다. C운영사가 요금제를 변경한 이후 대여요금제에 따른 대여요금은 다음과 같이 변경된다.

<그래프 1> 2022년 2월 기준 대여요금제

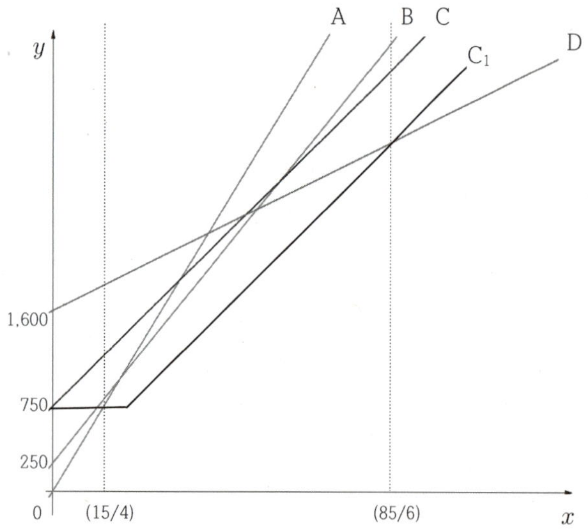

A 운영사 : $y=200x$
B 운영사 : $y=150x+250$
C 운영사 : $0 \le x \le 5 \quad \Rightarrow \quad y=750$
$x>5 \quad \Rightarrow \quad y=120(x-5)+750$
D 운영사 : $y=60x+1{,}600$

위 그래프를 통해 0~(15/4)분까지는 A 운영사, (15/4)분~(85/6)분까지는 C운영사, (85/6)분 초과는 D운영사가 가장 낮은 대여요금을 제공하는 것을 알 수 있다. 따라서 (나)는 B운영사로 확정된다.
대여시간이 20분일 때, 3월 기준 대여요금제로 산정된 운영사 B, C의 대여요금은 다음과 같다.

	변경전	변경후	20분 일 때 요금 (원)
B	$y=150x+250$	$y=100x+250$	2,250
C	$y=120x+750$	$0 \le x \le 5 \Rightarrow y=750$ $x>5 \Rightarrow$ $y=120(x-5)+750$	2,550

따라서 (다)는 300원이다.

[스피드 해법]

대여요금의 산정식을 통해 (가)와 (나)를 직관적으로 파악할 수 있다. A의 경우 잠금해제료가 존재하지 않으므로 아주 짧은 시간(예를 들어 1분) 대여하는 경우 가장 낮은 대여요금을 지불할 수 있으며, D의 경우 분당 대여료가 가장 저렴하기 때문에 오랜 시간(예를 들어 24시간) 대여하는 경우 가장 낮은 대여요금을 지불하게 된다. 따라서 대여요금제를 변경하여도 동일하게 (가)와 (나) 모두 B와 C 둘 중에 하나일 수밖에 없다.

(가)와 (나)를 확정하기 위해 B와 C를 비교해보면 C는 B보다 잠금해제료가 500원 더 비싸고, 분당대여료가 30원이 더 저렴하므로 C가 B보다 더 낮은 대여요금을 제공하기 위해서는 대여시간이 17분 이상(=500/30)이 되어야 한다. 하지만 17분 이상이 되는 경우 D가 요금이 가장 저렴하므로 결국 (가)는 C가 된다.
(나)를 확정하기 위해 C의 변경한 대여요금제와 B를 비교해보면 C가 처음 5분간 대여요금을 면제해주므로 5분간 대여했을 경우 대여요금은 750원으로 A~D 운영사 중 가장 낮은 요금을 제공한다. 따라서 (나)는 B가 된다.

14

난이도 ★★☆☆☆ 정답 ⑤

[핵심] 보고서 부합형, 감소율 계산

① (○) 보고서 1문단 1문장과 부합한다.
② (○) 보고서 1문단 2문장과 부합한다.
③ (○) 보고서 2문단 1문장과 부합한다.
④ (○) 보고서 2문단 2문장과 부합한다.
⑤ (×) 보고서 3문단에서 "2021년 방과후학교 지출 총액은 2019년 대비 50 % 이상 감소하였다"고 하였지만 제시된 자료는 감소율이 50%에 미치지 못한다(8,250 → 4,434).

[스피드 해법]

① [19.4 + 4 = 23.4] 이때 4는 20의 20%이므로 19.4의 20%를 초과한다.

15

난이도 ★★★☆☆ 정답 ④

[핵심] 불연속 자료, 수식 변형, 분수 비교

① (×) 제시된 자료는 '5년'마다 조사한 자료로서 여성 교장 비율이 '매년' 증가하는지 알 수 없다.
② (×) 각주2)를 참고하면 [학교급별 전체 교장수 = 학교급별 학교 수]이므로 학교급별 학교 수는 다음과 같다.

$$\text{학교급별 학교수} = \frac{\text{학교급별 여성 교장 수}}{\text{학교급별 여성 교장 비율}} \times 100$$

따라서 2020년 초등학교 수는 6,000개$\left(=\frac{2{,}418}{40.3}\times 100\right)$이고, 1980년 초등학교 수는 6,500개$\left(=\frac{117}{1.8}\times 100\right)$로 1980년 초등학교 수가 더 많다.
③ (×) 남성 교장 수는 여성 교장 수와 여사건 관계에 있다. 따라서 1985년 고등학교 남성 교장 수는 1,440$\left(=\frac{60}{4}\times 96\right)$명이고, 1990년 고등학교 남성 교장 수는 1,536$\left(=\frac{64}{4}\times 96\right)$명으로 전자가 후자보다 작다.

④ (○) 1995년 초등학교 수는 5,842$\left(=\frac{222}{3.8}\times 100\right)$개이고, 같은 해 중학교 수는 2,982$\left(=\frac{181}{7.6}\times 100\right)$개이며, 고등학교 수는 1,737$\left(=\frac{66}{3.8}\times 100\right)$개이므로 초등학교 수는 중학교 수와 고등학교 수의 합인 4,719개보다 많다.

⑤ (×) 2020년 초등학교 여성 교장 수는 2,418명이고, 2000년 초등학교 여성교장 수는 490명으로 전자는 후자의 5배 미만이다.

[스피드 해법]

② $\frac{117}{1.8}=\frac{234}{3.6}=\frac{2,340}{36}$이므로 $\frac{2,340}{36}$과 $\frac{2,418}{40.3}$을 비교한다.
$\frac{2,340}{36}\rightarrow\frac{2,418}{40.3}$ 분모는 10% 이상 증가하였으나 분자는 10% 미만 증가로 전자가 더 크다(모증대하).

③ 1985년에 비해 1990년 여성 교장 수가 증가하였지만, 여성 교장 비율은 1985년과 1990년이 동일하다. 이는 전체 고등학교 수의 증가율과 여성 교장수의 증가율이 같으며, 실수값이 증가하였기 때문에 증가율 또한 (+)이다. 따라서 여성 교장 수와 여사건 관계에 있는 남성 교장 수의 증가율 또한 전체 고등학교 수의 증가율과 동일하기 때문에 고등학교 남성 교장 수는 1990년이 1985년보다 많다. 중학교 수와 고등학교 수의 합보다 많다.

16

난이도 ★★☆☆☆ 정답 ②

[핵심] 보고서+매칭형, %p, 편차 계산

1) "TV 토론회 전에는 B 후보자에 대한 지지율이 A 후보자보다 10 %p 이상 높게 집계되어" → '마'의 경우, 7(=36-29)%p이기 때문에 제거된다.
2) "TV 토론회 후 '지지 후보자 없음'으로 응답한 비율이 줄어" → '지지 후보자 없음' = 100 − (후보자 A 지지 + 후보자 B 지지) 따라서 (후보자 A 지지 + 후보자 B 지지)가 TV 토론회 전(90%)보다 후(73%)에 감소한 '다'는 제거된다.
3) "A 후보자에 대한 지지율 증가폭이 B 후보자보다 큰 것" → '라'의 경우, A 후보자 지지율은 감소하고, B 후보자 지지율은 증가했다. 따라서 '라'는 제거된다.
4) "TV 토론회 후 두 후보자간 지지율 차이가 3 %p 이내" → '가'의 지지율 차이는 4(=50−46)%p이므로 제거된다.
따라서 정답은 '나'이다.

17

난이도 ★★★☆☆ 정답 ②

[핵심] 점그래프, 차트 스피드 해법, 곱셈 비교, 수식 변환

ㄱ. (○) 스마트시스템 도입 업체 수는 "업체 수<그림 1>"× "도입률(<그림 2>의 x축)"으로 구한다. '자동차부품'은 766 × 35.1%이다. '기계장비'의 경우 업체 수가 '자동차부품' 약 2배 미만인데, 도입률은 '자동차부품'이 2배 이상이므로 스마트시스템 도입 업체 수는 더 적다. 다른 업체들도 마찬가지이기 때문에 '자동차부품'이 가장 많다.

ㄴ. (×) 고도화율이 가장 높은 업종은 '항공기부품'이다. 스마트시스템 고도화 업체 수는 "업체 수<그림 1>"×"도입률(<그림 2>의 x축)×고도화율(<그림 2>의 y축)"으로 구한다. '항공기부품'은 95×28.4×37.0인데 '자동차부품'은 766×35.1×27.1이다. 도입률×고도화율은 비슷한데, '자동차부품'의 업체 수가 8배 이상이기 때문에 '자동차부품'이 '항공기부품'보다 많다. 따라서 틀린 지문이다.

ㄷ. (○) 업체 수 대비 스마트시스템 고도화 업체 수는 <그림 2>의 x축과 y축의 곱으로 계산한다. '항공기부품'과 '자동차부품'을 비교해보면, 28.4×37.0 vs 35.1×27.1이므로 '항공기부품'이 각각 큰 수의 곱임을 알 수 있다. 따라서 '항공기부품'이 가장 크다.

ㄹ. (×) 고도화율(y축)이 가장 낮은 업종은 '금형주조도금'인데, 도입률(x축)이 가장 낮은 업종은 '식품바이오'이다.

18

난이도 ★★★☆☆ 정답 ⑤

[핵심] 수식 단순화, 곱셈

$$제동거리=\frac{(운행속력)^2}{20\times 마찰계수}=\frac{20}{마찰계수}$$ (운행속력이 모두 20이므로)

$$정지시거=20\times\left(반응시간+\frac{1}{마찰계수}\right)$$

운전자	마찰계수	
	맑은 날	비 오는 날
A	90(= 20×(2+1/0.4))	240(= 20×(2+1/0.1))
B	90(= 20×(2+1/0.4))	140(= 20×(2+1/0.2))
C	57(= 20×(1.6+1/0.8))	82(= 20×(1.6+1/0.4))
D	98(= 20×(2.4+1/0.4))	148(= 20×(2.4+1/0.2))
E	78(= 20×(1.4+1/0.4))	128(= 20×(1.4+1/0.2))

따라서 정답은 ⑤이다.

[스피드 해법]

한 운전자의 '맑은 날'과 '비 오는 날'의 정지시거는 반응거리가 동일하고 제동거리의 차이만 있다. 따라서 선지를 이용하여 '맑은 날'과 '비 오는 날'의 차이로 구할 수 있다. 즉 $\frac{20}{마찰계수}$의 차이만 구하면 된다.

19

난이도 ★★★★☆ 정답 ③

[핵심] 점그래프, 차트 스피드 해법, 평균, 곱셈 비교

ㄱ. (○) 2019년 어획량은 각주 1)에 따라 $\frac{\text{2020년 어획량}}{\text{전년비}}$로 구한다. 고등어의 경우 계산해보지 않아도 2020년 어획량(분자)는 가장 크고, 전년비(분모)는 광어를 제외하고 가장 작으므로 2019년 어획량은 가장 크다(자대모소). 한편 광어의 경우, 2020년 어획량은 고등어가 10배 이상인데 전년비는 약 2배이므로 고등어의 2019년 어획량이 더 크다(자증대상).

ㄴ. (×) 각주에 따라 $\frac{\text{평년비}}{\text{전년비}} = \frac{\text{2019년 어획량}}{\text{2011 ~ 2020년 연도별 어획량의 평균}}$가 성립한다. 따라서 2019년 어획량이 2011 ~ 2020년 연도별 어획량의 평균보다 적으려면 <그림>에서 y < x이어야 하는데, '조기'의 경우 y > x이므로 틀린 지문이다.

ㄷ. (○) 갈치의 평년비가 100을 초과하기 때문에 2020년 어획량(분자)은 2011~2020년 연도별 어획량의 평균(분모)보다 크다. 따라서 2021년 갈치 어획량이 2020년과 동일하다면 평균보다 더 큰 값이 더해지는 것이기 때문에 평균도 증가한다.

[스피드 해법]

ㄴ. 차트 스피드 해법으로 해결할 수 있다.

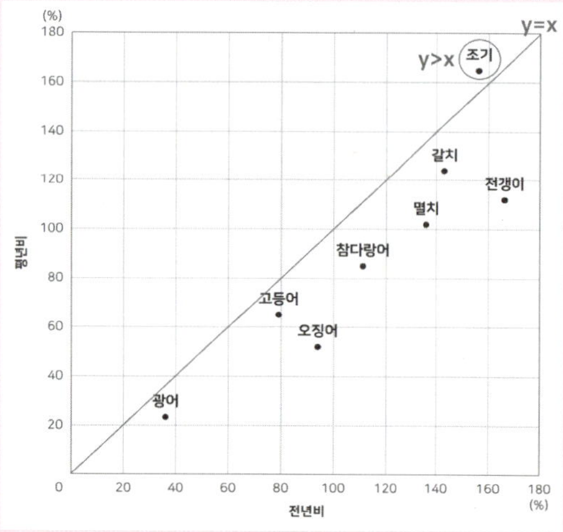

20

난이도 ★★★☆☆ 정답 ①

[핵심] 스포츠 자료, 시간 계산, 순위

ㄱ. (○) 5위의 '수영'기록은 1:20:19이다. 따라서 '수영'기록이 한 시간 이하인 선수는 1위, 2위, 6위 선수이고 이들의 'T2'기록은 모두 3분 미만이다.

ㄴ. (○) 9위 선수의 '종합'기록은 9:48:07이므로 순위가 한 단계 더 높은 선수와의 '종합'기록 차이가 1분 미만인 선수는 6위, 7위, 10위 선수로 3명이다.

ㄷ. (×) '달리기'기록 상위 3명의 국적이 모두 대한민국이라면 대한민국 선수인 3~5위 선수들이 모두 가장 커야한다. 그런데 3위인 선수보다 6위인 일본 선수의 기록이 더 빠르므로 '달리기'기록 상위 3명이 모두 대한민국 국적이 될 수는 없다.

ㄹ. (×) 선수들 간의 '수영'기록 차이를 'T1'기록 차이가 순위를 뒤집을 만큼인 격차가 없기 때문에 순위는 바뀌지 않는다.

21

난이도 ★★★☆☆ 정답 ③

[핵심] 수식 변환, 곱셈 비교

$$\text{매출액} = \frac{\text{제조원가}}{\text{제조원가율}} \times 100$$

$$\text{제조원가} = \frac{\text{고정원가}}{\text{고정원가율}} \times 100$$

여기서 "제조원가 = 고정원가+변동원가"이므로 고정원가율과 변동원가율은 서로 여사건 관계이다. 따라서 고정원가율 및 제조원가, 매출액을 구하면 다음과 같다.

구분 / 제품	고정원가 (원)	고정원가율 (%)	제조원가 (만 원)	매출액 (만 원)
A	60,000	60	10	40
B	36,000	40	9	30
C	33,000	60	5.5	18.3
D	50,000	80	6.25	62.5
E	10,000	50	2	20

따라서 매출액이 가장 작은 제품은 C이다.

22

난이도 ★★★☆☆ 정답 ⑤

[핵심] 세트형, 증가율 계산, 최소교집합

ㄱ. (○) 방위산업 국내 매출액은 2020년 136,243(= 153,867 −17,624)억 원으로 가장 크고, 총매출액 중 국외 매출액 비중이 12% 미만으로 가장 작다.

ㄴ. (○) '탄약'의 2018년 대비 2020년 매출액 증가율은 약 2.5%이다. 따라서 기타를 제외하고는 모두 3%를 초과하기 때문에 가장 낮다.

ㄷ. (×) 종사자당 국외 매출액은 대기업이 약 0.61(= 16,612/27,249)억 원, 중소기업이 약 0.17(= 1,012/5,855)억 원이므로 전자는 후자의 4배 미만이다.

ㄹ. (○) 최소교집합을 활용한다. 2020년 '항공유도' 분야 대기업 국내 매출액은 14,743(= 49,024+119,586−153,867)억 원 이상이다.

23

난이도 ★★★☆☆ 정답 ①

[핵심] 세트형, 보고서+매칭형

'항공유도'만 찾으면 되기 때문에 이와 관련된 내용만 선택하여 판단한다.

1) 2문단 1문장 "2018년 대비 2020년 방위산업 분야별 … 종사자 수는 '통신전자', '함정', '항공유도' 분야만 증가하고" → 종사자 수가 증가한 분야는 A, C, D이다(B, E 제거).
2) 2문단 2문장 "2018 ~ 2020년 동안 매출액과 종사자 수 모두 매년 증가한 방위산업 분야는 '통신전자'뿐이고" → 이에 해당되는 분야는 D이다(D 제거).
3) 2문단 4문장 "2018년 대비 2020년 '함정' 분야 … 종사자 수는 방위산업 분야 중 가장 많이 증가하였다." → 이에 해당되는 분야는 C이다. 따라서 1)에서 남은 A가 '항공유도'이다.

24

난이도 ★★★☆☆ 정답 ④

[핵심] 수식 변환, 자리수 유의, 복합 계산

$$총인구 = \frac{국내총생산}{1인당\ 국내총생산}$$

이산화탄소 총배출량 =

$$\frac{국내총생산 \times 1인당\ 이산화탄소\ 배출량}{1인당\ 국내총생산}$$

계산의 편의를 위해 국내총생산은 백억 달러 자리에서 반올림하고 1인당 국내총생산은 백 달러 자리에서 반올림하여 계산한다.

A : 20.5×16.6/628 = 약 0.54
B : 5.0×9.1/393 = 약 0.12
C : 1.6×12.4/314 = 약 0.06
D : 13.6×7.0/98 = 약 9.71

따라서 적은 국가부터 순서대로 C, B, A, D이다.

[스피드 해법]

> $16.6\% \approx \frac{1}{6}$, $9.1\% = \frac{1}{11}$, $12.4\% \approx 12.5\% = \frac{1}{8}$을 차용하여 계산을 단순화할 수도 있다.

25

난이도 ★★★☆☆ 정답 ②

[핵심] 비중 계산, 상대비, 증가율 계산

ㄱ. (○) 상대비를 이용한다. 매년 '다중이용시설'(분자) 증가율이 '일반시설'(분모) 증가율보다 크므로 비율도 증가한다(자증대상).

ㄴ. (×) '공공시설' 급속충전기 수는 2020년이 2,748대, 2021년이 3,752대이다. 2021년 '주차전용시설'과 '쇼핑몰' 급속충전기 수의 합은 3,976(=2,701+1,275)대이므로 '공공시설'보다 많다.

ㄷ. (○) 2021년 '주유소' 급속충전기 수는 1,051대이다. 따라서 2019년 대비 2021년에 유일하게 8배를 초과하므로 증가율이 가장 크다고 할 수 있다.

ㄹ. (×) 2019년 '휴게소' 급속충전기 수는 475대이다. '문화시설'은 757대이므로 틀린 지문이다.

2021년 7급 공채 [나책형]

문항별 핵심 정리표

번호	난이도	유형	포인트	소재	자료수
1	★★★☆☆	보고서형	추가로 필요한 자료 찾기, 유사단어 함정 주의	전국 안전체험관 규모별 현황, 생활안전 통계	표1, 보고서1
2	★☆☆☆☆	일반형	자료 확인, 기간 계산	아프리카 연합 임무단의 평화유지활동	표1
3	★★★☆☆	일반형	곱셈 비교, 여사건, 뺄셈 비교	GDP 대비 국가채무 및 적자성채무 비율, GDP 추이	그림2
4	★☆☆☆☆	일반형	짝표, 괄호 채우기	주택규모 조사	표1
5	★★☆☆☆	수리계산형	경로, 곱셈 계산	플라스틱 제품의 제조공정도	그림1
6	★★★★★	매칭형	매칭되지 않은 항목 찾기	12개 국가의 수자원 현황	그림1, 조건1
7	★★★☆☆	일반형	기초통계, 가평균, 가중평균	중간고사 과목 점수	표1
8	★★★☆☆	일반형	구성비 계산, 분수 비교	인공지능반도체의 세계 시장규모 전망	표1
9	★★★☆☆	일반형	짝표, 덧셈, 뺄셈 계산	화물 이동 현황	표1
10	★★★☆☆	매칭형	대화형 보고서, 상대비	지자체별 자가격리자 및 모니터링 요원	표1, 대화1
11	★★★★☆	수리계산형	표가 포함된 그림	마일리지 혜택과 월간 출근 교통비	그림1, 조건1
12	★★★☆☆	일반형	순위권 자료, 자료 간 관계, 비례식	공적개발원조액과 국민총소득 대비 공적개발원조액 비율	그림2
13	★★☆☆☆	일반형	변화율 응용(곱셈 관계), 분수 비교, 증감폭 비교	농업 생산액 현황 및 변화율 전망치	표1
14	★★☆☆☆	일반형	복잡하게 구성된 자료, 전체값, 최소교집합	A 공제회 현황	그림1
15	★★★☆☆	보고서형	일치 부합형	국내 광고산업에 관한 보도자료	보도자료1
16	★★★☆☆	일반형	총계가 없는 월별 자료, 시각적 풀이	'갑'시의 월별 교통사고 사상자, 교통사고 건수, 사고원인별 구성비	그림3
17	★★☆☆☆	매칭형	들어갈 수 있는 수치 나열	A~J 지역의 지역발전 지표	표1, 정보1
18	★★☆☆☆	일반형	역순 시계열 자료	대학 기숙사 수용현황과 대학 기숙사비 납부 방식	표2
19	★★★★☆	상황판단형	추론형 문제, 비례식	'가'부서 기본연봉과 성과급	표1, 조건1
20	★★★★☆	일반형	특이한 구조의 차트, 여사건	'갑'국 하수처리장의 1일 하수처리용량 및 지역등급별 방류수 기준	표1, 그림1
21	★★★★★	일반형	기초통계, 절사평균	'갑'~'무'의 직무평가 점수	표1
22	★★☆☆☆	일반형	자료 확인, 매칭	도시별 월평균 지상10m 기온 및 월평균 지표면 온도	표4
23	★★★★☆	상황판단형	규칙 적용	도시별 월평균 지상10m 기온 및 월평균 지표면 온도	표4
24	★★★★★	표-차트 변환형	차트 제목에 유의	항공사의 운송 실적 및 피해구제 현황	표3
25	★★★★☆	일반형	상하 관계의 표 구조, 가평균	산불 건수 및 산불 가해자 검거 현황	표2

2021년 7급 공채 [나책형]

01 ②	02 ⑤	03 ②	04 ①	05 ④
06 ③	07 ④	08 ⑤	09 ⑤	10 ②
11 ③	12 ③	13 ④	14 ①	15 ③
16 ①	17 ④	18 ③	19 ③	20 ④
21 ②	22 ②	23 ⑤	24 ①	25 ⑤

01

난이도 ★★★☆☆ 정답 ②

[핵심] 보고서형, 추가로 필요한 자료 찾기, 유사 단어 함정 주의

ㄱ. (○) 2문단 2문장에서 추가로 이용하였다.

ㄴ. (×) 3문단에서 '분야별 지역안전지수'를 언급하였으나 <보고서>에서는 2019년이지만, ㄴ에서는 4년 연속(2015 ~ 2018년)이 제시되어 있으므로 주의한다.

ㄷ. (○) 2문단 1문장에서 추가로 이용하였다.

ㄹ. (×) 2018년 지역별 안전체험관 수는 언급되지 않았다. 참고로 1문단 3문장에서는 지역별 "2019년" "대형" 안전체험관에 대한 언급이므로 관련이 없다.

02

난이도 ★☆☆☆☆ 정답 ⑤

[핵심] 자료 확인, 기간 계산

ㄱ. (○) 활동기간이 가장 긴 임무단은 14년 5개월째인 '소말리아 임무단'이다.

ㄴ. (○) '코모로 선거감시 지원 임무단'의 활동기간은 2006. 3. ~ 2006. 6.이며, 약 4개월로 가장 짧았다.

ㄷ. (○) 임무단 총 파견규모는 27,001(= 3,128 + 300 + 462 + 6,000 + 350 + 6,000 + 3,350 + 1,450 + 5,961)명이다.

ㄹ. (○) 수단에서는 '수단 임무단'과 '다르푸르 지역 임무단'이 활동하였고, 코모로에서는 '코모로 선거감시 지원 임무단'과 '코모로 치안 지원 임무단'이 활동하였다.

ㅁ. (×) 2007년 10월 기준 활동 중이었던 임무단은 '수단 임무단', '소말리아 임무단', '코모로 치안 지원 임무단', '다르푸르 지역 임무단'으로 총 4개였다.

[스피드 해법]

ㄷ. 천 단위의 합만 검토하더라도 지문의 정오를 판단할 수 있다. 즉, 3 + 6 + 6 + 3 + 1 + 6 = 25 이므로(이때 마지막 5,961은 6,000에 매우 가깝고 다른 항목들의 천 단위 이하를 절사한 것을 감안하여 6으로 계산) 25,000명 이상이라는 것을 알 수 있다.

03

난이도 ★★★☆☆ 정답 ②

[핵심] 곱셈 비교, 여사건, 뺄셈 비교

ㄱ. (○) 2014년 국가채무는 약 393(= 1,323 × 29.7%)조 원이고, 2020년 국가채무는 627(= 1,741×36.0%)조 원이므로 후자는 전자의 1.5배 이상이다.

ㄴ. (×) 각주에 의해 "국가채무 = 적자성채무 + 금융성채무"이므로 GDP 대비 금융성채무 비율 = GDP 대비 국가채무 비율 − GDP 대비 적자성채무 비율로 구한다. 2018년 GDP 대비 금융성채무 비율은 15.8%이나, 2019년은 15.7%로 전년대비 하락한다.

ㄷ. (○) 적자성채무는 2018년 약 286조 원, 2019년 331.6조 원, 2020년 약 360조 원이므로 2019년부터 300조 원 이상이다.

ㄹ. (×) <그림 1>에서 "GDP 대비"가 동일하므로 비율 그대로 판단해도 된다. 여사건을 활용하여 적자성채무 비율이 국가채무의 50% 미만인지 판단한다. 2017년 이후로 매년 적자성채무가 50% 이상이므로 금융성채무는 50% 미만이다.

[스피드 해법]

ㄱ. 곱셈 관계를 이용한다. 국가채무(A) = GDP(B) × GDP 대비 국가채무 비율(C) 이므로 A 배율 = B 배율 × C 배율이다. B 배율(1,323 → 1,741)은 1.3배 초과하고, C 배율(29.7 → 36.0)은 약 1.2배 초과하므로 A 배율은 1.5배를 넘는다.

ㄴ. 뺄셈 비교를 이용한다. 2019년 '국가채무 비율'은 전년대비 1.6%p 증가하지만, '적자성채무 비율'은 1.7%p 증가하므로 '금융성채무 비율'은 0.1%p 하락한다(= 1.6%p − 1.7%p).

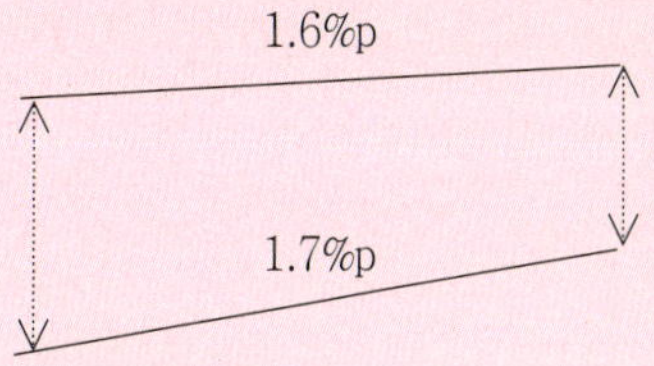

04

난이도 ★☆☆☆☆ 정답 ①

[핵심] 짝표, 괄호 채우기

<표>의 빈칸이 단순 연산이므로 먼저 모두 채워본다.

이사 전 / 이사 후	소형	중형	대형	합
소형	15	10	(5)	30
중형	(0)	30	10	(40)
대형	5	10	15	(30)
계	(20)	(50)	(30)	100

ㄱ. (○) 이사전 '소형'에서 '중형'으로 달라진 가구는 0이다.

ㄴ. (○) 이사 전후 주택규모가 달라진 가구 수는 전체 가구 수에서 이사 전후가 같은 가구 수(대각선)를 빼서 구한다. 즉 100 − (15 + 30 + 15) = 40가구이므로 50% 이하이다.

ㄷ. (×) '대형' 가구 수는 이사 전이 30가구, 이사 후가 30가구로 같다.

ㄹ. (×) 이사 후 주택규모가 커진 가구 수는 <표>의 대각선 기준으로 하단에 위치한 가구이므로 15(= 5 + 10)가구이고, 작아진 가구 수는 대각선 기준 상단에 위치한 가구이므로 25(= 10 +5 + 10)가구이다. 따라서 전자는 후자보다 적다.

05

난이도 ★★☆☆☆ 정답 ④

[핵심] 수리계산형, 경로, 곱셈 계산

'혼합'에서 '폐기처리' 공정으로 전달되는 재료는 "① 성형 → 재작업 → 폐기처리", "② 성형 → 재작업 → 조립 → 검사 → 폐기처리", "③ 성형 → 조립 → 검사 → 폐기처리"의 3가지 경로이다.

① 1,000 × 1.0 × 0.1 × 0.5 = 50 kg

② 1,000 × 1.0 × 0.1 × 0.5 × 1.0 × 0.2 = 10 kg

③ 1,000 × 1.0 × 0.9 × 1.0 × 0.2 = 180 kg

따라서 '폐기처리' 공정에 전달되는 재료의 총량은 240 kg이다.

[스피드 해법]

제조공정도를 살펴보면 '혼합'에서 투입된 재료가 어떠한 손실이나 유출없이 '폐기처리'와 '출하'로 귀결된다는 것을 알 수 있다. 따라서 [혼합물에 투입된 총량 = 폐기처리량 + 출하량]의 수식이 성립하며 '폐기처리'와 '출하'는 여사건 관계의 일종이다.

따라서 혼합물에 투입된 총량(1,000) − 출하량(1,000 × 0.95 × 0.8) = 폐기처리량[1,000 × (1− 0.76)] = 1,000 × 0.24 = 240 이다.

06

난이도 ★★★★★ 정답 ③

[핵심] 매칭형, 매칭되지 않은 항목 찾기

<조건 3> '1인당 연강수총량' 세계평균의 5배인 82,135(= 16,427 × 5)m^3/인 이상인 국가는 E, F, G이다. '연강수량'이 많은 국가부터 나열하면, G, E, F이므로 이는 각각 뉴질랜드, 캐나다, 호주이다(④, ⑤ 제거).

<조건 1> '연강수량'이 세계평균의 2배 이상인 국가는 B와 G이다. <조건 3>과 연결하면, G가 뉴질랜드이므로 B는 일본이다(① 제거).

<조건 4> '1인당 이용가능한 연수자원총량'이 영국보다 적은 국가는 A, C, D인데, '1인당 연강수총량' 세계평균(16,427m^3/인)의 25%는 4,106.75m^3/인이기 때문에 이 중 해당되는 국가는 C뿐이다. 따라서 C는 중국이다(② 제거).

결국 남는 선지는 ③이기 때문에 정답이 도출된다.

참고로 나머지 조건을 판단하면 다음과 같다.

<조건 2> '연강수량' 세계평균이 807mm이므로 이보다 많은 국가는 A, B, D, G, 영국, H, 이탈리아이다. 이 중 '1인당 이용가능한 연수자원총량'이 가장 적은 국가는 A이다. 따라서 A는 대한민국이다.

<조건 5> '1인당 이용가능한 연수자원총량'이 많은 순서대로 나열하면, E, G, 러시아, F, 미국, H순이므로, 프랑스는 H이다.

07

난이도 ★★★☆☆ 정답 ④

[핵심] 기초통계, 가평균, 가중평균

ㄱ. (○) 가평균을 활용한다. 80점을 가평균으로 두고 편차를 구하면 '갑' ~ '무' 순서대로 +10, +5, −20, +15, −5이다. 따라서 편차의 합이 (+)이기 때문에 평균은 80점 이상이다(정확히는 81점).

ㄴ. (×) 3개 과목 평균 점수는 다음과 같다.

학생	갑	을	병	정	무
평균(점)	85	80	81.7	86.7	91.7

가장 높은 학생은 '무'로 91.6점이고, 가장 낮은 학생은 '을'로 80점이므로 그 차이는 10점 이상이다.

ㄷ. (○) 국어와 수학의 가중치가 높으므로, 이 점수가 높은 '정'과 '무'를 비교해본다. '정'의 가중치 점수의 합은 91(= 95 × 0.4 + 65 × 0.2 + 100 × 0.4)점이고, '무'는 90(= 75 × 0.4 + 100 × 0.2 + 100 × 0.4)점이다. 한편, 다른 학생의 점수도 구해보면, '갑'은 84점, '을'은 79점, '병'은 78점이다.

ㄹ. (○) 성별이 제시되지 않은 '병'을 제외하고 성별 수학 평균 점수를 구해보면, 남학생이 87.5점, 여학생은 85점이다. 이때, '병'의 수학성적은 85점이기 때문에 남학생이라면 남학생 평균이 86.7점이 되고, 여학생이라면 평균 점수에는 변함이 없기 때문에 어느 쪽이든 남학생이 더 높게 된다.

[스피드 해법]

ㄷ. 대다수 학생의 각 과목별 점수가 70점 또는 80점을 상회한다. 따라서 가중치를 곱한 점수의 합을 계산 시 100점 만점을 기준으로 모자라는 점수만큼 빼주는 방법을 사용할 수 있다. 즉 '정'의 경우 100 − [(5×0.4) + (35×0.2)] = 91이 된다. 이때 '갑'과 '을'은 각 과목의 모든 점수가 91점보다 낮으므로 '정'의 점수보다 클 수 없다. 또한 '병'은 '정'보다 유일하게 영어에서 35점이 높지만 '정'의 국어 점수가 '병'의 국어점수보다 35점이 높고 국어의 가중치가 더 크기 때문에 가중치를 감안한 점수는 '병'이 '정'보다 낮을 수 밖에 없다. '무'의 경우 100 − (25×0.4) = 90이 되므로 '정'이 가중치를 곱한 점수의 합이 가장 큰 학생이다.

08

난이도 ★★★☆☆ 정답 ⑤

[핵심] 구성비 계산, 분수 비교

ㄱ. (○) 2023년 인공지능반도체 비중은 약 12.1%(=325/2,686)이므로 매년 증가하였다.

ㄴ. (○) 2021년 시스템반도체 시장규모가 2,500억 달러이므로, 2027년 시장규모가 3,500억 달러 이상인지 확인하면 된다. 2027년 시스템반도체 시장규모는 약 3,767(=1,179/0.313)억 달러이므로 1,000억 달러 이상 증가한다.

ㄷ. (○) 2022년 대비 2025년 인공지능반도체 시장규모 증가율은 250% 이상(3.5배 이상)이다(185→657). 한편, 2025년 시스템반도체 시장규모는 약 3,285(=657/0.2)억 달러이기 때문에 2022년 대비 증가율은 50% 미만이다(2,310→3,285). 따라서 전자는 후자의 5배 이상이다.

09

난이도 ★★★☆☆ 정답 ⑤

[핵심] 짝표, 덧셈, 뺄셈 계산

ㄱ. (○) 도착 화물보다 출발 화물이 많은 지역은 A, B, D로 3개이다.

ㄴ. (×) 지역 내 이동 화물은 대각선 값이며, 가장 적은 지역은 C(30개)이다. 그러나 도착 화물이 가장 적은 지역은 D(355개)이다.

ㄷ. (○) 출발 화물의 합을 a, 도착 화물의 합을 b, 대각선 수치(지역 내 이동 화물)를 c라고 하면, 지역내 이동 화물을 제외할 때 출발 화물과 도착 화물의 합은 (a-c) + (b-c) = a + b -2c, 출발 화물과 도착 화물의 차이는 |(a-c) - (b-c)| = |a - b| 로 구해야 한다. 이를 표로 나타내면 다음과 같다.

구분	A	B	C	D	E	F	G	H
출발+도착	1,237	1,437	687	753	1,627	1,483	2,041	919
|출발-도착|	587	147	15	117	231	401	171	33

합과 차이가 모두 가장 작은 지역은 C이다.

ㄹ. (○) 도착 화물이 가장 많은 지역은 G(1,465개)이고, G의 출발 화물 중 지역 내 이동 화물의 비중은 약 27.7%(=359/1,294)로 가장 크다.

10

난이도 ★★★☆☆ 정답 ②

[핵심] 매칭형, 대화형 보고서, 상대비

1:1 대응 정보부터 확인한다.

'갑' 3번째 답변 : "자가격리자 중 외국인이 차지하는 비중이 가장 높은 지역은 대전" → 상대비를 활용한다.

$\frac{외국인 자가격리자}{내국인 자가격리자}$ 비율이 가장 높은 지역을 찾으면, D가 0.8을 초과(=$\frac{7,626}{9,263}$)하며 가장 높다. 따라서 D는 대전이다(①, ③, ⑤ 제거).

'을' 1번째 답변 : "세종을 제외한 지자체에서 전일 기준 자가격리자가 증가"

→ '세종'만 전일 기준 자가격리자가 증가하지 않았다. 즉, 각주에 의해 해제 인원이 신규 인원보다 많은 경우에 해당하는 지자체를 찾으면 B이고, 따라서 세종은 B이다(④ 제거). 따라서 정답은 ②로 확정된다.

'을' 2번째 답변 : "대전, 세종, 충북은 모니터링 요원 대비 자가격리자의 비율이 1.8 이상" → 4개의 지자체 중 1.8 미만인 곳이 충남이다. A는 약 1.73(=(9,778+7,796)/10,142)이므로 충남에 해당한다.

11

난이도 ★★★★☆ 정답 ③

[핵심] 수리계산형, 표가 포함된 그림

갑: $\{3,200-(450+200)\times\frac{800}{800}\}\times15=2,550\times15=38,250$원

을: $\{2,300-350\times\frac{800}{800}\}\times22=1,950\times22=42,900$원

병: $\{1,800-(250+100)\times\frac{600}{800}\}\times22=1,537.5\times22=33,825$원

따라서 월간 출근 교통비를 많이 지출하는 순서는 을, 갑, 병이다.

[스피드 해법]

월간 출근 교통비를 계산함에 있어 조건이 같거나 다른 부분을 활용한다면 정확한 계산없이 대략적으로 대소비교를 할 수 있다. 예를 들어 '갑'과 '을'의 비교시 '을'은 저소득층도 아니고 월간출근횟수도 '갑'보다 약 1.5배 이상 많다. '갑'은 을과 달리 추가 마일리지를 받을 수 있고, 이미 마일리지를 감안하지 않은 요금 기준으로 '갑'이 '을'의 1.5배 미만이기 때문에 '갑'보다 '을'의 월간 출근 교통비용이 더 크다는 것을 알 수 있다. → ①,② 소거됨

'갑'과 '병'의 비교시 저소득층 여부는 동일하고 월간 출근 횟수가 '병'이 '갑'보다 약 1.5배 많다. 따라서 '갑'의 월간 출근 교통비가 '병'보다 작기 위해서는 마일리지를 감안한 출근 1회당 대중교통요금이 '갑'이 '병'의 1.5배 미만이어야 한다. '갑'이 받는 마일리지는 650원으로 마일리지를 감안한 출근 1회당 대중교통요금은 2,550원(=,3,200-650)이고 '병'의 마일리지를 감안한 출근 1회당 대중교통요금은 1,560원 미만(=1,800-240↑)으로 '갑'이 '병'의 1.6배 이상이다. 따라서 '갑'의 월간 출근 교통비가 '병'보다 크다.

→ ④, ⑤ 소거됨

12

난이도 ★★★☆☆ 정답 ③

[핵심] 순위권 자료, 자료 간 관계, 비례식

ㄱ. (○) 국민총소득 대비 공적개발원조액 비율이 UN권고 비율(0.70%)보다 큰 국가는 룩셈부르크, 노르웨이, 스페인, 덴마크, 영국이다. 이 국가들의 공적개발원조액 합은 2.5↓+4.3+2.7+2.5+19.4 > 25(십억 달러)이므로 250억 달러 이상이다.

ㄴ. (○) 공적개발원조액 상위 5개국의 합은 100.2(=33.0+24.1+19.4+12.0+11.7)십억 달러이다. 한편, 개발원조위원회 29개 회원국 중 상위 15개국의 합이 137.5십억 달러이고, 나머지 14개국은 각각 2.5십억 달러보다 적으므로 29개 회원국의 총합은 172.5(=137.5+2.5×14)십억 달러 이하이다. 따라서 $\frac{100.2}{172.5\downarrow}$이므로 50%보다 높다.

ㄷ. (×) 비례식을 활용한다. 독일의 경우, 공적개발원조액 : 국민총소득 대비 공적개발원조액 비율=24.1 : 0.61 이다. 만약 공적개발원조액만 30억 달러 증액한다면, 공적개발원조액은 27.1십억 달러가 된다. 따라서 약 12.4%(=3/24.1)가 증가한 것이기 때문에 비율도 같은 증가율을 보여야 한다. 즉, 0.61×1.124=약 0.69이기 때문에 UN 권고 비율(0.70%)보다 낮다.

[스피드 해법]

ㄷ. 독일의 국민총소득 대비 공적개발원조액 비율은 0.61%이고 UN 권고 비율인 0.70% 이상이 되기 위해서는 0.09%p 이상 증가해야 한다. 이는 증가율이 약 14% 정도이다. 공적개발원조액(24.1십억 달러)의 14%는 약 3.4십억 달러이므로 독일이 공적개발원조액을 30억 달러 증액하더라도 이에 미치지 못한다.

13

난이도 ★★☆☆☆ 정답 ④

[핵심] 변화율 응용(곱셈 관계), 분수 비교, 증감폭 비교

ㄱ. (○) 2021년 '오리' 생산액 전망치는 약 1,253(=1,327×0.9442)십억 원이다. 즉, 1.2조 원 이상이다.

ㄴ. (×) 2020년 '농업' 생산액 대비 '돼지' 생산액은 15% 미만(=7,119/50,052)이다. 그런데 2021년 전년 대비 생산액 변화율 전망치가 '농업'(분모)은 증가하고, '돼지'(분자)는 감소하므로 비율은 전년 대비 감소한다(모증대하). 따라서 2021년도 15% 미만일 수밖에 없다.

ㄷ. (○) '축산업' 중 전년 대비 생산액 변화율 전망치가 2022년보다 2023년이 낮은 세부항목은 '우유'와 '오리'로 2개이다.

ㄹ. (○) 곱셈 관계 변화율 응용 공식을 활용한다. 이 경우, 변화율이 5% 이내이므로 어림산을 활용하면, 2020년 대비 2022년 변화율 전망치는 '재배업'은 1.08(=1.50−0.42)%, 축산업은 0.36(=−0.34+0.70)%이다. 따라서 2020년 대비 2022년 생산액 전망치 증감폭은 '재배업'이 약 327(=30,270×1.08%), '축산업'이 약 71.2(=19,782×0.36%)이므로 전자가 후자보다 크다(단위 생략).

[스피드 해법]

ㄱ. 2020년 '오리' 생산액은 1,327이므로 1,200(=1.2조 원)이 되려면 127이 감소해야 한다(단위 생략). 이 때, 127은 1,327의 약 9%인데, 2021년 전년 대비 생산액 감소율은 이보다 작은 −5.58%이므로 1,200보다 클 수밖에 없다.

14

난이도 ★★☆☆☆ 정답 ①

[핵심] 복잡하게 구성된 자료, 전체값, 최소교집합

① (×) 장기저축급여 가입 회원 수는 744,733명이고, 전체 회원의 약 87%(=744,733/852,000)이다.

② (○) 자산 규모가 제시된 '장기저축급여'를 활용하여 계산한다. 공제제도 총자산 규모는 약 42(=27.3/0.645)조 원이다.

③ (○) 자산 규모 상위 4개 공제제도는 장기저축급여, 퇴직생활급여, 목돈급여, 분할급여이다. 가입 회원 수를 모두 더하면 872,578(=744,733+40,344+55,090+32,411)명이다. 한편, 2020년 회원 수는 852,000명이기 때문에 2개의 공제제도에 가입한 회원은 2만 명 이상이다.

④ (○) 15개 지역이 전국이라는 것을 확인하면, 15개 지역 평균 장기저축급여 가입 회원 수는 약 49,649(=744,733/15)명이라는 것을 알 수 있다. 충청의 장기저축급여 가입 회원 수가 61,850명이기 때문에 15개 지역 평균보다 많다.

⑤ (○) 천 단위까지 유효숫자를 두고 계산한다. 장기저축급여의 1인당 구좌 수는 약 603(=449,579/745)이고, 분할급여는 약 88(=2,829/32)이다. 따라서 전자는 후자의 5배 이상이다.

[스피드 해법]

② 비례식을 활용한다. 27.3 : 64.5% = x : 100%
64.5→100 : 약 50% 증가 ∴ $x > 40$

15

난이도 ★★★☆☆ 정답 ③

[핵심] 보고서형, 일치 부합형

③ (×) 지상파TV와 케이블TV 간 간접광고(PPL) 취급액 차이는 75(=573−498)억 원이므로 비중의 차이는 약 5.9%p(=75/1,270)이다. 따라서 마지막 문단과 일치하지 않는다.

16

난이도 ★★★☆☆ 정답 ①

[핵심] 총계가 없는 월별 자료, 시각적 풀이

ㄱ. (O) 월별 교통사고 사상자는 가장 적은 달이 1월(492명)이고, 가장 많은 달이 8월(841명)이다. 따라서 1월은 8월의 약 58.5%(=492/841)로 60% 이하이다.

ㄴ. (O) 2020년 교통사고 건수는 3,218건이고, 사상자는 7,472명이다. 따라서 교통사고 건당 사상자는 2명 이상($=\frac{7,472}{3,218}$)이다.

ㄷ. (X) 교통사고 건수는 대신 구성비로 비교한다. '안전거리 미확보'가 사고원인인 교통사고 구성비는 22.9(=100−(65.3+6.9+3.4+1.5))%이고, '중앙선 침범'이 3.4%이므로 전자는 후자의 7배 이하이다.

ㄹ. (X) 사고원인이 '안전운전의무 불이행'인 교통사고 건수는 3,218×65.3%=약 2,101건이다. 따라서 2,000건 이상이다.

[스피드 해법]

ㄴ. 차트의 시각적 풀이로 평균을 이용한다. 교통사고 사상자는 600을 기준으로 편차의 합을 보면 대략 (+)가 되고, 교통사고 건수는 300을 기준으로 편차의 합이 대략 (−)가 된다는 것을 알 수 있다. 따라서 교통사고 건당 사상자는 $2(=\frac{600\uparrow}{300\downarrow})$명 이상이다.

17

난이도 ★★☆☆☆ 정답 ④

[핵심] 매칭형, 들어갈 수 있는 수치 나열

1) E의 재정자립도가 A(83.8%), C(65.7%), F(69.5%)보다 낮으므로 65.7%보다 높은 ⑤는 제거된다.

2) 주택노후화율이 가장 높은 지역은 I이므로 시가화 면적 비율이 가장 낮으려면 (나)는 20.7% 미만이어야 한다. 따라서 ①이 제거된다.

3) 10만 명당 문화시설수가 가장 적은 지역은 B인데, 10만 명당 체육시설수가 네 번째로 많으려면, 114.0<(다)<119.2이어야 한다. 따라서 ②가 제거된다.

4) 주택보급률이 도로포장률보다 낮은 지역에 H가 포함되지 않으므로 높거나 같아야 한다. 즉, (라)≥92.5이므로 ③이 제거되어 정답은 ④이다.

18

난이도 ★★☆☆☆ 정답 ③

[핵심] 역순 시계열 자료

ㄱ. (O) 2019년 대비 2020년 기숙사 수용률은 국공립대학이 0.1%p 증가, 사립대학이 0.2%p 증가하였다. 비수도권대학의 2019년 기숙사 수용률은 약 17.7%이므로 증가폭은 약 0.5%p이고, 수도권대학은 변화가 없었다. 따라서 옳은 지문이다.

ㄴ. (X) 표 구조가 역순 시계열 자료인 것에 주의한다. 국공립대학 기숙사 수용가능 인원은 881명 감소(=102,025−102,906)하였다. 한편, 2020년 사립대학 수용가능 인원은 약 25만 2천 명 이상이므로 전년 대비 1,000명 이상 증가하였다.

ㄷ. (X) 전체 대학 중 기숙사비 카드납부가 가능한 대학은 약 24%(=47/196)이다.

ㄹ. (O) 카드납부가 가능한 공공기숙사는 없었고, 현금분할납부가 가능한 공공기숙사도 사립대학 9개교뿐이었다.

구분		카드납부 가능				현금분할납부 가능			
		직영	민자	공공	합계	직영	민자	공공	합계
전체		27	20	0	47	43	25	9	77
설립주체	국공립	20	17	0	37	18	16	0	34
	사립	7	3	0	10	25	9	9	43

19

난이도 ★★★★☆ 정답 ③

[핵심] 상황판단형, 추론형 문제, 비례식

매년 기본 연봉은 변동이 없고, 지급비율은 S : A : B=20 : 10 : 5=4 : 2 : 1인 점을 이용하여 계산한다.

'갑' 성과급의 경우, 2018년 : 2019년 : 2020년=12.0 : 6.0 : 3.0=4 : 2 : 1이기 때문에 각 해의 성과등급은 S, A, B등급이다.

'을' 성과급의 경우, 5.0 : 20.0 : 5.0=1 : 4 : 1이기 때문에 각 해의 성과등급은 B, S, B이다.

'병' 성과급의 경우, 6.0 : 3.0 : 6.0인데, 2 : 1 : 2 혹은 4 : 2 : 4가 될 수 있으나, 2018년에 이미 '갑'의 등급 S이기 때문에 4 : 2 : 4가 될 수 없다(S 등급은 매년 1명). 따라서 각 해의 성과등급은 A, B, A이다.

'정'과 '기' 성과급의 경우, 6.0 : 6.0 : 12.0인데, 1 : 1 : 2 혹은 2 : 2 : 4가 될 수 있으나, 두 직원이 같은 등급을 받을 경우, 성과등급 인원 수에 모순이 생긴다. 따라서 이를 고려하여 최종적으로 정리하면 다음과 같다.

직원 \ 연도	2018	2019	2020	2020년 기본 연봉
갑	S	A	B	60
을	B	S	B	100
병	A	B	A	60
정	A	A	S	60
무	B	B	B	90
기	B	B	A	120

이 때, "기본 연봉=성과급/지급비율"이므로 각 직원별 지급등급을 이용하여 기본연봉을 구한다.

따라서 '가'부서 전체 직원의 2020년 기본 연봉의 합은 490(=60×3+90+100+120)백만 원이다.

20

난이도 ★★★★☆ 정답 ④

[핵심] 특이한 구조의 차트, 여사건

ㄱ. (○) 방류수의 생물학적 산소요구량 기준이 '5 mg/L 이하'인 하수처리장은 '500 m^3 이상' 중 등급이 I, II인 지역이다. 이에 해당하는 지역은 5개이다.

ㄴ. (×) 1일 하수처리용량 500 m^3 이상인 하수처리장 수는 14개이고, 1일 하수처리용량 50 m^3 미만인 하수처리장 수는 10개이다. 따라서 전자는 후자의 1.5배 미만이다.

ㄷ. (○) II등급 지역에서 방류수의 총인 기준이 반드시 '0.3 mg/L 이하'인 하수처리장은 '500 m^3 이상'뿐이다. 따라서 이에 해당하는 지역의 최솟값은 2개인데, 이때의 1일 하수처리용량 합은 최소 1,000(=500×2)m^3이다.

ㄹ. (○) 방류수의 총질소 기준이 '20 mg/L 이하'인 하수처리장은 '50 m^3 미만'을 제외한 전부이므로 여사건을 이용하면, 26(=36－10)개이다. 한편, 화학적 산소요구량 기준이 '20 mg/L 이하'인 하수처리장은 ㄱ에서 구한 지역과 같다. 따라서 이에 해당하는 지역은 5개이므로 전자는 후자의 5배 이상이다.

21

난이도 ★★★★★ 정답 ②

[핵심] 기초통계, 절사평균

먼저 평가자 점수 중 비어있는 점수를 채운다면 다음과 같이 경우의 수를 나눌 수 있다. 비어있는 점수가 ① 최저점인 경우, ② 최고점인 경우, ③ 제시된 점수 중 최저점과 최고점의 사이인 경우 중 하나이다. 이때, 종합점수에 따라 가능한 경우를 찾는다.

ㄱ. (○) '을'의 경우, E의 직무평가 점수가 최고점일 때 종합점수가 성립한다. 즉, A, C, D의 점수의 평균이 89점이므로 평가자 E의 '을'에 대한 직무평가 점수는 90점을 초과하여 가장 높다.

ㄴ. (×) '병'의 종합점수로 가능한 경우를 구하면 다음과 같다.

1) C의 점수가 최저점인 경우(68점 미만) : C와 E의 점수를 제외하고 종합점수를 구하면, 72.7점이다.

2) C의 점수가 최고점인 경우(78점 초과) : A와 C의 점수를 제외하고 종합점수를 구하면, 76점이다.

3) C의 점수가 최저점과 최고점 사이인 경우(69~77점) : A와 E의 점수를 제외하고 종합점수를 구하면, 73~75.7점이다.

따라서 '병'의 종합점수의 최댓값은 76점이고, 최솟값은 72.7점이므로 그 차이는 5점 미만이다.

ㄷ. (×) '갑'의 경우, C의 직무평가 점수가 최저점일 때 종합점수가 성립한다. 즉, A, B, D의 점수의 평균이 89점이므로 평가자 C의 '갑'에 대한 직무평가 점수는 87점 미만이 되어 종합점수보다 낮다.

ㄹ. (○) 각 직원별 제외되는 평가자는 '갑'은 C, E, '을'은 B, E, '정'은 A, E, '무'는 A, D이므로 모든 평가자가 1번 이상은 제외된다. 참고로 '병'의 경우, ㄴ에서 볼 수 있듯 제외되는 평가자가 확정되지 않는다.

22

난이도 ★★☆☆☆ 정답 ②

[핵심] 자료 확인, 매칭

ㄱ. (×) D의 경우, '월평균 지상 10 m 기온'이 가장 높은 달은 7월이고, '월평균 지표면 온도'가 가장 높은 달은 8월이므로 다르다.

ㄴ. (○) 2월의 '월평균 지상 10 m 기온'와 '월평균 지표면 온도'가 각각 C는 −0.5°C, 0.8°C이고, E는 −0.1°C, 2.8°C이다.

ㄷ. (○) 1월의 '월평균 지표면 온도'가 A ~ E도시 중 가장 낮은 도시인 D(−2.7°C)의 설계적설하중은 0.8kN/m^2이다. 이 때, 5개 도시 평균 설계적설하중은 0.9kN/m^2이기 때문에 이보다 작다.

ㄹ. (×) 설계기본풍속이 두 번째로 큰 도시는 E인데, 8월의 '월평균 지상 10 m 기온'은 B, A, E 순으로 3번째이다.

23

난이도 ★★★★☆ 정답 ⑤

[핵심] 상황판단형, 규칙 적용

각 단계를 적용시키면 다음과 같다.

구분 \ 도시	A	B	C	D	E
설계적설하중	0.5	0.5	0.7	0.8	2.0
1단계	0.75	0.75	1.05	1.2	3.0
2단계	1.05	−	−	1.68	4.2
3단계	−	0.6	−	−	3.36
4단계	−	1.0	−	−	−
증가폭	0.55	0.5	0.35	0.88	1.36
순위	3	4	5	2	1

24

난이도 ★★★★★ 정답 ①

[핵심] 표-차트 변환형, 차트 제목에 유의

① (×) 2017년 외국적항공사의 피해구제 접수 건수는 479(=486－7)건이고, 국적항공사는 602(=638－36)건이다. 따라서 '기타'의 경우, 외국적항공사의 피해구제 접수 건수 대비 국적항공사의 피해구제 접수 건수 비는 $\frac{602\times7.64\%}{479\times7.72\%}$이므로 계산하지 않아도 1이 넘는다는 것을 알 수 있으므로 틀린 그래프이다.

참고로 그래프는 <표 2>의 비를 단순 계산한 함정이다.

25

난이도 ★★★★☆ 정답 ⑤

[핵심] 상하 관계의 표 구조, 가평균

ㄱ. (○) 500건을 가평균으로 두고 편차를 구해보면, 편차의 합이 (-)가 되므로 연평균 산불 건수는 500건 이하이다(정확히는 473.7건).

ㄴ. (○) 산불 건수가 가장 많은 연도는 2017년이고, 검거율은 40% 초과(=305/692)한다. 산불 건수가 가장 적은 연도는 2012년이고, 검거율은 40% 미만(=73/197)이므로 전자가 후자보다 높다.

ㄷ. (×) '논밭두렁 소각'의 경우 산불 건수가 49건이면서 검거율은 90% 초과(=45/49)하는데, '성묘객 실화'는 산불 건수가 9건이면서 검거율은 66.7%(=6/9)이다. 따라서 후자가 산불 건수는 적은데 검거율은 더 낮으므로 틀린 지문이라는 것을 알 수 있다.

ㄹ. (○) '입산자 실화'가 원인인 산불 건수는 217(=620−(49+65+75+9+1+54+150)건이므로 전체 산불 건수 중 차지하는 비율은 35%이다.

2020년 7급 모의평가

문항별 핵심 정리표

번호	난이도	유형	포인트	소재	자료수
1	★★★☆☆	보고서형	부합하지 않는 자료 찾기	2019년 '갑'시의 5대 축제(A ~ E)에 관한 조사 결과	보고서1, 그림3, 표2
2	★★☆☆☆	수리계산형	1차 방정식의 수립과 해 도출	2019년 10월 첫 주 '갑' 편의점의 간편식 A ~ F의 판매량	표1, 정보1
3	★☆☆☆☆	일반형	증가율 계산, 구성비 계산	2015 ~ 2019년 '갑'국의 가스사고 현황	표2
4	★★★☆☆	일반형	증감률 계산, 각주 확인(등급 구별)	2015 ~ 2019년 A ~ D 지역의 해양수질, 해조류 군집 및 해양 저서동물 출현종수	표2
5	★★☆☆☆	일반형	선 그래프, 차트 스피드 해법, 분수 비교	2018 ~ 2019년 '갑'국의 월별 최대전력수요와 전력수급현황	그림1, 표1
6	★★☆☆☆	상황판단형	조건의 적용 및 계산	2018년 '갑'국 A ~ E 지역의 산사태 위험인자 현황	표1, 정보1
7	★★★★★	표-차트 변환형 + 보고서형	표, 보고서와 그래프 일치 확인	'갑' 회사 구내식당의 월별 이용자 수 및 매출액에 관한 자료	표1, 보고서1, 그림5
8	★★★☆☆	수리계산형 + 상황판단형	시간 단위 처리 및 연산	'갑'시에서 주최한 10 km 마라톤 대회에 참가한 선수 A ~ D의 구간별 기록	표1
9	★★★☆☆	일반형	점 차트, 지수 자료, 곱셈 비교	OECD 회원국 중 5개국의 2018년 가정용, 산업용 전기요금 지수	그림1
10	★★★★☆	표-차트 변환형	비중 및 증가율 계산	2014 ~ 2018년 공공기관 신규채용 합격자 현황	표2, 그림5
11	★★★☆☆	매칭형	'가장 큰' 공략, 분수 비교	2019년 기관 A ~ D 소속 퇴직예정공직자의 재취업을 위한 직무관련성 심사결과	표1, 정보1
12	★★★☆☆	일반형	점 차트, 자료 간 관계 읽기	가구 A ~ L의 2020년 1월 주거비와 식비, 필수생활비	그림2
13	★★★★☆	일반형	실수 비례 비율 차트, 곱셈 비교	추락사고가 발생한 항공기 800대의 사고 발생 시점과 사고 원인	그림1
14	★★★☆☆	상황판단형	조건의 적용	'갑'국의 2020년 3월 1 ~ 15일 기상상황과 드론 비행 및 촬영 허가신청	표1, 정보1
15	★★★☆☆	수리계산형	여사건, 공식 변환	산림경영단지 A ~ E의 임도 조성 현황	표1
16	★★☆☆☆	일반형	사칙연산, 분수 비교	2019년 '갑'국 국회의원선거의 당선자 수	표1
17	★★★☆☆	일반형	순위 자료 표, 추론형 지문, 곱셈 비교	소프트웨어 경쟁력 종합순위 1 ~ 10위 국가의 영역별 순위 및 원점수	표2
18	★★★☆☆	일반형	곱셈 비교, 가중평균, 분수 비교	2019년 주요 7개 지역(A ~ G)의 재해 피해 현황	표1
19	★★★☆☆	일반형	방정식, 가중평균, 교집합, 여사건	A 사에서 실시한 철근강도 평가 샘플 수 및 합격률	표1
20	★★★☆☆	일반형	전체값 및 전기값 계산	2015년 와인 생산량 및 소비량 상위 8개국 현황	표2
21	★★★☆☆	수리계산형	분수 비교, 선지 활용	2017년 부산항 해운항만산업 사업실적	표1, 보고서1
22	★★★★☆	상황판단형	순서도 읽기, 조건의 적용	제품 A ~ E의 회수 시점의 평가 항목별 품질 상태	표1, 정보1
23	★★★☆☆	수리계산형	분수 계산, 단위 처리, 선지 활용	'갑'국의 2003 ~ 2019년 교통사고 현황	그림2
24	★★☆☆☆	보고서형	추가로 필요한 자료	세계 및 국내 조선업 현황	그림1, 표2, 보고서1
25	★★★☆☆	일반형	공식 이해 및 적용, 증감률 및 증감폭	세계 및 국내 조선업 현황	그림1, 표2

2020년 7급 모의평가

01 ⑤	02 ①	03 ①	04 ⑤	05 ④
06 ②	07 ③	08 ②	09 ①	10 ③
11 ④	12 ③	13 ③	14 ④	15 ①
16 ②	17 ⑤	18 ⑤	19 ⑤	20 ④
21 ④	22 ①	23 ③	24 ③	25 ②

01

난이도 ★★★☆☆ 정답 ⑤

[핵심] 보고서형 : 부합하지 않는 자료 찾기

① (○) 3문단에서 확인할 수 있다. D축제의 경우 취업자 수는 130명으로 가장 적고, 고용인 수도 41명으로 가장 적다. D축제의 고용인 1인당 취업자 수는 3명 이상(= $\frac{130}{41}$)으로 가장 많다.

② (○) 1문단에서 확인할 수 있다. "한편" 이후부터 살펴보면 먹거리 만족도는 72점, 69점, 58점으로 매년 떨어지고 있고 2019년에는 살거리 만족도가 60점으로 2018년 63점보다 낮아졌다.

③ (○) 3문단에서 확인할 수 있다. 관람객 1인당 총지출액에서 숙박비의 비중은 46.5%로 C가 가장 높고, 먹거리 비용의 비중은 73.9%로 E가 가장 높다.

④ (○) 1문단에서 확인할 수 있다. A축제는 관람객수 8점, 인지도 13점, 콘텐츠 20점으로 B축제의 5점, 11점, 13점에 비하여 각각 높다. 하지만 A축제의 경제적 효과 점수는 11점으로 B축제의 15점에 비하여 낮은 점수를 기록하고 있다.

⑤ (×) 2문단에서 확인할 수 있다. 20대 이하와 30 ~ 40대는 각각 58.6%, 35.0%로 인터넷을 통해 정보를 획득한 비중이 가장 높았다. 하지만 50대 이상의 경우에는 TV를 통해 정보를 획득한 비중이 35.0%로 가장 높다.

[스피드 해법]

③ 관람객 1인당 총지출액에서 숙박비의 비중이 40% 이상인 것은 C뿐이고, 먹거리 비용의 비중이 2/3 이상인 것은 E뿐이다.

02

난이도 ★★☆☆☆ 정답 ①

[핵심] 수리계산형 : 1차 방정식의 수립과 해 도출

조건1 : A = C = 95
조건2 : B = D
조건3 : E = D − 23

평균이 70이므로 A + B + C + D + E + F = 420
B + D + E + F = 230 (조건1)
2B + B − 23 + F = 230 (조건2, 조건3)
3B + F = 253
3B = 210 (∵ F =43)
∴ B = 70 , E = 70 − 23 = 47

[스피드 해법]

(조건2, 조건3)에 따라 "E의 판매량은 B보다 23개 적어야 한다" → 선지에서 ②, ③은 제거된다. 남아있는 선지 중에서 B의 수치가 70으로 간단한 선지 ①을 (조건1)과 연결하면 평균 70이 맞다는 것이 확인된다. 70을 기준으로 편차의 합이 0이 된다는 점을 확인한다.

03

난이도 ★☆☆☆☆ 정답 ①

[핵심] 증가율 계산, 구성비 계산

ㄱ. (○) 2015년 대비 2019년 사고건수의 증가율은 '공급자 취급부주의'가 23건에서 29건으로 30% 미만 증가하였고, '시설미비'가 18건에서 24건으로 약 33%(= $\frac{1}{3}$) 증가했다.

ㄴ. (○) '주택'의 경우 증가 − 감소 − 증가 − 증가의 변화방향을 보이고 있고, '차량'의 경우도 이와 동일하다.

ㄷ. (×) 2016년에 사고건수 기준 상위 2가지 원인은 '사용자 취급부주의'와 '시설미비'이다. 이 두 가지 원인의 합은 61건으로 전체 120건의 절반을 넘으므로 나머지 원인에 의한 사고 건수의 합보다 크다.

ㄹ. (×) 전체 사고 건수에서 '주택'이 차지하는 비중은 2017년에 약 33%(= $\frac{39}{118}$)이다.

[스피드 해법]

ㄱ. 2015년 대비 2019년 사고건수의 증가량이 '공급자 취급부주의'와 '시설미비'가 각각 6으로 동일하다. 따라서 분모(2015년) 값이 큰 '공급자 취급부주의'의 증가율이 작다.

ㄹ. 2017년 : $\frac{39}{118} < \frac{39}{117} (= \frac{1}{3} = 33.3\%)$

04

난이도 ★★★☆☆ 정답 ⑤

[핵심] 증감률 계산, 각주 확인(등급 구별)

① (○) 2015년 A지역의 총질소의 연간 변화 방향은 감소 − 증가 − 감소 − 감소로 B지역의 총질소 연간 변화 방향과 일치한다.

② (○) <표 2>에서 확인할 수 있다. 2016년 해조류 군집 출현종수의 전년대비 증감률은 약 −25%(=−25/102)이고, 해양 저서동물 출현종수의 전년대비 증감률은 약 −18.8%(=−17/90)로 해조류 군집 출현종수의 전년대비 증

감률이 더 크다.

③ (○) 2019년 해양 저서동물 출현종수가 가장 많은 지역은 D이고, 총 질소가 가장 낮은 지역도 D이다.

④ (○) <표 1>에서 확인할 수 있다. 해양수질이 1등급은 DO가 7.50 mg/L 이상이고 COD는 1.00 mg/L 이하이며 Total-N이 0.30 mg/L 이하인 경우인데 2015년에 이에 해당하는 것은 D지역뿐이다.

⑤ (×) C지역의 경우 2015년과 2016년에 COD가 2.00mg/L 초과하고, 2017년에 Total-N이 0.60mg/L 초과하므로 '등급외' 수질 등급이다.

[스피드 해법]

② 증감률은 절대값으로 비교한다. 2016년 해조류 군집 출현종수는 전년대비 20% 초과 감소이고, 해양 저서동물 출현종수는 전년대비 20% 미만 감소이다.

05

난이도 ★★☆☆☆ 정답 ④

[핵심] 선 그래프, 차트 스피드 해법, 분수 비교

① (×) 2018년 2월 공급예비력은 8,793 − 7,879 = 914이고, 2019년 8월 공급예비력은 9,240 − 8,518 = 722이다.

② (×) 2018년 2월 공급예비율은 $\frac{912}{7,879}$이므로 10% 초과하고, 2019년 8월 공급예비율은 $\frac{722}{8,518}$이므로 10% 미만이다. 한편 2018년 2월이 자대모소 구조임을 파악하는 것도 좋다.

③ (×) 최대전력수요는 2018년 2월에 전월대비 상승하였으나, 2019년 2월에는 전월대비 하락하였다. 또한 2018년 5월에 전월대비 하락하였으나, 2019년 5월에는 전월대비 상승하였다.

④ (○) 2018년 최대전력수요가 가장 큰 달(2월)과 가장 작은 달(5월)의 차이는 1,472(=7,879−6,407)만 kW이고, 2019년 최대전력수요가 가장 큰 달(8월)과 가장 작은 달(4월)의 차이는 1,941(=8,518−6,577)만 kW이다.

⑤ (×) 2019년 최대전력수요의 전년동월 대비 증가율은 1월이 약 6.6%, 8월이 약10.7%로 가장 높은 달은 8월이다.

[스피드 해법]

① 2018년 2월 공급예비력은 900 초과이고, 2019년 8월 공급예비력은 900 미만임을 확인한다.

② 공급예비율의 수식을 각주1)의 수식과 결합하여 변형하면 $\frac{\text{전력공급능력}}{\text{최대전력수요}}-1$ 로 변형할 수 있다. −1은 상수값으로 대소관계에 아무런 영향을 미치지 않으므로 <표>에서 곧바로 파악이 가능하다. 2018년 2월은 $\frac{8,793}{7,879}$ 이고, 2019년 8월은 $\frac{9,240}{8,518}$이므로 2018년 2월이 더 크다.

④ 시각적으로 Y축 거리를 확인한다. 2018년의 경우 3칸 정도, 2019년의 경우 4칸 정도이다.

⑤ 시각적으로 Y축 위치를 확인한다. $\frac{\text{2019년 각 월}}{\text{2018년 각 월}}$ 구조로 비교하면, 1월 (자소모대) < 8월 (자대모소)이다.

06

난이도 ★★☆☆☆ 정답 ②

[핵심] 상황판단형 : 조건의 적용 및 계산

주어진 평가방법에 따라 점수를 산정하면 다음과 같다.

위험인자 \ 지역	A	B	C	D	E
경사길이(m)	20	30	20	10	0
모암	10	0	30	20	30
경사위치	10	20	10	30	20
사면형	0	30	20	30	10
토심(cm)	30	20	10	20	10
경사도(°)	10	30	20	10	0
합계	80	130	110	120	70

따라서 산사태 위험점수가 가장 높은 지역은 130점인 B이고, 가장 낮은 지역은 70점인 E이다.

[스피드 해법]

선택지에 가장 높은 지역이 B, D 2개만 제시되어 있으므로 B와 D만 비교한다. 비교시에 차이법을 활용한다. 가장 높은 지역이 확정되면 선지 구조상 가장 낮은 지역은 A, E만 대상(①, ②)으로 비교한다.

	B	D
경사길이(m)	+ 20	
모암		+ 20
경사위치		+ 10
사면형	동일	
토심(cm)	동일	
경사도(°)	+ 20	
최종결과	+ 10	

07

난이도 ★★★★★ 정답 ③

[핵심] 표-차트 변환형 + 보고서형 : 표, 보고서와 그래프 일치 확인

① (×) <표>와 <보고서>의 2번째 문단에서 확인할 수 있다. "메뉴 가격에 변동이 없을 경우 일반식 이용자와 특선식 이용자의 수가 모두 2018년 12월에 비해 감소"하므로 2019년 1월에는 특선식 이용자는 952명 미만, 일반식 이용자는 1,210명 미만이 되어야 한다. 하지만 그래프에서 일반식 이용자는 1,220명으로 1,210명을 초과한다.

② (×) <표>와 <보고서>의 3번째 문단에서 확인할 수 있다. “특선식 가격만을 1,000원 인상할 경우 2018년 7월 이후 최저치(8월의 885명) 이하로 감소”한다. 하지만 그래프에서는 890명으로 예측하고 있으므로 옳지 않다.

③ (○) <보고서>의 모든 내용과 일치한다.

④ (×) <표>와 <보고서>의 3번째 문단에서 확인할 수 있다. “특선식 가격만을 1,000원 인상할 경우 총매출액은 2018년 10월 매출액인 10,850천 원 이상”이 되어야 한다.
$(7 \times 870) + (4 \times 1{,}180) = [7 \times (1000 - 130)] + [4 \times (1{,}250 - 70)] = 7{,}000 - 910 + 5{,}000 - 280 = 12{,}000 - 1{,}190 = 10{,}810$천 원으로 10,850천 원 미만이다.

⑤ (×) <표>와 <보고서>의 4번째 문단에서 확인할 수 있다. “일반식 가격만을 1,000원 인상할 경우 2018년 12월 이용자수(1,210명)에서 10% 이상 감소”하므로 1,089명 이하이어야 하는데 그래프에서는 1,090명이다.

[스피드 해법]

3번째 문단의 총매출액 부분(특선식 가격만을 1,000원 인상하여 7,000원으로 할 경우, ~~~ 총매출액은 2018년 10월 이상으로 증가할 것으로 예측된다)은 계산이 많으므로 건너뛰고 다른 부분들을 확인하면, ①, ②, ⑤가 제거된다. ③과 ④를 대상으로 위 부분을 확인하면, ③은 통과(총매출액은 $(7 \times 880) + (4 \times 1{,}260) = 6{,}000\uparrow + 5{,}000\uparrow = 11{,}000$천 원 이상으로 2018년 10월 매출액 10,850천 원 이상에 부합됨)되므로, ④는 계산하지 않아도 된다.

08

난이도 ★★★☆☆ 정답 ②

[핵심] 수리계산형 + 상황판단형 : 시간 단위 처리 및 연산

ㄱ. (○) 출발 후 6 km까지의 구간별 기록을 더한 기록이 짧은 순서대로 6 km 지점을 먼저 통과하였다. A(30분 40초)가 1위, C(35분 51초)가 2위, D(33분 7초)가 3위, B(35분 30초)가 4위이다.

ㄴ. (×) B의 10 km 완주기록은 57분 34초로 60분 미만이다.

ㄷ. (○) 3 km 지점까지의 기록은 B가 17분 16초, C가 17분 25초로 B가 앞서고 있었다. 여기서 3 ~ 4 km 구간의 기록을 더하면, B가 23분 34초, C가 22분 40초로 C가 앞서게 된다. 따라서 B는 C에게 3 ~ 4 km 구간에서 추월당했음이 확인된다.

ㄹ. (×) A가 10 km 지점을 통과한 순간의 기록은 51분 52초이다. 이 때 D가 7 ~ 8 km 구간을 달리고 있으려면, 7 km까지의 기록이 51분 52초를 넘지 않으면서, 8 km까지의 기록이 51분 52초가 넘어야 한다. D의 7 km까지의 기록은 41분 33초이고, 8 km까지의 기록은 46분 57초이므로 A가 10 km 지점에 도달하기 전이다. 참고로 A가 10 km 지점을 통과한 순간에 D는 8 ~ 9 km 구간을 달리고 있다.

[스피드 해법]

계산이 많은 ㄱ, ㄷ은 피하고 ㄴ, ㄹ에 집중한다.

ㄴ. 분 단위에서만 일단 계산하면 5×7 + 6×3 = 53분이다. 따라서 초 단위에서 7분(=420초) 이상인지 확인하면 420초 미만임이 확인된다.

ㄹ. A의 계(=10 km 지점을 통과한 순간) 51분 52초와 D의 계 57분 23초를 비교한다. D의 계에서 9~10 km 5분 15초와 8~9 km 5분 11초를 빼면 D의 8km 지점 통과 기록이 나오는데 47분 미만임을 쉽게 알 수 있다. 즉, A가 10 km 지점을 통과한 순간에 D는 8km 지점을 이미 통과했으므로, 7~8 km 구간을 달리고 있다는 말은 옳지 않다.

09

난이도 ★★★☆☆ 정답 ①

[핵심] 점 차트, 지수 자료, 곱셈 비교

ㄱ. (○) 가정용, 산업용 각각 전기요금 지수의 분모가 OECD 평균 전기요금이다. 따라서 분모가 같은 경우 분수와 분자는 비례한다. 산업용 전기요금 지수가 가장 큰 일본이 산업용 전기요금도 가장 비싸고, 가정용 전기요금 지수가 가장 큰 독일이 가정용 전기요금도 가장 비싸다.

ㄴ. (○) 각주 3)에서 한국의 가정용, 산업용 전기요금이 제시되어 있고, 각주 2)의 수식을 통해 OECD 평균 가정용(산업용) 전기요금을 구할 수 있다

$$\left(= \frac{\text{한국의 가정용(산업용) 전기요금}}{\text{한국의 가정용(산업용) 전기요금 지수}} \times 100\right).$$

가정용의 경우, $\frac{\$120}{75} \times 100 = \$160$

산업용의 경우, $\frac{\$95}{95} \times 100 = \$100$

따라서 가정용은 산업용의 1.6배이다.

ㄷ. (×) 미국은 가정용 전기요금이 한국보다 비싸지만, 산업용 전기요금이 한국보다 싸다.

ㄹ. (×) 일본의 산업용 전기요금은 $\$160(= 1.60 \times \$100)$이고, 가정용 전기요금은 $\$220.8(= 1.38 \times \$160)$이다. 따라서 가정용 전기요금이 산업용 전기요금보다 비싸다.

[스피드 해법]

ㄴ. 지수의 비와 전기요금의 비가 같다는 점을 이용하여 비례식으로 세운다.
가정용의 경우, 한국 : OECD 평균 = 75 : 100 = $\$120 : x \rightarrow x = \$160$ [3 : 4 관계]
산업용의 경우, 한국 : OECD 평균 = 95 : 100 = $\$95 : y \rightarrow y = \$100$

ㄷ. x축에서 한국보다 오른쪽에 위치한 국가들이 모두 y축에서 한국보다 위쪽에 위치하는지 확인하면 미국은 그렇지 않다.

ㄹ. (160/100)×100 : (138/100)×160 = 100 : 138
[160을 서로 지움]

10

난이도 ★★★★☆ 정답 ③

[핵심] 표-차트 변환형 : 비중 및 증가율 계산

① (○) <표 2>에서 읽어서 확인한다.

② (○) <표 2>에서 2016년 각각 '전체 - 여성'으로 계산한다.

③ (×) 신규채용 합격자 중 여성 비중의 경우, 2018년 공기업은 23.0%이고, 2018년 준정부기관은 50.2%이다.

④ (○) <표 1>의 '전체' 항목에서 증가율을 계산한다.

⑤ (○) <표 1>의 2018년 '전체' 수치를 분모로 두고, <표 2>의 각 유형별 '전체' 수치를 분자로 두고 구성비를 계산한다.

[스피드 해법]

③ 판단하기 쉬운 비율부터 확인한다. 2018년 공기업의 신규채용 합격자 중 여성 비중을 확인해 본다. $\frac{2,087}{9,070}$ vs 25%($=\frac{1}{4}$) → 2,087 × 4 vs 9,070

11

난이도 ★★★☆☆ 정답 ④

[핵심] 매칭형 : '가장 큰' 공략, 분수 비교

<조건 2> 전체 심사결과 중 '관련없음'의 비중이 가장 큰 기관은 100%(=9/9)인 D이다. 따라서 D는 문화청이다(①, ③ 제거).

<조건 1> 전체 심사결과 중 '관련없음'의 비중은 기관 A가 약 73.3%($=\frac{33}{45}$), B가 약 79.4%($=\frac{77}{97}$), C가 약 68.9%($=\frac{350}{508}$)이다. 따라서 우주청은 B가 될 수 없고, 혁신청은 C가 될 수 없다(⑤ 제거).

<조건 4> 남은 선지 구조를 볼 때, A와 C의 '관련없음' 대비 '관련있음' 건수의 비를 비교한다.

$\frac{8}{33}$(A) < $\frac{99}{350}$(C) 따라서 A는 우주청, C는 과학청이므로 정답은 ④이다.

참고로 남은 조건도 확인하면 다음과 같다.

<조건 3> '각하' 건수는 과학청(C)이 59건, 혁신청(B)이 3건으로 전자가 후자보다 많다.

[스피드 해법]

전체 심사결과 중 '관련없음'의 비중은 D>B>A>C 순임을 파악하는 것이 핵심이다. D는 100%이므로 1위임이 쉽게 판단되고, C는 70% 미만이고, A와 B는 70% 초과이므로 A와 B의 비교가 중요하다. 이 때 A($=\frac{33}{45}$)를 분자 분모에 2배를 해서 $\frac{66}{90}$으로 두면, B($=\frac{77}{97}$)와 비교하기 용이해 진다.

12

난이도 ★★★☆☆ 정답 ③

[핵심] 점 차트, 자료 간 관계 읽기

<그림 1>과 <그림 2>의 관계를 잘 파악해야 한다. <그림 1>의 y축이 <그림 2>의 x축이고, <그림 1>의 x축과 y축과 의복비의 합이 <그림 2>의 y축이다.

① (×) 의복비 = 필수생활비 - (식비 + 주거비) 이 때, <그림 2>에서 가구 A의 위치가 표시되어 있지 않지만, 식비가 90만 원이라는 것을 통해 필수생활비가 150만 원 또는 160만 원이라는 것을 알 수 있다. 따라서 가구 A의 의복비는 30(= 150 - (90 + 30))만 원 또는 40(= 160 - (90 + 30))만 원이고, 가구 B의 의복비는 10(= 100 - (60 + 30))만 원이므로 어느 경우에나 의복비는 가구 A가 가구 B보다 크다.

② (×) 의복비가 0원인 가구는 필수생활비 = 식비 + 주거비이기 때문에 <그림 1>의 x축과 y축의 합이 <그림 2>의 y축과 일치하는지 확인한다. 이에 해당하는 것은 가구 I, J이고, 가구 F와 K도 가능성이 있다.

③ (○) 주거비가 40만 원 이하인 가구는 A, B, C이고, ①에서 가구 A, B의 의복비가 각각 10만 원 이상인 것을 확인하였으므로 가구 C의 의복비만 계산한다. 가구 C의 의복비는 30(= 140 - (70 + 40))만 원이다.

④ (×) 식비 하위 3개 가구는 B, G, L이다. 가구 B의 의복비는 10만 원, G는 10(= 120 - (60 + 50))만 원, L은 30(= 160 - (60 + 70))만 원이므로 합은 50만 원이다.

⑤ (×) <그림 1>에서 식비가 80만 원인 가구는 F, H, K인데, 가구 K는 식비와 주거비만 합해도 150만 원이므로 필수생활비가 130만 원인 가구가 될 수 없다.

13

난이도 ★★★★☆ 정답 ③

[핵심] 실수 비례 비율 차트, 곱셈 비교

사고 발생시점이 이륙인 비율이 50%, 비행이 35%, 착륙이 15%임을 <그림>의 x축을 통해 먼저 확인하고 문제를 풀어야 한다.

ㄱ. (○) 항공기 수는 공통이므로 비율만 계산하여 비교한다. %는 생략하고 쓴다. 이륙 중에 인적오류로 추락한 항공기(50 × 55 = 2,750)는 착륙 중에 원인불명으로 추락한 항공기(15 × 15 = 225)의 12배 이상이다.

ㄴ. (×) 항공기 수는 공통이므로 비율만 계산하여 비교한다. %는 생략하고 쓴다. 비행 중에 원인불명으로 추락한 항공기(35 × 15)는 착륙 중에 기계결함으로 추락한 항공기(15 × 35)와 동일하다.

ㄷ. (×) 비행 중에 인적오류로 추락한 항공기 수는 112(= 800 × 35% × 40%)대이고, 이륙 중에 기계결함으로 추락한 항공기 수는 60(= 800 × 50% × 15%)대이므로 전자는 후자보다 52대 더 많다.

ㄹ. (○) 기계결함으로 추락한 항공기 수가 차지하는 비중은 각 사고 발생시점에서 기계결함으로 추락한 항공기 비율을 모두 더한다. 즉, 50% × 15% + 35% × 25% + 15% × 35% = 21.5%이다.

[스피드 해법]

ㄷ. 800대를 묶어두고 계산하면 편하다. 800 × 35% × 40% − 800 × 50% × 15% = 800×(14 − 7.5)% = 800×6.5% = 400×13% = 200×26% = 100×52% = 52

ㄹ. 35%를 묶어두고 계산하면 편하다. 50% × 15% + 35% × (25 + 15)% = 7.5% + 14%

14

난이도 ★★★☆☆ 정답 ④

[핵심] 상황판단형 : 조건의 적용

ㄱ. (○) 날씨가 '비'()인 날과 비행 허가신청이 '불허'인 날을 제거하고, 기준을 충족하는 날을 찾아보면, 3월 3일, 8일, 10일, 11일, 12일, 15일로 총 6일이다.

ㄴ. (×) 촬영 기준 지자기지수는 모두 10 미만으로 충족하기 때문에 풍속이 5m/s 미만이고, 촬영 허가신청 결과가 '허가'인 것을 확인하면, 3월 3일, 8일, 12일, 15일로 총 4일이다.

ㄷ. (○) 항공촬영은 비행 및 촬영 기준을 모두 충족하는 3월 3일, 8일, 12일, 15일로 총 4일이다.

[스피드 해법]

ㄱ. 날씨가 '비'인 날과 비행 허가신청이 '불허'인 날을 제거하고, 기준을 충족하는 날을 찾을 때, 지자기지수와 풍속 모두 충족해야 하므로, 지자기지수에서 5 미만으로 통과된 날만 대상으로 풍속이 10 미만인지 확인하면, 전자에서 통과된 경우 후자에서도 통과됨을 확인할 수 있다.

ㄷ. ㄱ과 ㄴ의 교집합을 구하는 것이므로 ㄱ과 ㄴ을 풀면, 자동적으로 풀린다.

15

난이도 ★★★☆☆ 정답 ①

[핵심] 수리계산형 : 여사건, 공식 변환

임도 길이는 작업임도 길이와 간선임도 길이의 합이므로, 작업임도 비율과 간선임도 비율은 서로의 여사건이다. 임도 길이는 ($\frac{\text{간선임도길이}}{\text{간선임도비율}}$ × 100)으로 구한 후, 산림경영단지 면적을 ($\frac{\text{임도길이}}{\text{임도밀도}}$)로 구한다. 이를 정리하면 다음과 같다.

구분 / 산림경영단지	간선임도비율(%)	간선임도길이(km)	임도길이(km)	임도밀도(km/ha)	산림경영단지면적(ha)
A	70	70	100	15	6.7
B	80	40	50	10	5
C	70	35	50	20	2.5
D	50	20	40	10	4
E	60	60	100	20	5

따라서 가장 넓은 산림경영단지는 A이다.

16

난이도 ★★☆☆☆ 정답 ②

[핵심] 사칙연산, 분수 비교

ㄱ. (○) E정당 전체 당선자(11명) 중 '가' 권역 당선자(7명)가 차지하는 비중은 약 63.6%(= $\frac{7}{11}$)이다.

ㄴ. (×) '가' 권역이 당선자 수의 합은 65명이고, '나' 권역은 28(= 253 − 65 − 160)명이므로 전자는 후자의 3배 미만이다.

ㄷ. (○) C정당 전체 당선자(25명) 중 '나' 권역 당선자(23명)가 차지하는 비중은 92%이고, A정당 전체 당선자(105명) 중 '가' 권역 당선자(48명)가 차지하는 비중은 약 45.7%이므로 전자는 후자의 2배 이상이다.

ㄹ. (×) B정당 당선자 수는 '가' 권역이 9(= 65 − (48 + 1 + 7))명이고, '나'권역은 3(= 110 − (9 + 98))명이므로 전자가 후자보다 많다.

[스피드 해법]

ㄱ. $\frac{1}{11}$ ≈ 9.1%이므로 $\frac{7}{11}$ > 60%, 또는 $\frac{7}{11} > \frac{6}{10}$ (등차분수)

ㄷ. $\frac{23}{25}\ vs\ \frac{48 \times 2}{105} \Rightarrow \frac{92}{100} > \frac{96}{105}$ (분모 증가율 > 분자 증가율 → 모증대하)

17

난이도 ★★★☆☆ 정답 ⑤

[핵심] 순위 자료 표, 추론형 지문, 곱셈 비교

① (○) 한국의 '성과' 영역 원점수(6.7)의 8배는 53.6점이다. <표>에서 '성과' 영역 원점수가 53.6점 이상에 해당하는 국가는 54.8점인 미국뿐이다. 그런데 미국의 '성과' 영역 순위가 2위이므로 해당 영역 1위의 원점수는 이보다 높아야 한다. 한편 종합순위 10위 이내에 '성과' 영역 1위는 존재하지 않으므로 '성과' 영역 1위인 국가의 종합순위는 한국의 종합순위인 10위보다 낮다.

② (○) 종합순위 3 ~ 10위 국가의 종합점수 합이 320점 이하이려면, 평균 종합점수가 40(= 320 / 8)점 이하여야 한

다. 평균 40점을 기준으로 편차의 합이 0 또는 (-)인지 확인한다. 편차를 보면, 3위는 +1.48, 4위와 5위는 각각 +1.48↓, 6위 −1.65, 7위 −1.88, 8위와 9위와 10위는 각각 −(1.88↑), 따라서 (+) 편차의 합은 1.48×3보다 작지만, (-) 편차의 합의 절대값은 1.65×5보다 크다. 따라서 편차의 합은 (-)이다.

③ (○) 중국의 '환경' 영역 순위가 28위이므로 소프트웨어 경쟁력 평가대상 국가는 최소 28개국 이상이라는 것을 알 수 있다.

④ (○) 영역점수 = 영역 원점수 × 영역 가중치, 한국의 각 영역점수는 '환경' 9.435점, '인력' 27.5점, '혁신' 10.375점, '성과' 1.005점, '활용' 10.275점으로 '혁신'이 가장 높다.

⑤ (×) 일본의 '활용' 영역 원점수(57.2점)가 중국의 '활용' 영역 원점수(73.6점)로 같아지면 16.4점이 상승하지만, 영역점수로는 4.1(= 16.4 × 0.25)점 상승이다. 따라서 종합점수도 4.1점 상승하는데, 중국의 종합점수(47.04)는 일본의 종합점수(41.48)보다 5점 이상 높기 때문에 순위가 바뀌지는 않는다.

[스피드 해법]

④ 영역점수 = 영역 원점수 × 영역 가중치, 이 부분을 직접 계산할 필요 없이, 곱셈 비교 테크닉을 사용한다. '환경' 영역을 제외한 다른 영역들은 '혁신' 영역에 비해서 원점수는 작으면서 가중치도 작거나 같다. 따라서 '환경' 영역과의 비교만 한다. 62.9×0.15 vs 41.5×0.25, 원점수 간에는 약 1.5배, 가중치 간에는 $1\frac{2}{3}$ 배이다. 따라서 영역점수는 '혁신'이 가장 높다.

18

난이도 ★★★☆☆ 정답 ⑤

[핵심] 곱셈 비교, 가중평균, 분수 비교

① (○) G지역의 피해액은 '인구 × 1인당 피해액'으로 구한다. 즉, 1,604,432 × 36,199 = 약 580억 원이므로, 전국 피해액(약 1,872억 원)의 35% 이하이다.

② (○) 전국 1인당 피해액은 주요 7개 지역을 합친 지역의 1인당 피해액과 나머지 전체 지역의 1인당 피해액의 가중평균이다. 따라서 주요 7개 지역을 합친 지역의 1인당 피해액이 전국 1인당 피해액보다 크다면, 가중평균 논리에 의해 주요 7개 지역을 합친 지역의 1인당 피해액이 나머지 전체 지역의 1인당 피해액보다 클 수밖에 없다(즉, 1인당 피해액 순서는 주요 7개 지역을 합친 지역 > 전국 > 나머지 지역 전체). 주요 7개 지역의 피해액 합의 경우 G 지역을 제외하고도 전국의 60%를 초과하고, 주요 7개 지역의 인구 합의 경우 전국의 60% 미만이므로, 주요 7개 지역을 합친 지역의 1인당 피해액이 전국 1인당 피해액보다 크다.

③ (○) D지역과 F지역을 합친 지역의 1인당 피해액 = $\frac{7,122+86,649}{1,510+2,691} = \frac{93,771}{4,202}$ 따라서 D지역과 F지역을 합친 지역의 1인당 피해액이 20,000원을 초과하므로, 전국 1인당 피해액(3,617원)의 5배 이상이다.

④ (○) $\frac{2,898,417}{1,063}$ vs $\frac{2,883,752}{10,183} \times 9 \rightarrow \frac{2,898,417}{2,883,752}$ (1 초과) > $\frac{1,063}{10,183} \times 9$ (1 미만)

⑤ (×) D 지역과 C 지역의 피해밀도를 비교해보면, 피해액(분자)의 경우 D 지역이 C 지역의 2배 이상인데, 행정면적(분모)의 경우 D 지역이 C 지역의 2배 미만이므로 피해밀도는 C 지역이 더 낮다(자증대상).

[스피드 해법]

① 분수 비교를 이용한다.
$\frac{1,604,432 \times 36,199}{51,778,544 \times 3,617} \approx \frac{16,044,320}{51,778,544}$ (36,199(분자)를 3,617(분모)로 약분하면 10에 가까움) 유효숫자로 3자리 잡으면, $\frac{160}{518} < \frac{175}{500} (= \frac{35}{100})$ (자대모소)

19

난이도 ★★★☆☆ 정답 ⑤

[핵심] 방정식, 가중평균, 교집합, 여사건

① (×) 항복강도 평가 합격률로 SD500의 샘플 수를 도출한다. SD500의 샘플 수를 x로 두고 식을 세우면 다음과 같다.
$35 \times 1.00 + x \times 0.95 + 25 \times 0.92 = 0.96 \times (x + 60) \rightarrow$
$58 + 0.95x = 0.96x + 57.6$
따라서 x = 40개이다.

② (×) 인장강도 평가에서 합격한 SD600 샘플은 22(= 25 × 88%)개이다. 한편, 항복강도와 인장강도 평가에서 모두 합격한 샘플이 최종 합격인데, 최종 합격한 SD600 샘플은 21(= 25 × 84%)개이므로 인장강도 평가에서 합격한 SD600 샘플 중 항복강도 평가에서 합격하지 못한 샘플이 1개가 존재한다.

③ (×) SD500 샘플의 항복강도 평가 합격률은 95%이므로 샘플 수는 38개이다. 따라서 불합격한 샘플 수는 2개이다.

④ (×) SD500의 인장강도 평가 합격률이 100%이므로, 항복강도 평가를 합격한 샘플은 모두 인장강도 평가도 합격하였으므로 최종 합격률은 95%이다. 따라서 SD500의 최종 불합격한 샘플 수는 2개이고, SD600은 4(= 25 − 21)개, SD400은 0개이므로 총 6개이다.

⑤ (○) 항복강도 평가에서 불합격한 SD600 샘플 수는 2(= 25 − 23)개이고, 최종 불합격한 SD500 샘플 수는 2개이므로 동일하다.

[스피드 해법]

① 가중평균의 편차 공식을 이용한다. 즉, 가중평균과의 편차에 가중치를 곱한 후 더하면 0이 된다. 따라서 4×35 + (-1)x + (-4)×25 = 0 → x = 40
② 각주 2)에서 항복강도와 인장강도 평가에서 모두 합격한 샘플이 최종 합격인 점을 확인하면, 인장강도 합격률(88%) > 최종 합격률(84%)이므로, 인장강도 평가에서 합격한 것 중 최종 합격하지 못한 것이 존재한다. 따라서 인장강도 평가에서 합격한 것 중 항복강도 평가에서 합격하지 못한 것이 존재한다.
③ 불합격한 샘플 수의 비율은 합격률의 여사건이다. SD500의 불합격한 샘플 수의 비율은 5%이므로 40 × 5%로도 구할 수 있다.

20

난이도 ★★★☆☆ 정답 ④

[핵심] 전체값 및 전기값 계산

해설에서는 "천 L" 단위는 생략함

ㄱ. (○) 2015년 와인 생산량 상위 8개국 중 와인 소비량이 생산량보다 많은 국가는 미국뿐이다.

ㄴ. (○) 프랑스 구성비 16.7%를 이용하면, 세계 와인 생산량은 프랑스 와인 생산량의 6배인 28,500이다. 여기에 상위 8개국 와인 생산량의 10%인 2,133.5를 더하면 30,000 이상이다. (컴마 앞자리만 확인해도 됨)

ㄷ. (○) 2015년 중국 와인 소비량(1,600)은 같은 해 세계 와인 생산량(28,500)의 5.6%이다.

ㄹ. (×) 2013년 스페인 와인 생산량은 약 4,537(= $\frac{3,720}{(1-0.18)}$)이고, 같은 해 영국 와인 소비량은 약 1,270(= $\frac{1,290}{(1+0.016)}$)이므로 전자는 후자의 3배 이상이다.

[스피드 해법]

ㄴ. 다른 풀이법을 소개하면 다음과 같다. 2015년 상위 8개국 와인 생산량은 21,335이고, 이 값이 세계 와인 생산량에서 차지하는 비중이 74.9%이다. 따라서 75%(= $\frac{3}{4}$)에 근접하므로, 세계 와인 생산량 = 21,335 × $\frac{4}{3}$
이 때 상위 8개국만 와인 생산량이 각각 10%씩 증가했다면, 세계 와인 생산량 = 21,335 × $\frac{4}{3}$ + 21,335 × 10%(= 0.1) = 21,335 × 1.43 > 30,000

ㄷ. $\frac{16}{285}$ < 6% → 16 < 285 × 0.06(= 17.1), 또는 $\frac{16}{285} < \frac{18}{300} = 6\%$ (자증대상).

ㄹ. $\frac{3,720}{0.82}$ vs $\frac{3,870}{1.016}$(= $\frac{1,290}{1.016}$ × 3) 분모 증가율(10% 초과)이 분자 증가율(10% 미만)보다 크므로 후자가 전자보다 작다(모증대하).
[초스피드] 3,900 : 1,300 = 3 : 1 관계임을 활용한다. 어떤 값에서 18.0% 감소하여 3,720이라면 어떤 값은 3,900보다 크다. 한편 어떤 값에서 1.6% 증가하여 1,290이라면 어떤 값은 1,290보다 작다.

21

난이도 ★★★☆☆ 정답 ④

[핵심] 수리계산형 : 분수 비교, 선지 활용

A : 영업이익이 가장 많은 업종은 '선용품공급업'(3,471억 원)이고, 사업체 수는 1,413개이다.

B : "B를 제외한 모든 업종이 10% 이하의 영업이익률을 기록하였다"고 하였으므로 유일하게 영업이익률이 10%를 초과하는 업종인 '하역업'이 B에 해당하며, 사업체 수는 65개이다.

C : 부산항 해운항만산업 전체의 사업체당 매출액은 약 51(= $\frac{232,119}{4,511}$)이다. 이보다 적은 업종은 '대리중개업', '항만부대업', '선용품공급업', '수리업'이다. 이 중 사업체당 영업이익이 3억 원을 초과하는 업종은 '항만부대업'(= $\frac{974}{323}$)뿐이다. '항만부대업'의 사업체 수는 323개이다.

D : 사업체당 영업비용과 사업체당 매출액이 모두 가장 적은 업종은 '수리업'이고, 사업체 수는 478개이다.

따라서 A ~ D에 해당하는 사업체 수의 합은 2,279 (= 1,413 + 65 + 323 + 478)이다.

[스피드 해법]

각 선지의 마지막 자리 수치가 모두 다르므로 이 부분만 확인해도 답이 확정된다.

22

난이도 ★★★★☆ 정답 ①

[핵심] 상황판단형 : 순서도 읽기, 조건의 적용

순서도를 보면, 측정 및 가공 작업이 오염도 → 강도 → 치수 순으로 적용되므로 제품별로 정리하면 다음과 같다.

(단위 : 회)

평가 항목 / 제품	오염도	강도	치수
A	폐기	-	-
B	1	2	확대 2
C	0	0	확대 3
D	0	폐기	-
E	5	1	축소 2

제품 A : 5(천 원)

제품 B : (5 + 5 + 5) + 2 × (10 + 50) + 10 + 2 × (2 + 20) + 2 = **191(천 원)**

제품 C : 5 + 10 + 3 × (2 + 20) + 2 = 83(천 원)

제품 D : 5 + 10 = 15(천 원)

제품 E : 5 × (5 + 5) + 5 + (10 + 50) + 10 + 2 × (2 + 10) + 2 = 151(천 원)

따라서 비용이 가장 적은 제품은 A, 비용이 가장 많은 제품은 B이다.

23

난이도 ★★★☆☆ 정답 ③

[핵심] 수리계산형 : 분수 계산, 단위 처리, 선지 활용

- 2003년 인구 = $\frac{10,246}{21.8}$ × 10만 = 47(백만 명)
- 2019년 인구 1만 명당 교통사고 건수
  선지 구성을 살펴보면 단위 계산이 관건임을 알 수 있다. <그림 1>에서 사고 건수(331,500명)와 사망자 수(4,284명)가 제시되어 있고, <그림 2>에서 10만 명당 교통사고 사망자 수(8.4)가 제시되어 있다. 따라서 '10만 명당' 교통사고 사망자 수를 '1만 명당'으로 환산하면 0.84이므로 이를 이용하여 비례식을 세우면 다음과 같다.
  331,500 : 4,284 = x : 0.84 → x = 65

따라서 정답은 ③이다.

[스피드 해법]

1. 2003년 인구는 선지의 자리수가 같은 경우이므로 단위에는 신경쓰지 않아도 된다. 44, 47, 49 중에서 가장 가까운 것을 찾는다. $\frac{10,246}{21.8} = \frac{5,123}{10.9}$ → 나눗셈을 곱셈으로 전환한다. 11×47 = 517이므로 47이 가장 가까운 수치로 선택된다.
2. 2019년 인구 1만 명당 교통사고 건수는 65 또는 650이므로 x가 100 미만인 것만 확인해도 답을 도출할 수 있다.

24

난이도 ★★☆☆☆ 정답 ③

[핵심] 보고서형 : 추가로 필요한 자료

ㄱ. (○) 1문단 2 ~ 3문장에서 필요하다.

ㄴ. (×) 2문단 3문장에 '2014 ~ 2016년 3년간 국내 조선업 평균 건조량'이 언급되었지만, 이는 <표 1>의 수치와 각주를 통해 도출할 수 있으므로 추가로 필요한 자료는 아니다.

ㄷ. (×) 2014 ~ 2016년 중국 조선기자재업체 실적은 <보고서>에서 언급되지 않았다.

ㄹ. (○) 3문단 1문장에서 '2017년 국내 대형 조선사 해양플랜트 수주량'을 확인하기 위해서 필요하다.

25

난이도 ★★★☆☆ 정답 ②

[핵심] 공식 이해 및 적용, 증감률 및 증감폭

ㄱ. (×) 해당 연도 건조량 = 해당 연도 수주량 + (전년도 수주잔량 - 해당 연도 수주잔량)이다. 계산하기 까다로운 2014년 건조량을 구하지 않더라도 2015년(1,204만 톤)이 2016년(1,342만 톤)보다 적으므로 틀린 지문이다.

ㄴ. (○) 국내 조선업 수주량의 전년대비 증감률은 2015년에 약 -17.1%, 2016년에 약 -79.3%, 2017년에 약 180.1%이므로 2017년이 가장 크다.

ㄷ. (○) 2014년 이자보상배율이 1 미만인 국내 조선기자재업체 수는 중형이 9개(= 35 × 25.7%)이 대형이 3개(= 20 × 15.0%)이므로 전자는 후자의 3배이다.

ㄹ. (×) 2014년 이후 기업규모별 업체 수는 변화가 없으므로 '2015년 대비 2016년 비율 증감폭 × 업체 수'로 계산하면 다음과 같다.
대형 = 20 × (25.0 - 20.0)% = 1개
중형 = 35 × (34.3 - 17.1)% = 6개
소형 = 96 × (38.5 - 28.1)% = 10개
따라서 소형이 가장 크다.

[스피드 해법]

ㄴ. 증감률은 절대값으로 비교하고, 감소율은 100%를 초과할 수 없다는 점을 이용하면, 2017년의 전년대비 증가율이 100%를 넘는다는 점만 확인하면 쉽게 확인된다.

ㄷ. 업체 수는 자연수이므로 어림산으로 처리한다. 중형의 경우 35 × 25.7%는 36 × 25%로 처리(한쪽은 올리고 한쪽은 내려서 곱셈)하여 36/4 = 9개로 처리한다.

ㄹ. 중형 = 35 × 17.2% vs 소형 = 96 × 10.4%, 업체 수 간에는 2배 넘고, 비율 간에는 2배 미만인 점만 확인한다.

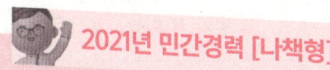

2021년 민간경력 [나책형]

문항별 핵심 정리표

번호	난이도	유형	포인트	소재	자료수
1	★★☆☆☆	일반형	자료읽기, 단순연산	지역별 도시재생사업비	표1
2	★☆☆☆☆	보고서형	기호 중심 표	권역별 지역경제 동향	표1, 보고서1
3	★★☆☆☆	일반형	자료 읽기, 구성비 계산	연도별 독립유공자 포상 인원	표1
4	★★☆☆☆	매칭형	구성비 계산	민원 상담 현황	표1, 그림1
5	★★★☆☆	일반형	자료읽기, 순위 자료 표, 덧셈 비교	스포츠 구단 가치액 순위	표1
6	★★★☆☆	보고서형	추가로 이용한 자료	전공계열별 희망직업 취업 현황	표1, 보고서1
7	★★★☆☆	일반형	자료 읽기형, 순서 비교형	A프로세서 성능평가를 위한 8개 프로그램 수행 결과	표1
8	★★★☆☆	일반형	차트 스피드 해법, 자료 간 관계	지역별 산불피해 현황	표1, 그림3
9	★★☆☆☆	상황판단형	조건 적용 후 순서 나열	월별 최대 순간 풍속과 작업제한 기준 순간 풍속	표2, 정보1
10	★★★☆☆	일반형	자료 읽기, 분수 비교	발전원별 발전량 및 비중	표1

※ 11~25번: 7급 공채 1~15번과 동일한 문제임.

2021년 민간경력 [나책형]

01 ⑤	02 ⑤	03 ④	04 ②	05 ①
06 ③	07 ⑤	08 ②	09 ④	10 ①

01

난이도 ★★☆☆☆ 정답 ⑤

[핵심] 자료 읽기, 단순 연산

ㄱ. (○) 부산의 사업비는 240억 원이므로 이보다 많은 지역은 경기, 강원, 충북, 충남, 전북, 전남, 경북, 경남으로 8개이다.

ㄴ. (○) 사업비 상위 2개 지역은 경남(440), 강원(420)이므로 합은 860억 원이다. 사업비 하위 4개 지역은 세종(0), 인천(80), 울산(120), 제주(120)이므로 합은 320억 원이다. 따라서 전자는 후자의 2배 이상이다.

ㄷ. (○) 전체 사업비는 4,000억 원이므로 10%는 400억 원이다. 따라서 400억 원 이상인 지역은 강원, 경남으로 2개이다.

02

난이도 ★☆☆☆☆ 정답 ⑤

[핵심] 보고서형, 기호 중심 표

5문장에서 "수출은 동남권을 제외한 모든 권역이 증가"라고 하였으나, 제주권은 보합이므로 틀린 설명이다.

03

난이도 ★★☆☆☆ 정답 ④

[핵심] 자료 읽기, 구성비 계산

ㄱ. (○) 여성 건국훈장 인원은 매년 증가하였다(2→3→4→8→11).

ㄴ. (×) 2018년의 경우, 전체 포상 인원(355명) 중 건국훈장 인원(150명) 비율이 50% 미만이다.

ㄷ. (○) 남성 애국장(애족장) 포상 인원은 전체 애국장(애족장) 포상 인원에서 여성 애국장(애족장) 포상 인원을 뺀 값이다. 차이가 가장 큰 해는 61(=191－130)명인 2015년이다.

ㄹ. (○) 건국포장 포상 인원 중 여성 비율이 가장 낮은 해는 약 2.3%인 2017년이고, 대통령표창 포상 인원 중 여성 비율이 가장 낮은 해도 약 2.7%인 2017년이다.

[스피드 해법]

ㄷ. 남성 애국장－남성 애족장＝(전체 애국장－여성 애국장)－(전체 애족장－여성 애족장)＝(전체 애국장－전체 애족장)－(여성 애국장＋여성 애족장)

04

난이도 ★★☆☆☆ 정답 ②

[핵심] 매칭형, 구성비 계산

A : 상담건수 중 '관세사'의 비율이 60% 이상인 상담내용은 '사전검증'뿐이다. 혹은 '무역업체'가 '개인'의 약 3배라는 것을 이용하여 구한다.

B : '세관'과 '관세사'의 수치가 비슷한 상담내용은 '화물'뿐이다. 혹은 '기타'의 비율이 20% 초과인 것을 구한다.

05

난이도 ★★★☆☆ 정답 ①

[핵심] 자료 읽기, 순위 자료 표, 덧셈 비교

ㄱ. (○) 전년보다 순위가 상승한 구단은 C, D, E, I이고, 하락한 구단은 F, H, J이다. 따라서 전자가 후자보다 많다.

ㄴ. (○) 미식축구 구단 가치액 합은 135(＝58+40+37)억 달러이고, 농구 구단 가치액 합은 131(＝45+44+42)억 달러이므로 전자가 후자보다 크다.

ㄷ. (×) 전년 대비 가치액 상승률이 가장 큰 구단은 약 27.3% 증가한 E인데, 종목은 농구이다.

ㄹ. (×) 2019년의 경우, 상위 10개 스포츠 구단 중 <표>를 통해 알 수 없는 것은 10위인 구단이다(1～9위는 순서대로 A, B, F, H, C, J, G, D, E임). 먼저 2019년 1～9위 구단의 가치액 합을 구하면 374억 달러이고, 10위의 가치액은 31～33억 달러이다. 따라서 1～10위 구단의 가치액 합은 405～407억 달러이다. 한편, 2020년 432억 달러이므로 2019년보다 2020년이 더 크다.

06

난이도 ★★★☆☆ 정답 ③

[핵심] 보고서형, 추가로 이용한 자료

ㄴ. (○) 2문단 2문장에서 추가로 이용하였다.

ㄷ. (○) 2문단 1문장에서 추가로 이용하였다.

07

난이도 ★★★☆☆ 정답 ⑤

[핵심] 자료 읽기형, 순서 비교형

① (×) '유전체 분석'이 '숫자정렬'보다 명령어 수는 많지만, 수행시간은 더 짧다.

② (×) CPI가 가장 낮은 프로그램은 '양자 컴퓨팅'(0.44)인데, 기준시간은 '영상 압축'(22,163)이 가장 길다.

③ (×) 각주에 의해 "$\text{수행시간}=\frac{\text{기준시간}}{\text{성능지표}}$"이므로 인공지능 바둑의 수행시간은 약 561(＝10,490/18.7)초이다. 내비게이션은 500초이기 때문에 전자가 후자보다 길다.

④ (×) "클럭 사이클 수＝CPI×명령어 수"로 구한다. 기준시간은 '내비게이션'(7,020)이 '문서 편집'(9,120)보다 더

짧지만, 클럭 사이클 수는 '내비게이션'이 1,250(=1,250×1.00), '문서 편집'이 561.26(=211×2.66)으로 전자가 후자보다 더 많다.

⑤ (○) '내비게이션'의 성능지표는 14.04(=7,020/500)이므로 성능지표가 가장 낮은 프로그램이다.

[스피드 해법]

순서 일치를 묻는 지문(~~일수록~~이다.)은 답이 아닐 가능성이 높으므로 확정적인 지문인 ③, ⑤부터 확인한다.

08

난이도 ★★★☆☆ 정답 ②

[핵심] 차트 스피드 해법, 자료 간 관계

ㄱ. (○) 산불 발생건수가 가장 적은 지역은 J인데, <그림 3>에서 산불 발생건수가 가장 적은 지역이 산불 발생건당 피해면적은 가장 크다.

ㄴ. (×) <그림 2>에서 산불 발생건수가 가장 적은 지역(J)이 산불 피해재적은 가장 크다.

ㄷ. (○) <그림 1>에서 산불 발생건당 피해액은 원점에서 연결한 기울기로 구한다. 기울기가 가장 큰 지역은 산불 발생건수가 200~300건인데, 이는 D에 해당한다. 한편, 산불 발생건당 피해액이 가장 작은 지역은 산불 발생건수가 500~600건인 B이다.

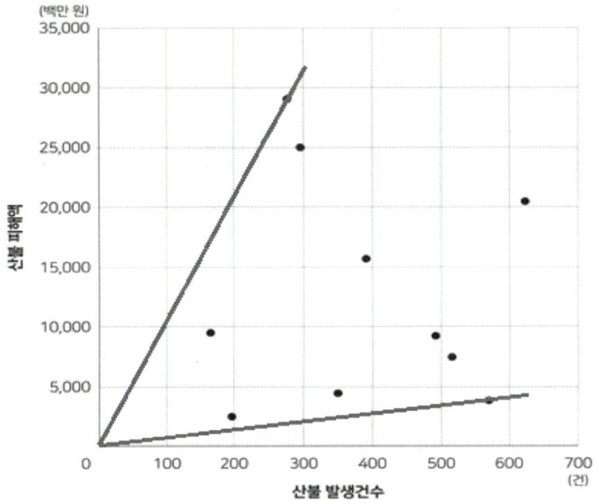

ㄹ. (×) 산불 피해면적 = 산불 발생건당 피해면적 × 산불 발생건수

H의 산불 피해면적 = 1↓× 623 vs A의 산불 피해면적 = 4 × 516 > 2,000

따라서 산불 피해면적은 A가 가장 크다.

09

난이도 ★★☆☆☆ 정답 ④

[핵심] 상황판단형, 조건 적용 후 순서 나열

1) 작업제한 조치가 한 번도 시행되지 않으려면, 월 최대 순간 풍속이 15m/s 미만이어야 한다. B지역의 경우, 15m/s 미만이었던 달은 제시된 달 중 1, 2월이기 때문에 (가)는 15m/s 미만이어야 한다.

2) 매월 최대 순간 풍속이 A < C < D가 되려면, 21.5 < (나) < 32.7이어야 한다.

3) E지역의 경우, '운전' 작업제한 조치가 시행되지 않은 '월'은 제시된 달 중 11월뿐이므로 (다)는 15m/s 이상이면서 20m/s 미만이어야 한다.

따라서 순서대로 나열하면, '나 > 다 > 가'이다.

10

난이도 ★★★☆☆ 정답 ①

[핵심] 자료 읽기, 분수 비교

① (×) 프랑스의 전체 발전량 중 원자력 발전량 비중은 약 77%(=437.4/568.5)이다.

② (○) 2010년 대비 2015년에 15 %p 이상 증가하였다면, 2015년 신재생 에너지 비중이 21.2(=6.2+15)% 이상인지 확인한다. 영국의 2015년 신재생 에너지 비중은 약 23.9%(=80.9/339.1)이므로 15%p 이상 증가하였다.

③ (○) 2010년 석탄 발전량은 미국이 1,994.2TWh이고, 일본이 309.5TWh이므로 전자는 후자의 6배 이상이다.

④ (○) <표>의 '전체'에서 2010년 대비 2015년에 증가한 국가는 독일뿐이다.

⑤ (○) 2015년 미국의 신재생 에너지 발전량 비중은 약 7.6%(=333.3/4,378.4)이다. 영국은 ②에서 이미 구했으므로 각 국가에서 2010년 대비 2015년 신재생 에너지 발전량 및 비중 모두 증가하였다.

[스피드 해법]

① 1) $\frac{437.4}{568.5}$ vs $\frac{3}{4}$ (=75%)

2) 100.0 − (2.1 + 3.5 + 0.4 + 10.4 + 6.6) = 77%

2020년 민간경력 [가책형]

문항별 핵심 정리표

번호	난이도	유형	포인트	소재	자료수
1	★☆☆☆☆	보고서형	사용된 자료 찾기	회계부정행위 신고 및 포상금 지급	보고서1
2	★★☆☆☆	수리계산형	주어진 정보 파악	'갑'건축물을 건설하기 위한 공종의 공법별 공사기간 및 항목별 공사비	표1
3	★★☆☆☆	일반형	자료 읽기, 분수 비교	2017 ~ 2019년 '갑'대학의 장학금 유형(A ~ E)별 지급 현황	표1
4	★★★☆☆	일반형	분수 비교, 비율 계산	2019년 '갑'회사의 지점(A ~ E)별 매출 관련 현황	표1
5	★★★☆☆	상황판단형	조건의 적용, 분수의 비율 전환	A ~ C가 참가한 사격게임 결과	표1
6	★★☆☆☆	일반형	자료 파악, 수치 비교	2015년 16개 지역의 초미세먼지 농도, 연령표준화사망률 및 초미세먼지로 인한 조기사망자수	그림1
7	★★★☆☆	일반형	증감률 계산, 분수 비교	2018년과 2019년 14개 지역에 등록된 5톤 미만 어선 수	표1
8	★★☆☆☆	표-차트 변환형	차트 읽기	2008 ~ 2018년 '갑'국의 황산화물 배출권 거래 현황	표1,그림5
9	★★★☆☆	일반형	자료 읽기, 곱셈 비교, 여사건, 비율 계산, 최소교집합	탈모 증상 경험 여부와 탈모 증상 경험자의 탈모 증상 완화 시도 방법	표2
10	★★★☆☆	일반형	분수의 백분율 전환, 여사건, 최소교집합	도입과 출산을 통한 반달가슴곰 복원 현황	표1
11	★☆☆☆☆	보고서형	사용하지 않은 자료 찾기	세계 및 국내 드론 산업 현황	보고서1,그림5
12	★☆☆☆☆	일반형	자료 읽기, 순서 일치	A대학 재학생 교육 만족도 조사 결과	표1
13	★★★☆☆	표-차트 변환형	배율의 증가율 전환	2017 ~ 2019년 '갑'국 A ~ D지역의 1인 1일당 단백질 섭취량과 지역별 전체 인구	표3,그림5
14	★★☆☆☆	일반형	증가율 계산, 분수 비교, 뺄셈 계산, 증감률 비교	2016 ~ 2019년 '갑'국의 방송통신 매체별 광고매출액	표1
15	★★☆☆☆	매칭형	구성비 비교	'갑'국 6개 지방청 전체의 부동산과 자동차 압류건수의 지방청별 구성비	그림2,정보1
16	★★☆☆☆	보고서형	추가로 필요한 자료 찾기	조사연도별 국세 및 국세청세수와 국세청세수 징세비 및 국세청 직원수 현황	표2,보고서1
17	★★★☆☆	일반형	자료 읽기, 분수 계산	'가' 곤충도감에 기록된 분류군별 경제적 중요도와 '갑 ~ 병'국의 종의 수	표1
18	★★★☆☆	수리계산형	가중치 비교, 편차 비교	'갑'공기업의 신규 사업 선정을 위한 2개 사업(A, B) 평가	표2,정보1
19	★★☆☆☆	매칭형	순위 자료 표	2016 ~ 2019년 '갑'조사기관이 발표한 이미지 분야 및 실체 분야 국가브랜드 상위 10개국	표1,보고서1
20	★★★☆☆	일반형	차트 스피드 해법	25개 글로벌 리스크의 분류와 영향도 및 발생가능성 지수	그림1
21	★★★☆☆	일반형	비율 계산, 분수 비교, 전체비와 상대비	'갑'국의 멸종위기종 지정 현황	표1
22	★★☆☆☆	일반형	자료 읽기, 가중평균	A기관 5개 지방청에 대한 외부고객 만족도 조사 결과	정보1,표1
23	★★☆☆☆	일반형	차트 스피드 해법	2019년 '갑'국의 가구별 근로장려금 산정기준	그림1
24	★★★★☆	상황판단형	최소교집합	'갑'지역의 주민을 대상으로 육교 설치에 대한 찬성 또는 반대 의견	그림1
25	★★★★☆	수리계산형	증가율과 배율 전환	조사연도별 '갑'국 병사의 계급별 월급과 군내매점에서 판매하는 주요품목 가격	표1,그림1

2020년 민간경력 [가책형]

01 ④	02 ③	03 ④	04 ①	05 ⑤
06 ⑤	07 ①	08 ②	09 ②	10 ④
11 ③	12 ④	13 ⑤	14 ⑤	15 ④
16 ②	17 ③	18 ②	19 ③	20 ①
21 ③	22 ②	23 ①	24 ⑤	25 ④

01

난이도 ★☆☆☆☆ 정답 ④

[핵심] 보고서형 : 사용된 자료 찾기

ㄱ. (○) 1 ~ 3번째 문장에서 사용되었다.

ㄴ. (○) 3번째 문장 "2013년부터 2016년까지 연간 최대 32건에 불과하였던 점을 감안하면~"에서 사용되었다.

ㄷ. (○) 2번째 문장 "회계부정행위 신고에 대한 최대 포상금 한도가~"에서 사용되었다.

ㄹ. (×) 언급되지 않았다.

02

난이도 ★★☆☆☆ 정답 ③

[핵심] 수리계산형 : 주어진 정보 파악

1) 각 공법별 공사기간과 공사비 총합은 다음과 같다.

구분 공종	공법	공사기간 (개월)	공사비 총합 (억 원)
토공사	A	4	14
	B	3	15
	C	3	13
골조공사	D	12	64
	E	14	59
	F	15	64
마감공사	G	6	90
	H	7	86

2) 세 가지 공종별로 한 종류의 공법만을 적용하되 총공사비를 최소화하려면, 각 공종별로 공사비 총합이 가장 작은 C공법(토공사), E공법(골조공사), H공법(마감공사)을 적용해야 한다. 이때 총공사기간은 24(=3+14+7)개월이다.

03

난이도 ★★☆☆☆ 정답 ④

[핵심] 자료 읽기, 분수 비교

ㄱ. (×) 매학기 장학생 수가 증가하는 장학금 유형은 없다.

ㄴ. (○) 2018년 1학기에 비해 2018년 2학기에 장학생 수와 장학금 총액이 모두 증가한 장학금 유형은 A, C, D, E 4개이다.

ㄷ. (×) 2019년 2학기 장학생 1인당 장학금은 B가 3.5($=\frac{70}{20}$)인 반면, A는 3.5를 초과하므로 A가 B보다 더 크다.

ㄹ. (○) E장학금 유형은 2019년 1학기에 장학생 수(2,188명)와 장학금 총액(2,379백만 원)이 가장 많다.

[스피드 해법]

ㄷ. [1] 104 : 372 = 100+4 : 350+22
100과 350은 3.5배, 4와 22는 3.5배 초과. 따라서 3.5배 초과임.
[2] 104 × 3.5 = 72 × 7 = 364
전자는 1/2, 후자는 2배한 후에 계산하였음.

04

난이도 ★★★☆☆ 정답 ①

[핵심] 분수 비교, 비율 계산

ㄱ. (○) D지점의 직원 1인당 매출액은 약 3.3($=\frac{10}{3}$)억 원이고, 그 외 지점은 모두 3억 원 미만이므로 D지점이 가장 많다.

ㄴ. (○) C지점의 목표매출액 달성률은 90%($=\frac{18}{20}$)이고, 그 외 지점은 모두 90% 미만이므로 C지점이 가장 높다.

ㄷ. (×) 5개 지점 매출액의 평균인 14.2($=\frac{71}{5}$)억 원을 초과하는 지점은 B와 C 2곳이다.

ㄹ. (×) 5개 지점의 매출액이 각각 20%씩 증가한다면, 전체 매출액도 20% 증가한다. 따라서 전체 매출액은 85.2(=71×1.2)억 원이 되어 전체 목표매출액(90억 원)을 초과하지 못한다.

[스피드 해법]

ㄴ. [1] 여사건을 이용한다. 여사건으로 계산시 C지점의 경우 10%($=\frac{2}{20}$)이므로, C지점 외 지점들이 10% 초과인지 확인한다.
[2] 역수를 이용한다. 분자 분모를 바꿔서 계산했을 때 C지점의 경우 1.2 미만($=\frac{20}{18}$)이므로, C지점 외 지점들이 1.2 초과인지 확인한다.

ㄷ. ÷5 → ×0.2(=20%) 로 처리하면 빠르다.

05

난이도 ★★★☆☆ 정답 ⑤

[핵심] 상황판단형 : 조건의 적용, 분수의 비율 전환

1) 1발당 적중률은 5발을 발사한 라운드가 20%(= $\frac{1}{5}$), 8발을 발사한 라운드가 12.5%(= $\frac{1}{8}$)이므로 각 라운드별 적중 횟수는 다음과 같다.

라운드 / 참가자	1(5발)	2(8발)	3(5발)	4(8발)	5(8발)	총적중 횟수
A	1	(a)	3	3	(b)	7 + a + b
B	2	5	5	1	1	14
C	(c)	5	4	(d)	5	14 + c + d

2) A의 총적중 횟수의 최솟값 : 참가자별로 1발만 적중시킨 라운드 횟수는 최대 2회까지만 가능하므로(조건 3), 2라운드(a) 또는 5라운드(b) 중 하나에서만 1발을 적중하고 남은 라운드에서는 2발을 적중할 경우 총 10회가 된다.
3) C의 총적중 횟수의 최댓값 : 각 참가자의 라운드별 적중 횟수는 최대 5발까지 가능하므로(조건 3), 1라운드(c)와 4라운드(d)에 모두 5발을 적중할 경우 총 24회가 된다.
4) 따라서 차이는 14(= 24 − 10)이다.

06

난이도 ★☆☆☆☆ 정답 ⑤

[핵심] 자료 파악, 수치 비교

ㄱ. (×) 초미세먼지로 인한 조기사망자수가 가장 많은 지역은 경기도(2,352명)이다.
ㄴ. (×) 부산과 대전을 보면, 연령표준화사망률(y축)도 부산이 대전보다 높고 초미세먼지로 인한 조기사망자수도 부산(947명)이 대전(342명)보다 많다.
ㄷ. (○) 초미세먼지 농도(x축)가 가장 낮은 지역인 강원도의 초미세먼지로 인한 조기사망자수는 443명으로 충청북도(403명)보다 많다.
ㄹ. (○) 연령표준화사망률(y축)은 대구가 부산보다 높고, 초미세먼지로 인한 조기사망자수는 대구(672명)가 부산(947명)보다 적다.

07

난이도 ★★★☆☆ 정답 ①

[핵심] 증감률 계산, 분수 비교

① (○) 경기의 5톤 미만 어선 수는 2018년이 1,703(= 946 + 330 + 175 + 135 + 117)척이고, 2019년이 1,583(= 910 + 283 + 158 + 114 + 118)척이다. 따라서 약 7% 감소하였으므로, 증감률은 10% 미만이다.
② (×) 세종의 경우 '1톤 미만' 어선 수는 전년보다 증가하였다(7척 → 8척).
③ (×) 인천과 제주의 경우 '2톤 이상 3톤 미만'보다 '3톤 이상 4톤 미만' 어선 수가 더 많고, 전북, 전남, 경북, 경남의 경우 '3톤 이상 4톤 미만'보다 '4톤 이상 5톤 미만' 어선 수가 더 많다.
④ (×) 2019년 '1톤 이상 2톤 미만' 어선 수는 부산이 세 번째로 크다.
⑤ (×) 2018년과 2019년 모두 '1톤 미만' 어선 수 대비 '3톤 이상 4톤 미만' 어선 수의 비가 가장 높은 지역은 제주(각각 유일하게 2 초과)이다.

08

난이도 ★★☆☆☆ 정답 ②

[핵심] 표-차트 변환형 : 차트 읽기

② (×) 2011년 최저 가격은 10이다.

[스피드 해법]

① 유효숫자 4자리만 잡고 계산하면, 2010년 53.5(= 1,712/32), 2011년 62.7(= 1,568/25), 2012년 43,7(= 1,401/32), 2013년 49.1(= 2,901/59)로 앞 3자리까지 맞다는 것을 확인하면 정오를 판단할 수 있다.

09

난이도 ★★★☆☆ 정답 ②

[핵심] 자료 읽기, 곱셈 비교, 여사건, 비율 계산, 최소교집합

① (○) <표 1>에서 남녀 각각 연령대가 높을수록 탈모 증상 경험자 비율도 높아진다.
② (×) 미용실 탈모 관리를 받았다고 한 응답자의 수는 남성이 9명(= 214 × 4.2%), 여성이 13명(= 115 × 11.3%)이므로 여성이 남성보다 많다.
③ (○) 탈모 증상 완화를 시도한 응답자 비율의 여사건인 '시도하지 않음' 비율을 활용한다. 연령대가 낮을수록 '시도하지 않음' 비율도 낮으므로 옳은 설명이다.
④ (○) 탈모 증상 경험자(329명 = 214 + 115) 중 부모의 탈모 경험이 있다고 한 응답자(236명)의 비율은 약 71.7%(= $\frac{236}{329}$)이다.
⑤ (○) 최소교집합을 활용한다(= A + B − N). 탈모 증상이 심각하다고 한 응답자 수(A)는 150명, 부모의 탈모 경험이 있다고 한 응답자 수(B)는 236명, 탈모 증상 경험자 수(N)는 329명이므로 탈모 증상이 심각하다고 한 응답자 중 부모의 탈모 경험이 있다고 한 응답자 수는 57(= 150 + 236 − 329)명 이상이다.

[스피드 해법]

② 214 × 4.2%(남성) vs 115 × 11.3%(여성) : 214 ← 115는 2배 미만, 4.2 → 11.3은 2배 초과이므로 여성이 남성보다 많다.
④ $\frac{236}{329} > \frac{210}{300}(= 70\%)$ [10% 기준 : 왼쪽으로 자증대상]
⑤ 최소교집합 공식 중에서 "A − (~B)"를 이용한다. 150 − 93 = 57.

10

난이도 ★★★☆☆ 정답 ④

[핵심] 분수의 백분율 전환, 여사건, 최소교집합

ㄱ. (○) 도입처가 서울대공원인 반달가슴곰의 자연적응률은 약 71.4%(= $\frac{5}{7}$), 자연출산 반달가슴곰의 자연적응률은 약 84.8%(= $\frac{39}{46}$)이므로 전자는 후자보다 낮다.

ㄴ. (×) 자연출산 반달가슴곰의 생존율은 약 89.1%(= $\frac{41}{46}$)로 90% 미만이다.

ㄷ. (○) 반달가슴곰의 폐사율은 자연출산이 약 10.9%(= $\frac{5}{46}$), 증식장출산이 12.5%(= $\frac{1}{8}$)이므로 전자가 후자보다 낮다.

ㄹ. (○) 최소교집합을 활용한다(= A + B − N). 도입을 통한 반달가슴곰 중 폐사된 전체 개체수는 15(N), 도입처가 러시아인 반달가슴곰 중 폐사된 개체수는 9(A), 도입을 통한 반달가슴곰 중 폐사원인이 자연사인 개체수는 8(B)이므로 도입처가 러시아(A)인 반달가슴곰 중 폐사원인이 '자연사'(B)인 개체수는 적어도 2(= 9 + 8 − 15)개체 이상이다.

[스피드 해법]

ㄱ. [1] $\frac{1}{7} \fallingdotseq 14.3\%$, $\frac{5}{7} = 1 - \frac{2}{7} \fallingdotseq 100\% - 28.6\% = 71.4\%$

[2] 5 : 7 = 1 : 1.4 이고, 39 : 46 = 1 : 1.4↓ = 1↑ : 1.4 이다.

ㄴ. 생존율은 폐사율의 여사건이다. 자연출산 반달가슴곰의 폐사율이 10% 초과(= $\frac{5}{46}$)이므로 생존율은 90% 미만이다.

ㄹ. 최소교집합 공식 중에서 "A − (~B)"를 이용한다.
9 − 7(=3+1+3) = 2.

11

난이도 ★☆☆☆☆ 정답 ③

[핵심] 보고서형 : 사용하지 않은 자료 찾기

① (○) 2문단 1문장에서 사용하였다.
② (○) 1문단에서 사용하였다.
③ (×) 언급되지 않았다.
④ (○) 3문단 2 ~ 3문장에서 사용하였다.
⑤ (○) 2문단 2문장에서 사용하였다.

[스피드 해법]

선지의 제목을 읽어보면, ③ 민간 R&D, ④ 정부 R&D → 유사 키워드를 가지고 있는 선지에 주목하고 보고서를 읽어보면 ③은 사용되지 않았음을 알 수 있다.

12

난이도 ★☆☆☆☆ 정답 ④

[핵심] 자료 읽기, 순서 일치

ㄱ. (×) 응답인원은 4, 3, 1, 2학년 순서대로 많지만, '시설'과 '기자재' 항목의 교육 만족도는 1, 2, 4, 3학년 순서대로 높다.

ㄴ. (○) '시설'과 '기자재' 항목의 교육 만족도 순서가 일치한다.

ㄷ. (×) 학년이 높아질수록 항목별 교육 만족도가 높아지는 항목은 없다.

ㄹ. (○) '전공'은 모든 학년에서 3.90점 이상으로 교육 만족도가 가장 높다.

13

난이도 ★★★☆☆ 정답 ⑤

[핵심] 표-차트 변환형 : 배율의 증가율 전환

① (○) 1인 1일당 동물성 단백질 섭취량은 1인 1일당 전체 단백질 섭취량(표 1)에서 1인 1일당 식물성 단백질 섭취량(표 2)을 빼준 값과 같은데, 각 연도에서 B와 D지역의 해당 값들은 모두 옳게 표시되었다.

② (○) 지역별 1일 단백질 총섭취량은 지역별 1인 1일당 단백질 섭취량(표 1)에 지역별 전체 인구(표 3)를 곱한 값과 같은데, 2019년의 경우 각 지역의 해당 값들은 모두 옳게 표시되었다.

③ (○) <표 1>을 분모로, <표 2>를 분자로 하여 지역별 1인 1일당 식물성 단백질 섭취량 구성비만 계산해보면 모두 옳게 표시되었다.

④ (○) 동물성 단백질 섭취량을 X, 식물성 단백질 섭취량을 Y, 전체 단백질 섭취량을 N이라 하면, N = X + Y이므로 X − Y = (N − Y) − Y = N − 2Y가 된다. 이를 이용하여 계산하면 A와 C지역의 해당 값들은 모두 옳게 표시되었다.

⑤ (×) <표 2>에서 B지역은 3배(10 → 30)이므로 200% 증가이다.

14

난이도 ★★☆☆☆ 정답 ⑤

[핵심] 증가율 계산, 분수 비교, 뺄셈 계산, 증감률 비교

ㄱ. (×) 모바일 광고매출액의 전년대비 증가율은 2017년이 약 27.8%, 2018년이 약 24.7%, 2019년이 약 19.9%로 매년 30% 미만이다.

ㄴ. (×) 2017년 방송 매체 중 지상파TV 광고매출액이 차지하는 비중은 약 40.2%(= $\frac{14,219}{35,385}$), 온라인 매체 중 인터넷(PC) 광고매출액이 차지하는 비중은 약 36.0%(= $\frac{20,554}{57,172}$)이므로 전자가 후자보다 크다.

ㄷ. (○) 2019년 케이블PP의 광고매출액은 31,041－(12,310＋1,816＋35＋1,369＋503)＝15,008억 원이므로 매년 감소한다.

ㄹ. (○) 2016년 대비 2019년 모바일 광고매출액 증가율은 약 91.1%으로 세부 매체 중 증감률이 가장 크다.

[스피드 해법]

ㄱ. 증가율을 직접 계산하는 것보다는 금년 값에서 전년 값을 뺀 값과 전년 값의 30%를 비교하는 것이 빠르다. 예를 들어 2017년의 경우 금년 값(36,618)에서 전년 값(28,659)를 빼면 8,000 미만인 반면, 전년 값의 30%는 8,000을 초과하므로 증가율은 30% 미만이다.

ㄴ. $\frac{14,219}{35,385}$ vs $\frac{20,554}{57,172}$: 분자(14,219→20,554) 증가율은 50% 미만, 분모(35,385→57,172) 증가율은 50% 초과이므로 전자가 후자보다 크다(모증대하).

ㄹ. 증감률이란 증가율과 감소율을 포함하는 개념인데, 큰 폭으로 숫자가 변할 경우 감소율보다는 증가율이 일반적으로 더 크다. 왜냐하면 감소율은 최대 100%까지 가능하지만, 증가율은 100%를 초과할 수도 있기 때문이다. 이 문제에서도 큰 폭으로 증가한 모바일의 증가율을 먼저 계산한 뒤 다른 세부 매체의 증감률과 비교해주는 것이 좋다.

15

난이도 ★★☆☆☆ 정답 ④

[핵심] 매칭형 : 구성비 비교

<조건 2> A ~ D 중 부동산 압류건수가 2만 건 이하인 지방청은 B와 D뿐이므로 B와 D는 각각 남부청 또는 북부청이다(①, ②, ⑤ 제거).

<조건 3> 부동산 압류건수와 자동차 압류건수 순위가 동일한 지방청은 C, D, 동부청이므로 C와 D는 각각 남부청 또는 중부청이다. 따라서 <조건 2>를 고려할 때, D는 남부청, C는 중부청, B는 북부청이므로 정답은 ④이다. 참고로 A는 남동청이다.

[스피드 해법]

<조건 1>을 확인하면, 중부청 : C, 남동청 : A, D 중에 하나임을 알 수 있다. (①, ②, ⑤ 제거)

<조건 3>을 확인하면, 중부청이 <조건 1>에 의해서 C이므로 남부청 : D 임을 알 수 있다. (답은 ④로 확정)

16

난이도 ★★☆☆☆ 정답 ②

[핵심] 보고서형 : 추가로 필요한 자료 찾기

ㄱ. (○) 1문단 3문장에서 "2002년부터 2017년까지 국세 대비 국세청세수의 비율은 매년 증가 추세"를 확인하기 위해 필요하다.

ㄴ. (×) 1문단 4문장에서 "관세청 소관분"이라는 용어는 등장하지만, 구체적인 데이터가 필요한 것은 아니다.

ㄷ. (○) 1문단 2 ~ 3문장(세목별로는... 세무서별로 살펴보면...)에서 필요하다.

ㄹ. (×) 2문단 1문장에서 국세청 직원 1인당 국세청세수를 언급하고는 있으나 <표 2>에 제시된 국세청 직원수와 <표 1>에 제시된 국세청세수 자료만으로도 충분히 도출할 수 있으므로 추가로 필요한 자료는 아니다.

[스피드 해법]

주어진 자료에서 이미 알 수 있는 <보기 ㄹ>을 제거하면 답을 빨리 찾을 수 있다.

17

난이도 ★★★☆☆ 정답 ③

[핵심] 자료 읽기, 분수 계산

ㄱ. (×) 경제적 중요도가 S인 분류군(노린재목, 딱정벌레목, 벌목, 파리목, 나비목) 중 '갑'국에서 종의 수가 세 번째로 많은 분류군은 벌목이다.

ㄴ. (○) 경제적 중요도가 A인 분류군(메뚜기목, 총채벌레목, 풀잠자리목) 중 '을'국에서 종의 수가 두 번째로 많은 분류군은 총채벌레목이다.

ㄷ. (○) 털이목의 종 다양성은 약 0.143%($=\frac{4}{2,800}$)인데, 경제적 중요도가 C인 분류군 중 종 다양성이 이보다 더 낮은 분류군은 없다.

ㄹ. (×) 경제적 중요도가 S인 분류군(노린재목, 딱정벌레목, 벌목, 파리목, 나비목) 중, '병'국의 분류군별 종 다양성이 10% 이상인 분류군은 노린재목, 벌목, 파리목으로 3개이다.

[스피드 해법]

"경제적 중요도가 S인 분류군 중"으로 시작하고 있는 <보기 ㄱ>과 <보기 ㄹ>을 함께 처리하면 답을 빨리 찾을 수 있다.

18

난이도 ★★★☆☆ 정답 ②

[핵심] 가중치 비교, 편차 비교

ㄱ. (○) 각 사업의 6개 평가 항목 원점수의 합은 A사업과 B사업이 480점으로 같다.

ㄴ. (×) '공적 가치'에 할당된 가중치의 합(0.5)은 '참여 여건'에 할당된 가중치의 합(0.2)보다 크며, '사업적 가치'에 할당된 가중치의 합(0.3)보다도 크다.

ㄷ. (○) 평가 항목별 원점수에 가중치를 곱한 값은 다음과 같다(단위 : 점).

구분	평가 항목	A 사업	B 사업
사업적 가치	경영전략 달성 기여도	16	18
	수익창출 기여도	8	9
공적 가치	정부정책 지원 기여도	27	24
	사회적 편익 기여도	18	16
참여 여건	전문인력 확보 정도	7	7
	사내 공감대 형성 정도	7	7
최종 점수		83	81

따라서 A사업이 최종 선정된다.

ㄹ. (×) '정부정책 지원 기여도' 가중치(0.3)와 '수익창출 기여도' 가중치(0.1)를 서로 바꿀 경우 최종점수는 A사업이 81점, B사업이 83점이 되므로 B 사업이 채택된다.

[스피드 해법]

ㄷ. 최종 점수를 계산하지 않고 다음과 같이 편차 비교로 답을 찾아도 된다. 즉, 점수가 동일한 '참여 여건'은 무시하고 남은 항목에서도 80점을 기준으로 편차를 비교하면 A 사업은 '공적 가치' 영역에서 5점이 더 높고, B사업은 '사업적 가치' 영역에서 3점이 더 높으므로 최종 점수는 A사업이 B사업보다 높다.

ㄹ. 편차 비교를 활용한다. A사업은 기존 점수에서 "+16－18＝－2점", B 사업은 "+18－16＝+2점"이 된다.

19

난이도 ★★☆☆☆ 정답 ③

[핵심] 매칭형 : 순위 자료 표

A : 미국의 이미지 분야 순위는 6→4→3→1위로 매년 상승하였다.

B : 2019년 이미지 분야 순위와 실체 분야 순위의 차이가 가장 큰 국가는 프랑스(5위 차이)이다.

C : 2017년 이미지 분야 순위 상위 10개국 중 2016년에 비해 2017년 이미지 분야 순위가 상승한 국가는 독일, 캐나다, 미국, 스위스, 이탈리아, 호주로 6개국이다.

20

난이도 ★★★☆☆ 정답 ①

[핵심] 차트 스피드 해법

① (×) 발생가능성 지수 대비 영향도의 비가 1 이상이 되려면, 원점에서 연결한 기울기가 1보다 커야 하므로 "y＝x" 직선보다 위쪽에 위치해야 한다. 그림으로 나타내면 다음과 같다. 이를 만족하는 환경적 리스크는 '생태계 붕괴' 뿐이며 그 외의 환경적 리스크는 이를 만족하지 않으므로 옳지 않다.

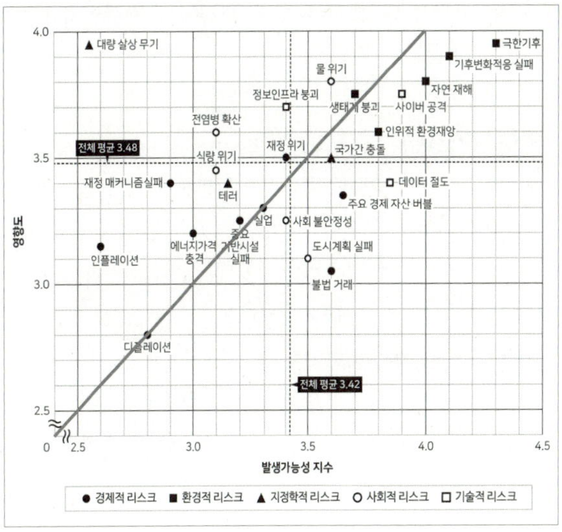

② (○) 영향도와 발생가능성 지수의 차이는 "y＝x" 직선에서 떨어진 거리에 비례한다. 따라서 해당 값이 가장 큰 글로벌 리스크는 "y＝x" 직선에서 가장 멀리 떨어져 있는 '대량 살상 무기'이다.

③ (○) 영향도 대비 발생가능성 지수의 비가 1 이하라면 y > x 이므로 y＝x 직선보다 위쪽에 위치하고 있는지 확인한다.

④ (○) 각각의 전체 평균을 기준으로 할 때, 영향도와 발생가능성 지수가 각각의 '전체 평균' 이하가 되려면 좌하단에, '전체 평균' 이상이 되려면 우상단에 위치해야 한다. 따라서 '전체 평균' 이하인 경제적 리스크의 수(6개)는 '전체 평균' 이상인 경제적 리스크의 수(0개)보다 많다.

⑤ (○) 각각의 전체 평균을 기준으로 할 때, 환경적 리스크는 모두 우상단에 위치하므로 영향도나 발생가능성 지수가 각각의 '전체 평균' 이상이다.

21

난이도 ★★★☆☆ 정답 ③

[핵심] 비율 계산, 분수 비교, 전체비와 상대비

① (○) 멸종위기종으로 '포유류'만 10종을 추가로 지정한다면, 전체 멸종위기종 중 '포유류'의 비율은 약 10.9%(＝$\frac{30}{274}$)이다.

② (○) '무척추동물'과 '식물'의 멸종위기종 중 멸종위기 I 급의 비율은 각각 12.5%로 동일하다.

③ (×) 전체 멸종위기종 중 '조류'의 비율은 현재 약 23.9%(＝$\frac{63}{264}$)이다. 각 분류의 멸종위기종에서 5종씩 지정을 취소한다면, 전체 멸종위기종 중 '조류'의 비율은 약 25.3%(＝$\frac{58}{229}$)가 되므로 현재보다 증가한다.

④ (○) 멸종위기종 중 멸종위기 II 급의 비율은 '조류'가 약 77.8%(＝$\frac{49}{63}$), '양서·파충류'가 75%(＝$\frac{6}{8}$)이므로 전자가 후자보다 높다.

⑤ (○) '포유류'를 제외한 모든 분류에서 멸종위기Ⅱ급이 멸종위기Ⅰ급보다 많으므로 비율 역시 전자가 후자보다 높다.

[스피드 해법]

③ '조류'(분자)는 63종에서 5종 감소하므로 감소율은 10% 미만인 반면, 전체 멸종위기종(분모)은 264종에서 35종 감소하므로 감소율은 10% 초과이다. 따라서 분모 감소율이 더 높으므로 비중은 증가한다.

④ [1] $\frac{49}{63} > \frac{3}{4} \rightarrow 49 \times 4 > 63 \times 3$

[2] 상대비(멸종위기Ⅰ급 대비 멸종위기Ⅱ급) 비교

[3] 여사건(멸종위기종 대비 멸종위기Ⅰ급) 비교 : '양서·파충류'가 1/40이므로, '조류'가 1/4 미만 확인

22

난이도 ★★☆☆☆ 정답 ②

[핵심] 자료 읽기, 가중평균

① (○) <표>에서 확인할 수 있다.

② (×) '업무 만족도'는 경인청, 동북청, 동남청, 호남청, 충청청 순으로 높지만, '인적 만족도'는 경인청, 동북청=동남청, 충청청, 호남청 순으로 높게 나타나 순서가 일치하지 않는다.

③ (○) '업무 만족도'와 '인적 만족도' 모두 연령대가 높아질수록 높아진다.

④ (○) '업무 만족도', '인적 만족도', '시설 만족도'의 합은 경인청이 13.13점으로 가장 크다.

⑤ (○) 분류 항목이 2개이므로 가중평균 개념을 활용한다. 어떤 조사항목을 이용하더라도 결과는 동일하다. 전체와 여자의 거리가 전체와 남자의 거리보다 작으므로, 남자 응답자보다 여자 응답자가 많다.

[스피드 해법]

④ 경인청은 '업무 만족도' 단독 1위, '인적 만족도' 단독 1위, '시설 만족도' 공동 1위이므로 합이 가장 크다.

23

난이도 ★★☆☆☆ 정답 ①

[핵심] 차트 스피드 해법

ㄱ. (○) <그림>에서 '자녀 1인'인 그래프에서 가구별 총급여액이 '900~1,300만 원' 구간에서 근로장려금은 140만 원이다.

ㄴ. (×) 2018년 총급여액이 800만 원 이하인 무자녀 가구 중 총급여액이 '600~800만 원'인 경우 근로장려금은 70만 원으로 일정하다.

ㄷ. (○) 2018년 총급여액이 2,200만 원이고 자녀가 3명 이상인 가구의 2019년 근로장려금(점선, 계산하면 50만원)은 2018년 총급여액이 600만 원이고 자녀가 1명인 가구의 2019년 근로장려금(실선, 계산하면 105만원)보다 적다.

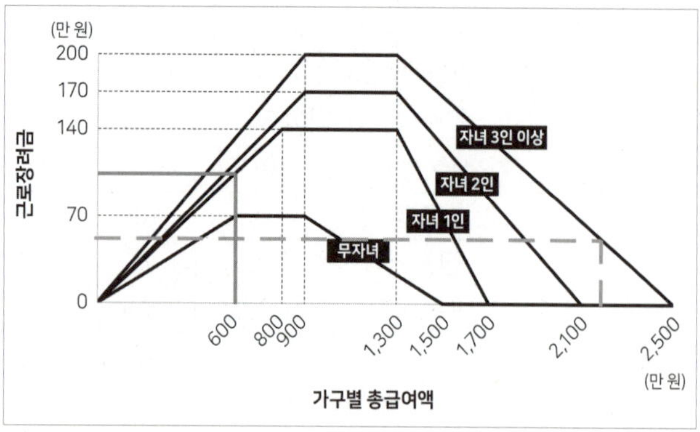

ㄹ. (×) 2018년 총급여액이 2,000만 원인 가구의 경우, 무자녀 가구와 자녀가 1명인 가구의 2019년 근로장려금은 0원으로 같다.

24

난이도 ★★★★☆ 정답 ⑤

[핵심] 상황판단형 : 최소교집합

1) 그림에서 괄호로 비어있는 곳을 다음과 같이 나타내기로 한다.

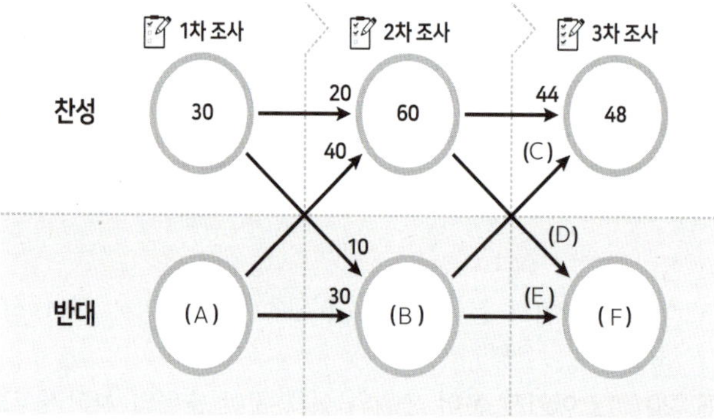

2) 각각의 값을 계산하면, A = 40 + 30 = 70, B = 10 + 30 = 40, C = 48 − 44 = 4, D = 60 − 44 = 16, E = B − C = 40 − 4 = 36, F = D + E = 52이다.

① (×) 각주1)에서 1 ~ 3차 조사에 응답한 사람은 모두 같다고 했으므로 "1차 조사 응답자수 = 2차 조사 응답자수 = 3차 조사 응답자수"이다. 따라서 A는 70이므로 총 응답자수는 100명이다.

② (×) 2차 조사에서 반대한다고 응답한 사람 중 3차 조사에서도 반대한다고 응답한 사람(E)은 36명이다.

③ (×) 2차 조사에서 찬성한다고 응답한 사람 중 3차 조사에서 반대한다고 응답한 사람(D)은 16명이다.

④ (×) 1차 조사에서는 반대한다고 응답하고, 2차 조사에서는 찬성한다고 응답한 사람은 40명인데, 이 중 3차 조사에서 찬성한다고 응답한 사람은 적어도 24(= 40 − D)명이다. 한편, 1차 조사에서 반대한다고 응답하고, 2차 조사에서도 반대한다고 응답한 사람은 30명인데, 이 중 3차 조사에서 찬성한다고 응답한 사람은 한 명도 없을 수 있다(30명 모두 3차 조사에서 반대한다고 응답할 수도 있

으므로). 따라서 1차 조사에서 반대한다고 응답한 사람 중 3차 조사에서 찬성한다고 응답한 사람은 24명 이상이다.

⑤ (○) 우선 찬성 쪽을 보면, 1차 조사와 2차 조사에서 모두 찬성한다고 응답한 사람은 20명인데, 이 중 3차 조사에서도 찬성한다고 응답한 사람은 적어도 4(= 20 - D)명 이상이다. 한편 반대 쪽에서는 1차 조사와 2차 조사에서 모두 반대한다고 응답한 사람은 30명인데, 이 중 3차 조사에서도 반대한다고 응답한 사람은 적어도 26(= 30 - C)명 이상이다. 따라서 1 ~ 3차 조사에서 한 번도 의견을 바꾸지 않은 사람은 총 30(= 4 + 26)명 이상이다.

25

난이도 ★★★★☆ 정답 ④

[핵심] 수리계산형 : 증가율과 배율 전환

① (×) 이병 월급은 2012년 81,700원에서 408,100원으로 5배 미만 증가하였는데(81,700원 × 5 = 408,500원), 이를 증가율로 전환하면 400% 미만 증가하였다.

② (×) 상병 월급의 경우 2012년(97,800원) 대비 2016년(178,000원)은 2배 미만인 반면, 2016년(178,000원) 대비 2020년(488,200원)은 2배 초과이므로 전자는 후자보다 더 낮다.

③ (×) 단팥빵의 가격인상률은 2012년 대비 2016년이 약 66.7%, 2016년 대비 2020년이 40%이므로 전자가 후자보다 높다.

④ (○) 140개의 단팥빵 가격은 2016년이 140,000(= 1,000 × 140)원, 2012년이 84,000(= 600 × 140)원이다. 따라서 일병이 한 달 월급으로 140개의 단팥빵을 구매하고 남은 금액은 2016년이 21,000(= 161,000 - 140,000)원, 2012년이 4,300(=88,300 - 84,000)원이므로 2016년이 2012년보다 16,700원 더 많다.

⑤ (×) 병장이 한 달 월급만을 사용하여 구매할 수 있는 함버거의 최대 개수는 2020년이 154개(= 540,900/3,500), 2012년이 45개(= 108,300/2,400)이므로 전자는 후자의 3배를 초과한다.

[스피드 해법]

① "500 % 이상 증액"이라면 6배 이상이 되어야 한다. 수치를 확인하면 약 5배이므로 옳지 않다.

③ 단팥빵의 경우 2012년 대비 2016년 가격인상폭과 2016년 대비 2020년 가격인상폭이 400원으로 같다. 따라서 가격인상률은 분모(기준값)가 600원으로 더 작은 2012년 대비 2016년 값이 더 높다.

⑤ $\frac{540,900}{3,500}$ vs $\frac{108,300}{2,400} \times 3$ → $\frac{5,409}{35}$ vs $\frac{3,249}{24}$

분자(5,409 ← 3,249) 증가율은 50% 초과, 분모 증가율(35 ← 24)은 50% 미만이므로, 전자가 후자보다 크다(자증대상). 따라서 3배 초과한다.

2019년 민간경력 [나책형]

문항별 핵심 정리표

번호	난이도	유형	포인트	소재	자료수
1	★☆☆☆☆	보고서형	추가로 필요한 자료 찾기	'갑'국 13 ~ 19대 국회 의원입법안 발의 및 처리 현황	표1,보고서1
2	★★☆☆☆	일반형	자료 구조 파악, 순위 확인	주요 10개국의 인간개발지수와 시민지식 평균점수 및 주요 지표	그림1,표1
3	★★★☆☆	표-차트 변환형	키워드를 이용한 빠른 스캔	2012 ~ 2017년 '갑'국의 화재발생 현황	표1,그림5
4	★☆☆☆☆	일반형	자료 읽기, 수치 비교	'갑'국의 지가변동률	표1
5	★★★☆☆	일반형	차트 스피드 해법, 누적도수표, 여사건	'갑'국을 포함한 주요 10개국의 학업성취도 평가	그림1,표1
6	★★★☆☆	일반형	순위 자료 표, 뺄셈 비교	2017년과 2018년 주요 10개 자동차 브랜드 가치평가	표2
7	★★★☆☆	일반형	최댓값, 여사건	2019년 5월 10일 A 프랜차이즈의 지역별 가맹점수와 결제 실적	표2
8	★★★☆☆	일반형	수치 비교, 산술평균의 성질	'갑'국의 방송사별 만족도지수, 질평가지수, 시청자평가지수	표1,그림1
9	★★★☆☆	일반형	분수 비교, 복합 연산	2018년 A 대학의 학생상담 현황	표1,그림2
10	★★☆☆☆	매칭형	분수 비교, 역수 활용	2018년 A ~ E 기업의 영업이익, 직원 1인당 영업이익, 평균연봉	표1
11	★☆☆☆☆	보고서형	추가로 필요한 자료 유형, 키워드 추출 및 비교	2017년 세종특별자치시의 자원봉사 현황	보고서1(그림5)
12	★★☆☆☆	일반형	분수 비교	2018년 '갑'국의 대학유형별 현황	표1
13	★★☆☆☆	일반형	분수 비교, 증가율 비교, 증감 방향 비교, 여사건 활용	2014 ~ 2018년 '갑'국 체류외국인수 및 체류외국인 범죄건수	표1
14	★★☆☆☆	매칭형	쉬운 정보부터 먼저 매칭, 감소율 비교	한국, 일본, 미국, 벨기에의 2010년, 2015년, 2020년 자동차 온실가스 배출량 기준	그림1
15	★★★☆☆	일반형	곱셈 비교	'갑' 자치구의 예산내역에 관한 자료	그림1
16	★★☆☆☆	일반형	덧셈 계산	고려시대 왕의 혼인종류별 후비(后妃) 수	표1
17	★★★☆☆	상황판단형	조건에 대한 이해, 덧셈 비교	'갑'국 국회의원 선거의 지역별 정당지지율	그림1,정보1
18	★★★☆☆	수리계산형	분수 계산	'갑'국 A ~ E 대학의 재학생수 및 재직 교원수와 법정 필요 교원수 산정기준	표2
19	★★☆☆☆	일반형	배율 비교, 비율 계산	2018년 행정구역별 공동주택의 실내 라돈 농도	표1,보고서1
20	★★☆☆☆	매칭형 + 상황판단형	조건에 대한 이해	콘크리트 유형별 기준강도 및 시험체 강도판정결과	표1,정보1
21	★★★★☆	일반형	조건의 적용, 변화율 계산	2017 ~ 2018년 '갑' 학교 학생식당의 메뉴별 제공횟수 및 만족도	표1,정보1
22	★★★☆☆	일반형	분수의 비율 전환, 증가율 계산, 가중평균, 비례식	2017 ~ 2018년 A, B 기업이 '갑' 자동차회사에 납품한 엔진과 변속기	그림3,표1
23	★★★☆☆	상황판단형	조건의 적용	A ~ F 행정동으로 구성된 '갑'시의 자치구 개편 및 행정동 간 인접 현황	표1,그림1
24	★★★★★	상황판단형	경우의 수	A 기업 4개팀 체육대회의 종목별 대진표 및 승점배점표	그림1,표1
25	★★★★☆	수리계산형	최솟값, 방정식	A사의 공장에서 물류센터까지의 수송량과 수송비용	표1,정보1,그림1

2019년 민간경력 [나책형]

01 ④	02 ③	03 ④	04 ②	05 ⑤
06 ⑤	07 ①	08 ①	09 ⑤	10 ①
11 ⑤	12 ④	13 ①	14 ②	15 ③
16 ③	17 ①	18 ②	19 ③	20 ②
21 ④	22 ③	23 ③	24 ②	25 ⑤

01

난이도 ★☆☆☆☆ 정답 ④

[핵심] 보고서형 : 추가로 필요한 자료 찾기

ㄱ. (○) <보고서>의 3번째 문단에 '국회 국민청원건수'에 대한 내용이 제시되어 있다.

ㄴ. (×) <보고서>에서 언급되지 않았다.

ㄷ. (○) <보고서>의 2번째 문단 첫 번째 문장에 '상임위원회당 처리 법안수'를 구하고 있는데, <표>에서 처리 법안수가 제시되어 있기 때문에 상임위원회수만 추가로 필요하다.

ㄹ. (○) <보고서>의 1번째 문단에 "국회의원 1인당 50건 이상의~"에서 국회의원수가 필요하다.

[스피드 해법]

<표>의 제목 및 주요 항목을 빠르게 확인하고, <보기>를 체크한다. <보고서>를 속독하면서 <보고서>의 내용 중에서 <표>에 제시되지 않았지만, <보기>에 제시된 것이 있는지 확인한다.

02

난이도 ★★☆☆☆ 정답 ③

[핵심] 자료 구조 파악, 순위 확인

<그림>의 국가별 인간개발지수의 위치와 <표>의 인간개발지수 수치를 비교하여 A ~ D와 국가명을 매칭한다.

ㄱ. (○) A국은 유일하게 인간개발지수가 0.75 미만인 도미니카 공화국이다. 도미니카 공화국의 인터넷 사용률은 52%로, 60% 미만이다.

ㄴ. (×) B국은 인간개발지수가 2번째로 낮은 국가로 멕시코이며, C국은 3번째로 낮은 국가로 불가리아에 해당한다(혹은 0.80보다 낮은 수치 중 가장 큰 값). GDP 대비 공교육비 비율은 멕시코의 경우 5.2%이며, 불가리아의 경우 3.5%이므로 멕시코가 불가리아보다 높다.

ㄷ. (×) D국은 인간개발지수가 0.90 이상이면서 이에 근접한 수치이므로 대한민국에 해당한다. 대한민국의 최근 국회의원 선거 투표율 순위는 멕시코, 칠레, 불가리아 다음인 하위 4번째이다.

ㄹ. (○) <그림>에서 시민지식 평균점수가 가장 높은 국가는 인간개발지수가 가장 높은 국가이다. <표>에서 찾아보면 이에 해당하는 국가는 노르웨이이며, 1인당 GDP가 가장 높은 국가도 노르웨이이다.

[스피드 해법]

ㄷ. 하위 3개국 중 하나가 되려면 대한민국보다 낮은 국가가 2개 이하여야 하므로, 대한민국보다 낮은 수치인 국가의 개수만 확인하면 되는데, 해당되는 것이 3개이므로 옳지 않다.

03

난이도 ★★★☆☆ 정답 ④

[핵심] 표-차트 변환형 : 키워드를 이용한 빠른 스캔

④ (×) 세로축의 단위가 (명/천 건)이므로, 2012년 화재발생건수는 천 건 단위로 처리하면 43.249(천 건)이고, 인명피해자수는 2,222(명)이다. 분수로 정리하면, 2,222(명)/43.249(천 건) = 51.4(명/천 건).

[스피드 해법]

④ 화재발생건수를 천 건 단위로 처리하는 간단한 방법은 컴마(,)를 소수점(.)으로 바꾸는 것이다. 2012년 2,222 / 43.249 → 약 50 정도이므로 차트에 제시된 5.2명과는 큰 차이가 있음을 알 수 있다. 한편, 차트의 수치는 구조활동건수를 분모로 이용한 함정 지문이다.

04

난이도 ★☆☆☆☆ 정답 ②

[핵심] 자료 읽기, 수치 비교

ㄱ. (×) <표>의 수치에서 확인한다. 2012년 1.47%에서 2013년 1.30%로 하락하였고, 2017년 3.97%에서 2018년 3.64%로 하락하였다.

ㄴ. (○) 비수도권의 지가변동률이 수도권의 지가변동률보다 높은 연도는 2012년, 2013년, 2015년으로 3개이다.

ㄷ. (×) 전년대비 지가변동률 차이는 수도권의 경우 2018년에 1.80으로 가장 크고, 비수도권의 경우 2017년에 1.00으로 가장 크다.

05

난이도 ★★★☆☆ 정답 ⑤

[핵심] 차트 스피드 해법, 누적도수표, 여사건

① (×) <그림>에서 눈으로만 확인해도 2008년 남학생과 여학생간 학업성취도 평균점수 차이가 1998년보다 작은 것을 알 수 있다. 2008년은 1점, 1998년은 17점 차이가 난다.

② (×) 2018년 '갑'국의 평균점수는 <표>에 606점으로 제시되어 있지만, 2014년은 남학생과 여학생의 가중평균으로 구해야 한다. 그러나 남학생 수와 여학생 수를 모르기 때문에 범위만 알 수 있다. 즉, 610(여학생 평균점수) ~ 616점(남학생 평균점수) 사이이다. 따라서 최저치인 610

점으로만 봐도 606점보다 크기 때문에 2018년은 2014년보다 작다.

③ (×) G국과 H국은 수월수준(625점 이상)인 학생비율이 7%로 같지만, 평균 점수는 다르다. 또한 H국보다 I국의 수월수준의 학생비율이 높지만, 평균점수는 H국이 I국보다 높다.

④ (×) '기초수준 미달' 학생비율 = 100 − '400점 이상' 누적 학생비율
따라서 '400점 이상' 누적 학생비율이 낮을수록 '기초수준미달' 학생비율이 높다. '400점 이상' 누적 학생비율이 가장 낮은 국가는 F국(91%)이다.

⑤ (○) '우수수준' 학생비율 = '550점 이상' 누적 학생비율 − '625점 이상' 누적 학생비율
D국 : 67 − 34 = 33(%)
B국 : 72 − 42 = 30(%)
따라서 D국이 B국보다 높다.

[스피드 해법]

<그림>이 주어지면 시각적 풀이가 가능하다.
ㄱ. 선 그래프 사이 간격을 확인한다.
ㄴ. <표>를 보지 않더라도 2014년 데이터 범위가 2018년 데이터 범위보다 위쪽에 분포되어 있으므로 쉽게 확인된다.

06

난이도 ★★★☆☆ 정답 ⑤

[핵심] 순위 자료 표, 뺄셈 비교

ㄱ. (×) '전체 제조업계 내 순위'가 하락한 브랜드는 FO, XO, NI인데, 그 중 2017년 대비 2018년 브랜드 가치평가액이 감소한 브랜드는 FO와 NI뿐이다.

ㄴ. (×) 2017년과 2018년의 브랜드 가치평가액 차이는 BE의 경우 18이므로, 20 내외로 보이는 브랜드를 위주로 확인한다. TO는 31, BM은 25, FO는 22로 BE는 4번째로 큰 브랜드이다.

ㄷ. (○) 2017년 대비 2018년 '자동차 업계 내 순위'가 비교적 변동이 적으므로 먼저 확인해보면, 순위가 상승한 브랜드는 AU와 HY이다. 두 브랜드 모두 '전체 제조업계 내 순위'도 상승하였으므로 옳은 지문이다.

ㄹ. (○) '자동차업계 내 순위' 기준 2017년과 비교하여 201년에 순위가 변동된 것에 유의한다. 2017년 상위 7개 브랜드는 TO, BE, BM, HO, FO, WO, XO 순이며, 2018년에 1 ~ 6위는 순위가 유지되지만, 7위는 AU가 된다. 이들의 평균을 계산하면 2017년 약 143이고, 2018년 약 153이다.

[스피드 해법]

ㄱ. 순위가 하락하였다는 표현에 주의한다. 순위가 하락하였다는 것은 숫자 자체는 커졌음을 의미한다.
ㄴ. BE보다 브랜드 가치평가액 차이가 큰 브랜드가 2개인지 확인한다.
ㄹ. 평균을 직접 계산하지 않고 각각의 수치를 비교해 보면, 1 ~ 6위 브랜드의 가치평가액은 각각 전년에 비해 상승하였으며, 2017년 7위인 XO 가치평가액(38)보다 2018년 7위인 AU의 가치평가액(42)이 더 크다. 따라서 각 순위에 해당하는 수치가 증가하였으므로, 평균도 증가하였다.

07

난이도 ★★★☆☆ 정답 ①

[핵심] 최댓값, 여사건

① (×) '서울' 지역 소규모 가맹점 결제건수의 최댓값은 '서울' 지역 모든 결제건수가 소규모 가맹점이라고 가정하는 경우이다. '서울' 지역의 결제건수는 142,248건이므로 137,000건 이상일 수도 있다.

② (○) 전체 결제건수에서 여사건인 '서울' 결제건수를 빼면 6,075건이다.

③ (○) 각 규모별 결제건수 대비 결제금액(만원/건)은 대규모와 소규모는 1.5 초과, 중규모는 1.5 미만(약 1.3)이므로 중규모가 가장 작다.

④ (○) 가맹점수 대비 결제금액(만원/개)이 300 초과인 지역은 '대구'가 유일하다.

⑤ (○) '서울' 지역 가맹점수 비중이 90% 이상이 되려면, '서울'을 제외한 6대 광역시 가맹점 비중이 10% 미만이어야 한다. 전체에서 '서울'을 빼면 94이고 이는 전체(1,363)의 10% 미만이다.

[스피드 해법]

① 대등 관계(<표 1>은 지역별, <표 2>는 규모별) 자료에서 A와 B의 교집합(A∩B)의 최댓값, 최솟값을 구하는 공식은 다음과 같다.
1) 최댓값 : Max (A∩B) = A와 B 중에서 작은 값
2) 최솟값 : Min (A∩B) = A + B − N = A − (~B) = B − (~A)
위 공식에 대입하면, '서울' 지역 소규모 가맹점의 결제건수는 최소 137,490 ~ 최대 142,248건이다.

08

난이도 ★★★☆☆ 정답 ①

[핵심] 수치 비교, 산술평균의 성질

시청자평가지수는 만족도지수와 질평가지수의 산술평균이다. 이를 이용하여 빈칸의 만족도지수와 질평가지수를 채울 수 있다.
만족도지수(질평가지수) = 시청자평가지수 × 2 − 질평가지수(만족도지수)

ㄱ. (○) 전체 시간대의 경우 각 지상파 방송사는 만족도지수가 질평가지수보다 높다. 주시청 시간대의 경우 만족도지수가 시청자평가지수보다 높거나 질평가지수가 시청자평가지수보다 낮게 나타나고 있다. 따라서 주시청 시간대에서도 모든 지상파 방송사의 만족도지수는 질평가지수보다 높다.

ㄴ. (○) E, F, H의 질평가지수는 <표>에 제시되어 있으므로 주시청 시간대가 전체 시간대보다 높은 것을 바로 확인할 수 있다. G의 주시청 시간대 질평가지수는 7.13×2 −7.20=7.06이므로 전체 시간대 질평가지수(7.04)보다 높다. 따라서 모든 종합편성 방송사의 질평가지수는 주시청 시간대가 전체 시간대보다 높다.

ㄷ. (×) D의 전체 시간대 시청자평가지수를 구하면 7.24이므로, 주시청 시간대(7.32)보다 낮다.

ㄹ. (×) A, C를 제외한 모든 방송사에서 만족도지수는 주시청 시간대가 전체 시간대보다 높다. 그리고 A, C를 제외한 방송사 중 오직 B의 시청자평가지수만 주시청 시간대(7.12)가 전체 시간대(7.135)보다 낮다.

[스피드 해법]

ㄱ. 산술평균(시청자평가지수)은 항상 관찰값들(만족도지수, 질평가지수)의 최댓값과 최솟값 사이에 존재한다. 따라서 만족도지수가 시청자평가지수보다 높거나 질평가지수가 시청자평가지수보다 낮다면, '만족도지수 > 시청자평가지수 > 질평가지수'의 관계를 만족하게 되어 만족도지수는 시청자평가지수보다 항상 높다.

09

난이도 ★★★☆☆ 정답 ⑤

[핵심] 분수 비교, 복합 연산

ㄱ. (×) 학년별 전체 상담건수 중 '상담직원'의 상담건수가 차지하는 비중은 2학년이 $\frac{97}{1,229}$, 3학년이 $\frac{107}{1,082}$로 2학년보다 3학년이 더 높다(자대모소).

ㄴ. (○) 가정을 받아들이면, 진로상담 중 '진로컨설턴트'가 상담한 건을 제외한 나머지는 모두 '교수'가 상담한 것이다. 즉, 다음과 같은 식이 성립한다.

'교수' 진로상담 = 진로상담 − '진로컨설턴드' 진로상담
= 5,340×45% − 641 = 2,403 − 641 = 1,762

따라서, '교수'가 상담한 유형 중 진로상담이 차지하는 비중은 $\frac{1,762}{4,285}$이므로 30% 이상이다.

ㄷ. (○) 상담건수는 4학년(1,723건), 1학년(1,306건), 2학년(1,229건), 3학년(1,082건) 순으로 많다.

ㄹ. (○) <그림 1>과 <표>의 전체 합을 이용하면, 4회 이상 상담을 받은 학생은 없다는 것을 알 수 있다.

$3,826\times1+496\times2+174\times3=5,340$

따라서 최소 한 번이라도 상담을 받은 학생 수는 4,496명(=3,826+496+174)명으로 4,600명 이하이다.

[스피드 해법]

ㄴ과 ㄹ의 경우 계산이 어려운 것은 아니지만, 처음 <보기>를 읽었을 때 무엇을 묻고 어떻게 답해야 하는지 잘 생각나지 않을 수 있다. 이 문제의 경우에는 상대적으로 쉬운 ㄱ과 ㄷ만 확인하더라도 정답을 도출할 수 있다.

ㄴ. 전체 상담건수를 기준수로 두고 각각의 비중을 보면, 진로상담 비중은 45%이고, '진로컨설턴트' 진로상담 비중은 15% 미만(약 12% = $\frac{641}{5,340}$)이므로, '교수' 진로상담 비중은 30% 이상이다. '교수'가 상담한 유형 중 진로상담이 차지하는 비중은 $\frac{\text{'교수' 진로상담 비중}}{\text{'교수' 상담 비중}}$과 같은데, 분자는 30% 이상, 분모는 100% 미만(= $\frac{4,285}{5,340}$)이므로

$$\frac{\text{'교수' 진로상담 비중}}{\text{'교수' 상담 비중}} = \frac{30\uparrow}{100\downarrow} > 0.3 \text{ 이다.}$$

10

난이도 ★★☆☆☆ 정답 ①

[핵심] 매칭형 : 분수 비교, 역수 활용

<보기 3> 세 기업의 영업이익 합보다 영업이익이 더 많은 기업은 '가'가 유일하므로 D는 '가'이다(②, ⑤ 제거).

<보기 2> 평균연봉 대비 직원 1인당 영업이익은 '나'가 가장 높고, 그 다음으로 '가, 마, 다, 라' 순으로 높다. (역수 즉, 직원 1인당 영업이익 대비 평균연봉을 이용하여 비교하면, '나'는 1, '가'는 1 초과 2 미만, '마'는 2 초과 3 미만, '다'는 3 초과 4 미만, '라'는 9 초과이다. 역수로 본 순위는 원래 순위와 정반대이므로 평균연봉 대비 직원 1인당 영업이익을 높은 것부터 낮은 것까지 순서대로 나열하면, '나, 가, 마, 다, 라'가 된다.) C는 평균연봉 대비 직원 1인당 영업이익이 4위 또는 5위에 해당하므로 '다' 또는 '라'이어야 한다(③, ④ 제거). 따라서 정답은 ①이다.

[스피드 해법]

<표>의 항목을 그대로 읽고 처리할 수 있는 <보기 3>과 <보기 4>를 먼저 처리한다. 그 중에서도 <보기 3>은 D가 최댓값일 가능성이 높기 때문에 매칭이 쉬운 구조이므로 가장 먼저 공략한다.

○ A, B, C의 영업이익을 합쳐도 D의 영업이익보다 적다.
→ 일단 하위 3개 집단을 A, B, C 집단으로 두고, 가장 큰 수를 D로 가정해 보면 수식이 성립한다. 한편 다른 경우에는 수식이 성립하지 않는다는 것이 확인되므로, 'D : 가', 'A, B, C 집단 : 나, 다, 라 집단'이므로, 'E : 마'로 확정된다. (②, ④, ⑤ 제거).

○ E는 B에 비해 직원 1인당 영업이익이 적다.
→ 남은 선지 ①, ③을 대상으로 보면, B는 '나' 또는 '라'인데, '마'의 직원 1인당 영업이익이 30이므로 이보다 B는 커야 하므로 34인 '나'가 B에 해당한다.

11

난이도 ★☆☆☆☆ 정답 ⑤

[핵심] 보고서형 : 추가로 필요한 자료 유형, 키워드 추출 및 비교

① (○) '자원봉사단체 등록 현황'에 대한 근거로 활용되었다.
② (○) '자원봉사자 등록 현황'에 대한 근거로 활용되었다.
③ (○) '자원봉사자 등록 현황' 및 '연령대별 자원봉사자 등록 현황'에 대한 근거로 활용되었다.
④ (○) '자원봉사자 활동 현황'에 대한 근거로 활용되었다.
⑤ (×) '자원봉사 누적시간대별 자원봉사 참여자수 현황'은

'누적시간대별' 자료이므로 '1일 시간대별' 자료만으로는 이 자료를 작성하기 어렵다.

[스피드 해법]

<보고서>를 작성하는 데 활용되었는지 여부를 묻는 문제로서 기존 문제 유형과는 약간 다른 방식으로 출제되었다. 이와 같은 문제를 빠르게 풀기 위해서는 먼저 각 선지에서 주요 키워드를 추출한 뒤, 이 키워드들이 <보고서>의 어느 자료와 연결되는지를 빠르게 파악해야 한다.

12

난이도 ★★☆☆☆ 정답 ④

[핵심] 분수 비교

ㄱ. (○) 학과당 교원 수는 공립대학$\left(\frac{354}{40}>8\right)$이 사립대학$\left(\frac{49,770}{8,353}<6\right)$보다 많다.

ㄴ. (○) 전체 대학 입학생 수(355,772명)에서 국립대학 입학생 수(78,888명)가 차지하는 비율은 20 % 이상이다(약 22%).

ㄷ. (○) 입학생 수 대비 졸업생 수의 비율은 공립대학$\left(\frac{1,941}{1,923}>1\right)$이 국립대학$\left(\frac{66,890}{78,888}<1\right)$보다 높다.

ㄹ. (×) 공립대학의 경우 남성 직원 수(90명)는 여성 직원(115명)보다 적다.

[스피드 해법]

ㄹ. 공립대학의 경우 전체 직원 수 중 여성 직원이 차지하는 비중이 50% 초과이므로 남성 직원 수보다 여성 직원 수가 더 많다.

13

난이도 ★★☆☆☆ 정답 ①

[핵심] 분수 비교, 증가율 비교, 증감 방향 비교, 여사건 활용

ㄱ. (○) 매년 체류외국인수는 불법체류외국인수의 10배 이하이므로 불법체류외국인수는 체류외국인수의 10% 이상이다.

ㄴ. (×) 불법체류외국인 범죄건수의 전년대비 증가율이 가장 높은 해는 2018년인 반면, 합법체류외국인 범죄건수의 전년대비 증가율이 가장 높은 해는 2016년이다.

ㄷ. (×) 체류외국인 범죄건수가 전년에 비해 감소한 2017년에는 합법체류외국인 범죄건수도 전년에 비해 감소했으나, 불법체류외국인 범죄건수는 전년에 비해 증가했다.

ㄹ. (○) 여사건을 활용한다. 즉, 매년 불법체류외국인 범죄건수가 체류외국인 범죄건수의 20% 이하이므로, 합법체류외국인 범죄건수는 체류외국인 범죄건수의 80% 이상이다.

[스피드 해법]

ㄹ. 상대비를 이용할 수도 있다. 즉, 매년 합법체류외국인 범죄건수가 체류외국인 범죄건수의 80% 이상이려면, 합법 : 불법 = 80↑ : 20↓ = 4↑ : 1이 성립해야 한다. 매년 합법체류외국인 범죄건수가 불법체류외국인 범죄건수의 4배 이상이므로, ㄹ은 옳은 설명이다.

14

난이도 ★★☆☆☆ 정답 ②

[핵심] 매칭형 : 쉬운 정보부터 먼저 매칭, 감소율 비교

<조건 1> 2010년 대비 2020년 자동차 온실가스 배출량 기준 감소율이 가장 높은 국가는 B이므로 한국은 B이다(①, ④, ⑤ 제거).

<조건 3> 2020년 미국의 자동차 온실가스 배출량 기준이 한국(B)과 벨기에보다 높으려면, 미국은 A가 된다. 따라서 정답은 ②이다.

[스피드 해법]

감소율은 역방향 증가율로 바꾸어 비교하면 편리하다. 즉, 감소율이 클수록 역방향 증가율(또는 배율)도 큰 성질을 이용하는 것이다. 이때 역방향 배율이 작은 D를 제외한 A ~ C를 비교하면, A는 $\frac{172.0}{113.0}<1.6$, B는 $\frac{157.4}{97.0}>1.6$, C는 $\frac{144.0}{93.0}<1.6$이므로 감소율이 가장 큰 국가는 B이다.

15

난이도 ★★★☆☆ 정답 ③

[핵심] 곱셈 비교

ㄱ. (×) '교육' 분야 예산은 135억 원의 9%인 12.15억 원으로 13억 원 미만이다.

ㄴ. (○) 총 예산 대비 비중은 C 사업 예산이 42.0% × 19.0%, D 사업 예산이 19.0% × 51.0%이므로 C 사업 예산은 D 사업 예산보다 적다.

ㄷ. (○) 총 예산 대비 비중은 '경제복지' 분야 예산이 30.0%인 반면, B 사업과 C 사업 예산의 합은 42.0% × 53.0% 즉, 30.0% 미만이므로 '경제복지' 분야 예산이 B 사업과 C 사업 예산의 합보다 많다.

ㄹ. (×) 총 예산 대비 비중은 '도시안전' 분야 예산이 19.0%인 반면, A-2 사업 예산은 42.0% × 47.0% × 48.0% 즉, 6.4% 초과이므로 '도시안전' 분야 예산은 A-2 사업 예산의 3배 미만이다.

[스피드 해법]

ㄱ. $135\times9\%=135\times(10\%-1\%)=13.5-1.35=12.15$

ㄴ~ㄹ : 총예산 135억 원은 고정된 상수이므로 생략한다.

ㄴ. 42.0% × ~~19.0%~~ < ~~19.0%~~ × 51.0%

ㄷ. 42.0% × 53.0% < 50% × 60% (= 30%)

ㄹ. 42.0% × 47.0% × 48.0% > 40% × 40% × 40% (= 6.4%)

16

난이도 ★★☆☆☆ 정답 ③

[핵심] 덧셈 계산

① (○) 전체 족외혼 후비 수(92명)는 전체 족내혼 후비 수(28명)의 3배 이상이다.

② (○) 몽골출신 후비 수가 가장 많은 왕은 충숙왕(3명)이다.

③ (×) 경종의 족내혼 후비 수는 4명이다. 따라서 태조부터 경종까지의 족내혼 후비 수의 합(6명)은 문종부터 희종까지의 족내혼 후비 수의 합(8명)보다 작다.

④ (○) 태조의 후비 수(29명)는 광종과 경종의 모든 후비 수의 합(7명)의 4배 이상이다.

⑤ (○) 경종의 족내혼 후비 수(4명)가 충숙왕의 몽골출신 후비 수(3명)보다 많다.

[스피드 해법]

전체 족외혼 후비 수를 계산할 때, 10의 보수 구조를 이용하여 계산하면 좀 더 간편하다. 예를 들어, 29 + 1 = 30, 4 + 3 + 2 + 1 = 10, 3 + 5 + 2 = 10 등을 이용하여 계산한다.

17

난이도 ★★★☆☆ 정답 ①

[핵심] 상황판단형 : 조건에 대한 이해, 덧셈 비교

ㄱ. 마-자-차, 다-라-아, 사-카-타 선거구에서 총 3명의 B 정당 국회의원이 선출된다.

ㄴ. 라-아-타 선거구에서만 총 1명의 B 정당 국회의원이 선출된다.

ㄷ. 마-자-차, 아-카-타 선거구에서 총 2명의 B 정당 국회의원이 선출된다.

ㄹ. 라-아-타 선거구에서만 총 1명의 B 정당 국회의원이 선출된다.

ㅁ. 라-사-아, 차-카-타 선거구에서 총 2명의 B 정당 국회의원이 선출된다.

따라서 B 정당의 국회의원이 가장 많이 선출되는 선거구 획정 방법은 ㄱ이다.

[스피드 해법]

선거구를 이루는 3개 지역의 총 정당지지율 합은 300이다. 한 선거구에서 1위를 하려면, 해당 선거구 내에서 정당지지율 합이 100을 초과해야 한다. 따라서 각 선거구별 B 정당의 정당지지율 합이 100 미만인 지역부터 제거하고 비교하면 좀 더 쉽게 문제를 풀 수 있다.

18

난이도 ★★★☆☆ 정답 ②

[핵심] 수리계산형 : 분수 계산

법정 필요 교원수 산정기준에 충원 교원수를 정리하면 아래와 같다.

'법정 필요 교원수' 계산 방법 : A대학의 예를 들면, 재학생 수가 900명이므로, <표 2>에서 '재학생 22명당 교원 1명'을 충족해야 하므로, 900을 22로 나누면 40.9이므로 소수점 이하는 절상하여 41명으로 처리한다.

구분 \ 대학	A	B	C	D	E
재학생수	900	30,000	13,300	4,200	18,000
법정 필요 교원수	41	1,579	665	200	900
재직 교원수	44	1,260	450	130	860
충원 교원수	0	+319	+215	+70	+40

법정 필요 교원수가 많은 대학부터 나열하면 B(319명) > C(215명) > D(70명) > E(40명) > A(0명)이다. 따라서 ②가 정답이다.

[스피드 해법]

재학생 19~22명당 교원 1명이 필요하므로, 어림산으로 재학생 20명당 교원 1명으로 두고 계산하면, 법정 필요 교원수 각각 45명, 1,500명, 665명, 210명, 900명이다. 이 값과 재직 교원수가 차(=충원 교원수)를 보면, A 대학이 1로 압도적으로 작다. 따라서 A가 맨 뒤에 있는 선지 ②, ③, ⑤를 대상으로 두면 B, C, D 대학을 비교해야 한다.

충원 교원수에서 D가 B와 C에 비해서 작다는 것이 쉽게 확인된다. 이제 B와 C를 비교하면, B 대학의 법정 필요 교원수는 (재학생 20명이 아닌 19명을 기준으로 적용하면) 1,500명 초과이므로 충원 교원수는 240명을 초과한다. 한편 C 대학의 법정 필요 교원수는 665명으로 충원 교원수는 215명이다. 따라서 답은 ②로 확정된다.

19

난이도 ★★☆☆☆ 정답 ③

[핵심] 배율 비교, 비율 계산

ㄱ. (○) 평균값은 서울특별시가 66.5이고 이의 1.1배는 73.15이다. 따라서 74.3인 경기도가 1.1배 이상이다.

ㄴ. (×) 평균값이 두번째로 큰 곳은 강원도이지만 중앙값이 두번째로 큰 곳은 세종특별자치시이다.

ㄷ. (○) '200 Bq/m³ 초과 공동주택수'가 '조사대상 공동주택수'의 5% 이상인 곳은 '대전광역시', '경기도', '강원도', '충청북도', '충청남도', '전라북도', '전라남도', '경상북도', '제주특별자치도'로 모두 9곳이다.

[스피드 해법]

ㄷ. 5% 이상

→ 전체 : 부분 = 100 : 5↑ = 20 : 1↑ = 20↓ : 1

→ 즉, 전체가 부분의 20배 이하인지 확인한다.

20

난이도 ★★☆☆☆ 정답 ②

[핵심] 매칭형 + 상황판단형 : 조건에 대한 이해

A유형의 시험체 강도의 평균은 24.2로 기준강도보다 크다. 또 각 시험체 강도가 기준강도에서 3.5 MPa을 뺀 20.5 MPa 보다 모두 크다. 따라서 판정결과는 '합격'이다.

C유형의 시험체 강도의 평균은 35.1로 기준강도보다 크다. 또 각 시험체 강도가 기준강도에서 3.5 MPa을 뺀 31.5 MPa 보다 모두 크다. 따라서 판정결과는 '합격'이다.

E유형의 시험체 강도의 평균은 45.5로 기준강도보다 크다. 그러나 시험체1 강도가 기준강도의 90%인 40.5 MPa보다 작다. 따라서 판정결과는 '불합격'이다.

정답은 (가)-합격, (나)-합격, (다)-불합격인 ②번이다.

21

난이도 ★★★★☆ 정답 ④

[핵심] 조건의 적용, 변화율 계산

연도별 제공 횟수를 정리하면 다음 표와 같다.

	2017	2018		2019	
	제공횟수	전년대비 증감률	제공횟수	전년대비 증감률	제공횟수
A	40	10% 증가	40×1.1=44	동일	44
B	34	동일	34	동일	34
C	45	20% 감소	45×0.8=36	100% 감소	0
D	31	동일	31	동일	31
E	40	10% 감소	40×0.9=36	동일	36
F	60	동일	60	10% 감소	60×0.9=54
G	−	−	250−241=9	동일	9
H					250−208=42
전체	250		250		250

① (○) 메뉴 A ~ F 중 2017년 대비 2019년 제공횟수가 증가한 메뉴는 메뉴 A 1개뿐이다(2018년 전년대비 10% 증가, 2019년 전년과 동일).

② (○) 2018년 제공횟수는 A가 4개 증가, C가 9개 감소, E가 4개 감소하여 메뉴 A~F의 제공횟수의 합은 전년에 비해 9개 감소했다. 따라서 전체 메뉴 제공횟수는 매년 250회로 일정하므로, 추가된 메뉴 G의 제공횟수는 9회이다.

③ (○) 전년대비 2019년 제공횟수 변동폭은 C가 36개 감소, F가 6개 감소하여 메뉴 A~F의 제공횟수의 합은 전년에 비해 42개 감소했다. 따라서 추가된 메뉴 H의 제공횟수는 42회이다.

④ (×) 위 표에서 확인하면, 2019년 제공횟수는 A가 44, E가 36으로 메뉴 E의 제공횟수는 메뉴 A의 제공횟수보다 적다.

⑤ (○) 메뉴 A ~ G 중 A, B, D, E, G의 2018년과 2019년 제공횟수는 동일하며 변동이 있는 메뉴 C, F 중 제공횟수의 차이가 작은 값이 F인지 확인한다. 메뉴 C는 36개에서 100% 감소하였다(36회 감소). 메뉴 F는 60개에서 10% 감소하였다(6회 감소). 따라서 2018년과 2019년 제공횟수의 차이가 두 번째로 큰 메뉴는 F이다.

22

난이도 ★★★☆☆ 정답 ③

[핵심] 분수의 비율 전환, 증가율 계산, 가중평균, 비례식

굳이 표로 정리할 필요는 없지만 이 문제의 경우 세 <그림> 간의 관계를 파악하기 위해 아래와 같은 형태로 생각하는 것이 용이하다.

연도 \ 구분	A기업		B기업		합
	엔진	변속기	엔진	변속기	
2017	5,000	5,000	−	−	10,000
2018	3,000	7,000	4,500	500	15,000
	10,000		5,000		

<그림 1>을 이용하여, 우단 합에 10,000개와 15,000개를 기입한다.

<그림 2>와 <그림 3>의 연결하면, 공통점이 "2018년 A기업"이므로 2018년 A기업의 '엔진+변속기'는 10,000개이고, '엔진 : 변속기 = 30% : 70%'임을 확인하면, 각각 3,000개, 7,000개를 기입한다.

각주 1) 정보(2017년에는 A 기업으로부터만 납품받았으며)와 <그림 2>의 2017년 A기업 정보(엔진 : 변속기 = 50% : 50%) 또는 각주 3)을 이용하면, 2017년 A기업의 엔진과 변속기는 각각 5,000개임을 알 수 있다. 또한 각주 3) 정보(매년 '갑' 자동차회사가 납품받는 엔진 개수는 변속기 개수와 같음)를 통해, 2018년 B기업의 엔진과 변속기는 각각 4,500개, 500개임을 알 수 있다.

① (×) A 기업의 엔진 납품 개수는 2018년 3,000개, 2017년 5,000개이다. 따라서 전자는 후자의 60%이다.

② (×) 2018년 B 기업 변속기 납품 개수는 500개, 엔진 납품 개수는 4,500개이다. 따라서 전자는 후자의 1/9, 약 11.1 %이다.

③ (○) 2017년은 A 기업이 엔진 500,000만원, 변속기 400,000만원으로 총 900,000만원 납품했다. 2018년은 A, B 기업이 엔진 675,000만원, 변속기 562,500만원으로 총 1,237,500만원 납품했다. 따라서 전년대비 납품액 합의 증가율은 37.5%이다.

④ (×) '갑' 자동차회사가 납품받은 변속기 납품 개수는 2018년 7,500개, 2017년 5,000개이다. 따라서 전자는 후자의 2배 미만(1.5배)이다.

⑤ (×) 엔진과 변속기 납품개수는 동일하므로 납품 단가만 비교한다. 2018년 엔진 납품 단가는 변속기 납품단가보다 크다. 따라서 A, B 기업의 엔진 납품액 합은 변속기 납품액 합보다 크다.

[스피드 해법]

③ 연도별 엔진과 변속기 개수는 동일하므로 평균 납품단가는 2017년 90만원/개, 2018년 82.5만원/개이다. 또 총 납품개수는 2017년 : 2018년 = 10 : 15이므로 납품액 합계는 900 : 1,237.5이므로 증가율은 30%를 초과한다.

23

난이도 ★★★☆☆ 정답 ③

[핵심] 상황판단형 : 조건의 적용

<표2>에 따라 행정동 간 인접현황을 나타내면 아래와 같다.

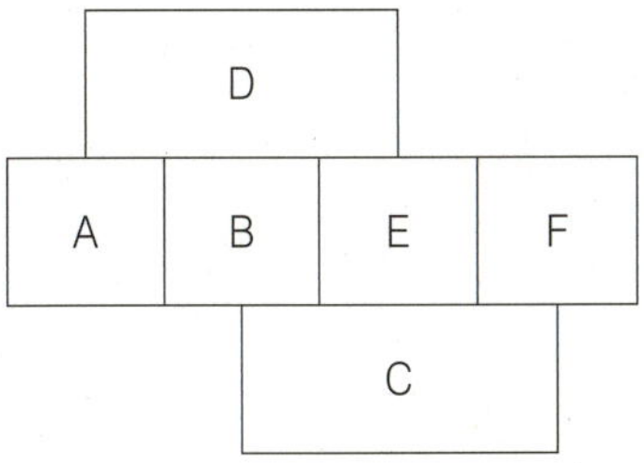

개편 전, A가 '가', C가 '나', F가 '다' 자치구이다. 인접한 행정동끼리 동일 자치구에 속하므로 C, F와 인접하지 않는 D는 A가 속한 '가' 자치구가 되어야 한다. 마찬가지로 F와 인접하지 않는 B는 '나' 자치구가 되어야 하고 나머지 E는 '다' 자치구가 된다. 따라서 AD-'가', BC-'나', EF-'다' 자치구이다.
개편 후, D가 '라', E가 '마' 자치구이다. 인접한 행정동끼리 동일 자치구에 속하므로 D와 인접한 A, B는 '라', 나머지 C, F는 E와 함께 '마' 자치구에 속한다. 따라서 ABD-'라', CEF-'마' 자치구이다.

① (○) 자치구 개편 전, 행정동 E는 F와 함께 자치구 '다'에 속한다.
② (○) 자치구 개편 후, 행정동 C, E, F는 '마' 자치구에 속한다.
③ (×) 자치구 개편 전, 자치구 '가'의 인구는 3,000명이고, '나'의 인구는 3,500명이다. 따라서 전자는 후자보다 적다.
④ (○) 자치구 개편 후, 자치구 '라'의 인구는 5,000명이고, '마'의 인구는 4,000명이다. 따라서 전자는 후자보다 많다.
⑤ (○) 행정동 B는 개편 전 C와 함께 자치구 '나'에 속하고, 개편 후 A, D와 함께 자치구 '라'에 속한다.

24

난이도 ★★★★★ 정답 ②

[핵심] 상황판단형 : 경우의 수

① (○) 법무팀은 네 종목 모두 3·4위이므로 승점합계는 120점이다. 반면 단체줄넘기 1위팀의 승점이 120점이므로, 기획팀 또는 재무팀의 승점합계는 120점을 초과한다. 따라서 법무팀은 종합 우승이 불가능하다.
② (×) 승점 배분이 큰 단체줄넘기에서 재무팀이 기획팀에 지더라도 족구, 피구에서 1위를 한다면 승점합계는 재무팀이 280점, 기획팀이 270점이므로 기획팀은 우승을 할 수 없다.
③ (○) 기획팀이 남은 경기에서 모두 지는 경우 각 팀이 얻게 되는 승점은 다음과 같다.

종목/순위	단체줄넘기	족구	피구	제기차기
1위	재무(120)	재무(90)	재무or인사(90)	인사(60)
2위	기획(80)	기획(60)	인사or재무(60)	기획(40)
3·4위	인사(40)	인사(30)	기획(30)	재무(20)

기획팀은 승점합계가 210점이 되고, 1, 2위가 결정되지 않은 피구 경기의 결과를 제외한 승점합계를 비교하면 재무팀은 230점, 인사팀은 130점이다. 피구 경기에서 재무팀이 진다고 하더라도 재무팀은 290점, 인사팀은 220점의 승점을 얻어 재무팀이 종합우승한다.

④ (○) 재무팀이 남은 경기에서 모두 지는 경우 각 팀이 얻게 되는 승점은 다음과 같다.

종목/순위	단체줄넘기	족구	피구	제기차기
1위	기획(120)	기획(90)	인사(90)	기획or인사(60)
2위	재무(80)	재무(60)	재무(60)	인사or기획(40)
3·4위	인사(40)	인사(30)	기획(30)	재무(20)

재무팀은 승점합계가 220점이 되고, 1, 2위가 결정되지 않은 제기차기 경기의 결과를 제외한 승점합계를 비교하면 기획팀은 240점, 인사팀은 160점이다. 인사팀이 제기차기 경기를 우승하는 경우 220점이 되어 재무팀과 승점합계가 동일해지지만 단체줄넘기 순위가 높은 재무팀이 종합 준우승을 한다.

⑤ (○) 인사팀이 남은 경기에서 모두 이기는 경우 각 팀이 얻게 되는 승점은 다음과 같다.

종목/순위	단체줄넘기	족구	피구	제기차기
1위	기획or재무(120)	기획or재무(90)	인사(90)	인사(60)
2위	재무or기획(80)	재무or기획(60)	재무(60)	기획(40)
3·4위	인사(40)	인사(30)	기획(30)	재무(20)

인사팀은 승점합계가 220점이 되고, 1, 2위가 결정되지 않은 단체줄넘기와 족구 경기의 결과를 제외한 승점합계를 비교하면 기획팀은 70점, 재무팀은 80점이다. 인사팀이 종합우승을 하기 위해서는 기획팀과 재무팀의 승점합계가 각각 220점 미만이어야 한다. 따라서 순위가 결정되지 않은 단체줄넘기와 족구 경기의 승점 합이 각각 150점, 140점 미만이어야 하는데 이러한 조합은 불가능하므로 인사팀은 종합우승을 할 수 없다.

25

난이도 ★★★★☆ 정답 ⑤

[핵심] 최솟값, 방정식

<정보>에 따라 최소요구량과 최대공급량의 범위를 정리하면 아래와 같다.

물류센터 / 공장	서울	부산	대구	광주	최대공급량 가로합
구미	0	200	(x)	(y)	≤600
청주	300	(200)	0	0	≤500
덕평	300	0	0	0	≤300
최소요구량 세로합	≥ 600	≥ 400	≥ 200	≥ 150	

최소요구량 기준 : $200 \le x$, $150 \le y$

최대공급량 기준 : $x + y \le 400$

① (○) 정보에 따라 청주 공장에서 부산 물류센터까지의 수송량은 200과 같아야 한다.

② (○) 청주 공장과 덕평 공장의 총 수송비용은 고정되어 있으므로 구미 공장의 총 수송비용이 최소가 되는 값을 찾는다. 구미 공장에서 대구 물류센터까지 개당 수송비용은 2, 광주 물류센터까지 개당 수송비용은 3이므로 광주 물류센터로는 최소요구량을 만족하는 수송량만 보내야한다. 따라서 구미 공장에서 광주 물류센터까지 수송량이 150개일 때 총 수송비용을 최소화된다.

③ (○) 총 수송비용의 최소 금액은 x, y의 최솟값을 대입하였을 때 도출된다. 즉 x가 200, y가 150일 때의 수용비용을 구하면 다음과 같다.

구미 공장 총 수송비용 = $200 \times 5 + 200 \times 2 + 150 \times 3 = 1{,}850$(천 원)

청주 공장 총 수송비용 = $300 \times 4 + 200 \times 2 = 1{,}600$(천 원)

덕평 공장 총 수송비용 = $300 \times 2 = 600$(천 원)

따라서 총 수송비용의 최소 금액은 405만 원이다.

④ (○) 구미 공장에서 서울 물류센터까지의 수송량이 0이므로 개당 수송비용의 변동과 상관없이 총 수송비용의 최소 금액은 증가하지 않는다.

⑤ (×) ③에서 구한 바와 같이 총 수송비용의 최소 금액이 되는 때는 x가 200개, y가 150개일 때이다. 이때의 구미 공장 총 수송량이 550개이므로 '최대공급량'이 600개에서 550개로 줄어든다하여도 최소 금액에는 영향이 없다.

2018년 민간경력 [가책형]

문항별 핵심 정리표

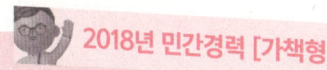

번호	난이도	유형	포인트	소재	자료수
1	★☆☆☆☆	일반형	수치 확인, 수치 비교	제습기 A ~ E의 습도별 연간소비전력량	표1
2	★★☆☆☆	일반형	덧셈 계산, 수치 비교	통신사별 스마트폰의 소매가격 및 평가점수	표1
3	★★☆☆☆	표-차트 변환형	그래프 해당 항목 찾기	항공사별 공급석 및 탑승객 수	표1,그림5
4	★★☆☆☆	일반형	증가율 비교, 그래프 읽기	태양광 산업 분야 투자액 및 투자건수	그림1
5	★★☆☆☆	일반형	덧셈 계산, 순위 비교	2018 평창 동계올림픽 참가국 A ~ D의 메달 획득 결과	표1
6	★★★☆☆	일반형	해당항목 찾기, 순위 비교	A국의 흥행순위별 2017년 영화개봉작, 월별 개봉편수 및 관객수	표2
7	★★★☆☆	일반형	비율 계산, 수치 비교	A지역 인구 및 사노비 비율	표1
8	★★☆☆☆	일반형	증가율 계산, 증감방향 비교	갑국의 사회간접자본(SOC) 투자규모	표1
9	★★★☆☆	수리계산형	조건에 대한 이해, 소거를 통한 빠른 해결	물품 A ~ E의 가격	표1,정보1
10	★★★☆☆	일반형	수치 비교, 역순으로 제시된 연도	학교급별 평균 키 및 체중, 비만학생 구성비	표2,그림1
11	★★★☆☆	일반형	순위 비교, 덧셈 계산, 곱셈 비교	A ~ F국의 2016년 GDP와 GDP대비 국가자산총액	그림1
12	★★☆☆☆	상황판단형	규칙에 대한 이해	2에서 10까지의 서로 다른 자연수의 관계	그림1,정보1
13	★★☆☆☆	일반형	그림으로 제시된 데이터 비교	도시 A ~ E에 대한 예측 날씨와 실제 날씨	표1
14	★★★☆☆	일반형	수치 비교, 분수 비교	A지역의 곡물 재배면적 및 생산량	표1
15	★☆☆☆☆	일반형	방사형 그래프 읽기	주요국의 화장품산업 경쟁력 4대 분야별 점수	그림1
16	★☆☆☆☆	일반형	그래프의 이해, 곱셈 계산	기업 A, B의 2014 ~ 2017년 에너지원단위 및 매출액	그림1
17	★★★☆☆	일반형	수치 비교, 배율 계산	2016년 주요 버섯의 도,소매가 및 전년 동분기 대비 등락액	표1,그림1
18	★★☆☆☆	일반형	중앙값, 교정점수의 이해	갑 ~ 정 응시자의 면접 점수	표1
19	★★☆☆☆	일반형	무역특화지수와 수출경쟁력의 상관관계	한국, 중국, 일본의 재화 수출액 및 수입액	표1,정보1
20	★★★☆☆	일반형	가중평균 이용	A ~ D국의 성별 평균소득, 대학진학률 및 간이 성평등지수	표1
21	★★★☆☆	일반형	전년값 계산, 증가수	2018년 테니스팀 A ~ E의 선수 인원수 및 총 연봉, 전년대비 증가율	표1,그림1
22	★★☆☆☆	보고서형	'민간연구개발비'를 통한 '연구개발비' 판단	A ~ D국의 연구개발비	표1,보고서1
23	★★★☆☆	상황판단형	경우의 수	근무지 이동 전 갑회사의 근무 현황	표1,정보1,그림5
24	★★★☆☆	수리계산형	가중평균	팀 인원수 및 팀 평균점수, 팀 연합 인원수 및 연합 평균점수	표2
25	★★★★☆	상황판단형	경우의 수	가위,바위,보 게임 기록 및 판정	표1,그림1,정보1

2018년 민간경력 [가책형]

01 ②	02 ⑤	03 ⑤	04 ①	05 ①
06 ②	07 ①	08 ④	09 ⑤	10 ③
11 ②	12 ②	13 ④	14 ⑤	15 ④
16 ⑤	17 ①	18 ③	19 ①	20 ③
21 ⑤	22 ③	23 ②	24 ④	25 ④

01

난이도 ★☆☆☆☆ 정답 ②

[핵심] 수치 확인, 수치 비교

ㄱ. (○) 습도 70%일 때 A의 연간소비전력량은 790kWh로 가장 적다.

ㄴ. (×) 습도 60%일 때 D > E > B > C > A 순인 반면, 70%일 때는 E > D > B > C > A 순이다.

ㄷ. (○) 습도 40%일 때 E의 연간소비전력량(660kWh)은 습도 50%일 때 B의 연간소비전력량(640kWh)보다 많다.

ㄹ. (×) E의 경우, 습도 80%일 때(970kWh)는 40%일 때(660kWh)의 1.5배 미만이다.

02

난이도 ★☆☆☆☆ 정답 ⑤

[핵심] 덧셈 계산, 수치 비교

ㄱ. (×) 소매가격이 200달러인 스마트 폰의 '종합품질점수'는 B = 10, C = 11, G = 13이므로 가장 높은 스마트폰은 G이다.

ㄴ. (×) 소매가격이 가장 낮은 스마트폰은 H인 반면, '종합품질점수'가 가장 낮은 스마트폰은 F이다.

ㄷ. (○) 각 통신사의 스마트폰이 각각 3종류이므로 통신사별 '통화성능' 평가점수의 평균 순위는 총합 순위와 동일하다. '통화성능' 평가점수의 총합은 '병(5점) > 갑(4) > 을(3)' 순이므로 '병'이 가장 높다.

ㄹ. (○) '멀티미디어'의 평가점수 합이 26으로 가장 크다.

03

난이도 ★☆☆☆☆ 정답 ⑤

[핵심] 표-차트 변환형 : 그래프 해당 항목 찾기

⑤ (×) 해당 그래프는 '2016년 항공사별 잔여석 수'이다.

04

난이도 ★★☆☆☆ 정답 ①

[핵심] 증가율 비교, 그래프 읽기

① (×) 분자가 되는 2015년 투자액의 전년대비 증가폭(= 2015년 투자액 − 2014년 투자액)이 가장 크고, 분모가 되는 2014년의 투자액이 가장 작기 때문에 2015년 투자액의 전년대비 증가율이 가장 높다.

② (○) 분자가 되는 2017년 투자건수의 전년대비 증가폭(=2017년 투자건수 − 2016년 투자건수)이 가장 작고, 분모가 되는 2016년 투자건수가 가장 크기 때문에 2017년 투자건수의 전년대비 증가율이 가장 낮다.

③ (○) 2012년과 2015년 투자건수의 합은 33건, 2017년 투자건수는 63건. 따라서 전자는 후자보다 작다.

④ (○) 투자액이 가장 큰 연도는 390억 원인 2016년이다.

⑤ (○) 꺾은선 그래프는 매년 증가하고 있다.

05

난이도 ★★☆☆☆ 정답 ①

[핵심] 덧셈 계산, 순위 비교

① (○) A국과 B국이 획득한 모든 메달 수의 합이 가장 큰 종목은 메달 수가 9개인 '스노보드'이다.

② (×) A국이 획득한 금메달 수는 14개, C국이 획득한 동메달 수는 11개이다.

③ (×) A국의 해당 종목 메달 수의 합 11개(=6+4+1), C국이 크로스컨트리 종목에서 획득한 메달 수는 14개(=7+4+3)이다. 따라서 전자가 후자보다 적다.

④ (×) D국이 메달을 획득한 종목의 수는 9종목이다. 반면, B국이 메달을 획득한 종목의 수는 11종목이다. 따라서 메달을 획득한 종목의 수가 가장 많은 국가는 B국이다.

⑤ (×) 획득한 은메달 수가 많은 국가는 C > A > (B = D) 순이다. 참고로 C국은 14개, A국은 10개, B국과 D국은 각각 8개이다.

06

난이도 ★★★☆☆ 정답 ②

[핵심] 해당 항목 찾기, 순위 비교

① (○) 개봉되지 않았던 달은 2월이다. 2월의 국외제작영화 관객수는 6,282천 명이고, 국내제작영화 관객수는 8,900천 명이다. 전자는 후자보다 적다.

② (×) 10월에 개봉된 영화는 '착한도시', '썬더맨', '동래산성' 3편이다. 하지만 '썬더맨'은 국외제작영화이다.

③ (○) <표 2>에서 확인할 수 있다.

④ (○) 7월 개봉된 영화 중 국외제작영화 개봉작은 '거미인간', '슈퍼카인드'로 총 2편이다.

⑤ (○) '버스운전사'의 관객수는 12,100천 명으로 전체 관객수 113,905천 명의 10 % 이상이다.

07

난이도 ★★★☆☆ 정답 ①

[핵심] 비율 계산, 수치 비교

ㄱ. (○) 인구 중 도망노비를 제외한 사노비가 차지하는 비율은 '솔거노비 비율 + 외거노비 비율'이다. 두 비율의 합이 가장 큰 조사년도는 28.5%인 1720년이다.

ㄴ. (○) 1774년 사노비 수 = 3,189×34.8% = 약 1,109.
1720년 사노비 수 = 2,228×40.0% = 약 891.
따라서 전자는 후자보다 크다.

ㄷ. (×) 사노비 중 외거노비가 차지하는 비율은
1720년 = 25%, 1762년 = $\frac{8.5}{31.7}$ = 약 26.8%.
따라서 전자가 후자보다 낮다.

ㄹ. (×) 1774년 이후 인구 중 솔거노비가 차지하는 비율은 매 조사년도마다 높아진다.

08

난이도 ★★☆☆☆ 정답 ④

[핵심] 증가율 계산, 증감 방향 비교

① (○) 2017년 총지출은 $\frac{23.1}{6.9}$×100 = 약 335(조 원)이다.

② (○) 2014년 전년대비 증가율은 $\frac{4.9}{20.5}$로 약 23.9%이다.

③ (○) 전년에 비해 증가한 2014년은 제외한다. 2017년 전년대비 감소율은 약 5%이다. 반면, 2015년, 2016년 전년대비 감소율은 각각 약 1%, 약 3%이다.

④ (×) 2015년 'SOC 투자규모'는 전년에 비해 '감소', '총지출 대비 SOC 투자규모 비중'은 전년에 비해 '증가'하여 증감방향이 다르다.

⑤ (○) 2018년 'SOC 투자규모'를 20조 원으로 가정하면 2018년 대비 2017년 'SOC 투자규모' 증가율은 약 15%이다. 2017년 대비 2016년 'SOC 투자규모' 증가율이 약 5.6%이므로 2018년 'SOC 투자규모'는 20조 원 이상이라고 할 수 있다.

09

난이도 ★★★☆☆ 정답 ⑤

[핵심] 수리계산형 : 조건에 대한 이해, 소거를 통한 빠른 해결

조건1과 3. B+C+D > A+C > B+D+E
A+C > B+D+E
24,000+(나) > (가)+(다)+16,000
8,000+(나) > (가)+(다)
위 조건을 만족하지 않는 ②③④제외.
조건4. (가)+(다)+16,000 = 44,000
(가)+(다) = 28,000
선택지에서 (가)+(다) = 28,000를 만족하지 않는 ①제외.
따라서 가능한 것은 ⑤이다.

[스피드 해법]

구체적인 수치가 제시된 <조건 4>를 먼저 확인하는 것이 좋다. '천원' 단위를 생략하고 읽으면, '병 = 44'이다. 이와 함께 <조건 3>에서 '을 > 병' 부분을 처리하면, '24 + (나) > 44' → '(나) > 20'이므로 선지 ②, ③, ④는 제외된다. 남은 선지 중 ①은 '병 = 44' → '(가) + (다) + 16 = 44' → '(가) + (다) = 28'을 충족하지 않으므로 제외된다. 따라서 답은 ⑤이다.

10

난이도 ★★★☆☆ 정답 ③

[핵심] 수치 비교, 역순으로 제시된 연도

ㄱ. (×) 연도가 역순임에 유의. 연도별 중학교 여학생의 평균 키는 '2013년 > 2015년 = 2016년 = 2017년 > 2014년'이다.

ㄴ. (○) 여사건 활용. '학생비만율 = 경도비만 + 중등도비만 + 고도비만'이므로 <그림>에서 '비만 아님'의 비율이 매년 감소했는지 확인한다.

ㄷ. (×) 2017년 고등학교 남학생의 '학생비만율'은 <표2>에 제시되어 있지만, 2013년 고등학교 남학생의 '학생비만율'은 주어진 자료만으로는 구할 수 없다. 따라서 판단불가한 선지이다.

ㄹ. (○) 2017년 중학생의 '학생비만율' 남녀 간 차이는 4.7%p, 초등학생의 '학생비만율' 남녀 간 차이는 5.7%p. 따라서 전자는 후자보다 작다.

11

난이도 ★★★☆☆ 정답 ②

[핵심] 순위 비교, 덧셈 계산, 곱셈 비교

ㄱ. (×) GDP는 A > B > C > D > E > F 순으로 A국부터 오른쪽으로 갈수록 작아지고 있다. 하지만 'GDP 대비 국가자산총액'은 A < C < D < E < B < F 순으로 일정한 추세를 가지고 있지 않다.

ㄴ. (○) B ~ F국의 GDP의 합은 14,767으로 A국의 GDP가 더 크다. 또는 18,562 / 5 = 약 3,700이므로 이 값과 나머지 값들의 편차를 구해서 판단한다.

ㄷ. (×) F국 국가자산총액은 1,404×828% = 약 11,625,
D국 국가자산총액은 2,650×522% = 13,833.
또는 교차비교법으로 판단한다.

[스피드 해법]

ㄷ. 단위를 무시하고 <그림>에 제시된 수치들을 비교하면, F국 : D국 = 1,404×<u>828</u> : <u>2,650</u>×522
<u>밑줄 친 부분</u>의 숫자 간에는 3배 초과이지만, 그 외 숫자 간에는 3배 미만임이 확인된다. 따라서 약분 결과 D > F 이다.

12

난이도 ★★☆☆☆ 정답 ②

[핵심] 상황판단형 : 규칙에 대한 이해

<그림>은 1을 제외한 2 ~ 10까지의 자연수의 약수와 배수 관계를 나타낸 것이다. 따라서 1행에는 비교적 많은 약수를 가지는 큰 수이고, 2행은 배수와 약수를 모두 가지는 중간 크기의 수, 3행에는 약수가 되는 수 또는 소수(素數)이다.

3행부터 채워나가면,

화살표로 연결되지 않은 (z)는 x, y와 약수나 배수 관계가 없으므로 소수(素數) 중 하나로 2, 3, 5, 7에 해당한다. 2, 3, 5는 다른 숫자의 약수가 되므로 이들을 제외하면 '다'에 해당하는 숫자는 7이다.

또한 3행에는 2, 3, 5, 7이 나열되는데 이들 중 이미 배열된 5, 7을 제외하면 약수 가장 많이 쓰이는 2가 아래와 같이 배열되고, 나머지는 3이 배열된다.

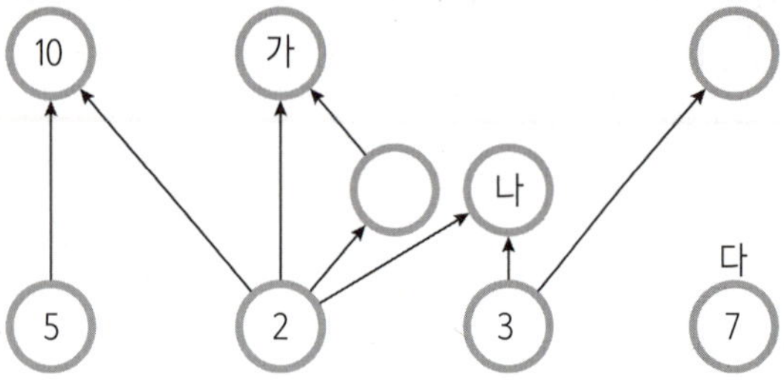

2행을 보면,

(x) → (y)는 y가 x의 배수이므로 x는 y의 약수이다.

약수인 3행을 위와 같이 채우고 나면, 2와 3을 약수를 가지는 '나'는 6에 해당한다. 또한 2행의 나머지 빈칸은 2의 배수이면서 다른 숫자의 약수이므로 4에 해당한다.

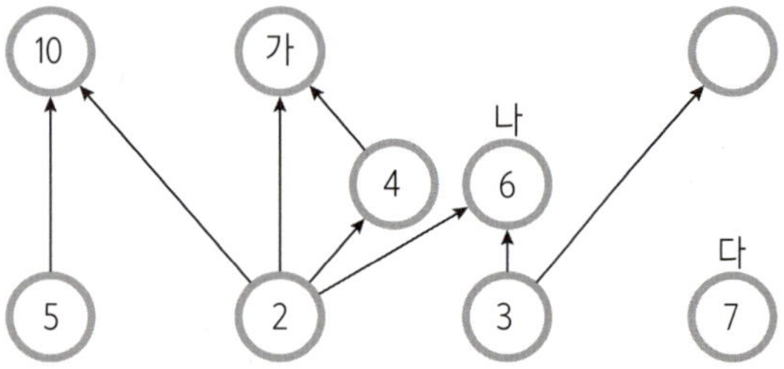

1행에는

2와 4를 약수로 하는 숫자는 8이므로 '가'는 8에 해당한다. 또한 3을 약수로 하는 6을 제외한 숫자는 9이다.

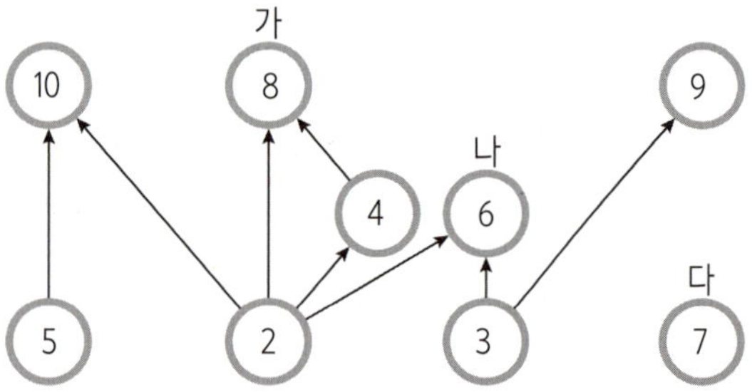

'가' = 8, '나' = 6, '다' = 7 이므로 세 숫자의 합은 21이다.

13

난이도 ★★☆☆☆ 정답 ④

[핵심] 그림으로 제시된 데이터 비교

ㄱ. (×) 도시 A에서 예측 날씨가 '☂'인 7월 8일 실제 날씨는 '☼'였다.

ㄴ. (○) 예측 날씨와 실제 날씨가 일치한 일수가 가장 많은 도시는 B로 총 7번이다. 참고로 A(6번) > C(5번) > D(4번) > E(3번) 순이다.

ㄷ. (○) 7월 2일에는 5개 도시 모두 예측 날씨와 실제 날씨가 일치하지 않았다.

14

난이도 ★★★☆☆ 정답 ⑤

[핵심] 수치 비교, 분수 비교

① (×) 미곡 재배면적의 전년대비 증감방향은 '감소, 감소, 증가, 증가'이고, 두류 재배면적의 전년대비 증감방향은 '감소, 증가, 증가, 증가'이다. 두 곡물의 1932년 재배면적의 전년대비 증감방향이 동일하지 않다.

② (×) 1932년~1934년 동안 생산량은 두류가 서류보다 적다.

③ (×) 1934년 재배면적은 매년 잡곡이 서류의 2배 미만이다.

④ (×) 미곡 1934년 재배면적당 생산량은 $\frac{18,585}{1,164}$로 약 16이다. 하지만 서류의 재배면적당 생산량이 $\frac{2,612}{138}$ = 약 19로 가장 크다.

⑤ (○) 1933년 곡물 재배면적 전체의 70 %는 약 1,900이다. 반면 미곡과 맥류 재배면적의 합은 2,081으로 재배면적 전체의 70 % 이상이다.

15

난이도 ★☆☆☆☆ 정답 ④

[핵심] 방사형 그래프 읽기

① (×) 기술력 분야에서는 프랑스가 5.0으로 가장 높다.

② (×) 성장성 분야에서는 한국이 4.2로 가장 높고, 시장지배력 분야에서는 미국이 5.0으로 가장 높다.

③ (×) 브랜드파워 분야에서 일본이 최저점으로 1.1이고, 미국이 최고점으로 4.3이다. 두 국가의 점수 차이는 3.2이다.

④ (○) 4대 분야에서 획득한 점수의 합은 미국이 15.4이고, 프랑스가 14.9이다. 따라서 전자가 후자보다 크다.

⑤ (×) 시장지배력 분야의 점수가 프랑스 < 일본 < 미국 순인지 묻고 있다. 하지만 국가별 점수는 일본(1.7) < 프랑스(3.4) < 미국(5.0) 순이다.

16

난이도 ★☆☆☆☆ 정답 ⑤

[핵심] 그래프의 이해, 곱셈 계산

ㄱ. (X) 기업 A는 2015년에 에너지원단위가 전년에 비해 증가했다.

ㄴ. (O) 에너지소비량은 원점과 해당 연도, 두 점을 대각선으로 하는 사각형의 넓이와 같다. 기업 A의 에너지소비량은 매년 증가한다.

ㄷ. (O) ㄴ과 마찬가지로 사각형 넓이로 판단한다. 에너지소비량은 기업 B가 기업 A보다 많다.

17

난이도 ★★★☆☆ 정답 ①

[핵심] 수치 비교, 배율 계산

ㄱ. (O) 1~3분기 '팽이' 3 kg의 도매가는 매분기 5,779원 이하지만 '느타리' 1 kg의 도매가는 5,779원 이상이다. 4분기 '팽이' 3 kg의 도매가는 7,000원 이하지만 '느타리' 1 kg의 도매가는 7,000원 이상이다.

ㄴ. (O) (2016년 소매가 - 전년 동분기 대비 등락액)으로 구할 수 있다. 각 분기에 3,509원/kg, 3,038원/kg, 3,020원/kg, 3,127원/kg 으로 매분기 3,000원/kg 이상이다.

ㄷ. (X) '새송이' 소매가는 2016년 1분기에 5,233원/kg, 2015년 4분기에 5,318원(= 5,363 - 45)으로 전자는 후자에 비해 감소했다.

ㄹ. (X) '느타리' 도매가를 6,000원으로 가정하면 이의 1.5배는 9,000원이다. 하지만 1분기 도매가가 6,000원 미만이고 소매가가 9,000원 초과이므로 배율은 1.5배를 초과한다.

18

난이도 ★★☆☆☆ 정답 ③

[핵심] 중앙값, 교정점수의 이해

ㄱ. (O) 면접관 C의 범위는 4(=9 - 5)이다. 반면 면접관 B의 범위는 6(=10 - 4)으로 5명의 면접관 중 가장 크다.

ㄴ. (X) 응시자 '정'의 중앙값은 7이다. 반면 응시자 '갑'의 중앙값은 6으로 4명의 응시자 중 가장 작다.

ㄷ. (O) 응시자 '병'의 교정점수는 8이다. 반면 응시자 '갑'의 교정점수는 7, 5, 6의 평균인 6으로 전자가 후자보다 크다.

19

난이도 ★★☆☆☆ 정답 ①

[핵심] 무역특화지수와 수출경쟁력의 상관관계

ㄱ. (O) 2013년 원자재는 (수출액 < 수입액) 관계이다. 따라서 한국, 중국, 일본 각각 원자재 무역수지는 적자이다.

ㄴ. (X) 한국의 소비재 수출액은 117 → 138로 변화하여 그 증가율은 20%에도 미치지 못한다.

ㄷ. (X) 일본 자본재 수출경쟁력은 $\frac{2,332}{6,750}$으로 34.54%이다. 한편, 한국 자본재 수출경쟁력은 $\frac{1,895}{4,993}$으로 37.95%이다. 따라서 전자는 후자보다 낮다.

20

난이도 ★★★☆☆ 정답 ③

[핵심] 지수 계산 방법에 대한 이해

ㄱ. (X) 대학진학률 격차지수가 동일한 상태에서 '간이 성평등지수'가 0.80 이상이 되려면 평균소득 격차지수는 0.6 이상이 되어야한다. 하지만 평균소득 격차지수는 약 0.53으로 0.6에 미치지 못한다. 따라서 '간이 성평등지수'가 0.80 미만이다.

ㄴ. (X) 대학진학률 격차지수는 1을 초과할 수 없으므로 B국의 대학진학률 격차지수는 1이고, '간이 성평등지수'는 0.80이다. 따라서 '간이 성평등지수'는 B국이 C국보다 낮다.

ㄷ. (O) D국의 여성 대학진학률이 4 %p 상승하면 D국의 대학진학률 격차지수가 1.00이 되고, 이 때의 '간이 성평등지수'는 0.85이다.

21

난이도 ★★★☆☆ 정답 ⑤

[핵심] 전년값 계산, 증가수

① (O) D팀의 '팀 선수 평균 연봉'이 5억 원으로 가장 크다.

② (O) 2017년 선수 인원수는 $\frac{\text{2018년 선수 인원수}}{1+(\text{2018년 전년대비 증가율}/100)}$으로 구한다. 이를 바탕으로 팀별 2017년 선수 인원수와 증가 인원수를 구하면 다음과 같다.

테니스 팀	2018년 선수 인원수(A)	2017년 선수 인원수(B)	증가한 선수 인원 수(A-B)
A	5	4	1
B	10	5	5
C	8	6	2
D	6	4	2
E	6	5	1

따라서 2018년 전년대비 증가한 선수 인원수는 C팀과 D팀이 동일하다.

③ (O) 전년대비 '팀 선수 평균 연봉'의 증가율은 [나눗셈 관계 일 때 변화율 응용]을 활용한다. 분모인 선수 인원수 증가율은 25%이고, 분자인 총 연봉 증가율은 50%이다. 따라서 '팀 선수 평균 연봉'의 증가율은 20%로 전년대비 증가하였다.

④ (○) 2018년 선수 인원수가 전년대비 가장 많이 증가한 팀은 ②에서 확인할 수 있듯, B팀이다. 한편, 팀별 총 연봉 증가액을 구하면 다음과 같다.

테니스 팀	2018년 총 연봉(A)	2017년 총 연봉(B)	증가한 총 연봉(A-B)
A	15	10	5
B	25	10	15
C	24	20	4
D	30	25	5
E	24	16	8

따라서 총 연봉이 가장 많이 증가한 팀도 B팀이다.

⑤ (×) A팀의 2017년 총 연봉은 10억 원이고, E팀의 2017년 총 연봉은 16억 원이다. 따라서 전자는 후자보다 적다.

22

난이도 ★★☆☆☆ 정답 ③

[핵심] 보고서형 : '민간연구개발비'를 통한 '연구개발비'판단

ㄱ. (×) 보고서 작성에 필요하지 않다.

ㄴ. (○) "A ~ D국 모두 2015년에 비하여 2016년 연구개발비가 증가하였지만, " 부분에서 필요하다. '2015년 A ~ D국 민간연구개발비'를 알면 <표>의 2015년 A ~ D국 민간연구개발비 비중으로 '연구개발비'를 구하여 "2015년에 비하여 2016년 연구개발비가 증가"를 판단할 수 있다.

ㄷ. (○) "이는 2014 ~ 2016년 동안, A국 민간연구개발에 대한 정부의 지원금액이 매년 감소한 데" 부분에서 필요하다.

ㄹ. (×) 보고서 작성에 필요하지 않다.

23

난이도 ★★★☆☆ 정답 ②

[핵심] 상황판단형 : 경우의 수

이동 전 근무지별 인원수는 본관1층에 42명, 본관2층에 48명, 본관3층에 53명이다.

방법1]

각주2. 전체 인원이 142명인 ① 제거.

지침1. 본관 각층의 인원은 이동 전에 비해 증가 할 수 없다. ④ 제거.

지침2. 본관3층은 이동 전에 비해 10명이 감소했다. 하지만 본관3층에는 10명인 팀이 없으므로 ③ 제거.

지침4. 별관인원이 40명을 넘는 ⑤ 제거.

따라서 정답은 ②.

방법2]

지침1과 지침2를 고려하면 이동 가능한 인원 수는 16명, 21명, 23명, 27명, 30명. 이 중 2가지를 선택하는 조합순열이다. 이동 후 별관 인원 수는 37명, 43명, 46명, 39명, 48명, 51명, 44명, 57명, 50명, 53명으로 총 10가지 경우가 가능하다. 여기서 지침4에 의해 이동 후 별관 인원 수는 37명, 39명만 가능하다. 이동 후 별관 인원 수는 37명인 경우는 본관1층에서 한 팀과 본관2층 기획2팀이 이동하는 경우뿐이므로 정답은 ②이다.

24

난이도 ★★★☆☆ 정답 ④

[핵심] 수리계산형 : 가중평균

<표 2>의 평균점수는 인원수가 가중치인 가중평균이다.

팀	A	B	가중평균
평균점수	40.0	60.0	52.5
가중치	60.0−52.5 =7.5	52.5−40.0 =12.5	

A : B = 7.5 : 12.5 = 3 : 5 이고, 두 팀의 인원수 합은 80명이므로 A팀 인원수는 30명, B팀 인원수는 50명이다.

B + C = 120 이므로, C팀 인원수는 70명이다.

A팀 인원수는 30명, C팀 인원수는 70명이므로 두 팀의 인원수 합은 100명이다. 따라서 (가)=100.

(나)의 값은 가중평균이므로 아래와 같이 구할 수 있다.

팀	A	C	가중평균
평균점수	40.0	90.0	(나)=75.0
가중치	30	70	

(가)=100, (나)=75.0

25

난이도 ★★★★☆ 정답 ④

[핵심] 상황판단형 : 경우의 수

<표>의 값은 '승', '무', '패' 중 하나이다. 또한 <그림>의 출발점을 원점으로 하는 하는 1차원 좌표로 생각한다.

규칙2에 따라 좌표의 원점을 기준으로 '무' 또는 '패'비기면 0 , '가위'로 '승'은 −3 , '바위'로 '승'은 +1 , '보'로 '승'은 +5 로 생각한다.

괄호가 적은 참가자 A를 기준으로 살펴본다.

1회차에 −3, 2회차에 +1, 3회차에 +5 이므로 3회차 종료 후 위치는 +3이다. 4회차에 '바위'로 '승'을 기록하면 최종 위치가 +3이 불가능하므로 4회차는 '무' 또는 '패'만 가능하다.

4회차 기록이 바위이므로 나머지 참가자의 기록을 고려하면 4회차 판정은 '무'만이 가능하고, 이렇게 되기 위해서 (나)는 '보'만 가능하다.

(나) = '보'. 선택지 ①,③,⑤ 제거.

4회차 판정이 '무'이므로 5회차 판정도 '무' 또는 '패'만 가능하다. 따라서 (다)가 '바위'인 경우 판정은 '승'이 되므로 불가능하다.

(다) ≠ '바위'. 선택지 ② 제거.

정답은 ④

2017년 민간경력 [나책형]

문항별 핵심 정리표

번호	난이도	유형	포인트	소재	자료수
1	★★☆☆☆	일반형	수치 비교, 대우 문장 해석 적용	OECD 주요 국가별 삶의 만족도 및 관련 지표	표1
2	★★★☆☆	일반형	수치 비교, 최댓값 계산	A 성씨의 지역별 가구 및 인구 분포	표2
3	★☆☆☆☆	보고서형	키워드를 이용한 빠른 스캔	2016년 A시의 생활체육 참여실태	보고서1,표3,그림2
4	★★☆☆☆	일반형	수치 비교, 사고비용 비교	세계 주요 터널화재 사고 통계	표1
5	★★☆☆☆	매칭형	쉬운 조건부터 먼저 매칭	2015년 국가별 실질세부담률	표1,정보1
6	★★★☆☆	일반형	덧셈 계산, 여사건 활용	조선전기 홍수재해 및 가뭄재해 발생건수	표2
7	★★☆☆☆	일반형	수치 비교, 55% 계산	국세 및 지방세 징수액과 감면액	표1,그림1
8	★★★★☆	수리계산형	연립방정식	학생 A ~ F의 시험점수	표1,정보1
9	★★★☆☆	일반형	감소율과 감소폭, 지수에 대한 이해	식량 가격지수, 품목별 가격지수	그림1,표1
10	★★★★☆	일반형	그래프 읽기	창업교육 이수 여부에 따른 기간별 생존비율	그림1
11	★★☆☆☆	일반형	수치 비교	지분율 상위 10개 회원국의 지분율과 투표권 비율	표1
12	★★★★☆	수리계산형	연립방정식 풀이	5개 구 주민의 돼지고기 소비량 통계	표1,청보1
13	★☆☆☆☆	일반형	배율 비교	지역별 마약류 단속 건수	표1
14	★★★☆☆	수리계산형	점수 비교	'갑' 기관의 10개 정책(가 ~ 차)에 대한 평가결과	표1
15	★★★☆☆	표-차트 변환형	차트 제목 확인	2013 ~ 2016년 기관별 R&D 과제 건수와 비율	표1,그림5
16	★★★★★	상황판단형	짝표에 대한 이해	'갑'국 프로야구 리그의 2016 시즌 팀별 상대전적	표1
17	★★★☆☆	일반형	순위 밖 자료	백화점과 TV홈쇼핑의 상품군별 2015년 판매 수수료율	표2,보고서1
18	★★★☆☆	일반형	수치 비교, 증가폭 계산	A국의 2016년 공무원 채용 인원	표1
19	★★☆☆☆	매칭형	선지를 활용하여 매칭, 핵심 조건 먼저 확인	6개 수종의 기건비중 및 강도	표1,정보1
20	★★☆☆☆	일반형	지수 및 순위 자료에 대한 이해, 곱셈 비교	2009 ~ 2012년 도시폐기물량 상위 10개국의 도시폐기물량지수, 한국의 도시폐기물량	표1,그림1
21	★★☆☆☆	보고서형	보고서 키워드 중심으로 스캔	환경 R&D 예산 현황	표1,그림1
22	★★★☆☆	일반형	공식에 대한 이해, 증감방향 비교, 전체비와 상대비	조세심판원의 연도별 사건처리 건수	표1
23	★★★☆☆	일반형	비율 비교, 전체비와 상대비	'갑'국 정당 A ~ D의 지방의회 의석수	표1,그림1
24	★★★☆☆	일반형	비율 및 배율 비교, 여사건 활용	'갑'국 10개 항공사의 항공기 지연 현황	표1
25	★★★★☆	일반형	조건에 대한 이해, 최대 시급에 주의	강사의 시급 및 수강생 만족도	표1,정보1

2017년 민간경력 [나책형]

01 ③	02 ③	03 ⑤	04 ⑤	05 ①
06 ②	07 ④	08 ③	09 ⑤	10 ⑤
11 ④	12 ④	13 ②	14 ④	15 ⑤
16 ③	17 ④	18 ④	19 ①	20 ①
21 ②	22 ②	23 ②	24 ①	25 ③

01

난이도 ★★☆☆☆ 정답 ③

[핵심] 수치 비교, 대우 문장 해석 적용

① (○) 삶의 만족도가 가장 높은 국가는 덴마크이고, 덴마크의 장시간근로자비율이 가장 낮다.

② (○) 한국의 장시간근로자비율은 28.1%이고, 삶의 만족도가 가장 낮은 국가인 헝가리의 장시간근로자비율은 2.7%이다. 따라서 전자는 후자의 10배 이상이다.

③ (×) 삶의 만족도가 한국보다 낮은 국가는 에스토니아, 포르투갈, 헝가리이고 이 국가들의 장시간근로자비율 산술평균은 5.2%이다. 따라서 이탈리아의 장시간근로자비율인 5.4%보다 낮다.

④ (○) 여가·개인돌봄시간이 가장 긴 국가는 덴마크, 가장 짧은 국가는 멕시코이다. 양국의 삶의 만족도 차이는 0.2(=7.6−7.4)점으로 0.3점 이하이다.

⑤ (○) 미국의 장시간근로자비율(11.4%)보다 낮은 국가는 덴마크, 프랑스, 이탈리아, 에스토니아, 포르투갈, 헝가리이다. 이 6개 국가들의 여가·개인돌봄시간은 모두 미국보다 길다.

[스피드 해법]

세 구분 중 어느 항목을 기준으로 정렬된 <표>인지 확인하면 조금 더 빠르게 해당 국가를 찾을 수 있다.

③ 가평균을 활용한다. (3.6−5.4)+(9.3−5.4)+(2.7−5.4) < 0이므로 세 국가의 산술평균은 5.4보다 작다.

⑤ 대우 문장 활용한다. 미국의 여가·개인돌봄시간보다 짧거나 같은 국가는 모두 장시간근로자비율이 미국보다 높거나 같다는 것과 동일한 의미이다. 이렇게 볼 때, 미국의 여가·개인돌봄시간보다 짧거나 같은 국가는 멕시코가 유일하며, 멕시코의 장시간근로자비율은 미국보다 높다.

02

난이도 ★★★☆☆ 정답 ③

[핵심] 수치 비교, 최댓값 계산

① (×) 2010년 A 성씨의 전체 가구는 228가구이고, 1980년은 80가구이므로 3배 미만(2.85배)이다.

② (×) 1980년 경기의 A 성씨 가구는 31가구이고, 2010년은 64가구이므로 3배 미만(약 2배)이다.

③ (○) 2010년 A 성씨의 동 지역 인구는 556명, 면 지역 인구는 53명이므로 10배 이상(약 10.5배)이다.

④ (×) 1980년 A 성씨의 가구가 0가구인 전북은 인구도 0명이다. 경북, 경남, 제주의 인구수 합은 11(=140 − 124 − 5)명이고, 세 지역 모두 1가구이므로 최소 1명씩은 있어야 한다. 그 중 한 지역에 인구가 많아봤자 9명이므로 부산 인구(12명)보다는 적을 수밖에 없다. 따라서 부산보다 많은 광역자치단체는 서울, 인천, 경기로 3곳이다.

⑤ (×) 서울의 1980년 대비 2010년의 A 성씨 인구 증가폭은 61이다. 반면 경기의 증가폭은 92로 서울의 증가폭보다 더 크다.

[스피드 해법]

② 1980년 경기의 A 성씨 가구는 쉽게 31임을 알 수 있다. 이의 3배는 93인데 2010년은 대략 계산해도 90 미만이다.

03

난이도 ★☆☆☆☆ 정답 ⑤

[핵심] 보고서형, 키워드를 이용한 빠른 스캔

① (○) 2문단 1문장("생활체육에 참여하지 않는 이유에~")에서 활용되었다.

② (○) 1문단("2016년에 A시 시민을 대상으로~")에서 활용되었다.

③ (○) 3문단 2문장("그러나 2016년 북구의 인구가~")에서 활용되었다.

④ (○) 2문단 2문장("2016년 A시의 공공체육시설은~")에서 활용되었다.

⑤ (×) 3문단에서 필요한 자료는 '2016년 생활체육지도자의 도시별 분포'가 아니라 '2016년 A시 생활체육지도자의 자치구별 분포'이다.

04

난이도 ★★☆☆☆ 정답 ⑤

[핵심] 수치 비교, 사고비용 비교

① (×) 터널길이가 가장 긴 사고는 A이지만 사망자가 가장 많은 사고는 E이다.

② (×) 화재규모가 가장 큰 사고는 A이지만 복구기간이 가장 긴 사고는 B이다.

③ (×) 사고 A를 제외하고, 복구기간이 가장 짧은 사고는 D이지만 복구비용이 가장 작은 사고는 F이다.

④ (×) 사망자가 가장 많은 사고 E이지만 사고비용이 가장 큰 사고는 복구비용이 가장 큰 사고 A이다.

⑤ (○) 사고 A, C, D, F 중에서 화재규모와 복구비용의 순위는 A > D > C > F로 동일하다.

[스피드 해법]

④ 각주의 사고비용 식에서 사고비용이 동일하려면 사망자수는 200명 더 많을 때 마다 복구비용은 1,000억원씩 작아져야 한다. 하지만 사고 B~F의 사망자수는 사고 A의 사망자수에 비해 200명 이상 많지 않고, 사고 B~F의 복구비용은 사고 A의 복구비용과 1,000억원 이상 차이 난다. 따라서 사고비용이 가장 큰 사고는 복구비용이 가장 큰 사고 A이다.

05

난이도 ★★☆☆☆ 정답 ①

[핵심] 매칭형, 쉬운 조건부터 먼저 매칭

[조건4] 2005년 대비 15년 독신 가구 실질세부담률이 가장 큰 폭으로 증가한 국가는 C이므로 포르투갈은 C이다(②, ④ 제거).

[조건2] 2015년 독신 가구 실질세부담률이 전년대비 감소한 국가는 A, B, E이므로 벨기에, 그리스, 스페인에 해당하는 국가는 A, B, E 중 각각 어느 하나이다(⑤ 제거).

[조건3] B와 E 중 2015년 독신 가구 실질세부담률이 더 높은 국가는 E이므로 스페인이 E이고, 그리스는 B이다(③ 제거). 따라서 정답은 ①이 된다.

참고로 남은 조건까지 알아보면 다음과 같다.

[조건1] 2015년 독신 가구와 다자녀 가구의 실질세부담률 차이가 덴마크보다 큰 국가는 A, C, D이며 캐나다, 벨기에, 포르투갈에 해당하는 국가는 A, C, D 중 각각 어느 하나이다. 이 중 C는 조건4에서 포르투갈로 확정되었으며, A는 조건 2에 따라 벨기에에 해당하므로 남은 D가 캐나다에 해당한다.

따라서 A-벨기에, B-그리스, C-포르투갈, D-캐나다, E-스페인

06

난이도 ★★★☆☆ 정답 ②

[핵심] 덧셈 계산, 여사건 활용

ㄱ. (○) 1451 ~ 1500년 홍수재해 발생건수가 8건이므로 총 홍수재해 발생건수는 72건이다. 세 기간 중 1501 ~ 1550년이 37건으로 가장 많다.

ㄴ. (×) 9월에도 발생했으므로 옳지 않은 진술이다.

ㄷ. (○) 전체 가뭄재해 발생건수는 79건이고, 2 ~ 7월의 가뭄재해 발생건수는 73건이므로 전체의 90 % 이상이다.

ㄹ. (×) 1501 ~ 1550년 가뭄재해 발생건수는 25건으로 같은 기간 홍수재해 발생건수(37건)보다 적다.

[스피드 해법]

ㄷ. 여사건을 활용하여 '1월 + 8~12월' 가뭄재해 발생건수가 10% 미만인지 확인한다. '1월 + 8~12월' 가뭄재해 발생건수는 6건이므로 이 값이 10% 미만이 되려면 전체 가뭄재해 발생건수는 60건을 초과해야 한다.

07

난이도 ★★☆☆☆ 정답 ④

[핵심] 수치 비교, 55% 계산

① (○) 국세 감면액은 매년 20조원 이상, 지방세 감면액은 매년 20조원 미만이다.

② (○) <그림>에서 쉽게 확인 할 수 있다.

③ (○) 국세 징수액 증가율은 약 56.5%로 55%를 초과한다. 반면 지방세 징수액 증가율은 약 51.2%로 55% 미만이다. 따라서 전자가 후자보다 높다.

④ (×) 국세 징수액과 지방세 징수액의 차이가 가장 큰 해는 2016년인 반면, 국세 감면율과 지방세 감면율의 차이가 가장 큰 해는 2013년이다.

⑤ (○) 2014년부터 국세 감면액과 지방세 감면액의 차이는 18조원, 20조원, 22조원이다. 따라서 해당기간 동안 매년 증가한다.

08

난이도 ★★★★☆ 정답 ③

[핵심] 수리계산형, 연립방정식

[조건1] A, B, C, D는 1과 10 사이 자연수.

[조건2] A = 9. B ≠ C ≠ D이고, 각각 9가 아니다.

[조건3] A + B + C + D + 9 + 9 = 8.5 × 6이므로 B + C + D = 24

[조건5] D = C + 4. 조건3의 식을 대입하면 B + C + (C + 4) = 24. 따라서 B + 2C = 20.

[조건4] 최댓값이 10이고 B, C는 자연수이므로 C는 10이 될 수 없다. 또한 B가 10이 되면 D가 9이므로 조건2에 위배된다. 결국 10이 될 수 있는 값은 D이다. D = 10 이므로 C = 6, B = 8.

A = 9, B = 8, C = 6, D = 10

[스피드 해법]

조건2] A = 9. B ≠ C ≠ D ≠ 9. 정답은 ③, ④, ⑤ 중 하나이다.
조건3] A + B + C + D + 9 + 9 = 8.5 × 6. 즉, B + C + D = 24.
④, ⑤번과 같이 B = 10이라 가정하면, C + D = 14 를 만족해야 하는데 ④, ⑤번은 이를 만족하지 못하므로 정답은 ③이 된다.

09

난이도 ★★★☆☆ 정답 ⑤

[핵심] 감소율과 감소폭, 지수에 대한 이해

① (○) 2014년 3월(213.8)에 비해 2015년 3월(173.8)에 40 감소하였고, 감소율은 약 18.7%(= 40/213.8)이다.

② (○) <그림>에서 확인할 수 있다.

③ (○) 2015년 3월 가격지수가 전년에 비해 83.6 감소한 낙농품의 감소폭이 가장 크다.

④ (○) 육류 가격지수가 2014년 3월~8월까지 매월 상승,

2014년 8월~15년 3월까지 매월 감소했다.

⑤ (×) 가격지수는 각 품목의 2002년 가격을 기준으로 지수화한 값이므로 상승률은 (2015년 3월 가격지수 - 100)이다. 따라서 2002년 가격지수 대비 2015년 3월 가격지수의 상승률이 가장 낮은 품목은 육류가 아니라 유지류이다.

[스피드 해법]

① 213.8보다 더 큰 값인 220의 15%는 33이므로, 213.8의 15%는 33보다 작다. 반면, 213.8 → 173.8은 40만큼 감소했으므로 감소율은 15% 이상이다.

10

난이도 ★★★★☆ 정답 ⑤

[핵심] 그래프 읽기

① (×) 제시된 자료는 비율자료이므로 이수 또는 미이수 폐업 자영업자 수는 알 수 없다.

② (×) 평균 생존기간은 그래프와 x축, y축으로 둘러싸인 넓이와 같다. 따라서 미이수한 폐업 자영업자의 평균 생존기간은 이수한 폐업 자영업자의 평균 생존기간보다 더 짧다.

③ (×) 이수, 미이수 폐업 자영업자 간의 생존비율 차이가 가장 큰 기간은 8~9개월 사이이다.

④ (×) 창업교육을 이수한 폐업 자영업자 중 생존기간이 32개월 이상인 자영업자의 비율은 약 44 % 이다.

⑤ (○) 10개월에서 미이수 폐업 자영업자의 생존비율은 약 67%이다. 따라서 생존기간이 10개월 미만인 자영업자의 비율은 20 % 이상이다.

11

난이도 ★★☆☆☆ 정답 ④

[핵심] 수치 비교

ㄱ. (○) 중국, 인도, 러시아, 독일의 투표권 비율의 합은 40% 이상(43.65%)이다.

ㄴ. (○) 지분율과 투표권 비율의 차이가 1%p를 초과하는 회원국은 인도뿐이다.

ㄷ. (×) B지역 회원국의 지분율 합은 21.02%이고, A지역 회원국의 지분율 합은 49.85%이다. 따라서 A지역 회원국의 지분율 합은 B지역 회원국의 지분율 합의 약 2.4배이다.

ㄹ. (○) AIIB의 자본금 총액이 2,000억 달러일 때 AIIB에 출자한 자본금의 합이 160억 달러 이상이 되려면 지분율은 8% 이상이 돼야 한다. 독일과 프랑스의 지분율 합은 8.01%이므로 옳은 진술이다.

12

난이도 ★★★★☆ 정답 ④

[핵심] 수리계산형, 연립방정식 풀이

1인당 소비량을 각각 A, B, E로 둔다.

조건1. A + B = C = 30

조건2. A + D = A + 12 = 2E

조건3. E = B + 6

조건3을 조건2에 대입하면, A + 12 = 2B + 12 즉, A = 2B가 되며 조건1을 이용하면, A = 20, B = 10, E = 16이 된다.

구	평균 (1인당 소비량)	표준편차	변동계수
A	(20.0)	5.0	0.25
B	(10.0)	4.0	0.40
C	30.0	6.0	0.20
D	12.0	4.0	0.33
E	(16.0)	8.0	0.50

따라서 3번째로 큰 구는 D이고, 4번째로 큰 구는 A이다.

[스피드 해법]

변동계수의 역수가 계산하기 쉬우므로 변동계수의 역수. 즉, 표준편차 대비 평균이 3번째로 큰(=3번째로 작은 구), 2번째로 큰 구(=4번째로 작은 구)를 찾는다.

13

난이도 ★☆☆☆☆ 정답 ②

[핵심] 배율 비교

① (×) 대마 단속 전체 건수는 167건, 마약 단속 전체 건수는 65건으로 3배 미만(약 2.6배)이다.

② (○) 마약류 단속 건수는 <표>의 '마약' 항목이 아닌 '합'을 봐야 한다. 비중이 제시되었으므로 비중을 읽으면, 서울 22.1%와 인천·경기 35.8%를 합쳐서 57.9%이므로 50% 이상이다.

③ (×) 마약 단속 건수가 없는 지역은 강원, 충북, 제주로 총 3곳이다.

④ (×) 대구·경북의 향정신성의약품 단속 건수는 147건, 광주·전남은 38건으로 4배 미만(약 3.3배)이다.

⑤ (×) 강원의 향정신성의약품 단속 건수는 35건, 대마 단속 건수는 13건으로 3배 미만(약 2.7배)이다.

14

난이도 ★★★☆☆ 정답 ④

[핵심] 수리계산형, 점수 비교

정책이 10개이므로 합계를 계산하여 괄호를 채운다.

심사위원 / 정책	A	B	C	D	총점
가	1.0	1.0	0.5	0.0	2.5
나	1.0	1.0	0.5	1.0	3.5
다	0.5	0.0	1.0	0.5	2.0
라	(0.0)	1.0	0.5	(0.0)	1.5
마	1.0	(1.0)	1.0	0.5	3.5
바	0.5	0.5	0.5	1.0	2.5
사	0.5	0.5	0.5	1.0	2.5
아	0.5	0.5	1.0	(0.0)	2.0
자	0.5	0.5	(1.0)	1.0	3.0
차	(0.0)	1.0	0.5	0.0	1.5
합계(점)	5.5	7.0	7.0	5.0	
평균(점)	0.55	0.70	0.70	0.50	

폐기 대상 정책은 ‘다, 라, 아, 차’이다.

[스피드 해법]

각 정책별 평균 점수는 각 심사위원의 평균 점수의 합(2.45점)과 같다. 따라서 이에 미치지 못하는 정책부터 폐기될 확률이 높은데, ◯이 2개 이상이면 우선 폐기 대상이 된다. 이에 해당하는 정책은 라, 차 정책이므로 이들을 포함한 선지 ④, ⑤만 남는다. 남은 다, 자 정책을 비교하면, 다 정책은 2점, 자 정책은 2점 초과이므로 다 정책이 폐기된다.

15

난이도 ★★★☆☆ 정답 ⑤

[핵심] 표-차트 변환형, 차트 제목 확인

⑤ (×) 제시된 값은 연도별 기업, 정부의 비율이다. 기업의 연도별 기업 및 정부 R&D 과제 건수의 전년대비 증가율을 확인해보면 2014년 증가율은 100%를 초과하고, 2016년 증가율은 음수(−)가 되어야 한다.

16

난이도 ★★★★★ 정답 ③

[핵심] 상황판단형, 짝표에 대한 이해

상대 / 팀	A	B	C	D	E	승	패	무
A	−	10-6-0	9-7-0	9-6-1	12-4-0	40	23	1
B	6-10-0	−	8-8-0	8-8-0	8-8-0	30	34	0
C	7-9-0	8-8-0	−	8-8-0	10-6-0	33	31	0
D	6-9-1	8-8-0	8-8-0	−	6-10-0	28	35	1
E	4-12-0	8-8-0	6-10-0	10-6-0	−	28	36	0

대각선을 기준으로 거울구조로 된 짝으로 구성된 <표>이다. 승리−패배−무승부의 순으로 표시되어 있으므로, 대각선을 기준으로 대칭 구조에 있는 경우, 첫번째 값과 두번째 값을 뒤바꿔 기입한다.

① (◯) B팀이 A팀을 상대로 6승 10패 0무이므로 A팀의 B팀에 대한 전적인 (가)는 10승 6패 0무. 즉, 10−6−0이다.

② (◯) B팀의 시즌 승률은 $\frac{30}{30+34+0}$이므로 50%에 미치지 못한다.

③ (×) 시즌 승률이 50% 이상이 되려면, ‘승리 경기수 ≥ (패배+무승부) 경기수’이어야 한다. 이에 해당하는 팀은 A, C로 총 2팀이다.

④ (◯) E팀이 C팀을 상대로 6승 10패이므로 C팀은 E팀을 상대로 한 전적은 10승 6패이다. 따라서 C팀이 E팀을 상대로 승리한 경기가 패배한 경기보다 많다.

⑤ (◯) 대각선의 좌하방에서 세 수 중 마지막 값이 1인 경우는 총 1번이다. 따라서 전체 경기 결과 중 무승부는 1경기이다.

[스피드 해법]

②, ③을 처리할 때, 제시된 자료는 상대팀 기준으로 작성된 전적이므로 대각선에 있는 칸을 모두 채우면 익숙한 <표>가 된다. 하지만 이렇게 하려면 시간이 많이 소모되므로 상대팀 항목을 기준으로 ‘승리−패배−무승부’에서 ‘승리−패배’를 바꿔 읽는다. 또한 승리 경기수와 패배 경기수가 동일한 경우는 미리 체크해두면 도움이 된다.
즉, 상대팀이 A팀인 경우 값을 세로로 읽으면 첫째 값이 6, 7, 6, 4이므로 이의 총합은 A팀의 패배 경기수, 10, 9, 9, 12는 A팀의 승리 경기수이다.
상대팀이 B팀인 경우, (가)를 제외하고 C, D, E를 대상으로 승리 경기수와 패배 경기수가 동일하므로 (가)에 따라 B팀의 승률이 결정된다.

17

난이도 ★★★☆☆ 정답 ④

[핵심] 순위 밖 자료

ㄱ. (◯) 셔츠 상품군의 판매수수료율은 백화점, TV홈쇼핑 각각 상위 5개 중 1순위이다.

ㄴ. (×) 여성정장 상품군의 백화점 판매수수료율은 31.7%이고, TV홈쇼핑 판매수수료율은 상위 5개에 포함되어 있지 않으므로 36.8% 이하이다. 따라서 여성정장 상품군의 판매수수료율은 TV홈쇼핑이 백화점보다 더 낮다고 단정할 수 없다. 또한 마찬가지 원리로 모피 상품군 또한 단정할 수 없다.

ㄷ. (◯) 디지털기기 상품군의 TV홈쇼핑 판매수수료율은 21.9%이고, 백화점 판매수수료율은 11.0%이다. 전자가 후자보다 높다.

ㄹ. (◯) 상위, 하위 5개 항목에 포함되지 않은 여행패키지 상품군의 백화점 판매수수료율은 20.8~31.1% 범위에 속하는데 이는 여행패키지 상품군의 TV홈쇼핑 판매수수료율인 8.4%의 2배(16.8%)보다 더 높은 범위에 해당하므로 옳은 설명이다.

18

난이도 ★★★☆☆ 정답 ④

[핵심] 수치 비교, 증가폭 계산

ㄱ. (○) 공개경쟁채용항목에 값이 있는 공무원구분은 5급, 7급, 9급, 연구직으로 총 4개이다.

ㄴ. (○) 우정직은 599명으로 7급의 1,148명의 절반인 574명보다 많다.

ㄷ. (×) 5급, 7급, 9급, 연구직 중 연구직은 '공개경쟁채용 < 경력경쟁채용' 관계이므로 옳지 않다.

ㄹ. (○) 2016년 대비 2018년 9급 공개경쟁채용 인원은 3,630(3,000×(1.1×1.1))명이므로 630명이 증원된다. 따라서 2018년 전체 공무원 채용 인원은 9,672(=9,042+630)명이고, 9급 공개경쟁채용 인원의 비중은 40% 이하이다.

19

난이도 ★★☆☆☆ 정답 ①

[핵심] 매칭형, 선지를 활용하여 매칭, 핵심 조건 먼저 확인

[조건3] 기건비중의 값들이 비교적 비슷하므로 2.5배 이상이라는 것은 최댓값과 최솟값 간의 진술일 확률이 높다. 게다가 기건비중이 두 번째로 작은 0.37은 삼나무로 제시되어 있다. 따라서 오동나무는 D로 가정하고 계산해보면 참나무는 B임을 알 수 있어 ③, ④, ⑤는 제거되고, A는 소나무가 된다.

[조건4] 인장강도와 압축강도의 차는 B가 61로 가장 크고, 그 다음으로 E가 8로 두 번째이다. E는 전나무.

따라서 정답은 ①이다.

A-소나무, B-참나무, C-낙엽송, D-오동나무, E-전나무.

나머지 조건도 살펴보면,

[조건1] 전단강도 대비 압축강도 비가 큰 상위 2개 수종은 C, E이다.

[조건2] 휨강도와 압축강도 차가 큰 상위 2개 수종은 A, B이다.

20

난이도 ★★☆☆☆ 정답 ①

[핵심] 지수 및 순위 자료에 대한 이해, 곱셈 비교

ㄱ. (○) 각주의 도시폐기물량지수 식에 따라 동일 연도의 도시폐기물량 비교는 지수로 비교가 가능하다. 2012년 미국 도시폐기물량은 12.73이고, 일본은 2.53이다. 따라서 전자는 후자의 약 5배이다.

ㄴ. (×) 2011년 러시아의 도시폐기물량은 약 6,911(=1,786×3.87)만톤으로 8,000만톤 이하이다.

ㄷ. (○) 2009년 스페인의 도시폐기물량은 1,901×1.33, 2012년 스페인의 도시폐기물량지수는 순위 밖이므로 최댓값 1.40으로 두면 도시폐기물량은 1,788×1.40이다. 감소율로 따지면, 1.33←1.40은 정확히 5%(0.07) 감소이지만, 1,901→1,788은 5%(약 95)보다 더 많이 감소했으므로 전자보다 후자가 더 낮다. 즉, 2012년 스페인의 도시폐기물량은 2009년에 비해 감소했다.

ㄹ. (×) 2012년에는 영국의 도시폐기물량지수가 터키의 도시폐기물량지수보다 낮으므로 도시폐기물량 역시 영국이 터키보다 낮다.

21

난이도 ★★☆☆☆ 정답 ②

[핵심] 보고서형, 보고서 키워드 중심으로 스캔

ㄱ. (○) 보고서 세번째. 2009년, 2010년 미국의 전체 예산 및 환경 R&D 예산에 대한 자료가 필요하다.

ㄷ. (○) 보고서 다섯번째. 모든 부처의 부처별 환경 R&D 예산이 필요하다.

22

난이도 ★★★☆☆ 정답 ②

[핵심] 공식에 대한 이해, 증감방향 비교, 전체비와 상대비

ㄱ. (○) 각주 1)에 따라 2013년 처리대상건수는 2013년 처리건수(7,314건)에 2014년 전년이월 건수(2,403건)를 더한 9,717건이다. 따라서 처리대상건수가 가장 적은 연도인 2016년의 처리율을 계산하면 75% 이상이다($=\frac{6,628}{8,226}\times100$).

ㄴ. (×) 2013~2016년 동안 취하 건수 전년대비 증감방향은 '증가-증가-증가-감소'이고, 기각 건수의 전년대비 증감방향은 '증가-증가-감소-감소'로 동일하지 않다.

ㄷ. (×) 2013년 전년이월 건수는 1,834건, 처리대상건수는 9,717건이므로 처리율은 약 75%$\left(\approx\frac{7,314}{9,717}\times100\right)$이다.

ㄹ. (○) 인용률을 $\frac{\text{인용 건수}}{\text{각하 건수}+\text{기각 건수}}$로 비교한다.

2012년 약 39%$\left(\approx\frac{1,767}{346+4,214}\right)$, 2014년 약 22%$\left(\approx\frac{1,440}{482+6,200}\right)$로 전자가 후자보다 크다.

23

난이도 ★★★☆☆ 정답 ②

[핵심] 비율 비교, 전체비와 상대비

ㄱ. (○) 정당 D의 의석점유율은 2010년 약 6.3%$\left(\approx\frac{39}{616}\right)$, 2014년 약 9.1%$\left(\approx\frac{61}{669.4}\right)$로 후자가 전자에 비해 높다.

ㄴ. (×) 정당 C는 감소했다.

ㄷ. (×) 2014년 정당 B의 비수도권 지방의회 의석수는 152(=318－166)석이고, 정당 A의 비수도권 지방의회 의

석수는 189(=252 - 63)석이다. 따라서 전자가 후자보다 적다.

ㄹ. (○) 전체비 대신 상대비를 활용한다. 정당 B의 수도권 지방의회 의석점유율은 2014년 약 2.3$\left(\approx \frac{166}{63+4+5}\right)$, 2010년 약 3.2$\left(\approx \frac{159}{37+11+2}\right)$로 전자가 후자보다 낮다. 참고로 정당 B의 수도권 지방의회 의석점유율은 2010년이 약 76.1%, 2014년이 약 69.7%이다.

24

난이도 ★★★☆☆ 정답 ①

[핵심] 비율 및 배율 비교, 여사건 활용

ㄱ. (○) 지연율이 가장 낮은 항공사는 BK항공(약 3.9%)이다.

ㄴ. (○) 여사건을 활용하여 총 지연 대수 중 연결편 접속이 가장 낮은 항공이 ZH항공인지 확인한다. ZH항공사의 총 지연 대수 대비 연결편 접속 지연 대수는 50% 미만(약 32%)이고, ZH항공사를 제외한 나머지 항공사는 모두 80%를 초과한다.

ㄷ. (×) 기상 악화로 인한 전체 지연 대수는 605건이다. EK항공과 JL항공의 기상 악화로 인한 지연 대수 합은 361건이므로 비중은 약 60%이다.

ㄹ. (×) 8L항공사가 항공기 정비로 인한 지연 대수 대비 기상악화로 인한 지연 대수 배율이 9로 가장 높으며, EZ항공사는 두 번째로 비율이 높다.

25

난이도 ★★★★☆ 정답 ③

[핵심] 조건에 대한 이해, 최대 시급에 주의

① (×) 강사 E의 2015년 수강생 만족도는 3.2점이므로 2016년 시급은 2015년과 동일한 48,000원이다.

② (×) 강사 D의 2016년 수강생 만족도는 4.4점이므로 2017년 시급은 5% 인상된 62,370원이며, 강사 C의 2016년 수강생 만족도는 4.8점이므로 2017년 시급은 10% 인상된 60,060원이다. 하지만 조건에 따라 최대 시급은 60,000원이므로 2017년 강사 D와 강사 C의 시급은 동일하다.

③ (○) 2017년 시급 인상률은 강사 A, B, D가 5%로 동일하고, 강사 C는 10%이다. 반면 강사 E는 0%이므로 우선 제외한다. 최대 시급은 60,000원이므로 A, B, D 중 D의 인상폭은 600원을 초과할 수 없다. 남은 A, B, C 중 인상폭이 5,400원인 C가 가장 크다.

④ (×) 2016년 강사 C의 시급 인상률은 5%이므로 수강생 만족도는 '4.0점 이상 4.5점 미만'이다.

⑤ (×) 2016년 수강생 만족도에 따라 강사 A, B의 시급 인상률은 5%로 동일하다. 따라서 2017년 시급 차이는 2016년 시급 차이보다 5% 상승한 10,500원이다.

2016년 민간경력 [5책형]

문항별 핵심 정리표

번호	난이도	유형	포인트	소재	자료수
1	★★☆☆☆	일반형	차트 읽기	1인당 GDP와 1인당 의료비지출액	그림1
2	★★☆☆☆	수리계산형	비율 계산	과목 등급 산정기준과 과목별 이수단위 및 석차	표2, 정보1
3	★★☆☆☆	일반형	자료 읽기 및 단순 연산	2013년 ~ 2014년 '갑'국 국제협력단의 공적개발원조액	표4, 보고서1
4	★★☆☆☆	일반형	물방울 차트 읽기, 기울기 이용	국가 A ~ H의 GDP와 에너지사용량	그림1
5	★☆☆☆☆	일반형	순위 밖 자료	2012 ~ 2014년 A국 농축수산물 생산액 상위 10개 품목	표1
6	★★★★☆	일반형	각주 정보 파악	2013 ~ 2016년 '갑' 기업 사원 A ~ D의 연봉 및 성과평가등급별 연봉인상률	표2
7	★★☆☆☆	일반형	막대 그래프, 순위 밖 자료	2002년과 2012년 '갑'국의 국적별 외국인 방문객 현황	표1, 그림2
8	★★★☆☆	일반형	표와 그림 연결하여 해석하기, 비례식 활용	수종별 원목생산량, 원목생산량 구성비	표1, 그림1
9	★☆☆☆☆	매칭형	자료 읽기, 수치 비교	국가 A ~ D의 정부신뢰율, 청년층의 상대적 정부신뢰지수	그림2, 정보1
10	★☆☆☆☆	일반형	분수 계산	조사년도별 우리나라의 도시수, 도시인구 및 도시화율	그림1
11	★★☆☆☆	일반형	단순 연산 및 자료 읽기	지역별, 등급별, 병원유형별 요양기관 수	표2
12	★★☆☆☆	수리계산형	공식의 이해 및 적용	2000년 극한기후 유형별 발생일수와 발생지수	표1, 정보1
13	★☆☆☆☆	상황판단형	짝으로 구성된 표	갑, 을, 병 회사의 부서 간 정보교환	표3, 정보1
14	★☆☆☆☆	매칭형	수치 비교 및 단순 연산	'갑'국의 10대 미래산업 현황	표1, 정보1
15	★★☆☆☆	일반형	짝으로 구성된 표, 단순 연산	온라인 도박과 오프라인 도박 관련 조사	표1
16	★★★☆☆	상황판단형	보고서 제시형	산업단지별 유해물질 배출 현황	표1, 정보1, 보고서1
17	★★★☆☆	수리계산형	공식의 이해	임차인 A ~ E의 전·월세 전환 현황	표1
18	★★☆☆☆	일반형	단순 연산	2000 ~ 2013년 세대문제 키워드별 검색 건수	표1
19	★☆☆☆☆	일반형	차트 읽기	약품 A ~ C 투입량에 따른 오염물질 제거량	그림1
20	★★★☆☆	일반형	자료 읽기 및 연산	2009 ~ 2012년 A 추모공원의 신규 안치건수 및 매출액	표1
21	★★★☆☆	일반형	원 그래프, 비율 자료 읽기 및 계산	A 자선단체의 수입액과 지출액 구성비	그림4
22	★★★★☆	상황판단형	각주, 조건, 속력 이해	지점 A ~ E의 지점 간 주행 가능한 도로 현황 및 이동정보	표2, 정보1
23	★★★☆☆	일반형	최소교집합	A지역의 저수지 현황	표3
24	★★★★☆	일반형	순위자료의 함정	2015년 '갑'국 공항의 운항 현황	표2
25	★★★☆☆	수리계산형	환율관련	A ~ D국 화폐 대비 원화 환율 및 음식가격	표2

2016년 민간경력 [5책형]

01 ①	02 ②	03 ①	04 ⑤	05 ④
06 ④	07 ⑤	08 ③	09 ④	10 ②
11 ⑤	12 ③	13 ⑤	14 ②	15 ②
16 ③	17 ③	18 ②	19 ①	20 ④
21 ③	22 ②	23 ⑤	24 ①	25 ①

01

난이도 ★★☆☆☆ 정답 ①

[핵심] 차트 읽기

ㄱ. (○) 1인당 GDP가 2만달러 이상인 국가는 A, B, C, D, E, F국이고 이들은 모두 1인당 의료비지출액이 1천달러 이상이다.

ㄴ. (○) 1인당 의료비지출액이 가장 많은 국가는 A국으로 3,500달러를 초과한다. 반면, 가장 적은 국가는 J국으로 500달러에도 미치지 못하므로 두 국가의 1인당 의료비지출액 차이는 3천달러 이상이다.

ㄷ. (×) 1인당 GDP가 가장 높은 국가는 E국으로 1인당 의료비지출액은 약 1,700달러이다. 반면 가장 낮은 국가는 J국으로 약 250달러이다. 따라서 두 국가의 1인당 의료비지출액 차이는 약 1,450달러이다.

ㄹ. (×) 1인당 GDP 상위 5개 국가의 1인당 의료비지출액 합은 약 11,600(=1,200+1,700+2,500 +2,700+3,500)달러이고, 하위 5개 국가의 1인당 의료비지출액 합은 약 3,450(=250+300+500+700+1,700)달러이다. 따라서 전자는 후자의 5배 미만이다. 또는 D국의 5배는 (A+C+E+F)국의 1인당 의료비지출액과 유사하고, G국의 5배는 B국보다 크다. 한편 J, H, I국의 5배가 남아있으므로 하위 5개국의 1인당 의료비지출액 합의 5배가 상위 5개국의 합보다 더 크다.

[스피드 해법]

ㄷ. 1인당 GDP가 가장 높은 국가는 E국으로 1인당 의료비지출액은 약 1,700달러이므로 2천달러에 미치지 못한다. 따라서 1인당 GDP가 가장 낮은 국가를 찾을 필요 없이 1인당 의료비지출액 차이는 2천달러를 넘을 수 없다.

ㄹ. 주어진 질문에서 "상위 5개 국가"와 "5배"에 주목하면 결국 다음과 같이 바꿀 수 있다. → 1인당 GDP 상위 5개 국가의 1인당 의료비지출액 평균은 1인당 GDP 하위 5개 국가의 1인당 의료비지출액 합 이상이다.
일단, 1인당 GDP 하위 5개 국가의 1인당 의료비지출액 합이 3,000달러 이상(1700, 700, 500, 300, 200의 합)인 것을 확인하고, 그래프에서 Y축에서 3,000달러 선을 확인한다. A~F의 평균은 Y축 평균은 3,000달러 미만임이 쉽게 확인된다.

02

난이도 ★★☆☆☆ 정답 ②

[핵심] 수리계산형, 비율 계산

과목＼구분	석차(등)	이수인원(명)	석차 백분율	등급
국어	270	300	90.0%	8
영어	44	300	14.7%	3
수학	27	300	9.0%	2
과학	165	300	55.0%	5

$$\text{평균등급}=\frac{(8\times3)+(3\times3)+(2\times2)+(5\times3)}{3+3+2+3}=\frac{52}{11}.$$

따라서 M은 약 4.7이므로 범위는 (4 ≤ M < 5)이다.

[스피드 해법]

정확한 백분율 연산보다는 <표 1>에서 어느 등급에 해당하는지만 확인하자.
영어의 경우 44/300 대신 45/300을 이용하면 15%가 약간 안 된다. 과학의 경우 165/300는 (150+15)/300을 이용하여 (50+5)%로 처리하거나 50%는 넘지만 60%에는 미달하는 것만 확인한다.
마지막으로 52/11의 연산에서는 4는 넘고 5는 안되는 것만 확인한다.

03

난이도 ★★☆☆☆ 정답 ①

[핵심] 자료 읽기 및 단순 연산

ㄱ. (○) 2013년 '갑'국의 원조액은 약 5,228억원이고, 2014년은 약 5,806억원이므로 전년대비 증가율은 10% 이상이다.

ㄴ. (○) '양자' 지원형태 원조액이 진체 원조액에서 차지하는 비율은 2013년(500/522)과 2014년(542/580) 각각 90 % 이상이다.

ㄷ. (×) 2013년 원조액 순위는 교육 > 보건 > 산업에너지 > 공공행정 > 농림수산 > 긴급구호 순이다. 반면, 2014년에는 교육 > 보건 > 공공행정 > 농림수산 > 산업에너지 > 긴급구호 순이다. 따라서 지원분야 원조액의 3, 4, 5위 순위가 다르다.

ㄹ. (○) 원조액 전체에서 차지하는 비중이 전년에 비해 낮아진 사업유형은 프로젝트, 연수생초청, 민관협력으로 모두 3개이다.

ㅁ. (×) 중동의 2014년 원조액은 전년대비 감소했다.

[스피드 해법]

ㄱ. 어림산으로 처리한다. 522 → 580 은 58 증가이므로 522의 10%인 52.2보다 크다. 한편 단위가 '백만원'이므로 컴마(,) 앞의 수치의 단위는 '십억원'이라는 점을 확인한다. 컴마(,) 앞의 수치가 580이므로 580십억원 = 5,800억원

ㄴ. 여사건을 활용한다. 2013년과 2014년 '다자' 지원형태 원조액은 전체 원조액의 10 % 미만이다.

ㄷ. 비중 수치를 보는 것이 편하다. 순서를 모두 확인하는 것보다는 연속되는 두 줄 사이에 수치 증감이 반대인 것이 있는지 확인한다. 농림수산 → 산업에너지 사이에 2013년은 13.8에서 15.3으로 증가인데, 2014년에는 14.7에서 14.2로 감소하였다. 따라서 순서가 일치하지 않는다.
또는 <표 2>의 경우 기타를 제외한 지원분야 항목이 2014년 원조액이 높은 순서대로 정렬되어 있음을 확인했다면 2013년에도 이 순서가 그대로 유지되었는지 확인할 수도 있다.

04

난이도 ★★☆☆☆ 정답 ⑤

[핵심] 물방울 차트 읽기, 차트 스피드 해법

① (○) 세로축 상 가장 상위에 있는 국가는 A국이고, 가장 하위에 있는 국가는 D국이다.

② (○) 각주1)에 따라 인구수는 원 면적에 비례하므로 C국과 D국의 인구수는 동일하다고 판단할 수 있다. 따라서 에너지사용량이 많은 국가가 1인당 에너지사용량이 많다.

③ (○) 가로축 상 가장 왼쪽에 있는 국가는 D국이고, 가장 오른쪽에 있는 국가는 A국이다.

④ (○) 인구수(=원면적)는 반지름의 제곱에 비례한다. H국의 반지름을 1/4칸 정도로 보면, B국의 반지름은 거의 1칸이다. 따라서 B국의 인구수(=원면적)는 H국의 약 16배로 볼 수 있다. 그런데, 분자가 되는 GDP에서는 H국은 5,000, B국은 1,800 정도이다. 따라서 1인당 GDP는 H국 : B국 = 5,000 : 1,800/16. H국이 B국보다 높다.

⑤ (×) 에너지사용량(=y) 대비 GDP(=x) 즉, x / y는 원점에서 각 원의 중심을 잇는 직선의 기울기 역수와 같다. 따라서 에너지사용량 대비 GDP는 기울기가 작은 A가 더 높다.

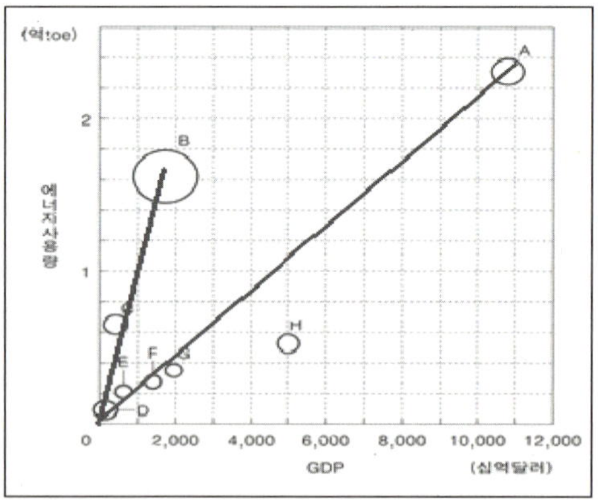

[스피드 해법]

④ H국의 GDP는 B국보다 큰 반면, 인구는 B국보다 적으므로(자대모소 : 분자 크고 분모 작음) H국의 1인당 GDP가 B국보다 높다.

05

난이도 ★☆☆☆☆ 정답 ④

[핵심] 순위 밖 자료

ㄱ. (×) 2013년 감귤 생산액이 농축수산물 전체 생산액에서 차지하는 비중은 약 2.31%였으나 2014년은 약 2.19%로 비중은 감소했다.

ㄴ. (○) 쌀 생산액이 농축수산물 전체 생산액에서 차지하는 비중은 2012년 약 33%, 2013년 약 24%, 2014년 약 21%이다.

ㄷ. (×) 매년 상위 10위 이내인 품목은 '쌀', '돼지', '소', '닭', '우유', '달걀', '고추', '감귤'로 총 8개이다.

ㄹ. (○) 2012년 오리 생산액은 5,324억원 이하이므로 오리 생산액은 매년 증가하였다.

[스피드 해법]

ㄱ. 증가율을 비교한다. 2013년에 비해 2014년에 감귤은 811 → 907로 1/8(=12.5%) 미만 증가, 농축수산물 전체는 350 → 414로 15% 이상 증가. 따라서 분모 증가율이 분자 증가율보다 크기 때문에 분수는 감소하였다(=모증대하).

ㄴ. 2012년에 비해 2013년에 쌀은 감소하였지만, 농축수산물 전체는 증가하였으므로(자감모증: 분자 감소, 분모 증가) 분수는 감소하였다. 한편 2013년에 비해 2014년 쌀의 증가율은 미미하지만, 농축수산물 전체는 ㄱ에서 보았듯이 15% 이상 증가하였다. 따라서 분모 증가율이 분자 증가율보다 크기 때문에 분수는 감소하였다(=모증대하).

ㄹ. 2012년에는 '오리'가 10위 안에 없으므로, 10위 값인 '마늘' 이하라고 처리한다. 따라서 '5,324 이하 → 6,490 → 9,065'로 증가하였다.

06

난이도 ★★★★☆ 정답 ④

[핵심] 각주 정보 파악

ㄱ. (×) 각주에 따라 2014년 연봉은 2013년 성과평가등급에 의해 결정된다. 즉, 2014년 전년대비 연봉 증가율이 높을수록 2013년 성과평가등급이 높다. A의 증가율은 20%, B는 0%, C는 5%, D는 10%이므로 2013년 성과평가등급이 높은 사원부터 순서대로 나열하면 A, D, C, B이다.

ㄴ. (○) A의 2016년 전년대비 연봉 증가율은 10%이고, B도 10%이다. 따라서 2015년 A와 B의 성과평가등급은 동일하다.

ㄷ. (○) C의 2016년 전년대비 연봉 증가율은 20%이다. 따라서 C는 2015년에 성과평가에서 Ⅰ등급을 받았다.

ㄹ. (×) D의 2014년, 2015년, 2016년의 전년대비 연봉 증가율은 각각 10%, 0%, 10%이다. 따라서 D는 성과평가에서 Ⅲ등급을 받은 적이 없다.

[스피드 해법]

각주 3)을 보면 전년대비 연봉 증가율을 계산하여 전년도의 성과평가등급이 어떤 것인지를 판단해야 한다.
전년대비 연봉 증가율은 <표 2>에서 제시된 20%, 10%, 5%, 0% 중 하나이므로 쉽게 판단된다.
20%는 10%의 2배, 5%는 10%의 절반으로 처리한다.

07

난이도 ★★☆☆☆ 정답 ⑤

[핵심] 막대 그래프, 순위 밖 자료

① (×) 2002년 미국인, 중국인, 일본인 방문객 수의 합은 3,319천명이고, 2012년의 합은 6,171천명이다. 후자는 전자의 2배에 미치지 못한다.

② (×) 2002년 대비 2012년 미국인 방문객 수의 증가율은 50%에도 미치지 못한다. 반면, 말레이시아인 방문객 수의 증가율은 80%를 초과한다. 따라서 미국인 방문객 수의 증가율은 말레이시아인의 증가율보다 낮다.

③ (×) 2002년 전체 외국인 방문객 중 중국인 방문객 비중은 약 10%이고, 2012년은 약 23%이다. 후자는 전자의 약 2.3배로 3배에 미치지 못한다.

④ (×) 2002년 외국인 방문객 수 상위 10개국 중 2012년 상위 10개국에 포함되지 않은 국가는 '캐나다'뿐이다.

⑤ (○) 2002년 인도네시아인 방문객 수는 67천명(=캐나다 방문객 수) 이하이다. 한편, 2012년에는 124천명이다. 따라서 인도네시아인 방문객 수는 적어도 57천명(=57,000명) 이상 증가했다.

08

난이도 ★★★☆☆ 정답 ③

[핵심] 표와 그림 연결하여 해석하기, 비례식 활용

ㄱ. (○) 소나무 생산량은 2006년에 비해 2011년에 약 3배(증가율로는 약 200%)이다. 한편, 증가율이 소나무보다 클 가능성이 있는 것은 '잣나무'가 유일하다. 잣나무의 2011년 생산량을 구하기 위해서 먼저 2011년 전체 원목생산량을 구하여야 한다. '기타'의 구성비가 21.4%이고 생산량은 85.7이므로 전체 생산량은 약 400(=85.7/0.214)이다(단위 생략). 따라서 2011년 잣나무 생산량은 약 14.8(=400×3.7%)이므로 2006년(7.2)에 비해서 3배 미만이다. 따라서 소나무 생산량의 증가율이 가장 크다.

ㄴ. (×) '기타'를 제외하고 2006~2011년 동안 원목생산량이 매년 증가한 수종은 낙엽송, 참나무 2개이다.

ㄷ. (×) 2010년 잣나무 원목생산량의 6배는 76.8이고, 참나무 원목생산량은 76.0이다. 따라서 후자는 전자의 6배에 미치지 못한다.

ㄹ. (○) 2009년 전체 원목생산량은 약 250(정확히는 251.7)이므로 소나무의 비중은 20% 미만(약 15%)이다. 반면, 2011년 소나무 원목생산량의 비중은 23.1%이다. 따라서 2011년의 비중이 2009년보다 크다.

[스피드 해법]

ㄱ. 실전에서는 이 지문을 건너뛰는 것도 좋은 전략이다.
한편 처리한다면 정석 해설처럼 '전체 원목생산량'을 구하지 않고, 비례식을 이용하면 쉽게 잣나무의 ( )의 값을 어림산할 수 있다. <표>와 <그림>을 연결하면 다음과 같은 비례식이 만들어진다.
[1] 잣나무 : 전나무 = ( ) : 56.2 = 3.7 : 14.1
구성비를 보면 대략 1 : 4 관계이므로, ( )는 56.2의 약 1/4에 해당므로, 잣나무의 2011년 원목생산량은 약 14~15이다.
[2] 잣나무 : (소나무+전나무)
= ( ) : (92.2+56.2) = 3.7 : (23.1+14.1)
구성비를 보면 대략 1:10 관계이므로, 잣나무의 2011년 원목생산량은 약 14~15이다.

09

난이도 ★☆☆☆☆ 정답 ④

[핵심] 매칭형, 자료 읽기, 수치 비교

각주 3)에 따라 (청년층 정부신뢰율=전체국민 정부신뢰율-청년층의 상대적 정부신뢰지수)이다. 따라서 청년층 정부신뢰율은 A국 7.6%, B국 49.1%, C국 57.1%, D국 80.0%이다.

○ 첫 번째 조건 : 두 국가의 청년층 정부신뢰율이 10배 이상이 되는 관계는 A국과 D국이다. 따라서 A국-그리스, D국-스위스.

○ 두 번째 조건 : 청년층 정부신뢰율이 전체국민 정부신뢰율보다 높다면 청년층의 상대적 정부신뢰지수는 음수(-)이다. 이에 해당하는 국가는 B국과 C국으로 이 들이 영국, 미국에 해당한다.

○ 세 번째 조건 : 스위스 청년층 정부신뢰율은 80.0%이므로 이보다 30%p 이상 낮은 국가는 A국 또는 B국이다. 두 번째 조건에서 미국은 B국 또는 C국 중 하나이므로 미국에 해당하는 국가는 B국이다.

∴ A국-그리스, B국-미국, C국-영국, D국-스위스.

[스피드 해법]

첫 번째 조건에서 A국과 D국이 각각 그리스, 스위스로 결정되기 때문에 나머지 B국과 C국은 자연스럽게 영국과 미 국 중 각각 어느 하나가 되어야 한다. 결국 두 번째 조건은 확인하지 않아도 되는 것이다.

10

난이도 ★☆☆☆☆ 정답 ②

[핵심] 분수 계산

ㄱ. (○) 해당기간 동안 도시수가 증가한 조사년도는 총 9번(1955, 1950, 1966, 1970, 1975, 1985, 2000, 2005,

2010년)으로 이에 해당하는 조사년도에는 도시화율도 직전 조사년도에 비해 증가한다.

ㄴ. (×) 해당기간 동안 도시인구 증가폭이 가장 큰 조사년도는 1960년이고, 도시화율 증가폭이 가장 큰 조사년도는 1975년이다.

ㄷ. (○) 각주 1)에 따라 전체인구는 (도시인구×100 / 도시화율)이므로 전체인구가 4천만명을 초과한다는 것은 (도시인구 > 도시화율×40만)이다. 이에 해당하는 첫 조사년도는 1970년이다.

ㄹ. (×) 1955년의 도시수는 65개, 도시인구는 약 632만명이므로 평균도시인구는 10만명 미만이다.

[스피드 해법]

ㄷ. 우리나라 인구가 현재 5천만명 수준임을 알고 있다면, 단위는 신경쓰지 말고 1970년 전후로 '도시화율×4'를 했을 때 도시인구의 첫 세자리 숫자보다 처음으로 작은 해를 찾는다.

11

난이도 ★★☆☆☆ 정답 ⑤

[핵심] 단순 연산 및 자료 읽기

ㄱ. (×) 경상지역은 16/17, 서울지역은 22/29이다. 전자가 후자보다 크다.

ㄴ. (○) 5등급 요양기관 중 서울지역 요양기관의 비중은 4/8(=50%), 2등급 요양기관 중 강원지역 요양기관의 비중은 2/10(=20%). 따라서 전자는 후자보다 크다.

ㄷ. (○) 1등급 '상급종합병원' 요양기관 수는 37개소인 반면, 5등급을 제외한 '종합병원' 요양기관 수의 합은 38개소이다. 따라서 전자가 후자보다 적다.

ㄹ. (○) '상급종합병원' 요양기관 중 1등급 요양기관의 비중은 37 / 42이고, 1등급 요양기관 중 '종합병원' 요양기관의 비중은 30 / 67이다. 분자는 전자가 후자보다 크고, 분모는 전자가 후자보다 작다(자대모소). 따라서 전자가 후자보다 크다.

[스피드 해법]

ㄱ. 상대비를 활용한다. 1~5등급을 합산할 필요 없이 "1등급 / (2~5등급)"을 비교한다. 경상지역은 16이고, 서울지역은 약 30이다.

12

난이도 ★★☆☆☆ 정답 ③

[핵심] 수리계산형, 공식의 이해 및 적용

B에 해당하는 값은 대설의 발생일수인 0, C에 해당하는 값은 폭염의 발생일수인 16이다.

유형별 발생지수 $= 4\times\left(\frac{A-0}{16-0}\right)+1 = \frac{A}{4}+1$

유형	폭염	한파	호우	대설	강풍
발생일수(일)	16	5	3	0	1
발생지수	5.00	(2.25)	(1.75)	1.00	(1.25)

① (×) 발생지수가 가장 높은 유형은 발생일수가 가장 큰 것이 해당하므로 폭염이다.

② (×) 호우의 발생지수는 1.75이다.

③ (○) 대설과 강풍의 발생지수의 합은 1.00 + 1.25 = 2.25이고, 호우의 발생지수는 1.75이다.

④ (×) 유형별 발생지수의 합은 11.25이므로 5로 나누면 2.25이다.

⑤ (×) 폭염의 발생지수는 5.00, 강풍의 발생지수는 1.25이므로 4배이다.

[스피드 해법]

④ 평균을 직접 계산하지 않고 처리하는 다양한 방법을 소개한다.

[1] 폭염과 대설의 합이 6이므로 이 둘의 평균은 3.00이다. 따라서 한파, 호우, 강풍의 평균이 3.00 이상인지 확인하면 각각 3.00 미만이므로 이 셋의 평균은 3.00 미만이다. 따라서 전체 평균 역시 3.00 미만이다.

[2] 유형이 5개이므로 평균이 3.00 이상이라면 그 합이 15 이상이어야 한다. 폭염과 대설의 합이 6이므로, 한파, 호우, 강풍의 합이 9 이상인지 확인한다. 셋의 합이 5.25이므로 옳지 않다.

[3] $\frac{A}{4}+1$ 들의 평균이 3.00 이상이려면, $\frac{A}{4}$ 들의 평균이 2 이상이어야 한다. 그리고 유형이 5개이므로 $\frac{A}{4}$ 들의 합은 10 이상이어야 한다. 한편, 분모는 4로 고정되어 있으므로 A(=발생일수)들의 합이 40 이상이어야 한다. 발생일수의 합은 25이므로 옳지 않다.

③과 ⑤는 발생지수를 직접 계산하지 않고도 처리할 수 있다.

$\frac{A}{4}+1 = \frac{A+4}{4}$ 이므로 "A + 4"를 비교하면 된다.

③ : 분자에 해당하는 부분만 처리하면, 대설은 4, 강풍은 5이고, 호우는 7이다.

⑤ : 분자에 해당하는 부분만 처리하면, 폭염은 20, 강풍은 5이다.

13

난이도 ★☆☆☆☆ 정답 ⑤

[핵심] 상황판단형, 짝으로 구성된 표

'갑' 회사의 정보교환은 a부서를 중심으로, 각 부서는 a부서 간의 정보교환만 가능하다. 따라서 갑 회사에 해당하는 정보교환 형태는 방사형인 (B)이다.

'을' 회사의 정보교환은 a부서는 2개부서와 정보교환이 가능하고, b와 c부서는 3개, d~g부서는 1개의 부서와 정보교환하고 있다. 따라서 을 회사에 해당하는 정보교환 형태는 (C)

이다.

'병' 회사의 정보교환은 모든 부서가 각각 2개의 부서와 정보교환하고 있다. 따라서 병 회사에 해당하는 정보교환 형태는 칠각형인 (A)이다.

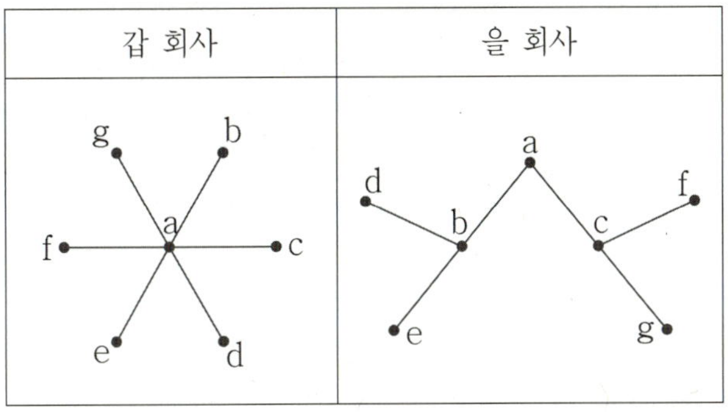

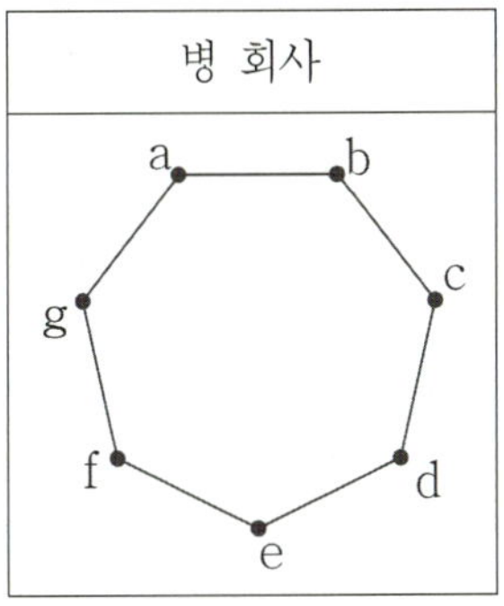

[스피드 해법]

<표 1>과 <표 3>을 처리하면 답이 도출된다.
<표 1>에서 a행과 a열에 각각 1이 들어간 것을 보면, a는 나머지 모든 부서와 연결되어 있음을 알 수 있고, 그림 (B)와 연결된다.
<표 3>에서 대각선의 바로 1칸 위, 아래에 1이 들어간 것을 보면, 인접한 부서와 선이 계속 연결되어 있음을 알 수 있고, 그림 (A)와 연결된다.

14

난이도 ★☆☆☆☆ 정답 ②

[핵심] 매칭형, 수치 비교 및 단순 연산

○ 세 번째 조건 : 매출액이 가장 낮은 산업은 (분모는 상대적으로 비슷한 상황에서) 분자가 아주 작은 약 F산업(약 156억원)이다. 따라서 항공우주 - F.

○ 네 번째 조건 : (항공우주는 F로 확정되었으므로) 업체수가 2배가 되는 관계는 D가 철강, 지식서비스가 E인 경우이다. 따라서 철강 - D, 지식서비스 - E.

→ 지식서비스 - E 인 선택지는 ①, ②번뿐인데 그 중에서 C에 철강이 들어가 있는 ①번은 탈락되므로, 답은 ②번이다.

참고로 나머지 조건을 확인하면,

○ 첫 번째 조건 : A, B, C산업 중 종사자수가 3배인 관계는 7,500과 22,500 관계이므로, B산업이 의료, A산업이 IT이다(100과 300의 관계는 이미 위에서 확정했으므로 볼 필요 없음). 따라서 두 번째 조건을 처리하지 않아도 남아 있는 C산업은 석유화학임을 알 수 있다.

○ 두 번째 조건 : 전체 부가가치액의 50 %는 11,819억원이므로 두 산업의 부가가치액 합이 11,819억원 이상이려면, B산업+C산업 또는 B산업+D산업이다.

∴ A산업 - IT, B산업 - 의료, C산업 - 석유화학,
D산업 - 철강, E산업 - 지식서비스, F산업 - 항공우주

15

난이도 ★★☆☆☆ 정답 ②

[핵심] 짝으로 구성된 표, 단순 연산

ㄱ. (○) 온라인 ○인 항목의 가로합은 83이다.

ㄴ. (×) 오프라인 △인 항목의 세로합은 62이다. 따라서 전체 응답자 500의 10% 초과(=12.4%)이다.

ㄷ. (○) 온라인 도박 경험이 있는 사람 중 오프라인 도박 경험도 있는 사람은 8/83(= 약 10%)이다. 반면 전체 응답자 중 오프라인 도박 경험이 있다고 응답한 사람의 비중은 16/500(= 약 3%)이다. 따라서 전자가 후자보다 크다.

ㄹ. (×) 온라인 ×인 항목의 가로합은 250을 초과(273명)하고 전체 응답자 수는 500명이므로 비중은 50%를 초과한다.

[스피드 해법]

ㄴ. 전체 응답자의 10%는 50명이다. 따라서 오프라인 △인 항목의 세로합이 50이 넘는지만 확인하면 되는데 앞자리만 더해봐도 5가 되므로 당연히 50을 넘는다.

16

난이도 ★★★☆☆ 정답 ③

[핵심] 상황판단형, 보고서 제시형

㉠ (×) <전문가 자문회의>에서 사무관 A의 첫 번째 발언으로 확인하면, "현행보다 20 % 낮추어 '2.0 kg/톤 이하'로"라고 했으므로, 현행 배출농도 허용기준은 '2.5 kg/톤 이하'라는 의미이다. 이 기준을 만족하는 산업단지는 가, 나, 라 총 3곳이다.

㉡ (○) 현행 배출농도 허용기준은 2.5 kg/톤 이하이므로 20 %를 낮출 경우 배출농도 허용기준은 2.0 kg/톤 이하이다. 또한 허용기준이 낮아진 것이므로 강화된 것이 맞다.

㉢ (×) 강화된 배출농도 허용기준은 2.0 kg/톤 이하이다. 이 기준을 만족하는 산업단지는 가, 라 총 2곳이다.

㉣ (○) 총 배출량(= 배출농도 × 배출유량)이 12 kg/일 이하인 곳은 나, 라 총 2곳이다.

[스피드 해법]

발제문에서 "<표>와 <전문가 자문회의>를 바탕으로 <업무보고 자료>를 작성하였다."라고 되어 있으므로 <전문가 자문회의>는 수치 정보 위주로만 빠르게 체크하고, 이를 요약한 <업무보고 자료>를 중심으로 처리한다.
<전문가 자문회의>를 꼼꼼히 읽었다면, 쓰지 않아도 될 시간을 쓴 것이 된다.

17

난이도 ★★★☆☆ 정답 ③

[핵심] 수리계산형, 공식의 이해

ㄱ. (○) A의 전세금이 35,000인 경우, 전·월세 전환율은

$$\frac{50 \times 12}{35,000-25,000} \times 100 = 6(\%)$$

ㄴ. (×) B의 전·월세 전환율은

$$\frac{60 \times 12}{42,000-30,000} \times 100 = 6(\%)$$

ㄷ. (×) C의 월세보증금이 36,000인 경우, 전·월세 전환율은

$$\frac{70 \times 12}{60,000-36,000} \times 100 = 3.5(\%).$$

참고로 C의 전·월세 전환율이 3%일 때, 월세보증금은 3억 2천만원이다.

ㄹ. (○) E의 월세가 50인 경우, 전·월세 전환율은

$$\frac{50 \times 12}{58,000-53,000} \times 100 = 12(\%)$$

18

난이도 ★★☆☆☆ 정답 ②

[핵심] 단순 연산

ㄱ. (○) 검색 건수가 (부정적 키워드 < 긍정적 키워드)인 연도는 2001년, 2002년, 2007~2013년으로 총 9번이다.

ㄴ. (×) 2013년의 '세대소통' 키워드의 검색 건수는 전년에 비해 감소했다.

ㄷ. (○) 검색 건수가 전년대비 2배를 초과한 것은 2002년이 유일한다.

ㄹ. (×) 2002년 '세대소통'의 전년대비 2배이지만, '세대갈등'은 2배 미만이다. 따라서 전년대비 증가율이 가장 낮은 키워드는 '세대갈등'이다.

19

난이도 ★☆☆☆☆ 정답 ①

[핵심] 차트 읽기

ㄱ. (○) 투입량이 20 g, 60 g일 때 오염물질 제거량 차이를 보면 A는 약 10g, B는 약 12g, C는 약 15g이다. 따라서 A의 오염물질 제거량 차이가 가장 작다.

ㄴ. (○) 투입량이 20 g일 때 오염물질 제거량은 A가 약 35g, C가 약 15g이다. 따라서 전자는 후자의 2배 이상이다.

ㄷ. (×) 오염물질 30 g을 제거하기 위해 필요한 투입량은 A가 약 10g, B가 약 30g, C가 약 60g이다. 따라서 필요한 투입량이 가장 적은 약품은 A이다.

ㄹ. (×) 약품 투입량이 20~50g인 경우면 B와 C의 오염물질 제거량 차이는 7g을 초과한다.

[스피드 해법]

ㄱ. Y축 눈금을 보면 등차 눈금이다. 따라서 직접 계산보다는 칸 수를 세는 것이 빠르다. A가 2칸으로 차이가 가장 작다.

ㄷ. Y축에서 30을 찾은 후 오른쪽으로 읽었을 때, 가장 먼저 만나는 선을 찾으면 A이다.

ㄹ. B와 C가 2칸 차이를 보이는 것이 있으므로 옳지 않다.

20

난이도 ★★★☆☆ 정답 ④

[핵심] 자료 읽기 및 연산

<표>의 연도를 꼼꼼하게 체크하고, 안치유형을 잘 구별해야 한다.

ㄱ. (○) 2009~2011년 개인단 신규 안치건수가 2012년 개인단의 신규 안치건수보다 큰지 확인한다.

ㄴ. (○) 2009~2012년(=2009~2011년 + 2012년) 신규 안치건수의 합(=개인단+부부단)은 관내가 관외보다 크다.

ㄷ. (○) 2012년 매출액을 1.5로 나눈 값이 2011년 매출액이다. 따라서 2009~2010년 매출액의 합은 (2009~2011년 매출액 − 2012년 매출액/1.5)이다. 부부단 관내는 103,900만원이고, 부부단 관외는 177,800만원이다. 따라서 전자가 후자보다 작다.

ㄹ. (×) 2009~2012년 신규 안치건수의 합이 가장 큰 안치유형은 1,325건인 개인단 관내이다.

[스피드 해법]

ㄷ. 2012년 매출액이 2011년에 비해 50 %가 증가한 것이라면, 2011년 : 2012년 = 100 : 150 이므로, 2011년 매출액은 2012년 매출액의 2/3에 해당한다. 따라서 2012년 매출액을 3으로 나누고 여기에 2를 곱해서 2011년 매출액을 산출한다. 유효숫자는 천만원 단위만 사용한다. 2011년 매출액을 구하면 부부단 관내는 220, 부부단 관외는 114이다. 2009~2011년 매출액의 유효숫자를 각각 324, 292를 이용하면, 2009~2010년 매출액의 합은 각각 104, 178이 도출된다.

ㄹ. 직접 합산하지 않고 비교한다. 부부단 관내는 632 + 557인데, 개인단 관내는 719 + 606이다. 개인단 관내가 각각 큰 수로 구성되어 있다.

21

난이도 ★★★☆☆ 정답 ③

[핵심] 원 그래프, 비율 자료 읽기 및 계산

<그림 1>은 수입액 구성비, <그림 2>는 지출액 구성비인데, 각주에서 그 총액은 같다고 했다.

"전체 수입액 = 전체 지출액 = 100"으로 두고 푼다.

한편, <그림 2>의 지출액 세 항목 중 국내사업비의 세부 구성비가 <그림 3>, 해외사업비의 세부 구성비가 <그림 4>로 제시된 구조이다.

① (×) 각주에 따라 수입액과 지출액은 같다. 전체 수입액 중 후원금 수입액은 10이고, 국내사업비 지출액 중 아동복지 지출액은 18(=40×45%)이다.

② (×) 국내사업비 지출액 중 아동권리지원 지출액은 40×27%이고, 해외사업비 지출액 중 소득증대 지출액은 50×20%이다. %를 지우고 20으로 약분하면 2×27 > 50.

③ (○) 국내사업비 지출액 중 아동복지 지출액은 18(=40×45%), 해외사업비 지출액 중 교육보호 지출액은 27(=50×54%), 이 둘의 합은 45이다.

④ (×) 해외사업비 지출액 중 식수위생 지출액은 2.5(=50×5%)이므로 전체 지출액의 2%를 초과한다.

⑤ (×) 수입액이 6% 증가하면 지출액도 6% 증가한다. 처음에 전체 지출액을 100으로 두면 6이 증가한 것이다. 한편, 다른 모든 지출액이 동일하게 유지된다면, 전체 지출액 증가분은 모두 지역사회복지 지출액의 증가분이다. 처음에 지역사회복지 지출액은 6.4 (=40×16%)인데, 증가분이 6이므로 처음 값보다 증가분이 작은 상태이므로, 결국 2배 미만(6.4 → 12.4)이다.

[스피드 해법]

③ 45%와 54%에 <그림 2>의 가중치 40 : 50을 주게 되면 거리는 5 : 4로 들어가니까 50%가 가중평균으로 도출된다. 단, 이 50%는 "국내사업비+해외사업비" 중에서 차지하는 비중인데, "A 자선단체 전체 지출액" 중에서 "국내사업비+해외사업비"가 차지하는 비중이 90%이므로 50%에 다시 90%(=0.9)를 곱하여 45%가 도출된다.

22

난이도 ★★★★☆ 정답 ②

[핵심] 상황판단형, 각주, 조건, 속력 이해

① (×) 자동차의 최고속력은 200 km/h이고 A→B 구간은 200km이므로 최소 1시간은 소요되어 B지점 도착시간은 11:00 이후이다. 한편 B→C 구간은 400km이므로 최소 2시간은 소요되어 B지점 출발시간은 14:00 이전이다. 따라서 B지점 출발 시간은 11:00 ~ 14:00 사이로서 13:00 이전이라고 단정할 수 없다.

② (○) A →C 구간은 총 600km이고, 출발 도착 시간의 차이는 6시간인데, B지점에서 1시간 이상 머물렀다면 자동차 주행시간은 5시간 이하이다. 즉, 600km/(5h↓) ⇨ (120 km↑)/h 이므로, A→B 또는 B→C 구간에서 속력이 120 km/h 이상인 적이 있다.

③ (×) B→C 구간의 평균속력은 400km/4h = 100km/h, C→E 구간의 평균속력은 200km/2h = 100km/h이므로, 두 구간의 평균속력은 같다.

④ (×) 동일한 거리(B→C 구간)가 주어졌으므로 주행시간이 짧은 자동차의 평균속력이 빠르다. '을'의 주행시간은 4시간이지만, '갑'의 주행시간은 ①번에서 설명한 것과 같이 2~5시간이다. 따라서 평균속력이 어느 자동차가 빨랐는지 결론내릴 수 없다.

⑤ (×) B→C→E 구간(=400+200)과 B→D→E 구간(=200+400) 각각 600km로 동일하다.

23

난이도 ★★★☆☆ 정답 ⑤

[핵심] 최소교집합

ㄱ. (×) 관리기관이 자치단체이고 제방높이가 '10 미만'인 저수지 수의 최솟값은 1,570(=2,566 − 996)개소 이므로 1,600개소 미만일 수도 있다.

ㄴ. (○) 2,668은 3,226의 82.7 %이다.

ㄷ. (○) 농어촌공사의 저수지 수 대비 수혜면적이 70을 초과하므로 자치단체의 저수지 수 대비 수혜면적이 14 미만인지 확인한다. 자치단체의 저수지 수 대비 수혜면적은 약 13이므로 옳은 진술이다.

ㄹ. (○) 저수용량이 '50만 이상 100만 미만'인 저수지의 수는 100개이므로 이들의 저수용량 합은 5,000만~10,000만(m³)이다. 한편, 전체 저수지 총 저수용량 707,612천m³의 5%는 약 35,000천m³(=3,500만m³)이므로, 5%를 초과한다.

[스피드 해법]

ㄴ. 저수용량 '10만 미만'을 제외한 값들이 600 미만임이 확인된다. 이것은 3,266의 20%보다 작다.

ㄷ. 수치를 단순화하고 자치단체의 분자에 5배를 한 후 비교한다. $\frac{70}{996} : \frac{30\times 5}{2,230}$

⇨ 분자는 2.2배 미만이지만, 분모는 2.2배 초과이다. 따라서, 오른쪽으로 읽으면 모증대하, 즉 왼쪽이 큰 수.

24

난이도 ★★★★☆ 정답 ①

[핵심] 순위자료의 함정

① (○) 2015년 국제선 운항 5개 공항의 운항 횟수는 총 348,622회로 6위 이하 공항의 운항 횟수는 4,650회이다. 만약 4,650회가 1개 공항의 운항 횟수라면, 이 공항이 5위가 되어야 하므로, 4,650회는 2개 이상 공항의 운항 횟수가 된다. 따라서 국제선 운항 공항은 7개 이상이다.

② (×) 18,643 : 56,309 = 1 : 3↑ = 1↓ : 3

③ (×) MA공항의 운항 횟수 증가량은 정확히는 구할 수 없고 최댓값은 다음과 같이 구할 수 있다. 2015년 운항 횟수가 TG와 같다면 2014년 운항 횟수는 약 1,617(=5,321/3.29)회이고, 증가량은 약 3,700회이다. 한편, KP공항의 2015년 운항 횟수는 56,309회이므로 2014년 운항 횟수는 약 48,000(=56,309/1.173)회로 증가량은 약 8,300회이다.

④ (×) 컴마 앞자리만 잡아서 처리하면, 국내선 상위 5개 공항의 합은 151(천건)을 넘어선다. 151(천건)으로만 잡아도 167(천건)의 90%를 초과(여사건이 16이므로 10% 미만)하므로 상위 5개 공항의 합은 전체 국내선 운항 횟

수의 90% 초과한다.

⑤ (×) AJ, KP, TG 총 3개이다.

[스피드 해법]

③ 정석 해설처럼 복잡한 과정을 거치지 않아도 틀린 것임을 간단히 판단할 수 있다. 출제자의 의도가 무엇인지 생각해 보자. 전년대비 국내선 운항 횟수 증가율이 가장 높은 공항은 MA공항이지만, 증가량이 가장 높은 것은 아니다. 예를 들어서 2014년 MA공항의 운항 횟수가 100건이었다면 증가량은 229건에 불과하다. 한편 2015년 운항 횟수가 상당히 큰 AJ, KP 등이 증가율을 감안하면, MA보다 증가량이 크다는 것을 확인할 수 있다.

25

난이도 ★★★☆☆ 정답 ①

[핵심] 수리계산형, 환율 관련

<표 1>을 정리하면,

a : b : c : d = 1,200원 : 2,000원 : 200원 : 1,000원
= 6 : 10 : 1 : 5

ㄱ. (○) 국가별로 햄버거 1개를 사는 데 필요한 원화는 (a : b : c : d = 6 : 10 : 1 : 5 를 이용하면) A : B : C : D = 30 : 60 : 40 : 50이다. 햄버거 1개 사는 데 필요한 원화가 가장 적은 A국에서 특정한 원화(예를 들어 120,000원)로 가장 많은 햄버거를 살 수 있다.

ㄴ. (○) B국에서 치킨 1마리 가격과 삼겹살 3인분 가격은 9b로 동일하다.

ㄷ. (×) C국의 삼겹살 4인분은 120c이고, A국의 햄버거 5개는 25a이다. c : a = 1 : 6 인 것을 적용하면, 각각 120과 150으로 다르다.

ㄹ. (×) 60만원으로 구매할 수 있는 치킨의 마리 수는 환율이 1,000원일 때는 $\frac{60\text{만원}}{2\text{만원}/\text{마리}} = 30\text{마리}$, 환율이 1,200원일 때는 $\frac{60\text{만원}}{2.4\text{만원}/\text{마리}} = 25\text{마리}$. 30에서 5가 감소한 비율은 $\frac{5}{30} = \frac{1}{6} = 16.7\%$.

[스피드 해법]

ㄹ. 분자(60만원)는 고정(증가율=0)된 상태에서 분모(환율)가 20% 증가할 때, 분수의 변화율은? $\frac{0-20}{1.2}$

2015년 민간경력 [인책형]

문항별 핵심 정리표

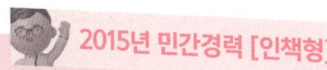

번호	난이도	유형	포인트	소재	자료수
1	★☆☆☆☆	일반형	방사형 차트 읽기	보육 관련 6대 과제별 성과 점수 및 추진 필요성 점수	그림2
2	★★☆☆☆	일반형	분수 비교 및 연산	행정심판위원회 연도별 사건처리현황	표1
3	★☆☆☆☆	일반형	보고서와 자료 비교	2000 ~ 2010년 3개국의 3D 입체영상 및 CG 분야 특허출원	표1,그림2,보고서1
4	★☆☆☆☆	일반형	자료 읽기 및 단순 연산	2005 ~ 2012년 A기업의 콘텐츠 유형별 매출액	표1
5	★★★☆☆	수리계산형	정보 적용, 순위 비교	탄소포인트제 가입자 A ~ D의 에너지 사용량 감축률 현황	표1,정보1
6	★★★☆☆	일반형	수리추리·계산형	'갑'시 거주구역별, 성별 인구분포	표1
7	★★★☆☆	일반형	비율 처리 및 분수 비교	복지종합지원센터, 노인복지관, 자원봉사자, 등록노인 현황	표1
8	★★☆☆☆	매칭형	자료 읽기 및 단순 연산	'갑'국의 8개국 대상 해외직구 반입동향	표1,정보1
9	★★☆☆☆	일반형	자료 읽기 및 단순 연산	로봇 시장현황과 R&D 예산의 분야별 구성비	표3
10	★★★☆☆	일반형	각주 공식 적용, 곱셈 비교, 상대비 활용	A발전회사의 연도별 발전량 및 신재생에너지 공급 현황	표1
11	★☆☆☆☆	일반형	자료 읽기	지역별 PC 보유율과 인터넷 이용률	표1
12	★☆☆☆☆	보고서형	추가로 필요한 자료 찾기	우리나라 SCI 과학기술 논문 발표현황	표1,보고서1
13	★☆☆☆☆	일반형	각주 공식 적용, 단순 연산 및 자료 읽기	A ~ E국의 국민부담률, 재정적자 비율 및 잠재적부담률, 공채의존도	표1,그림1
14	★☆☆☆☆	일반형	지수의 이해	'가' ~ '다' 지역의 아파트실거래가격지수	표1
15	★★☆☆☆	일반형	표 구조에 주의, 평균에 대한 이해	쥐 A ~ E의 에탄올 주입량별 렘(REM)수면시간	표1
16	★★☆☆☆	일반형	단순 연산 및 자료 읽기	2004 ~ 2013년 5개 자연재해 유형별 피해금액	표1
17	★★☆☆☆	표-차트 변환형	자료 읽기	2009 ~ 2014년 건설공사 공종별 수주액 현황	표1,그림5
18	★★☆☆☆	일반형	단순 계산	2010 ~ 2014년 A시의회의 발의 주체별 조례발의 현황	표1
19	★★★☆☆	일반형	비율 계산 및 전체값 계산	섬유수출액 상위 10개국과 한국의 섬유수출액 현황	표2
20	★★★★☆	일반형	계산 많음	2014년 '갑'국 지방법원(A ~ E)의 배심원 출석 현황	표1
21	★☆☆☆☆	보고서형	미이용 자료	2011 ~ 2014년 주택건설 인허가 실적	보고서1,표5
22	★★★☆☆	일반형	각주 공식 활용	'갑'국의 주택보급률 및 주거공간 현황	표1
23	★★★★☆	수리계산형	방정식 활용, 각주 공식 적용	A ~ E기업의 기본생산능력과 초과생산량 및 1 ~ 3월 생산이력	표1,정보1
24	★★★★★	일반형	순위 자료의 활용	이용률 상위 5종 웹 브라우저의 이용률 현황	표2
25	★★★★★	일반형	지수의 이해 및 적용	조선 후기 이후 인구 현황	표2

2015년 민간경력 [인책형]

01 ②	02 ②	03 ④	04 ⑤	05 ①
06 ④	07 ②	08 ①	09 ③	10 ①
11 ⑤	12 ①	13 ④	14 ③	15 ②
16 ④	17 ③	18 ⑤	19 ④	20 ⑤
21 ③	22 ④	23 ⑤	24 ①	25 ③

01

난이도 ★☆☆☆☆ 정답 ②

[핵심] 방사형 차트 읽기

ㄱ. (○) 성과 점수가 가장 높은 과제는 '비용부담완화'로 5.12점이고, 가장 낮은 과제는 '보육인력 전문성 제고'로 3.84점이다. 두 과제의 성과 점수 차이는 1.28점으로 1.00점보다 크다.

ㄴ. (○) '보육인력 전문성 제고'의 성과 점수와 추진 필요성 점수의 차이는 0.14점이다. 반면 나머지 5개 과제의 성과 점수와 추진 필요성 점수의 차이는 모두 0.14점을 초과한다. 따라서 두 점수 차이가 가장 작은 과제는 '보육인력 전문성 제고'이다.

ㄷ. (×) 6대 과제의 추진 필요성 점수의 총합이 21.76이므로 이를 6으로 나누어 평균을 구해보면 약 3.627점이다. 따라서 평균은 3.70점 미만이다.

[스피드 해법]

ㄷ. 평균의 특징인 '편차의 합은 0 ⇨ $\Sigma(X_i - \mu) = 0$'을 활용한다. 특정한 값(k)을 기준으로 편차들의 합을 구했을 때, 그 값이 (+)라면 평균은 k보다 큰 것이고, 그 값이 (-)라면 평균은 k보다 작은 것이 된다. 각 과제의 추진 필요성 점수에서 3.70점을 뺀 값(편차)은 각각 0.45, -0.34, -0.06, 0, -0.28, -0.21이다. 이들의 총합은 음수(-)이므로 추진 필요성 점수 평균은 3.70점보다 작은 값임을 알 수 있다. 또는 <그림 2>에서 '보육인력 전문성 제고'가 3.70점이므로 다른 5개 과제에 대해 이와 동일한 위치와의 거리를 확인해보면 3.70점을 초과하는 '비용부담완화'의 거리보다 3.70점 미만인 나머지 과제의 거리의 총합이 더 크다는 것으로부터 추진 필요성 점수 평균은 3.70점보다 작은 값임을 알 수 있다.

02

난이도 ★★☆☆☆ 정답 ②

[핵심] 분수 비교 및 연산

ㄱ. (○) 2013년 인용률은 20%에는 미치지 못하지만 19↑%임을 알 수 있다(약 19.3%). 반면 나머지 연도에서의 인용률은 모두 17%에도 미치지 못하므로 인용률이 가장 높은 해는 2013년이다.

ㄴ. (×) 2011년과 2013년 취하·이송 건수는 전년에 비해 각각 증가하였다.

ㄷ. (○) 2011년 각하 건수는 999건으로 1,000건에도 미치지 못한다. 하지만 나머지 연도의 각하 건수는 모두 1,000건을 초과하므로 각하 건수가 가장 적은 해는 2011년이다.

ㄹ. (×) 2013년 접수 건수는 전년에 비해 증가했으나 심리·의결 건수는 전년에 비해 감소했다. 뿐만 아니라 2014년에도 접수 건수와 심리·의결 건수의 증감방향은 동일하지 않다.

[스피드 해법]

ㄱ. 2013년이 2010년을 제외한 다른 연도들보다 분자는 크고 분모는 작으므로 (즉, 자대모소) 2010년하고만 비교한다. 2010년은 20%에서 많이 부족하지만, 2013년은 20%에 가깝다.

03

난이도 ★☆☆☆☆ 정답 ④

[핵심] 보고서와 자료 비교

ㄱ. (○) 3D 입체영상 분야에서 3개국 전체 특허출원 건수 대비 일본 특허출원 건수는 $\frac{3,620}{5,655}$이므로 60% 이상이다.

ㄴ. (○) 2007 ~ 2010년 동안 한국 특허출원 건수는 매년 미국보다 더 위쪽에 위치한다.

ㄷ. (×) 2009년은 한국 특허출원 건수가 미국보다 더 위쪽에 위치한다.

ㄹ. (○) CG 분야 특허출원 건수의 차이는 <그림 2>에서 한국과 일본의 거리로 대략적으로 비교할 수 있다. 거리가 가장 가까운 연도가 차이가 가장 작으며, 이는 2010년이다.

[스피드 해법]

ㄱ. 분자를 3,600으로 보면 6,000이 분모일 때 60%인데, 분모가 이보다 많이 작으므로 60% 이상이라고 판단한다. 또는 분모를 5,600으로 두고 60%를 계산하면 3,360 정도이므로 3,620은 60%를 넘는다고 판단한다.

04

난이도 ★☆☆☆☆ 정답 ⑤

[핵심] 자료 읽기 및 단순 연산

① (○) '게임'은 2010년에 감소, '음원'은 2008년에 감소, 'SNS'는 2009년, 2011년에 감소했다. 따라서 2007년 이후 매년 증가한 콘텐츠 유형은 영화뿐이다.

② (○) 2012년 'SNS' 매출액은 전년대비 3배 이상이다. 하지만 나머지 유형은 모두 2배에도 미치지 못하므로 증가율이 가장 큰 콘텐츠 유형은 SNS이다.

③ (○) 전체 매출액 대비 영화 매출액은 매년 40% 이상이다.

④ (○) 2006 ~ 2012년 중 2006년은 '게임', '영화'가 감소, 2007년은 'SNS'가 감소, 2008년은 '음원'이 감소, 2009년은 'SNS'가 감소, 2010년은 '게임'이 감소, 2011년은 'SNS'가 감소했다. 하지만 2012년은 4개 유형 각각 전년에 비해 증가했다.

⑤ (×) 2009년만 게임 매출액은 음원 매출액의 2배 이상이고, 2010 ~ 2012년 동안 매년 게임 매출액은 음원 매출액의 2배 미만이다.

05

난이도 ★★★☆☆ 정답 ①

[핵심] 수리계산형, 정보 적용, 순위 비교

방법 1. <지급 방식>에 제시된 지급 기준에 따라 각 가입자가 받는 포인트를 직접 계산한다. D가입자의 경우는 아래쪽에 '예)로 제시되어 있어 계산을 하지 않아도 된다. 해당하는 값을 계산해보면 아래 표와 같다.

에너지 사용유형 \ 가입자	A	B	C	D
전기	0	10,000	10,000	5,000
수도	2,500	2,500	1,250	2,500
가스	5,000	5,000	5,000	2,500
계	7,500	17,500	16,250	10,000
순위	**4위**	**1위**	2위	3위

방법 2. 지급 기준에서 에너지 사용유형에 따라 지급되는 포인트가 차이가 나는 점을 활용한다. '예)로 제시된 D가입자의 탄소포인트는 10,000인데, B가입자와 C가입자는 전기 유형에서 각각 10% 이상으로 이미 10,000포인트를 받으며 수도나 가스 유형에서 각각 5% 이상이므로 최종 탄소포인트는 10,000을 초과한다. 따라서 가장 많이 지급받는 가입자는 B가입자와 C가입자 중 한 명이 되고 나머지 한 명은 2위가 된다. B가입자와 C가입자는 전기와 가스 유형에서 사용량 감축률은 동일한 범위에 있으므로 각 유형에서 지급받는 포인트는 동일하다. 하지만 수도 유형에서 B가입자가 지급받는 탄소포인트가 C가입자보다 많으므로 가장 많은 탄소포인트를 지급받는 가입자는 B이고, C가입자는 2위가 된다. 나머지 A가입자의 탄소포인트를 확인해보면, 전기 유형에서 0포인트를 받는다. A가입자가 수도와 가스 유형에서 각각 가장 많은 탄소포인트를 지급받는다고 해도 7,500(=2,500+5,000)포인트 이하가 된다. 즉, D가입자가 지급받는 탄소포인트보다 작으므로 가장 적은 탄소포인트를 지급받는 가입자는 A가 된다.

[스피드 해법]

각 가입자가 지급받는 탄소포인트를 정확히 구할 필요없이 각 가입자의 탄소포인트의 대소만 비교하면 되기 때문에 <지급 방식>의 탄소포인트 지급 기준의 포인트를 아래와 같이 약분하면 계산이 더 쉬워진다.

에너지 사용유형 \ 에너지 사용량 감축률	5% 미만	5% 이상 10% 미만	10% 이상
전기	0	4	8
수도	0	1	2
가스	0	2	4

이 경우 각 가입자가 지급받는 탄소포인트는

에너지 사용유형 \ 가입자	A	B	C	D
전기	0	8	8	4
수도	2	2	1	2
가스	4	4	4	2
계	6	14	13	8
순위	**4위**	1위	2위	3위

06

난이도 ★★★☆☆ 정답 ④

[핵심] 곱셈 비교, 복합연산

발제문에서 남성 인구는 200명, 여성 인구는 300명이므로 이로부터 아래의 표와 같이 정리해둔다.

성별 \ 거주구역	A	B	C	합
남성	30	110	60	200명
여성	126	90	84	300명
합	156	200	144	500명

ㄱ. (×) B구역 여성 인구는 90명(=300명×30%)이므로 이의 절반은 45명이다. 반면 A구역 남성 인구는 30명(=200명×15%)이다. 따라서 A구역 남성 인구는 B구역 여성 인구의 절반에 미치지 못한다.

ㄴ. (○) C구역 인구는 총 144명(=200명×30%+300명×28%)이고, A구역 인구는 총 156명(=200명×15%+300명×42%)이다. 따라서 전자의 인구보다 후자의 인구가 더 많다.

ㄷ. (×) C구역은 여성 인구는 84명(=300명×28%)이고, 남성 인구는 60명(=200명×30%)이다. 따라서 전자보다 후자가 더 작다.

ㄹ. (○) B구역 남성 인구의 절반은 55명(=200명×55%×0.5)이고, C구역 인구는 총 144명(=200명×30%+300명×28%)이다. 따라서 B구역 남성 인구의 절반이 C구역으로 이주한다면 C구역 총 인구는 199명이 된다. 따라서

'갑'시 전체 500명에서 40%는 200명이므로 C구역 총 인구는 40% 이하(정확히는 39.8%)이다.

07

난이도 ★★★☆☆ 정답 ②

[핵심] 비율 처리 및 분수 비교

ㄱ. (○) 25%는 $\frac{1}{4}$임을 활용한다. 전국의 노인복지관 대비 A지역 노인복지관은 $\frac{1,336}{4,377}$이고, 전국의 자원봉사자 중 A지역 자원봉사자는 $\frac{8,252}{30,171}$이다. 각 분수가 $\frac{1}{4}$보다 크므로 각각 25% 이상이다.

ㄴ. (×) D지역의 복지종합지원센터 1개소당 노인복지관 수는 $\frac{208}{2}$이므로 100개소 이상이다.

ㄷ. (○) 복지종합지원센터 1개소당 자원봉사자 수가 가장 많은 지역은 1,188명인 E지역이다. 또한 복지종합지원센터 1개소당 등록노인 수가 가장 많은 지역은 59,050명인 E지역이다. 따라서 옳은 진술이다.

ㄹ. (×) H지역의 노인복지관 1개소당 자원봉사자 수는 $\frac{2,185}{362}$으로 7↓명이다. 반면 C지역은 $\frac{970}{121}$으로 8↑명이다. 따라서 전자가 후자보다 많다.

[스피드 해법]

ㄱ. 25%일 때 1/4, 즉 분자에 비해서 분모가 4배이다. 따라서 25% 이상이 될려면, 분자에 비해서 분모가 4배 이하여야 한다.
비례식으로 이해하면 다음과 같다.
25↑ : 100 = 1↑ : 4 = 1 : 4↓

ㄷ. 선지 배열 구조를 고려하면 어려운 지문은 건너뛰어도 된다. 이 지문은 여러 개의 분수를 비교해야 하므로 실전에서는 풀지 않는 편이 좋다.

ㄹ. C → H 로 수치를 읽으면, 분모는 약 3배, 분자는 약 2배이다. 따라서 모증대하(분모 증가율이 분자 증가율보다 크면 하락)라고 판단하거나 화살표의 꼬리 쪽(역방향 쪽)이 큰 수라고 처리한다. 즉 C > H

08

난이도 ★★☆☆☆ 정답 ①

[핵심] 매칭형, 자료 읽기 및 단순 연산

○ 2014년 중국 대상 해외직구 반입 전체 금액은 같은 해 독일 대상 해외직구 반입 전체 금액의 2배 이상이다. → 독일 대상 해외직구 반입 전체 금액의 2배 이상에 해당하는 국가는 '미국'과 (A)뿐이므로 (A)가 '중국'이다.

○ 2014년 영국과 호주 대상 EDI 수입 건수 합은 같은 해 뉴질랜드 대상 EDI 수입 건수의 2배보다 작다. → 뉴질랜드 대상 EDI 수입 건수의 2배는 216,564건이므로 두 국가의 합이 216,564건보다 작은 국가의 조합은 (C), (D)뿐이다. 따라서 (C), (D) 중 하나가 '영국'이고 나머지 하나가 '호주'이다.

○ 2014년 호주 대상 해외직구 반입 전체 금액은 2013년 호주 대상 해외직구 반입 전체 금액의 10배 미만이다. → 2013년 호주 대상 해외직구 반입 전체 금액의 10배는 25,350천달러이므로 2014년 해외직구 반입 전체 금액이 이보다 작은 국가는 (D)뿐이다. 따라서 (D)가 '호주'이다. 또한 두 번째 조건으로부터 (C)가 '영국'이다.

○ 2014년 일본 대상 목록통관 금액은 2013년 일본 대상 목록통관 금액의 2배 이상이다. → 2013년 일본 대상 목록통관 금액의 2배는 5,510천달러이고 2014년 목록통관 금액이 이보다 큰 국가는 (A), (B)이다. 첫 번째 조건으로부터 (A)가 '중국'이므로 '일본'은 (B)이다.
(A) – 중국 (B) – 일본 (C) – 영국 (D) – 호주

09

난이도 ★★☆☆☆ 정답 ③

[핵심] 자료 읽기 및 단순 연산

ㄱ. (×) 전체 로봇 시장규모는 15,000백만달러이고 이것의 70%는 10,500백만달러인데, 제조용 로봇 시장규모는 9,719백만달러이므로 70%에 미치지 못한다.

ㄴ. (○) 제조용 로봇 평균단가(54.6)의 3배는 163.8천달러/개이다. 전문 서비스용 로봇 평균단가는 159.0천달러/개이므로 3배 이하이다.

ㄷ. (○) <표 2>에서 '전문 서비스용 로봇'에 해당하는 분야는 '건설', '물류', '의료', '국방'이다. <표 3>에서 '건설', '물류', '의료', '국방' 4가지 분야의 구성비를 모두 합하면 50(=13+3+22+12)%가 된다.

ㄹ. (×) 개인 서비스용도의 '교육' 분야에서 로봇 시장규모는 매년 감소했다.

10

난이도 ★★★☆☆ 정답 ①

[핵심] 각주 공식 적용, 곱셈 비교, 상대비 활용

ㄱ. (○) 공급의무량은 (발전량×공급의무율)으로 구할 수 있다. 2012년 공급의무량은 770이고, 2013년 공급의무량은 1,020이므로 전년에 비해 증가했다. 또한 2014년에는 전년에 비해 발전량과 공급의무율 각각 상승했으므로 공급의무량도 전년에 비해 증가했다. 따라서 공급의무량은 매년 증가한다.

ㄴ. (○) 2014년 자체공급량은 2012년에 비해 10배 미만이다. 하지만 2014년 인증서구입량은 2012년의 10배를 초과한다.

ㄷ. (X) 2012년 공급의무량은 770GWh이고, 이행량은 90GWh이므로 2012년 공급의무량과 이행량의 차이는 680GWh이다. 반면, 2013년 공급의무량은 1,020GWh이고, 이행량은 450GWh이므로 2013년 공급의무량과 이행량의 차이는 570GWh이다. 따라서 2013년 공급의무량과 이행량의 차이는 전년보다 감소했다.

ㄹ. (X) 상대비를 활용하여 이행량에서 자체공급량이 차지하는 비중 대신 인증서구입량 대비 자체공급량을 판단한다. 2012년 인증서구입량 대비 자체공급량은 5(=75/15)이다. 하지만 2013년 인증서구입량 대비 자체공급량은 5↑(=380/70)이다. 따라서 2013년 이행량에서 자체공급량이 차지하는 비중은 전년에 비해 증가했다.

[스피드 해법]

ㄱ. 2012년과 2013년을 비교할 때, 직접 곱하는 것보다 양방향 증가율끼리 비교한다. 자리수를 적절히 정리하고 난 후 비교한다. 55 ← 51은 10% 미만 증가이지만, 14 → 20은 이보다 큰 증가율이다. 따라서 2012년 < 2013년

ㄷ. 선지 배열 구조를 고려하면 어려운 지문은 건너뛰어도 된다. 이 지문은 계산이 많으므로 실전에서는 풀지 않는 편이 좋다.

ㄹ. $\frac{A}{A+B}$는 $\frac{A}{B}$와 증감 방향 및 대소 순서가 일치한다.

11

난이도 ★☆☆☆☆ 정답 ⑤

[핵심] 자료 읽기

ㄱ. (X) PC 보유율이 네 번째로 높은 지역은 86.3%인 '경기'이다. 반면 '경기'의 인터넷 이용률은 두 번째로 높다. 따라서 틀린 진술이다. 참고로 인터넷 이용률이 네 번째로 높은 지역은 '광주'이다.

ㄴ. (O) 경남보다 PC 보유율이 낮은 지역은 '충남', '전북', '전남', '경북'이다. 이 네 지역의 인터넷 이용률은 각각 '경남'의 인터넷 이용률보다 낮다.

ㄷ. (X) 울산의 인터넷 이용률은 85.0%이다. 반면 인터넷 이용률이 가장 낮은 지역은 67.8%인 '전남'이다. '전남' 인터넷 이용률의 1.3배는 88.14%으로 85%를 초과한다. 따라서 울산의 인터넷 이용률은 가장 낮은 지역의 1.3배 미만이다.

ㄹ. (O) (PC 보유율 < 인터넷 이용률)인 지역은 '전북', '전남', '경남'이다.

[스피드 해법]

ㄷ. 선지 배열 구조를 고려하면 어려운 지문은 건너뛰어도 된다. 이 지문은 계산이 많으므로 실전에서는 풀지 않는 편이 좋다. 만약 푼다고 하더라도, 전남 67.8 대신 어림산으로 68을 이용한다. 여기에 0.3을 곱하면 20.4이므로 1.3배는 68+20.4 = 88.4 인데, 85.0은 이보다 많이 작으므로 틀린 진술로 처리한다.

12

난이도 ★☆☆☆☆ 정답 ①

[핵심] 보고서형, 추가로 필요한 자료 찾기

ㄱ. (O) 4번째 문장에서 필요한 자료이다.

ㄴ. (O) 5번째 문장에서 필요한 자료이다.

ㄷ. (X) SCI 과학기술 '학술지'에 대한 내용은 없다.

ㄹ. (X) 제시된 <표>로부터 구할 수 있으므로 필요 없다.

13

난이도 ★☆☆☆☆ 정답 ④

[핵심] 각주 공식 적용, 단순 연산 및 자료 읽기

ㄱ. (X) 잠재적부담률이 가장 높은 국가는 67.5(=62.4+5.1)%인 E국가이지만, 조세부담률이 가장 높은 국가는 38.5%인 C국가이다.

ㄴ. (O) 공채의존도가 가장 낮은 국가는 D국가이다. 또한 D국가의 국민부담률은 52.0(=53.1−1.1)%이므로 두 번째로 높은 국가이다.

ㄷ. (X) 사회보장부담률이 가장 높은 국가는 24.6%인 E국가이다. 반면 공채의존도가 가장 높은 국가는 A국가이다.

ㄹ. (O) B국가의 잠재적부담률은 44.6%로 가장 낮다.

[스피드 해법]

ㄱ. 잠재적부담률은 ( )가 두 개이고, 조세부담률은 ( )가 한 개이므로 조세부담률을 먼저 처리한다. 조세부담률이 가장 높은 것은 소수점을 떼고 읽으면 C가 39로 가장 높다. 한편, C의 잠재적부담률은 56.0인데 비해서 E는 국민부담률만 읽어도 이보다 큰 62.4이므로 C의 잠재적부담률이 가장 높은 것이 아니다.

ㄹ. B국가의 34.7과 9.9를 정확하게 처리할 필요 없이 각각 35 미만, 10 미만이므로 합은 45 미만이라는 것만 확인한다.

14

난이도 ★☆☆☆☆ 정답 ③

[핵심] 지수의 이해

먼저 각주의 공식을 이해하고 문제에 접근한다. 'N월 아파트 실거래가격지수'는 각 지역의 '1월 아파트 실거래 가격'을 100이라 가정했을 경우, 'N월 아파트 실거래 가격'이 차지하는 비율을 나타낸 것이다. 따라서 별도의 가정이 없는 한, 다른 지역 간의 아파트 실거래 가격 비교는 불가하다.

① (X) 위의 내용과 같이 '각 지역'의 1월 아파트 가격에 대한 해당 월별 비율만 알 수 있으므로, '가'지역과 '다'지역의 아파트 실거래 가격은 비교 할 수 없다.

② (X) 위의 내용과 같이 '각 지역'의 1월 아파트 가격에 대한 해당 월별 비율만 알 수 있으므로, 다른 지역 간 아파트 실거래 가격은 비교 할 수 없다.

③ (O) '다'지역의 1월과 3월의 '아파트실거래가격지수'는 각각 100으로 동일하다. 즉, '다'지역의 1월 아파트 실거

래 가격을 100이라 가정한 경우, 3월 아파트 실거래 가격도 100이라는 의미이므로 1월과 3월의 아파트 실거래 가격은 같다.

④ (×) '가'지역의 1월 아파트실거래가격지수는 100이고, 7월 아파트실거래가격지수는 104이다. 따라서 1월 아파트 실거래 가격이 1억원이면 7월 아파트 실거래 가격은 1.04억원, 즉 1억 4백만원이다.

⑤ (×) 7 ~ 12월 동안 '가'지역과 '나'지역에서 아파트 실거래 가격은 각 지역에서 매월 상승하였다. 하지만 12월 '다'지역의 아파트 실거래 가격은 11월에 비해 감소하였다.

15

난이도 ★★☆☆☆ 정답 ②

[핵심] 표 구조에 주의, 평균에 대한 이해

ㄱ. (○) 에탄올 주입량이 4.0 g일 때 평균 렘수면시간은 $\frac{165}{5}$로 33분이고 이의 2배는 66분이다. 반면 에탄올 주입량이 0.0 g일 때 평균 렘수면시간은 최소 68분, 최대 91분이다. 에탄올 주입량이 0.0 g일 때 평균 렘수면시간이 68~91의 범위에 있으므로 에탄올 주입량이 4.0 g일 때 평균 렘수면시간의 2배 이상이 된다. 참고로 에탄올 주입량이 0.0 g일 때 평균 렘수면시간은 79분이다.

ㄴ. (×) 에탄올 주입량이 2.0 g일 때, B의 렘수면시간은 60분이고, E의 렘수면시간은 39분이다. 따라서 두 값의 차이는 21분으로 20분을 초과한다.

ㄷ. (○) 에탄올 주입량이 0.0 g일 때와 에탄올 주입량이 1.0 g일 때의 렘수면시간 차이가 가장 큰 쥐는 24분인 A이다.

ㄹ. (×) 에탄올 주입량이 많을수록 렘수면시간이 감소하는 쥐는 A와 E뿐이다.

[스피드 해법]

ㄱ. 첫번째 줄과 네번째 줄의 수치를 비교했을 때, 각각 2배가 넘으면 맞는 지문이다. 그런데 B와 C는 2배 미만이므로, 조금 더 살펴본다.
B의 경우 40의 2배인 80에 비해서 73은 –7의 편차가 있고, C의 경우 46의 2배인 92에 비해서 91은 –1의 편차가 있다. 이러한 (–) 편차를 다른 것의 (+) 편차가 상쇄할 수 있는가를 생각해 보자. A만 봐도 31의 2배인 62에 비해서 88은 +26의 편차가 있으므로 충분히 상쇄된다. 따라서 옳은 지문이다.

16

난이도 ★★☆☆☆ 정답 ④

[핵심] 단순 연산 및 자료 읽기

ㄱ. (○) 강풍 피해금액 합계는 661억원이고, 풍랑 피해금액 합계는 702억원이다. 따라서 전자가 후자보다 작다.

ㄴ. (○) 여사건을 활용하여 태풍 이외 유형의 피해금액이 전체 피해금액의 10% 미만인지 확인한다. 전체 피해금액의 10%는 962억원이고, 태풍 이외 유형의 피해금액 합은 855억원으로 전체 피해금액의 10% 미만이다. 따라서 태풍 피해금액은 5개 자연재해 유형 전체 피해금액의 90% 이상이다.

ㄷ. (×) 피해금액이 매년 10억원보다 큰 자연재해 유형은 '호우'와 '대설'이다.

ㄹ. (○) 2010년 피해금액이 가장 큰 자연재해 유형을 순서대로 나열하면 호우 > 태풍 > 태설 > 풍랑 > 강풍 순이다. 2011년의 피해금액도 호우 > 태풍 > 태설 > 풍랑 > 강풍 순으로 2010년과 동일하다.

[스피드 해법]

ㄱ. 직접 더하는 것보다는 대소 비교만 하면 되므로, 비슷한 수들을 소거하고 남은 수들을 비교한다.
70은 공통적으로 들어가므로 삭제하고, 267과 241을 소거 후 267에 그 차이인 26만 267 자리에 적어 둔다. 69와 57을 소거 후 그 차이인 12만 69 자리에 적어 둔다. 이 정도 처리 후 비교하면 강풍 줄보다 풍랑 줄이 많다.

ㄴ. 첫째, 9,620은 어림산으로 9,600으로 두고, 이것의 90%가 8,640이므로, 8,765는 90%보다 크다고 판단한다. 둘째, 어림산으로 9,600의 10%는 960인데, 8,765는 9,600보다 900 미만 작은 수이다. 따라서 그 차이가 10%보다 작다. 따라서 9,600에서 8,765는 90% 이상이다. 셋째, 태풍을 제외한 나머지 수치들의 합은 대략 계산해도 900보다 작다는 것(즉, 9,620의 10%보다 작다는 것)을 확인한다.

17

난이도 ★★☆☆☆ 정답 ③

[핵심] 표-차트 변환형, 자료 읽기

③ (×) 토목과 건축의 수주액 구성비가 뒤바뀌어 있다. 각 공종별 구성비를 구하지 않더라도 <표>에서 2009년만 보아도 건축 수주액이 토목 수주액보다 많지만 <그림>에서 건축 수주액 구성비는 토목 수주액 구성비보다 작다. 따라서 두 항목이 뒤바뀌어 있다는 것을 확인 할 수 있다.

18

난이도 ★★☆☆☆ 정답 ⑤

[핵심] 단순 계산

① (○) 2012년 단체장발의 건수가 의원발의와 주민발의 건수의 합보다 많은지 확인한다. 단체장발의 건수는 751건이고, 의원발의와 주민발의 건수의 합은 665(=626+39)건이다. 따라서 전자가 후자보다 많으므로 단체장발의 건수가 50% 이상이다.

② (○) 2011년 단체장발의 건수는 628(=1,149 – (486 + 35))건이고, 2013년 의원발의 건수는 804건이다. 따라서 전자가 후자보다 적다.

③ (○) 2010~2013년 주민발의 건수가 매년 증가한 것은 <표>에서 확인 할 수 있다. 2014년 주민발의 건수는

54(=1,824 − (905+865))건이다. 따라서 주민발의 건수는 매년 증가하였다.

④ (○) 2014년 의원발의 건수는 865건이고 2011년 의원발의 건수가 486건이고, 2010년 의원발의 건수를 구해보면 374(=924 − (527+23))건이다. 따라서 2014년 의원발의 건수는 2010년과 2011년 의원발의 건수의 합인 860건보다 많다.

⑤ (×) 2012년 조례발의 건수 1,416(=751+626+39)건이고 이의 1.5배는 2,214건이다. 반면 2014년 조례발의 건수는 1,824건이다. 따라서 2014년 조례발의 건수는 2012년 조례발의 건수의 1.5배 미만이다.

[스피드 해법]

② 486과 35를 더하면 500을 넘는다. 따라서 1,149에서 500이 넘는 수를 빼면 600 정도 수준임을 알 수 있다. 따라서 804건보다는 확실히 작다.

⑤ 2014년 건수가 1,824건임을 먼저 확인한다. 2012년 건수는 대략 1,400건 이상임을 확인하면, 1,400건의 1.5배(=1배 + 0.5배)는 2,100건이므로 1,824건보다 크기 때문에, 1.5배 미만이다.

19

난이도 ★★★☆☆ 정답 ④

[핵심] 비율 계산 및 전체값 계산

ㄱ. (○) 한국과 인도의 섬유수출액 차이는 115(=241−126)억달러이다. 따라서 100억달러 이상이다.

ㄴ. (○) 2010년 세계 전체의 섬유수출액은 <표 1>에 직접 제시된 것을 읽는다. 6,085억달러이다. 한편 2006년은 <표 2>에서 계산한다. 177억달러가 5.0%를 차지하고 있으므로 이것의 20배를 해야 100%를 만들 수 있다. 즉, 177의 20배가 세계 전체 섬유수출액이 되므로, 3,500억달러는 넘는다. 따라서 2010년 세계 전체의 섬유수출액은 2006년의 2배 이하이다.

ㄷ. (×) 2010년 한국 원단수출액의 전년대비 증가율은 $\frac{20}{90}$×100으로 22.2%이다. 반면 2010년 한국 의류수출액의 전년대비 증가율은 $\frac{2}{14}$×100으로 14.3%이다. 따라서 증가율 차이는 10%p에 미치지 못한다.

ㄹ. (○) 2010년 세계 전체 의류수출액은 3,515억달러이고 이의 절반은 1,757.5억 달러이다. 중국의 의류수출액은 1,542억달러이므로 세계 전체 의류수출액의 50% 이하이다.

[스피드 해법]

ㄷ. 1/9이 11.1%이고, 1/7이 14.3%라는 것을 암기하고 있으면 쉽게 풀 수 있다. 2/9는 1/9의 2배, 즉 22.2%이고, 2/14는 1/7과 같으므로 14.3%이다.

ㄹ. 중국 1,542의 2배(= 약 3,000)보다 세계 전체(3,515)가 크기 때문에, 중국 : 세계 전체 = 1 : 2↑ = 1↓ : 2

20

난이도 ★★★★☆ 정답 ⑤

[핵심] 계산 많음

ㄱ. (×) B지방법원 출석의무자 수는 737(=1,740 − 495 − 508)명이고, A지방법원 출석의무자 수는 774(=1,880 − 533 − 573)명이다. 따라서 전자가 후자보다 적다.

ㄴ. (×) E지방법원 실질출석률은 $\frac{115}{174}$×100이므로 $\frac{230}{348}$×100와 같고, C지방법원 실질출석률은 $\frac{189}{343}$×100이다. 따라서 전자가 후자보다 크다(자대모소).

ㄷ. (○) D지방법원의 출석률은 $\frac{57}{191}$이므로 25%인 $\frac{1}{4}$보다 크다. 따라서 25% 이상이다.

ㄹ. (○) A ~ E지방법원 전체 소환인원은 4,947명이므로 A ~ E지방법원 전체 소환인원에서 A지방법원의 소환인원이 차지하는 비율은 $\frac{1,880}{4,947}$×100이다. 대략 5,000으로 분모를 잡으면, 35%는 1,750이므로 1,880은 확실히 35%보다 크다. 또는 1,880/5,000이 37.6%이므로, 1,880/4,947은 이보다 커야 한다.

[스피드 해법]

※ 선지 구조를 보면, 어려운 보기 1개는 피할 수 있다. ㄱ과 ㄹ 중에서 한 개는 피하는 것이 좋은 전략이다.

ㄴ. C ← E 방향으로 보면, 분모는 약 2배인데, 분자는 2배에서 많이 부족하다. 따라서 C ← E 방향으로 모증대하(또는 역방향 큰 수), 즉 C < E

ㄷ. 25%는 1/4이므로, 57/191과 수치 구조가 비슷한 50/200과 비교하면, 전자가 자대모소(분자 크고, 분모 작음)이므로 크다.

ㄹ. 상대비를 활용해 보자.
A가 35%라고 가정하면,
A : (B+C+D+E) = 35 : 65 = 1 : (1.8~1.9) 정도이다.
만약 A가 35% 이상이라면,
A : (B+C+D+E) = 1↑ : (1.8~1.9) = 1 : (1.8~1.9)↓
<표>에서 A : (B+C+D+E) = 1,880 : 3,067 이므로 대략 1.5배 수준이다. 확실히 1.8배보다는 작다는 것이 확인된다.

21

난이도 ★☆☆☆☆ 정답 ③

[핵심] 보고서형, 미이용 자료

① (○) 첫째 문단 첫 번째 문장에서 활용되었다.
② (○) 첫째 문단 두 번째 문장에서 활용되었다.
③ (×) <보고서>를 작성하는데 활용되지 않았다.
④ (○) 둘째 문단 전체에서 활용되었다.
⑤ (○) 셋째 문단과 넷째 문단 전체에서 활용되었다.

22

난이도 ★★★☆☆ 정답 ④

[핵심] 각주 공식 활용

ㄱ. (○) 주택수는 (주택보급률×가구수)로 구할 수 있다. 매년 가구수와 주택보급률은 각각 증가했으므로 두 수의 곱 또한 증가한다. 따라서 주택수는 매년 증가했다.

ㄴ. (×) 제시된 자료만으로는 주택을 두 채 이상 소유한 가구수를 판단 할 수 없다. 2003년 주택보급률이 105.9%이므로 주택을 두 채 이상 소유한 가구가 있다는 진술은 옳다. 하지만 주택을 두 채 이상 소유한 가구수는 알 수 없다.

예를 들어, 1,000가구가 있다고 가정해보자. 2003년 주택보급률이 105.9%이므로 주택은 모두 1,059채가 된다. 하지만 1,059채를 모두 한 사람이 소유하고 있을 수도 있고, 모든 가구에 1채씩 배정하면 나머지 59채에 대해서는 누군가가 두 채를 소유하게 된다. 따라서 주택을 두 채 이상 소유한 가구의 최댓값은 59, 최솟값은 1이다. 마찬가지로 2002년 주택보급률이 96.2%이므로 2002년 총 주택은 962채가 된다. 962채를 모두 한 사람이 소유하고 있을 수도 있고, 모든 가구에 1채씩 배정하면 두 채를 소유한 사람은 없다. 따라서 주택을 두 채 이상 소유한 가구의 최댓값은 481, 최솟값은 0이다. 따라서 2003년 주택을 두 채 이상 소유한 가구수는 2002년보다 증가하였는지는 판단할 수 없다.

ㄷ. (○) 2001년의 경우 분모가 되는 전년도(2000년) 1인당 주거공간은 가장 작고, 분자가 되는 전년대비 증가폭은 가장 크다. 따라서 2001년의 1인당 주거공간 전년대비 증가율이 가장 크다.

ㄹ. (○) 2000년 주거공간 총면적은 10,167 × 58.5이고, 이의 2배는 10,167 × 58.5 × 2 = 10,167 × 117이다. 또한 2004년 주거공간 총면적은 12,995 × 94.2이다.
10,167 × 117 < 12,995 × 94.2 이므로 2배 이상이다.
(증가율 비교하면 (10,167 → 12,995) > (117 ← 94.2)

[스피드 해법]

ㄹ. 10,167에 비해서 12,995는 약 1.3배이고, 58.5에 비해서 94.2는 약 1.6배이다.
따라서 1.3 × 1.6 = (1 + 0.3) (1 + 0.6)
= 1 + 0.3 + 0.6 + 0.3×0.6 > 2

23

난이도 ★★★★☆ 정답 ⑤

[핵심] 수리계산형, 방정식 활용, 각주 공식 적용

월별 생산이력과 <정보> 그리고 각주의 공식을 활용해서 정리하면 아래 표와 같다.

구 분	1월	2월	3월
참여 기업	B, C	B, D	C, E
손실비	0.0	0.5	0.0
총생산량	(B + C)×(1−0) = 23,000	(B + D)×(1−0.5) = 17,000	(C + 1.2E)×(1−0) = 22,000

(B+C)×(1−0) = 23,000 → B+C = 23,000 …… 식(1)

(B+D)×(1−0.5) = 17,000 → B+D = 34,000 …… 식(2)

(C+1.2E)×(1−0) = 22,000 → C+1.2E = 22,000 …… 식(3)

또한 2번째 <정보>로부터 C = E 임을 알 수 있다. 이를 식(3)에 대입하면 C = E = 10,000.
C = 10,000이므로 식(1)로부터 B = 13,000이고,
B = 13,000이므로 식(2)로부터 D = 21,000이다.
다시 써보면,
A = 15,000개/월 B = 13,000개/월 C = 10,000개/월
D = 21,000개/월 E = 10,000개/월
가장 큰 기업은 D이고, 세 번째로 큰 기업은 B이다.

24

난이도 ★★★★★ 정답 ①

[핵심] 순위 자료의 활용

① (○) 상위 5종의 이용률이 94.39%이므로 5.61%는 <표 2>에 제시된 것 이외의 웹 브라우저가 있다는 의미이다. 또한 2013년 10월 스마트폰 기반 웹 브라우저 이용률이 가장 낮은 것은 1.30%인 '인터넷 익스플로러'이다. 그렇다면 상위 5종 이외의 것은 1.30% 이하여야 한다. 따라서 5.61을 1.30으로 나누면 몫이 4이고 나머지가 0.41이다. 따라서 상위 5종 이외에 적어도 5종이 있다.

② (×) 2014년 1월 PC 기반 이용률 순위가 3위인 '크롬'은 스마트폰 기반 이용률 순위도 3위이다.

③ (×) 2013년 11월 PC 기반 이용률이 2위는 '파이어폭스'이다. 하지만 12월의 2위는 '크롬'이다. 순위가 매월 동일하지 않다.

④ (×) 2013년 10월과 2014년 1월 이용률의 차이가 2%p 이상인 것은 '크롬'과 '오페라'이다.

⑤ (×) 스마트폰 기반 이용률 상위 3종 웹 브라우저 이용률의 합은 매월 90% 미만이다.

[스피드 해법]

① 94.39의 여사건을 빨리 처리하는 방법은 '구구구십' 테크닉을 쓰는 것이다. 앞자리부터 순차적으로 합쳐서 9를 만드는 수를 쓰고, 마지막 자리에서만 10을 만드는 수를 쓴다. 순차적으로 쓰면 05.61, 즉 5.61이다. 5.61을 1.30으로 나누면 4~5 사이의 수가 나온다. 즉, 5.61 안에 1.30이 4번 들어가고도 남는 것이 있으니 적어도 5종이 5.61 안에 존재한다.

⑤ "상위 5종 − (4위 + 5위)"로 처리하는 것이 (1위 + 2위 + 3위)로 처리하는 것보다 빠르다. 2013년 10월을 이용하면, 94.39에서 4위인 크롬 6.85만 빼도 90보다 작아진다.

25

난이도 ★★★★★ 정답 ③

[핵심] 지수의 이해 및 적용

인구지수 공식으로부터 <표 2>의 값을 100으로 나눈 값은 1648년 인구수 대비 해당연도의 인구수 배율임을 파악하면 쉽게 접근 할 수 있다.

ㄱ. (×) 1753년 강원 지역 인구는 54×7.24천명으로 400천명에 미치지 못한다. 반면 1648년 전라 지역 인구는 432천명이다. 따라서 전자는 후자보다 작다. 또는 인구 대신 비중을 활용하여 강원 3.5×7.24, 전라 28.2으로 판단할 수 있다.

ㄴ. (○) 평안 지역의 1789년 대비 1837년 인구 감소율은 30%를 초과한다(888 → 584). 반면 1837년 인구지수가 1789년에 비해 감소한 지역 중 감소율이 30%를 넘어서는 지역은 없다. 평안을 제외한 지역의 감소율은 모두 20%에도 미치지 못한다.

ㄷ. (○) 1864년 경상 지역 인구는 425×(358/100)이다. 앞자리만 계산하더라도 400×(300/100)으로 1,200천명보다 크다. 반면 전라 지역를 제외한 나머지 지역은 모두 1,000에도 미치지 못하므로 쉽게 제거할 수 있다. 1648년 전라 지역 인구는 경상 지역과 비슷하지만, 1864년 경상 지역 인구지수는 전라 지역의 1.4배 이상이다. 따라서 경상 지역 인구가 전라 지역보다 많고, 1864년 인구가 가장 많은 지역은 경상이다.

ㄹ. (×) 1904년 전체 인구가 공통적인 분모가 되므로, 분자들끼리만 비교한다. 1904년 경기 지역 인구는 81×8.31천명, 함경 지역 인구는 69×10.87이다. 따라서 전자는 후자보다 작다.

[스피드 해법]

ㄴ. 감소율을 직접 계산하는 것보다 좋은 방법은 두 가지가 있다.

첫째, $\frac{1837년}{1789년}$ 값이 작을수록 감소율은 크다.

둘째, '1789년 ← 1837년' 방향의 증가율이 클수록 '1789년 → 1837년' 방향의 감소율은 크다.

ㄷ. 1648년 인구를 이용하는 것보다 비중을 이용하면 수치 비교가 더 쉽다. 일단 <표 1>의 비중에서 압도적으로 큰 것들이 전라(28.2), 경상(27.7)인데, <표 2>에서 1864년 지수는 각각 251, 358이다. 따라서 전라 < 경상. 한편, 경기, 황해 등이 <표 2>에서 832, 1,033 등으로 큰 수치를 보이지만, <표 1>의 비중에서 각각 경상의 1/5 미만으로 아주 작은데, <표 2>에서는 각각 경상의 5배 미만이므로 곱셈 값도 작다는 것이 충분히 판단된다.

2024년 5급 공채 [나책형]

문항별 핵심 정리표(1)

번호	난이도	유형	포인트	소재	자료수
1	★☆☆☆☆	보고서형	추가로 필요한 자료	코로나19 발생 전후의 '갑'지역 택배서비스 월평균 이용건수	표4, 보고서1
2	★★☆☆☆	매칭형	분수 비교	2023년 A~D국의 온실가스 배출량과 인구	표2, 조건1
3	★★☆☆☆	보고서형	부합하지 않는 자료	2021~2023년 '갑'국 고등학교 간 공동교육과정 개설 과목 수 추이	보고서1, 표1, 그림4
4	★☆☆☆☆	매칭형	소거법	소음 환경에 따른 A~E집단의 주의력 및 공간지각력 점수	표1, 조건1
5	★★☆☆☆	일반형	덧셈 비교, 감소율 계산	2021~2023년 '갑'국 A~F제조사별 비스킷 매출액	표2
6	★★★☆☆	일반형	비율 계산, 최소 교집합	2012~2021년 우리나라 D부처 정보공개 청구	표2
7	★★★☆☆	표-차트 변환형	여사건 활용	2019~2023년 '갑'지역의 여행객 현황	표3, 그림4
8	★☆☆☆☆	보고서형	추가로 필요한 자료	'갑'국 종사상지위별 종사자 수 동향	표5, 보고서1
9	★★★☆☆	일반형	분수 비교, 순서 일치 확인	2022년 '갑'모터쇼에 전시된 전기차 A~E의 차량가격 및 제원	표1
10	★★★☆☆	일반형	연산 처리, 각주 공식 이해	'갑'국 공공기관 A~C의 경영실적 및 평가점수	표1
11	★★☆☆☆	일반형	증가율 계산, 자료 읽기	2018~2022년 우리나라 친환경차 유형별 등록대수 및 수출대수와 2019년 친환경차 수출액 상위 10개 수출국 현황	표2, 그림1, 보고서1
12	★★☆☆☆	일반형	분수 비교, 역수 계산	2023년 '갑'기업 전체 임원(A~J)의 보수 현황	표1
13	★★☆☆☆	일반형	증감률 비교	1995~2020년 '갑'지역의 농가구조 변화	표2
14	★★★☆☆	일반형	경우의 수, 증가율 적용	A미술전 응모 및 수상 결과	표1, 그림1
15	★★★☆☆	상황판단형	조건 적용, 상황판단형, 자료간 연결	'갑'국의 빈집 철거 및 활용을 위한 빈집정비기준	표2, 그림1
16	★★★★☆	일반형	가중치 적용, 편차 활용 계산	'갑'회사의 승진후보자별 2021~2023년 근무성적점수 및 승진대상자 선정	표2, 정보1
17	★★☆☆☆	매칭형	감소율 비교	2021~2023년 '갑'국 공무원의 교육방법별 교육시간	표1, 정보1
18	★★☆☆☆	일반형	증가율 비교, 자료 읽기	2022년 '갑'국 A전력회사의 월별 및 용도별 전력판매 단가	표1
19	★★★☆☆	일반형	공식의 구조 파악, 사칙연산	A~D지방자치단체의 재정 현황	표1
20	★★★☆☆	일반형	사칙 연산, 공식 정리	2023년 '갑'국 8개 도시(A~H)의 상수도 통계	표1

2024년 5급 공채 [나책형]

문항별 핵심 정리표(2)

번호	난이도	유형	포인트	소재	자료수
21	★★☆☆☆	매칭형	곱셈 비교, 전년값 비교	2023년 '갑'국의 농산물 가공식품 품목별 수입 현황	표1, 조건1
22	★★☆☆☆	매칭형	수치 비교	2022년 '갑'시 양육자의 양육 스트레스 및 정신건강 문제 실태	표2, 보고서1
23	★☆☆☆☆	보고서형	추가로 필요한 자료	2022년 '갑'시 양육자의 양육 스트레스 및 정신건강 문제 실태	표4, 보고서1, 그림2
24	★★☆☆☆	보고서형	보고서 부합형, 비율 연산, 자료 읽기	2016~2022년 '갑'국의 지주회사 및 소속회사	보고서1, 표2, 그림2
25	★★★☆☆	일반형	비율 계산, 사칙 연산	2023년 '갑'국 9개 콘텐츠 공모전의 상금총액 및 작품 현황	표1
26	★★★☆☆	표-차트 변환형	비중 계산, 증가율 계산	2017~2022년 원인별 연안사고 건수	표1, 그림4
27	★★★☆☆	수리계산형	지도와 범례 읽기, 가중치 적용	'갑'국제기구가 A~E국 농업기술센터 건립을 지원하기 위한 평가 자료	표1, 그림1
28	★★☆☆☆	일반형	분수 비교, 증감률 비교	2019~2023년 '갑'국의 과일 생산 현황	표2
29	★★☆☆☆	표-차트 변환형	항목 확인, 비중 비교	2019~2023년 '갑'국의 과일 생산 현황	표2, 그림4
30	★★★☆☆	일반형	순위 자료 함정	2022년 '갑'국에서 방영된 드라마 시청점유율 순위	표1
31	★★★★☆	일반형	공식 정리, 복합 연산	2016~2021년 '갑'국의 연금 가입 및 연금 계좌 보유 현황	표1
32	★★★★☆	일반형	사칙 연산, 분수 비교	2022년 3~6월 '갑'국 연안에서의 3개 어종 어업 현황	표3
33	★★★☆☆	일반형	비례식, 단위 처리, 사칙 연산	2020~2023년 '갑'국 교통사고 현황	표1, 그림1, 보고서1
34	★★★☆☆	일반형	곱셈 관계 통합 변화율, 증가율 대소 비교	2015~2022년 '갑'국의 논벼 소득 현황	표1
35	★★★★☆	일반형	최대 최소 계산	2021년 국군의 장서 보유량별 병영도서관 수	표1
36	★★★★☆	일반형	증감률 계산, 비율 계산	2020~2023년 '갑'국 직업학교 A~E의 모집정원 및 지원자 수	표2
37	★★★★☆	일반형	교집합의 최소값과 최대값, 사칙 연산	'갑'지역 전세 사기 피해자 765명의 피해자 연령대별, 피해금액대별 현황	그림1
38	★★★★☆	일반형	평균의 특성 활용 : 편차의 합은 0	2022년 '갑'대학 학생 A~J의 학기별 봉사 점수	표2
39	★★★★★	상황판단형	경우의 수	'갑'초등학교 6학년 1~6반 학생이 받은 상	정보1, 표2
40	★★★★☆	일반형	곱셈 계산, 차이나는 곳만 비교 (ㄷ, ㄹ)	'갑'국의 유종별 소비자 판매가격 산정	표1

2024년 5급 공채 [나책형]

01 ②	02 ③	03 ③	04 ①	05 ①
06 ④	07 ⑤	08 ⑤	09 ①	10 ②
11 ④	12 ②	13 ⑤	14 ②	15 ④
16 ④	17 ③	18 ⑤	19 ②	20 ④
21 ①	22 ③	23 ①	24 ③	25 ⑤
26 ③	27 ④	28 ⑤	29 ②	30 ⑤
31 ④	32 ④	33 ①	34 ①	35 ③
36 ⑤	37 ②	38 ⑤	39 ③	40 ②

01

난이도 ★☆☆☆☆ 정답 ②

[핵심] 보고서형 : 추가로 필요한 자료

ㄱ. (○) 유통채널별로 살펴보면, 코로나19 발생 전에는 온라인구매 비율이 61.0 %로 가장 높았고, 다음으로 마트배송, 홈쇼핑, 기타 순으로 나타났다. 코로나19 발생 후 온라인구매 비율은 발생 전에 비해 3.3 %p 증가하였다.

ㄴ. (○) 수령방법별로 살펴보면, 코로나19 발생 전에는 대면수령 비율과 비대면 수령 비율이 각각 50.2 %, 49.8 %로 비슷한 수준이었다. 코로나19 발생 후에는 대면 수령 비율이 19.4 %로 감소하였고, 비대면 수령 비율은 80.6 %로 증가하였다.

ㄷ. (×) "거주지별 월평균 이용건수"는 <보고서>에 언급되지 않았다.

02

난이도 ★★☆☆☆ 정답 ③

[핵심] 매칭형

<조건>을 순서대로 'ㄱ~ㄹ'로 두고, ㄱ → ㄹ → ㄷ 순서로 처리한다.

ㄱ. '갑'국은 온실가스 총배출량이 50백만 톤 CO_2eq. 이상이고, 1인당 온실가스 총배출량이 가장 적다. → 온실가스 총배출량이 50백만 톤 CO_2eq. 이상인 것은 A, B이고, 이들의 1인당 온실가스 총배출량을 비교하면 A(51.7/9.7)가 B(64.0/2.9)보다 작다. → A : 갑

ㄹ. 주거용 빌딩과 상업용 빌딩의 온실가스 배출량 합은 '을'국이 가장 적다. → D국이 4.8(=2.0+2.8)로 가장 적다. → D :을

ㄷ. 온실가스 총배출량 대비 주거용 빌딩의 온실가스 배출량 비율은 '병'국이 '정'국보다 높다. → ㄱ, ㄹ 처리하면 '병'국과 '정'국은 B, C 중에 해당하므로, 이들을 비교한다. B국 4.5/64.0 < C국 3.5/17.3 → C : 정

여기까지 처리하면 답이 ③으로 확정된다.

03

난이도 ★★☆☆☆ 정답 ③

[핵심] 보고서형 : 부합하지 않는 자료

③ (×) <보고서> 2문단에서 "지역을 대도시, 중소도시, 읍면지역으로 구분하여 살펴보면, 각 지역의 학교에서 개설한 과목 수가 매년 증가하였다." 부분을 확인하면, 중소도시의 경우 전년대비 2023년에 감소하였다.

04

난이도 ★☆☆☆☆ 정답 ①

[핵심] 매칭형, 소거법

<조건>에 해당하지 않는 것을 순차적으로 제거한다.

○ 저소음 환경과 고소음 환경에서의 주의력 점수 차이는 남성과 여성이 동일하다. → C 제거

○ 고소음 환경에서, 주의력 점수가 더 높은 성별이 공간지각력 점수도 더 높다. → E 제거

○ 남성과 여성 모두 저소음 환경에서의 주의력 점수가 고소음 환경에서의 주의력 점수의 2배 이상이다. → D 제거

○ 저소음 환경에서, 남성은 공간지각력 점수가 주의력 점수보다 높고 여성은 주의력 점수가 공간지각력 점수보다 높다. → A 선택 또는 B 제거

05

난이도 ★★☆☆☆ 정답 ①

[핵심] 덧셈 비교, 감소율 계산

ㄱ. (○) 2021년 상반기 전체 매출액 중 제조사별 매출액 비중이 20 % 이상인 제조사의 수는 3개(A, B, C)이다.

ㄴ. (○) 2022년 하반기에 전년 동기 대비 매출액 감소율이 큰 것으로 비교할 만한 것은 B와 E이다. B는 약 -9%(-8.9%), E는 약 -15%(-15.5%)이므로 감소율이 가장 큰 제조사는 E이다.

ㄷ. (×) 전년 동기 대비 매출액이 증가한 제조사의 수는 2022년 상반기에는 4개, 2023년 상반기에는 1개이다.

ㄹ. (×) 제조사 D의 경우, 백화점, 할인점, 체인슈퍼 매출액의 합은 40,323백만 원으로 2023년 상반기 매출액(79,024백만 원)의 50%를 초과한다.

[스피드 해법]

ㄱ. $595 \times 20\% = (600-5) \times 20\% = 120 - 1 = 119$(어림산으로 처리하면 컴마 앞의 수치를 기준으로 120 정도를 기준잡아서 처리한다.)

ㄴ. 순방향 감소율은 역방향 증가율과 순서가 일치한다. 역방향 증가율을 보면 B는 약 10%, E는 20%에 가깝다.

ㄹ. <표 2>에서 각 제조사의 백화점, 할인점, 체인슈퍼 매출액의 합이 편의점, 독립슈퍼, 일반식품점 매출액의 합보다 작은지 여부를 확인해도 된다. 이 때 각각 합산하는 것보다는 수치 구성을 살펴서 A처럼 각각 큰 수 구조임을 이용하거나 적당히 편차를 활용하여 비교하는 것이 좋다.

06

난이도 ★★★☆☆ 정답 ④

[핵심] 비율 계산, 최소 교집합

ㄱ. (×) 정보공개 청구건수는 2018년에 감소하였다.

ㄴ. (○) '타기관이송' 처리건수가 가장 많은 해는 2017년(511건)이고, 정보공개 청구건수 대비 '전부공개' 처리건수의 비율이 가장 낮은 해 역시 2017년(약 27%)으로 같다.

ㄷ. (×) 연도별 '비공개' 처리건수와 '취하' 처리건수의 합은 해당연도 정보공개 청구건수의 20% 미만인 해(2016년, 2017년)가 있다.

ㄹ. (○) 2021년 '전부공개' 처리건수 중 청구방법이 '정보통신망'인 처리건수의 최솟값은 2,355 + 5,495 − 5,708 = 2,142건이다.

07

난이도 ★★★☆☆ 정답 ⑤

[핵심] 표-차트 변환형, 여사건 활용

⑤ (×) 전체 여행객 중 여행횟수가 3회 이하인 여행객 비율 → 2020년 82%, 2021년 85%, 2022년 78%이다.

[스피드 해법]

⑤ '3회 이하'의 여사건인 '4회 이상'을 이용한다. 예를 들어, 2020년의 경우, '4회 이상' 비율은 1,777/10,020 이므로 18% 이하이다. 따라서 '3회 이하' 비율은 82% 이상이다.

08

난이도 ★☆☆☆☆ 정답 ⑤

[핵심] 보고서형 : 추가로 필요한 자료

ㄱ. (○) 사업체 규모별 종사자 수 동향을 살펴보면, 2023년 7월 300인 미만 사업체의 경우 전년 동월 대비 33만 3천 명 증가하였으며, 300인 이상 사업체는 전년 동월 대비 6만 9천 명 증가하였다.

ㄴ. (×) "주요산업별 종사자 수 동향"는 <보고서>에 언급되지 않았다.

ㄷ. (○) 한편, 2023년 7월 입직자는 전년 동월 대비 2만 6천 명 증가하였고 전월 대비 5만 8천 명 증가하였다. 2023년 7월 이직자는 전년 동월 대비 약 4.0% 증가하였고 전월 대비 약 7.0% 증가하였다.

ㄹ. (○) 또한, 2023년 7월 전체 입직자 중 채용을 통한 입직자는 전년 동월 대비 2만 5천 명 증가하였으며, 기타 입직자는 전년 동월 대비 1천 명 증가하였다.

09

난이도 ★★★☆☆ 정답 ①

[핵심] 분수 비교, 순서 일치 확인

ㄱ. (○) '배터리 용량'당 '차량가격'은 C가 유일하게 150을 초과한다.

ㄴ. (○) '차량가격'이 가장 낮은 전기차는 B이고, '완충시간' 대비 '배터리 용량'의 비율도 B가 유일하게 0.2 미만으로 가장 낮다.

ㄷ. (×) '완충시 주행거리' 대비 '완충시간'의 비율은 D(= 0.94)가 E(= 0.48)의 2배 미만이다.

ㄹ. (×) A와 B를 비교하면, '차량가격'은 A가 높고, '배터리 용량'은 B가 크다.

[스피드 해법]

읽기형 지문인 ㄹ을 제일 먼저 처리하고, 선지를 소거한 후 ㄴ을 처리한다.

ㄷ. 'D'와 'E의 2배'를 각각 분자를 기준으로 분모를 약분하면,

$$\frac{420}{447} = \frac{1}{1.05\uparrow},\quad \frac{252\times2}{524} = \frac{504}{524} = \frac{1}{1.05\downarrow}$$

→ 'D' < 'E의 2배'

10

난이도 ★★★☆☆ 정답 ②

[핵심] 연산 처리, 각주 공식 이해

구분 \ 공공기관	A	B	C
매출액	(1,000)	4,000	(3,000)
영업이익	400	(600)	(1,500)
평균총자산	2,000	(5,000)	6,000
자산회전지표	0.50	0.80	(x = 0.5)
영업이익지표	(0.4)	0.15	0.50
평가점수	(1.3)	(1.1)	1.50

각주 3) 평가점수(점) = (자산회전지표 × 1점) + (영업이익지표 × 2점)

→ C의 평가점수 식에 대입하면, 1.50 = (x) + 0.50 × 2 → x = 0.5

ㄱ. (×) 매출액은 B(=4,000)가 가장 크다.

ㄴ. (×) 영업이익은 C(=1,500)가 A(=400)의 4배 미만이다.

ㄷ. (○) 평가점수는 B(=1.1)가 가장 낮다.

11

난이도 ★★☆☆☆ 정답 ④

[핵심] 증가율 계산, 자료 읽기

① (○) 천 단위(컴마 기준)만 확인하면, 461 → 600 → 820 → 1159 → 1589, 각각 30% 이상 증가하였다.

② (○) 2018년 대비 2022년 등록대수의 증가율이 가장 높은 친환경차 유형은 '수소차'로 유일하게 30배 이상 증가하였다.

③ (○) 친환경차 수출대수가 매년 증가한 것은 막대 그래프의 높이로 쉽게 확인된다. 한편 2018년 195,361대, 2022년 553,722대는 계산하여 확인해야 한다.
④ (×) '수소차'는 2021년 1,119에서 2022년 361로 감소하였다.
⑤ (○) 2019년 '하이브리드차', '플러그인 하이브리드차', '전기차' 각각의 수출액 상위 10개 수출국에 모두 들어가는 국가는 일본, 독일, 벨기에, 영국, 한국 5개국이다.

[스피드 해법]

읽기형 지문인 ④를 제일 먼저 처리하면 쉽게 답이 도출된다.
② 2018년 대비 2022년 등록대수가 10배 이상인 것은 수소차가 유일하므로 쉽게 확인된다.
③ 친환경차 수출대수 : 2018년 195,361대, 2022년 553,722대 → 계산량이 많으므로 실전에서는 이 지문은 스킵한다.

12

난이도 ★★☆☆☆ 정답 ②

[핵심] 분수 비교, 역수 계산
① (×) C와 D를 비교하면, 보수총액은 C(=3,728)가 많지만, 상여는 D가 많다.
② (○) '마'사업부 임원은 E와 F인데, 둘의 보수총액 합은 6,678이고, 급여 합은 3,576이므로 60% 미만이다.
$\frac{3,576}{6,678} < \frac{3,600}{6,000} = 60\%$
③ (×) 임원 1인당 보수총액이 가장 적은 사업부는 '사'(=3,000/1)이고, 임원 1인당 급여가 가장 적은 사업부는 '바'(=1,626/1)이다.
④ (×) 여사건을 활용하여 보수총액에서 '급여'가 차지하는 비중이 가장 작은 임원이 B인지 확인한다. 해당 비율이 40% 이하인 A, B, D로 대상이 줄어든다. 한편 어림산으로 B (24/65) > D (11/37) 이므로 옳지 않다.
⑤ (×) 미등기 임원의 급여 합이 등기 임원의 급여 합보다 많다면, 미등기 임원의 급여 합이 전체 임원의 급여 합계(=19.317)의 절반보다 커야 하지만, 미등기 임원의 급여 합은 9,265이므로 절반 미만이다.

[스피드 해법]

② E, F 각각의 보수총액에서 급여가 차지하는 비중이 60% 미만이므로 이 둘의 보수총액 합에서 급여 합이 차지하는 비중 역시 60% 미만이다.
③ 사업부별로 다 계산하면 힘드므로, 임원이 1~2명이면서 보수총액이 낮은 사업부에 우선 주목한다. '임원 1인당 보수총액'은 임원이 1명인 사업부를 비교하면, '바' > '사'임이 쉽게 확인된다. 그리고 '사'가 임원이 2명 이상인 다른 사업부에 비해서도 '임원 1인당 보수총액'이 작다는 것이 확인된다.

13

난이도 ★★☆☆☆ 정답 ⑤

[핵심] 증감률 비교
① (○) '5인 이상'을 제외하고, 1995년 대비 2020년 가구원수별 농가수 증감률(절댓값으로 비교)은 '2인'이 1/4(=25%) 미만으로 가장 작다.
② (○) 매 조사연도에서 '3인' 농가수는 그 외 농가수 합의 25% 이하라면, 전체 농가수는 '3인' 농가수의 5배 이상이 된다. 각각 <표 1>에서 확인된다.
③ (○) 전체 농가 가구원수 = 전체 가구원수 × 농가당 가구원수
→ 2000년 487,222.4명, 2020년 230,832.6명이므로 2배 이상이다.
④ (○) 2020년 전체 농가수는 10만 가구 초과이고, 가구주 연령대가 40대 이하인 농가수는 1만 가구 미만이므로 그 비중은 10% 이하이다.
⑤ (×) 경영주 연령대가 30대 이하인 농가수는 1995년 대비 2020년에 93.4% 감소하였다.

[스피드 해법]

② 3인 : 그 외 = 1↓ : 4 라면, 3인 : 그 외 : 전체 = 1↓ : 4↑ : 5 가 된다.
→ 3인 : 전체 = 1↓ : 5 = 1 : 5↑
③ 2000년이 2020년에 비해 '전체 가구원수'는 1.5배 이상이고, '농가당 가구원수'는 약 1.4배이므로 '전체 농가 가구원수'는 2배 이상이다. 1.5 × 1.4 > 2
⑤ 95% 이상 감소하면 5% 이하가 남게 된다. 하지만 <표 2>의 수치(23,891 → 1,567)를 보면 5% 이상 남았으므로 옳지 않다.

14

난이도 ★★★☆☆ 정답 ②

[핵심] 경우의 수, 증가율 적용
ㄱ. (○) 2023년 응모인원 대비 수상인원이 가장 많은 부문은 유일하게 15%를 초과하는 초등부이다.
ㄴ. (×) 2023년 팀별 인원이 1~3명이라면, 3명으로 구성된 초등부 수상팀 수는 16개도 가능하다. 88명 = 48명(=16개팀×3명) + 40명(=40팀×1명) → 56팀에 88명을 만족한다.
ㄷ. (○) 2020년 응모인원의 부문별 구성비가 2023년과 동일하다면, 2020년 중등부 응모인원은 223명($= 786 \times \frac{446}{1,572} = \frac{446}{2}$)이다.
ㄹ. (×) 2024년부터 매년 응모인원이 전년 대비 30%씩 증가한다면, 응모인원이 2019년의 3배(=2,460 = 820×3)를 처음 초과하는 해는 2025년이다. 2023년 1,572명을 1,600명으로 약간 크게 잡아 어림산하면 2024년에는 2,080명에 근접하고, 2025년에는 2,460명을 초과한다.

15

난이도 ★★★☆☆ 정답 ④

[핵심] 조건 적용, 상황판단형, 자료간 연결

정비구역이 '가, 바, 사'라는 점, 일반구역 중 '공가기간'이 20년 초과인 구역은 없다는 점을 확인하고, '공가기간'이 20년 이하인 일반구역 중 <표 2>의 '건축구조별 사용연한'과 <그림>의 '건축물 연령' 및 '건축구조'와 비교하면, 다음과 같이 구역을 각 칸에 배정할 수 있다.

<table>
<tr><th colspan="3">항목</th><th rowspan="2">철거</th><th rowspan="2">활용</th></tr>
<tr><th>구역 종류</th><th>공가 기간</th><th>건축물 연령</th></tr>
<tr><td rowspan="3">일반구역</td><td rowspan="2">20년 이하</td><td>건축구조의 사용연한 이하
(나, 다, 마, 아)</td><td>불가능</td><td>가능</td></tr>
<tr><td>건축구조의 사용연한 초과
(라, 자)</td><td>가능</td><td>불가능</td></tr>
<tr><td>20년 초과</td><td>– (해당 구역 없음)</td><td>가능</td><td>불가능</td></tr>
<tr><td>정비구역
(가, 바, 사)</td><td>–</td><td>–</td><td>불가능</td><td>불가능</td></tr>
</table>

그리고, <그림> 아래 각주(※ 각 구역에는 빈집이 1개씩만 존재함.)를 확인하면 선지 처리를 다음과 같이 할 수 있다.

① (×) 철거가 가능한 빈집은 2개(라, 자)이다.
② (×) '가', '바', '사' 구역은 정비구역이므로 빈집의 철거가 불가능하다.
③ (×) '다' 구역의 빈집은 활용이 가능하다.
④ (○) 활용이 가능한 빈집은 4개(나, 다, 마, 아)이다.
⑤ (×) '마' 구역의 빈집은 철거가 불가능하다.

16

난이도 ★★★★☆ 정답 ④

[핵심] 가중치 적용, 편차 활용 계산

ㄱ. (○) 평가방법 A를 적용할 때보다 평가방법 B를 적용할 때 변하는 연도별 가중치를 <표 2>에서 확인하면, 2023년 +0.1, 2022년 +0.1, 2021년 −0.2이다. 이 값을 <표 1>의 각 점수에 곱한 후 합산한다. 다음과 같이 모두 (+)가 나오므로, 모든 승진후보자의 평정점수는 평가방법 A를 적용할 때보다 평가방법 B를 적용할 때가 더 높다.

연도 / 승진후보자	2023	2022	2021	합
정숙	+8.5	+6.5	−13	+2
윤호	+7.0	+8.5	−15	+0.5
찬희	+7.5	+7.5	−13	+2
상용	+8.0	+6.0	−13	+1

ㄴ. (×) 평가방법 C를 적용(2023년 점수만 확인)할 때가 계산이 쉬우므로 먼저 처리하면 승진대상자는 '정숙'이다. 한편 평가방법 A를 적용하는 경우, 빠르게 비교하기 위해서 '정숙 대비 윤호 편차'에 '가중치'를 곱한 후 더해서 판단하면 −15×0.5 + 20×0.3 + 10×0.2 = +0.5, 즉 (+)가 나오므로 '정숙'보다 '윤호'의 평정점수가 더 높다. 따라서 옳지 않다. 한편, 점수 분포와 가중치 구조를 비교하면, '정숙'은 '찬희', '상용'보다 평정점수가 높다는 것을 쉽게 확인할 수 있다. 따라서 승진대상자는 '윤호'이다.

ㄷ. (○) '상용'의 2023년 근무성적점수만 90점으로 변경될 때, 각 평가방법을 적용하면 다음과 같다.

평가방법 A를 적용하는 경우 ㄴ에서 '윤호'가 승진대상자였으므로 '윤호'와 '상용'을 ㄴ에서처럼 '윤호 대비 상용 편차'에 '가중치'를 곱한 후 더해서 판단하면 +20×0.5 + (−25)×0.3 + (−10)×0.2 = +0.5, 즉 (+)가 나오므로 '윤호'보다 '상용'의 평정점수가 더 높다. 따라서 승진대상자는 '상용'이다.

평가방법 B를 적용하는 경우 '정숙', '윤호', '찬희'를 각각 '상용'과 비교한다. '정숙 대비 상용 편차'에 '가중치'를 곱한 후 더해서 판단하면 +5×0.6 + (−5)×0.4 + 0 = +1, 즉 (+)가 나오므로 '정숙'보다 '상용'의 평정점수가 더 높다. '윤호 대비 상용 편차'에 '가중치'를 곱한 후 더해서 판단하면 +20×0.6 + (−25)×0.4 + 0 = +2, 즉 (+)가 나오므로 '윤호'보다 '상용'의 평정점수가 더 높다. '찬희 대비 상용 편차'에 '가중치'를 곱한 후 더해서 판단하면 +15×0.6 + (−15)×0.4 + 0 = +3, 즉 (+)가 나오므로 '찬희'보다 '상용'의 평정점수가 더 높다. 따라서 승진대상자는 '상용'이다.

평가방법 C를 적용하면 2023년 점수만 확인하면 되므로 승진대상자는 '상용'이다.

17

난이도 ★★☆☆☆ 정답 ③

[핵심] 매칭형, 감소율 비교

<조건>을 순서대로 'ㄱ ~ ㄷ'로 두고, ㄷ → ㄱ 순서로 처리한다.

ㄷ. 2023년 교육시간의 전년 대비 감소율이 세 번째로 큰 교육방법은 '실습'이다. → 역방향 배율로 판단하면, 7배 이상인 '역할연기'가 1등, 약 2배인 A가 2등, 약 10% 증가인 B가 3등이다. → B : 실습 → 답은 ① 또는 ③

ㄱ. 매년 교육시간이 감소하는 교육방법은 '강의', '실습', '역할연기'이다. → 강의, 실습은 B 또는 C인데, ㄷ에서 B는 실습으로 확정되었으므로, C는 강의이다. 따라서 답은 ③이다.

18

난이도 ★★☆☆☆ 정답 ⑤

[핵심] 증가율 비교, 자료 읽기

① (○) <표>에서 읽으면 쉽게 확인된다.
② (○) 2월 '심야' 전력판매 단가 : 2월 '주택' 전력판매 단가 = 75.3 : 118.9 = 72↑ : 120↓ = 60↑ : 100

③ (○) 전력판매 단가의 전월 대비 증가율은 11월 '교육'이 약 13%, 4월 '가로등'이 약 6%이므로 2배 이상이다.
④ (○) 전력판매 단가는 매월 '주택'이 '농사'의 1.5배 이상임을 확인하기 위해서 '농사' 수치에 50%(절반)을 더한 값보다 '주택' 수치가 크다는 것을 확인한다.
⑤ (×) 9월과 10월을 비교하면, '교육' 전력판매 단가는 감소, '산업' 전력판매 단가는 증가하였다.

[스피드 해법]

③ $\frac{14.4}{110.8} > \frac{7\times 2}{114.3}$: 전자가 자대모소 구조

19

난이도 ★★★☆☆ 정답 ②

[핵심] 공식의 구조 파악, 사칙연산

각주 1)과 각주 2)의 분모가 '세입총계'로 같다는 점을 이용하면,

(재정자주도 − 재정자립도) = (자주재원 / 세입총계) × 100

∴ 자주재원 = 세입총계 × (재정자주도 − 재정자립도)/100

ㄱ. (×) 백억 원 단위에서 반올림하여 어림산하면, 재정자주도는 A가 약 $\frac{64}{100}$이고, C가 약 $\frac{48}{68}$(≒ 0.7)이다. 따라서 A가 C보다 작다.

ㄴ. (○) 백억 원 단위에서 반올림하여 어림산하면, 세입총계에서 자주재원이 차지하는 비중은 A가 약 $\frac{12}{100}$이고, B가 약 $\frac{42}{101}$이다. 따라서 A가 B보다 작다.

ㄷ. (○) ㄱ에서 구한 C의 재정자주도가 약 70%였다는 점을 이용하면 옳다.

ㄹ. (×) 자주재원 = 세입총계 × (재정자주도 − 재정자립도)/100 → B : 10,080 × (69.67 − 27.70)/100 ≒ 4,200 으로 가장 많다.

20

난이도 ★★★☆☆ 정답 ④

[핵심] 사칙 연산, 공식 정리

표>의 각 항목을 a~e로 치환하면 각주가 다음과 같이 정리된다.

유수율 (a)	무수율 (b)	누수율 (c)	계량기 불감수율 (d)	수도사업 용수량 비율 (e)

※ 1) 무수율(b) = 누수율(c) + 유효무수율 → ∴ 유효무수율 = b − c
2) 유효무수율 = 계량기 불감수율(d) + 수도사업 용수량 비율(e) + 부정사용률 → ∴ 부정사용률 = b − c − d − e

① (○) 누수율이 가장 높은 도시를 먼저 확인하면 A(5.4)이고, A의 유효무수율은 0.4(= 5.8 − 5.4)로 가장 낮다.
② (○) 유수율이 가장 낮은 도시는 C(90.1)이고, 유수율이 세 번째로 높은 도시는 E(93.8)이다. C의 부정사용률(3.0)은 E의 부정사용률(0)보다 높다.
③ (○) 무수율과 부정사용률의 차이(= c + d + e)가 가장 큰 도시는 G(9)이다.
④ (×) 계량기 불감수율이 가장 높은 도시는 B(4.5)이지만, 유효무수율이 가장 높은 도시는 C(5.4)이다.
⑤ (○) 무수율이 가장 높은 도시를 먼저 확인하면 C(9.9)이고, C의 부정사용률은 3.0으로 가장 높다.

21

난이도 ★★☆☆☆ 정답 ①

[핵심] 매칭형, 곱셈 비교, 전년값 비교

<조건>을 순서대로 'ㄱ ~ ㄹ'로 두고, ㄴ → ㄹ → ㄷ 순서로 처리한다.

ㄴ. 2023년 수입금액이 가장 낮은 품목은 '된장'이다. → 43×1,479가 최솟값이므로, '된장' : D → ⑤ 제거

ㄹ. 2023년 수입중량이 2,000톤 이상인 품목은 '김치', '설탕', '식용유'이다. → '설탕', '식용유' : C, E 조합 → ③ 제거

ㄷ. 2022년 수입단가가 2,000원/kg 이상인 품목은 '고춧가루', '두부', '식용유'이다. → '고춧가루', '식용유' : B, E 조합 → ∴ '식용유' : E → ②, ④ 제거하면 답은 ①이다. 또는 '고춧가루' : B, '설탕' : C 임을 확인하여 답을 ①로 결정한다.

[스피드 해법]

<표>에 실명이 제시된 품목을 <조건>에 표시해 두면 시간을 절약할 수 있다. <조건> 중에서는 '가장'이 들어간 것과 '수치'가 제시된 것들을 우선 처리한다.

22

난이도 ★★☆☆☆ 정답 ③

[핵심] 매칭형, 수치 비교

<보고서> 내용 중 매칭이 쉬운 부분을 체크하면 다음과 같다.

양육자 성별이나 육아 참여 방식과 관계없이 모든 문제 유형 중 '섭식문제'의 발생 비율이 가장 낮았다. → D : 섭식문제

일례로 '우울' 발생 비율은 '배우자와 함께 육아 참여'일 때가 '양육자 혼자 육아 참여'일 때보다 14.1 %p 낮게 나타났다. → A : 우울

한편, 양육 스트레스 고위험군은 저위험군에 비해 정신건강 문제 발생 비율이 높았는데, 그중 '불안'과 '섭식문제'의 발생 비율은 각각 고위험군이 저위험군의 5배 이상이었다. → B : 불안 → ∴ C : 불면증

[스피드 해법]

<조건> 중에서는 '가장'이 들어간 것과 '수치'가 제시된 것들을 우선 처리한다.

23

난이도 ★☆☆☆☆ 정답 ①

[핵심] 추가로 필요한 자료

ㄱ. (○) 자녀 연령별 양육 스트레스 점수는 0~2세가 가장 높고, 3~6세, 7~9세 순이었다. 고위험군 비율 순위 역시 자녀의 연령별 양육 스트레스 점수 순위와 같았다.

ㄴ. (○) 또한, 가구의 월평균 소득 구간이 200만 원 미만인 양육자의 스트레스 점수가 40.5점으로 가장 높았고, 고위험군 비율도 다른 소득 구간보다 25 %p 이상 높은 것으로 나타났다.

ㄷ. (×) "경제활동 여부별 양육 스트레스"는 <보고서>에 언급되지 않았다.

ㄹ. (×) "자녀수별 양육 스트레스 점수"는 <보고서>에 언급되지 않았다.

24

난이도 ★★☆☆☆ 정답 ③

[핵심] 보고서 부합형, 비율 연산, 자료 읽기

ㄴ. (×) 2022년에는 지주회사의 전체 계열사 1,281개 중 915개가 지주회사 체제 안에 편입되어 있는 것으로 나타났고, 편입률은 전년 대비 증가하였다. → 지주회사 편입률 : 71.4%

ㄷ. (×) 지주회사의 평균 소속회사 수 추이를 보면, 자, 손자, 증손 회사 각각 2017년 이후 매년 증가하였다. → 증손 회사의 경우 전년대비 2018년에 감소, 2019년에 정체, 2021년에 감소하였다.

25

난이도 ★★★☆☆ 정답 ⑤

[핵심] 비율 계산, 사칙 연산

① (×) '문화 다양성'과 '장애인 고용'을 비교하거나, '문화체험 메타버스'와 '장애인 고용'을 비교하면 옳지 않다.

② (×) 수상률이 가장 높은 공모전은 '평화정책'(=17.7%)이다.

③ (×) 공모전 전체 상금총액 중 '평화통일' 상금총액이 차지하는 비중은 25 % 미만이다.

④ (×) 상금총액 대비 응모작품 수 비율이 20% 초과하는 것은 '청렴사회'와 '적극행정 홍보'뿐이다. 이 중 '청렴사회'는 30%를 초과하여 1위이다. 따라서 두 번째로 높은 공모전은 '적극행정 홍보'이고 수상작품 수는 15개이다.

⑤ (○) 수상률이 10% 미만인 것은 '청렴사회'와 '적극행정 홍보'뿐이다. 각각 5,000만 원 미만, 1,000만 원 미만이므로, 이 둘의 상금총액 합은 6,000만원 이하(5,710만 원)이다.

[스피드 해법]

② 문화 다양성 : 평화정책 = $\frac{13}{79} : \frac{65}{368}$ → 분자는 5배, 분모는 5배 미만 (자증대상)

③ $\frac{4,500}{19,430} \fallingdotseq \frac{45}{194} < \frac{45}{180} (= \frac{1}{4} = 25\%)$

26

난이도 ★★★☆☆ 정답 ③

[핵심] 표-차트 변환형, 비중 계산, 증가율 계산

ㄹ. (×) 수치 계산이 쉬운 부분을 공략한다.

2022년 안전미준수 : 13 → 6 (절반 미만 남았으므로 감소율 50% 초과)

2021년 조석미인지 : 83 → 90 (증가율 10% 미만)

2022년 조석미인지 : 90 → 72 (80% 남았으므로 감소율 20% → −20%)

27

난이도 ★★★☆☆ 정답 ④

[핵심] 수리계산형, 지도와 범례 읽기, 가중치 적용

	(농업~)×2	(1인당~)	(옥수수~)×3	합산 점수
A	3×2	3	1×3	12
B	2×2	2	2×3	12
C	2×2	3	2×3	13
D	1×2	3	3×3	14
E	1×2	1	1×3	6

28

난이도 ★★☆☆☆ 정답 ⑤

[핵심] 분수 비교, 증감률 비교

ㄱ. (×) 2022년 재배면적당 생산액은 복숭아가 약 27(=456/16.7), 감귤이 약 30(=637/21.3)이다.

ㄴ. (○) 6대 과일 중 2021년 생산량의 전년 대비 증감률(절댓값 비교)이 가장 큰 과일은 복숭아(=−40%)이다. 사과 25%, 감귤 −4%, 포도 −33%, 배 −30%, 단감 −35%이다.

ㄷ. (○) 6대 과일 생산액의 합에서 배의 생산액이 차지하는 비중이 10 % 이상인 연도는 4개(2019~2022년)이다.

29

난이도 ★★☆☆☆ 정답 ②

[핵심] 표-차트 변환형, 항목 확인, 비중 비교

ㄴ. (×) 배 생산량이 아닌 포도 생산량이 그려졌다.

ㄷ. (×) <표 1>에서는 복숭아(456) > 배(426) → 그래프에서는 복숭아(10.2) < 배(11.0)

30

난이도 ★★★☆☆ 정답 ⑤

[핵심] 순위 자료 함정

ㄱ. (O) 장르가 '액션'인 드라마는 10위 안에는 메피스토 1개인데 시청점유율이 1.90%이다. 11위 이하에 장르가 '액션'인 드라마가 있다고 하더라도 시청점유율이 1.90% 이하이므로, 장르가 '액션'인 드라마의 평균은 2% 이하이다.

ㄴ. (X) 순위 10위 내의 드라마들만 대상으로 계산하도록 유도한 함정이다. 순위 10위 내의 드라마들만 대상으로 한다면, 제작사가 '퍼시픽'인 드라마의 시청점유율 총합은 8.50%이고, 제작사가 '폭풍'인 드라마의 시청점유율 총합은 8.40%이다. 그러나 순위가 11위 이하인 드라마들의 시청점유율에 따라서 달라질 수 있으므로 판단할 수 없다.

ㄷ. (O) 순위 10위 내의 드라마들의 시청점유율 총합은 79.95%이다. 따라서 11위 이하의 드라마들의 시청점유율 총합은 20.05%이다. 20.05/1.90(=10위 시청점유율) = 10.xx이므로 적어도 여기에 11개 이상의 드라마가 존재한다. 따라서 드라마 수는 21개 이상이다.

ㄹ. (O) 시청점유율 / 1인당 시청시간
= (해당 드라마 시청자 수 / 전체 시청자의 드라마 시청시간 총합) × 100
'전체 시청자의 드라마 시청시간 총합'은 고정된 상수이므로 '해당 드라마 시청자 수'는 '시청점유율 / 1인당 시청시간'와 비례한다. 5위 드라마의 시청자 수(=3.60/89 < 0.05)는 8위 드라마의 시청자 수(=2.40/30 = 0.08)보다 적다.

31

난이도 ★★★★☆ 정답 ④

[핵심] 공식 정리, 복합 연산

<표>의 항목들을 다음과 같이 치환한다.

인구 (N)	연금 가입자 수 (x)	연금 계좌 수 (y)	가입률 (a)	중복 가입률 (b)

각주 내용을 정리하면 다음과 같다.

$x = N \times a \div 100$

$y = N \times (a+b) \div 100$

$y - x = N \times b \div 100$

$b = \frac{y-x}{N} \times 100$

ㄱ. (O) 2017년 연금 계좌 수는 31,354×(0.698 + 0.28) = 31,354 × 0.978 = 30,664, 따라서 전년 30,265보다 증가하였다.

ㄴ. (X) 2018년의 중복 가입률은 29.3%(= $\frac{31,432 - 22,296}{31,183} \times 100$)이고, 2019년의 중복 가입률은 30.0%이므로 차이는 1 %p 미만이다.

ㄷ. (O) 2019년 연금 가입자 수는 31,538 − 30,915×0.3 = 22,263, 따라서 22,263 → 23,793 사이 증가율은 5 % 이상(약 7%)이다.

ㄹ. (O) 2020년 중복 가입률은 $\frac{33,459-23,793}{30,590} \times 100$

2021년 중복 가입률은 $\frac{33,458-23,727}{30,128} \times 100$ → 2021년이 자대모소 구조이다. 따라서 전년보다 증가하였다.

[스피드 해법]

상대적으로 계산이 적은 ㄱ → ㄹ을 풀어서 답을 확정짓는 것이 좋다.
ㄱ. 2017년을 직접 계산하지 않고 2016년과 비교한다. (곱셈 비교 테크닉)
315,... × 0.96 < 313,... × 0.978
주고 받는 증가율을 비교하면 0.96 → 0.978 (1% 초과), 315←313 (1% 미만)

32

난이도 ★★★★☆ 정답 ④

[핵심] 사칙 연산, 분수 비교

① (X) 우럭 소매단가의 전월 대비 감소율이 가장 큰 달은 6월이고, 광어 소매단가의 전월 대비 감소율이 가장 큰 달은 4월이다. 감소율 10% 이상인 달을 기준으로 찾으면 확인된다.

② (X) 3개 어종 어획량의 합은 4월에 44,209, 5월에 43,861로 감소하였다.

③ (X) 조업선박 1척당 3개 어종 어획량의 합은 3월 약 834(=37,523/45), 6월 약 694(=48,601/70), 따라서 20 % 미만 감소하였다.

④ (O) 우럭의 도매단가 대비 소매단가 비율은 1.61→1.63→1.74→1.80으로 매월 증가하였다.

⑤ (X) 6월의 경우, 고등어 어획량(24,051)은 우럭과 광어의 어획량 합(24,550)보다 적다.

[스피드 해법]

④ 시간을 역순(3월 ← 4월 ← 5월 ← 6월)으로 보면서 증가율을 비교하면, 도매 증가율이 소매 증가율보다 항상 크다. 따라서 3월 < 4월 < 5월 < 6월 순이다.

33

난이도 ★★★☆☆ 정답 ①

[핵심] 비례식, 단위 처리, 사칙 연산

ㄱ. (O) 2020 ~ 2023년 교통사고 발생건수당 사망자수를 비교하면, 매년 분자(사망자수) 감소율이 분모(발생건수) 감소율보다 커서 분수가 하락한다(자감대하). 한편 2023년 교통사고 발생건수 100건당 사망자수는 1.8명 이하인

지 확인하기 위해 비례식을 이용하면, 215.9천건 : 37.8 백명 = 100건 : (1.75명)이다.

ㄴ. (○) 2020~2023년 부상자수 중 중상자수의 비율을 비교하면, 매년 분자(중상자수) 감소율이 분모(부상자수) 감소율보다 커서 분수가 하락한다(자감대하). 한편 2023년에는 부상자수(3,200 초과) 중 중상자수(800 미만)의 비율은 25 %(=1/4) 이하였다.

ㄷ. (×) 특별광역시도의 교통사고 발생건수는 2022년에 증가하였다.

ㄹ. (×) 일반국도의 교통사고 발생건수는 2022년과 2023년 두 해의 발생건수가 각각 200천 건 초과이고, 해당 비율이 각각 8%이므로 각각 16,000건을 넘었다. 200천 건 × 8% = 16천 건

[스피드 해법]

ㄷ. 곱셈비교를 활용할 수 있다.
2021년 : 2022년 = 220.8×39.7 : 217.1×40.6
서로 주고 받는 증가율을 비교하면 2% 기준으로 구별된다.
220.8 ← 217.1 (2% 미만), 39.7 → 40.6(2% 초과)

34

난이도 ★★★☆☆ 정답 ①

[핵심] 곱셈 관계 통합 변화율, 증가율 대소 비교

① (○) 소득 = 총수입 × 소득률 ÷ 100
전년대비 2018년 총수입은 20% 이상 증가, 소득률은 5% 이상 증가하였으므로, 소득은 25 % 이상 증가하였다.

② (×) 2019년 소득(667,350)은 2018년(701,037) 대비 감소하였다.

③ (×) 2017년 대비 2021년 경영비 증가율은 20 % 미만 (433→508 : 75 증가)이다.

④ (×) 전년 대비 2020년 총수입은 증가, 경영비는 감소하였다(2019년 경영비 : 485,230).

⑤ (×) 총수입의 전년 대비 증가율이 가장 낮은 해는 2016년(약 −14%)이고, 소득의 전년 대비 감소폭이 가장 큰 해는 2022년(약 180,000 감소)이다.

35

난이도 ★★★★☆ 정답 ③

[핵심] 최대 최소 계산

① (○) 1,001~2,000권의 장서를 보유한 병영도서관 수는 486개소, 2,001~3,000권의 장서를 보유한 병영도서관 수는 430개소이다.

② (○) 육군 이외 모든 국군 병영도서관 수의 합(437개소)은 2,001권 이상의 장서를 보유한 육군 병영도서관 수(715개소)의 70 % 이하이다.

③ (×) 지문을 반박하기 위해서 장서 보유량의 합의 최솟값을 도출한다. 해군 병영도서관 중 장서 보유량 상위 50 개소(5,001권 이상 21개소 + 3,001~5,000권 29개소)의 장서 보유량 합이 20만 권이라면, 3,001~5,000권 5(=34−29) 개소를 포함한 그 아래 구간의 장서 보유량의 합을 최소로 계산하면 169,712권(=1×67 + 501×49 + 1,001×52 + 2,001×39 + 3,001×5)이다. 따라서, 총 369,712권 / 총 262개소 ≒ 1,411(권/개소)이므로 2,000(권/개소) 미만이 가능하므로 틀린 진술이다.

④ (○) ③과 마찬가지로 장서 보유량의 합의 최솟값을 도출한다. 공군 병영도서관의 장서 보유량 합은 최소 338,111 권이다.

⑤ (○) 국직 병영도서관의 경우, 5,001권 이상 구간을 제외한 구간들에서 장서 보유량의 최댓값을 구하면 161,500 권이다. 따라서 국직 병영도서관의 장서 보유량 합이 21 만 권이라면, 5,001권 이상 구간의 장서 보유량은 48,500 권이고 9개소 평균을 계산하면 약 5,389권이므로 5,300 권 이상의 장서를 보유한 국직 병영도서관은 1개소 이상 반드시 존재한다.

[스피드 해법]

③ 보유량 각 구간의 최소 권수를 기준으로 잡고 각 구간별 개소수를 곱한 후 모두 더하여 장서 보유량의 합의 최소 값을 계산한다. 이때 정확히 계산할 필요는 없고, 다음과 같이 반박하는 식을 세워본다.

$$\frac{20\text{만권} + x}{262\text{개소}} < 2{,}000(\text{권/개소}) \rightarrow x < 32.4\text{만권}$$

36

난이도 ★★★★☆ 정답 ⑤

[핵심] 증감률 계산, 비율 계산

각주에서 '2020~2023년 동안 '갑'국 직업학교 A~E의 성별 모집정원은 변동 없음'이라고 했으므로 ③과 ⑤를 처리할 때 분자인 '지원자수'만 비교한다.

① (×) 직업학교 A~E의 전체 지원자 수의 합은 2020년 (35,285)보다 2021년(37,850)이 크다.

② (×) 2020년 전체 지원자 수 대비 2023년 전체 지원자 수 비율은 D 55.6%, C 52.4%로 C가 더 낮다.

③ (×) 이므로 직업학교 E에서 성별 모집정원 대비 지원자 수 비율이 가장 낮은 연도는 남성는 2023년, 여성은 2020년이다.

④ (×) 직업학교 A는 남성 지원자 수의 전년 대비 증감률이 가장 큰 연도는 2022년(약 −40%)이고, 여성 지원자 수의 전년 대비 증감률은 2021년(약 42%)이 2022년(약 −41%)보다 크다.

⑤ (○) 직업학교 B에서 여성 모집정원 대비 여성 지원자 수 비율이 가장 낮은 연도와 직업학교 C에서 여성 모집 정원 대비 여성 지원자 수 비율이 가장 높은 연도는 각각 2021년으로 동일하다.

37

난이도 ★★★★☆ 정답 ②

[핵심] 교집합의 최소값과 최대값, 사칙 연산

ㄱ. (×) 피해금액이 5,000만 원 이상 1억 원 미만인 피해자는 76.3%이고, 피해금액이 5,000만 원 이상 1억 원 미만인 피해자이면서 30대 이하인 피해자는 35.7~59.4%이다. 따라서 40 % 초과이다. $\frac{35.7 \sim 59.4}{76.3} > 40\%$

ㄴ. (○) 피해금액 총액은 다음과 같이 최소값을 구한다.

$765\text{명} \times \frac{0\times3.7+0.5\times76.3+1\times11.4+2\times6.4+3\times2.2}{100}(\text{억 원})$

= 527.5억 원, 따라서 500억 원 이상이다.

ㄷ. (×) 피해금액이 3억 원 이상인 피해자(2.2%)가 모두 법인(3.3%)에 해당하면, 피해금액이 3억 원 미만인 법인 피해자는 1.1%(A)이다. 한편 40대 이하인 피해자(79.7%)가 피해금액이 모두 1억 원 미만(80.0%)에 해당하면, 40대 이하가 아니면서 피해금액이 1억 원 미만인 피해자가 0.3%(B) 존재한다. 따라서 (A)와 (B)가 중복될 수 있으므로 피해금액이 1억 원 미만인 법인은 없다고 단정할 수 없다.

[스피드 해법]

ㄱ. '미만'이 제시된 지문이므로, 실전에서는 최솟값(= 59.4 + 76.6 - 100 = 35.7)은 구할 필요 없고, 최댓값이 59.4라는 것만 확인하면 된다.

38

난이도 ★★★★☆ 정답 ⑤

[핵심] 평균의 특성 활용 : 편차의 합은 0

<표 1>과 <표 2>를 연결해서 처리해야 한다. <표 2>의 평균점수를 확인하면서, '편차의 합이 0'이 되는 숫자 조합을 찾거나, '평균점수×인원수 = 총점'을 이용한다.

학기 / 학생	1학기		2학기	
A	4.3	상	4.2	상
B	3.7	상	3.6	상
C	4.0	상	3.8	상
D	2.8	중	2.7	중
E	3.4	중	(1.9)	하
F	0.4	하	0.2	하
G	3.9	상	3.6	상
H	2.8	중	1.8	하
I	(3.4)	중	2.2	중
J	1.2	하	1.1	하

학기 / 등급	1학기	2학기
상	3.98	3.80
중	3.10	2.45
하	(0.8)	1.25

학기 / 등급	1학기	2학기
상	A, B, C, G	A, B, C, G
중	D, E, H, I	D, I
하	F, J	E, F, H, J

① (×) '상'등급에 해당하는 학생 수는 1학기, 2학기 각각 4명이다.

② (×) 1학기와 2학기의 점수 차이가 가장 큰 학생은 E(1.5)이다.

③ (×) 학생 E의 2학기 등급은 '하'이다.

④ (×) '하'등급의 평균점수는 1학기(0.8)가 2학기(1.25)보다 낮다.

⑤ (○) 학생 A~J는 모두 1학기 점수가 2학기 점수보다 높다.

39

난이도 ★★★★★ 정답 ③

[핵심] 상황판단형, 경우의 수

<정보 3>을 이용하여 다음과 같이 정리한다.

반	1	2	3	4	5	6
상 받은 학생 수	5 (2, 3)	4 (2, 2)	4 (1, 3)	5 (1, 4)	3 (2, 1)	1 (1, 0)
받은 상 개수	9 (6, 3)	8 (6, 2)	9 (3, 6)	8 (3, 5)	8 (6, 2)	3 (3, 0)

'상 받은 학생 수'를 (3개 모두 받은 학생 수, 그 외 학생 수)로 분류하고, '받은 상 개수'를 (3개 모두 받은 학생이 받은 상 개수, 그 외 학생이 받은 상 개수)로 분류하였다.

<표 2>의 순위를 적용하여 다음과 같이 음영셀을 표시하였고, 그 외의 칸은 위의 표와 아래 표의 '계'를 활용하면서, 공동 2위는 없다는 점을 확인하여 정리하였다.

반	1	2	3	4	5	6	합
우등상	5	2	4	(2, 1)	(3, 2)	1	15~17
개근상	2	4	1	(1, 2)	3	1	12~13
봉사상	2	2	4	5	(2, 3)	1	16~17
계	9	8	9	8	8	3	45

'합'은 구간으로 제시되었는데, <정보 4>를 이용하면 확정할 수 있다. 우등상을 받은 학생 수가 봉사상을 받은 학생 수보다 많아야 하므로, 우등상은 17, 봉사상은 16이 되어야 한다. 그러면 자동적으로 개근상은 12가 된다.

40

난이도 ★★★★☆ 정답 ②

[핵심] 곱셈 계산, 차이나는 곳만 비교 (ㄷ, ㄹ)

원가를 a, 유류세를 b, 판매부과금을 c로 두면
[소비자 판매가격 = (a + b + c)×1.1] 로 정리된다.

ㄱ. (○) '보통 휘발유'의 교통세를 x라고 두고, '자동차용 경유'의 교통세를 y라고 두면, '보통 휘발유'의 유류세는 x + 0.15x + 0.26x = 1.41x 이고, '자동차용 경유'의 유류세는 y + 0.15y + 0.26y = 1.41y 이다. 교육세, 주행세 항목에서 교통세에 대한 부과율이 동일하므로, 결국 유류세는 교통세와 비례하게 된다. 따라서 529 : 375 = 1.3↑ : 1 이다.

ㄴ. (×) 소비자 판매가격 대비 유류세의 비율이 세 번째로 높은 유종은 '선박용 경유'이다. $\frac{b}{(a+b+c)\times 1.1}$ 식에서 1.1은 공통이므로 무시하고, 전체비를 상대비로 전환하면 $\frac{b}{a+c}$ 로 판단할 수 있다. 실전에서는 시간 소모적이므로 스킵하는 것이 좋다.

	a	b	c	$\frac{b}{(a+b+c)\times 1.1}$	$\frac{b}{a+c}$
보통 휘발유	670	745.89	0	0.478909	1.113269
고급 휘발유	760	745.89	36	0.439773	0.937048
선박용 경유	700	528.75	0	0.391196	0.755357
자동차용경유	760	528.75	0	0.372983	0.695724
등유	820	72.45	0	0.073801	0.088354

ㄷ. (○) 원가와 판매부과금의 변동없이 유류세가 10 % 인하된다면, '보통 휘발유'의 소비자 판매가격은 529(원/L)×1.41×10%×1.1 인하된다. 따라서 약 82원/L 인하된다.

ㄹ. (×) '선박용 경유'의 소비자 판매가격 인하 폭은 전자의 경우 375×1.41×15%×1.1 이고, 후자의 경우 700×10%×1.1 이다. 서로 약분하여 정리하면 375×1.41×1.5 vs 700, 전자는 375의 2배보다 크므로 700보다 크다.

2023년 5급 공채 [가책형]

문항별 핵심 정리표(1)

번호	난이도	유형	포인트	소재	자료수
1	★★☆☆☆	매칭형	소거법	2022년 A ~ E국의 우편 서비스 현황	표2,보고서1
2	★☆☆☆☆	일반형	자료 읽기, 기준수 찾기, 각주	진로체험 편성·운영 시 학생 의사 반영에 관해 조사	표2,보고서1
3	★★☆☆☆	보고서형	추가로 필요한 자료	2021년과 2022년 '갑'국의 학교급별 사교육비	표2,보고서1
4	★★☆☆☆	매칭형	소거법	2014년과 2019년 A ~ E국의 3대 사망원인별 연령표준화사망률	표1,보고서1
5	★★☆☆☆	일반형	분수 비교, 증가율 계산	2016 ~ 2020년 '갑'국의 난민심사 현황	표1
6	★★★☆☆	일반형	구성비 계산, 상대비, 뺄셈 비교	2022년 A시를 방문한 내국인 및 외국인 대상 업종별 매출액	표1
7	★★☆☆☆	일반형	증가율 계산, 분수 비교	일제강점기 1933년과 1943년 한국인과 일본인의 고등교육기관 재학생 현황	표1
8	★★★☆☆	일반형	정보가 포함된 표, 분수 비교	'갑'국 △△고속도로의 A ~ I휴게소 현황	표1
9	★★★☆☆	일반형	분수 비교, 차트 스피드 해법	갈라파고스 군도 A ~ F섬의 서식종 수, 토속종 수, 면적	그림1
10	★★★★☆	일반형	구간이 나뉘어진 표	'갑'국의 면적직불금 지급단가	표1
11	★★★☆☆	표-차트 변환형	구성비 차트, 증가율 계산	A가계의 2019년과 2020년 가계지출	표2,그림5
12	★★★☆☆	일반형	분수 비교, 역수 계산	2022년 '갑'시 6개 공공도서관 운영 현황	표1
13	★★☆☆☆	보고서형	보고서 부합형, 주어진 자료 해석하기	2015 ~ 2020년 한국의 항공기 및 부품 산업 현황	표2,그림3,보고서1
14	★☆☆☆☆	보고서형	보고서형, 추가로 필요한 자료	'갑'국의 전국 학교급식 운영 및 예산 현황	표1,그림1,보고서1
15	★★★☆☆	매칭형	공식 정리, 주어진 자료 활용하기	2020년 '갑' 지역 수산물 생산 현황	표1
16	★★★★☆	일반형	조건의 적용, 편차 계산	2022년 '갑' 부처 기금 A ~ E의 예산과 기금건전성 평가 결과 및 2023년 기금예산 결정방식	표2
17	★★☆☆☆	매칭형	그래프 해석, 선지플레이	'갑'국의 1925 ~ 1940년 산업별 공장 수	표1,그림1
18	★★★☆☆	일반형	감소율 계산, 분수 비교	'갑'국의 2020년 6 ~ 11월 마스크 생산량 및 가격, 6월과 11월의 마스크 제조업체 수 및 품목별 허가제품 수	표3
19	★★☆☆☆	표-차트 변환형	읽기형 지문, 비율 계산	'갑'국의 2020년 6 ~ 11월 마스크 생산량 및 가격, 6월과 11월의 마스크 제조업체 수 및 품목별 허가제품 수	표3,그림5
20	★★★☆☆	일반형	덧셈 비교, 비율 계산	'갑'국의 2019 ~ 2021년 신재생 에너지원별 발전소 현황	표1,그림2

2023년 5급 공채 [가책형]

문항별 핵심 정리표(2)

번호	난이도	유형	포인트	소재	자료수
21	★★★☆☆	매칭형	매칭형+일반형, 정보 매칭	2016년과 2021년 '갑'국 일평균 농식품 폐기량	표1, 정보1
22	★★★☆☆	일반형	증가율 계산, 분수 비교	2020년과 2021년 '갑'국의 발화요인별 화재발생 건수	표1
23	★★★☆☆	일반형	각주 활용, 뺄셈 비교	2020년과 2021년 '갑'국 주요 축산물의 축종별 수익성 현황	표1
24	★★★☆☆	일반형	단순 연산, 분수 계산	A 지역의 일평균 폐기물 발생량 및 재활용량	표1
25	★★★☆☆	표-차트 변환형	실수 비례 비율 차트, 분수 계산	'갑'국의 2016 ~ 2020년 보호관찰 접수 인원	표1, 그림4
26	★★★☆☆	일반형	빈칸이 있는 표, 계산 단순화	2021년 '갑'국 대학교의 자료구입비	표2
27	★★★☆☆	일반형	여사건, 개구간 자료, 최댓값	2022년 '갑'시의 시내버스 현황	표2
28	★★★★☆	일반형	단위 주의, 정보의 이해, 누적도수분포표, 평균	A 사 임직원 평균 연봉 현황	표1
29	★★★☆☆	일반형	빈 칸이 있는 표, 증가율, 상대비	2011 ~ 2021년 '갑' 복지재단의 수입, 지출 및 기금 적립 현황	표1
30	★★☆☆☆	보고서형	자료 읽기	21대 국회의원 당선자	보고서1, 그림3, 표2
31	★★★☆☆	수리계산형	편차의 개념, 평균, 방정식	A ~ D 기업의 2022년 8월 첫째 주의 주간 소비자 불만 신고 건수	표1
32	★★★★☆	상황판단형	조건의 적용, 경우의 수, 편차	A ~ D 기업의 2022년 8월 첫째 주의 주간 소비자 불만 신고 건수	표1, 조건1
33	★★★☆☆	일반형	곱셈 비교, 분수 계산	2018 ~ 2021년 '갑'국의 가구수 및 반려동물 보유가구 현황과 관련 시장 매출액	표2
34	★★★☆☆	일반형	비율 계산, 분수 계산	'갑'국 A ~ J 지역의 시의원 후보자 및 당선자	표1
35	★★★☆☆	일반형	분수 비교, 덧셈 비교	'갑' 마을의 2013 ~ 2022년 인구 및 가구 변화	표1
36	★★★☆☆	표-차트 변환형	자료 파악하기, 증감폭 계산	2017 ~ 2021년 '갑'국의 청년 창업 현황	표3, 그림5
37	★★★☆☆	일반형	자료 읽기, 증가율 비교	'갑'국의 교역대상국(A ~ F)별 2022년 7월 해상 수출 및 수입 운송비용	표1
38	★★★★☆	상황판단형	조건의 적용	1936 ~ 2022년 필즈상 수상자의 최종 박사학위 취득 대학	표2
39	★★★★★	수리계산형	여사건, 분수 계산	2020년 '갑'국 A ~ H 지역의 코로나19 지원금	표2, 정보1
40	★★★☆☆	일반형	덧셈 계산, 조건의 적용	갑질 발생 위험도를 설문조사한 결과	표2, 정보1

2023년 5급 공채 [가책형]

01 ②	02 ①	03 ⑤	04 ⑤	05 ①
06 ⑤	07 ③	08 ⑤	09 ②	10 ②
11 ⑤	12 ②	13 ③	14 ④	15 ②
16 ②	17 ④	18 ④	19 ③	20 ⑤
21 ④	22 ②	23 ⑤	24 ④	25 ①
26 ②	27 ⑤	28 ④	29 ③	30 ③
31 ①	32 ④	33 ①	34 ⑤	35 ①
36 ②	37 ①	38 ④	39 ③	40 ③

01

난이도 ★★☆☆☆ 정답 ②

[핵심] 매칭형, 소거법

[2문단 1문장] '집으로 우편물 배달' 비율이 세계 평균 및 '우체국에서 우편물 배부' 비율보다 높은 국가는 A국을 제외하고 모든 국가이다(① 제거).

[2문단 2문장] 2012년 대비 2022년 국내우편 시장 규모가 감소한 국가는 <표 2>의 '2012년 대비 국내우편 시장 규모 성장률'이 (-)인 국가이다. 따라서 E국이 제외된다(⑤ 제거).

[3문단 1문장] 세계 평균 우체국 직원 1인당 인구(1,428명)의 70%는 약 1,000명이므로 세계 평균보다 70% 이상 많은 국가는 A, B, D국이다(③ 제거).

[3문단 2문장] 인구 10만 명당 우체국 수가 세계 평균보다 적은 국가는 A, B, C, E국이다(④ 제거).

02

난이도 ★☆☆☆☆ 정답 ①

[핵심] 자료 읽기, 기준수 찾기, 각주

ㄱ. (○) <표 1>에 제시되어 있다.

ㄴ. (×) 중학교의 경우 2.4%p(13.0%→15.4%), 고등학교의 경우 2.8%p(26.4%→29.2%)로 반대로 제시되어 있다.

ㄷ. (○) <표 2>에 제시되어 있다.

ㄹ. (×) <표 2>의 '이동 시간 부족'이 중학교와 고등학교 모두 8%로 동일하지만, 각주 1)의 내용('미반영'으로 응답한 교원을 대상으로 조사함.)에 따라 <표 1>의 수치도 고려해야 한다. 즉, 중학교의 경우 '미반영'으로 응답한 138(=1,000×13.8%)명을, 고등학교의 경우 125(=1,000×12.5%)명을 대상으로 조사하였기 때문에 '이동 시간 부족'으로 응답한 교원의 수는 중학교와 고등학교가 다르게 된다.

03

난이도 ★★☆☆☆ 정답 ⑤

[핵심] 보고서형, 추가로 필요한 자료

ㄱ. (×) <표 1>에서 구할 수 있다.

ㄴ. (×) 분야별 학생 1인당 월평균 사교육비는 <보고서>에서 언급되지 않았다.

ㄷ. (○) 3문단 1문장에서 2017년 사교육비 총액 중 '예체능 및 취미·교양' 사교육비가 차지하는 비중이 필요하다.

ㄹ. (○) 5문단에서 필요하다.

04

난이도 ★★☆☆☆ 정답 ⑤

[핵심] 매칭형, 소거법

[1문단 2문장] 2014년과 2019년 모두 여자의 연령표준화사망률이 순환기계가 가장 높고 암이 그 다음인 국가는 C, D, E이다.

[2문단 1문장] C, D, E 중 남자와 여자의 연령표준화사망률 모두, 암과 순환기계는 낮아졌으나 호흡기계는 높아진 국가는 C, E이다.

[2문단 2문장] C의 경우, 2019년 남자와 여자 모두 호흡기계가 암의 절반에 미치지 못하므로 '갑'국은 E가 된다.

05

난이도 ★★☆☆☆ 정답 ①

[핵심] 분수 비교, 증가율 계산

① (×) 2020년의 경우, 심사 완료자(분모)는 전년대비 10% 미만 증가하였는데, 인도적 체류자(분자)는 10% 이상 증가하였으므로 틀린 지문이다.

② (○) 2017년과 2018년은 전년대비 증가율이 80% 이상이고, 2019년은 약 43%(=(7,541−5,268)/5,268)이다. 한편, 2020년은 40% 미만이므로 2020년이 가장 낮다.

③ (○) 난민인정률은 심사완료자(분모) 중 난민인정자(분자) 비율로, 분모가 크고 분자가 작은 연도 위주로 살펴본다. 2020년이 심사완료자가 가장 많지만 2019년에 비해 약 5% 내외로 많을 뿐이고(5,668→5,890), 난민인정자는 20% 이상 크기 때문에(98→121) 2019년보다 난민인정률이 더 높다. 다른 연도도 마찬가지로 2019년보다 높을 수밖에 없기 때문에 2019년이 난민인정률이 가장 낮다.

④ (○) 신규신청자가 가장 많은 해는 2020년(9,942명)이고, 신청철회자가 가장 많은 해도 2020년(1,117명)이다.

⑤ (○) 심사인력(분모)의 전년대비 증가율과 신규신청자(분자)의 전년대비 증가율을 비교하여, 분자가 분모보다 증가율이 매년 더 크면 심사인력 1인당 신규신청자가 매년 증가한다(자증대상). 증가율을 구해보면 다음과 같다.

연도 \ 구분	신규신청자	증가율	심사인력	증가율
2016	1,574	-	20	-
2017	2,896	약 84%	20	0%
2018	5,268	약 82%	30	50%
2019	7,541	약 43%	40	33.3%
2020	9,942	약 32%	50	25%

따라서 심사인력 1인당 신규신청자는 매년 증가한다.

[스피드 해법]

② 2017년과 2018년은 거의 2배인 것만 확인하고, 2019년과 2020년 위주로 계산해본다.

⑤ 심사인력의 수치구조가 쉽기 때문에 이를 기준으로 신규신청자의 증가율이 그보다 큰지 작은지만 확인한다.

06

난이도 ★★★☆☆ 정답 ⑤

[핵심] 구성비 계산, 상대비, 뺄셈 비교

① (×) 각 비중의 크기 비교는 매출액과 비례하기 때문에 <표>의 수치대로 크기 비교를 해도 된다. 매출액이 큰 업종부터 나열하면, 내국인 대상의 경우 쇼핑업, 식음료업 순서이지만 외국인 대상은 쇼핑업, 숙박업 순이므로 틀린 지문이다.

② (×) 내국인 대상 전체 매출액은 2,422,826(백만 원)이므로 식음료업이 차지하는 비중은 약 45%(=1,095,585/2,422,826)이다.

③ (×) 외국인 대상 전체 매출액은 56,840(백만 원)이므로 내국인 대상 전체 매출액 대비 20% 미만(=56,840/2,422,826)이다.

④ (×) 내국인 대상 매출액과 외국인 대상 매출액의 차이는 쇼핑업이 1,068,601(=1,101,480-32,879)백만 원이고, 식음료업이 1,086,470(=1,095,585-9,115)백만 원이므로 후자가 더 크다.

⑤ (○) 외국인 대상 전체 매출액(56,840) 중 쇼핑업(32,879)이 차지하는 비중은 50% 이상이다.

[스피드 해법]

② 내국인 대상 전체 매출액 중 식음료업이 차지하는 비중(전체비)을 식음료업과 식음료업을 제외한 나머지 업종의 비율(상대비)로 처리한다. 즉, 전체 대비 40% 이하이려면, 나머지 업종은 60% 초과여야 한다. 이를 비례식으로 나타내면 다음과 같다.
전체 : 식음료업 = 100 : 40↓ → 나머지 업종 : 식음료업 = 60 : 40↓ = 1.5↑ : 1

③ 2,422,826의 10%는 242,282.6이므로 20%는 50,000 미만이다.

⑤ 쇼핑업(32,879)이 쇼핑업을 제외한 업종의 합(30,000 이하)보다 크다는 점을 확인한다.

07

난이도 ★★☆☆☆ 정답 ③

[핵심] 증가율 계산, 분수 비교

ㄱ. (○) '대학' 재학생은 각 연도별로 한국인이 202명, 335명이고 일본인이 407명, 444명이므로 모두 1943년이 1933년보다 많다.

ㄴ. (×) '전문학교' 한국인 재학생 중 '사립' 전문학교 한국인 재학생의 비중은 1933년이 약 73%(=1,493/2,046), 1943년이 약 80%(=3,252/4,054)이므로 후자가 전자보다 크다.

ㄷ. (×) '대학예과' 증가율은 한국인이 약 106%(97→200)이고, 일본인은 약 129%(217→497)이므로 일본인의 증가율이 더 높다.

ㄹ. (○) '관공립' 전문학교 재학생 중 한국인이 차지하는 비중은 1933년이 약 32%(=553/1,716), 1943년이 약 26.5%(=802/3,026)로 1943년이 1933년보다 작다./

[스피드 해법]

ㄹ. 상대비로 처리해도 된다. $\frac{553}{1,163}$ vs $\frac{802}{2,224}$

08

난이도 ★★★☆☆ 정답 ⑤

[핵심] 정보가 포함된 표, 분수 비교

ㄱ. (×) 2000년 이후 준공된 휴게소는 B, D, E, G, I 휴게소이고, 이 중 면적당 사업비는 D와 E만 비교해봐도 D가 사업비(분자)는 더 크고, 면적(분모)은 더 작기 때문에 E보다 D가 더 크다는 것을 알 수 있다(자대모소).

ㄴ. (○) 진행 방향별 휴게소 주차면수의 합은 '동쪽'이 1,081면, '서쪽'이 1,153면으로 전자가 후자보다 적다.

ㄷ. (○) F 휴게소만 유일하게 면적 대비 주차면수 비율이 1% 초과이다.

ㄹ. (○) 주차면수당 사업비는 G 휴게소가 약 75.2(=14,522/193), A 휴게소가 약 29.3(=9,162/313)이므로 전자는 후자의 2배 이상이다.

[스피드 해법]

ㄴ. 양쪽에 공통적으로 포함된 수인 313, 193을 지우고 남은 수들만 비교한다.

ㄹ. 곱셈으로 전환하여 계산할 수도 있다.
$\frac{14,522}{193}$ vs $\frac{9,162}{313}$ = 14,522 × 313 vs 9,162 × 193 = 1.5↑ × 1.5↑(=2.25↑) vs 1

09

난이도 ★★★☆☆ 정답 ②

[핵심] 분수 비교, 차트 스피드 해법

ㄱ. (○) '면적당 서식종 수'는 F섬이 6(=108/18)으로 가장 많다. 한편, '면적당 토속종 수'도 F섬이 유일하게 1을 초과(=33/18)하며 가장 많다.

ㄴ. (×) '면적당 토속종 수'가 가장 적은 섬은 토속종 수는 모두 100 미만으로 차이가 크지 않으나, 면석이 가장 큰 B섬이다. '서식종당 토속종 수'는 <그림>에서 $\frac{x}{y}$, 즉 원점(0, 0)에서 연결한 기울기로 구해보면, 가장 작은 섬은 A섬이다.

ㄷ. (○) 눈으로 확인할 수 있는 '서식종당 토속종 수' 순위부터 구해보면, F섬은 E섬 다음으로 많아서 2위이다. '면적당 서식종 수'는 F섬이 가장 많고 그 다음으로 C섬이므로 2위이다. 따라서 순위가 같다.

ㄹ. (×) '면적'이 세 번째로 큰 섬은 E섬이고, '서식종 수'가 세 번째로 많은 섬은 C섬이므로 틀린 지문이다.

[스피드 해법]

읽기형 지문인 ㄹ을 제일 먼저 처리하고, 차트 스피드 해법을 적용할 수 있는 ㄴ을 처리한다.

ㄴ. 처리하기 쉬운 뒷 부분($\frac{x}{y}$ → 원점에서 연결한 기울기)을 먼저 처리한다.

10

난이도 ★★★★☆ 정답 ②

[핵심] 구간이 나뉘어진 표

ㄱ. (○) '비진흥지역 논'이 '비진흥지역 밭'보다 모든 면적구간에서 면적직불금 지급단가가 높기 때문에 동일한 면적에 대한 면적직불금은 항상 전자가 후자보다 많다.

ㄴ. (×) '비진흥지역 논'과 '비진흥지역 밭'이 각각 1 ha인 경우, 면적직불금은 312(=178+134)만 원이고, '진흥지역 논·밭'만 2 ha인 경우, 410(=205×2)이다. 따라서 전자는 후자보다 적다.

ㄷ. (○) 각각의 10ha에 해당하는 면적직불금을 구하면 다음과 같다.

농지유형 / 면적구간	진흥지역 논·밭	비진흥지역 논	비진흥지역 밭
0 ha 초과 2 ha 이하분(총 2ha)	410 (=205×2)	356 (=178×2)	268 (=134×2)
2 ha 초과 6 ha 이하분(총 4ha)	788 (=197×4)	680 (=170×4)	468 (=117×4)
6 ha 초과분 (총 4ha)	756 (=189×4)	648 (=162×4)	400 (=100×4)
합	1,954	1,684	1,136

따라서 총면적 30ha의 면적직불금은 4,774(=1,954+1,684+1,136)만 원이다.

ㄹ. (×) 각각의 5ha에 해당하는 면적직불금을 구하면 다음과 같다.

농지유형 / 면적구간	비진흥지역 논	비진흥지역 밭
0 ha 초과 2 ha 이하분 (총 2ha)	356(=178×2)	268(=134×2)
2 ha 초과 6 ha 이하분 (총 3ha)	510(=170×3)	351(=117×3)
합	866	619

따라서 차이는 247(=866-619)만 원이다.

11

난이도 ★★★☆☆ 정답 ⑤

[핵심] 표-차트 변환형, 구성비 차트, 증가율 계산

⑤ (×) 2019년 4분기의 경우, 식비의 구성비는 44.2%이다(=1,920/4,336). 따라서 틀린 자료이다.

[스피드 해법]

⑤ 식비와 주거비를 비교한다. <표>에서는 2↑ : 1 이지만, <그림>에서는 2↓ : 1 이다.

12

난이도 ★★★☆☆ 정답 ②

[핵심] 분수 비교, 역수 계산

① (×) 1990년대에 설립된 도서관은 '숲길'과 '한빛'이므로 이용건수의 합은 130,359건이다. 2000년 이후 설립된 도서관은 '꿈밭'과 '샛별'이고 이용건수의 합은 112,007건이다. 따라서 전자는 후자보다 많다.

② (○) 이용건수 대비 보유서적 수의 비율을 역수로 계산해본다. 즉, 역수가 가장 높은 도서관을 구해보면, 약 3.9(=16,475/4,182)인 '새벗'이 가장 높다. 따라서 이용건수 대비 보유서적 수의 비율이 가장 낮다.

③ (×) 건물 규모가 부지 규모의 60 % 이상인 도서관은 '들풀'(약 68.5%)과 '숲길'(약 89%)뿐이다.

④ (×) 직원 수가 두 번째로 많은 도서관은 '들풀'이다. 한편, '들풀'의 건물 $1m^2$당 열람석은 약 0.23인데, '한빛'이 약 0.24이므로 가장 많지는 않다.

⑤ (×) '들풀'은 1989년 설립되어 '한빛'보다 이른데, 이용건수는 더 많다.

13

난이도 ★★☆☆☆ 정답 ③

[핵심] 보고서 부합형, 주어진 자료 해석하기

③ (×) 2문단 3문장에서 '한국이 일본에 비해 4년 이상 뒤처졌다'고 제시되었으나, 기술격차가 한국은 8.6년, 일본은 4.8년이므로 3.8년 차이난다.

[스피드 해법]

<보고서> 부합형 문제 중 <보고서>가 긴 경우, <보고서>의 중간 부분부터 보면서 수치가 언급된 부분 위주로 빠르게 체크한다.

14

난이도 ★☆☆☆☆ 정답 ④

[핵심] 보고서형, 추가로 필요한 자료

ㄱ. (○) 4문단에서 전체 학교급식 예산액과 재원별 예산액이 제시되어 있으므로 추가로 필요한 자료이다.

ㄴ. (×) <표>에서 확인할 수 있는 자료이다.

ㄷ. (○) 1문단에서 "학교급별 총학생 중 학교급식에 참여하는 학생의 비중"을 구하려면 <표>의 '학교급식 참여 학생 수'(분자)에 추가적으로 '전국 학교급별 총학생 수'(분모)를 알아야 한다.

ㄹ. (○) 3문단에서 추가로 필요하다.

15

난이도 ★★★☆☆ 정답 ②

[핵심] 매칭형, 공식 정리, 주어진 자료 활용하기

<조건 1> 생산량의 전국 대비 비중이 생산액의 전국 대비 비중보다 큰 수산물은 A, B, E이다.

<조건 2> 생산량 순위와 생산액 순위가 같은 수산물은 B, D, E이다. 따라서 <조건 1>과 매칭해보면, A는 다시마이고, D는 굴이다(①, ③, ⑤ 제거).

<조건 3> 톳은 B 또는 E이므로 이 두 항목의 '시장지배력지수'를 비교해본다. 시장지배력지수를 정리하면 다음과 같다.

$$\text{시장지배력지수} = \frac{\text{지역 생산량} \times \text{지역 생산액}}{\text{전국 생산량} \times \text{전국 생산액}}$$

$$= \frac{\text{지역 생산량}}{\text{전국 생산량}} \times \frac{\text{지역 생산액}}{\text{전국 생산액}} = \text{전국 대비 생산량}$$

비중 × 전국 대비 생산액 비중(단위 무시)

B : 95.2 × 82.1 < E : 99.0 × 98.6, 따라서 E가 톳이다.

16

난이도 ★★★★☆ 정답 ②

[핵심] 조건의 적용, 편차 계산

ㄱ. (○) B와 D의 기금건전성 총점을 구해보면, B는 80(=24+30+13×2)점, D는 68(=25+17+13×2)점이다. 따라서 총점이 가장 높은 기금은 C이다.

ㄴ. (×) A의 기금존치 타당성 점수는 각주를 참고하여 구해보면, 14(=(76−(30+18))/2)점이다. 따라서 A가 B보다 높다.

ㄷ. (×) 2023년 기금예산 결정방식에 따라 2023년 예산을 구해보면 다음과 같다.

기금	2022년 기금건전성 총점	2023년 예산(백만 원)
A	76	200,220(=200,220×100%)
B	80	37,510(=34,100×110%)
C	82	207,350(=188,500×110%)
D	68	9,251(=9,251×100%)
E	45	72,452(=90,565×80%)
계		526,783

2022년 예산의 합은 522,636(백만 원)이므로 증가율은 2% 미만이다.

ㄹ. (○) C의 사업적정성 점수는 38점으로 가장 높고, 2023년 예산도 207,350백만 원으로 가장 많다.

[스피드 해법]

ㄷ. 2022년 예산을 기준으로 2023년 예산이 증가하거나 감소하는 편차만 계산하여 증가율을 구한다. 따라서 22,260(=(34,100+188,500)×10%) − 18,113(=90,565×20%) = 4,147 증가하므로 2% 미만임을 계산할 수 있다.

→ 더 빠른 방법은 가중평균의 편차 공식을 이용한다. <표 2>의 비율을 변화율로 바꾸면 각각 −20%, 0%, +10%인데 이를 관찰값으로 이용하고, 각각의 가중치는 <표 1>의 2022년 예산(천단위로 어림산)을 이용한다. +2%를 기준으로 편차를 계산하고 가중치를 곱했을 때 음수가 나온다는 것을 확인하면 가중평균은 +2% 미만이다.

17

난이도 ★★☆☆☆ 정답 ④

[핵심] 매칭형, 그래프 해석, 선지플레이

1925년 공장 수 = 1934년 공장 수 − (1925년 대비 1934년 증가)

1) 1925년 금속기계 공장 수 : 538(= 524−(−14))개소. 따라서 B는 금속기계이다(①, ②, ⑤ 제거).

2) 1925년 목제품 공장 수 : 193(= 206−13)개소. 따라서 D는 목제품이다(③ 제거).

따라서 정답은 ④로 바로 도출된다.

[스피드 해법]

괄호가 많으므로 모든 수치를 구하려 하지 말고, 구할 수 있는 수치부터 구해보고 선지를 활용하여 소거해야 빠르게 해결할 수 있다.

18

난이도 ★★★☆☆ 정답 ④

[핵심] 세트형, 감소율 계산, 분수 비교

ㄱ. (×) 전월 대비 보건용 마스크의 온라인 가격 감소율이 가장 큰 달은 유일하게 20%를 초과하는 7월이다(2,170원 → 1,540원). 비말차단용 마스크의 경우, 7월(1,037원 → 856원)의 전월대비 감소율은 20% 미만인데, 8월(856원 → 675원)은 20%를 초과한다. 따라서 8월이 가장 높다.

ㄴ. (×) 6월의 마스크 생산량은 12,373(=10,653+1,369+351)개이므로 제조업체당 마스크 생산량은 약 52(=12,373/238)개이다. 11월의 마스크 생산량은 14,046(=10,566+2,530+950)개이므로 제조업체당 마스크 생산량은 약 16.7(=14,046/839)개이다. 따라서 후자는 전자의 약 32%(=16.7/52)로 40% 미만이다.

ㄷ. (○) 8월의 마스크 생산량은 27,368개이고, 9월은 26,354개이다. 10월, 11월은 보건용, 비말차단용, 수술용이 각각 전월대비 감소하므로 총생산량도 감소한다.

ㄹ. (○) 6월 생산량은 보건용, 비말차단용, 수술용 순서로 많고, 허가제품 수도 같다.

19

난이도 ★★☆☆☆ 정답 ③

[핵심] 세트형, 표-차트 변환형, 읽기형 지문, 비율 계산

③ (×) <표 2>의 수치를 읽으면 된다. 비말차단용 마스크 온라인 가격이 잘못 제시되어 있다.

[스피드 해법]

읽기 지문인 ③, ④, ⑤를 빠르게 먼저 처리한다.

20

난이도 ★★★☆☆ 정답 ⑤

[핵심] 덧셈 비교, 비율 계산

① (○) 2022년 지역별 발전용량은 <그림 1>과 <그림 2> 발전용량의 합을 구하면 된다. 따라서 가장 큰 지역은 1,286(=841+445)MW인 M이다.

② (○) 2022년 태양광 발전소 수는 <그림 1>의 지역별 발전소 수를 더해서 구한다. 2022년 태양광 발전소 수는 17,995개소이므로 2021년(6,945개소)에 비해 2배 이상이다.

③ (○) 발전용량 중 태양광이 차지하는 비중은 2019년 약 43%(=386/898), 2020년 약 50%(=869/1,746), 2021년 약 70%(=986/1,424)이므로 매년 증가하였다.

④ (○) 발전소 수의 전년대비 증가율은 풍력이 100%(7 → 14), 태양광이 약 26%(5,501 → 6,945)이므로 전자는 후자의 3배 이상이다.

⑤ (×) 발전소 1개당 발전용량은 수력이 0.3(=3/10)인데, 태양광이 0.2 미만(=986/6,945)이므로 태양광이 가장 작다.

[스피드 해법]

① 비태양광 발전용량이 가장 큰 P와 M을 비교해보면,
M: 841+445 vs P: 316+878 = 878+316 => 841 → 878 (+37), 445 → 316 (−129)
덧셈비교를 활용하면 전자가 후자보다 작다는 것을 알 수 있다.

21

난이도 ★★★☆☆ 정답 ④

[핵심] 매칭형+일반형, 정보 매칭

<정보 3> 2016년 대비 2021년 제조, 유통 분야와 소비의 각 분야에서 일평균 폐기량이 모두 증가한 농식품은 D이므로 D는 어육류이다.

<정보 4> 2021년 소비 분야의 연간 폐기량이 가장 적은 농식품은 각각 가장 적은 B이므로 B는 과일류이다.

<정보 2> 남은 농식품인 A 또는 C가 곡류 또는 채소류에 해당한다. 따라서 이 두 항목만 비교해보면, A는 비중이 2016년 약 23%에서 2021년 약 38%로 15%p 증가하였고, C는 약 44%에서 24%로 감소하였다. 따라서 A가 채소류라는 것을 알 수 있고, C는 곡류이다.

정리해보면, A–'채소류', B–'과일류', C–'곡류', D–'어육류'이다.

ㄱ. (○) 2021년 소비 분야 일평균 어육류 폐기량은 302.7(=29.1+189.9+48.4+35.3)톤이므로 300톤보다 많다.

ㄴ. (○) 연간 폐기량 간의 비교이므로 일평균 폐기량으로 비교해도 무방하다. 2016년 유통 분야에서 일평균 폐기량은 채소류가 29.5톤, 과일류가 22.2톤으로 전자가 후자보다 많다.

ㄷ. (×) 과일류의 경우 가정의 일평균 농식품 폐기량이 감소하였다.

ㄹ. (○) 숙박업의 일평균 채소류 폐기량은 2021년(97.3톤)이 2016년(113톤)보다 적다.

[스피드 해법]

<정보 2> A와 C만 비교할 때, 제조 폐기량(분자)이 A는 증가, C는 감소하였으므로 '비중이 가장 많이 증가'하려면 채소류가 A여야만 한다는 것을 알 수 있다.

22

난이도 ★★★☆☆ 정답 ②

[핵심] 증가율 계산, 분수 비교

① (○) 2021년 화재발생 건수의 전년 대비 증가율은 '제품 결함'이 60% 이상으로 가장 크다.
② (×) 전체 화재발생 건수 중 발화요인이 '부주의'인 화재 발생 건수가 차지하는 비중은 2020년이 약 49.6%(=19,186/38,659), 2021년이 약 46.5%(=16,875/36,267)이므로 2021년이 2020년보다 작다.
③ (○) 화재발생 건수가 많은 것부터 순서대로 나열하면, 상위 3개 발화요인은 부주의, 전기적 요인, 기계적 요인으로 2020년과 2021년이 같다.
④ (○) 2021년 화재발생 건수가 전년 대비 감소한 발화요인은 기계적 요인, 교통사고, 부주의, 방화, 미상으로 5개이다.
⑤ (○) 전체 화재발생 건수는 전년 대비 약 6.2%(38,659 → 36,267)로 6% 이상 감소하였다.

23

난이도 ★★★☆☆ 정답 ⑤

[핵심] 각주 활용, 뺄셈 비교

① (×) 2020년 대비 2021년 소득 증가율의 경우, '산란계'는 약 4배 이상 증가하여 가장 높다(4 → 21).
② (×) 각주 2)에 따라 "사육비 = 총수입 - 순수익"이다. '한우번식우'의 사육비는 2020년 2,666(=3,184-518)천 원/마리이고, 2021년 2,788(=3,351-563)천 원/마리이므로 2020년보다 많다.
③ (×) 각주 2)에 따라 사육비가 총수입보다 많다면, 순수익이 (-)가 된다. 따라서 이에 해당하는 축종은 '육우'뿐이다.
④ (×) 각주 1)에 따라 "일반비 = 총수입 - 소득"이다. 2021년 '젖소'의 일반비는 7,070(=10,721-3,651)천 원/마리이고, '육우'는 4,753(=5,435-682)천 원/마리이다. 따라서 전자는 후자의 2배 미만이다.
⑤ (○) 각주에 따라 "내급비 = 소득 - 순수익"이다. 2021년 내급비가 1,000 이상인 축종 '한우비육우'와 '젖소'만 비교해보면, '한우비육우'는 1,133(=1,425-292)천 원/마리이고, '젖소'는 1,217(=3,651-2,434)천 원/마리이므로 '젖소'가 가장 많다.

[스피드 해법]

⑤ 각주 간의 관계를 파악해야 한다. 각주 1)과 2)에 '총수입'이 공통이므로 빼면 지워진다. 그리고 각주 3)과 연결하면 다음과 같다.
1) - 2) = 소득 - 순수익 = 사육비 - 일반비 = 내급비

24

난이도 ★★☆☆☆ 정답 ④

[핵심] 단순 연산, 분수 계산

ㄱ. (×) 2020년 일평균 폐기물 발생량이 2019년보다 많은 유형은 생활폐기물, 건설폐기물, 지정폐기물로 3개이다.
ㄴ. (○) 합계에서 생활폐기물을 제외한 나머지 폐기물의 재활용량을 빼면, 2020년 생활폐기물 재활용량은 3,868.7톤/일이고, 2019년에는 3,729.3톤/일이다. 따라서 전자가 후자보다 많다.
ㄷ. (×) 연간 재활용량은 일평균 재활용량에 366일(윤년)을 곱해서 구한다. 따라서 100만 톤 미만이다.
ㄹ. (○) 2019년 건설폐기물 재활용률은 약 97.7%(=34,693.0/35,492.5)이고, 사업장폐기물 재활용률은 약 40.5%(=932.6 /2,303.0)이므로 전자는 후자보다 57.2%p 더 높다.

[스피드 해법]

ㄷ. 곱셈 비교 : 2540×366 < 2500×400(=100만)
ㄹ. 건설폐기물의 경우 비율이 높기 때문에 여사건을 이용하면 더 쉽다.
(3549 - 3469 =) 800 / 3549 = 약 2% → 재활용률은 약 98%

25

난이도 ★★★☆☆ 정답 ①

[핵심] 표-차트 변환형, 실수 비례 비율 차트, 분수 계산

ㄷ. (×) 차트 구조를 봤을 때, 2020년 보호관찰 접수 인원 전체에 대한 각 항목별 비중을 구해야 한다. 즉, 차트 내 '소년 여성 2.8%'는 2020년 보호관찰 접수 인원 전체 중 성인 남성이 차지하는 비중을 뜻한다. 그러나 <표>의 수치를 계산해보면, 약 3.6%(=4,114/115,467)이기 때문에 틀린 자료이다.
ㄹ. (×) 2017년, 2018년 소년 보호관찰 접수 인원의 경우, 각각 전년대비 감소하였으나 자료에서는 증가한 것으로 나타나 있기 때문에 틀린 자료이다.

26

난이도 ★★★☆☆ 정답 ②

[핵심] 빈칸이 있는 표, 계산 단순화

① (○) <표 2>에서 4년제 전자자료구입비는 164,467백만 원이고, <표 1>에서 도서구입비는 62,823백만 원으로 제시되어 있으므로 전자는 후자의 2배 이상이다.
② (×) 4년제와 2년제 대학교는 총 391(=256+135)개이다. 2년제 자료구입비는 10,875백만 원이고, 총 자료구입비는 238,165(=227,290+10,875)백만 원, 즉 2,381억 650만 원이므로 대학교 1개당 자료구입비는 약 6억 900만 원 이상이다.

③ (○) 재학생 1명당 자료구입비는 4년제가 119(백만 원) 2년제가 25(백만 원)이므로 전자는 후자의 4배 이상이다.

④ (○) 4년제의 전자저널 구입비는 116,043(=164,467 − 39,963 − 8,461)백만 원이므로 자료구입비에서 차지하는 비중은 약 50%(=116,043/227,290)이고, 2년제의 경우 10% 미만(=904/10,875)이므로 전자가 후자보다 크다.

⑤ (○) 웹자료구입비와 기타전자자료구입비의 합은 2년제가 1,775(백만 원), 4년제가 48,424(백만 원)이므로 전자는 후자의 5% 이하이다.

[스피드 해법]

② $\frac{238,165(\text{백만원})}{391}$ < 6억 원 ? → 2,381.65(억 원) VS 6 × 391(억 원)

⑤ 48,424 × 5% = 48,424 × (10% / 2) = 4,842.4/2

27

난이도 ★★★☆☆ 정답 ⑤

[핵심] 여사건, 개구간 자료, 최댓값

ㄱ. (○) 여사건을 활용한다. 즉, 인가차량 중 운행차량의 비중이 가장 큰 것 대신 예비차량의 비중이 가장 작은 것을 찾아본다. '심야'는 4%(=4/100)로 쉽게 계산되므로 이를 기준으로 나머지 항목을 비교해본다. '간선'의 경우, 약 4.7%(=169/3,598)이고, 다른 항목도 이보다 높다는 것을 알 수 있다.

ㄴ. (×) 노선 수 대비 예비차량 대수의 비율은 '광역'이 1.8이고, '지선'이 약 0.88이므로 전자는 후자의 2배 이상이다.

ㄷ. (○) 인가차량 대수 상위 4개 회사는 201대 이상인 회사이다. 이 회사들의 인가차량 대수 평균이 500 이하인지 확인하려면 최댓값을 구해야 하고, 이를 위해서는 전체 인가차량 대수(7,393대)에서 다른 구간들의 최솟값의 합을 빼서 구할 수 있다. 다음과 같이 식을 세울 수 있다. 7,393 − (1×5 + 41×8 + 81×28 + 121×10 + 161×10) = 1,972대이다. 따라서 4개 회사의 인가차량 대수 평균은 493(=1,972/4)이므로 500 이하가 될 수밖에 없다.

28

난이도 ★★★★☆ 정답 ④

[핵심] 단위 주의, 정보의 이해, 누적도수분포표, 평균

<표>를 바탕으로 구간별 총 연봉 및 직급별 연봉을 구하면 다음과 같다.

구분	평균 연봉(A)	인원(B)	총 연봉 (A×B)	직급별 평균 연봉
전체 임직원	6,000	21명	126,000	
과장 이하 직급	4,875	20명	97,500	28,500/1 (사장)
주임 이하 직급	3,750	18명	57,500	40,000/2 (과장)
사원 이하 직급	3,000	15명	45,000	22,500/3 (주임)
수습	2,000	10명	20,000	25,000/5 (사원)

ㄱ. (×) 사장의 연봉은 (전체 임직원 총 연봉) − (과장 이하 직급 총 연봉)으로 구한다. 사장의 연봉은 2억 8,500만 원으로 3억 원 이하이다.

ㄴ. (○) 주임 3명의 평균 연봉은 (주임 이하 직급 총 연봉) − (사원 이하 직급 총 연봉)/3으로 구한다. 따라서 7,500(=22,500/3)만 원이다.

ㄷ. (○) 사원 5명의 연봉의 합은 (사원 이하 직급 총 연봉) − (수습의 총 연봉)으로 구할 수 있으므로 25,000만 원이고, 과장 2명의 연봉의 합은 (과장 이하 직급 총 연봉) − (주임 이하 총 연봉)으로 구할 수 있으므로 40,000만 원이다. 따라서 전자는 후자보다 작다.

[스피드 해법]

직급별 평균 연봉을 구하는 법은 다음과 같다.
'전체 임직원' 평균 연봉 = 사장(1)+과장(2)+주임(3)+사원(5)+수습(10) / 21명
'과장 이하' 직급 = 과장(2)+주임(3)+사원(5)+수습(10) / 20명
'전체 임직원' − '과장 이하' 직급 = 사장(1명)의 연봉

29

난이도 ★★★☆☆ 정답 ③

[핵심] 빈 칸이 있는 표, 증가율, 상대비

ㄱ. (×) 2014년 수입은 15,475이고, 이보다 많은 연도는 2018년, 2019년이다(단위 생략). 그러나 2021년 수입(=기금 적립+지출)을 구해보면 21,844이므로 2014년보다 크다. 따라서 2014년보다 수입이 많은 연도는 3개이다.

ㄴ. (○) 수입이 가장 작은 연도는 2016년이다. 한편, 빈 칸인 2014년과 2016년의 기금적립을 구해보면, 2014년은 7,544이고, 2016년은 1,532이다. 따라서 기금 적립이 가장 적은 연도도 2016년이다.

ㄷ. (○) 2011년 사업부문의 지출은 3,019(=3,818−799)이고, 2021년 운영부문의 지출은 1,478이다. 따라서 2011년 대비 2021년 사업부문 지출은 2배 이상 증가하였고, 운영부문 지출은 2배 미만 증가하였기 때문에 전자가 후자보다 더 높다.

ㄹ. (×) 지출 중 운영 부문이 차지하는 비중은 운영부문/사업부문 즉, 상대비로 구할 수 있다. 2011년은 약 0.26(=799/3,019)인데, 2015년에 약 0.28(=1,431/5,068)이므로 2011년보다 2015년이 더 크다.

30

난이도 ★★☆☆☆ 정답 ③

[핵심] 보고서형, 자료 읽기

③ (X) 3문단 2문장에서 "비례대표 당선자는 고졸, 대학교 재학, 대학교 중퇴, 대학교 수료가 각각 1명씩이었다."라고 언급되어 있으나, <보고서> 1문장의 비례대표 47명과 ③번 자료의 <표>의 47명(대졸 이상 비례대표)이 일치하므로 모두 '대졸 이상'임을 알 수 있다.

31

난이도 ★★★☆☆ 정답 ①

[핵심] 수리계산형, 편차의 개념, 평균, 방정식

(가) : 각주 2)에 따라 3이 된다.

(나), (다) : 각주 2)와 3)을 참고하여 구해보면,

– B 기업 편차의 합 = 0 → (나) + (다) = 0

– A 기업의 편차 제곱의 합(= 14) = B 기업의 편차 제곱의 합(= 6+(나)2+(다)2) → (나)2+(다)2 = 8

위의 식을 통해 가능한 조합은 2, −2 뿐이다.

(바) : 각주 2)에 따라 2가 된다.

(라), (마) : (나), (다)와 같이 구해보면 다음과 같다.

– C 기업 편차의 합 = 0 → (라) + (마) = −1

– D 기업의 편차 제곱의 합(= 36) = C 기업의 편차 제곱의 합(= 11+(라)2+(마)2) → (라)2+(마)2 = 25

위의 식을 통해 가능한 조합은 −4, 3이다.

따라서 최솟값은 −4이고, 최댓값은 3이다.

32

난이도 ★★★★☆ 정답 ④

[핵심] 조건의 적용, 경우의 수, 편차

ㄱ. (X) <조건 1>과 <표>에 따라 A기업의 월요일 신고 건수가 2건이 되려면, 하루 평균 신고 건수는 3건이어야 한다. 따라서 신고 건수가 4건 이상이 되려면, 편차가 +1 이상이어야 하고, 이에 해당하는 날은 수요일, 토요일로 2일이다.

ㄴ. (O) A기업의 토요일 신고 건수는 4(=3+1)건이기 때문에 <조건 2>에서 B기업의 화요일 신고 건수는 8건이다. 이때, <표>에서 B기업의 화요일 편차는 +2이기 때문에 하루 평균 신고 건수는 6건이 된다.

ㄷ. (X) B기업의 목요일 신고 건수는 5건이다. 한편, D기업의 신고 건수가 가장 적은 요일은 편차가 가장 작은 목요일(−5)이므로 <조건 4>에 따라 D기업의 하루 평균 신고 건수는 10건이 된다. <조건 3>에 따라 C기업의 일요일 신고 건수는 D기업의 화요일 신고 건수인 12(=10+2)건이기 때문에 C기업의 하루 평균 신고 건수는 11건이 된다. 따라서 D기업(10건)보다 C기업(11건)이 더 많다.

ㄹ. (O) A기업과 B기업의 하루 평균 신고 건수의 합은 9(=3+6)건이고, D기업의 하루 평균 신고 건수는 10건이기 때문에 전자가 후자보다 적다.

33

난이도 ★★★☆☆ 정답 ①

[핵심] 곱셈 비교, 분수 계산

ㄱ. (O) 총보유 마릿수는 "가구수×보유가구 비중×보유가구당 마릿수"로 구할 수 있다. 2019년 총보유 마릿수는 약 4,000천 마리이고, 2020년에는 약 4,650천 마리이다. 따라서 2019년에 전년 대비 감소하였다가 2020년에 전년 대비 증가하였다.

ㄴ. (O) <표 1>에서 "가구수×전체 보유가구 비중"으로 구할 수 있다. 계산할 필요없이 곱해야 하는 두 항목 모두 매년 증가하기 때문에 반려동물 보유가구수도 매년 증가한다는 것을 알 수 있다.

ㄷ. (X) '수의 서비스'의 경우 2018년 대비 2021년에 매출액이 2배 미만으로 증가하였으나, '장묘 및 보호 서비스'의 경우 2배 이상 증가하였으므로 '수의 서비스'가 증가율이 가장 높은 것은 아니다.

ㄹ. (X) 2019년 반려동물 한 마리당 '동물 관련 용품' 매출액은 약 61(= 309,876/5,048)천 원 즉, 7만 원 미만이다.

[스피드 해법]

ㄱ. 곱셈비교를 활용할 수 있다.
2018년 : 17,495 × 16.3 × 1.47 vs 2019년 : 18,119 × 16.0 × 1.38
17,495 → 18,119 : 5% 미만 증가,
1.47 → 1.38 : 5% 이상 감소 ∴ 2018년 > 2019년

34

난이도 ★★★☆☆ 정답 ⑤

[핵심] 비율 계산, 분수 계산

① (O) 전체 남성 당선율은 약 23.6%(= 165/699)이고, 전체 여성 당선율은 약 14%이므로 전자는 후자의 2배 이하이다.

② (O) 여성 당선율이 남성 당선율보다 높은 지역은 A(21.6%>18.5%), I(33.3%>20%)로 2개이다.

③ (O) 당선자 성비가 가장 낮은 지역은 A(약 4.5)이다.

④ (O) 후보자 성비가 10 이상인 지역은 I(약 17)뿐이다.

⑤ (X) 여성 후보자가 가장 많은 지역은 A이고, 여성 당선율은 약 21.6%(= 8/37)이다. 남성 후보자가 가장 적은 지역은 J이고, 남성 당선율은 약 23%(= 3/13)이다. 따라서 전자가 후자보다 낮다.

35

난이도 ★★★☆☆ 정답 ①

[핵심] 분수 비교, 덧셈 비교

① (×) 2015년과 2016년 가구당 여성인구를 비교해보면, $\frac{244}{185}$ vs $\frac{252}{190}$: 분자 증가율(3% 초과)이 분모 증가율(3% 미만)보다 크기 때문에 전년대비 증가하였다는 것을 알 수 있다.

② (○) 2022년 전년 대비 고령 인구 증가율은 12% 이상이다(47→53). 총인구는 2021년 630(=333+297)명, 2022년 675(=356+319)명이므로 증가율은 10% 미만이다.

③ (○) 외국인 인구가 감소한 해는 2018년이고, 총인구 증가폭이 가장 작은 해도 2018년(+6명)이다.

④ (○) 총인구는 매년 증가하는 추세이기 때문에 분모인 총인구가 가장 작고, 분자인 총인구 증가폭이 가장 큰 2014년이 증가율도 가장 높다는 것을 알 수 있다(자대모소).

⑤ (○) 전년 대비 가구 수 증가폭이 가장 큰 해는 27(=169-142)가구인 2014년이고, 전년 대비 남성 인구 증가폭이 가장 큰 해도 40(=249-209)명인 2014년이다.

[스피드 해법]

③,④ 총인구를 직접 계산하지 말고, 남성 및 여성 인구 각각의 증가폭의 합으로 계산한다.

36

난이도 ★★★☆☆ 정답 ②

[핵심] 표-차트 변환형, 자료 파악하기, 증감폭 계산

② (×) 온라인광고업의 경우, 2017년 대비 2021년 증가폭은 1,717(=11,662-9,945)건이므로 틀린 자료이다. 한편, 온라인광고업과 정보통신업, 교육서비스업과 여가 관련 서비스업의 수치가 뒤바뀌어 있다.

[스피드 해법]

② 일의 자리만 맞춰 봐도 답이 도출된다.

37

난이도 ★★★☆☆ 정답 ①

[핵심] 자료 읽기, 증가율 비교

ㄱ. (○) 각 교역대상국에 대해 전년 동월 대비 수입 운송비용이 모두 증가하였다.

ㄴ. (×) 2021년 7월 수출 운송비용(<표>에서 전년 동월 운송비용)은 A가 B보다 많으나, 2022년 7월 운송비용은 B가 A보다 많다.

ㄷ. (○) 수입 운송비용의 전월 대비 증가율이 가장 높은 교역대상국은 B국이고, 수입 운송비용의 전년 동월 대비 증가율이 가장 높은 교역대상국도 75% 이상인 B국이다(1,762→3,141).

ㄹ. (×) 2022년 6월, 수출 운송비용이 수입 운송비용보다 많은 교역대상국을 구하기 위해서는 2022년 7월 수출(수입) 운송비용/(1+전월 대비 증가율)로 계산해야 한다. 그러나 A, B, C국의 경우, 증가율이 높지 않은 반면에 수출 운송비용이 수입 운송비용보다 현저히 많기 때문에 계산하지 않아도 된다. 따라서 수출 운송비용이 수입 운송비용보다 많은 교역대상국은 최소 3개 이상이기 때문에 틀린 지문이 된다.

38

난이도 ★★★★☆ 정답 ④

[핵심] 상황판단형, 조건의 적용

<표 2>의 국가별 필즈상 수상자를 3명 이상 배출한 현황을 토대로 <표 1>에서 이를 제외하면 2명 또는 1명만 배출한 대학과 수상자 수가 도출되며, 이는 다음과 같다.

순위	대학 소속 국가	대학 수	필즈상 수상자 수
1	미국	5(=7-2)	8(=21-13)
2	프랑스	6(=7-1)	9(=12-3)
3	영국	3(=4-1)	4(=8-4)
4	러시아	2(=3-1)	2(=6-4)
5	독일	1(=2-1)	1(=4-3)
6	스위스	0(=1-1)	0(=3-3)
소계	-	17	24
⋮	⋮	⋮	⋮
전체		27(=34-7)	35(=65-30)
7위 이하(전체 - 소계)		10(=27-17)	11(=35-24)

정리해보면, 6위 이상인 국가 중 필즈상을 1명만 배출한 대학은 국가별로 미국 2개, 프랑스 3개, 영국 2개, 러시아 2개, 독일 1개이므로 총 10개이고, 7위 이하 국가 중에서는 1개 대학만 필즈상 2명을 배출하였고, 9개 대학에서 1명만 배출하였다는 것을 알 수 있다. 따라서 총 19개 대학이다.

[스피드 해법]

<표 1>에서 필즈상 수상자의 현황을 보면 대학 수 34개, 수상자 수 65명이다. 한편 <표 2>에서 3명 이상 배출한 현황을 보면 대학 수 7개, 수상자 수 30명이다. 따라서 2명 이하 배출한 현황을 계산하면, 대학 수 27개, 수상자 수 35명이다. 따라서 2명 이하 수상자 수 35를 쪼개 보면, 27 + 8이므로 8개 대학이 2명을 배출했으므로, 1명 배출한 대학 수는 27 - 8 = 19개이다.

39

난이도 ★★★★★ 정답 ③

[핵심] 수리계산형, 여사건, 분수 계산

<설명 1> 여사건을 활용해 본다. 92.9%의 여사건은 7.1%이며, 이는 분수로 약 $\frac{1}{14}$이다. 따라서 코로나19 지원금

지급 가구수는 $4,360\times\frac{13}{14}$으로 구할 수 있으며, 약 4,050천 가구가 된다. 따라서 A지역의 현금 방식 지급 가구수는 410(= 4,050-(20+570+3,050))천 가구이다.

<설명 2> H지역의 신용·체크카드 방식의 지급 가구수 비율이 84.6 %라면, 약 110가구이므로 현금 방식의 지급 가구수는 10천 가구이다. C지역도 마찬가지로 구해보면, 신용·체크카드 방식의 지급 가구수는 630천 가구이고, 현금 방식의 지급 가구수는 150천 가구이다.

<설명 3> D 지역의 상품권 방식의 지급 가구수는 260(= 1,210×21.5 %)천 가구이므로 현금 방식의 지급 가구수는 140천 가구이다.

<설명 4> E 지역의 코로나19 지원금 지급 가구의 평균 지원금이 65만 원이 되려면, 65만 원 × x천 가구(지원금 지급 가구수) = 3,900억 원가 성립하여야 한다. 따라서 코로나19 지원금 지급 가구수는 600천 가구가 된다. 따라서 현금 지급 방식의 가구수는 80천 가구이다.

계산한 값을 정리해보면 다음과 같다.

지급 방식 / 지역	A	B	C	D	E	F	G	H
현금	(410)	240	(150)	(140)	(80)	70	(40)	(10)
합	(4,050)	1,440	1,010	1,210	(600)	600	450	130

따라서 세 번째로 많은 지역은 C, 다섯 번째로 많은 지역은 E이다.

[스피드 해법]

실전에서는 계산이 많은 문제이므로 시간 관리상 일단 패스하는 것이 좋은 문제이다.
높은 비율이 등장하면 여사건을 활용한다.
92.9% → 여사건 7.1% = 1/14
84.6% → 여사건 15.4% = 7.7%×2 = (1/13)×2

40

난이도 ★★★☆☆ 정답 ③

[핵심] 덧셈 계산, 조건의 적용

ㄱ. (○) 2021년 여성 직원은 585(= 450+40+25+30+40)명이다. <정보 2>에서 실무자의 절반이 여성이라고 하였고, 실무자는 800(= 590+67+45+43+55)명이기 때문에 여성 실무자는 400명이고, 여성 관리자는 185명이 된다.

ㄴ. (○) 본사 소속 직원은 2021년 95(= 70+9+5+5+6)명이고, 2022년 100(= 80+11+4+3+2)명이다. 따라서 2022년이 2021년보다 5명 많다.

ㄷ. (×) 2021년 '부당한 지시'의 갑질 발생 위험도를 '높음' 또는 '매우 높음'으로 답변한 응답자는 91명이고, '언어'의 갑질 발생 위험도를 '높음' 또는 '매우 높음'으로 답변한 응답자는 118명이다. <정보 3>에 따라 91명이 118명에 포함되고 남은 27명이 ['부당한 지시'의 갑질 발생 위험도를 '매우 낮음', '낮음' 또는 '보통'으로 답변한 응답자 중 '언어'의 갑질 발생 위험도를 '높음' 또는 '매우 높음'으로 답변한 응답자]라고 할 수 있다. 2022년도 마찬가지로 구해보면 37명이 도출되므로 2021년이 2022년보다 적다.

2022년 5급 공채 [나책형]

문항별 핵심 정리표(1)

번호	난이도	유형	포인트	소재	자료수
1	★★☆☆☆	보고서형	추가로 필요한 자료	2020년 4분기(10 ~ 12월) 전국 아파트 입주 물량	표2,보고서1
2	★★★☆☆	일반형	자료 읽기, 분수 비교	자동차의 구간별 연료 소모량 및 평균 속력	표1
3	★★★☆☆	일반형	자료 읽기, 빈칸 채우기	A 질환 환자의 성별 흡연 및 음주 여부	표1
4	★★☆☆☆	보고서형	추가로 필요한 자료	국세청의 행정소송 현황	표3,보고서1
5	★★★☆☆	일반형	평균 계산, 비율 계산, 상대비	'갑'도매시장에서 출하되는 4개 농산물의 수송 방법별 운송량	표1
6	★★★☆☆	일반형	자료 읽기, 그래프의 시각적 판단	건설, 농림수산식품, 소재 3개 산업의 기술도입액과 기술수출액 현황	그림1
7	★★☆☆☆	일반형	자료 읽기, 비율 계산, 최소교집합	'갑'국의 여름철 물놀이 사고 사망자	표2,보고서1
8	★★☆☆☆	매칭형	조건의 적용, 소거법	A ~ D 국의 어업 생산량	표1
9	★★★☆☆	일반형	자료읽기, 증가율 계산, 비중 계산	글로벌 e스포츠 산업 규모	그림3,보고서1
10	★★★☆☆	일반형	자료 읽기, 비중 계산, 추이 파악	'갑'국의 불법체류외국인 현황	표3
11	★★★☆☆	매칭형	분수 비교, 비율 계산	4개 대학의 변호사시험 응시자 및 합격자	표1,조건1
12	★★☆☆☆	일반형	여사건, 순서 일치, 분수 비교	2019 ~ 2021년 '갑'국의 조세지출	표1
13	★★★★☆	일반형	분수 비교, 지수 자료	2017 ~ 2021년 소년 범죄와 성인 범죄 현황	표1
14	★★★☆☆	표-차트 변환형	각주 읽기, 자료 구조 주의	A ~ D 마을로 구성된 '갑'지역의 가구수	표2,그림5
15	★★☆☆☆	매칭형	조건의 적용, 소거법	A ~ E 국의 선행시간별 태풍예보 거리오차	표1,보고서1
16	★★★☆☆	일반형	분수 비교, 상대비	2016 ~ 2020년 '갑'국 대체육 분야의 정부 R&D 지원 규모	그림1,표1
17	★★☆☆☆	일반형	증가율, 순위 기준 표	2020년 기준 글로벌 전기차 시장 점유율 상위 10개 업체의 2015 ~ 2020년 전기차 판매량	표1,보고서1
18	★★★★★	상황판단형	편차 비교	1차, 2차 면접 문제의 문항별 점수 및 반영률 과 면접에 참여한 지원자 A ~ F의 면접 점수 및 결과	표2
19	★★☆☆☆	일반형	공식 구조 파악, 조건의 적용	1차, 2차 면접 문제의 문항별 점수 및 반영률 과 면접에 참여한 지원자 A ~ F의 면접 점수 및 결과	표2
20	★★★☆☆	일반형	분수 비교, 정확한 계산	2021년 12월 31일 기준 '갑'국 응급의료기관의 응급실 현황	표1

2022년 5급 공채 [나책형]

문항별 핵심 정리표(2)

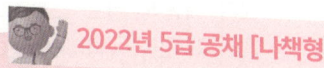

번호	난이도	유형	포인트	소재	자료수
21	★★☆☆☆	일반형	증가율 계산, 비중 계산	2016 ~ 2020년 '갑'국의 장기 기증 및 이식 현황	표1
22	★★☆☆☆	일반형	증가율 비교, 비중 비교, 뺄셈 비교	대륙별, 국가별 '갑'국 방문 외국인 관광객 국적	표2
23	★★☆☆☆	일반형	분수 비교, 편차 비교	5개 구간(A ~ E)의 교통수단별 소요시간 및 비용	표1
24	★★★★☆	매칭형	쉬운 조건부터 먼저 매칭	A ~ D 지역의 면적, 동 수 및 인구 현황	표1, 조건1
25	★★★☆☆	표-차트 변환형	표 구조 파악	'갑'국의 재난사고 발생 및 피해 현황	표3, 그림4
26	★★★☆☆	일반형	최솟값과 최댓값, 개구간 자료, 곱셈 비교	2021년 A시 자녀장려금 수급자의 특성별 수급횟수	표1
27	★★★☆☆	일반형	분수 비교	2020년 11월 '갑'국의 도로종류 및 기상상태별 교통사고 현황	표1
28	★★★☆☆	일반형	공식에 대한 이해, 공식 변형	'갑'국의 6 ~ 9월 무역지수 및 교역조건지수	표2
29	★★★★☆	수리계산형	곱셈 비교	2021년 '갑'국의 건물 기준시가 산정방법	조건1, 표1
30	★★★☆☆	일반형	분수 비교, 비율 계산	2017년 기준 농림어업 생산액 상위 20개국의 GDP 및 농림어업 생산액	표1
31	★★★☆☆	일반형	자료 읽기, 소거법	갑'국 아동 및 청소년의 성별 스마트폰 과의존위험군	보고서1, 표1
32	★★★★☆	일반형	자료 읽기, 여사건, 비율 계산, 복합연산	2021년 '갑'국 생물 갈치와 냉동 갈치의 유통구조 및 물량 현황	그림2, 표1
33	★★★☆☆	상황판단형	조건의 적용, 확률에 대한 이해, 최소교집합	사원 A, B, C의 탁구대회 라운드별 승률	표1, 조건1
34	★★★☆☆	일반형	자료 읽기, 추세 파악, 분수 비교	'갑'국의 급수 사용량과 사용료	그림2
35	★★★★☆	상황판단형	조건의 적용, 발문의 대상 파악	A 지역 아파트 분양 청약 및 경쟁률	표2, 조건1
36	★★★☆☆	일반형	자료 읽기, 최소교집합, 곱셈 계산	'갑'국 국민 4,000명을 대상으로 공동인증서 비밀번호 변경주기를 조사	표1
37	★★★★☆	일반형	차잇값 계산, 가중치 계산, 계산의 단순화, 수식의 변형	'갑'국 소프트웨어 A ~ C의 개발	표3, 조건1
38	★★★☆☆	상황판단형	제시되지 않은 정보의 추론, 상대비, 승차 공식에 대한 이해	A ~ J 팀으로만 구성된 '갑'야구리그	표2
39	★★★★☆	일반형	제시되지 않은 정보의 추론, 상대비, 승차 공식에 대한 이해	A ~ J 팀으로만 구성된 '갑'야구리그	표2
40	★★★☆☆	일반형	자료 읽기, 수식 변형, 비율 계산, 상대비	2018 ~ 2020년 프랜차이즈 기업 A ~ E의 가맹점 현황	표2

2022년 5급 공채 [나책형]

01 ②	02 ③	03 ③	04 ④	05 ①
06 ①	07 ④	08 ④	09 ⑤	10 ①
11 ③	12 ⑤	13 ③	14 ⑤	15 ①
16 ④	17 ①	18 ③	19 ⑤	20 ①
21 ③	22 ②	23 ②	24 ⑤	25 ①
26 ④	27 ②	28 ⑤	29 ①	30 ②
31 ④	32 ③	33 ⑤	34 ③	35 ②
36 ④	37 ②	38 ④	39 ⑤	40 ③

01

난이도 ★★☆☆☆ 정답 ②

[핵심] 보고서형, 추가로 필요한 자료

ㄱ. (○) 2번째 문장에서 수도권과 비수도권 아파트 입주 물량의 '전년동기 및 2015 ~ 2019년 4분기 평균 대비' 2020년 4분기 증가율을 작성하기 위하여 추가로 필요하다.

ㄴ. (×) <보고서>에서 언급하지 않은 내용이다.

ㄷ. (○) 3번째 문장에서 '서울의 전년동기 대비' 아파트 입주물량 및 시도별 입주물량의 구체적인 수치를 작성하기 위해 필요하다.

ㄹ. (×) <보고서>에서 언급하지 않은 내용이다.

02

난이도 ★★★☆☆ 정답 ③

[핵심] 자료 읽기, 분수 비교

ㄱ. (×) 전체 구간 주행 시간은 을이 가장 길다.

구간	거리	갑 평균 속력	갑 주행 시간	을 평균 속력	을 주행 시간	병 평균 속력	병 주행 시간
A→B	100	100	1	100	1	110	$\frac{10}{11}$
B→C	50	90	$\frac{5}{9}$	100	0.5	90	$\frac{5}{9}$
C→D	70	100	0.7	90	$\frac{7}{9}$	100	0.7
D→E	20	100	0.2	110	$\frac{2}{11}$	100	0.2
전체	240	( )	$1.9+\frac{55}{99}$	( )	$1.5+\frac{95}{99}$	( )	$1.9+\frac{46}{99}$

ㄴ. (○) 전체 구간 주행 연료비는 갑이 18,000(= 18.0 × 1,000)원, 을이 22,950(= 13.5 × 1,700)원, 병이 15,000(= 10 × 1,500)원으로 을이 가장 많고, 병이 가장 적다.

ㄷ. (○) 주행 거리가 240km로 같기 때문에 연료 소모량이 클수록 전체 구간 주행 연비는 작아진다. 따라서 병이 24(= 240 / 10)km/L로 가장 높고, 갑이 40/3(= 240 / 18)km/L로 가장 낮다.

ㄹ. (×) 갑의 A→B 구간 주행 연비($\frac{100}{7}$=14.3)는 을의 B→C 구간 주행 연비($\frac{50}{3}$=16.7)보다 낮다.

[스피드 해법]

ㄱ. A→B 구간을 제외한 나머지 구간에서의 평균 속력은 갑과 병이 각각 동일하고 A→B 구간의 평균 속력은 병이 갑보다 빠르므로, 전체 구간 주행 시간은 병보다 갑이 더 길다. 따라서 병의 전체 구간 주행 시간이 가장 긴 것은 아니다.

03

난이도 ★★★☆☆ 정답 ③

[핵심] 자료 읽기, 빈칸 채우기

각주를 참고하여 <표>의 괄호를 채우면 다음과 같다.

		남성 흡연	남성 비흡연	여성 흡연	여성 비흡연
음주	인원	600	(700)	(450)	(300)
	비율	30	35	(30)	20
비음주	인원	(200)	(500)	300	450
	비율	10	(25)	(20)	30

ㄱ. (×) 흡연 비율은 남성 환자(40%)가 여성 환자(50%)보다 낮다.

ㄴ. (○) 비음주이면서 비흡연인 환자는 남성(500명)이 여성(450명)보다 많다.

ㄷ. (×) 각 성별에서 음주 환자 비율은 남성이 65%, 여성이 50%이다. 따라서 여성의 경우 음주 환자 수와 비음주 환자 수는 동일하다.

ㄹ. (○) 전체 환자 중 음주 환자 비중($\frac{2,050}{3,500}$)은 흡연 환자 비중($\frac{1,550}{3,500}$)보다 크다.

[스피드 해법]

ㄴ. 남성의 30%가 600명임을 이용하여 25%가 450을 초과하는지 확인해도 된다.
30% : 600명 = 25% : 500명

ㄹ. 전체 환자 중 음주(흡연) 환자 비중은 각 성별 환자 중 음주(흡연) 환자 비중을 가중평균한 값이다. 가중평균한 값은 관찰값 범위 안에서만 존재하므로, 전체 환자 중 음주 환자 비중은 50 ~ 65%, 흡연 환자 비중은 40 ~ 50% 사이에 각각 해당한다.

04

난이도 ★★☆☆☆ 정답 ④

[핵심] 보고서형, 추가로 필요한 자료

ㄱ. (○) 1문단 3번째 문장 중 "특히 2017년에는 전년 대비 20%p 감소하여 가장 큰 폭으로 감소하였다."를 작성하기 위하여 추가로 필요하다.

ㄴ. (×) <보고서>에서 언급하지 않은 내용이다.

ㄷ. (○) 1문단 마지막 문장을 작성하기 위하여 추가로 필요하다.

ㄹ. (○) 3문단 2번째 문장을 작성하기 위하여 추가로 필요하다.

05

난이도 ★★★☆☆ 정답 ①

[핵심] 평균 계산, 비율 계산, 상대비

ㄱ. (○) 현재 4개 농산물 해운 운송량의 평균은 2,650톤(=10,600 / 4)이다. 농산물별 해운 운송량이 각각 100톤씩 증가하면 전체 평균 또한 100톤이 증가하므로 4개 농산물 해운 운송량의 평균은 2,750톤이 된다.

ㄴ. (×) 총 운송량은 보리가 12,000(= 2,900 + 7,100 + 2,000)톤, 콩이 5,000(= 400 + 600 + 4,000)톤이다. 보리의 수송 방법별 운송량이 각각 50 %씩 감소할 때의 운송량 감소폭(6,000톤)은 콩의 수송 방법별 운송량이 각각 100 %씩 증가할 때의 운송량 증가폭(5,000톤)보다 크므로 전체 운송량은 감소한다.

ㄷ. (○) 도로 운송량은 '밀, 쌀, 보리, 콩' 순으로 많으며, 도로 운송량이 차지하는 비중 역시 '밀, 쌀, 보리, 콩' 순으로 많아 동일하다.

ㄹ. (×) 해운 운송량은 '쌀, 보리, 밀, 콩' 순으로 적지만, 해운 운송량이 차지하는 비중은 '쌀, 밀, 보리, 콩' 순으로 적어 동일하지 않다.

[스피드 해법]

ㄷ. ㄹ. 상대비를 활용하여 해당 농산물의 전체 운송량 중 도로 운송량이 차지하는 비중의 관계를 구하면 다음과 같다.

$$\frac{\text{도로 운송량}}{\text{도로 운송량} + \text{철도 운송량} + \text{해운 운송량}} \propto \frac{\text{도로 운송량}}{\text{철도 운송량} + \text{해운 운송량}}$$

따라서 ㄹ의 경우 보리의 해운 운송량 상대비($\frac{2}{10}$)는 밀의 해운 운송량 상대비($\frac{3}{24}$)보다 크므로 해운 운송량이 차지하는 비중은 밀보다 보리가 더 크다.

06

난이도 ★★★☆☆ 정답 ①

[핵심] 자료 읽기, 그래프의 시각적 판단

기술도입액을 x, 기술수출액을 y, 기술무역규모를 a, 기술무역수지를 b, 기술무역수지비를 c라 하면, 다음 관계가 성립한다.

$a = y + x \rightarrow y = -x + a \rightarrow a$ = 기울기가 -1인 직선의 y절편

$b = y - x \rightarrow y = x + b \rightarrow b$ = 기울기가 1인 직선의 y절편

$c = \frac{y}{x} \rightarrow c$ = 원점까지 그은 직선의 기울기

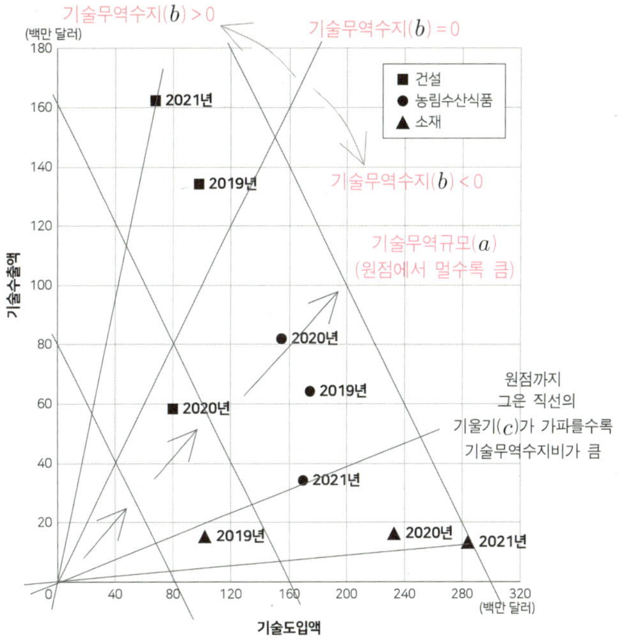

① (×) '기술무역수지(b) = 0'인 선을 기준으로 오른쪽 또는 아래로 멀어질수록 기술무역수지는 작아지므로 2020년 3개 산업 중 기술무역수지가 가장 작은 산업은 건설산업이 아니라 소재산업이다.

② (○) 기술무역규모(a)는 원점에서 멀수록 커지므로 2021년 기술무역규모가 가장 큰 산업은 소재산업이다.

③ (○) 2019년 기술도입액은 건설이 80백만 달러 이상, 농림수산식품가 160백만 달러 이상, 소재가 80백만 달러 이상이므로 3개 산업의 전체 기술도입액은 320백만 달러 이상, 즉 3억 2천만 달러 이상이다.

④ (○) 소재 산업의 경우 '기술무역수지(b) = 0'인 선을 기준으로 매년 오른쪽으로 멀어지고 있으므로 기술무역수지는 매년 감소한다.

⑤ (○) 기술무역수지비(c)는 원점까지 그은 직선의 기울기가 가파를수록 커지므로 농림수산식품 산업에서 기술무역수지비가 가장 큰 해는 원점까지 그은 직선의 기울기가 가장 가파른 2020년이다.

07

난이도 ★★☆☆☆ 정답 ④

[핵심] 자료 읽기, 비율 계산, 최소교집합

연도	전체 사망자 수	4대 주요 원인에 의한 사망자 수
2018	24	24
2019	36	34
2020	37	33
2021	37	29

ㄱ. (○) 위 표에서 알 수 있듯이 사망자 수는 2018년 24명, 2019년 36명으로 2019년에 전년 대비 50% 증가했으며, 이후 매년 30명 이상이었다.

ㄴ. (○) 전체 사망자 중 4대 주요 원인에 의한 사망자가 차지하는 비율은 2018년이 유일하게 100%로 가장 높았다.

ㄷ. (○) 전체 사망자 중 수영미숙에 의한 사망자는 2018년 약 54%(= 13 / 24), 2019년 약 39%(= 14 / 36), 2020년 약 38%(= 14 / 37), 2021년 약 32%(= 12 / 37)로 매년 30% 이상을 차지했다.

ㄹ. (×) 2020년의 경우, 전체 사망자 중 하천에서 발생한 사고로 인한 사망자가 차지하는 비율은 약 51%(= 19 / 37)로 60% 미만이다.

ㅁ. (○) 2021년 30대 이상 사망자 수(A)는 29명, 안전부주의 사망자(B)는 9명, 전체 사망자 수(N)는 37명이므로 30대 이상 안전부주의 사망자는 1명(= A + B − N) 이상이다.

08

난이도 ★★☆☆☆ 정답 ④

[핵심] 매칭형, 조건의 적용, 소거법

<조건 1> 내수면어업 생산량이 원양어업 생산량보다 많은 국가는 B, C이므로 갑과 병은 각각 B, C 중 하나에 해당한다(③ 제거).

<조건 2> 해면어업 의존도는 D가 40%를 초과하여 가장 높으므로 정은 D가 아니며(①, ② 제거), 선지 구조상 정은 A, 을은 D로 확정된다.

<조건 3> 을(D)의 원양어업 생산량은 2,945천 톤이며, 천해양식 생산량은 B가 3,103천 톤, C가 3,300천 톤이므로 병은 C이다(⑤ 제거). 따라서 정답은 ④이다.

[스피드 해법]

D의 원양어업 생산량은 대략 2,900 이상(= 9,756 - 4,200 - 300 - 2,300)이므로, 이 값의 1.1배는 약 3,200 이상이다. 어림산으로 계산할 때 B의 천해양식 생산량은 3,200 미만이므로 C가 병이 된다.

09

난이도 ★★★☆☆ 정답 ⑤

[핵심] 자료읽기, 증가율 계산, 비중 계산

ㄱ. (○) 갑국의 산업 규모는 2020년이 973억 원, 2021년이 1,138.6억 원으로 전년 대비 165.6억 원 증가했으며, 증가율로 따지면 약 17.0% 증가했다.

ㄴ. (○) 2021년 방송분야 매출액의 비중은 약 39.8%(= 453 / 1,138.6)이다.

ㄷ. (○) 글로벌 산업 규모 성장률은 2019년이 약 45.0%, 2020년이 약 32.9%, 2021년이 약 32.1%로 매년 30% 이상이었다.

ㄹ. (○) 2020년 갑국 산업 규모의 전년 대비 성장률은 약 4.1%이며, 글로벌 산업 규모에서 차지하는 비중은 약 13.5%이다.

ㅁ. (×) 글로벌 산업 규모 대비 갑국 산업 규모의 비중은 2017년이 약 16.9%, 2018년이 약 19.3%로 2018년에는 전년 대비 증가했다.

[스피드 해법]

ㄱ. $\frac{1{,}138.6-973}{973}=\frac{165.6}{973}>\frac{150}{1{,}000}=15\%$

ㄹ. $\frac{973-933.4}{933.4}=\frac{39.6}{973}<\frac{50}{1{,}000},\ \frac{973}{7{,}207}<\frac{1}{7}\doteqdot 14.3\%$

10

난이도 ★★★☆☆ 정답 ①

[핵심] 자료 읽기, 비중 계산, 추이 파악

① (○) 2020년 대비 2021년 불법체류외국인 증가인원 104,085(= 355,126 − 251,041)명 중 국적이 A인 불법체류외국인은 72,356(= 153,485 − 81,129)명이므로 A국적 불법체류외국인의 비중은 약 69.5%이다.

② (×) 체류유형이 등록외국인인 불법체류외국인은 2019년이 약 75,230(= 208,971 × 0.36)명, 2020년이 약 82,844(= 251,041 × 0.33)명으로 2020년에는 전년 대비 증가했다.

③ (×) 불법체류외국인 수가 가장 많은 체류자격만 보더라도 2017년은 비전문취업, 2018년 이후는 사증면제로 동일하지 않다.

④ (×) 체류외국인 대비 불법체류 외국인 비중은 2018년이 11% 초과, 2019년이 11% 미만으로 2019년에는 전년 대비 감소했다.

⑤ (×) 체류외국인 수는 2020년이 2,180,498명, 2021년이 2,367,607명이므로 전년 대비 증가율은 약 8.6%(= $\frac{187{,}109}{2{,}180{,}498}$)이다.

[스피드 해법]

② 208,971 × 0.36 vs 251,041 × 0.33에서 208,971 → 251,041 증가율은 20% 초과, 0.36 ← 0.33 증가율은 10% 미만이므로 우변(2020년)이 좌변(2019년)보다 크다.

④ $\frac{214,168}{1,899,519}$ vs $\frac{208,971}{2,049,441}$ → 우변(2019년)이 좌변(2018년)보다 작다(자소모대).

11

난이도 ★★★☆☆ 정답 ③

[핵심] 매칭형, 분수 비교, 비율 계산

<조건 3> A의 경우 합격자 수가 가장 많은 해(2020년)와 가장 적은 해(2017년)의 합격자 수 차이는 9(= 55 − 46)명이므로 A는 푸른대도 강산대도 아니다(⑤ 제거).

<조건 2> 선지 구조상 우리대는 A 또는 C인데, 2021년 합격률은 A가 약 53.3%(= 48 / 90), C가 약 55.2%(= 80 / 145)이므로 우리대는 A이다(①, ② 제거).

<조건 4> B의 2015년 합격률은 약 81.0%(= 47 / 58), 2021년 합격률은 약 59.8%(= 58 / 97)이므로 감소폭은 40%p 이하이다. 한편, D의 2015년 합격률은 약 90.5%(= 86 / 95), 2021년 합격률은 약 44.8%(= 95 / 212)이므로 감소폭은 40%p를 초과한다. 따라서 강산대는 B이므로(④ 제거), 정답은 ③이다.

[스피드 해법]

<조건 4> B의 2021년 합격률은 $\frac{58}{97}$, 즉 58%를 초과하므로 2015년 합격률이 적어도 98%를 초과해야 2015년 대비 감소폭도 40%p를 초과할 것이다. 하지만 실제 합격률은 이에 훨씬 못 미치므로 B의 합격률 감소폭은 40%p 이하이다.

12

난이도 ★★☆☆☆ 정답 ⑤

[핵심] 여사건, 순서 일치, 분수 비교

ㄱ. (×) 기타를 제외하고, 전년 대비 조세지출금액이 증가하지 않은 항목 수는 2020년이 6개(연구개발, 국제자본거래, 외국인투자, 국제도시육성, 기업도시, 수협구조개편), 2021년이 4개(연구개발, 국제자본거래, 투자촉진, 수협구조개편)로 2020년이 2021년보다 많다. 따라서 반대로 전년 대비 조세지출금액이 증가한 항목 수는 2020년이 2021년보다 적다.

ㄴ. (○) 기타를 제외한 항목 중 조세지출금액 상위 3개 항목의 비중 합계는 2019년이 62.94(= 31.69 + 23.81 + 7.4)%, 2020년이 62.32(= 32.16 + 23.21 + 6.95)%, 2021년이 64.17(= 30.07 + 12.15 + 21.95)%로 매년 60%를 초과한다.

ㄷ. (○) 기타를 제외하고, 조세지출금액이 매년 증가한 항목은 10개(중소기업지원, 고용지원, 기업구조조정, 지역균형발전, 공익사업지원, 저축지원, 국민생활안정, 근로·자녀장려, 간접국세, 농협구조개편)이다.

ㄹ. (○) 국제도시육성 항목의 비중은 2019년이 약 0.58%(= 2,316 / 396,769), 2021년이 약 0.48(= 2,255 / 474,125)이므로 매년 감소한다.

[스피드 해법]

ㄹ. $\frac{2,316}{396,769}$(2019년) > $\frac{2,149}{418,601}$(2020년) : 자대모소

$\frac{2,149}{418,601}$(2020년) > $\frac{2,255}{474,125}$(2021년) : 모증대하(10% 기준으로 판단)

13

난이도 ★★★★☆ 정답 ③

[핵심] 분수 비교, 지수 자료

$$\text{소년 범죄율} \propto \frac{\text{소년 범죄자수}}{\text{소년 인구}} \rightarrow \text{소년 인구} \propto \frac{\text{소년 범죄자수}}{\text{소년 범죄율}}$$

ㄱ. (×) 2017년 대비 2021년 소년 범죄자수(분자)는 감소하고, 소년 범죄율(분모)은 증가했으므로 소년 인구는 감소했다(자감모증).

ㄴ. (○) 소년 범죄율이 2017년 대비 6.0% 이상 증가했다면, 소년 범죄 발생지수는 106 이상이어야 하는데 이에 해당하는 연도는 2019년과 2020년이다. 2019년 소년범죄자 비율은 약 6.2%(= $\frac{61,162}{61,162+920,760}$)이므로 2019년, 2020년 모두 소년 범죄자 비율은 6.0% 이상이다.

ㄷ. (○) 범죄 발생지수는 범죄율에 비례하는데, 소년 범죄율과 성인 범죄율 모두 2021년이 2020년보다 작으므로 범죄 발생지수 또한 작다.

ㄹ. (×) 소년 범죄 발생지수가 전년 대비 증가한 연도는 2019년과 2020년인데, 이 중 2020년에는 소년 범죄자수가 전년 대비 감소했다.

[스피드 해법]

ㄴ. $\frac{61,162}{61,162+920,760} > \frac{60,000}{1,000,000} = 6\%$

14

난이도 ★★★☆☆ 정답 ⑤

[핵심] 표-차트 변환형, 각주 읽기, 자료 구조 주의

① (×) 2021년 '갑'지역 1인 가구수는 900가구가 아니라 800가구이다.

② (×) 마을별 2인 이상 가구수는 총가구수에서 1인 가구를 뺀 값과 같다. 즉, A마을 480가구, B마을 345가구, C마을 340가구, D마을 185가구인데 그래프에서는 D(25.1%)가 C(13.7%)보다 비율이 더 크므로 옳지 않다.

③ (×) 2021년 A마을의 총가구수 대비 1인 가구수 비중은 20%(= 120/600)이므로 옳지 않다. 한편, 그래프 수치는 <표 1>의 괄호 안 수치와 같으므로 각주만 보더라도 옳지 않음을 바로 알 수 있다.

④ (×) '2인 이상 가구수 - 1인 가구수 = (총가구수 - 1인 가구수) - 1인 가구수 = 총가구수 - 2 × 1인 가구수' 식을 이용하면, 2021년의 경우 B마을이 140(= 550 - 2 × 205)가구, C마을이 180(= 500 - 2 × 160)가구이므로 옳지 않다.

15

난이도 ★★☆☆☆ 정답 ①

[핵심] 매칭형, 소거법

1) "2020년과 2021년 모두 선행시간이 12시간씩 감소할수록 거리오차도 감소하였다." → D국은 2020년에 48시간(122km)에서 36시간(134km)으로 선행시간이 감소할 때, 거리오차는 증가하였다(④ 제거).
2) "2021년의 거리오차는 선행시간이 36시간, 24시간, 12시간일 때 각각 100 km 이하였다." → C국은 2021년 36시간에 103km이다(③ 제거).
3) "선행시간별 거리오차는 모두 2020년보다 2021년이 작았다." → E국의 경우, 선행시간이 12시간인 경우의 거리오차만 2020년보다 2021년이 작았고, 나머지 선행시간에서는 2020년이 2021년보다 컸다.
4) "2020년과 2021년 모두 선행시간이 12시간씩 감소하더라도 거리오차 감소폭은 30 km 미만이었다." → 2020년 B국은 선행시간 36시간 대비 24시간의 거리오차 감소폭이 40(= 122 - 82)km이다(② 제거). 따라서 정답은 A국이다.

16

난이도 ★★★☆☆ 정답 ④

[핵심] 분수 비교, 상대비

① (×) 지원과제당 지원 금액은 2019년이 $\frac{4,886}{53}$, 2017년이 $\frac{3,368}{39}$이다. 분자(4,886 ← 3,368) 증가율은 40% 이상, 분모(53 ← 39) 증가율은 40% 미만이므로 2019년이 2017년보다 많다(자증대상).

② (×) 2019년 배양육 응용연구 지원금액은 139(= 570 - (8 + 383 + 40))백만 원이다. 따라서 배양육 분야 지원 금액에서 응용연구 지원 금액이 차지하는 비중은 2018년이 약 23.8%(= $\frac{67}{282}$), 2019년이 약 24.4%(= $\frac{139}{570}$)이므로 2019년이 2018년보다 크다. 또는 상대비로 비교해도 된다.

③ (×) 대체육 전체 지원 금액에서 식물성고기 분야 지원 금액이 차지하는 비중은 2017년이 $\frac{319}{3,368}$, 2018년이 $\frac{450}{4,368}$이다. 분자(319 → 450) 증가율은 30% 이상, 분모(3,368 → 4,368) 증가율은 30% 미만이므로 2018년이 2017년보다 크다(자증대상).

④ (○) 식용곤충 분야 기초연구 지원 금액은 2016년이 67(= 1,280 - (127 + 836 + 250))백만 원, 2018년이 339(= 3,636 - (127 + 1,864 + 1,306))백만 원이므로 후자가 전자의 5배 이상이다.

⑤ (×) 2020년 식용곤충의 개발연구 지원 금액은 1,781(= 2,292 - (37 + 89 + 385))백만 원으로 전년 대비 감소했다.

[스피드 해법]

① $\frac{4,886}{53}$ vs $\frac{3,368}{39}$ → $\frac{4,886}{5,300}$(90%↑) vs $\frac{3,368}{3,900}$(90%↓)

17

난이도 ★★☆☆☆ 정답 ①

[핵심] 증가율, 순위 기준 표

ㄱ. (○) H사의 전기차 판매량은 2020년(146,153대)이 2016년 (6,460대)의 약 22배이다.
ㄴ. (×) <표>는 2020년 기준 시장 점유율 상위 10개 업체이므로 2015 ~ 2019년의 순위는 알 수 없다.
ㄷ. (×) T사의 전기차 판매량이 전년 대비 가장 많이 증가한 해는 2020년(15만 대 이상 증가)이지만, 전년 대비 시장 점유율이 가장 많이 증가한 해는 2018년(6.6%p 증가)이다.
ㄹ. (×) 2020년 전기차 판매량의 전년 대비 증가율은 V사(약 3배)보다 P사(9배 이상)가 더 크다.

18

난이도 ★★★★★ 정답 ③

[핵심] 상황판단형, 편차 비교

지원자별 종합점수 및 결과를 정리하면 다음과 같다.

지원자	A	B	C	D	E	F
종합점수	92.4	93.0	93.2	92.8	95.6	95.8
결과	( )	합격	( )	불합격	( )	( )

D보다 종합 점수가 낮은 A는 불합격이며 B보다 종합 점수가 높은 C, E, F는 합격이므로, 합격인 지원자는 F, E, C, B 순으로 종합점수가 높다.

[스피드 해법]

B보다 점수가 높으면 합격이므로 E(95.6점)는 합격이다. 선지구조 상 E와 F가 1, 2위를 다투므로 E를 기준으로 점수 편차를 비교한다. 1차 점수는 F가 4점이 낮고, 2차 점수는 2점이 높다. <표 2>의 각주 1)에 따라 가중치를 반영하여 종합점수 편차를 구하면, F가 E에 비해 0.2(= -1.2 + 1.4)점 더 높으므로 1위는 F, 2위는 E가 된다. D보다 점수가 낮으면 불합격인데 D를 기준으로 A의 종합 점수 편차를 구하면, -0.4(= -1.8 + 1.4)점이므로 A는 불합격이다.

19

난이도 ★★☆☆☆ 정답 ⑤

[핵심] 공식 구조 파악, 조건의 적용

ㄱ. (×) 1차 4번 문항의 경우, 명목 반영률은 0.33(= 40 / 120), 실질 반영률도 0.33(= 20 / 60)이다. 그러나 2번 문항의 명목 반영률은 0.25로 4번 문항보다 낮지만 실질 반영률은 0.33(= 20 / 60)으로 같기 때문에 옳지 않다.

ㄴ. (×) 교양 항목과 전문성 항목 각각에서 실질 반영률의 합은 0.5로 같다.

ㄷ. (○) 현재 D의 점수는 92.8점이다. 만약 D가 1차 면접 문항에서 1점을 더 받았다면, 종합 점수는 0.3점 상승한 93.1점이 되므로 B(93.0점)보다 점수가 더 높아 D의 결과는 합격이 된다.

ㄹ. (○) 2차 1번과 2번 문항의 실질 반영률은 각각 0.20(= 10 / 50)이므로 명목 반영률보다 실질 반영률이 더 높은 문항은 3번 문항뿐이다. 2차 3번 문항에서 가장 낮은 점수를 받은 지원자는 D(44점)이고 2차 점수 합계가 가장 낮은 사람도 D(82점)이다.

20

난이도 ★★★☆☆ 정답 ①

[핵심] 분수 비교, 정확한 계산

① (○) 응급실 전담 전문의 1인당 응급실 전담 간호사 수가 가장 많은 응급의료기관 유형은 기초응급의료센터(유일하게 6명 초과)이다.

② (×) 전체 응급의료기관당 응급실 전담 전문의 수는 약 3.6(= $\frac{1,417}{399}$)명으로 4명 미만이다.

③ (×) 내원 환자 수가 가장 많은 응급의료기관은 지역응급의료센터이고, 응급의료기관당 응급실 전담 간호사 수가 가장 많은 유형은 권역응급의료센터(유일하게 40명 초과)이므로 동일하지 않다.

④ (×) 응급실 전담 전문의 1인당 내원 환자 수가 가장 적은 응급의료기관 유형은 권역응급의료센터(4,800명 초과)가 아니라 지역응급의료센터(4,800명 미만)이다.

⑤ (×) 권역응급의료센터의 경우 응급실 병상당 내원 환자 수는 약 1,215(= $\frac{1,540,393}{1,268}$)명으로 1,200명을 초과한다.

21

난이도 ★★☆☆☆ 정답 ③

[핵심] 증가율 계산, 비중 계산

ㄱ. (×) 2019년에는 뇌사 기증자 수의 전년 대비 증가율(10% 미만)이 기증 희망자 수의 전년 대비 증가율(10% 초과)보다 낮다.

ㄴ. (○) 매년 뇌사자장기이식 건수가 뇌사 기증자의 4배 이상이므로 옳다.

ㄷ. (×) 2018년 대비 2019년 이식 대기자 수는 증가했지만 이식 건수는 감소했다.

ㄹ. (○) 2017년, 2018년, 2020에는 이식 건수(분모)의 전년 대비 증가율이 생체이식 건수(분자)의 전년 대비 증가율보다 크기 때문에 비중은 감소한다(모증대하). 2019년에는 이식 건수(분모)가 전년 대비 5% 미만 감소하고, 생체이식 건수(분자)는 5% 이상 감소했으므로 비중이 감소한다(자감대하).

22

난이도 ★★☆☆☆ 정답 ②

[핵심] 증가율 비교, 비중 비교, 뺄셈 비교

ㄱ. (○) 2010년 대비 2015년 외국인 관광객 증가율은 아프리카($\frac{1}{3}$ 초과)가 대양주($\frac{1}{6}$ 미만)의 2배 이상이다.

ㄴ. (×) 2015년 일본과 중국 관광객의 합은 7,821,952(= 1,837,782 + 5,984,170)명이므로 아시아 관광객(10,799,355명)의 약 72%를 차지한다.

ㄷ. (○) 2015년 대비 2020년 외국인 관광객 감소폭은 북미가 702,666(= 974,153 − 271,487)명, 유럽이 591,527(= 806,438 − 214,911)명이므로 전자가 후자보다 더 크다.

ㄹ. (×) 2020년 전체 외국인 관광객(2,519,118명) 중 미국 관광객(271,487명)이 차지하는 비중은 약 10.8%이다.

[스피드 해법]

ㄴ. 천의 자리까지 유효숫자를 잡아 비교해보면,

$$\frac{7,822}{10,800} < 75\% = \frac{7,500 \times 1.08}{10,000 \times 1.08} = \frac{8,100}{10,800}$$

23

난이도 ★★☆☆☆ 정답 ②

[핵심] 분수 비교, 편차 비교

① (×) C구간에서 비용이 35,000원 이하인 교통수단(일반열차, 고속버스, 일반버스) 중 소요시간당 비용은 일반열차가 약 133(= 23,800 / 247)원, 고속버스가 약 119(= 25,000 / 210)원이므로 일반열차가 고속버스보다 더 크다.

② (○) 고속열차와 일반버스 간 소요시간 차이가 가장 작은 구간은 C구간(85분 차이)이며, 고속열차와 일반버스 간 비용 차이가 가장 작은 구간도 C구간(14,900원)이다.

③ (×) 고속열차 이용 시 소요시간당 비용은 D구간이 약 209(= 41,600 / 199)원, E구간이 약 201(= 42,800 / 213)원이므로 전자가 후자보다 더 크다.

④ (×) 고속버스가 일반열차보다 소요시간과 비용이 모두 작은 구간은 A, B, C, D, E로 5개 모두에 해당된다.

⑤ (×) A구간에서 고속열차는 소요시간은 가장 짧으면서 비용은 가장 많다. 따라서 A구간에서 고속열차를 기준으로 할 때, 교통수단 간 소요시간 차이가 클수록 비용 차이가 크려면, 소요시간이 클수록 비용은 적어져야 한다.

그런데 일반열차와 고속버스의 경우, 소요시간과 비용 모두 일반열차가 고속버스보다 크므로 예외가 존재한다.

24

난이도 ★★★★☆ 정답 ⑤

[핵심] 매칭형, 쉬운 조건부터 먼저 매칭

<조건 3> 행정동 평균 인구보다 법정동 평균 인구가 많으려면 행정동 수보다 법정동 수가 더 적어야 한다. 유일하게 C만 해당되므로 우정 지역은 C이다(①, ③, ④ 제거).

<조건 4> 우정 지역 법정동 평균 인구는 17,556(= 16,302 × $\frac{14}{13}$)명인데, 이 값과 3배 이상 차이나는 경우는 A뿐이므로 행복 지역은 A이다(② 제거). 따라서 정답은 ⑤이다.

25

난이도 ★★★☆☆ 정답 ①

[핵심] 표-차트 변환형, 표 구조 파악

① (×) <표 2>의 각주에 따르면, 인적피해는 사망과 부상으로만 구분되므로 사망과 부상 중 부상이 차지하는 비중을 그래프로 나타내야 한다. 그런데 이 그래프는 피해인원 전체 중 부상 인원을 나타냈으므로 옳지 않다.

26

난이도 ★★★☆☆ 정답 ④

[핵심] 최솟값과 최댓값, 개구간 자료, 곱셈 비교

ㄱ. (○) 수급자 수는 1,000명이고 1인당 1회 이상씩은 수령했으므로 수급횟수는 최소 1,000회 이상이다. 수급횟수가 2회 이상인 경우만 따로 계산해보면, 293 × 1(2회 수급자) + 216 × 2(3회 수급자) + 132 × 3↑(4회 수급자) = 1,121↑이 되므로 전체 수급횟수는 총 2,000회 이상이다.

ㄴ. (○) 1회 수령한 수급자 수는 30대가 약 217(= 583 × 37.2%)명, 40대가 약 121(= 347 × 34.9%)명이므로 전자는 후자의 1.5배 이상이다.

ㄷ. (×) 추가 정보 없이는 수급횟수가 4회 이상인 수급자들끼리 수급횟수를 비교할 수 없으므로 알 수 없는 선지이다.

ㄹ. (○) 2회 이상 수령한 수급자 수는 무주택 수급자가 476(= 732 × 65.0%)명, 유주택 수급자가 165(= 268 × 61.6%)명이므로 전자가 후자의 2.5배 이상이다.

[스피드 해법]

ㄴ. 583 × 37.2 vs 347 × 34.9 → 583은 347의 1.5배를 초과하고 37.2는 34.9보다 크므로 좌변이 우변의 1.5배 이상이다.

ㄹ. 732 × 65.0 vs 268 × 61.6 → 583은 347의 2.5배를 초과하고 65.0은 61.6보다 크므로 좌변이 우변의 2.5배 이상이다.

27

난이도 ★★★☆☆ 정답 ②

[핵심] 분수 비교

① (×) 지방도의 경우, 발생건수 대비 사망자수 비율은 기상상태가 안개일 때($\frac{1}{14}$)보다 흐림일 때($\frac{5}{56}$)가 더 높다.

② (○) 각 도로종류에서 부상자수 대비 사망자수 비율은 기상상태가 안개일 때(모두 5% 초과)가 맑음일 때(모두 1.5% 미만)의 3배 이상이다.

③ (×) 일반국도의 경우, 전체 발생건수는 1,633건인데, 기상상태가 비일 때와 눈일 때의 발생건수 합은 112(= 83 + 29)건이므로 10% 미만이다.

④ (×) 고속국도의 경우, 기상상태별 발생건수당 사상자수는 맑음이 2.5(= $\frac{802}{320}$)명, 흐림이 1.7(= $\frac{24}{14}$)명, 비가 2(= $\frac{30}{15}$)명, 안개가 3.5(= $\frac{14}{4}$)명, 눈이 2(= $\frac{8}{4}$)명으로 2명을 초과하는 기상상태는 2가지(맑음, 안개)이다.

⑤ (×) 기상상태가 흐림일 때 발생건수 대비 부상자수 비율은 일반국도($\frac{115}{55}$)가 지방도($\frac{110}{56}$)보다 높다(자대모소).

[스피드 해법]

① $\frac{1\times4}{14\times4} = \frac{4}{56} < \frac{5}{56}$

28

난이도 ★★★☆☆ 정답 ⑤

[핵심] 공식에 대한 이해, 공식 변형

ㄱ. (×) 수출금액지수와 수출물량지수는 7월에 각각 하락했다.

ㄴ. (○) 수출물가지수가 90 이상이려면, 수출금액지수가 수출물량지수의 0.9배 이상이어야 하는데 매월 이 조건을 만족하고 있다.

ㄷ. (○) 매월 수출물가지수(분자)는 100 미만이고, 수입물가지수(분모)는 100초과이므로 순상품교역조건지수는 매월 100 이하이다.

ㄹ. (○) <표 2>의 각주 1)과 2)를 이용하여 수식을 변형하면, '소득교역조건지수 = 순상품교역조건지수 × 수출물량지수'가 되는데 순상품교역조건지수도 9월(91.79)이 6월(91.94)보다 낮고, 수출물량지수도 9월(110.60)이 6월(113.73)보다 낮으므로 소득교역조건지수는 9월이 6월보다 낮다.

29

난이도 ★★★★☆ 정답 ①

[핵심] 수리계산형, 곱셈 비교

<방법>에 따라 기준시가를 구해보면 다음과 같다.

건물	구조지수	용도지수	연상각률	경과연수별 잔가율	건물면적(㎡)	기준시가(원)
A	1.00	1.10	0.04	0.8	125	11,000,000
B	0.67	1.20	0.05	0.1	500	4,020,000
C	1.00	1.25	0.05	0.8	375	37,500,000
D	1.30	1.50	0.05	0.1	250	4,875,000
E	1.30	1.50	0.05	0.1	200	3,900,000

따라서 기준시가가 두 번째로 높은 건물은 A이다.

[스피드 해법]

기준시가를 정확히 구하지 않고 크기만 비교해도 된다. 이때 A의 건물면적을 기준으로 다른 건물면적을 배율로 나타내면, B는 4, C는 3, D는 2, E는 1.6이므로 이를 이용하여 비교할 수도 있다. 더 나아가 구조지수도 0.67은 약 $\frac{2}{3}$, 1.30은 약 $\frac{4}{3}$로 놓고 어림산하여 비교하는 것까지도 생각해 볼 수 있다.

30

난이도 ★★★☆☆ 정답 ②

[핵심] 분수 비교, 비율 계산

① (○) 2017년 농림어업 생산액 상위 5개국(중국, 인도, 미국, 인도네시아, 브라질) 중 농림어업 생산액의 GDP 대비 비율이 전세계(4.2%)보다 낮은 국가는 미국뿐이다. 참고로 브라질은 약 4.5%(= $\frac{93}{2,055}$)이다.

② (×) 2017년 미국 GDP는 19,800(= $\frac{198}{0.01}$)십억 달러이므로, 2017년 농림어업 생산액 상위 3개국의 GDP 합(34,637십억 달러)은 전세계 GDP(80,737십억 달러)의 50% 미만이다.

③ (○) 2012년 대비 2017년 농림어업 생산액의 GDP 대비 비율이 증가한 국가는 브라질, 러시아, 이란, 멕시코, 호주, 스페인인데, 이들 국가 모두 2012년 대비 2017년 GDP가 감소했다.

④ (○) 2017년 농림어업 생산액은 중국이 약 967(= 12,237 × 7.9%)십억 달러이고, 인도가 403(= 2,600 × 15.5%)십억 달러이다. 따라서 전자는 후자의 2배 이상이다.

⑤ (○) 파키스탄의 경우, 농림어업 생산액의 GDP 대비 비율은 2017년이 약 22.7%(= $\frac{69}{304}$), 2012년이 약 23.7%(= $\frac{53}{224}$)이므로 2012년 대비 2017년에 감소했다.

[스피드 해법]

③ 브라질: $\frac{93}{2,055}$(2017년) vs $\frac{102}{2,465}$(2012년) → 분자(93 → 102) 증가율은 10% 미만, 분모(2,055 → 2,465) 증가율은 10% 초과이므로 좌변(2017년)이 우변(2012년)보다 더 크다(모증대하).

④ 12,237 × 7.9(중국) vs 2,600 × 15.5(인도) × 2 = 2,600 × 31.0 → 12,237은 2,600의 4배 초과, 31.0은 7.9의 4배 미만이므로 좌변(중국)이 우변(인도의 2배)보다 크다.

⑤ 파키스탄: $\frac{69}{304}$(2017년) vs $\frac{53}{224}$(2012년) → 분자(69 ← 53) 증가율은 $\frac{1}{3}$ 미만, 분모(304 ← 224) 증가율은 $\frac{1}{3}$ 초과이므로 좌변(2017년)이 우변(2012년)보다 더 크다(자증대상).

31

난이도 ★★★☆☆ 정답 ④

[핵심] 자료 읽기, 소거법

1) 1문단 2번째 문장에 따르면, 아동은 남자가 여자보다 고위험군과 잠재위험군 비율이 모두 높아야 하는데, E국의 경우 남자 아동의 고위험군 비율(2.2%)이 여자 아동의 고위험군 비율(2.4%)보다 낮다. (→ ⑤ 제거)

2) 2문단 2번째 문장에 따르면, 아동의 경우 남자와 여자 각각 과의존위험군 비율이 20%에서 25%사이여야 하는데, C국의 경우 여자 아동의 과의존위험군 비율은 19.3(= 1.8 + 17.5)%이다. (→ ③ 제거)

3) 3문단 1번째 문장에 따르면, 여자의 아동과 청소년 간 과의존위험군 비율 차이는 10%p 이하여야 하는데, A국의 경우 여자 아동의 과의존위험군 비율은 20.1(= 2.0 + 18.1)%, 여자 청소년의 과의존위험군 비율은 32.3%(= 4.1 + 28.2)로 두 비율의 차이는 10%p를 초과한다. (→ ① 제거)

4) 3문단 2번째 문장에 따르면, 잠재위험군 비율에서 아동과 청소년 간 차이는 남자가 5%p 이하여야 하는데, B국의 경우 남자 아동의 잠재위험군 비율은 20.0%, 남자 청소년의 잠재위험군 비율은 25.3%로 두 비율의 차이는 5%p를 초과한다. (→ ② 제거)

따라서 정답은 ④이다.

32

난이도 ★★★★☆ 정답 ③

[핵심] 자료 읽기, 여사건, 비율 계산, 복합연산

ㄱ. (×) 냉동 갈치가 소비자에게 전달되는 경로별 물량비율은 다음과 같다

경로	물량비율
생산자 → 산지위판장 → 수협 → 직판장 → 소비자	1 × 0.13 × 0.54 × 1 = 7.02%
생산자 → 산지위판장 → 산지도매상 → 소매상 → 소비자	1 × 0.19 × 1 × 1 = 19%
생산자 → 산지위판장 → 소비지도매시장 → 소매상 → 소비자	1 × 0.2 × 0.75 × 1 = 15%
생산자 → 산지위판장 → 소비지도매시장 → 대형소매업체 → 소비자	1 × 0.2 × 0.25 × 1 = 5%
생산자 → 산지위판장 → 대형소매업체 → 소비자	1 × 0.31 × 1 = 31%
생산자 → 산지위판장 → 가공업체 → 소비자	1 × 0.17 × 0.2 = 3.4%
합계	80.42%

ㄴ. (○) 소매상을 통해 유통된 물량비율은 다음과 같다.
생물 갈치: 0.25 + 0.1 + (0.15 × 0.66) ≒ 0.45
냉동 갈치: 0.19 + (0.2 × 0.75) = 0.34
따라서 소매상을 통해 유통된 물량은 생물 갈치가 42,100 × 0.4, 냉동 갈치가 7,843 × 0.34이다. 42,100은 7,843의 5배를 초과하고, 0.45는 0.34의 1.2배를 초과하므로 전자는 후자의 6배 이상이다.

ㄷ. (×) 대형소매업체를 통해 유통된 물량비율은 다음과 같다.
생물 갈치: 0.39 + (0.15 × 0.34) ≒ 0.44
냉동 갈치: 0.31 + (0.2 × 0.25) = 0.36
따라서 대형소매업체를 통해 유통된 물량은 생물 갈치가 18,524(= 42,100 × 0.44)톤, 냉동 갈치가 2,823(= 7,843 × 0.36)톤이므로 양자의 합은 20,000톤을 초과한다.

ㄹ. (○) 2022년 냉동 갈치 '수출' 물량이 2021년보다 60% 증가하면 냉동 갈치 수출 물량은 7,843 × 0.17 × 0.8 × 1.6톤이 되고, 2021년 소비지 도매시장을 통해 유통된 냉동 갈치 물량은 7,843 × 0.2톤이므로 전자가 후자보다 많다.

[스피드 해법]

ㄱ. 냉동 갈치가 소비자에게 전달되지 않는 경로는 '생산자 → 산지위판장 → 수협 → 정부비축', '생산자 → 산지위판장 → 가공업체 → 수출'로 두 가지이다. 물량비율은 첫 번째 경로가 5.98%(= 1 × 0.13 × 0.46), 두 번째 경로가 13.6%(= 1 × 0.17 × 0.80)이므로 전체 물량 중 19.58(= 5.98 + 12.6)%가 소비자에게 전달되지 않는다.

ㄷ. 42,100 × 0.44 + 7,843 × 0.36
= 42,100 × (0.36 + 0.08) + 7,843 × 0.36
= (42,100 + 7,843) × 0.36 + 42,100 × 0.08
≒ 50,000 × 0.36 + 42,000 × 0.08 > 20,000

33

난이도 ★★★☆☆ 정답 ⑤

[핵심] 상황판단형, 조건의 적용, 확률에 대한 이해, 최소교집합

ㄱ. (×) 매회 16명이 참가하여 16강부터 시작되고, 1 : 1방식으로 무승부 없이 한 경기만 치르므로 <표>의 라운드별 승률은 다음 라운드에 진출한 확률에 해당한다. 즉, 4강 진출 횟수는 '총 대회 개최 횟수 × 16강 승률 × 8강 승률'과 같으므로 A는 80(= 100 × 0.8 × 1)회, B는 90(= 100 × 1 × 0.9)회, C는 84(= 100 × 0.96 × 0.875)회 4강에 진출했으므로 B, C, A 순으로 4강에 많이 진출했다.

ㄴ. (○) A가 8번 우승했다면 A의 '총 대회 개최 횟수 × 16강 승률 × 8강 승률 × 4강 승률 × 결승 승률'은 8이다. '4강 승률'과 '결승 승률'을 각각 a, b라 하면 100 × 0.8 × 1 × a × b = 8이므로 $a \times b = 0.1$이 된다. 즉, $b = \frac{0.1}{a}$이며, a는 최대 100%까지 가능하므로 b는 최소 0.1 즉, 10% 이상이다.

ㄷ. (○) B는 16강 승률이 100%이므로 16강에서 매번 이겼다. 즉, 16강에서 B와 경기를 치른 상대방은 져야 하므로 B가 A와 경기를 했다면 최대 20회까지, C와 경기를 했다면 최대 4회까지 가능하다. 따라서 16강에서 A와 B 간 또는 B와 C 간 경기가 있었던 대회 수는 24(= 20 + 4)회 이하이다.

ㄹ. (○) 전체 대회 수(N)는 총 100회인데, 이 중 4강에 진출한 대회 수는 A가 80(= 100 × 0.8 × 1)회, B가 90(= 100 × 1 × 0.9)회, C가 84(= 100 × 0.96 × 0.875)회이므로 A, B, C가 모두 4강에 진출한 대회 수(최소교집합)는 54회(= A + B + C − 2N) 이상이다.

34

난이도 ★★★☆☆ 정답 ③

[핵심] 자료 읽기, 추세 파악, 분수 비교

ㄱ. (×) 급수 사용량의 전년 대비 증가율은 2018년이 $\frac{2}{145}$, 2019년이 $\frac{6}{147}$으로 2019년에는 증가했으며 2021년에도 2020년에 비해 증가율은 증가했다.

ㄴ. (○) 2021년 급수 사용량 159,000(백만 m^3)의 60%는 95,400(백만 m^3)인데 가정용은 이보다 많은 105,350(백만 m^3)이다.

ㄷ. (×) 2016년 용도별 급수 사용량의 구성비와 용도별 급수단가가 2021년과 동일하다면, 2016년 대비 2021년 급수 사용료의 증가율은 2016년 대비 2021년 급수 사용량의 증가율과 같아야 한다. 2016년 급수사용료를 x로 놓으면, $\frac{104{,}875}{x} = \frac{159}{144}$ 즉, $x = 104{,}875 \times \frac{144}{159} \fallingdotseq 104{,}875 \times 0.91$이므로 x는 100,000천 달러 미만, 즉 1억 달러 미만이다.

ㄹ. (○) 2021년 급수단가는 공공용이 $\frac{7,227}{1,449}$, 가정용이 $\frac{57,011}{105,350}$이다(단위 무시). $\frac{7,227}{1,449} > \frac{57\times9}{105} = \frac{5,130}{1,050}$이므로 전자는 후자의 9배 이상이다.

[스피드 해법]

ㄴ. <그림 2>의 급수사용량 원그래프에서 가정용이 차지하고 있는 각도가 360°의 60% 즉, 216°(=180°+36°) 이상이라는 것을 확인하거나 일반용 수치를 이용하여 60% 이상이라는 것을 확인할 수 있다.
110,400 − 11,040 < 105,350 → 69% − 6.9% < 가정용 비중

ㄷ. 2016년 급수 사용료가 1억 달러 이상일 경우 2016년 대비 2021년 급수 사용료의 증가율은 5% 미만인 반면, 2016년 대비 2021년 급수 사용량의 증가율은 10%를 초과하게 된다. 이 경우 급수단가는 같을 수 없으므로 2016년 급수 사용료는 1억 달러 미만이어야 한다.

35

난이도 ★★★★☆ 정답 ②

[핵심] 상황판단형, 조건의 적용, 발문의 대상 파악

1) 84택형 1단계: 추첨 대상 청약자수는 600명, 경쟁률은 30이므로 당첨자 수는 20(= $\frac{600}{30}$)명이다. 따라서 (다)는 20(= $\frac{20}{100}$)%이다.

2) 99택형 1단계: 추첨 대상 청약자수는 800명, 당첨자 수는 40(= 200 × 20%)명이므로 1단계 경쟁률 (나)는 20(= $\frac{800}{40}$)이다.

3) 99택형 2단계: 추첨 대상 청약자수는 1단계에서 당첨되지 않은 A지역 청약자 760명과 인근지역 청약자 440명을 합한 1,200명이고 경쟁률은 30이므로 당첨자 수는 40(= $\frac{1,200}{30}$)명이다. 따라서 (라)는 20(= $\frac{40}{200}$)(%)이다.

4) 84택형 2단계: 추첨 대상 청약자수는 1단계에서 당첨되지 않은 A지역 청약자 580명과 인근지역 청약자 420명을 합한 1,000명이고 당첨자 수는 20(= 100 × 20%)명이므로 2단계 경쟁률 (가)는 50(= $\frac{1,000}{20}$)이다.

[스피드 해법]

2단계 추첨 대상 청약자수는 '1단계에서 당첨되지 않은 A지역 청약자'+'인근지역 청약자'로, 3단계 추첨 대상 청약자수는 '2단계에서 당첨되지 않은 청약자'+'기타지역 청약자'로 구성되며, 3단계에서 해당 택형의 남은 공급세대수만큼 당첨자를 뽑으므로 '해당 택형의 공급세대수 = ∑(각 단계별 당첨자 수)'이다.

84택형의 1단계에서 20명이 당첨되었으므로 3단계에서의 추첨 대상 청약자 수의 최솟값은 2단계에서 79명을 뽑아 1세대만을 남기는 경우이고, 최댓값은 2단계에서 1세대만을 뽑는 경우이다. 이에 따라 3단계 추첨 대상 청약자수의 최솟값은 5,941(= 580 + 341 + 5,020)명 이상이고, 최댓값은 6,019(= 580 + 419 + 5,020)명 이하이다. 따라서 3단계 당첨자수는 59.41 ~ 60.19명이므로 3단계 당첨자 수는 60명일 수밖에 없다.

3단계 당첨자수가 60명이므로 2단계 당첨자수는 20명이어야 하고, 2단계 추첨 대상 청약자수는 1,000(= 580 + 420)명이므로 경쟁률은 50이 된다.

36

난이도 ★★★☆☆ 정답 ④

[핵심] 자료 읽기, 최소교집합, 곱셈 계산

ㄱ. (○) 변경주기가 1년 이하인 응답자 수는 남성이 875(= 2,059 × 42.5%)명, 여성이 689(= 1,941 × 35.5%)명이므로 남성이 여성보다 많다.

ㄴ. (○) '무응답자 비율 = 100 − (변경하였음 비율 + 변경하지 않았음 비율)'이다. 전체 무응답자(N)는 12명, 남성 무응답자(A)는 8(= 2,059 × 0.4%)명, 사무직 무응답자(B)는 8(= 1,321 × 0.6%)명이므로 사무직 남성 무응답자는 4(= A + B − N)명 이상이다.

ㄷ. (○) 변경주기가 6개월 이하인 비율은 20대가 18.2(= 9.5 + 8.7)%, 40대가 16.5(= 10.1 + 6.4)%이므로 20대가 40대보다 높다.

ㄹ. (×) 변경주기가 1년 초과인 응답자수는 학생이 168(= 611 × 27.5%)명, 전업주부가 184(= 506 × 36.4%)명이므로 학생이 전업주부보다 적다.

37

난이도 ★★★★☆ 정답 ②

[핵심] 차잇값 계산, 가중치 계산, 계산의 단순화, 수식의 변형

	기능점수						기준원가(만 원)	보정계수	개발원가(만 원)	이윤(%)	개발비(만 원)
	내부논리파일	외부연계파일	외부입력	외부출력	외부조회	합계					
A	70	25	20	50	12	177	8,850	0.64	5,664	20	6,796.8
B	105	20	24	35	9	193	9,650	3.60	34,740	10	38,214.0
C	21	10	16	30	15	92	4,600	1.92	8,832	20	10,598.4

ㄱ. (○) 소프트웨어별 기능 점수는 B(177점), A(193점), C(92점) 순으로 높다.

ㄴ. (×) 기준원가가 가장 낮은 소프트웨어(C)와 개발비가 가장 적은 소프트웨어(A)는 동일하지 않다.

ㄷ. (○) 개발원가와 기준원가의 차이는 B(25,090만 원)가 C(4,232만 원)의 5배 이상이다.

ㄹ. (X) 기능점수가 가장 큰 소프트웨어는 B(177점)이고 생산성지수가 가장 큰 소프트웨어는 C(9.2)이다.

소프트웨어	기능점수	공수	생산성지수
A	177	20	8.85
B	193	30	6.43
C	92	10	9.20

[스피드 해법]

ㄱ. 기능점수를 비교할 때 가중치가 큰 기능 유형 위주로 차이를 계산하면 시간을 절약할 수 있다. C는 가중치가 가장 낮은 '외부조회'를 제외하고 모든 기능유형에서 A와 B보다 기능 개수가 적으므로 기능점수는 C가 가장 낮다. A와 B의 기능점수는 다음과 같이 비교할 수 있으며, 비교 결과 B가 A보다 기능점수가 더 높음을 알 수 있다.

기능유형(가중치) / 소프트웨어	내부 논리 파일(7)	외부 연계 파일(5)	외부 입력 (4)	외부 출력 (5)	외부 조회 (3)	기능 점수 격차
A		+1		+3	+1	+ 23
B	+5		+1			+ 39

ㄴ. 개발비 수식은 다음과 같이 정리할 수 있다.

> 개발비 = 개발원가 + 개발원가 × 이윤 = 개발원가 × (1 + 이윤)」
> = (기준원가 × 보정계수) × (1 + 이윤)]
> [개발원가 = 기준원가 × 보정계수]
> = (기능점수 × 50만 원 × 보정계수) × (1 + 이윤)
> [기준원가 = 기능점수 × 50만 원]

'50만 원'은 대소 관계에 영향을 미치지 못하므로 생략하면 다음 수식이 성립한다.

> 개발비 ∝ (기능점수 × 보정계수) × (1 + 이윤)

A와 C의 경우 이윤은 서로 같지만 보정계수는 C가 A의 3배이므로 C의 개발비가 A보다 적으려면 기능점수는 A가 C의 3배를 초과해야 한다. 하지만 '내부논리 파일'을 제외한 나머지 기능유형 모두에서 A의 기능 개수는 C의 3배 미만이므로 기능점수 역시 A가 C의 3배 미만이다. 따라서 개발비는 A가 C보다 적다.

ㄷ. '50만 원'은 대소관계에 영향을 미치지 못하므로 생략하면 다음의 수식이 성립한다.

> 개발원가 - 기준원가 ∝ 기능점수 × (보정계수 - 1)

보정계수는 B가 3.6, C가 1.92이므로 (보정계수-1)은 B(2.6)가 C(0.92)의 2.5배를 초과한다. 기능점수는 B(193점)가 C(92점)의 2배를 초과하므로 개발원가와 기준원가의 차이는 B가 C의 5배 이상이다.

38

난이도 ★★★☆☆ 정답 ④

[핵심] 상황판단형, 제시되지 않은 정보의 추론, 상대비, 승차 공식에 대한 이해

승차 =

$$\frac{1위\ 팀\ 승수-1위\ 팀\ 패수}{2}-\frac{해당\ 팀\ 승수-해당\ 팀\ 패수}{2}$$

$$승률 \propto \frac{승수}{승수+패수} \propto \frac{승수}{패수}$$

① (O) 8월 15일 기준 1위는 A팀이다. A팀의 승수는 61, 패수는 37이고, D팀의 승수는 49, 패수는 51이므로 D팀의 승차는 13.0이다.

$$\frac{(61-49)-(37-51)}{2}=\frac{12-(-14)}{2}=\frac{26}{2}=13$$

② (O) 승차 공식에서 1위 팀의 승수와 패수는 동일하게 적용되므로 8월 5일 기준 승차와 8월 15일 기준 승차의 차이를 비교할 때 각 날짜별 1위 팀의 승수와 패수는 무시할 수 있다. 차이가 있는 부분은 '해당 팀 승수-해당 팀 패수'이며 이 값이 작을수록 승차는 증가한다. 따라서 A~J팀 중 최근 10경기 기록 기준 '해당 팀 승수-해당 팀 패수'가 가장 작은 F팀(-4)의 승차가 가장 많이 증가했다.

③ (O) 8월 15일 기준 A팀은 최근 연속 3패를 기록했으므로 8월 13~15일 동안 패를 기록했으며 12일에는 패하지 않았다(만약 12일에도 패했다면 최근 연속 4패를 기록한 셈이므로). 또한 최근 10경기 중 무승부를 기록한 경기도 없으므로 8월 12일 경기에서 A팀은 승리했다.

④ (X) 8월 15일 기준 승률을 고려할 때 8월 13일 기준 1위 팀은 A팀 또는 B팀이다. 최근 연속 승패 기록을 이용하여 8월 13일 기준 A팀과 B팀의 성적을 구하면, A는 61승 35패, B는 54승 33패가 된다. 상대비를 이용하여 승률을 비교하면 A가 더 높으므로 8월 13일 기준 1위 팀은 A팀이다. 한편, E팀과 I팀의 8월 13일 기준 성적을 구하면 각각 47승 49패, 39승 54패이므로 두 팀의 승차 합은 34.5이다.

$$E팀\ 승차=\frac{(61-47)-(35-49)}{2}=\frac{14-(-14)}{2}=\frac{28}{2}=14.0$$

$$I팀\ 승차=\frac{(61-39)-(35-54)}{2}=\frac{22-(-19)}{2}=\frac{41}{2}=20.5$$

⑤ (O) 8월 15일 기준 최근 연속 승수가 가장 많은 팀은 연속 3승을 기록한 H팀이고, 최근 10경기 승률이 가장 높은 팀은 승률 80%인 E팀이다.

[스피드 해법]

④ 승차 공식에서 분모가 2이므로 두 팀의 승차 합이 정수로 떨어지려면 두 팀의 '승수-패수'가 둘 다 홀수이든지 둘 다 짝수여야 한다. 8월 13일 기준 E팀과 I팀은 각각 47승 49패, 39승 54패이므로 '승수-패수'는 E팀이 짝수, I팀이 홀수이므로 두 팀의 승차 합은 정수로 떨어질 수 없다.

39

난이도 ★★★★☆ 정답 ⑤

[핵심] 제시되지 않은 정보의 추론, 상대비, 승차 공식에 대한 이해

$$승차 = \frac{1위\ 팀\ 승수 - 1위\ 팀\ 패수}{2} - \frac{해당\ 팀\ 승수 - 해당\ 팀\ 패수}{2}$$

8월 15일 기준		8월 16일 기준				
순위	팀	전체 경기수	승수	패수	승수 - 패수	순위
1	A	100	61	38	23	2
2	B	92	56	34	22	1
3	C	99	54	44	10	3
4	D	101	50	51	-1	4
5	E	100	49	50	-1	5
6	F	98	47	51	-4	6
7	G	98	43	52	-9	8
8	H	97	44	52	-8	7
9	I	97	41	55	-14	9
10	J	96	38	56	-18	10

ㄱ. (×) 8월 15일과 8월 16일 경기의 승패 결과가 동일하려면 8월 16일 기준 최근 연속 승패 기록에서 '연속 2승' 또는 '연속 2패' 이상을 기록해야 한다. <표 2>에서 이에 해당하는 팀은 6개(A, C, D, F, H, J)이다.

ㄴ. (○) 8월 16일 기준 순위 및 기록은 위 표와 같으며 이 중 7위는 H팀이다.

ㄷ. (○) 승차가 음수가 되려면 다음 조건을 만족해야 한다.

1위 팀 승수 - 1위 팀 패수
< 해당 팀 승수 - 해당 팀 패수

8월 16일 기준 1위인 B팀의 '승수 - 패수'는 22인 반면, A팀의 '승수 - 패수'는 23으로 B팀보다 크기 때문에 A팀의 승차는 음수가 된다.

ㄹ. (○) 승차 공식에서 1위 팀 승수와 패수는 어느 팀에서든 동일하게 적용되므로 팀끼리 승수와 패수의 차이가 동일하다면 승차 역시 동일할 수밖에 없다. 8월 16일 기준 4위인 D팀과 5위인 E팀의 '승수 - 패수'는 각각 -1로 동일하므로 두 팀의 승차 역시 동일하다.

[스피드 해법]

ㄴ. 8월 16일 기준 상대비(= 승수 / 패수)를 활용하여 판단한다. 이때 H팀이 7위임을 확인해야 하므로 H팀보다 상대비가 낮은 팀이 3개인지 확인한다. H팀의 상대비(= 승수 / 패수)는 44/52이고, 이보다 낮은 팀은 G, I, J 팀뿐이므로 H팀이 7위이다.

ㄹ. 8월 16일 기준 상대비(= 승수 / 패수)로 판단하면 3 ~ 6위 팀은 8월 15일과 동일함을 알 수 있다. 4위와 5위 팀은 8월 15일 기준 '승수 - 패수'가 동일하고, 8월 16일에 두 팀 모두 '승'을 기록했으므로 8월 16일 기준으로도 '승수 - 패수'는 동일하다.

40

난이도 ★★★☆☆ 정답 ③

[핵심] 자료 읽기, 수식 변형, 비율 계산, 상대비

$$전년도\ 가맹점\ 수 = \frac{100 - 해당\ 연도\ 신규개점률}{해당\ 연도\ 신규개점률} \times 해당\ 연도\ 신규개점\ 수$$

$$해당\ 연도\ 가맹점\ 수 = \frac{해당\ 연도\ 신규개점\ 수}{해당\ 연도\ 신규개점률(\%)} \times 100 - 해당\ 연도\ 폐점\ 수$$

ㄱ. (×) 2019년 C의 신규개점률은 12.6%, 신규개점 수는 110개이므로 2018년 C의 가맹점 수는 763(= $\frac{100-12.6}{12.6} \times 110$)개이다.

ㄴ. (○) <표 2>의 각주를 고려할 때, 2019년에 비해 2020년 가맹점 수가 감소하려면 2020년 신규개점 수보다 2020년 폐점 수가 더 많아야 하는데 이에 해당하는 B와 C뿐이다.

ㄷ. (○) 2020년 각 기업별 가맹점 수를 구하면 다음과 같다.

기업	$\frac{2020년\ 신규개점\ 수}{2020년\ 신규개점률(\%)} \times 100$	2020년 폐점 수	2020년 가맹점 수
A	1,600	21	1,579
B	962	140	822
C	877	70	807
D	833	64	769
E	668	33	635

따라서 2020년 가맹점 수는 E가 가장 적고, A가 가장 많다.

ㄹ. (×) 2018년 폐점 수 대비 신규개점 수의 비율은 D가 가장 낮고, E가 가장 높다.

	신규개점 수	폐점 수	신규개점 수 / 폐점 수
A	249	11	22초과
B	101	27	4미만
C	157	24	7미만
D	93	55	2미만
E	131	4	32초과

[스피드 해법]

ㄱ. 상대비를 이용하여 풀면 다음과 같다.
2019년 C의 신규개점 수(110개) : 2018년 C의 가맹점 수 = 12.6 : 87.4 = 1 : 7↓
∴ 2018년 C의 가맹점 수 = 110 × 7↓ = 770↓

ㄷ. 2020년 폐점 수는 상대적으로 편차가 작기 때문에 $\frac{2020년\ 신규개점\ 수}{2020년\ 신규개점률(\%)}$만 비교하더라도 2020년 가맹점 수 대소를 판단할 수 있다.

2021년 5급 공채 [가책형]

문항별 핵심 정리표(1)

번호	난이도	유형	포인트	소재	자료수
1	★★☆☆☆	일반형	자료 읽기, 비율 계산	고령인구, 고령인구 비율	표1, 그림1
2	★★☆☆☆	매칭형	질환 매칭	가구당 보험료, 보험급여	표1, 보고서1
3	★★★☆☆	일반형	자료읽기, 비율 계산, 변화율 응용	재정지출	표2
4	★★★☆☆	일반형	비율 계산, 수식 변형	생산량과 불량품수	표1
5	★★★☆☆	일반형	비율 계산, 사칙연산	교원 유형별 강의 담당학점	표1
6	★★★☆☆	보고서형	사용되지 않은 자료 찾기	전기차 현황	보고서1, 그림5
7	★★★★☆	일반형	자료 읽기, 분수 계산	임용시험 접수인원, 경쟁률	표1
8	★★★★☆	일반형	증가율 계산	조선시대 호구조사	표1
9	★★★☆☆	일반형	최소교집합 계산	SNS 팔로워	표2
10	★★★★☆	일반형	계산의 단순화, 소거법	일일 영양소 섭취량	표1, 정보2
11	★★★★☆	일반형	순위 자료 표, 비율 계산	제약회사 매출액	표1
12	★★★☆☆	일반형	특이한 구조의 자료	구획별 토지이용유형	정보1, 그림1
13	★★★☆☆	일반형	빈칸 활용, 수식 변형	돼지열병 발생 현황	표2
14	★★★☆☆	매칭형	계산의 단순화, 선택지의 활용, 소거법	기업의 지출 항목별 단가 및 보조금	표2, 정보1
15	★★★★☆	상황판단형	논문 평가점수 산정방식의 이해	논문 심사 방식	표1, 정보1
16	★★★★☆	표-차트 변환형	비율비교	행정구역 조건 및 현황	정보1, 표1, 그림4
17	★★★☆☆	일반형	시간순서에 따른 행정구역 조건의 적용	행정구역 조건 및 현황	정보1
18	★★★★☆	일반형	자료읽기, 최대값과 최소값의 차이	월평균소득, 취업률	그림1
19	★★★☆☆	보고서형	추가로 필요한 자료	가구당 자산규모, 소득규모	표2
20	★★★★☆	일반형	자료 읽기	애니메이션 등록 회사	표2

2021년 5급 공채 [가책형]

문항별 핵심 정리표(2)

번호	난이도	유형	포인트	소재	자료수
21	★★☆☆☆	일반형	시각적 풀이, 증가율 계산	마스크의 수출 및 수입	그림1, 표2, 보고서1
22	★★☆☆☆	매칭형	계산 단순화	도시공원 현황	표1, 정보1
23	★★★☆☆	일반형	증가율 계산, 곱셈 비교	GDP, 조세부담률	표1, 그림1
24	★★★☆☆	수리계산형	공식 변환	장학금	그림1
25	★★★☆☆	일반형	자료 파악, 곱셈 비교	곡물 수입 현황	그림1
26	★★★☆☆	표-차트 변환형	자료 읽기, 구성비 계산	건축물 내진율 현황	표1, 그림4
27	★★★☆☆	일반형	분수 비교, 상대비	산업별 인력과 기술인력	표1
28	★★★☆☆	일반형	비율 계산, 자료 구조 파악	게임시장 현황	표1, 그림1
29	★★★★☆	일반형	비율 계산, 분수 비교	보유세	표1
30	★★★★☆	일반형	가평균 활용	월별 기상 관측값	표4
31	★★★☆☆	수리계산형	조건에 맞는 대상 찾기	월별 기상 관측값	표, 그림1
32	★★★☆☆	표-차트 변환형	자료 구조 파악	가구주 연령대별 가구구성비	표1, 그림4
33	★★★☆☆	일반형	순위 자료 표, 전체값과 부분값	오염물질 배출원	표1
34	★★★★☆	일반형	순위 자료 표, 자료 간 관계 파악	음원차트	표2
35	★★★★☆	일반형	덧셈 비교, 편차 비교, 분수 비교	버스 노선수, 차량대수	표1, 보고서1
36	★★★☆☆	일반형	자료 파악, 집합 개념, 최소교집합	조직의 구조	그림1
37	★★★☆☆	일반형	비율 계산, 최소교집합	보호조치 아동	표2
38	★★★★☆	일반형	곱셈 비교, 항목 빠르게 찾기, 추론형 지문	교사 집단의 인식 조사	표2
39	★★★★★	수리계산형	공식의 적용, 계산 단순화	의자설치 소요비용	표1
40	★★★☆☆	일반형	조건의 이해, 자료간 관계 파악	작물재배와 생산, 판매가격	정보1, 그림1

2021년 5급 공채 [가책형]

01 ④	02 ③	03 ①	04 ⑤	05 ②
06 ②	07 ③	08 ①	09 ②	10 ④
11 ①	12 ③	13 ⑤	14 ①	15 ③
16 ⑤	17 ③	18 ⑤	19 ④	20 ⑤
21 ②	22 ③	23 ②	24 ④	25 ⑤
26 ①	27 ③	28 ④	29 ①	30 ④
31 ④	32 ⑤	33 ①	34 ①	35 ③
36 ⑤	37 ⑤	38 ②	39 ④	40 ②

01

난이도 ★★☆☆☆ 정답 ④

[핵심] 자료 읽기, 비율 계산

ㄱ. (×) <그림>에서 고령인구 비율이 가장 낮은 지역은 '세종'(8.9%)이다. 한편, 2025년 대비 2045년 고령인구 증가율을 살펴보면, '세종'은 약 3.1배로 증가율이 200%를 초과하여 전국에서 가장 높다.

ㄴ. (○) 2045년 고령인구 비율이 40% 이상인 지역은 강원, 전북, 전남, 경북으로 4곳이다.

ㄷ. (×) 2025년 고령인구 상위 세 개 지역은 경기, 서울, 부산이나, 2035년은 경기, 서울, 경남이므로 매해 동일하지는 않다.

ㄹ. (○) 각주에 의해 "인구 = (고령인구/고령인구비율) × 100"으로 구한다. 2045년 충북 인구는 646/39.1이고, 전남 인구는 740/45.3이다(×100 생략). 분자 증가율은 15% 미만(646 → 740)이고, 분모 증가율은 15% 초과(39.1 → 45.3)이므로 전자가 후자보다 크다.

02

난이도 ★★☆☆☆ 정답 ③

[핵심] 매칭형

1) "4대 질환 중 전체 보험혜택 비율이 가장 높은 질환은 심장질환이었다."
→ 전체 보험 혜택 비율은 B 질환이 7.5로 가장 높다. 따라서 B 질환이 심장 질환에 해당한다(②, ④ 소거).

2) "뇌혈관, 심장, 암 질환의 1분위 보험혜택 비율은 각각 5분위의 10배에 미치지 못하였다."
→ 1분위 보험혜택 비율이 5분위의 10배에 미치지 못한 질환은 A, B, C 질환이다. B는 심장 질환이므로 A와 C는 뇌혈관과 암 질환에 해당한다(⑤ 소거).

3) "뇌혈관, 심장, 희귀 질환의 1분위 가구당 보험급여는 각각 전체질환의 1분위 가구당 보험급여의 3배 이상이었다."
→ 1분위 가구당 보험급여가 전체 질환의 1분위 가구당 보험급여의 3배 이상인 것은 B, C, D 질환이다. B는 심장 질환이므로 C와 D는 뇌혈관과 희귀 질환에 해당한다.

2), 3)을 통해 A는 암, C는 뇌혈관, D는 희귀 질환임을 알 수 있다.

03

난이도 ★★★☆☆ 정답 ①

[핵심] 자료읽기, 비율 계산, 변화율 응용

① (×) 환경 분야 재정지출 금액은 전체 재정지출과 환경 분야 재정지출 비중을 곱하여 구한다. 전체 재정지출 금액은 2017년에 전년대비 감소하였으나 환경 분야 재정지출 비중은 2.4%로 일정하므로 환경분야 재정지출 금액은 전년대비 감소하였다.

② (○) 2020년 교육 분야 재정지출 금액은 98,000백만 달러를 초과(= 614,130 × 16.1%)하고, 2013년 안전 분야 재정지출 금액은 18,000백만 달러 미만(= 487,215 × 3.6%)이므로 전자는 후자의 4배 이상이다.

③ (○) $\text{GDP} = \frac{\text{전체 재정지출 금액}}{\text{GDP 대비 비율}} \times 100$이다. 2020년 GDP는 약 1,901십억 달러(≈ 614,130/0.323)이고, 2013년 GDP는 1,396십억 달러(≈ 487,215/0.349)이므로 약 36% 증가하였다.

④ (○) GDP 대비 보건 분야 재정지출 비율 = (전체 재정지출의 GDP 대비 비율) × (전체 재정지출 중 보건 분야 비중)으로 구한다. '보건 분야 재정지출 비중'은 매년 상승하였으므로 '전체 재정지출의 GDP 대비 비율'이 유일하게 감소한 2017년만 확인해보면 된다. 2017년 '전체 재정지출의 GDP 대비 비율'은 3% 미만 감소, '보건 분야 재정지출 비중'은 7% 이상 증가하였으므로 GDP 대비 보건 분야 재정지출 비율은 전년대비 증가하였다는 것을 알 수 있다.

⑤ (○) 5대 분야 재정지출 비중이 매년 교육은 15% 이상, 보건은 10% 이상, 국방은 7% 이상, 안전은 3% 이상, 환경은 2% 이상이므로 5대 분야 재정지출금액의 합은 매년 전체 재정지출 금액의 37% 이상이다.

[스피드 해법]

② 2020년 교육 분야 재정지출 금액은 614,130 × 0.161이고, 2013년 안전 분야 재정지출 금액은 487,215 × 0.036이다. 전체 재정지출 금액은 2020년이 더 크고, 교육 분야의 재정지출 비중이 안전 분야에 비해 4배 이상이므로 전자가 후자의 4배 이상이다.

③ 곱셈관계 변화율 응용 공식을 활용한다. 2013년 대비 2020년 분자는 약 25% 이상 증가, 분모는 약 8% 감소하였으므로 $\frac{25\uparrow - (-8)}{0.92} = \frac{33\uparrow}{0.92} = 35\uparrow$ 따라서 2020년 GDP는 2013년 대비 35% 이상 증가하였다.

04

난이도 ★★★☆☆ 정답 ⑤

[핵심] 비율 계산, 수식 변형

① (○) A와 B의 불량률은 10%이고, C의 불량률은 8%로 C의 불량률이 가장 낮다.

② (○) 제품별 생산량 변동이 없고 불량품수가 제품별로 100%씩 증가한다면, 전체 생산량은 10,000개, 전체 불량품수는 1,800개이다. 따라서 전체 불량률은 18%이므로 전체 수율은 82%가 된다.

③ (○) 제품별 불량률 변동은 없고 생산량이 제품별로 100%씩 증가한다면, 전체 생산량은 20,000개, 전체 불량품수는 1,800개가 된다. 따라서 전체 불량률은 9%로 기존과 동일하므로, 전체 수율 역시 91%로 기존과 동일하다.

④ (○) 제품별 생산량 변동은 없고 불량품수가 제품별로 100개씩 증가한다면, 전체 생산량은 10,000개, 전체 불량품수는 1,200개가 된다. 따라서 전체 불량률은 12%이므로 전체 수율은 88%이다.

⑤ (×) 제품별 불량률 변동은 없고 생산량이 제품별로 1,000개씩 증가한다면, 전체 생산량은 13,000개, 전체 불량품수는 1,180(=300+400+480)개가 된다. 따라서 전체 불량률은 약 9.1%이므로 전체 수율은 약 90.9%가 된다. 따라서 기존 수율 91%보다 낮다.

[스피드 해법]

각주에 주어진 식을 변형하면 수율은 다음과 같이 나타낼 수 있다.

$$\text{수율}(\%) = \frac{\text{생산량} - \text{불량품수}}{\text{생산량}} \times 100 = 100 - \text{불량률}(\%)$$

불량률과 수율은 여사건 관계임을 파악하면, 수율 공식의 분자 부분(=생산량 – 불량품수)을 직접 계산하지 않고, 수율을 구할 수 있다. 한편, 전체 수율과 전체 불량률도 여사건 관계가 성립한다(②, ④ 관련). 그러므로 전체 수율이 기존과 동일하다는 말은 전체 불량률과 기존과 동일하다는 의미로 해석한다(③, ⑤ 관련).

② "제품별 생산량 변동은 없고 불량품수가 제품별로 100%씩 증가한다"

→ 해석 : 제품별 생산량 변동이 없으므로 전체 생산량(분모)은 고정된 상태이고, 불량품수가 제품별로 100%씩 증가하면 전체 불량품수(분자)는 2배가 되므로, 전체 불량률(분수)은 2배가 된다. 따라서 전체 불량률은 현재 9%(=900/10,000)에서 2배인 18%가 되고, 이것의 여사건인 전체 수율은 82%가 된다.

③ "제품별 불량률 변동이 없고 생산량이 제품별로 100%씩 증가한다"

→ 해석 1 : 생산량(분모)이 제품별로 2배가 되는데 제품별 불량률(분수)이 변동이 없다면 불량품수(분자)도 제품별로 2배가 되어야 한다(분수가 일정하게 유지되려면 분자 변화율과 분모 변화율이 같아야 한다). 따라서 전체 생산량(분모)과 전체 불량품수(분자)가 각각 2배가 되는 것이므로 전체 불량률(분수)은 변하지 않는다.

→ 해석 2 : 관찰값(제품별 불량률)은 변동이 없고 가중치(제품별 생산량)가 각각 2배가 되었다는 의미이다. 즉 현재 가중치가 2:3:5인데 각각 2배가 되어서 4:6:10이 되었다. 결국 4:6:10=2:3:5이므로 가중치의 비는 유지가 되므로 가중평균 값(전체 불량률)은 변화가 없다.

⑤ "제품별 불량률 변동은 없고 생산량이 제품별로 1,000개씩 증가한다"

→ 해석 1 : 현재 전체 불량률은 900/10,000인데 비해, 조건 적용 후 전체 불량률은 1,180/13,000이다. 분자 증가율과 분모 증가율이 다르기 때문에 두 분수는 동일하지 않다.

→ 해석 2 : 관찰값(제품별 불량률)은 변동이 없고 가중치(제품별 생산량)가 각각 1,000개씩 증가한다는 의미이다. 즉 현재 가중치가 2:3:5인데 3:4:6이 된다는 의미이다. 가중치의 비가 변하게 되므로 가중평균 값(전체 불량률)도 달라진다.

05

난이도 ★★★☆☆ 정답 ②

[핵심] 비율 계산, 사칙연산

ㄱ. (○) 2020년 전체 대학의 전임교원 담당학점 비율은 66.7%로 비전임 교원 담당학점 비율 33.3%의 2배 이상이다.

ㄴ. (×) 2020년 전체 대학의 점임교원 담당학점은 479,876학점으로 2019년 전임교원 담당학점 476,551학점에서 약 0.7% 증가하였다.

ㄷ. (×) 비율을 이용하여 계산한다. 사립대학의 비전임교원 담당학점 중 강사 담당학점의 비중은 2019년 14.7/31.0, 2020년 19.2/32.2이므로 전자는 48% 미만, 후자는 59% 초과하여 2019년과 2020년간 차이는 10%p 이상이다.

ㄹ. (○) 2019년 대비 2020년에 증가한 비전임교원 담당학점은 비수도권 대학이 8,900(=132,991 – 124,091)학점이고, 수도권 대학이 4,539(=106,403 – 101,864)학점이다. 따라서 전자는 후자의 2배 미만이다.

[스피드 해법]

ㄴ. 비율이 1.1%p 감소했다는 것에 유의해야 한다.

ㄷ. 1) 2019년 값(14.7/31)에 10%p를 가산하여 2020년 값(19.2/32.2)과 비교한다. 17.8/31과 19.2/32를 비교하면 분자 증가율이 분모증가율보다 크므로 후자가 더 크다. 따라서 2019년과 2020년간 차이는 10%p를 초과한다.

2) $\frac{19.2}{32.2} - \frac{14.7}{31.0} > \frac{19.2}{32.2} - \frac{14.7}{32.2} = \frac{4.5}{32.2} > 10\%p$

06

난이도 ★★★☆☆ 정답 ②

[핵심] 보고서형, 사용되지 않은 자료 찾기

① (○) 1문단 2문장에서 사용되었다.
② (×) 사용되지 않았다. 참고로 3문단 5문장에서는 2019년 전국 주유소 대비 전기 충전기 현황이므로 해당 자료와는 관계가 없다.
③ (○) 2문단에서 사용되었다.
④ (○) 1문단 4문장에서 사용되었다.
⑤ (○) 3문단 3문장에서 사용되었다.

07

난이도 ★★★★☆ 정답 ③

[핵심] 자료 읽기, 분수 계산

<표>의 빈칸을 채우면 다음과 같다.

과목 \ 구분	모집정원	접수인원	경쟁률	2020학년도 경쟁률
국어	383	6,493	16.95	19.55
영어	(266)	4,235	15.92	19.10
중국어	31	819	26.42	23.98
도덕윤리	297	1,396	4.70	( )
일반사회	230	1,557	6.77	7.06
지리	150	1,047	(6.98)	6.83
역사	229	3,268	14.27	15.22
수학	(355)	4,452	12.54	14.20
물리	133	(992)	7.46	7.10
화학	142	1,122	7.90	8.10
생물	159	1,535	(9.65)	11.14
지구과학	115	795	6.91	7.25
가정	141	1,048	7.43	8.03
기술	144	424	(2.94)	2.65
정보컴퓨터	145	(908)	6.26	5.88
음악	193	2,574	(13.34)	11.33
미술	209	1,998	9.56	10.62
체육	425	4,046	9.52	9.46

ㄱ. (○) 2021학년도 경쟁률이 전년 대비 하락한 과목은 국어, 영어, 일반사회, 역사, 수학, 화학, 생물, 지구과학, 가정, 미술 등 10과목이다. 반면 2021학년도 경쟁률이 전년 대비 상승한 과목은 중국어, 지리, 물리, 기술, 정보컴퓨터, 음악, 체육 등 7과목이다. 도덕윤리 과목의 경우 2020학년도 모집정원과 접수인원을 모르므로 2020학년도 경쟁률을 알 수 없다. 만약 도덕윤리 과목의 경쟁률이 전년 대비 상승하였다고 가정하더라도 2021학년도 경쟁률이 전년대비 하락한 과목 수가 상승한 과목 수보다 많으므로 옳은 지문이다.

ㄴ. (×) 2021학년도 경쟁률 상위 3과목은 중국어(26.42), 국어(16.95), 영어(15.92)이고 접수인원 상위 3과목은 국어(6,493명), 수학(4,452명), 영어(4,235명)이다.

ㄷ. (×) 2021학년도 경쟁률이 5.0 미만인 과목은 도덕윤리(4,70)와 기술(2.94)이다. 도덕윤리의 모집정원은 297명으로 150명 이상이나 기술 과목의 모집 정원은 144명으로 150명 이하이다.

ㄹ. (○) 모집정원은 접수인원/경쟁률로 구할 수 있다. 영어의 모집정원은 266명이고, 수학의 모집정원은 355명이므로 수학이 영어보다 많다.

[스피드 해법]

ㄱ. 경쟁률에 ( )가 있는 5과목을 제외하고 2021학년도 경쟁률이 전년 대비 하락한 과목은 국어, 영어, 일반사회, 역사, 수학, 화학, 지구과학, 가정, 미술으로 총 9과목이다. 반면 2021학년도 경쟁률이 전년 대비 상승한 과목은 중국어, 물리, 기술, 정보컴퓨터, 체육으로 4과목이다. 만약 앞서 제외한 5과목이 모두 경쟁률이 상승하였다면, 하락한 과목 수와 같게 된다. 그러나 생물 과목의 경우, 2021학년도 경쟁률이 11 미만(=159/1,535)이므로 전년 대비 하락하였고, 따라서 경쟁률이 전년 대비 하락한 과목이 더 많다.

ㄴ. 2021학년도 경쟁률이 ( )인 지리, 생물, 기술, 음악을 제외하고 경쟁률 상위 3과목은 중국어, 국어, 영어이고, 접수인원이 ( )인 물리, 정보컴퓨터를 제외하고 접수인원 상위 3과목은 국어, 수학, 영어이다. 만약 ( )인 과목 중 더 큰 값이 있다고 하더라도 경쟁률 상위 3과목과 접수인원 상위 3과목은 일치할 수 없다.

ㄹ. 영어의 모집정원은 4,235/15.92이고, 수학은 4,452/12.54이다. 따라서 수학이 분자는 크고 분모는 작으므로 수학이 영어보다 많다(자대모소).

08

난이도 ★★★★☆ 정답 ①

[핵심] 증가율 계산

ㄱ. (○) 유효숫자 3~4자리를 잡고 처리한다. '조선왕조실록'과 '호구총수'의 구(口)의 값은 모든 조사년도에서 호(戶)의 3배 이상이므로 옳은 지문이다.

ㄴ. (○) 현종 13년 이후 직전 조사연도 대비 호(戶)증가율이 가장 큰 조사연도는 '조선왕조실록'의 경우 숙종 19년(약 25%), '호구총수'의 경우에도 숙종 19년(약 24%)으로 동일하다.

ㄷ. (×) 숙종 원년 대비 숙종 19년 '조선왕조실록'에 따른 구(口) 증가율은 50% 이상이고, '호구총수'에 따른 구(口) 증가율은 50% 미만이다. 따라서 전자가 후자보다 크다.

ㄹ. (×) '조선왕조실록'과 '호구총수' 간 호(戶)의 차이가 가장 큰 조사연도는 숙종 25년(40,247호)이고, 구(口)의 차이가 가장 큰 조사연도는 현종 10년(145,780명)이다.

09

난이도 ★★★☆☆ 정답 ②

[핵심] 최소교집합 계산

① (X) 34세 이하 팔로워는 전체 팔로워 중 61.0(=32.0+29.0)%이고, 45세 이상 팔로워는 21.0(=12.0+7.0+2.0)%이므로 전자가 후자의 3배 미만이다.

② (O) 34세 이하 팔로워는 전체 팔로워 중 61.0%이고, 서울에 거주하는 팔로워는 13,226명으로 약 52.9%를 차지한다. 따라서 최소교집합 논리에 따르면 서울에 거주하는 34세 이하 팔로워는 전체(25,000명)의 약 13.9(=61.0+52.9-100.0)%이므로 3,475명 이상이다.

③ (X) 서울에 거주하는 팔로워는 전체 팔로워의 약 52.9%를 차지하고 있으므로 다른 모든 지역에 거주하는 팔로워의 합보다 많다.

④ (X) 팔로워의 10%는 2,500명이므로 이를 기타 지역에 대입하여 울산을 제외한 합계를 구해보면 24,213명이다. 따라서 팔로워 중 10% 이상이 기타 지역에 거주하면, 울산 지역은 787명 이하이다.

⑤ (X) 기타 지역에 거주하는 팔로워 수는 변동이 없고 다른 지역에 거주하는 팔로워만 각각 100명씩 증가하면, 전체 팔로워의 수는 700명이 증가한 25,700명이 되고 광주 지역 팔로워 수는 1,271명이다. 따라서 약 4.9%(=1,271/25,700)이므로 5% 미만이다.

10

난이도 ★★★★☆ 정답 ④

[핵심] 수리계산형, 계산의 단순화, 소거법

A~F의 일일 영양소 섭취량에 따른 에너지와 총에너지에서 각 영양소가 차지하는 비중은 다음과 같다(단위 : kcal).

	탄수화물	단백질	지방	총에너지 섭취량	탄수화물 비율	단백질 비율	지방 비율
A	1,500	200	540	2,240	0.67	0.09	0.24
B	2,000	200	540	2,740	0.73	0.07	0.20
C	1,200	300	450	1,950	0.61	0.15	0.23
D	1,400	480	630	2,510	0.56	0.19	0.25
E	1,600	400	630	2,630	0.61	0.15	0.24
F	800	320	810	1,930	0.41	0.16	0.42

A와 D의 경우 총 에너지 섭취량이 남성과 여성 모든 에너지 섭취 권장기준에 부합하지 않으므로 제외한다.

B는 탄수화물 비율이 초과하며, F는 지방 비율이 초과한다.

C, E는 총 에너지 섭취량 및 에너지 섭취량 비율을 만족하며 C는 총에너지 섭취량이 1,950 kcal이므로 에너지 섭취 권장기준에 부합하기 위해서는 여성이어야 하고, E는 남성이어야 한다.

[스피드 해법]

시간소모적인 문제이므로 실전에서는 건너뛰는 것이 좋다. 만약 문제를 푼다면, 에너지 섭취 권장 기준에 부합하지 않은 사람을 소거해가는 소거법으로 접근하는 것이 문제해결의 시간을 줄일 수 있다.

에너지 섭취 권장 기준에 따르면 각 영양소간 비율이 범위값으로 도출된다. 일일 총 에너지 섭취량 중 55~65%를 탄수화물로, 7~20%를 단백질로 섭취한다. 탄수화물과 단백질은 1g당 4kcal로 에너지가 동일하므로 단백질 섭취량 대비 탄수화물 섭취량의 최소 비율은 $\frac{4\times55}{4\times20}=\frac{55}{20}$이고, 최대 비율은 $\frac{4\times65}{4\times7}=\frac{65}{7}$이다. 이와 같은 방식으로 지방 섭취량 대비 탄수화물 섭취량의 최소 비율을 구하여 보면 $\frac{9\times55}{4\times30}=\frac{33}{8}$이고, 최대비율은 $\frac{9\times65}{4\times15}=\frac{39}{4}$이다. 이 기준으로 판단할 경우 B는 단백질 섭취량 대비 탄수화물 섭취량의 최대비율을 초과하여 탄수화물 과다 섭취로, F는 지방 섭취량 대비 탄수화물 섭취량의 최소비율에 미치지 못하여 탄수화물 과소(지방 과다) 섭취로 판단되어 B, F가 소거된다.
→ ①, ②, ③, ⑤ 소거됨

11

난이도 ★★★★☆ 정답 ①

[핵심] 순위 자료 표, 제시되어 있지 않은 정보의 추론, 비율 계산

ㄱ. (O) <표>는 2024년 기준 매출액 순위 자료라는 것에 주의한다. 2018년 매출액 상위 10개 제약사 중 1위부터 6위까지는 2위와 3위의 기업만 서로 바뀌었을 뿐 2024년의 1위부터 6위까지의 기업과 동일하다. 그러나 2018년의 7~9위 기업을 확정지을 수 없고 AbbVie기업이 2018년 10위인 것만 알 수 있다. AbbVie기업의 2018년 매출액은 321억 달러이므로 2018년의 7~9위 기업의 매출액은 각각 321억 달러 이상이다. 따라서 2018년 매출액 상위 10개 제약사의 매출액 합은 3,731(=3,455-306-207-174+321×3)억 달러 이상이다.

ㄴ. (O) Takeda의 2018년 대비 2024년 매출액 증가액은 149억 달러로 가장 많이 증가하였고, Roche의 2018년 대비 2024년 매출액 증가액은 21억 달러로 가장 적게 증가하였다.

ㄷ. (X) 2024년 매출액 상위 10개 제약사의 매출액 합이 전체 제약사 총 매출액에서 차지하는 비중은 2024년 약 35.1(=4,149/11,809)%이고, 2018년 약 41.7(=3,455/8,277)%이다. 따라서 후자가 전자보다 크다.

ㄹ. (X) 2024년 매출액 상위 10개 제약사 중 2018년 대비 2024년 매출액 증가율이 60% 이상인 기업은 Takeda기업(약 86%)으로 1개이다.

12

난이도 ★★★☆☆ 정답 ③

[핵심] 특이한 구조의 자료

① (○) 2010년 대비 2020년 토지이용유형별 토지면적 증감량이 가장 큰 유형은 '도시'로 6개가 증가하였다. 두 번째로 큰 유형은 '나지'로 4개가 감소하였다. 따라서 1.5배 이상이다.

② (○) 2010년 '산림' 구획 중 2020년 '산림'이 아닌 구획의 토지는 3개이고, 2010년 '농지'가 아닌 구획 중 2020년 '농지'인 구획의 토지는 4개이다. 따라서 전자가 후자보다 작다.

③ (×) 2010년 '농지' 구획의 개수는 7개이고, 2010년 '산림'이 아닌 구획 중 2020년 '산림'인 구획의 개수는 2개이다.

⑤ (○) 2021년 A구획이 '도시', B구획이 '나지'이고 나머지 구획이 2020년의 토지이용유형과 동일하다면, 2020년과 2021년의 '도시' 구획의 토지면적은 각각 12개로 동일하다. B구획이 2020년 '도시'에서 2021년 '나지'로 변경되어 1개 감소하지만, A구획이 '농지'에서 '도시'로 변경되기 때문에 1개 증가하여 개수는 동일하게 된다.

13

난이도 ★★★☆☆ 정답 ⑤

[핵심] 빈칸 활용, 수식 변형

<표>의 빈칸을 채우면 다음과 같다.

<표 1> A 지역의 돼지열병 발생 현황

(단위: 두, %, ‰)

구분 \ 월	6	7	8	9	10	전체
발병	(200)	(800)	1,600	2,400	3,000	(8,000)
폐사	20	20	100	80	180	400
폐사율	10.0	2.5	6.3	3.3	6.0	(5)
발병률	1.0	(4)	(8)	(12)	15.0	(40)

<표 2> B 지역의 돼지열병 발생 현황

(단위: 두, %, ‰)

구분 \ 월	6	7	8	9	10	전체
발병	600	800	2,400	1,400	600	5,800
폐사	(30)	50	(60)	20	40	(200)
폐사율	5.0	6.3	2.5	1.4	6.7	(3.4)
발병률	6.0	(8)	(24)	(14)	6.0	(58)

① (×) 사육 두수는 2020년 6월 두수이고, 사육 두수는 발병 두수/발병률×1,000으로 구할 수 있고, 발병 두수는 폐사두수/폐사율×100으로 구할 수 있다. A지역의 6월 발병 두수는 200(=20/0.1)두이고, 사육 두수는 20만(=200/0.001)두이다. B지역의 6월 발병 두수는 600두이고, 사육두수는 10만(=600/0.006)두이다. 따라서 사육 두수는 B지역이 A지역보다 적다.

② (×) 전체 폐사 두수는 A지역이 400두, B지역이 200두로 A지역이 B지역의 3배 미만이다.

③ (×) 전체 폐사율은 A지역이 400/8,000, B지역이 200/5,800으로 전자가 후자보다 크다.

④ (×) B지역의 폐사 두수가 가장 적은 월은 9월이고, 이때 A지역의 발병 두수는 2,400두로 전월 대비 50% 증가하였다.

⑤ (○) 전월 대비 11월 발병 두수가 A,지역은 100%, B지역은 400% 증가하면 A지역의 11월 발병두수는 6,000두, B지역은 3,000두가 된다. 이때의 발병률은 A지역이 30(=6,000/20만 × 1,000)‰, B지역이 30(=3,000/10만 × 1,000)‰으로 동일하다.

[스피드 해법]

⑤ $(해당월)발병률 = \frac{(해당월)발병두수}{사육두수} \times 1,000$에서 각주3)을 참고한다면 분모인 사육두수는 변하지 않는 값이라는 것을 알 수 있다. 따라서 전월 대비 11월 발병두수가 A 지역이 100%, B지역이 400% 증가한다면 발병률 또한 10월 대비 A 지역이 100%, B지역이 400% 증가한다. 따라서 A지역의 발병률은 30(=15×2)이 되고 B지역 또한 30(=6×5)이 되어 동일해진다.

14

난이도 ★★★☆☆ 정답 ①

[핵심] 매칭형, 계산의 단순화, 선택지의 활용, 소거법

각 지역의 지출 항목별 지출과 보조금을 구하여 보면 다음과 같다.

<표> 지출 항목별 지출과 총 지출

구분	a	b	c	총 지출	d	e	f	총 보조금	순 지출액
자카르타	3,100	700	9,200	13,000	500	0	4,600	5,100	7,900
바탐	2,400	700	14,000	17,100	500	0	7,000	7,500	9,600
하노이	2,200	1,900	13,600	17,700	300	500	0	800	16,900
호치민	2,400	1,000	9,200	12,600	300	500	0	800	11,800
다낭	2,000	1,900	16,000	19,900	300	500	0	800	19,100
마닐라	2,300	1,200	9,200	12,700	0	1,000	4,600	5,600	7,100
세부	2,200	2,100	14,000	18,300	0	1,000	7,000	8,000	10,300

a = 총 급여(1인당 급여 ×10), b = 총 사용료(100kwh당 전력 사용료×100), c = 총 운송비(1회당 운송비×4), d = 총 급여 보조금(1인당 보조금 ×10), e = 총 전력 보조금(100kwh당 보조금×100), f = 총 운송 보조금(1회당 보조금×4)

따라서 월간 순지출액이 가장 작은 지역은 필리핀의 마닐라이고, 가장 큰 지역은 베트남의 다낭이다.

[스피드 해법]

항목별 순지출액을 한꺼번에 계산하여 계산을 단순화 시키고, 선택지를 활용하여 문제해결의 시간을 줄일 수 있다.
즉, 월간 순지출액이 가장 작은 지역으로 선택지에서는 마닐라와 자카르타 2가지만 제시되어 있으므로 이들 지역만 대소를 비교하여 선택지를 소거할 수 있다. 계산을 단순화하여 마닐라와 자카르타를 비교하면 다음과 같다.

항목 / 지역	급여 순지출액	총 사용료	총 운송비	총 순 지출액
자카르타	2,600	700	4,600	7,900
마닐라	2,300	200	4,600	7,100

※ 1) 급여 순지출액 = (1인당 급여-1인당 보조금) ×10
2) 총 사용료 = (100kwh당 전력 사용료-100kwh당 보조금)×100
3) 총 운송비 = (1회당 운송비-1회당 보조금)×4

마닐라 지역이 월간 순지출액이 가장 작으므로 ③, ④, ⑤를 소거할 수 있다. 이와 같은 방법으로 월간 순지출액이 가장 큰 지역도 도출할 수 있다

15

난이도 ★★★★☆ 정답 ③

[핵심] 조건의 적용 및 상황판단

평가점수 산정방식 가, 나, 다에 따른 평가점수는 다음과 같다.

구분	I	II	III	IV	V
가	1	2	2	2	2
나	1	2	2	2	2
다	2	2	1	2	2

ㄱ. (○) 선정방식 A에 따르면 논문 I 이 선정될 확률은 2/3이고, 논문III이 선정될 확률은 1/3이다. 따라서 우수논문으로 선정될 확률이 가장 높은 논문은 논문 I 이다.

ㄴ. (×) 선정방식 B에 따르면 논문 I 이 평가점수의 합이 4점으로 가장 낮으므로 우수논문으로 선정된다.

ㄷ. (○) 선정방식 C에 따른 점수를 구하여 보면 다음과 같다.

구분	I	II	III	IV	V
가	1/6	2/6	2/6	2/6	2/6
나	1/3	2/3	2/3	2/3	2/3
다	2/2	2/2	1/2	2/2	2/2
합계	3/2	2	3/2	2	2

논문 I 과 논문III이 합계점수 3/2로 점수의 합이 가장 낮고, 각주2)에 따를 때 심사자 '병'의 선호가 논문 I 보다 논문III이 더 높으므로 논문III이 우수논문으로 선정된다.

16

난이도 ★★★★☆ 정답 ⑤

[핵심] 표-그래프 전환

ㄱ. (×) 도내 여성인구 중 군 지역에 거주하는 여성인구 수가 얼마인지 알 수 없으므로 각 도의 군당 거주 여성인구 수는 알 수 없다. ㄱ 그래프는 해당 도의 여성인구가 모두 군 지역에 거주하고 있다는 가정하에 그려진 것이므로 옳지 않다.

ㄴ. (○) 면적을 세대수로 나눠줌으로써 구할 수 있다.

ㄷ. (×) 서울특별시 공무원 수 대비 부산광역시 공무원수는 33%를 상회하고, 대전 광역시 공무원수는 15%를 하회한다.

ㄹ. (○) <표>의 합계 부분에서 기초지방자치단체에 해당하지 않는 부분을 차감하면 전국 기초지방자치단체의 개수를 구할 수 있다. <설명 2>에 따라 전국 기초지방자치단체는 시, 군, 구로 구분되며, <설명 3>에 따라 도의 하위 행정구역인 구는 기초지방자치단체에 해당하지 않는다. 또한 <설명 4>에 따라 제주특별자치도에 존재하는 2개의 시는 기초지방자치단체에 해당하지 않는다. 따라서 시는 75(=77-2)개, 군은 82개, 구는 69(=101-32)개이고, 시는 33.2%, 군은 36.3%, 구는 30.5%를 차지한다.

17

난이도 ★★★☆☆ 정답 ③

[핵심] 상황판단형, 조건의 적용

시간 순서에 따른 행정구역의 증감수는 다음과 같다.

행정구역 / 시간	시	군	구
2012/ 01/ 01	+ 1	- 1	0
2012/ 07/ 01	0	- 1	0
2013/ 09/ 23	+ 1	- 1	0
2014/ 07/ 01	0	- 1	+ 2
2016/ 07/ 04	0	0	- 3
합계 (2019년 12월 31일 기준)	77	82	101

설문에서는 2012년 6월 30일 시, 군, 구의 수를 물었으므로 2012/ 01/ 01은 계산하지 않는다. 따라서 시의 개수는 76(=77-1)개, 군의 개수는 85(=82+3)개, 구의 개수는 102(=101+1)개이다.

[스피드 해법]

조건을 적용하면서 실수할 확률이 높고 시간소모적인 문제이므로 실전에서는 건너뛰는 것이 좋다. 만약 문제를 푼다면 소거법과 대입법으로 접근하는 것이 문제해결의 시간을 줄일 수 있다.

18

난이도 ★★★★☆ 정답 ⑤

[핵심] 자료읽기

ㄱ. (×) 인문계열을 제외한 월평균상대소득지수의 최댓값이 큰 순서는 남성의 경우 의약, 교육, 공학, 예체능, 자연, 사회 순이고, 여성의 경우 의약, 교육, 예체능, 자연, 사회, 공학 순이다. 따라서 월평균 상대소득지수의 최댓값이 네 번째로 큰 계열은 남성과 여성이 다르다.

ㄴ. (×) 교육계열 월평균상대소득지수의 최댓값과 최솟값의 차이는 남성의 경우 20을 초과하고 여성의 경우 20을 하회하므로, 남성이 여성보다 크다.

ㄷ. (○) 각주2)에 따르면 취업률 지수는 학과의 취업률에서 인문계열 평균 취업률을 뺀 값이므로 인문계열 평균 취업률과 차이가 가장 크다는 것은 0에서 가장 멀리 떨어져 있는 것을 뜻한다. 따라서 인문계열 평균 취업률과 차이가 가장 큰 학과가 소속된 계열은 남성의 경우 교육계열, 여성의 경우 의약계열이다.

ㄹ. (○) 각주2)에 따르면 취업률이 인문계열 평균 취업률보다 낮다면 음수(−)값을 가지게 된다. 음수(−)값을 가지는 계열은 남성의 경우 교육, 예체능이고, 여성의 경우 공학, 예체능으로 계열의 개수가 2개로 동일하다.

19

난이도 ★★★☆☆ 정답 ④

[핵심] 보고서형, 추가로 필요한 자료

ㄱ. (×) 금융소득 없는 가구의 자산, 소득은 <보고서>에 사용되지 않았다.

ㄴ. (○) 1문단 3번째 문장의 '금융소득 1분위 가구당 금융자산' 내용을 작성하기 위해 필요하다.

ㄷ. (×) 경상소득 분위별 가구당 금융소득은 <보고서>에 사용되지 않았다.

ㄹ. (○) 1문단 마지막 문장의 '금융소득 분위별 가구당 금융소득' 내용을 작성하기 위해 필요하다.

20

난이도 ★★★★☆ 정답 ⑤

[핵심] 자료 읽기, 자료 간 연결

ㄱ. (○) <표 2>에 따르면 1~ 4월 동안 2편 이상의 애니메이션을 등록한 회사는 총 6개사이고, 18개의 애니메이션을 등록하였다. 1~ 4월 애니메이션 등록 개수는 39개이고, <표 1>의 각주에 따를 때 애니메이션 1편당 등록회사는 1개이므로 1~ 4월 동안 애니메이션을 1편만 등록한 회사는 21개사(=39−18)이다.

ㄴ. (○) 1월 국내단독 유형 애니메이션은 6편인데, <표 2>에서 '꼬꼬지'가 1편, '유이락'이 2편을 등록하였다. 따라서 나머지 3편은 각각 다른 회사이므로 총 5(=2+3)개사이다.

ㄷ. (○) <표 2>에서 3월 애니메이션을 등록한 회사는 '아트팩토리' 1편, '코닉스' 1편, '유이락' 3편, '한스튜디오' 1편으로 총 6편을 등록하였다. 3월의 등록 애니메이션 개수는 총 11개이므로 나머지 5편은 각각 다른 회사이다. 따라서 3월에 애니메이션을 등록한 회사는 9(=4+5)개사이다.

[스피드 해법]

ㄴ. 1월에 '유이락'만이 국내단독 유형을 2편 등록하였으므로, 1월 국내단독 유형인 애니메이션을 등록한 회사는 5(=6 − 1)개사이다.

ㄷ. 3월의 애니메이션 총 등록 편수는 11편인데, '유이락'이 3편을 등록하였으므로, 3월에 애니메이션을 등록한 회사는 9(= 11 − 2)개사이다.

21

난이도 ★★☆☆☆ 정답 ②

[핵심] 시각적 풀이, 증가율 계산

ㄱ. (○) 2020년 2월 수입액은 20,000(천 달러) 미만이고, 수출액은 140,000(천 달러) 이상이다. 따라서 후자는 전자의 7배 이상이다.

ㄴ. (×) 전년 동기간 대비 2020년 1~7월 미국 수출액은 20배 미만 증가(4,900 → 72,000)하였으나, 중국 수출액은 20배 증가(4,500 → 90,000)하였으므로 전자가 후자보다 작다.

ㄷ. (○) 2020년 3월 수입액(120,000천 달러 초과)은 전월(20,000천 달러 미만)대비 6배 이상 증가하여 가장 높은 증가율을 보이고 있다.

ㄹ. (×) 전년 동기간 대비 2020년 1~7월 베트남 수입액은 2배 미만 증가(18,000 → 35,000)하였으나, 중국 수입액은 5배 이상 증가(93,000 → 490,000)하였으므로 전자가 후자보다 작다.

[스피드 해법]

ㄴ. <표 1>을 보면 미국은 2019년 1 ~ 7월 수출액 상위 3위에서 2020년 1 ~ 7월 2위로 되었고, 중국은 4위에서 1위가 되었다. 따라서 중국은 미국보다 더 작은 값에서 큰 값이 되었으므로 중국의 증가율이 더 크다.

22

난이도 ★★☆☆☆ 정답 ③

[핵심] 매칭형, 계산 단순화

<조건 2> 전국 활용률은 40.4%인데, 이보다 낮은 도시는 부산과 (라)뿐이다. 따라서 (라)는 울산이다(①, ②, ⑤ 제거).

<조건 3> 1인당 조성면적이 1인당 결정면적의 50% 이하라면, 각 지역별 인구는 같기 때문에 분모는 같고, 분자만

비교하면 된다. 즉, 조성면적이 결정면적의 50% 이하인 지 확인한다. 이에 해당하는 지역은 (가), (나), 부산, 대구, (라)이다. 따라서 (가)와 (나)는 광주 또는 인천인데, 남은 선지 중 답이 될 수 있는 것은 ③이다.

참고로 남은 조건을 살펴보면 다음과 같다.

<조건 1> 전국 결정면적의 3%는 30.603(백만 m^2)이므로 3% 미만인 도시는 (나), (다)이다. 따라서 (나)는 광주, (다)는 대전이다.

23

난이도 ★★★☆☆ 정답 ②

[핵심] 증가율 계산, 곱셈 비교

① (○) 2016년 전년 대비 GDP 성장률은 A국이 약 4.1%, B국이 약 1.6%, C국이 약 3.4%로 A국이 가장 높다. 조세부담률은 A국이 26.4(=24.8+1.6)%, B국이 21.2(=15.1+6.1)%, C국이 23.3(=11.2+12.1)%이므로 A국이 가장 높다.

② (×) B국은 2015년에 GDP가 증가하였지만(21,498 → 21,984), 조세부담률은 감소하였다(22.3% → 21.1%).

③ (○) 2017년 지방세 납부액은 A국이 약 331(=20,717×1.6%)억 달러, B국이 약 1,424(=22,972×6.2%)억 달러로 후자는 전자의 4배 이상이다.

④ (○) 2018년 A국의 국세 납부액은 5,360.75(=21,443×25.0%)억 달러, C국의 지방세 납부액은 4,180(=33,444×12.5%)억 달러이다. 따라서 전자는 후자보다 많다.

⑤ (○) C국의 GDP는 매년 3% 이상 증가하는데, 국세부담률은 하락하더라도 1% 미만으로 하락하므로, 매년 국세 납부액은 증가한다.

[스피드 해법]

④ $21,443 \times 25.0\% = \frac{21,443}{4} > 33,444 \times 12.5\%$
$= \frac{33,444}{8} \rightarrow 21,443 \times 2 > 33,444$

24

난이도 ★★★☆☆ 정답 ④

[핵심] 수리계산형, 공식 변환

전체 학생 중 장학금 수혜자 비율은 (장학금 신청률×장학금 수혜율)과 비례한다. (장학금 신청률×장학금 수혜율)값을 구하면 다음과 같다.

A학교 : 30×45=1350
B학교 : 40×30=1200
C학교 : 60×25=1500
D학교 : 40×40=1600
E학교 : 50×20=1000

따라서 큰 학교부터 순서대로 나열하면 D, C, A, B, E이다.

25

난이도 ★★★☆☆ 정답 ⑤

[핵심] 자료 파악, 곱셈 비교

① (○) 한국의 밀 수입액은 957,625(천 달러)이고, 쌀 수입액은 298,413(천 달러)이다. 따라서 전자는 후자의 3배 이상이다.

② (○) 세계 밀 총수입액은 38,243,341천 달러인데, 중국의 경우 대두만 보더라도 그 수입액이 39,000,000천 달러를 초과한다(=61,733,744×64.2%). 따라서 당연히 중국이 수입한 4대 곡물 총수입액은 세계 밀 총수입액보다 클 수밖에 없다.

③ (○) 브라질은 대두와 옥수수에서 '한국으로의 주요 수출국'이다.

④ (○) 한국의 수입액이 큰 곡물부터 나열하면 옥수수(1,788,710), 밀(957,625), 대두(592,217), 쌀(298,413) 순이다.

⑤ (×) 세계 총수입액을 백만 달러로 반올림한다면, 이란의 쌀 수입액은 19,722×6.2%이고, 알제리의 밀 수입액은 38,243×4.7%이다(단위 생략). 따라서 후자가 전자보다 크다.

[스피드 해법]

⑤ 곱셈 비교를 활용한다. 19,722×6.2% vs 38,243×4.7% : 19,722→38,243 증가율 50% 초과, 6.2%←4.7% 증가율 50% 미만. 따라서 우변이 더 크다.

26

난이도 ★★★☆☆ 정답 ①

[핵심] 표-차트 변환형, 자료 읽기, 구성비 계산

ㄷ. (×) '주택이외'에 '기타'가 제외되어 있으므로 틀린 그래프이다.

ㄹ. (×) 주택이외 건축물 용도별 내진율이 <표>에 제시된 수치와 다르다.

27

난이도 ★★★☆☆ 정답 ③

[핵심] 분수 비교, 상대비

ㄱ. (×) 디스플레이 산업의 기술인력 비중은 약 81%($=\frac{50,100}{61,855}\times 100$)이다.

ㄴ. (○) 기술인력 비중이 50% 이상이라면 총산업인력 < 2×기술인력 현원 이어야 한다. 이에 해당하는 산업은 기계, 디스플레이, 반도체, 조선, 철강, 소프트웨어로 6개이다.

ㄷ. (○) 상대비를 활용한다. 기술인력 부족률이 5% 미만이면, "기술인력 현원 : 기술인력 부족인원 = 19↑ : 1"이 성립한다. 소프트웨어의 경우, 현원이 139,454명, 부족인

원이 6,205명이므로 전자는 후자의 19배를 초과한다. 따라서 기술인력 부족률은 5% 미만이다.

ㄹ. (×) 기술인력 부족률이 제시된 산업 중 반도체(1.6%)가 가장 낮다. 따라서 부족률이 제시되지 않은 산업 중 1.6% 미만인 산업이 1개인지 확인한다. 이에 해당하는 산업은 디스플레이(약 0.5%), 조선(약 1.1%)으로 2개이다. 따라서 반도체는 3번째로 낮은 산업이다.

[스피드 해법]

ㄱ. $\frac{50,100}{61,855}$ vs $\frac{4}{5}$: 50,100 × 5 > 61,855 × 4

28

난이도 ★★★☆☆ 정답 ④

[핵심] 비율 계산, 자료 구조 파악

ㄱ. (×) 2018년 게임시장 전체 규모는 622(= 165 + 244 + 63 + 95 + 55)억 원인데, 2019년에 613(= 173 + 256 + 66 + 78 + 40)억 원이므로 전년대비 감소하였다.

ㄴ. (○) 2020년 PC(27.5%), 태블릿(9.1%), 콘솔(12.0%)의 게임시장 규모의 합은 48.6%로 50% 미만이다.

ㄷ. (×) 2019년 PC의 게임시장 점유율은 약 28.2%(= 173/613)이므로 2020년(27.5%)이 2019년보다 낮다.

ㄹ. (○) 2017년 대비 2018년 게임시장 규모 증가율은 태블릿이 12.5%로 가장 높다.

[스피드 해법]

ㄱ. 2018년과 2019년의 전체 게임시장 규모를 비교할 때, 플랫폼별 증감수를 활용하여 판단한다. PC부터 순차적으로 써보면, +8, +12, +3, −17, −15이므로 증감수의 합이 (−)이다. 따라서 게임시장 전체 규모는 2018년에 비해 2019년이 작다.

ㄷ. 2019년 게임시장 규모는 613(억 원)인데, 만약 PC 게임시장 점유율이 27.5%라면, PC 게임시장 규모는 613 × 27.5%(= 25% + 2.5% = 1/4 + 1/40) = 153.25 + 15.325 = 168.575(억 원)이므로, 실제 값인 173(억 원)보다 작게 된다. 따라서 2019년 PC 게임시장 점유율은 27.5%보다 크다.

ㄹ. 2018년 태블릿 전년대비 증가율 = $\frac{63-56}{56}$ = $\frac{1}{8}$ = 12.5%

29

난이도 ★★★★☆ 정답 ①

[핵심] 비율 계산, 분수 비교

ㄱ. (○) 2015년 보유세는 5,030십억 원, 2017년은 9,196십억 원이다. 따라서 후자는 전자의 약 1.8배 이상이다.

ㄴ. (○) 재산세 비중은 2015년 약 51%. 2016년 약 46%, 2017년 약 41%, 2018년 약 45%, 2019년 약 51%로 2017년까지 감소하다가 그 후 매년 증가하였다.

ㄷ. (×) 2017년 농어촌특별세는 공동시설세보다 많기 때문에 비중도 공동시설세보다 크다.

ㄹ. (×) 재산세 대비 종합부동산세가 가장 큰 연도는 2017년으로 약 0.64(= 2,414/3,755)이고, 가장 작은 연도는 2015년으로 약 0.17(= 441/2,588)이다. 따라서 전자는 후자의 4배 미만이다.

[스피드 해법]

ㄹ. $\frac{2,414}{3,755}$ < $\frac{441}{2,588}$ × 4 (= $\frac{1,764}{2,588}$) (모증대하)

30

난이도 ★★★★☆ 정답 ④

[핵심] 가평균 활용

ㄱ. (○) 2020년 8월 평균기온은 28.0(= 26.3 + 1.7)°C로 2014 ~ 2020년 동안 가장 높다.

ㄴ. (×) 2020년 7월 강수량은 358(= 226 + 132)mm이다. 2014~2019년 동안의 7월 평균강수량은 358mm를 가평균으로 두고 계산한다. (단위 : mm)

연도	2014	2015	2016	2017	2018	2019	편차합
편차	−119	773	91	318	−150	−132	781

따라서 편차합이 (+)이므로 2014 ~ 2019년 동안의 7월 평균강수량은 2020년 7월 강수량보다 많다.

ㄷ. (○) <표 4>의 전년 동월 대비 강수량 변화량의 합이 (+)라면, 2020년이 2019년보다 연강수량이 많다. 9월까지의 강수량 변화량의 합은 +262mm이고, 10월~12월의 강수량 감소량이 262mm를 초과하지 않는 이상 2020년의 연강수량이 더 많다. 2019년 10 ~ 12월 강수량의 합이 216(=82+105+29)mm이므로 2020년 10 ~ 12월 강수량 감소량은 216mm를 초과할 수 없다. 따라서 2020년의 강수량이 더 많다.

ㄹ. (○) ㄷ과 마찬가지로 일조시간 변화량의 합을 구해본다. −15시간이므로 2019년보다 2020년이 적다. 한편, 2018년과 2019년의 여름 일조시간을 비교해보면, 2018년은 2019년보다 132시간 더 적다. 따라서 2020년이 2018년보다는 더 많다.

31

난이도 ★★★☆☆ 정답 ④

[핵심] 수리계산형, 조건에 맞는 대상 찾기

발문에 '2014~2019년 중 특정 연도'라고 하였으므로 먼저 연도부터 찾는다. 7월의 일평균 일조시간이 4.6(시간)인 것을 활용한다. 4월 일조시간이 142.6(= 4.6 × 31)시간인 연도는 2016년이다(반올림으로 처리함).

A : 2016년 6월 일평균 일조시간은 약 7.7(= 232/30)시간이다.

B : 7월의 누적강수량을 구한다. 8월의 누적강수량에서 8월 강수량을 빼면 쉽게 구할 수 있다. 따라서 7월 누적강수량은 763(= 1,228 − 465)mm이다.

32

난이도 ★★★☆☆ 정답 ⑤

[핵심] 표-차트 변환형, 자료 구조 파악

ㄷ. (×) <표>에 제시된 자료는 "가구당" 자산 보유액이다. 따라서 전체 자산의 연령대별 구성비를 구하기 위해서는 가구주 연령대별 가구 구성비와 가구당 자산 보유액을 곱해야 한다. 30세 미만과 30~39세만 비교해봐도 틀렸다는 것을 알 수 있다.

33

난이도 ★★★☆☆ 정답 ①

[핵심] 순위 자료 표, 전체값과 부분값

ㄱ. (○) '화물차'의 오염물질 배출량 합은 10,903(=2,828+7,427+3+645)톤이고, '건설장비'는 7,844(=2,278+4,915+2+649)톤이므로 전자가 후자보다 많다.

ㄴ. (○) <표>는 PM_{10} 기준 배출량 상위 5개 오염물질 배출원이기 때문에, $PM_{2.5}$ 기준 배출량 상위 5개 배출원은 다를 수 있다. 일단, <표>에 제시된 배출원의 배출비중 합은 91.7(=64.0+11.0+8.4+3.8+4.5)%이다. 만약 <표>에 제시되지 않은 배출원의 $PM_{2.5}$ 배출량이 더 많다고 한다면, 91.7%보다 더 높아질 수 있다. 따라서 $PM_{2.5}$ 기준 배출량 상위 5개 배출원의 배출비중 합은 반드시 90% 이상이다.

ㄷ. (×) ㄴ과 같은 방식으로, <표>에 제시된 배출원의 NOx 배출비중을 더해보면, 82(=45.9+13.6+9.0+11.1+2.4)%이다. 이 때, '건설장비'의 배출비중은 9.0%인데, <표> 이외의 배출원 중 이보다 더 큰 값이 존재할 수 있기 때문에 네 번째로 큰 배출비중인지는 알 수 없다.

ㄹ. (×) 전체 배출량은 $\frac{\text{해당 배출원의 배출량}}{\text{배출비중}}$으로 구한다. 따라서 배출원 중 수치 구조가 쉬운 것을 선택하여 계산한다. VOC의 전체 배출량은 '비산업'을 기준으로 계산하면 40,000(=$\frac{200}{0.5}$×100)톤이다. 한편, PM10도 '비산업'을 기준으로 계산해보면 약 3,100(=$\frac{163}{5.2}$×100)톤이므로 후자가 전자보다 적다.

[스피드 해법]

ㄹ. $\frac{200}{0.5}$ vs $\frac{163}{5.2}$ (자대모소)

34

난이도 ★★★★☆ 정답 ①

[핵심] 순위 자료 표, 자료 간 관계 파악

ㄱ. (○) 2020년 5월과 6월에 신곡인 음원은 모두 제외한다('세븐', 'LESS & LESS', 'Uptown Baby', '땅 Official Remix', '개와 고양이', 'Sad', '미워하게 될 줄 알았어'). 남은 음원 중 2020년 6월의 상위 15위 차트의 곡을 기준으로 4월과 5월에도 상위 15위 내에 포함되었는지 확인한다. 이에 해당하는 음원은 '알로에', '좋은 사람 있으면 만나', '흔들리는 풀잎 속에서', '마무리'로 4곡이다.

ㄴ. (○) 'Whale'은 2020년 6월 GA 점수가 73,333이고, 11위인데, 이는 전월대비 5위 상승한 순위이다. 따라서 5월에 16위였다는 것을 알 수 있다. 이 때, 5월 GA점수는 15위인 '미워하게 될 줄 알았어'의 66,487보다 낮아야 한다. 따라서 'Whale'의 GA점수는 6월에 전월 대비 6,000 이상 증가하였음을 알 수 있다.

ㄷ. (×) 전월 대비 순위변동이 비워진 음원을 채워보면, '알로에'는 전월과 동일하고 '미워하게 될 줄 알았어'는 12위 상승했으며 '개와 고양이'는 4위 하락하였다. 따라서 세 번째로 상승폭이 큰 음원은 '미워하게 될 줄 알았어'이고, GA 점수는 전월 대비 2배 미만이다(66,487 → 127,995).

ㄹ. (×) 전월 대비 순위가 상승한 음원은 '미워하게 될 줄 알았어', '나에게 넌, 너에게 난', 'Whale', 'No Memories', '화려한 고백'으로 5곡이고 순위가 하락한 음원은 '매우 화났어', '개와 고양이', '좋은 사람 있으면 만나', '흔들리는 풀잎 속에서', '마무리'로 5곡이다.

35

난이도 ★★★★☆ 정답 ③

[핵심] 덧셈 비교, 편차 비교, 분수 비교

ㄱ. (×) 2020년 노선수의 전년대비 변화량은 간선버스 +2, 지선버스 −1, 광역버스 0, 순환버스 0, 심야버스 +2로 총 변화량은 +3대이다. 따라서 전년대비 증가하였다. 또한 2016년 차량대수는 총 7,485대이고, 2017년도 총 7,485대로 동일하다.

ㄴ. (○) 2019년 전년 대비 감소폭은 총노선수가 4(=355−351)개, 총차량대수가 61(=7,482−7,421)대로 가장 크다.

ㄷ. (○) 2019년 버스 유형 중 전년에 비해 차량대수가 증가한 것은 심야버스뿐이고, 증가율은 약 48.9%(=23/47)이다.

ㄹ. (○) 우선 2020년 노선 수 대비 차량대수 비를 구해본다. 간선버스는 약 29.5(=3,662/124), 지선버스 약 16.5(=3,406/206), 광역버스 24.5(=245/10), 순환버스 약 4.7(=14/3), 심야버스 약 7.1(=78/11)로 간선버스가 가장 크다. 2016 ~ 2019년을 살펴보면 차량대수(분자)가 크게 증가하거나 노선수(분모)가 크게 감소하는 버스 유형은 없기 때문에 간선버스가 매년 크다는 것을 알 수 있다. 다만, 순환버스가 2016~2017년 차량대수가 2020년에 비해 2배 가까이 크지만, 노선 수 대비 차량대수가 간선버스보다 커질 수는 없다.

ㅁ. (×) 2016년을 보면, 순환버스 노선 수 대비 차량대수 비는 6.25(=25/4)이고 심야버스는 5(=45/9)이다. 따라서 심야버스는 순환버스보다 작다.

36

난이도 ★★★☆☆ 정답 ⑤

[핵심] 자료 파악, 집합 개념, 최소교집합

ㄱ. (○) 임직원당 관리운영비는 1억 원 이상(= 309억 원/305명)이다.

ㄴ. (×) 분과실행위원회의 현장 위원 수는 중앙회가 60(= 85 × 71%)명, 지회가 106(= 391 × 27%)명으로 전자가 후자보다 적다.

ㄷ. (○) 중앙회 상임위원회 여성 위원 수(18 × 28%)를 A, 중앙회 분과실행위원회 여성 위원 수(85 × 38%)를 B라고 두면, A < B 이다. 한편, 중앙회 상임위원회의 모든 여성 위원이 동시에 중앙회 분과실행위원회 위원이라면, A ⊂ B 이므로, 중앙회 여성 위원 수는 B와 같게 된다. 중앙회 분과실행위원회 여성 위원 수는 32(= 85 × 38%)명이므로, 중앙회 여성 위원 수는 총 32명이다.

ㄹ. (○) 최소교집합 공식을 이용한다. 지회 분과실행위원회의 학계 위원은 285(= 391 × 73%)명이고, 50대 위원은 199(= 391 × 51%)명이다. 따라서 50대인 학계 위원은 93(= 285 + 199 − 391)명 이상이다.

[스피드 해법]

ㄹ. 최소교집합을 구할 때 실수의 최소교집합이 아닌 비율의 최소교집합을 구하여 전체 실수값에 곱하여 주면 계산이 단순화된다. 즉 지회분과실의 학계위원은 73%, 50대는 51%이므로 지회 분과실행위원회의 50대 학계 위원은 지회분과실행위원회 전체의 24%(=73+51−100)이다. 지회 분과실행위원회는 총 391명이므로 391의 24%는 80명 이상이다.

37

난이도 ★★★☆☆ 정답 ⑤

[핵심] 비율 계산, 최소교집합

ㄱ. (×) 2018년 전체 보호조치 아동은 3,918명으로 2019년에 비해 적다. 따라서 2019년에 증가하였다.

ㄴ. (○) '가정불화' 보호조치 아동의 비중이 10% 이상이려면, 전체 보호조치 아동이 '가정불화'의 10배 미만이어야 한다('가정불화' : 전체 = 1 : 10↓). 매년 전체 보호조치 아동은 '가정불화' 보호조치 아동의 10배를 한 수치보다 작다.

ㄷ. (○) 최소교집합을 활용한다. '시설보호'인 보호조치 아동이면서 발생원인이 '학대'인 보호조치 아동은 최소 1,557(= 2,865 + 2,739 − 4,047)명이므로 '시설보호'인 보호조치 아동 중 차지하는 비중은 약 57%(= 1,557/2,739) 이상이다.

ㄹ. (○) 2016년 이후 조치방법이 '가정위탁'인 보호조치 아동의 전년 대비 감소율은 매년 10% 이하이다. 연도 순으로 나열하면 8.5%, 2.1%, 8.7%, 7.3%이다.

[스피드 해법]

ㄷ. 최소교집합의 기본논리를 응용하여 수식을 비교한다. '시설보호'의 보호조치 아동을 A, '학대'의 보호조치 아동을 B, 전체 보호조치 아동을 N이라 할 때, 최소교집합은 A+B−N으로 구할 수 있다. 이때 해당 지문에서 묻는 것은 A+B−N≧0.5A 를 확인하는 것이므로 0.5A와 N을 이항하여 정리하면 0.5A+B≧N을 확인하는 것이 된다. '시설보호'의 아동수의 절반은 1,300을 초과하고, '학대'의 아동수는 2,865이므로 양자의 합은 전체 아동수인 4,047을 초과한다.

38

난이도 ★★★★☆ 정답 ②

[핵심] 곱셈 비교, 항목 빠르게 찾기, 추론형 지문

① (×) 과학교사의 '끈기'에 대한 우선지수는 5.29이다. 인문교사의 우선지수는 5.75(= 4.60 × 1,25)이므로 전자가 후자보다 낮다.

② (○) 인문교사의 경우, '수리적 소양'의 우선지수는 2.44(= 4.43 × 0.55)점이고, <표 2>에 제시된 역량 중 가장 밑에 있는 '리더십'의 우선지수는 3.69점이다. 따라서 '수리적 소양'은 15위 또는 16위인데, '과학적 소양'의 우선지수가 2.92(= 4.63 × 0.63)점이므로 '수리적 소양'이 가장 낮다. 한편, 과학교사의 '수리적 소양' 우선지수는 1.62(= 4.37 × 0.37)이다. '과학적 소양'은 2.21(= 4.52 × 0.49)이고, 'ICT 소양'은 2.21(= 4.33 × 0.74)이기 때문에 가장 낮은 역량은 '수리적 소양'이다.

③ (×) '경제적 소양'의 부족수준 차이는 0.13(= 1.14 − 1.01)점인데, '문해력'의 부족수준 차이는 0.24(= 1.24 − 1.00)점이므로 차이가 가장 큰 역량이 '경제적 소양'은 아니다.

④ (×) 우선 과학교사의 '협업능력'을 제외하고 요구수준 상위 5개는 '비판적 사고', '의사소통능력', '호기심', '창의성', '과학적 소양'이다. 이 때 '협업능력'의 요구수준이 '과학적 소양'과 같다고 가정하면(4.52점), 부족수준은 0.96(= 4.52 − 3.56)점이고, 우선지수는 4.34가 된다. 그런데 '협업능력'의 우선지수는 5.24이기 때문에 요구수준은 '과학적 소양'보다 높아야 한다. 따라서 요구수준 상위 5개 중 '과학적 소양' 대신 '협업능력'이 포함된다. 한편, 인문교사의 요구수준 상위 5개는 '창의성', '비판적사고', '협업능력', '호기심', '의사소통능력'이므로 과학교사와 인문교사의 요구수준 상위 5개에 속한 역량은 같다.

⑤ (×) 과학교사 요구수준 하위 3개에 속한 역량은 '경제적 소양', '리더십', '문화적 소양'이고, 인문교사는 '경제적 소양', '리더십', '적응력'이므로 다르다.

[스피드 해법]

② 표의 대다수 항목은 요구수준이 4~5사이에 있고, 부족수준은 대다수의 항목이 0.5~1.5 사이에 있다. 우선지수는 양자의 곱으로 구해지므로 요구수준보다 부족수준이 우선지수 값에 영향을 크게 미친다. 따라서 가장 낮은 역량을 찾기 위해서는 부족수준이 낮은 항목 위주로 찾는 것이 시간을 절약할 수 있다.

④, ⑤ 언뜻 보면 쉬워보이지만, 항목이 많으므로 되도록 피해야 한다.

39

난이도 ★★★★★ 정답 ④

[핵심] 수리계산형, 공식의 적용, 계산 단순화

소요비용은 다음과 같이 구한다.

소요비용 = 제작비용 + 배송비용

$= (\text{의자개수} \times 1\text{개당제작비용}) + (\text{배송거리} \times \text{배송차량당배송비용} \times \frac{\text{의자 개수}}{\text{배송차량의 최대 배송량}})$

이때 $\frac{\text{의자 개수}}{\text{배송차량의 최대 배송량}}$는 소수점 첫째자리에서 올림해야 한다.

계산 편의상 의자 설치 개수와 배송거리를 100으로 나누어 계산한다. 즉, 단위를 '천 원' → '십만 원'으로 환산하여 계산한다.

ㄱ. (○) 배송업체 A를 이용하여 의자 500개를 설치할 때, 기업별 소요비용을 구하면 다음과 같다(단위 : 십만 원).

A : 배송거리, B : 배송차량당 배송비용,

C : $\frac{\text{의자 개수}}{\text{배송차량의 최대 배송량}}$(배송차량 총 대수)

기업	총제작비용	A × B	C	배송비용	소요비용
갑	1,500	1.2	17	20.40	1,520.40
을	1,250	1.21	10	12.10	1,262.10
병	1,600	0.91	8	7.28	1,607.28
정	2,000	0.64	13	8.32	2,008.32
무	1,350	0.75	20	15.00	1,365.00

따라서 '을'기업이 가장 적다.

ㄴ. (○) 배송업체 A를 이용하여 의자 300개를 설치할 때, 기업별 소요비용을 구하면 다음과 같다(단위 : 십만 원).

기업	총제작비용	A × B	C	배송비용	소요비용
갑	900	1.2	10	12.0	912.0
을	750	1.21	6	7.3	757.3
병	960	0.91	5	4.6	964.6
정	1,200	0.64	8	5.1	1,205.1
무	810	0.75	12	9.0	819.0

따라서 '정'을 제외하고 모두 1억 원 미만이다.

ㄷ. (×) 배송업체 B를 이용하여 의자 300개를 설치할 때, 기업별 소요비용을 구하면 다음과 같다(단위 : 십만 원).

기업	총제작비용	A × B	C	배송비용	소요비용
갑	900	1.44	10	14.4	914.4
을	750	0.99	6	5.9	755.9
병	960	1.17	5	5.9	965.9
정	1,200	0.8	8	6.4	1,206.4
무	810	0.45	12	5.4	815.4

소요비용이 가장 적은 기업은 '을'기업이다.

ㄹ. (○) 배송업체 B를 이용하여 의자 590개를 설치할 때, 기업별 소요비용을 구하면 다음과 같다(단위 : 십만 원).

기업	총제작비용	A × B	C	배송비용	소요비용
갑	1,770	1.44	20	28.8	1,798.8
을	1,475	0.99	12	11.9	1,486.9
병	1,888	1.17	9	10.5	1,898.5
정	2,360	0.8	15	12.0	2,372.0
무	1,593	0.45	24	10.8	1,603.8

'을'기업은 소요비용이 1억 5천만 원 미만이다.

[스피드 해법]

1) 일일이 계산하기에는 시간이 너무 많이 소요된다. 제작비용이 배송비용보다 소요비용에서 차지하는 비중이 크다는 것을 확인한다. ㄱ, ㄷ의 경우 의자 제작비용이 상대적으로 낮은 '을'과 '무' 중 배송거리도 짧고 배송차량의 최대 배송량도 많은 '을'이 소요비용이 적을 것이다.

2) 소요비용의 수식을 변형하여 단순화시켜 비교한다. 소요비용의 수식을 단순화 시키면 다음과 같다.

소요비용 = 제작비용 + 배송비용

$= (\text{의자 개수} \times 1\text{개당 제작비용}) + (\text{배송거리} \times \text{배송차량당 배송비용} \times \frac{\text{의자 개수}}{\text{배송차량의 최대 배송량}})$

$= \text{의자개수} \times [1\text{개당 제작비용} + (\frac{\text{배송거리}}{\text{배송차량의 최대 배송량}} \times \text{배송차량당 배송비용})]$

$(\frac{\text{배송거리}}{\text{배송차량의 최대 배송량}} \times \text{배송차량당 배송비용})$의 값은 1개당 제작비용의 값에 비해 매우작은 값이다. 따라서 동일한 개수의 의자를 제작할 때 기업간 소요비용의 대소관계는 1개당 제작비용의 대소관계와 동일하다.

40

난이도 ★★★☆☆ 정답 ②

[핵심] 상황판단형, 조건의 이해, 자료간 관계 파악

① (○) A작물은 2015~2017년 '가'의 경작지1에서, B작물은 2018~2019년 '가'의 경작지2에서, C작물은 2017~2018년 '나'의 경작지3에서 연속 재배했을 때 생산량 감소를 보였다.

② (×) 농민 '가'는 2016년 A작물과 B작물을 재배하였다. A작물의 연간 총생산량은 150kg이므로 판매가격은 1,500원/kg이다. B작물의 연간 총생산량은 150kg이므로 판매가격은 1,000원/kg이다. 따라서 농민 '가'의 총판매액은 175,000(= 1,500 × 50 + 1,000 × 100)원이다.

③ (○) '다'의 경작지6에서 E작물을 연속 재배하였으나, 생산량은 매년 50kg으로 동일하였다.

④ (○) 동일 경작지에서 A 작물을 3개년 연속 재배하고 B 작물을 재배한 후 다시 A 작물을 재배한 경작지는 '가'의 경작지1이다. 따라서 2019년 A작물은 100kg 생산되었으므로 <조건4>의 '경작지당 연간 최대 생산량'에 해당된다.

⑤ (○) D작물의 2016년 연간 총생산량은 200kg이므로 판매가격은 1,000원/kg이다. 2019년은 250원/kg이다. 따라서 판매가격 차이는 750원/kg이다. E작물은 2016년 2,000원/kg이고, 2019년 500원/kg이므로 판매가격차이는 1,500원/kg이다. 따라서 D작물이 E작물보다 작다.